INHALT (Teil I)

ERSTES KAPITEL

Von Kyros zu Augustus

1.

Die spätesten Geschichtsbücher der hebräischen Bibel behandeln die Zeit, in der Judäa — wie das übrige westliche Asien — zum Perserreich gehörte. Der letzte Herrscher, den sie namentlich erwähnen, ist „der Perser Darius“ (Neh 12, 22) — entweder Darius II. (423—405 v. Chr.) oder wohl eher Darius III. (336—331 v. Chr.), der letzte König von Persien.

Wenn wir das Neue Testament aufschlagen, stellen wir fest, daß eine andere Weltmacht den vorderen Orient, ja den gesamten Mittelmeerraum beherrscht: die neutestamentlichen Schriften sind von Anfang bis Ende in den Zusammenhang des Römerreiches eingebettet. Die Geschichte, die sie berichten, von den letzten Jahren des vorchristlichen Zeitalters bis zum Ende des ersten nachchristlichen Jahrhunderts, setzt durchgängig die allbeherrschende Gegenwart der römischen Machthaber voraus. Der dritte Evangelist verknüpft die Geburt Jesu mit einem vom römischen Kaiser Augustus erlassenen Dekret, „daß der ganze Erdkreis sich einschätzen lassen sollte“ (Lk 2, 1). Jesus wuchs in einem Land auf, in dem die Frage, ob man den Römern den von ihnen geforderten Tribut zahlen sollte, ein brennendes theologisches und politisches Problem war; ein römischer Magistrat fällte über ihn das Todesurteil, und nach römischem Brauch wurde es vollstreckt.

Die nächst Jesus hervorragendste Gestalt der neutestamentlichen Zeitgeschichte ist Paulus. Römischer Bürger von Geburt, trug er die christliche Botschaft aus ihrem palästinischen Ursprungsland in die östlichen Provinzen des Römerreiches, bis er in die Hauptstadt Rom selber gelangte; bevor er unseren Blicken entschwindet, sehen wir ihn dort zwei Jahre lang ansässig, unter Hausarrest gestellt, doch ermächtigt, den christlichen Erlösungsweg allen zu verkünden, die ihn aufsuchen.[1] Und das Neue

[1] Apg 28, 30 f.; siehe Teil II, Kap. 12/4.

Testament endet hier nicht etwa. Nein, es berichtet noch von den darauffolgenden Jahrzehnten, in denen die römische Justiz das Christentum derart drangsalierte, daß ein Bekenner Christi damit rechnen mußte, „als Christ“[2] zu leiden, auch wenn niemand ihn einer strafbaren Handlung zu überführen vermochte. In der kraftvollen Bildersprache der Offenbarung wird das Römerreich als siebenköpfiger Drache geschildert, der Krieg führt gegen das Volk Gottes und gegen alle, die sich weigern, ihm göttliche Ehren zu bezeigen, das aber an der „Standhaftigkeit und dem Glauben der Heiligen“ scheitern wird, denen „um des Blutes des Lammes und um des Wortes ihres Zeugnisses willen“ (Offb 13, 10; 12, 11) der Endsieg sicher ist.

2.

Nach der Ermordung des letzten Perserkönigs hatte dieser Teil der Welt bis zur Ausbreitung der Römerherrschaft über den Vorderen Orient zum griechisch-mazedonischen Reich Alexanders des Großen und seiner Nachfolger gehört. Alexander der Große, der König von Mazedonien, dessen Vater Philipp Hellas durch diplomatisches und militärisches Geschick geeint hatte, fiel im Jahre 334 v. Chr. mit seinem Heer aus Mazedoniern und Griechen in Asien ein. Nachdem er binnen drei Jahren das gesamte Perserreich (einschließlich Ägyptens) erobert hatte, stieß er weiter nach Osten vor und gliederte seinem Reich das heutige Afghanistan und Westpakistan ein. Als politische Einheit ging das Reich Alexanders des Großen mit seinem Tode im Jahre 323 v. Chr. unter, doch der von ihm geschaffene Kulturraum hatte annähernd tausend Jahre Bestand — bis zum Emporkommen des Islams und den arabischen Eroberungszügen des siebten Jahrhunderts n. Chr.

Einige von Alexanders Heerführern teilten sein Reich nach seinem Tode unter sich auf und begründeten Dynastien, von denen sich manche bis ins erste vorchristliche Jahrhundert hinein behaupteten. Die in unserem Zusammenhang wichtigsten waren die ptolemäische Dynastie, die Ptolemäus I. im Jahre 323 v. Chr. in Ägypten gründete (Hauptstadt: Alexandrien), und die von Seleukus I. 312 v. Chr. begründete seleukidische Dynastie mit der Hauptstadt Antiochien. Judäa gehörte bis zum Anfang des zweiten vorchristlichen Jahrhunderts zum Ptolemäerreich; 198 v. Chr. verleibten die Seleukiden es nach ihrem Sieg bei Paneion

---

[2] 1 Petr 4, 16; siehe Teil II, Kap. 15/2.

nahe den Jordanquellen (dem Cäsarea Philippi des Evangelienberichts)[3] für über fünfzig Jahre ihrem Reich ein.

Judäa genoß unter diesen hellenistischen Dynastien (wie schon vorher unter den Persern) ein beträchtliches Maß an innerer Autonomie. Das Land wurde von einem Statthalter regiert, und das Volk mußte den fremden Herren Steuern zahlen, aber Judäa selber — das Gebiet um Jerusalem — war ein Tempelstaat, dessen Verfassung im Priester-Kodex des Pentateuchs festgelegt war.[4] Als Oberhaupt der Tempelverwaltung leitete der Hohepriester zugleich die inneren Angelegenheiten des jüdischen Zwergstaates. Viele Juden lebten außerhalb Judäas — in Babylonien und Kleinasien, in Alexandrien und Antiochien — und trugen mit ihren Spenden zur Unterhaltung des Jerusalemer Tempels und seiner Verwaltung bei, aber nur die in Judäa ansässigen Juden unterstanden unmittelbar der Jurisdiktion des Hohenpriesters. Dieser war stets ein Zadokide — ein Nachkomme des Zadok, der Oberpriester an dem Tempel gewesen war, den König Salomo um 960 v. Chr. erbaut hatte.

Kurze Zeit nach der Eingliederung Judäas ins Seleukidenreich geriet dieses im Ägäisraum mit der expansiven Macht Roms aneinander und erlitt im Jahre 190 v. Chr. in der Schlacht bei Magnesia eine vernichtende Niederlage. Der darauffolgende Friede von Apamea (188 v. Chr.) beraubte die Seleukiden nicht nur ihrer blühenden Provinzen in Westkleinasien, sondern erlegte ihnen auch eine gewaltige, in zwölf Jahresraten abzuzahlende Kriegsentschädigung auf. Die Zahlungsfrist mußte schließlich verlängert werden, und viele Ereignisse der folgenden Jahre lassen sich auf den Zwang zurückführen, das Geld für den Kriegsschadenersatz aufzubringen. Als Jason, der Bruder des zadokidischen Hohenpriesters Onias III., Antiochus IV. (175—163 v. Chr.) große Geldsummen anbot, wenn er ihn anstelle seines Bruders zum Hohenpriester mache, konnte es sich der Seleukide gar nicht leisten, diese Bestechungsgelder auszuschlagen, zumal Jason sich erbot, die Hellenisierung Judäas voranzutreiben. Als einige Jahre später (171 v. Chr.) ein noch eifrigerer

---

[3] Mk 8, 27; siehe S. 192 f. Paneion und der Bezirk Paneas, zu dem es gehörte (vgl. das heutige Banias), wurden von den Griechen nach dem Gott Pan benannt, dem sie (nebst den Nymphen) die dortige Grotte weihten, in der Nahr Banias, einer der drei Quellflüsse des Jordans, entspringt. Wahrscheinlich hatten die Einwohner den Ort immer schon als heilige Stätte angesehen; vielleicht ist dies das Baal-Gad von Josua 11, 17. Siehe S. 30.

[4] Vgl. Esr 7, 14, wo „Esra, der Priester, der wohlbewandert ist im Gesetze des Himmelsgottes" (was vielleicht soviel wie Minister für jüdische Angelegenheiten in der Persischen Reichskanzlei bedeutet), von Artaxerxes den Auftrag erhält, „eine Untersuchung anzustellen über die Verhältnisse in Juda und Jerusalem nach dem Gesetze deines Gottes, das du bei dir hast".

Hellenisierer namens Menelaus, der kein Zadokide war, dem König noch größere Geldsummen bot, wenn er *ihn* anstelle von Jason zum Hohenpriester einsetze, ging Antiochus auch darauf ein, und von da an sollte nie wieder ein Zadokide in Jerusalem als Hoherpriester amtieren.

Antiochus IV., der sich den Beinamen Epiphanes zulegte — er sollte anzeigen, daß er der menschgewordene Zeus Olympios sei —, versuchte, die Verluste seines Vaters im Ägäisraum durch die Annexion Ägyptens wieder wettzumachen, wurde aber an der Schwelle des Erfolgs durch das Eingreifen Roms zum Stillstand gebracht (168 v. Chr.). Als sich diese Nachricht verbreitete, wurde in Judäa der Versuch unternommen, sich des vom König zum Hohenpriester eingesetzten Menelaus zugunsten des abgesetzten Jason zu entledigen. Antiochus sah darin einen Akt der Rebellion und behandelte Jerusalem auf dem Rückmarsch von Ägypten als aufrührerische Stadt, ließ die Stadtmauern schleifen und konfiszierte den Tempelschatz. Da er die Loyalität Judäas, das an der ungeschützten Südwestgrenze seines Reiches lag, unbedingt sichern mußte, riet man ihm überdies, die Tempelverfassung aufzuheben, die Ausübung der jüdischen Religion zu unterdrücken, Jerusalem eine neue Verfassung als hellenistische Stadt zu geben und allen Befürwortern einer kompromißlosen Assimilation das Jerusalemer Bürgerrecht zu verleihen. Der Tempel, wo Menelaus immer noch herrschte, wurde dem Zeus Olympios geweiht, den man mit der syrischen Gottheit Ba'al Schamem, dem „Herrn des Himmels", gleichsetzte. Drei Jahre lang — von Dezember 167 bis Dezember 164 v. Chr. — beherrschte dieses „verwüstende Scheusal", dieser „Greuel der Verwüstung"[5] (hebr. *schiqqus meschomem*, ein Spottwortspiel zu dem Namen Ba'al Schamem) die heilige Stätte.

Diejenigen Juden, denen die Treue zum Glauben ihrer Väter über alles ging, verweigerten den seleukidischen Erlassen den Gehorsam. Viele von ihnen starben als Märtyrer; andere griffen zu den Waffen und folgten dem Ruf des Mattathias, eines schon bejahrten Priesters hasmonäischer Abkunft, und seiner fünf Söhne, des militärisch hochbegabten Judas Makkabäus und seiner Brüder. Letzterer besiegte mehrere seleukidische Heere, die weitaus stärker und besser ausgerüstet waren als seine Partisanentruppe, und nötigte dadurch Antiochus, dem es vor allem um die Wiedergewinnung seiner verlorenen Gebiete jenseits des Euphrat ging und der nicht daran interessiert war, sich in Judäa weiterhin zu engagieren, sich mit ihm zu vergleichen. Die Unterdrückung der jüdischen

---

[5] Gr. *bdelygma erēmōseōs* (1 Makk 1, 54; vgl. Dan 11, 31 [8, 13; 9, 27; 12, 11]; Mk 13, 14). Siehe Teil II, Kap. 4/3.

Religionsausübung wurde eingestellt und die Anbetung des Gottes Israels im gereinigten Tempel gemäß der altüberkommenen Ordnung wiederaufgenommen (164 v. Chr.).[6]

Die Hasmonäer gaben sich freilich nicht damit zufrieden, ihrem Volk mit miltärischer Gewalt die Religionsfreiheit zurückzuerobern. Sie setzten den Kampf mehr als zwanzig Jahre lang fort, nutzten die Rivalitäten und inneren Streitigkeiten im Lager ihrer seleukidischen Feinde geschickt aus und erkämpften schließlich unter Simon, dem letzten überlebenden Sohn von Mattathias, 142 v. Chr. die nationale Autonomie.

Dieser langwierige Kampf, bei dem die jüdischen Führer immer wieder die Möglichkeit hatten, die seleukidischen Herrscher gegeneinander auszuspielen, war nicht dazu angetan, den idealistischen Schwung des Anfangs aufrecht zu erhalten. Das zeigte sich besonders deutlich, als Jonathan, der acht Jahre zuvor seinen Bruder Judas Makkabäus als Führer der aufständischen Juden abgelöst hatte, sich im Jahre 152 v. Chr. von Alexander Balas, dem seleukidischen Thronanwärter, zum Hohenpriester einsetzen ließ. Ein solches Vorgehen muß bei allen frommen Juden Ärgernis erregt haben, wurde doch die Nachfolge im Hohenpriesteramt durch das göttliche Gesetz und nicht durch weltliche Machthaber geregelt. Als die nationale Unabhängigkeit unter Simon wiederhergestellt wurde, der nach Jonathans Gefangennahme und Hinrichtung im Jahre 143 v. Chr. die Führung übernahm, ernannte die dankbare Volksversammlung Simon nicht nur zum Oberhaupt der Zivilverwaltung und zum militärischen Oberbefehlshaber, sondern beschloß auch, er solle „für immer Hoherpriester sein, bis ein glaubhafter Prophet erstehen würde“ (1 Makk 14, 41). Simon wurde also in Ermangelung eines geeigneten zadokidischen Bewerbers (der Anwärter auf das zadokidische Hohepriestertum war zwanzig Jahre zuvor nach Ägypten gezogen, um dort einem neugegründeten jüdischen Tempel in Leontopolis vorzustehen[7]) als Gründer

---

[6] Die Wiedereinweihung des Tempels ist seither von den Juden jedes Jahr am 25. Kislew als Chanukka (Tempelweihfest) gefeiert worden — ein altes Wintersonnenwenderitual erhielt dergestalt nach einem schon viel früher für Israels heiliges Jahr festgelegten Muster eine neue historische Bedeutung (vgl. 1 Makk 4, 42—59; 2 Makk 1, 18; 10, 1—8; Joh 10, 22).

[7] Der Tempel von Leontopolis wurde von Onias IV., dem Sohn des 174 v. Chr. von Antiochus IV. abgesetzten Hohenpriesters Onias III., gegründet. Er wanderte um 161 v. Chr., als Alcimus in Jerusalem zum Hohenpriester eingesetzt wurde (vgl. 1 Makk 7, 5 ff.), nach Ägypten aus und wurde von Ptolemäus VI. willkommen geheißen, der ihm die Erlaubnis zum Bau des Tempels in Leontopolis gab. Hier bestand 230 Jahre lang, bis zu seinem Verbot durch Kaiser Vespasian kurz nach der Zerstörung des Jerusalemer Tempels (Ios. *bel. Iud.* VII, 423—432; *ant. Iud.* XIII, 62—73), unter einem zadokidischen Hohenpriester ein Opferritual, das dem von Jerusalem nachgebildet war. Trotz seiner

einer neuen Hohenpriesterdynastie anerkannt. Man konnte den Willen Gottes in dieser Angelegenheit nicht in Erfahrung bringen; das würde erst möglich sein, wenn der ersehnte Endzeitprophet[8] erschien, und so sollten Simon und seine Nachkommen bis dahin das Hohepriesteramt bekleiden.

Dies taten sie über hundert Jahre lang, und während drei Vierteln dieser Zeit herrschten sie über ein unabhängiges Judäa. Die Zeit der Hasmonäerdynastie war anfangs durch Wohlstand und nationale Hochstimmung gekennzeichnet. Die Seleukiden machten zwar noch einen Versuch, Judäa wieder in die Hand zu bekommen, verausgabten ihre Kräfte dann aber rasch in erfolglosen Feldzügen gegen die Parther und weiteren Thronstreitigkeiten. Den Hasmonäern, denen es erst jüngst nur mit Aufbietung aller Kräfte gelungen war, ihr Volk vor dem Untergang zu bewahren, eröffneten sich jetzt Expansionsmöglichkeiten, auf die sie in ihren kühnsten Träumen nicht zu hoffen gewagt hätten. Simons Sohn, Johannes Hyrkanus (134—104 v. Chr.), überrannte Idumäa, Samarien und einen Teil Galiläas und gliederte sie in sein Reich ein; seine Söhne Aristobul I. (104—103 v. Chr.) und Alexander Jannäus (103—76 v. Chr.), der den Titel „König" annahm, setzten den Eroberungszug ihres Vaters fort, bis sich das Reich Judäa von der Mittelmeerküste im Westen bis zum Ostjordanland im Osten erstreckte und fast die Ausdehnung des vereinigten Königreichs Davids und Salomos erreichte.

Diese Könige waren jedoch durch und durch charakterlos. Sie imitierten die Lebensweise kleinerer hellenistischer Herrscher, ohne jedoch für die hellenistische Kultur aufgeschlossen zu sein. Vor allem Jannäus erwies sich als fürchterlicher Vandale, indem er die an sein Königreich angrenzenden hellenistischen Städte der Reihe nach belagerte und zerstörte. Seine Zerstörungswut ließ sich nicht einmal als Eifer für Israels Gott und gegen die Abgötterei der Heiden entschuldigen; denn von allen Hohenpriestern Israels, von denen einige ihrem heiligen Amt wahrlich nicht zur Zierde gereichten, war keiner unwürdiger als er. Ihm ging es nur um die Mehrung seines Einflusses und um militärische Erfolge; von unstillbarem Machthunger besessen, setzte er die Unabhängigkeit seines

---

zadokidischen Hohepriesterschaft galt der Tempel von Leontopolis im allgemeinen selbst bei den ägyptischen Juden, von denen viele wie Philo regelmäßig nach Jerusalem „zum Tempel unserer Vorfahren" (*prov.* 64) pilgerten, als schismatisch. In der Mischna wird der Tempel von Leontopolis „das Haus des Onias" genannt; Priester, die dort Dienst taten, durften in Jerusalem nicht amtieren (*Menachot* 13, 10).

[8] Siehe S. 41 f. und Teil II, Kap. 1/6.

Volkes mehr als einmal aufs Spiel, vergeudete das Volksvermögen und büßte die Achtung und das Wohlwollen der Besten ein.[9]

Nach seinem Tod im Jahre 76 v. Chr. übernahm seine Witwe Salome Alexandra (ihr jüdischer Name Salome ist eine Verkürzung von *Schelom-Sijjon,* „Heil Zions") die Regierung;[10] ihr älterer Sohn, Hyrkanus II., der den für seine Familie kennzeichnenden Ehrgeiz gänzlich vermissen ließ, wurde Hoherpriester, während ihr jüngerer Sohn, Aristobul II., dessen übermäßige Energie die Trägheit seines Bruders mehr als wettmachte, ein militärisches Kommando erhielt. Ihre neunjährige Regierungszeit galt später als ein kurzes goldenes Zeitalter; als sie 67 v. Chr. starb, brach zwischen den Parteigängern ihrer beiden Söhne ein Bürgerkrieg aus. Hyrkanus war zwar ohne jeden Ehrgeiz, ließ sich aber von dem Idumäer Antipater, einem begabten Politiker, als Strohmann und Förderer der eigenen Pläne benutzen. Antipater erkannte, daß ihn allein die Zusammenarbeit mit den Römern, die damals im Begriff standen, in Westasien festen Fuß zu fassen, der Verwirklichung seiner ehrgeizigen Absichten näherbringen würde. Als die Römer im Jahre 63 v. Chr. Judäa besetzten, wußte er die Gunst der Stunde zu nutzen. Den Vorwand für ihr Eingreifen lieferte ihnen der Bürgerkrieg zwischen den beiden Hasmonäern. Beide Brüder baten den römischen Feldherrn Pompejus, der die Neugliederung Westasiens betrieb und damals gerade Syrien als römische Provinz organisierte, um Unterstützung. Er war sofort bereit einzugreifen, doch Aristobul und seine Anhänger wandten sich schon bald gegen ihn, und ihr Widerstand hatte zur Folge, daß Pompejus im Frühjahr 63 v. Chr. Jerusalem besetzte und nach dreimonatiger Belagerung den stark befestigten Tempelbezirk stürmte. Judäa büßte seine Unabhängigkeit ein und wurde römisches Herrschaftsgebiet.

3.

Nach Syrien begab Pompejus sich, nachdem er einen langwierigen Krieg zwischen Rom und Mithridates VI., dem König von Pontus, zu einem erfolgreichen Ende geführt hatte.

Im Jahre 120 v. Chr. wurde Mithridates, damals ein Knabe von zwölf Jahren, Erbe eines Königreiches, das einstmals eine Satrapie des Perserreichs gewesen war und sich entlang der Südküste des Schwarzen Meeres

---

9 Siehe S. 61; 79 f.
10 Siehe S. 80.

(nach dem es benannt war) vom unteren Halys ostwärts bis Kolchis erstreckte. Alexander der Große verleibte es seinem Reich ein, doch erlangte es in den Kämpfen zwischen seinen Nachfolgern seine Unabhängigkeit wieder. Als Attalus III., der letzte König von Pergamon, im Jahre 133 v. Chr. sein Reich dem Senat und Volk von Rom vermachte, wurde Mithridates V. von Pontus Roms Alliierter. Er unterstützte die Römer in ihrem Krieg gegen Aristonicus, den Halbbruder des Attalus, der Ansprüche auf das Königreich Pergamon erhob, und erhielt von ihnen zum Dank einen Teil Phrygiens.

Als Mithridates V. im Jahre 120 v. Chr. von Mörderhand fiel, beeilten sich die Römer, von seinem jugendlich-unerfahrenen Nachfolger die Provinz Phrygien zurückzufordern, die sie seinem Vater geschenkt hatten. Mithridates VI. konnte allerdings diesen Verlust durch die Erweiterung seines Herrschaftsgebiets im Osten ausgleichen. Seine Nachbarn im Westen und Süden — Bithynien, Galatien und Kappadokien — lagen im Einflußbereich Roms und waren seinem Zugriff entzogen, doch konnte er seine Macht ostwärts nach Armenien und entlang der Ost- und Nordküste des Schwarzen Meeres ausdehnen und die Krim seinem Reich einverleiben. Er verbündete sich mit Tigranes, dem König von Armenien, dem er seine Tochter zur Frau gab, sowie mit den Herrschern von Parthien und Iberien. Als bedeutender und energischer Staatsmann verstand er es, seinen Herrschaftsbereich so weit auszudehnen, daß er der mächtigste Monarch in Asien wurde — weitaus mächtiger als die einander bekriegenden seleukidischen Kronprätendenten und mächtig genug, um das Römerreich herauszufordern.

Mit Rom geriet Mithridates aneinander, als es ihn daran hinderte, die Throne von Kappadokien und Bithynien mit eigenen Marionetten zu besetzen. Der neue, von den Römern unterstützte Herrscher von Bithynien drang mit ihrem Einverständnis in Mithridates' Herrschaftsgebiet ein; als Mithridates' Proteste sich als fruchtlos erwiesen, besetzte er im Jahre 88 v. Chr. Kappadokien und Bithynien, besiegte in der letztgenannten Provinz ein römisches Heer und machte sich zum Herrn über die Provinz Asia. So stark war der Haß der Bevölkerung auf die Römer, die sie vierzig Jahre lang unterdrückt hatten, daß sie, als Mithridates Asias Städten befahl, sämtliche dort ansässigen Römer und Italiker zu töten, bereitwilligst mit ihm kooperierten; es wird berichtet, es seien damals an einem Tage 80000 Menschen erschlagen worden.

Athen und andere Stadtstaaten in Griechenland glaubten, jetzt sei auch für sie die Gelegenheit gekommen, das römische Joch abzuschütteln, und begrüßten Mithridates als neuen Befreier.

Die unvermeidliche Folge war ein Kampf auf Leben und Tod zwischen Rom und Mithridates, der sich dann auch über ein Vierteljahrhundert hinzog. Zuerst rückte Sulla im Jahre 87 v. Chr. gegen den König von Pontus ins Feld. Er brachte seinen Heeren in Griechenland eine Niederlage bei und machte die griechischen Städte wieder Rom untertan; dann trug er den Krieg nach Asien und zwang Mithridates, seine sämtlichen Eroberungen in der römischen Provinz Asia wieder herauszugeben und ihm eine Entschädigungssumme zu zahlen (84 v. Chr.).

In den darauffolgenden Jahren kam es in Kleinasien zu weiteren Kämpfen zwischen Mithridates und römischen Streitkräften, die nächste Hauptphase des Krieges wurde indes im Jahres 75 v. Chr. durch die Einverleibung Bithyniens ins Römische Reich eingeleitet. Mithridates marschierte als Streiter für die Rechte eines Prinzen aus dem ehemaligen Königshaus, der Anspruch auf den Thron erhob, in Bithynien ein. Lucius Lucullus, der inzwischen auf römischer Seite das Kommando führte, gelang es, Mithridates gänzlich aus Kleinasien zu vertreiben und bis nach Armenien zu verfolgen, wo er Zuflucht gefunden hatte. Doch Lucullus' Truppen meuterten, und gegen Ende des Jahres 67 v. Chr. hatte Mithridates sein angestammtes Herrschaftsgebiet Pontus erneut in Besitz genommen.

Im darauffolgenden Jahr beschloß der römische Senat, den Krieg gegen Mithridates um jeden Preis zu beenden und Gnaeus Pompejus die Leitung der Operationen zu übertragen; damit er den Krieg zu einem erfolgreichen Abschluß bringe, wurde ihm der Oberbefehl über sämtliche römischen Streitkräfte im Osten gegeben. Pompejus galt als der gegebene Mann für diese Aufgabe, war es ihm doch ein Jahr zuvor gelungen, das östliche Mittelmeer von den Seeräubern zu befreien, die dort lange ihr Unwesen getrieben hatten und deren Anschläge auf die Getreideversorgung Roms die Hauptstadt mit einer Hungersnot bedrohten. Dank der ihm übertragenen außerordentlichen Machtfülle und seines ungewöhnlichen strategischen Geschicks konnte Pompejus seine Operationen gegen die Seeräuber innerhalb von drei Monaten abschließen. Durch die Lex Manilia des Jahres 66 v. Chr. wurde seine Macht bestätigt und erweitert. Bei Pompejus' Ankunft in Kleinasien übergab Lucullus ihm das Kommando über die dort befindlichen römischen Heere. Mithridates wurde aus Pontus vertrieben und zog sich, da ihn sein Schwiegersohn nicht nach Armenien hereinlassen wollte, auf seine Besitzungen auf der Krim zurück (65 v. Chr.), wo er zwei Jahre später Selbstmord beging.

Ganz Westasien war jetzt Pompejus' Zugriff preisgegeben. Tigranes erklärte sich für besiegt und wurde von Pompejus als König von Armenien bestätigt, mußte Rom indes sämtliche Gebiete ausliefern, die er sich in Kappadokien, Kilikien und Syrien angeeignet hatte. Pontus wurde römische Provinz. Im Jahre 64 v. Chr. wurde nach dem Zusammenbruch des letzten Restes der seleukidischen Macht auch Syrien als römische Provinz organisiert, und die angrenzenden Fürstentümer, darunter auch Judäa, mußten Rom als Oberherrn anerkennen.

4.

Den Römern ging in ihren neuen Besatzungsgebieten der Ruf voraus, ein äußerst raubgieriges Volk zu sein. Mithridates hatte sich während seines fünfundzwanzigjährigen Krieges gegen die Römer alle Mühe gegeben, seine Verbündeten und Nachbarn gegen sie einzunehmen. Als Beispiel für seine romfeindliche Propaganda ist ein Brief überliefert, den er um das Jahr 69 v. Chr. an Arsaces XII., König von Parthien, richtete:

> Für die Römer gibt es von alters her nur einen einzigen Grund, mit allen Nationen, Völkern und Königen Krieg zu führen, nämlich ihre bodenlose Gier nach Macht und Reichtum . . . Weißt Du nicht, daß die Römer, nachdem gegen Westen der Ozean ihrem Vordringen Einhalt gebot, ihre Waffen hierher gewendet haben? Und daß sie von allem Anfang an nur Geraubtes besitzen, Haus, Weib, Land und Reich? Daß sie einst ein zusammengelaufenes Volk waren ohne Vaterland und Eltern, geschaffen zum Unheil der Welt; daß sie kein menschliches und kein göttliches Recht hindert, Bundesgenossen und Freunde, nah und fern Wohnende, Schwache und Mächtige auszuplündern und zu verderben, und daß sie alles, was ihnen nicht dienstbar ist, am meisten aber Königreiche, für feindlich halten?[11]

Daß dies keine pure Erfindung war, wird in den Bekundungen um das Gemeinwohl besorgter Römer offenbar. So führte beispielsweise Cicero in der Rede, in welcher er für die Übertragung unbeschränkter Vollmachten an Pompejus zur endgültigen Beendigung des Krieges gegen Mithridates eintrat, folgendes aus:

> Es läßt sich kaum schildern, Quiriten, wie verhaßt wir bei den auswärtigen Völkern wegen des zügellosen Gebarens und der Ungerechtigkeiten derer sind, die wir in den letzten Jahren mit einer Kommandogewalt dorthin entsandt haben. Denn welcher geweihte Ort, meint ihr, sei unseren Beamten in diesen Ländern heilig, welche Stadt unverletzlich, welches Haus verschlossen und verwahrt genug gewesen? Man muß schon nach reichen und wohlversehenen Städten suchen, gegen die man wegen der Aussicht auf Plünderung einen Kriegsgrund geltend machen könnte . . .

---

[11] Sall. *hist.* frag. IV, 69, 1—23 (ed. A. Kurfess, *C. Sallustius Crispus*, Bibliotheca Teubneriana, Leipzig 1954, S. 162—164; Übersetzung W. Eisenhut).

Was glaubt ihr: daß ihr eure Heere zum Schutze der Bundesgenossen gegen den Feind ausschickt? Oder gegen die Bundesgenossen und Freunde, unter dem Vorwand, es gehe gegen den Feind? Welche Stadt in Asien vermag der Anmaßung und dem Hochmut nicht etwa eines Oberbefehlshabers oder Legaten, sondern auch nur eines einzigen Militärtribunen Genüge zu tun?[12]

Um die römische Herrschaft für die unterworfenen Völker einigermaßen erträglich zu gestalten, bedurfte es ganz offensichtlich einer übergeordneten Instanz, die der Raubgier der Provinzstatthalter Zügel anlegte.

Die Wirksamkeit von Mithridates' Propaganda in Westasien läßt sich aus dem Widerhall ablesen, den sie in dem kurz vor der Besetzung Judäas durch die Römer im Jahre 63 v. Chr. verfaßten Qumran-Kommentar zum Buch Habakuk findet; dort werden die chaldäischen Eindringlinge des Habakuk als die „Kitti'im" oder „Kittim" umgedeutet, in welchen man unschwer (wie auch in Dan 11, 30) die Römer wiedererkennt:

Furcht und Schrecken vor ihnen liegt auf allen Völkern. Und mit Absicht ist all ihr Sinnen darauf gerichtet, Böses zu tun, und mit List und Trug gehen sie mit allen Völkern um . . . Sie zerstampfen das Land mit ihren Rossen und mit ihren Tieren. Und von fernher kommen sie, von den Inseln des Meeres, um alle Völker zu fressen wie ein Geier, ohne Sättigung zu finden. Und in Grimm und Wut, in glühendem Zorn und wütendem Schnauben reden sie mit allen Völkern . . . Sie spotten über viele und verachten Angesehene; über Könige und Fürsten machen sie sich lustig und spotten über viel Volk . . . Sie bringen ihren Zeichen Opfer, und ihre Kriegswaffen sind Gegenstand ihrer Verehrung . . . Sie verteilen ihr Joch und ihre Fronlast, ihre Speise, auf alle Völker Jahr um Jahr, so daß sie viele Länder verwüsten . . . Sie vernichten viele mit dem Schwert, Knaben, Männer und Greise, Weiber und Kinder, und sogar mit der Frucht im Mutterleibe haben sie kein Erbarmen.[13]

In den Augen des Qumran-Kommentators sollten die Kittim jedoch das Gottesgericht gegen die Hasmonäer vollziehen, die das Amt des Hohenpriesters, das von Rechts wegen den Söhnen des Zadok zustand, usurpiert hatten — wenn er auch der Ansicht zuneigte, die Kur könne sich als schlimmer erweisen denn die Krankheit.

Auch in den *Psalmen Salomos* (um 50 v. Chr.) figurieren die Römer als die Vollzieher des Gottesgerichts gegen die Hasmonäer; allerdings wird hier den letzteren nicht zum Vorwurf gemacht, daß sie sich widerrecht-

---

[12] Cicero, *Pro Lege Manilia* 65 f. (66 v. Chr.). (Übersetzung M. Fuhrmann.)

[13] 1 QpHab III, 4—VI, 12 (zu Hab 1, 7—17). (Übersetzung E. Lohse.) Die „Kittim" des Habakuk-Midraschs sind auch als die seleukidischen Streitkräfte unter Antiochus IV. interpretiert worden; vgl. z. B. H. H. Rowley, „The Kitim and the Dead Sea Scrolls", *PEQ* 88 (1956), S. 92 ff. Siehe S. 118.

lich das zadokidische Hohepriesteramt aneigneten, sondern daß sie „Davids Thron verwüsteten“ (*PsSal* 17, 8).

Du aber, Gott, warfst sie nieder und nahmst ihren Samen aus dem Lande hinweg,
Indem ein Ausländer gegen sie auftrat, der nicht von unserem Geschlecht war.
Nach ihren Sünden vergaltst du ihnen, Gott,
Daß ihnen zuteil ward, was sie verdient haben.
Gott hat sich ihrer nicht erbarmt;
Er hielt Untersuchung in ihrem Geschlecht und ließ keinen von ihnen los.
Getreu ist der Herr in allen seinen Gerichten,
die er auf Erden übt.[14]

Der „Ausländer, der nicht von unserem Geschlecht war“, ist Pompejus, in dessen Triumphzug Aristobul II. und seine Söhne, zusammen mit vielen anderen edelgeborenen Juden, im Jahre 65 v. Chr. als Gefangene mitgeführt wurden. Doch wie der Qumran-Kommentator beklagt auch der Psalmist die Grausamkeit der Römer:

Der Gottlose hat unser Land von seinen Bewohnern entblößt;
Jung und Alt und ihre Kinder zumal haben sie weggenommen.
In seinem grimmen Zorn schickte er sie weg bis ins Abendland,
Und die Obersten des Landes gab er preis der Verspottung, schonungslos.
In seiner Barbarei tat der Feind Vermessenes,
Und sein Herz war ferne von unserem Gott.[15]

Ein Willkürakt des Pompejus empörte die Juden ganz besonders: Als er den Tempelbereich in Jerusalem erstürmt hatte, verschaffte er sich gewaltsam Einlaß in den Tempel und drang sogar in das Allerheiligste, den Thronraum des Gottes Israels, ein, der das ganze Jahr über fest verschlossen blieb und nur ein einziges Mal, am Versöhnungstag, vom Hohenpriester betreten wurde, der dort in Jahwes unsichtbarer Gegenwart für das Volk ein Sühneopfer darbrachte. Daß ein heidnischer Soldat ungeachtet der Proteste der Priester hier eindrang, galt den Juden als unerhörtes Sakrileg. Als fünfzehn Jahre später der von Julius Caesar bei Pharsalus in Thessalien besiegte Pompejus nach Ägypten floh und bei seiner Landung von Mörderhand fiel, erinnerte sich mancher seiner Freveltat und stellte fest, daß ihn die göttliche Rache endlich ereilt habe. Zu ihnen gehörte einer aus dem Kreis, in dem die *Salomo-Psalmen* entstanden:

---

[14] *PsSal* 17, 8—12. (Übersetzung R. Kittel.)

[15] *PsSal* 17, 13—15. Aus der Nähe betrachtet, nahmen sich die Römer anders aus als in der idealisierenden, einige Jahrzehnte früher verfaßten Schilderung des ersten Makkabäerbuches (8, 1—16).

Es dauerte nicht lange, da stellte mir Gott seinen Übermut dar,
Ihn selbst durchbohrt an den Bergen Ägyptens,
Verachteter als der geringste zu Land und zu Wasser,
Seinen Leichnam umhergetrieben auf den Wogen in gewaltiger Brandung,
Und niemand begrub ihn, denn er gab ihn der Verachtung preis.[16]

5.

Nach der Eroberung Judäas durch Pompejus wurde Hyrkanus II. im Amt des Hohenpriesters und als nomineller Führer der Nation bestätigt, doch war diese jetzt den Römern tributpflichtig und büßte die Herrschaft über die benachbarten griechischen und samaritanischen Gebiete ein, die die Hasmonäer erobert und ihrem Königreich einverleibt hatten.

Während der nächsten dreißig Jahre wurden Judäa und die Provinz Syrien, der es angegliedert war, auf Grund ihrer Lage an der Ostgrenze des römischen Einflußbereichs in die imperiale Politik und in Roms Beziehungen mit den Nachbarreichen Ägypten und Parthien hineingezogen. Antipater, der der wahre Machthaber hinter Hyrkanus' Thron blieb, agierte sehr geschickt und verstand es, sich den Römern in wachsendem Maße nützlich zu machen, vor allem dem Julius Caesar, als dieser im Winter 48/47 v. Chr. in der Burg von Alexandrien belagert wurde.

In Anerkennung seiner Verdienste machte Caesar Antipater zum abgabefreien römischen Reichsbürger und verlieh ihm den Titel eines Prokurators von Judäa. Er durfte die Mauern von Jerusalem, die Pompejus hatte schleifen lassen, wieder aufbauen; Judäas Tributzahlungen wurden ermäßigt und den Juden eine Anzahl weiterer Konzessionen eingeräumt.

Caesars Ermordung im Jahre 44 v. Chr. war ein harter Schlag für die Juden, doch unterstützte Antipater weiterhin die Vertreter Roms im Orient, wer immer das auch gerade sein mochte. Er fiel selber im Jahre 43 v. Chr. von Mörderhand, doch setzten seine Söhne Phasael und Herodes die väterliche Politik fort, und als die Anhänger Caesars unter der Führung von Oktavian, Caesars Adoptivsohn, und Antonius das Heer der Anticaesarianer 42 v. Chr. bei Philippi besiegten und der östliche Teil des Reiches dem Antonius anheimfiel, wurden Phasael und Herodes zu Tetrarchen von Judäa ernannt.

Im Jahre 40 v. Chr. wurden die Provinzen Syrien und Judäa von den Parthern besetzt, die den Hasmonäer (und Sohn Aristobuls II.) Antigo-

[16] *PsSal* 2, 30—32.

nus als Priesterkönig der Juden in Jerusalem auf den Thron hoben. Phasael wurde gefangengenommen und getötet; Herodes flüchtete nach Rom, wo ihn der Senat auf Antrag von Antonius und Oktavian zum König der Juden erklärte.

Die Rückeroberung Judäas war nicht leicht; sie wurde im Oktober 37 v. Chr. abgeschlossen, als Herodes mit Unterstützung römischer Truppen Jerusalem nach dreimonatiger Belagerung einnahm. Antigonus wurde in Ketten nach Antiochien geschafft und dort auf Herodes' Ersuchen hingerichtet.

Herodes' dreiunddreißig Jahre währende Regierungszeit begann somit unter Umständen, die kaum dazu angetan waren, ihm die Ergebenheit seiner Untertanen zu sichern. Obwohl er die hasmonäische Prinzessin Mariamne (eine Großtochter der beiden feindlichen Brüder Hyrkanus II. und Aristobul II.) zu seiner Königin erwählte und, um sie heiraten zu können, seine erste Gattin Doris verstieß, sahen die Juden weiterhin in ihm einen idumäischen Emporkömmling, der das Königtum über die Leiche des rechtmäßigen Königs, Antigonus, hinweg an sich gebracht hatte.

Herodes erwies sich gleichwohl als tüchtiger, wenn auch rücksichtsloser Herrscher und gab den Römern zu keiner Zeit Anlaß, seine Ernennung zum König der Juden zu bereuen. Im In- und Ausland vertrat er stets die römischen Interessen und sah in der Tat keinerlei Widerstreit zwischen den Belangen Roms und denen seines Königreichs und seiner Untertanen. Nach seiner Auffassung entsprach ihren Interessen, einschließlich der Bewahrung ihrer religiösen Freiheit, am ehesten die Integration in den römischen Machtbereich.

Beträchtliche Sorgen verursachten ihm in den ersten Jahren seiner Regierung die begehrlichen Blicke, die Kleopatra VII. von Ägypten auf sein Reich warf. Zwar war er mit Antonius befreundet, doch stand dieser gleichzeitig so sehr unter dem Einfluß der Kleopatra, daß die Gefahr drohte, sie würde schließlich ihren Willen durchsetzen und Judäa ihrem Reich einverleiben, wie es ihre Vorfahren, die ersten Ptolemäer, getan hatten. In der Tat gelang es ihr, sich die Einkünfte einiger besonders wohlhabender Teile Judäas, namentlich Jerichos und des umliegenden Gebiets, zu sichern. Sie bemühte sich auch, Zwietracht zwischen Herodes und seinem Nachbarn im Osten, dem König der nabatäischen Araber, zu säen, in der Hoffnung, davon zu profitieren.

Die Freundschaft zwischen Kleopatra und seiner Schwiegermutter Alexandra, der Tochter Hyrkanus' II., machte Herodes' Stellung während dieser Jahre noch unsicherer, als sie ohnehin schon war. Nach der Absetzung und Hinrichtung des Antigonus konnte Hyrkanus II. nicht erneut Hoherpriester werden, weil jener ihm die Ohren hatte abschneiden lassen, um zu verhindern, daß er jemals das heilige Amt zurückerlange. Der nächste Anwärter unter den Hasmonäern war Mariamnes Bruder, der damals siebzehnjährige Aristobul III. Auf Alexandras Betreiben ernannte Herodes den Knaben im Jahre 36 v. Chr. zum Hohenpriester. Einige Monate später kam Aristobul jedoch bei einem Badeunfall ums Leben, und Herodes geriet in den Verdacht, seine Hand dabei mit im Spiel gehabt zu haben. Die Mutter des Knaben war fest von Herodes' Schuld überzeugt und bestürmte in ihrer Empörung Kleopatra, sie möge Antonius veranlassen, das angebliche Verbrechen aufzudecken. Antonius befahl Herodes zu sich nach Laodizea in Nordsyrien, sprach ihn jedoch von der Mordanklage frei, indem er zu Kleopatra bemerkte, wer die Würde und Macht eines Königs besitze, müsse nach Recht und Billigkeit auch freien Gebrauch davon machen dürfen.[17] Wie hätte ausgerechnet Kleopatra einer solchen Logik widersprechen können!

Die wachsende Spannung im Römerreich zwischen Antonius und Kleopatra auf der einen und Oktavian auf der anderen Seite entlud sich im Jahre 31 v. Chr. in der Schlacht bei Actium in Westgriechenland, die mit der vollständigen Niederlage der Erstgenannten endete. Sie flohen nach Ägypten, wo sie beide im darauffolgenden Jahr Selbstmord begingen. Oktavian war jetzt der unumstrittene Beherrscher des Römerreichs und als solcher der Vertreter der römischen Macht, mit dem Herodes es von nun an bis an sein Lebensende zu tun hatte. Schon bald nach seinem Sieg von Actium bestellte Oktavian ihn zu sich nach Rhodos. Herodes war mehr als bänglich zumute, wußte doch jedermann, daß er Antonius' Freund gewesen war. Er versuchte nicht, Oktavian gegenüber seine frühere Freundschaft mit Antonius zu leugnen, versicherte ihm aber, er werde in ihm einen ebenso zuverlässigen Freund und Verbündeten finden wie seinerzeit Antonius. Oktavian erkannte seinerseits, daß es Rom nur zum Besten dienen würde, wenn Herodes König der Juden blieb, und bestätigte ihn daher in seinem Königtum. Er erhielt das Gebiet um die Stadt Jericho zurück, das Kleopatra ihm genommen hatte, und bekam überdies eine Anzahl griechischer Städte an der Mittelmeerküste und zu beiden Seiten des Jordans.

---

[17] Ios. *ant. Iud.* XV, 76.

6.

Im Januar 27 v. Chr. legte Oktavian nach der Befriedung des gesamten Römerreichs „den Staat wieder in die Hände des Senats und des römischen Volkes".[18] Er selbst erhielt auf Zuruf hin den Titel *princeps* („der Erste im Staate") und empfing neben anderen Ehrungen den Namen Augustus, den er fortan allein führte. In Wirklichkeit behielt er sämtliche Zügel fest in der Hand, doch war er sich bewußt, daß ihm die Restauration der Formen und Bezeichnungen der alten Republik in psychologischer und diplomatischer Hinsicht mancherlei Vorteile bringen würde.

Als Augustus den Staat wieder in die Hände des Senats und des römischen Volkes legte, gab er auch die Provinzen zurück, von denen viele damals von ihm unmittelbar unterstehenden Beamten verwaltet wurden. Er wurde sogleich gebeten, die Verantwortung für die Verwaltung einiger der wichtigsten dieser Provinzen zu übernehmen, und erklärte sich dazu bereit. Es heißt oft, er habe diejenigen Provinzen direkt verwaltet, welche die Anwesenheit eines stehenden Heeres erforderten, während die friedlicheren Provinzen der Jurisdiktion des Senats unterstellt worden seien. Das ist im großen und ganzen richtig, wenn auch nicht völlig zutreffend. Augustus war der Oberkommandierende des römischen Heeres, folglich lag es nahe, daß Provinzen, die römisches Militär zur Verteidigung gegen äußere Feinde (wie zum Beispiel entlang den Grenzen von Rhein, Donau und Euphrat) oder zur Sicherung im Innern brauchten, von ihm durch einen seiner Beamten verwaltet wurden. Doch selbst jene Provinzen (wie Asia und Achaja), die nominell dem Senat unterstanden und von Prokonsuln regiert wurden, die der Senat ernannt hatte, standen in Wirklichkeit unter der Kontrolle des Augustus und seiner Nachfolger. Den Willen des Prinzeps zu ignorieren, konnte sich weder der Senat leisten, wenn er einen Prokonsul ernannte, noch der Prokonsul bei der Verwaltung seiner Provinz.

Die Provinzen, in denen Legionstruppen stationiert werden mußten (wie Galatien und Syrien), wurden von einem kaiserlichen Legaten, dem *legatus pro praetore,* verwaltet. Im Jahre 6 n. Chr. wurde Judaä römische Provinz, und in den folgenden Jahren lagen dort nicht Legions-, son-

---

[18] Sein eigener Leistungsbericht findet sich in den *Res gestae divi Augusti,* die er kurz vor seinem Tode (14 n. Chr.) abschloß und die in dem zweisprachigen *Monumentum Ancyranum* überliefert sind: „in consulatu sexto et septimo, po[stquam b]ella [civil]ia exstinxeram, per consensum universorum [potitus reru]m om[n]ium, rem publicam ex mea potestate in senat[us populique Rom]ani [a]rbitrium transtuli" (§ 34).

dern Auxiliartruppen in Garnison, und deshalb hatte dort kein kaiserlicher Legat die Regierung inne, sondern ein dem Ritterstand angehörender Beamter geringerer Rangstufe, der *praefectus* oder *procurator*.[19]

Die Prokonsuln von Asia und Africa waren normalerweise ehemalige Konsuln, die Prokonsuln der anderen senatorischen Provinzen ehemalige Prätoren. In beiden Fällen gehörten die Prokonsuln dem Senatorenstand an. Das gleiche gilt von den kaiserlichen Legaten, die entweder ehemalige Konsuln oder ehemalige Prätoren waren.

Ägypten wurde von einem Präfekten regiert, den der Prinzeps persönlich ernannte; er hatte eine Legionsgarnison unter seinem Kommando, kam aber stets aus dem Ritterstand.

Eine Anzahl Gebiete, namentlich im Osten, wurde, bei voller Wahrung der römischen Interessen, von eingeborenen „Klientelkönigs"-Dynastien regiert. Judäa unter den Herodiern von 40 v. Chr. bis 6 n. Chr. und erneut von 41—44 n. Chr. ist ein Beispiel, ein weiteres ist Kappadokien, über das eine eingeborene Dynastie herrschte, bis Tiberius 17 n. Chr. nach dem Tod des hochbetagten Königs Archelaus den größten Teil des Landes annektierte und als römische Provinz organisierte. Südöstlich von Kappadokien und nördlich von Syrien lag Kommagene, dessen König Antiochus III. fast zur gleichen Zeit wie Archelaus starb; sein Königreich wurde zur Provinz Syrien geschlagen. Zwanzig Jahre später gab Caligula es indessen seinem Sohn Antiochus IV. zurück und gestattete diesem, seine Herrschaft im Westen bis zur Ostgrenze von Galatien auszudehnen sowie einen Küstenstreifen zwischen Pamphylien und Kilikien in Besitz zu nehmen. Drei Jahre später büßte Antiochus IV. sein neues Königtum wieder ein, aber Claudius gab es ihm, als er 31 n. Chr. Kaiser wurde, zurück, und er regierte noch lange Zeit als Freund und Verbündeter Roms.

Einige Städte in den römischen Ostprovinzen genossen einen Sonderstatus und waren mehr oder weniger unabhängig von der Provinzialverwaltung. So existierten zum Beispiel römische Kolonien — Siedlungen römischer Bürger, die eine der stadtrömischen nachgebildete Munizipalverfassung erhielten und zwei Höchstmagistrate, *duoviri* oder, wie sie sich oft lieber betiteln ließen, Prätoren hatten. Diese Kolonien wurden

---

[19] *Praefectus Iudaeae* ist der Titel des Pontius Pilatus auf der seinen Namen aufweisenden Inschrift, die 1961 bei der Ausgrabung des Theaters in Cäsarea entdeckt wurde; vor der Regierungszeit des Claudius führten die Statthalter von Judäa den Titel *procurator* wahrscheinlich noch nicht. Siehe A. N. Sherwin-White, *Roman Society and Roman Law in the First Century*, Oxford 1963, S. 6 ff.

bisweilen entlang den großen Straßen an strategisch wichtigen Punkten zwecks Sicherung der imperialen Interessen Roms gegründet; mitunter bildeten sie auch eine günstige Möglichkeit, ausgedienten Soldaten eine Bleibe zu geben. So gaben Antonius und Oktavian nach der Besiegung des (von Brutus und Cassius angeführten) Heeres der Caesarmörder bei Philippi 42 v. Chr. dieser alten mazedonischen Stadt eine neue Verfassung als römische Kolonie, nannten sie *Colonia Iulia* und siedelten ihre Veteranen dort an. Elf Jahre später siedelte Oktavian nach seinem Sieg über Antonius bei Actium in der neuen Kolonie eine Gruppe Italiker an, die auf Antonius' Seite gekämpft hatten und ihr Land jetzt an Oktavians Veteranen abtreten mußten, und erweiterte den offiziellen Namen der Kolonie in *Colonia Augusta Iulia Philippensis.* Obschon in der Apostelgeschichte mehrere römische Kolonien erwähnt werden, ist Philippi doch die einzige, die Lukas ausdrücklich als solche erwähnt. Ihre Bürger sind sich ihrer überlegenen Würde als Römer durchaus bewußt, und ihre beiden Höchstmagistrate, die den hochtrabenderen Titel Prätoren führen, werden, wie es bei solch höheren römischen Beamten Brauch war, von ihren Liktoren begleitet; mit den Ruten der Liktoren, die in Bündeln *(fasces)* getragen wurden, wurden Paulus und Silas ausgepeitscht.[20]

Eine weitere römische Kolonie war Korinth. Die Stadt hatte ein Jahrhundert lang verlassen dagelegen und wurde im Jahre 46 v. Chr. von Caesar als Kolonie neu gegründet und erhielt die amtliche Bezeichnung *Laus Iulia Corinthus;* es zählte zu den Kolonien, in welchen Caesar einen Teil des wachsenden stadtrömischen Proletariats ansiedelte.

Bevor die Römer darangingen, einen großen Teil des Orients als Provinzen ihres Reiches zu organisieren, hatte sich zu verschiedenen Zeiten eine Anzahl griechischer Stadtstaaten mit ihnen verbündet, die auch später noch einen Sonderstatus als freie oder föderierte Städte genossen. So war beispielsweise Athen, großenteils mit Rücksicht auf seine ruhmvolle Vergangenheit, eine autonome, tributfreie *civitas foederata* und als solche von der Regierung der Provinz Achaja, in welcher es lag, unabhängig. Das in der Provinz Asia gelegene Ephesus war eine freie Stadt *(civitas libera)* mit eigenem Senat und eigener Volksversammlung und sonnte sich in seinem religiösen Nimbus als „Tempelpflegerin *(neōkoros)* der Artemis".[21] Solche Vorrechte waren indessen ausschließlich vom Wohlwollen der Römer abhängig, wie aus dem Bericht über die tumultuöse Versammlung im Theater zu Ephesus am Ende von Kapitel 19 der Apostel-

[20] Apg 16, 22; die Liktoren werden *rabduchoi* „Rutenbündelträger", genannt (Apg 16, 35.38). Siehe Teil II, Kap. 9/1.
[21] Vgl. Apg 19, 35; siehe Teil II, Kap. 25/3.

geschichte erhellt. Der Sekretär des *dēmos* gibt durch die Ausdrucksweise, deren er sich in seiner vermittelnden Rede bedient, zu erkennen, daß er in großer Sorge ist, die römischen Behörden könnten die Stadt zur Strafe für das aufrührerische Verhalten ihrer Bürger ihrer Privilegien berauben; „Wir stehen in Gefahr, des Aufruhrs angeklagt zu werden wegen des heutigen Tages, weil kein Grund vorhanden ist, mit dem wir über diese Zusammenrottung Rechenschaft ablegen könnten" (Apg 19, 40).

Die Geschichte, ja die Existenz einiger orientalischer Städte war derart mit ihrer kultischen Bedeutung verflochten — manche waren um einen Tempel herum entstanden —, daß sie Sonderverfassungen als Tempelstädte hatten. Solch eine Stadt war Hierapolis in Syrien, das Zentrum des Kultus der Atargatis (der „syrischen Göttin" des Lukian). Eine weitere war Jerusalem. Sowohl das Perserreich wie die Ptolemäer und Seleukiden, die nacheinander die Nachfolge Alexanders des Großen antraten, hatten die Stadt samt dem umliegenden Gebiet von Judäa als Tempelstaat anerkannt, doch Antiochus Epiphanes hatte ihre Sonderverfassung aufgehoben. Laut dieser Verfassung stand der Hohepriester an der Spitze der innerstaatlichen Verwaltung, während die Reichsinteressen von einem persischen und später einem griechischen Statthalter wahrgenommen wurden. Eine ähnliche Regelung trat nach dem Jahre 6 n. Chr. erneut in Geltung, und zwar wurden die inneren Angelegenheiten Judäas dem Hohenpriester anvertraut, der dem Hohen Rat präsidierte, während der Prokurator über die Interessen Roms, die stets die Aufrechterhaltung der öffentlichen Ordnung einschlossen, zu wachen hatte. Die Römer achteten die Heiligkeit der Stadt; so durften beispielsweise aus Rücksicht auf die Bedenken der Juden gegen jegliche „Schnitzbilder", die sich auf das zweite Gebot des Dekalogs gründeten, keine römischen Miltärstandarten mit dem Bild des Kaisers in die Stadt gebracht werden. Zufälligerweise hob die übliche griechische Form des Namens Jerusalem (*Hierosolyma* = „Stadt des Salem" oder „Wohnung des Friedens") anscheinend den heiligen Charakter der Stadt hervor, ist sie doch in Analogie zu Komposita gebildet, deren erstes Glied *hieros,* „heilig", ist.[22]

---

[22] Nach dem phantasievollen alexandrinischen Schriftsteller Lysimachus hieß die Stadt ursprünglich „wegen der diesbezüglichen Neigungen der Juden" Hierosyla (aus gr. *hierosylos,* „Tempelräuber", wie in Apg 19, 37). „Sie änderten den Namen später, nachdem sie dort die Macht erlangt hatten, um die darin enthaltene schändliche Beschuldigung zu tilgen, und nannten die Stadt Hierosolyma und sich selber Hierosolymiten" (zitiert von Josephus *Apion* I, 311). Tacitus erwähnt eine Theorie, nach der die Juden auf der Insel Kreta beheimatet waren; die Solymer, ein von Homer (*Iliad* VI, 184; Odyssee V, 282) erwähnter kretischer Volksstamm, „sollen die Stadt Hierosolyma gegründet und nach ihrem eigenen Namen genannt haben" (*hist.* V, 2).

ZWEITES KAPITEL

Die Teilung des Herodesreiches

1.

Die Beseitigung der heimtückisch-habgierigen Kleopatra und die Anerkennung seiner Herrschaft durch den unumstrittenen Gebieter über die Mittelmeerwelt gewährte Herodes keine Atempause, vielmehr trat eine Fülle neuer Probleme an die Stelle jener, die der Sieg von Actium aus dem Wege geräumt hatte.

Allerdings behandelten ihn nicht nur der Kaiser, sondern auch der vertraute Freund und Schwiegersohn des Prinzeps, Marcus Agrippa, viele Jahre hindurch mit Wohlwollen. Herodes verwaltete sein Reich mit großem Geschick und bewies, daß er den Titel „verbündeter König"[1] verdiente. Als Aelius Gallus im Jahre 25 v. Chr. auf Augustus' Geheiß den erfolglosen Zug gegen die in Südarabien ansässigen Sabäer unternahm, stellte Herodes ihm 500 Mann Hilfstruppen zur Verfügung.[2] Tatsächlich vertraute Augustus ihm derart rückhaltlos, daß er sich nach der Unterdrückung des Aufstandes in den ostjordanischen Gebieten nördlich des Jarmuk[3] entschloß, ihre Befriedung dadurch zu sichern, daß er sie in Herodes' Reich eingliederte (23—20 v. Chr.), das damit fast dieselbe Ausdehnung erlangte wie tausend Jahre zuvor das Reich Israel unter David und Salomon.

Auch wenn sich Herodes weiter nicht hervorgetan hätte, wäre er allein durch seine Bauunternehmen in die Geschichte eingegangen. Einige seiner Bauwerke dienten der Verteidigung. So baute er zu Beginn seiner Regierungszeit in Jerusalem die nordwestlich des Tempelgebiets gelegene hasmonäische Festung Baris wieder auf und benannte sie seinem Freund und Gönner Antonius zu Ehren Antonia. Weitere Verteidigungsanlagen entstanden in Jerusalem und in Jericho, Festungen in Masada (am Westufer des Toten Meeres), Machairus (östlich des Toten Meeres), Herodeion (nahe Jerusalem), einem anderen Herodeion (an der nabatäischen Gren-

---

[1] *Rex socius.* Josephus, *ant. Iud.* XVII, 246, bezeichnet Herodes als „Freund und Verbündeten" des Augustus, doch ist ungewiß, ob er sich wirklich *socius et amicus populi Romani* nennen durfte.
[2] Ios *ant. Iud.* XV, 317; Strab. XVI, 4, 23.
[3] Die Trachonitis, Batanäa, Auranitis und Ituräa genannten Gebiete.

ze) und Alexandreion (nahe Jericho). Herodes gründete ferner mehrere neue Städte: Antipatris und Phasaelis wurden nach Mitgliedern seiner Familie benannt, Agrippeion oder Agrippias (das wiederaufgebaute Anthedon) nach dem Freund des Kaisers, Agrippa, Sebaste (das restaurierte Samaria) und Caesarea (vorher Stratonsturm) an der Mittelmeerküste nach dem Kaiser selbst. Die Bauzeit für Caesarea, das einen großen künstlichen Hafen bekam und die wichtigste Hafenstadt des Landes wurde, währte zwölf Jahre (22—10 v. Chr.).

Durch seine Bauwerke machte Herodes sich weit über Judäa hinaus einen Namen. Er errichtete Tempel oder andere öffentliche Gebäude in Athen, Sparta, auf Rhodos und in anderen Großstädten der griechischen Welt; die Hauptstraße von Antiochia in Syrien versah er mit einem neuen Pflaster und einem Säulengang. Seine strenggläubigen jüdischen Untertanen verübelten es ihm zwar sehr, daß er sowohl in fremden Ländern wie auch in den hellenistischen Städten Judäas heidnischen Gottheiten Tempel errichtete, sie konnten ihm indessen nicht vorwerfen, er wende mehr Mittel dafür auf als für den Tempel des Gottes Israel in Jerusalem. Der Wiederaufbau des Nationalheiligtums war sein größtes Bauunternehmen. Er setzte es zu Anfang des Jahres 19 v. Chr. ins Werk: eintausend Leviten wurden dafür ausgebildet und erwiesen sich als derart tüchtig, daß die Tempelopferdienste die ganze Zeit hindurch ohne Unterbrechung vollzogen werden konnten. Der äußere Vorhof wurde erweitert und mit Säulengängen umgeben und das gesamte Tempelgebiet mit prächtigen Durchgängen und anderen Bauten ausgestattet. Der ganze Gebäudekomplex erlangte Weltberühmtheit. Die erste Phase des Wiederaufbaus, nach deren Abschluß die offizielle Weihung erfolgte, dauerte zehn Jahre. Danach blieb jedoch noch sehr viel zu tun: erst 63 n. Chr., sieben Jahre vor der Zerstörung, wurden die Bauarbeiten beendet.

Der von Natur aus verschwenderische Herodes muß Riesensummen für seine Bauten und für seine Hofhaltung ausgegeben haben. Er verfügte über beträchtliche private Einkünfte; u. a. bekam er (seit 12 v. Chr.) die Hälfte des Ertrages der Kupferminen auf Zypern, wofür er Augustus 300 Talente zahlte.[4] Einen großen Teil seiner Ausgaben muß er jedoch aus Steuererträgnissen finanziert haben. Er war sich vermutlich bewußt, wie schwer seine Untertanen an dieser Last zu tragen hatten, und bemühte sich hin und wieder, sie zu erleichtern. So erließ er ihnen im Jahre 20 v. Chr. ein Drittel ihrer Steuern und sechs Jahre später ein Viertel. Als das Land 25 v. Chr. von einer schweren Hungersnot heim-

[4] Ios *ant. Iud.* XVI, 128.

gesucht wurde, sorgte er unverzüglich für Abhilfe und ließ sogar aus dem Palastgeschirr Münzen schlagen.[5] Beliebtheit bei seinen jüdischen Untertanen verschaffte ihm jedoch keine dieser Maßnahmen. Je mehr er ihnen gegenüber sein Judentum betonte, desto weniger verzeihlich erschienen ihnen seine Verbeugungen vor der heidnischen Religion. Wenn er den Tempel Jahwes in Jerusalem wiederaufbaute, war es um so unerträglicher, daß er anderwärts Götzentempel errichtete. Was bedeutete es schon, daß er darauf bestand, Sylläus, der nabatäische Wesir, könne seine Schwester Salome nur heiraten, wenn er sich zuvor beschneiden lasse, andererseits aber in Batanäa in einem heidnischen Tempel sein Standbild aufstellen ließ?[6]

Pharisäern, die ihm ihre Bedenken mitteilten, begegnete er stets mit der schuldigen Achtung, und führende Pharisäer wie Pollio und Samaias[7] konnten sich nicht über Geringschätzung beklagen, ja, er verzichtete sogar auf ihre Bestrafung, als sie ihm den Treueid, den er im Jahre 17 v. Chr. von allen seinen Untertanen forderte, verweigerten.[8] In seinen späteren Jahren empörte ihn die Widerspenstigkeit der Pharisäer jedoch in steigendem Maße. Diejenigen Pharisäer — d. h. fast ihre gesamte Partei —, die sich zehn Jahre später weigerten, dem Kaiser und Herodes einen neuen Treueid zu schwören, wurden sämtlich gemaßregelt.[9] Als gegen Ende seiner Regierungszeit eine Anzahl pharisäischer „Theologiestudenten", von ihren Lehrern aufgestachelt, den riesigen goldenen Adler, den Herodes über das Portal der Jerusalemer Tempelvorhalle hatte setzen lassen — in ihren Augen eine flagrante Verletzung des zweiten Gebotes — herunterrissen, bestrafte er sie hart.[10]

Außerordentlich unglücklich wirkte sich Herodes' Familienleben aus. Seine Verbindung mit der hasmonäischen Prinzessin Mariamne vermochte sein Ansehen in Judäa nicht zu erhöhen, bewirkte aber, daß die Kinder aus dieser Ehe, da sie hasmonäisches Blut in den Adern hatten, Sympathien genossen, die die Juden ihrem Vater versagten. Zwei von ihnen, Aristobul und Alexander, setzte Herodes schon frühzeitig zu sei-

---

[5] Ios. *ant. Iud.* XV, 299—316.

[6] *OGIS* 415: die Inschrift (aus Si'a) lautet: *[ba]silei Herōdei kyriō Obaisatos Saodou ethēka ton andrianta tais emais dapana[is]*. Der Stifter gehörte offenbar zu den 3000 idumäischen Kolonisten, die Herodes dort angesiedelt hatte (Ios. *ant. Iud.* XVI, 285).

[7] Man hat die beiden versuchsweise mit Abtalion und Schemaja identifiziert, die in *Pirqe Abot* 1, 10 f. als die beiden führenden Schriftgelehrten in der Generation vor Hillel und Schammai erwähnt werden. Siehe S. 77.

[8] Ios. *ant. Iud.* XV, 370.

[9] Ios. *ant. Iud.* XVII, 42.

[10] Ios. *ant. Iud.* XVII, 151—167.

nen Erben ein. Ihre Mutter ließ der krankhaft eifersüchtige Gatte hinrichten, als sie noch kleine Jungen waren (29 v. Chr.), sie selbst aber wurden in Rom für ihr künftiges Amt erzogen. Später verdächtigte Herodes sie jedoch, eine Verschwörung gegen ihn im Schilde zu führen, und ließ sie ebenfalls hinrichten (7 v. Chr.).

Herodes' Argwohn gegen Mariamnes Söhne wurde von deren älterem Halbbruder Antipater geschürt, seinem Sohn aus der Ehe mit seiner ersten Frau Doris, die er dreißig Jahre zuvor verstoßen hatte, um Mariamne zu heiraten. Als Mariamnes Söhne aus dem Wege geräumt waren, sah sich Antipater am Ziel seiner Wünsche und trat als Thronfolger an ihre Stelle, ja, sein Vater machte ihn praktisch zum Mitkönig.[11]

Doch schon bald begann Herodes, auch Antipater zu mißtrauen, den er verdächtigte, ihm nach dem Leben zu trachten. Anstelle von Antipater wurde daher einer seiner Halbbrüder zum Kronprinzen ernannt — Herodes, der Sohn von Mariamne II. (der Tochter des Hohenpriesters Simon Boethus, die Herodes im Jahre 23 v. Chr. an Stelle der Hasmonäerin Mariamne heiratete). Im Jahre 5 v. Chr. fiel dieser Sohn jedoch ebenfalls in Ungnade, Herodes trennte sich von Mariamne II. und enthob ihren Vater seines Amtes als Hoherpriester.[12] Zum Thronerben ernannte er nunmehr seinen jüngsten Sohn, Antipas.[13] Dieser entstammte der Verbindung mit einer Nebenfrau, einer Samaritanerin mit Namen Malthake. Antipas hatte einen älteren Bruder, Archelaus, doch überging Herodes ihn damals, da Antipater ihm Mißtrauen gegen ihn eingeflüstert hatte.

Herodes litt zu dieser Zeit bereits an der Krankheit, an der er im März des Jahres 4 v. Chr. starb. Vier oder fünf Tage vor seinem Tode ließ er Antipater hinrichten und änderte das Testament noch einmal dahin, daß sein Reich nunmehr zwischen dreien seiner Söhne aufgeteilt werden sollte: Antipas sollte als Tetrarch über Galiläa und Peräa herrschen, sein Vollbruder Archelaus Judäa (einschließlich Samaria und Idumäa) sowie die Königswürde bekommen, während Philippus, ein Sohn aus Herodes' Ehe mit Kleopatra von Jerusalem, zum Tetrarchen des Gebietes ernannt wurde, das Herodes von Augustus östlich und nordöstlich des Sees Genezareth erhalten hatte.[14]

---

[11] Ios. *ant. Iud.* XVII, 3.
[12] Ios. *ant. Iud.* XVII, 53, 78. Siehe S. 66.
[13] Ios. *bel. Iud.* I, 646, II, 20; *ant. Iud.* XVII, 146, 224.
[14] Ios. *ant. Iud.* XVII, 188 f.

2.

Das Testament des Herodes mußte erst noch von Augustus bestätigt werden. Archelaus, Antipas und später Philippus machten sich daher nach Rom auf den Weg, um ihre Ansprüche geltend zu machen. Antipas versuchte, Archelaus die Königswürde streitig zu machen und wurde dabei von mehreren Mitgliedern der königlichen Familie wie auch von anderen unterstützt — und zwar, wie Josephus berichtet, nicht so sehr, weil diese Antipas besonders schätzten, sondern weil sie Archelaus haßten.[15]

Während die Brüder in Rom ihre Ansprüche durchzusetzen versuchten, wurden in Palästina mehrere Umsturzversuche unternommen. Eine kritische Situation entstand in Galiläa, wo ein Empörer namens Judas, dessen Vater Hiskia vierzig Jahre zuvor von Herodes ins Gefängnis geworfen und zum Tode verurteilt worden war, einen Überfall auf den Palast von Sepphoris inszenierte und sich der dortigen Waffenkammer bemächtigte.[16] Diese Revolte brach erst zusammen, als Varus, der kaiserliche Legat von Syrien, mit zwei Legionen nach Süden marschierte, um die Aufständischen zur Räson zu bringen und das Land zu befrieden.

Augustus hörte sich an, was ihm die Vertreter verschiedener Bevölkerungsgruppen, darunter eine Adelsabordnung aus Judäa, die die Beseitigung der herodäischen Herrschaft und die Einsetzung eines römischen Statthalters forderte, zu sagen hatten, und bestätigte dann im großen und ganzen die Bestimmungen des von Herodes hinterlassenen Testaments, bat allerdings den Archelaus, er möge nicht auf der Königswürde bestehen, sondern sich mit der eines Ethnarchen zufrieden geben. Antipas und Philippus regierten ihre Tetrarchien 42 bzw. 37 Jahre lang so vorzüglich, daß Rom alle Ursache hatte, mit ihnen zufrieden zu sein. Dagegen erwies sich Archelaus in Judäa als ein derart tyrannischer Ethnarch, daß Augustus ihn nach neunjähriger Herrschaft im Jahre 6 n. Chr. absetzte und ins Exil schickte, da er befürchten mußte, daß im ganzen Land der Aufstand losbrechen würde, falls er ihn in seinem Amt beließe. Archelaus hatte sämtliche Charakterfehler seines Vaters, aber nur wenig von dessen administrativen und diplomatischen Fähigkeiten geerbt. Wie sein Vater zeichnete er sich durch großen Baueifer aus. Er beseitigte die Schäden, die der Jerusalemer Tempel kurz zuvor erlitten hatte, baute den Palast zu Jericho wieder auf, der während eines Aufstandes im Jahre

---

[15] Ios. *ant. Iud.* XVII, 227.
[16] Siehe S. 102.

4 v. Chr. Schaden genommen hatte, errichtete ein Aquädukt zur Bewässerung der Palmenhaine nördlich der Stadt und gründete in derselben Gegend eine Siedlung, die er nach sich selber „Archelais" benannte.

Die Juden waren empört über seine Heirat mit der kappadokischen Prinzessin Glaphyra, der ehemaligen Frau seines Halbbruders Alexander, eines der Söhne der Mariamne. (Glaphyra hatte nach Alexanders Tod im Jahre 7 v. Chr. den König von Mauretanien, Juba, geheiratet, doch war diese Ehe geschieden worden.) Die Heirat mit der Witwe eines verstorbenen Bruders war nach jüdischem Recht verboten, außer als Fortsetzung einer kinderlos gebliebenen Ehe gemäß dem alten „Levirats"-Ehegesetz. Dieses bestimmte, daß der überlebende Bruder oder nächste Verwandte die Witwe heiraten solle, um ein Kind zu zeugen, das dann das Erbe des Toten anzutreten hatte.[17] Da die Ehe Alexanders mit Glaphyra aber nicht kinderlos geblieben war, kam diese Vorschrift nicht in Betracht.

Die Absetzung des Archelaus erfolgte, nachdem zwei Gesandtschaften — eine aus Judäa und eine aus Samaria — in Rom eingetroffen waren, die beide ungewohnte Einigkeit in ihren Beschwerden über Archelaus' tyrannische Herrschaft und ihrer Forderung nach seiner Entfernung bekundeten. Er wurde daraufhin verbannt — nach Vienna im Rhônetal —, und Judäa zur römischen Provinz erhoben, über die fortan ein vom Kaiser ernannter Präfekt oder Prokurator herrschte, der befugt war, Todesurteile zu fällen,[18] und eine Anzahl Hilfstruppen unter seinem Kommando hatte (6 n. Chr.).

3.

Die Tetrarchie des Philippus war laut Lukas 3, 1 „die Landschaft Ituräa und Trachonitis". Nach Josephus gehörten dazu auch Auranitis, Gaulanitis, Batanäa und der Bezirk um Paneas;[19] seine Tetrarchie umfaßte, mit

---

[17] Vgl. 5 Mo 25, 5 ff.; Rt 3, 9 ff.; Mk 12, 19 ff.

[18] Coponius empfing vom Kaiser Vollmacht *mechri tou kteinein* (Ios. *bel. Iud.* II, 117; vgl. *ant. Iud.* XVIII, 2). P. Winter, *On the Trial of Jesus*, Berlin 1961, S. 75 ff., hat bezweifelt, daß sich der römische Prokurator von Judäa unter Ausschluß des Synedriums das Recht, Todesurteile zu fällen, vorbehielt. Die Annahme, Rom sei von seiner üblichen Praxis und Politik abgegangen und habe dem Hohen Rat Blutgerichtsbarkeitsbefugnisse eingeräumt, ließe sich aber nur aufgrund ganz eindeutiger Zeugnisse rechtfertigen (vgl. A. N. Sherwin-White, *Roman Society and Roman Law in the New Testament*, Oxford 1963, S. 37). Siehe S. 205.

[19] *bel. Iud.* II, 95; *ant. Iud.* XVII, 189.

anderen Worten, ein kleines Gebiet westlich des oberen Jordan, nördlich des Hule-Sees, und ein sehr viel größeres östlich des Jordanflusses, zwischen der Tetrarchie Abilene des Lysanias im Norden und der Dekapolis im Süden.

Als Hauptstadt wählte Philippus das am östlichen, heute Nahr Banyas genannten, Quellfluß des Jordan gelegene Paneion.[20] Es wird berichtet, Philippus habe nachgewiesen, daß die angebliche Jordanquelle ihr Wasser durch einen unterirdischen Zufluß aus dem Phiala-See erhalte, indem er Spreu in den See habe werfen lassen, die man dann in Paneion wieder zum Vorschein kommen sah.[21] Man hält gewöhnlich den heute Birket Ram genannten, etwa 6½ km östlich von Banyas gelegenen See für die Phiala, doch wird von den modernen Geographen eine Verbindung zwischen dem Birket Ram und der Grotte in Paneion bestritten.[22] Philippus gründete Paneion neu, erweiterte es und benannte es dem Kaiser zu Ehren Caesarea; um es von dem bekannteren Caesarea an der Mittelmeerküste von Judäa zu unterscheiden, nannte man die Stadt „Philippus' Caesarea" — auf lateinisch Caesarea Philippi.

Eine weitere Neugründung war die Stadt Bethsaida („Stadt des Fischfangs") am See Genezareth östlich der Mündung des Jordan; Philippus machte sie zu seiner Winterresidenz und benannte sie „Julias" nach Augustus' Tochter Julia.

Philippus' Untertanen waren in der Mehrzahl Heiden. Dieser Umstand ersparte ihm die vielen Schwierigkeiten, mit denen seine Brüder Archelaus und Antipas in ihrem Bemühen, die religiösen Gefühle ihrer Untertanen nicht zu verletzen, zu kämpfen hatten. So konnte er zum Beispiel Münzen mit den Köpfen der Kaiser Augustus und Tiberius prägen lassen, ohne befürchten zu müssen, daß er sich dadurch den Groll seiner Untertanen zuzog.[23]

Philippus war laut Josephus ein maßvoller und duldsamer Herrscher, der mildeste der Söhne des Herodes. Er hielt sich zumeist in seiner Tetrarchie auf. In Begleitung einiger vertrauter Freunde unternahm er regelmäßig Rundreisen, auf die er einen tragbaren Richterstuhl mitnahm; er entschied dann unverzüglich alle Rechtsfälle, die man ihm unterbreitete, fällte über die für schuldig befundenen Verbrecher den Urteilsspruch und ordnete die Freilassung aller zu Unrecht Angeklagten an, so daß sich niemand über die Verschleppung seines Falles beklagen konnte.

---

[20] Siehe S. 7.
[21] Ios. *bel. Iud.* III, 509—513.
[22] Vgl. E. Schürer, *GJV* 1, S. 429, Anm. 7.
[23] F. W. Madden, *History of Jewish Coinage*, London 1864, S. 100—102.

Er heiratete seine Nichte Salome, die Tochter seines Bruder Herodes Philippus[24] (des Sohnes der zweiten Mariamne, der Tochter des Hohenpriesters) und der Herodias (der Tochter des Aristobul, eines der unglücklichen Söhne der ersten Mariamne). Die häufigen Ehen zwischen Onkel und Nichte schufen bei den Herodäern verworrene Familienverhältnisse. Philippus' Ehe mit Salome blieb kinderlos.

Als er 34 n. Chr. in seinem Winterpalast zu Bethsaida Julias starb, wurde seine Tetrarchie der Jurisdiktion des Legaten von Syrien unterstellt. Seine junge Witwe heiratete ihren Vetter ersten Grades, Aristobul, den Sohn des Herodes von Chalkis, dem sie drei Söhne schenkte.[25]

4.

Daß Antipas die Interessen Roms zu wahren wußte, läßt sich zum Teil aus der Tatsache ersehen, daß über vierzig Jahre lang in den beiden Regionen seiner Tetrarchie weder Aufstände noch ernsthafte Unruhen ausbrachen. Der Aufruhr, der in Judäa aufflammte, als es im Jahre 6 n. Chr. römische Provinz wurde, griff anscheinend nicht auf Galiläa und Peräa über, obschon Judas, der damals an der Spitze des Aufstandes in Judäa stand, nach Lukas und Josephus in gewissem Sinne Galiläer war.[26]

Obwohl Antipas stets nur Tetrarch war, nannten ihn seine Untertanen informell „König", zumal wenn sie Aramäisch sprachen, hat doch der Ausdruck *malka* in dieser Sprache einen größeren Bedeutungsumfang als das lateinische Wort *rex* und sogar das griechische *basileus*. Das Markusevangelium, das ihn (wie nach seinem Vorbild in gewissem Grade auch Matthäus) als „König Herodes" bezeichnet,[27] spiegelt diesen ungenauen Sprachgebrauch wider, während Lukas und Josephus ihn „Herodes den Tetrarchen" nennen.[28]

Antipas war der tüchtigste der Söhne des Herodes. Er war wie sein

---

[24] Siehe S. 27. Josephus nennt ihn Herodes (*bel. Iud.* I, 557, 562 usw.; *ant. Iud.* XVII, 14, 19 usw.), Markus (6, 17) und Matthäus (14, 3) dagegen Philippus, ohne ihn jedoch mit dem Tetrarchen Philippus zu verwechseln, wie es die altrussische Interpolation zwischen *bel. Iud.* II, 168 und 169 tut.

[25] Ios *ant. Iud.* XVIII, 137 (s. a. Teil II, Kap. 11/1). Wenig spricht dafür, daß diese Salome, wie gewöhnlich angenommen wird, das kleine Mädchen *(korasion)* war, dessen Tanz dem Antipas so sehr gefiel (Mk 6, 22—28).

[26] Apg 5, 37; Ios. *bel. Iud.* II, 118; *ant. Iud.* XX, 102. Siehe S. 101.

[27] Mk 6, 14. 22. 25. 26. 27; Mt 14, 9. Mt 14, 1 wird er dagegen „der Vierfürst Herodes" genannt.

[28] Lk 3, 19; 9, 7; Apg 13, 1; vgl. Ios. *ant. Iud.* XVIII, 102, 109, 122 usw.

Vater der hellenistischen Kultur sehr zugetan und entfaltete ebenfalls großen Baueifer. Sein größtes Bauvorhaben war die Stadt Tiberias am Westufer des Galiläischen Meers, die er zu Ehren des Kaisers Tiberius „Tiberias" nannte (um 22 n. Chr.). Fast nur Heiden ließen sich dort nieder; Antipas' jüdischen Untertanen galt sie nämlich als unrein, da sich auf dem Gelände früher eine Begräbnisstätte befunden hatte. Später vergaßen die Juden ihre Vorbehalte, und Tiberias erlangte als Zentrum rabbinischer Gelehrsamkeit Berühmtheit. Gegen Ende des ersten Jahrhunderts wurde der See, an dem die Stadt lag, nach ihr benannt.[29]

Antipas baute auch Sepphoris wieder auf, das in den auf die Erhebung des Jahres 4 v. Chr. folgenden Kämpfen zerstört worden war, und benannte es Augustus zu Ehren um. In Peräa baute er das im Jahre 4 v. Chr. von Aufständischen niedergebrannte Beth-Ramphtha (das alttestamentliche Beth-Haram) wieder auf, befestigte es als Grenzposten gegen das Nabatäerreich und nannte es Julias, später Livias (nach der Kaiserin Livia).[30] Zwischen Peräa und dem Nabatäerreich waren gewisse Gebiete strittig, und es kam die Zeit, wo Antipas die Befestigungen an der Grenze gegen Nabatäa sehr zustatten kamen.

Zu Beginn seiner Regierungszeit heiratete er eine Tochter des Nabatäerkönigs Aretas IV. (9. v. Chr. — 40 n. Chr.), entdeckte jedoch nach mehr als zwanzigjähriger Ehe sein Herz für seine Nichte und Schwägerin Herodias. Diese, die Tochter seines Halbbruders Aristobul, hatte ihren Onkel Herodes Philippus geheiratet, der jetzt als Privatmann lebte, obwohl sein Vater ihn dereinst zum Tronerben eingesetzt hatte. Auf einer Reise nach Rom logierte Antipas bei Herodes Philippus, verliebte sich in Herodias und machte ihr einen Heiratsantrag. Sie willigte unter der Bedingung ein, daß er sich von seiner nabatäischen Gemahlin trenne. Die Königin kam ihnen indessen zuvor; als sie Wind von der Angelegenheit bekam, verlegte sie ihren Sitz nach der nahe der nabatäischen Grenze gelegenen peräischen Palastfeste Machairus,[31] von wo aus sie sich bei der ersten Gelegenheit in das Reich ihres Vaters absetzte.

Nachdem die Nabatäerin fort war, verband Antipas sich mit Herodias. Diese Ehe mit der Frau seines Bruders muß seinen gesetzestreuen jüdischen Untertanen in höchstem Maße anstößig erschienen sein. Johannes

---

[29] Vgl. Ios. *bel. Iud.* III, 57; IV, 456; Joh 6, 1; 21, 1.

[30] Ios. *ant. Iud.* XVIII, 27.

[31] Ios. *ant. Iud.* XVIII, 112. In den gedruckten Josephus-Ausgaben ist die ursprüngliche Fassung *(eis ton Machairounta tō te patri autēs hypotelei)* dahin emendiert, daß Machaerus damals dem Aretas gehörte. Für diese Vermutung gibt es keine Belege.

der Täufer verdammte sie öffentlich (und wurde daraufhin enthauptet),[32] und Jesus mißbilligte sie. Als Jesus nach Markus 10, 11 ff. erklärte: „Wer seine Frau entläßt und eine andre heiratet, begeht ihr gegenüber Ehebruch. Und wenn *sie* ihren Mann entläßt und einen andern heiratet, begeht sie Ehebruch", mag er an Antipas und Herodias gedacht haben. Nach jüdischem Recht konnte eine Frau sich von ihrem Mann nicht scheiden lassen, wohl aber nach römischem Recht, und Herodias besaß wie alle Herodäer das römische Bürgerrecht. Die Frauen dieser Familie pflegten sich aber ohnehin über Recht und Gesetz hinwegzusetzen; mehr als fünfzig Jahre zuvor schickte Salome, die Schwester Herodes' des Großen, ihrem idumäischen Gatten Kostobar einen Scheidebrief, wobei sie sich, wie Josephus bemerkt, „nicht um die Gesetze der Hebräer kümmerte, sondern nach ihrem Gutdünken handelte".[33]

Am meisten empört über Antipas' Scheidung und Wiederverheiratung war jedoch König Aretas; sehnlichst wartete er auf eine Gelegenheit, sich an Antipas wegen dieser schweren Kränkung seiner Tochter zu rächen. Er sollte sie nach einigen Jahren bekommen.

In der Zwischenzeit schuf sich Antipas einen neuen Feind. Herodias hatte einen Bruder mit Namen Agrippa, der kurz nach dem Tode ihres Vaters im Jahre 7 v. Chr. zur weiteren Erziehung nach Rom geschickt wurde. Ihre Mutter Berenice war eine intime Freundin der Antonia, der Witwe des älteren Drusus (des Bruders von Tiberius); Agrippa selber befreundete sich mit ihrem ihm gleichaltrigen Sohn Claudius, dem künftigen Kaiser, wie auch mit dem jüngeren Drusus (Tiberius' Sohn) und anderen Mitgliedern der kaiserlichen Familie. Er stürzte sich jedoch derart in Schulden, daß er bei Tiberius in Ungnade fiel, und mußte sich, als sein Protektor Drusus im Jahre 23 n. Chr. starb, nach Idumäa zurückziehen. Als Herodias die zweite Frau ihres Onkels Antipas wurde, verwandte sie sich bei ihm für Agrippa und erwirkte, daß er eine Wohnung, Pension und ein Amt (als *agoranomos*) in Tiberias bekam. Er lag jedoch schon bald mit seinem Onkel im Streit und begab sich zu Flaccus, dem Legaten von Syrien, nach Antiochia. Binnen kurzem überwarf er sich auch mit diesem und ging nach Rom zurück, nachdem er seine alten Schulden zwar beglichen, zu diesem Zweck sich jedoch eine neue Schuldenlast aufgebürdet hatte. Er legte es nunmehr darauf an, Antipas bei Tiberius anzuschwärzen, doch kannte der alte Prinzeps seinen treuen Diener zu gut, um solchen Verleumdungen Glauben zu schenken.[34]

[32] Siehe S. 165 f.
[33] *ant. Iud.* XV, 259 f.
[34] Ios. *bel. Iud.* II, 178.

Agrippa wurde zum Vormund von Tiberius' Enkel, Tiberius Gemellus (dem Sohn des jüngeren Drusus), bestellt und befreundete sich innig mit Tiberius' Großneffen Gaius, dem späteren Kaiser Caligula. Als eine unbedachte Bemerkung von ihm über die Nachfolge im Prinzipat Tiberius zu Ohren kam, mußte Agrippa das letzte halbe Jahr der Regierungszeit des Kaisers im Gefängnis verbringen.

Ein gutes Beispiel für die Art und Weise, wie sich Antipas seinem kaiserlichen Oberherrn nützlich machte, stellt der Ablauf der Beziehungen Roms zu Parthien am Ende von Tiberius' Regierungszeit dar.

Im Jahre 35 n. Chr. empörten sich die Untertanen des Partherkönigs Artabanus III., vom Legaten von Syrien, Lucius Vitellius, angestachelt, wider ihren Herrscher und erhoben statt seiner Tiridates III. auf den Schild. Artabanus, der bei den benachbarten Skythen Zuflucht gesucht hatte, vermochte seinen Thron mit Hilfe seiner skythischen Bundesgenossen jedoch einige Monate später zurückzugewinnen, worauf Tiridates und seine Anhänger nun ihrerseits das Weite suchten[35].

Als Tiberius von der Wiedereinsetzung des Artabanus Mitteilung bekam, beschloß er, einen Freundschaftsvertrag mit ihm abzuschließen, und wies Vitellius an, zu diesem Zweck in Verhandlungen mit ihm einzutreten. Artabanus zeigte sich über diese Annäherungsversuche hocherfreut und traf mit Vitellius auf einer über den Euphrat (der Grenze zwischen den beiden Reichen) geschlagenen Brücke zusammen. Als sie sich über die Vertragsbestimmungen geeinigt hatten, veranstaltete Antipas in einem in der Mitte der Brücke errichteten Zelt ein Festbankett.[36]

Vitellius kehrte anschließend nach Antiochia und Artabanus nach Babylon zurück. Antipas beschloß, den Kaiser als erster von dem Vertragsabschluß in Kenntnis zu setzen, und schrieb ihm einen derart ausführlichen Brief, daß für Vitellius nichts mehr hinzuzufügen blieb. Als Tiberius Vitellius' amtlichen Bericht erhielt, ließ er ihm mitteilen, er sei dank Antipas' mustergültiger Dienstwilligkeit bereits über die ganze Angelegen-

---

[35] Tac. *ann.* VI, 31 ff.

[36] Ios. *ant. Iud.* XVIII, 96—104. Nach Sueton (*Gaius* 14) und Dio Cassius (LIX, 27) hatte Caligula bereits Tiberius' Nachfolge angetreten, als dieser Vertrag abgeschlossen wurde (vgl. J. P. V. D. Balsdon, *The Emperor Gaius*, Oxford 1934, S. 198, Anm. 2). E. M. Smallwood, „The Date of the Dismissal of Pontius Pilate from Judaea", JJS 5 (1954), S. 12 ff., bringt jedoch gewichtige Argumente für die These bei, daß dieser ganze Abschnitt der „Jüdischen Altertümer" über Parthien (XVIII, 96 ff.), einschließlich der Konferenz auf dem Euphrat, chronologisch vor den Bericht über den früheren Aufenthalt des Vitellius in Jerusalem (*ant. Iud.* XVIII, 90 ff.) gehört, der nach ihr nicht während des Passahfestes 36 v. Chr., wie Josephus behauptet, sondern gegen Ende jenes Jahres stattfand.

heit im Bilde. Vitellius ärgerte sich und fand schon bald Gelegenheit, seinen Groll an Antipas auszulassen.[37]

Gegen Ende des Jahres 36 n. Chr. fiel der Nabatäerkönig in Peräa ein — er hatte schon lange auf eine günstige Gelegenheit hierzu gewartet — und brachte einem Heer des Antipas eine vernichtende Niederlage bei. Mag sein, daß Josephus mit der Behauptung recht hat, etliche von Antipas' Untertanen hätten in dieser Niederlage das göttliche Strafgericht für seine Hinrichtung Johannes' des Täufers gesehen,[38] doch wäre es phantasielos zu folgern, daß diese Hinrichtung daher sehr viel später erfolgt sein müsse, als die Evangelisten angeben. Die Pharisäer und viele andere Juden waren überzeugt, daß Gottes Mühlen langsam mahlen; das göttliche Strafgericht hatte fünfzehn Jahre warten können, ehe es Pompejus für seine Schändung des Allerheiligsten in Jerusalem zur Rechenschaft zog,[39] da war es keineswegs verwunderlich, wenn es sieben Jahre zögerte, ehe es Rache für den Tod des Johannes übte.

Als ihm die Nachricht von Aretas' Überfall auf Peräa überbracht wurde, befahl Tiberius eine Strafexpedition gegen den Nabatäerkönig wegen seines Angriffs auf einen Verbündeten Roms. Das Kommando erhielt Vitellius; dieser traf die notwendigen Vorbereitungen und setzte sich zu Anfang des Jahres 37 n. Chr. mit zwei Legionen und einer Anzahl Auxiliartruppen von Ptolemais aus nach Petra, der Hauptstadt des Aretas, in Marsch. Um die Juden nicht durch den Anblick der Legionsstandarten zu kränken, ließ er seine Truppen entlang der Küstenstraße durch hauptsächlich heidnisches Gebiet marschieren, während er sich selber zusammen mit Antipas nach Jerusalem begab, um dort am 17./18. April das Passafest zu feiern. Vier Tage nach ihrer Ankunft in Jerusalem traf jedoch die Nachricht ein, daß Tiberius am 16. März gestorben sei.[40] Vitellius sagte daraufhin die Strafexpedition gegen Aretas ab. Er grollte Antipas, weil dieser seinerzeit alles darauf angelegt hatte, den Kaiser als erster von dem Vertrag mit den Parthern in Kenntnis zu setzen, und war nicht darauf versessen, dem Tetrarchen die Kastanien aus dem Feuer zu holen. Überdies mag er bereits Grund zu der Annahme gehabt haben, daß der neue Kaiser Tiberius' Sorge um Antipas' Wohlergehen keineswegs teilte.

---

[37] Ios. *ant. Iud.* XVIII, 104 f.
[38] *ant. Iud.* XVIII, 116 (siehe S. 157 f.).
[39] Vgl. *PsSal* 2, 30 ff. (zitiert auf S. 17).
[40] Ios. *ant. Iud.* XVIII, 122—124. Für das Todesdatum des Tiberius siehe Tac. *ann.* VI, 50. Die Todesnachricht konnte damals frühestens nach fünf Wochen in Judäa eintreffen; wegen der Einschaltung eines zweiten Adar in jenem Jahr fand das Passahfest 37 n. Chr. später als gewöhnlich statt.

DRITTES KAPITEL

Judäa unter römischen Statthaltern

1.

Nachdem Augustus im Jahre 6 n. Chr. Archelaus abgesetzt und verbannt hatte, sank Judäa zu einer römischen Provinz herab und wurde von einem Prokurator regiert, den der Kaiser persönlich ernannte und der ihm unmittelbar verantwortlich war. Mit der Prokuratur einer kleineren Provinz wie Judäa wurde gewöhnlich ein Angehöriger des (zwischen Senat und Volk stehenden) Ritterstandes betraut und nicht, wie im Falle der größeren und bedeutenderen Provinzen, ein Mann von senatorischem Range. Die dem Prokurator unterstehenden Streitkräfte waren Auxiliartruppen, keine Legionssoldaten. Trat eine kritische Situation ein, deren er mit seinen Hilfsstreitkräften nicht Herr zu werden vermochte, so konnte ihm der Legat von Syrien, dessen Oberaufsicht der Prokurator von Judäa anscheinend unterstand, Legionäre zur Verfügung stellen. Jener übte seine Oberaufsicht aber nur aus, wenn der Prokurator ernsthafte Schwierigkeiten mit seinen Untertanen hatte, wie es Pilatus im Jahre 36 n. Chr., Cumanus 52 n. Chr. und vor allem Florus widerfuhr, unter dem sich 66 n. Chr. die Juden gegen Rom erhoben.

Zur Zeit der Absetzung des Archelaus war P. Sulpicius Quirinius Legat von Syrien; er war beauftragt, den Nachlaß des Archelaus zu liquidieren und eine Volkszählung durchzuführen, um festzustellen, wieviel Tribut die neue Provinz der imperatorischen Kasse zahlen könnte.[1] Diese Steuerregistrierung provozierte den Aufstand unter Judas dem Galiläer und rief die Partei der Zeloten ins Leben.[2] Nach der Unterdrückung der Erhebung und dem Abschluß der Zählung wurde Coponius zum ersten Präfekten von Judäa eingesetzt.

Zusätzlich zu den anderen Vorrechten, die schon Archelaus und vor

---

[1] Ios. *bel. Iud.* II, 118, 433; *ant. Iud.* XVIII, 355; XVIII, 1 f., 26; XX, 102. Die Stelle Lk 2, 2, die den Quirinius im Zusammenhang mit früheren Zensusmaßnahmen erwähnt, übersetzt man am besten: „Diese Registrierung fand vor derjenigen statt, die vorgenommen wurde, als Quirinius Statthalter von Syrien war" (vgl. N. Turner, *Grammatical Insights into the Greek New Testament*, Edinburgh 1966, S. 23 f.).

[2] Siehe S. 101.

ihm Herodes besessen hatten, nahm Coponius das hohepriesterliche Gewand unter seine Obhut, das in der Festung Antonia, dem Hauptquartier der römischen Garnison in Jerusalem, in Verwahrung gehalten wurde. Gewöhnlich reichte eine Kohorte unter dem Befehl eines Militärtribuns als Garnison aus; an den großen Festen, wenn die Pilgermassen in Jerusalem zusammenströmten und mit Aufständen gerechnet werden mußte, erhielt sie Verstärkung, und bisweilen verließ der Statthalter dann sein Hauptquartier in Caesarea und verlegte seinen Sitz nach Jerusalem, wie es zum Beispiel Pilatus anläßlich des Passafestes tat, in dessen Verlauf Jesus verurteilt und gekreuzigt wurde.

Unter der Statthalterschaft des Coponius drang einmal eine Gruppe Samaritaner in der Passazeit in den Jerusalemer Tempel ein, als nach Mitternacht die Tore geöffnet wurden. Sie schändeten den heiligen Bereich, indem sie Totengebeine verstreuten; vermutlich wollten sie Hesekiels Visionsbericht über die Ebene der dürren Gebeine persiflieren, der bei den Juden zur Passazeit als Prophetenlektion vorgeschrieben war. Die Maßnahmen zur Sicherung des Tempels wurden daraufhin verschärft.[3]

Coponius wurde um das Jahr 9 n. Chr. durch Marcus Ambivius ersetzt,[4] der ungefähr drei Jahre später dem Annius Rufus Platz machte; letzterer versah das Amt beim Tode des Augustus (19. August 14 n. Chr.). Augustus wechselte seine Provinzstatthalter ziemlich häufig aus, sein Nachfolger Tiberius ließ sie dagegen längere Zeit in ihrem Amt. Als man ihn fragte, warum er dies tue, soll der Kaiser die Fabel von dem Verwundeten erzählt haben, der, von blutsaugenden Insekten geplagt, am Straßenrand lag. Als ein mitleidiger Passant sie verscheuchen wollte, bat er ihn, davon abzulassen, und erklärte ihm: „Die Fliegen sind schon gesättigt von meinem Blute und machen mir deshalb nicht mehr so viele Beschwerden als zuerst. Vertreibst du sie aber und kommen dann neue, hungrige heran, so werden sie, weil sie mich schon erschöpft antreffen, mich zu Tode aussaugen!“[5] Die Habgier vieler römischer Provinzstatthalter war notorisch.

Um das Jahr 15 n. Chr. herum sandte Tiberius den Valerius Gratus als Prokurator nach Judäa. Er blieb elf Jahre dort und setzte während dieser Zeit vier Hohepriester ab und berief vier neue, möglicherweise um sich

---

[3] Ios. *ant. Iud.* XVIII, 29 f. Über die Sicherheit des Tempels wachte die vom Tempelhauptmann (*sagan*; vgl. S. 71 f.) befehligte Tempelwache, eine ausgesuchte Schar Leviten, die 21 Posten besetzt hielt (drei weitere waren Priestern anvertraut). Vgl. Mischna, *Tamid* 1, 1; *Middot* 1, 1.

[4] Wir wissen nicht genau, wie sein Name lautete, da die Stelle Ios. *ant. Iud.* XVIII, 31 verderbt ist. Niese konjizierte Amphiboulos.

[5] Ios. *ant. Iud.* XVIII, 174 ff.

auf diese Weise zu bereichern. Der letzte Hohepriester, den dieser Prokurator ernannte, war Kajaphas Joseph (18—36 n. Chr.), der Schwiegersohn des Annas, der das heilige Amt bei der Ankunft des Gratus bekleidet hatte.[6]

2.

Auf Gratus folgte im Jahre 26 n. Chr. Pontius Pilatus, der einzige der frühen Prokuratoren von Judäa, über den wir Näheres wissen, und zwar nicht allein, weil er der Richter war, der nach dem neutestamentlichen Bericht das Todesurteil über Jesus fällte, sondern auch weil Josephus seine Amtstätigkeit schildert. Überdies findet sich eine Beschreibung seines Charakters und Verhaltens in einem Brief, den Herodes Agrippa der Ältere im Jahre 40 Philo zufolge an den Kaiser Caligula schrieb. Er wird dort als „von Natur aus unbeugsam, eigenwillig und unnachgiebig" geschildert.[7]

Diese Kennzeichnung ist in Agrippas Bericht über den Versuch des Pilatus enthalten, vergoldete Schilde im Jerusalemer Palast des Herodes anzubringen, was die Juden als Sakrileg betrachteten. Unter der Führung von vier Söhnen Herodes' des Großen protestierten die Bürger daher bei Pilatus, und als dieser sich weigerte, die Schilde entfernen zu lassen, wandten sie sich an Tiberius, der Pilatus anwies, sie in den Augustustempel zu Caesarea zu schaffen.[8]

Warum erregten die Schilde so großen Anstoß? Kein Bild war darin eingraviert — lediglich die Angabe, wann und wem sie geweiht waren. Wahrscheinlich hatten sie irgendeine religiöse Bedeutung, die mit der Stellung Jerusalems als einer ausschließlich der Anbetung des Gottes Israels geweihten Stadt unvereinbar war; der wahre Grund dürfte aber gewesen sein, daß dies kein Einzelfall war, sondern daß Pilatus entweder absichtlich oder aus purer Taktlosigkeit beständig die religiösen Gefühle seiner jüdischen Untertanen verletzte. Die Goldschilde wurden angeblich aufgestellt, um Tiberius zu ehren; die Juden glaubten jedoch, Pilatus verfolge in erster Linie die Absicht, sie zu kränken.

Zu Beginn seiner Statthalterschaft ließ er laut Josephus[9] unter dem Schutz der Nacht Standarten mit dem Bild des Kaisers nach Jerusalem

---

[6] Siehe S. 68 f.
[7] Phil. *leg.* 301.
[8] Phil. *leg.* 299—305.
[9] Ios. *bel. Iud.* II, 169—174; *ant. Iud.* 55—59.

schaffen. Keiner seiner Vorgänger hatte so etwas getan, denn die kaiserliche Politik respektierte die Heilige Stadt und das jüdische Verbot der Ausstellung von Bildern gemäß dem zweiten Gebot. Die Empörung der Einwohner kannte am nächsten Morgen keine Grenzen; sie belagerten Pilatus' Residenz, folgten ihm nach Caesarea und forderten unablässig die Entfernung der Bilder aus ihrer Stadt. Als Pilatus feststellen mußte, daß sie sich auch durch die Androhung eines Blutbades nicht einschüchtern ließen und in der gesamten Provinz der Aufstand losbrechen würde, wenn die Bilder nicht verschwänden, gab er widerwillig nach.

Einige Gelehrte haben die Ansicht vertreten, es handele sich hier um Josephus' Version des Zwischenfalls mit den Goldschilden, den Philo in seiner *Gesandtschaft an Caligula*[10] erwähnt; doch weichen die beiden Berichte in den Einzelheiten so sehr voneinander ab, daß man diese These besser fallenläßt. Falls sich der Vorfall mit den Goldschilden später ereignete als der mit den Standarten, dann erscheint der sofortige Widerstand gegen einen anscheinend so harmlosen Vorgang wie die Aufstellung der Schilde im Palast des Herodes verständlicher. Das Volk von Jerusalem wußte bereits, daß Pilatus die Heiligkeit der Stadt geringachtete, und argwöhnte, er beabsichtige erneut, sich darüber hinwegzusetzen.

Man hat die Vermutung geäußert, Pilatus' rücksichtslose Mißachtung althergebrachter jüdischer Vorrechte spiegele die Politik des Prätorianerpräfekten Sejan wider, der bis zu seinem Sturz im Jahre 31 n. Chr. mehrere Jahre lang der mächtigste Mann in Rom war. Sein Einfluß auf den Kaiser erreichte in den ersten Jahren von Pilatus' Statthalterschaft den Höhepunkt, und es ist durchaus möglich, daß dieser sein Kandidat war. Die Zeugnisse für eine judenfeindliche Politik des Sejan beschränken sich auf zwei Stellen in den Schriften Philos von Alexandria.[11] Zu Beginn seines Traktats über Flaccus, den Präfekten von Ägypten, unter dem im Jahre 38 n. Chr. die judenfeindlichen Ausschreitungen in Alexandria stattfanden,[12] schreibt Philo, Flaccus habe Sejans antijüdische Politik fortgeführt. In der *Gesandtschaft an Caligula* (159 f.) spricht er wiederum

---

[10] Vgl. Loeb-Edition der Werke Philos, Bd. X, London 1962, S. 151, Anm. c.
[11] Phil. *Flacc.* 1; *leg.* 159 f.; vgl. Eus. *hist. eccl.* II, 5, der unter Berufung auf Philo behauptet, Sejan habe Maßnahmen zur Vernichtung der gesamten jüdischen Rasse eingeleitet, und im gleichen Zusammenhang Pilatus' Anschlag auf den Tempel erwähnt. Vgl. die scharfsinnige Erörterung dieser Frage durch E. M. Smallwood, „Some Notes on the Jews under Tiberius", *Latomus* 15 (1956), S. 314—329; *Philonis Alexandrini Legatio ad Gaium*, Leiden 1961, S. 243 f.
[12] Siehe Teil II, Kap. 4/2.

von Sejans Judenfeindlichkeit, fügt jedoch hinzu, Tiberius habe nach Sejans Tod die Beschuldigungen, die dieser gegen die Juden von Rom gerichtet habe, sogleich als Verleumdungen und Lügen erkannt, als „Erfindungen Sejans, der das Volk vertilgen wollte; denn von ihm gerade wußte er, es würde sich als einziges oder als erstes ruchlosen Anschlägen und Unternehmungen widersetzen, an der Seite des Kaisers, sollte er das Opfer eines Verrats werden". Man muß berücksichtigen, daß Philo hier in erster Linie darlegen wollte, daß Caligulas Vorgänger den Juden Roms stets wohlgesinnt gewesen seien, und daß Vorfälle unter der Regierung des Tiberius, die auf das Gegenteil hinzuweisen schienen (wie etwa vielleicht die Vertreibung der Juden aus der Hauptstadt im Jahre 19 n. Chr.),[13] nicht auf eine persönliche Initiative des Kaisers zurückgingen, sondern seinem bösen Genius zur Last zu legen seien.

Dennoch ist Philos Behauptung, Sejan habe eine judenfeindliche Politik betrieben, wahrscheinlich nicht ganz aus der Luft gegriffen, und wenn er Pilatus tatsächlich protegierte, so fühlte sich dieser nach Sejans Sturz im Jahre 31 n. Chr. natürlich schutzlos. In solch einer Situation hätte ihn die kaum verhüllte Drohung, die die Hohenpriester beim Prozeß Jesu ausstießen: „Wenn du diesen freilässest, bist du des Kaisers Freund nicht; jeder, der sich zum König macht, widersetzt sich dem Kaiser" (Joh 19, 12), besonders empfindlich getroffen. Aus diesem Grunde hat man argumentiert, von den beiden wahrscheinlichsten Jahren für Jesu Kreuzigung, 30 und 33 n. Chr.,[14] komme wohl nur das letztgenannte in Betracht,[15] doch ist die Forschungslage nicht so eindeutig, daß man sich über die Argumente, die für das frühere Datum sprechen, von vornherein hinwegzusetzen vermöchte.

Ein weiterer Streit zwischen Pilatus und den Jerusalemer Behörden entstand, als der Prokurator zur Verbesserung der städtischen Wasserversorgung einen Aquädukt bauen ließ.[16] Dieser Aquädukt, durch den Wasser aus dem südlichen Bergland nach Jerusalem gelangte, stellte Pilatus' einzige wirklich positive Leistung für die Stadt dar. Er war vor allem für den Tempel vorteilhaft, da dort ständig große Wassermengen gebraucht wurden, nicht nur für die rituellen Waschungen, die für die Priester vorgeschrieben waren, sondern auch, um den ganzen Bezirk nach den Tierschlachtungen und -opfern, die dort unablässig stattfanden,

---

[13] Siehe S. 142.
[14] Vgl. G. Ogg, *Chronology of the Public Ministry of Jesus,* Cambridge 1940, S. 243 ff.
[15] Vgl. Bo Reicke, *Neutestamentliche Zeitgeschichte,* Berlin 1965, S. 136.
[16] Ios. *bel. Iud.* II, 175—177; *ant. Iud.* XVIII, 62.

sauber und frisch zu halten. Pilatus verlangte daher — von seinem Standpunkt aus verständlicherweise —, die Kosten des Aquädukts müßten aus den Mitteln des Tempels bezahlt werden. Man hielt ihm entgegen, Gott geweihtes Geld für einen so profanen Zweck auszugeben, sei ein Sakrileg; doch Pilatus beharrte bei seiner Forderung und ließ die Summe gewaltsam aus dem Fonds entnehmen, in den jeder erwachsene Jude, wo immer in der Welt er seinen Wohnsitz hatte, jährlich einen halben Sekel zur Deckung der Kosten für die Opferriten einzahlte. Die empörten Juden protestierten in Massen gegen das Sakrileg, doch wurde ihre Demonstration von den Truppen des Prokurators gewaltsam auseinandergetrieben.

Wir wissen nicht, ob dies der Hintergrund des von Lukas (13, 1) erwähnten Vorfalls ist, bei dem die Truppen des Pilatus eine Anzahl Pilger aus Galiläa in den Tempelvorhöfen angriffen, so daß sich ihr Blut mit dem ihrer Opfer vermischte. Jedenfalls veranschaulicht er die damals herrschende Unruhe und die gefühllose Härte, mit der Pilatus darauf reagierte. Die Galiläer waren nicht seine Untertanen, obschon sie ihm bei einem Besuch Jerusalems zeitweilig unterstanden, und der von Pilatus befohlene Angriff trug wahrscheinlich zu der persönlichen Feindschaft zwischen ihm und dem Tetrarchen von Galiläa bei, auf die Lukas in seinem Bericht über den Prozeß gegen Jesus Bezug nimmt (Lk 23, 12). (Das Dazwischentreten des Antipas und dreier seiner Brüder in der Angelegenheit der Goldschilde dürfte Pilatus ebenfalls übel aufgenommen haben.)

Unmittelbar nach dem Hinweis auf den Vorfall mit den Pilgern aus Galiläa erwähnt Lukas die Achtzehn, die beim Einsturz des Turms am Teich von Siloah (im Südosten von Jerusalem) den Tod fanden. Möglicherweise handelte es sich dabei nur um einen Unfall, doch deutet der Zusammenhang, in dem er erscheint, darauf hin, daß er mit einem damals von militanten Stadtbewohnern unternommenen Aufstandsversuch in Beziehung stand, der rasch und gewaltsam niedergeschlagen wurde.[17]

Pilatus krönte seine Unterdrückungsmaßnahmen mit einem Angriff auf eine Pilgerschar aus Samarien, die am heiligen Berg Garizim zusammengekommen war,[18] weil ein Pseudo-Prophet verkündet hatte, er werde die heiligen Tempelgeräte ans Licht bringen, die nach samaritanischer Überzeugung nach der Seßhaftwerdung des Volkes Israel in Kanaan auf dem Berge Garizim vergraben worden waren. Die Samaritaner glaubten ferner, die Prophetengabe sei nach Moses' Tod erloschen und werde erst

---

[17] Siehe S. 194.
[18] Ios. *ant. Iud.* XVIII, 87.

wieder beim Erscheinen des *Ta'eb* oder Wiederherstellers in Erscheinung treten, des großen Propheten der Endzeit, auf den Moses vorausgewiesen hatte, als er verkündete: „Einen Propheten wie mich wird der Herr, dein Gott, erstehen lassen aus der Mitte deiner Brüder — auf den sollt ihr hören!" (5 Mo 18, 15). Mit seiner Ankündigung wollte der Pseudo-Prophet daher wahrscheinlich zum Ausdruck bringen, daß er dieser *Ta'eb* sei; für die Samaritaner bedeutete sie einen ähnlichen Anspruch, wie wenn unter den Juden jemand aufgestanden wäre und sich als der Messias aus Davids Stamm ausgegeben hätte,[19] und in den Augen der Provinzialregierung drohten hier ebensolche Gefahren. Pilatus setzte also eine Abteilung Fußsoldaten und etliche Reiter gegen diese Samaritaner in Marsch und ließ sie auseinandertreiben, wobei es zu beträchtlichem Blutvergießen kam. Die Führer der Samaritaner sandten daraufhin eine Abordnung zu Lucius Vitellius, dem Legaten von Syrien (35 — 39 n. Chr.), um gegen Pilatus' gewalttätiges Vorgehen Protest einzulegen.

Vitellius befahl Pilatus, sich nach Rom zu begeben und dem Kaiser über seine Maßnahmen Bericht zu erstatten; Marcellus, einer von Vitellius' Stellvertretern, sollte während Pilatus' Abwesenheit als amtierender Prokurator Dienst tun.[20] Das Jahr 36 n. Chr. näherte sich seinem Ende.[21] Pilatus machte sich sofort nach Rom auf — und zwar muß er den Landweg benutzt haben, da der Schiffsverkehr auf dem Mittelmeer im Winter ruhte —, doch als er in der Hauptstadt eintraf, war Tiberius tot (16. 3. 37 n. Chr.). Der neue Kaiser, Gaius Caligula, beließ ihn nicht in seinem Amt, sondern ernannte einen neuen Prokurator, Marullus,[22] der den Posten bis zum Tode des Prinzeps behielt. Auf ihn folgte in Judäa kein neuer römischer Prokurator, sondern ein jüdischer König.[23]

3.

Wer es unternimmt, antike Bevölkerungszahlen zu schätzen, kann leicht in die Irre gehen; die zeitgenössischen Autoren sind, auch wenn sie genaue Zahlen angeben, nicht immer verläßlich, waren sie doch oft außer-

---

[19] Vgl. Joh 4, 25.

[20] Ios. *ant. Iud.* XVIII, 89.

[21] Siehe E. M. Smallwood, „The Date of the Dismissal of Pontius Pilate from Judaea", *JJS* 5 (1954), S. 12 ff. (vgl. oben S. 34, Anm. 36).

[22] Nach Josephus ernannte Caligula den Marullus zum *hipparchēs* über Judäa; das Wort bedeutet genaugenommen Befehlshaber der Reiterei, kann aber hier im allgemeineren Sinne in bezug auf den Präfekten als Befehlshaber der Streitkräfte in Judäa gemeint sein.

[23] Herodes Agrippa I. Siehe Teil II, Kap. 5.

stande, sich einen genauen Überblick zu verschaffen. So sind zum Beispiel Josephus' Angaben für Palästina und Jerusalem viel zu hoch gegriffen: er nimmt an, Galiläa habe drei Millionen Einwohner gehabt[24] und schätzt, daß in Jerusalem (Fläche weniger als 1,5 Quadratkilometer) zur Passazeit mehr als zweieinhalb Millionen weilten.[25] Joachim Jeremias setzt die Bevölkerung der Stadt in neutestamentlicher Zeit auf Grund der vorhandenen Zeugnisse mit 25 000 bis 30 000 an[26] und vermutet, daß Jerusalem zu Festzeiten ca. 125 000 Pilger beherbergte.[27] Nach seiner Schätzung zählte ganz Palästina damals etwa 5—600 000 Einwohner,[28] nach der von F. C. Grant ungefähr 1½ Milionen.[29]

Als Judäa römische Provinz wurde und der Kaiser die Einwohner tributpflichtig machte, mußten sie die seit alters erhobenen Abgaben für die Unterhaltung des Tempels weiterzahlen. Es waren zweierlei Steuern zu entrichten, deren jede ohne Berücksichtigung der anderen berechnet wurde: so wenig die jüdischen Behörden geneigt waren, die Tempelsteuer im Hinblick auf den kaiserlichen Tribut zu kürzen, so wenig war die römische Regierung bereit, den Tribut im Hinblick auf die Tempelsteuer zu verringern. Natürlich hatten Herodes und Archelaus ihre Einkünfte aus dem von ihnen regierten Gebiet bezogen, doch setzten diese sich zumeist aus Zollgebühren und Kaufsteuern zusammen. Soweit Herodes Individualsteuern erhoben hatte, war er durchaus maßvoll und zum Beispiel in einem Hungerjahr bereit gewesen, darauf zu verzichten;[30] daß die Römer seinem Beispiel folgen würden, war jedoch kaum anzunehmen.

Die religiösen Abgaben waren nicht gerade niedrig; sie schlossen Zahlungen ein (wie den „ersten" und „zweiten" Zehnten), die ursprünglich wahlweise zu leisten oder ersatzweise eingeführt worden waren, jetzt aber sämtlich zugleich erhoben wurden.[31] Viele fromme Juden faßten ihre Zahlung indessen als gottgefälliges Werk auf, das sie freudig leiste-

---

[24] Vgl. *vit.* 235, wo er sagt, es gebe in Galiläa 204 Städte und Dörfer, mit *bel. Iud.* III, 43, wonach das kleinste galiläische Dorf über 15 000 Einwohner zählte.
[25] Ios. *bel. Iud.* VI, 422—425.
[26] „Die Einwohnerzahl Jerusalems zur Zeit Jesu", *ZDPV* 66 (1943), S. 24—31.
[27] *Jerusalem zur Zeit Jesu*, Göttingen 1923, I 96, wo er die normale Einwohnerzahl jedoch mit etwa 55 000 angesetzt hatte.
[28] *Jerusalem zur Zeit Jesu*, II B 68.
[29] *The Economic Background of the Gospels*, Oxford 1926, S. 83.
[30] Siehe S. 25 f.
[31] Der „erste Zehnte" ist der in der Priesterschrift, 3 Mo 27, 30 ff., 4 Mo 18, 24 ff., der „zweite Zehnte" der in 5 Mo 14, 22 ff.; 26, 12 ff. vorgeschriebene; vgl. den Mischnatraktat *Ma'aser Scheni*.

ten; mochten sie auch argwöhnen, daß sich der wohlhabende Priesteradel etwas mehr davon aneignete, als ihm zustand, so betrachteten sie die Beitragsleistungen doch als religiöse Pflicht.

Den Tribut an den Kaiser zahlten sie dagegen nur höchst ungern, und die rüden und räuberischen Methoden, mit denen er oft eingetrieben wurde, machten ihn keineswegs erträglicher. In Verbindung mit der theokratischen Besteuerung hemmte er jegliche wirtschaftliche Initiative und schuf eine Situation, in der er immer drückender empfunden wurde. Da uns keinerlei Angaben überliefert sind, läßt sich die Steuerlast nur annähernd schätzen, doch dürfte F. C. Grant kaum fehlgehen, wenn er annimmt, daß „die steuerlichen Lasten des jüdischen Volkes, die zivilen sowohl wie die religiösen, zur Zeit Jesu insgesamt 30 bis 40 Prozent betragen haben müssen, möglicherweise sogar noch mehr".[32]

Das Volk von Judäa hatte also allen Grund, die Pax Romana weniger reizvoll zu finden als Bewohner anderer Provinzen, und es ist zweifelhaft, ob es römische Untertanen gab, die die Last der Abgaben an Caesar ebenso drückend empfanden wie sie. Die Bürde des doppelten Tributs, den sie sozusagen „dem Kaiser und Gott" zu entrichten hatten, brachte im Verein mit anderen, von erpresserischen „Zöllnern" erhobenen Steuern die Provinz an den Rand des wirtschaftlichen Ruins. Der Unmut der Bevölkerung richtete sich nicht nur gegen die Römer, sondern auch gegen die reichen Gutsbesitzer, die es sich auf Kosten ihrer ärmeren Landsleute wohl sein ließen; möglicherweise ist dies der Hintergrund der leidenschaftlichen Anklage gegen die Reichen im Jakobusbrief (5, 1—6). Die häufigen Zelotenaufstände, die im Krieg des Jahres 66 n. Chr. gipfelten, richteten sich fast ebensosehr gegen die jüdische Führungsschicht wie gegen die Besatzungsmacht.

---

[32] *Economic Background*, S. 105.

VIERTES KAPITEL

Die Philosophenschulen

Aristoteles starb 322 v. Chr., ein Jahr nach seinem berühmtesten Schüler, Alexander dem Großen. Seine Autorität blieb noch viele Jahrhunderte hindurch unbestritten, doch spiegelte sein Weltbild in manchen Hinsichten eine Lebensauffassung und Denkungsart, von der man schon zu seinen Lebzeiten abgekommen war. So war er beispielsweise der festen Überzeugung, die Barbaren seien den Griechen von Natur aus unterlegen, und hielt die griechische Polis für die beste Staatsform. Die Eroberungszüge Philipps und Alexanders entzogen beiden Auffassungen den Boden.

Der Verfall des autonomen griechischen Stadtstaates, den ihre Eroberungen herbeiführten, und das allmähliche Entstehen eines umfassenderen Zusammengehörigkeitsgefühls in allen Teilen des großen Reiches Alexanders und seiner Nachfolger bewirkte bei der griechischen Intelligenzschicht eine neue weltbürgerliche Einstellung. Dieser Kosmopolitismus ist für die beiden großen Philosophenschulen kennzeichnend, die im Zeitalter des Hellenismus entstanden — die Epikureer und die Stoiker.

1.

Die Epikureer sind die Anhänger des Philosophen Epikur (341—270 v. Chr.), der als Kind athenischer Siedler auf der Insel Samos zur Welt kam. Als er 19 Jahre alt war, wurde seine Familie von ihrer Heimatinsel vertrieben, und man hat behauptet, der Epikureismus zeige Züge einer „Flüchtlingsphilosophie". In den Jahren, in denen er von Ort zu Ort zog, arbeitete er sein System der Physik und Ethik aus, und als er sich im Jahre 306 v. Chr. in Athen niederließ, gründete er im Garten seines Hauses eine Schule — den „Garten des Epikur". Nicht nur Freie hatten hier Zutritt, sondern auch Sklaven und Frauen.

In der Physik übernahm Epikur Demokrits (um 460—370 n. Chr.) Atomismus — die Lehre, daß Atome (unzählbare, unzerlegbare, nach Größe und Form sehr verschiedenartige feste Materieteilchen), die sich im unendlichen leeren Raum gemäß dem Gebot der Notwendigkeit hin und her bewegen, die letzten „Prinzipien" *(archai)* des Universums sind. Um zu erklären, wie es kommt, daß die durch den leeren Raum fallenden

Atome von ihrem vertikalen Kurs abkommen, zusammenprallen und derart die Dinge entstehen lassen, fügte Epikur der Theorie Demokrits die Lehre von der „Abweichung"[1] hinzu. Seine Metaphysik war durch und durch materialistisch: lebende Wesen und leblose Dinge kommen sämtlich durch den zufälligen Zusammenprall von Atomen zustande. Beim Tod zerstreuen sich sogleich die Atome, aus denen die Seelen der Menschen und anderen Lebewesen bestehen, und jegliche Sinneswahrnehmung hört auf: durch die Leugnung der Unsterblichkeit der Seele hoffte Epikur, den Menschen die Todesfurcht zu nehmen. Die Existenz von Göttern bestritt er nicht; auch sie waren aus feinen Atomen zusammengesetzt und führten in den Zwischenwelten ein von jeglicher Sorge um die Menschen oder profane Angelegenheiten ungetrübtes Leben in vollkommener Glückseligkeit.

Die Atomistik besaß für Epikur den Vorzug, daß sie eine sichere Grundlage für die Seelenruhe bot. Als das höchste Gut galt ihm die Lust — die Lust jedoch im Sinne des Seelenfriedens, der Freiheit von lastender Sorge, der *ataraxia*. Die erregenderen Freuden der Sinne, mit denen die landläufige Vorstellung den Epikureismus später unbilligerweise oft in Zusammenhang brachte, galt es zu meiden, da sie häufig Leid verursachten und sich jedenfalls mit wahrer Seelenruhe nicht vereinbaren ließen. „Lebt in der Stille!",[2] riet Epikur seinen Anhängern; in einer Welt voller Gefahren lohne es nicht, sich zu exponieren. Im übrigen könnten sie sich aller Sorgen entschlagen und gewiß sein (wie es in dem vor 150 Jahren in Herculanum aufgefundenen *tetrapharmakos* des Philodemos heißt), daß

> Niemand Gott zu fürchten braucht,
> Der Tod keine Schrecken birgt,
> Das Gute leicht erreichbar ist,
> Das Übel nicht unerträglich ist.[3]

Epikur und seine Philosophie sind in Verruf gekommen, weil sich die Vertreter einer leichtfertigen Lebensauffassung in späterer Zeit die Bezeichnung „Epikureer" zulegten. Sein Name erscheint im Neuhebräischen und Aramäischen als Lehnwort *('appiqōrōs)* mit der Bedeutung „ehrfurchtsloser Ketzer, Freigeist". Epikur selbst war jedoch „ein fast heiligmäßiger Mensch und alles andere als ein Lüstling".[4] Seneca fand unge-

---

[1] Gr. *kinēsis kata paregklisin* (Epik. frag. 280).
[2] Gr. *lathe biōsas* (Epik. frag. 551).
[3] *aphobon ho theos, anypopton ho thanatos, kai tagathon men euktēton, to de deinon euekkarterēton* (*Pap. Herc.* 1005, IV, 19).
[4] E. M. Blaiklock, „The Areopagus Address", *Faith and Thought* 93 (1963—64), S. 182.

achtet seiner stoischen Grundhaltung lobende Worte für den Epikureismus: „Ich nun bin der Meinung — es wird manchem wohl nicht recht sein, daß ich das sage —, daß Epikurs Lehren rein und richtig sind, ja, wenn man sie näher betrachtet, sogar streng.“[5] Und Lukian, der berühmte Sophist und Satiriker aus Samosata (2. Jahrh. n. Chr.), stellt die Epikureer und Christen als Leute hin, die sich nicht von Scharlatanen hinters Licht führen lassen; wenn der Lügenprophet Alexander seine schwindlerischen Mysterien veranstaltet, läßt er vorher öffentlich ausrufen: „Wofern ein Gottesleugner, Christ oder Epikureer gekommen sein sollte, unsere Riten in einer verräterischen Absicht auszukundschaften, der begebe sich von hinnen!“[6] Alexander beginnt sodann die Litanei mit dem Versikel: „Hinaus mit den Christen!“, worauf die Gemeinde antwortet: „Hinaus mit den Epikureern!“ Lukian schildert ferner,[7] wie Alexander ein Exemplar von Epikurs *Katechismus*[8] verbrannte, weil der Philosoph sich gegen den Aberglauben auf die wahre Vernunft berief, und bekennt sich zu Epikur, zu „diesem im eigentlichsten Verstande heiligen und göttlichen Mann, dem einzigen, der (nach meiner Überzeugung) das wahre Gute wirklich erkannt hat und durch die Mitteilung desselben ein Befreier und Wohltäter seiner Schüler geworden ist“.[9]

Seine letzten Worte waren angeblich: „Lebt wohl und gedenkt all meiner Lehren!“[10] Seine Schüler befolgten sie treulich; Generationen hindurch verfochten sie seine Philosophie, ohne irgendeine Änderung daran vorzunehmen. Von seinen Anhängern war der lateinische Dichter Lucretius (etwa 97—53 v. Chr.) der berühmteste; seine sechs Bücher *Über die Natur (De rerum natura)* sind eine klassische Darstellung der Philosophie seines Lehrers.

Der schwächste Teil der epikureischen Philosophie ist ihre Erkenntnistheorie. Die Erkenntnis ist für den Epikureismus eine Angelegenheit der Empfindung, des Gefühls. Da uns unsere Sinne aber zuweilen in die Irre führen, sind sie kein unfehlbares Kriterium. Worauf gründete sich dann aber die Gewißheit Epikurs und seiner Anhänger, daß ihre Dogmen der Wahrheit entsprachen? Auf diese Frage gaben sie keine zufriedenstellende Antwort; es hieß, die Sinne seien praktisch hinreichend verläßlich. Das einzig und allein Erstrebenswerte sei die Lust; zu meiden gelte es

---

[5] Sen. *dial.* VII, 13.
[6] Lukian. *Alex.* 38.
[7] *ebda.* 47.
[8] *Kyriai Doxai.*
[9] *ebda.* 61.
[10] *chairete kai memnēsthe ta dogmata* (*Vita Epicuri* 16).

nur den Schmerz, und unsere Sinne sagten uns mit genügender Deutlichkeit, was lustvoll sei und was Schmerz bereite.

2.

Anders als die Epikureer, die um kein Jota von der Lehre ihres Meisters abwichen, modifizierten die Stoiker die Philosophie des Begründers der Schule immer wieder und entwickelten sie weiter.

Die Stoiker empfingen ihren Namen von der *Stoa Poikilē* (der „bunten Säulenhalle") auf dem Marktplatz von Athen, wo der Begründer der Schule, Zenon, seine ersten Schüler um sich versammelte. Zenon (335 bis 263 v. Chr.) stammte aus Kition auf Zypern und war vielleicht teilweise phönizischer Abkunft. Im Jahre 313 v. Chr. ging er nach Athen und besuchte Vorlesungen in der Akademie und in anderen Philosophenschulen, schloß sich aber schon bald den Kynikern an. Durch das Studium der Werke des Antisthenes, des Begründers der kynischen Schule, wurde er auf Sokrates aufmerksam.

Er setzte den *logos* des Sokrates und seiner Anhänger — das rationale Prinzip im menschlichen Leben — mit dem *logos* des Heraklit (ca. 500 v. Chr.) gleich, der Weltordnung, die letztlich aus „einem ewig lebendigen Feuer, erglimmend nach Maßen und erlöschend nach Maßen"[11] besteht. In bestimmten Zeitabständen kommt es zu einem Weltbrand *(ekpyrōsis),* auf den eine Wiederentstehung aller Dinge *(palingenesia)* oder Wiederherstellung des einstigen Zustandes *(apokatastasis)* folgt. Der Mensch ist ein dem Makrokosmos, der großen Welt, entsprechender Mikrokosmos; ebenso wie im Makrokosmos die schöpferische Vernunft *(logos)* mächtig auf die Materie einwirkt und ihr Form verleiht, regiert die Vernunft im Mikrokosmos das menschliche Leben — oder sollte es regieren. Der Mensch ist mithin völlig in die Welt der Natur eingebettet, das Weltgesetz gilt auch für das Leben des einzelnen, und die stoische Lebensauffassung ließe sich somit in der knappen Formel *homologoumenōs zēn,* „in Übereinstimmung (mit der Natur) leben", zusammenfassen.

Der wahre Stoiker fühlte sich als Glied einer Gemeinschaft, die sich über die ganze Welt erstreckte. Seine *polis* war der *kosmos* — die „Welt-Stadt" oder *kosmopolis,* Mark Aurels „liebe Stadt des Zeus".[12] Gott war

---

[11] Herakl. frag 30.
[12] M. Aur. IV, 23 *(ō poli philē Dios).*

für das Universum das, was die Seele für den menschlichen Leib war. Wie Alexander Pope (1688—1744) dichtet:

All are but parts of one stupendous whole,
Whose body Nature is, and God the soul.[13]

Diese stoische Vorstellung von Gott als der Weltseele ist wesenhaft pantheistisch, was man sich stets vor Augen halten muß, wenn die Äußerungen von Stoikern über Gott oder Zeus auffallende Anklänge an die theistische Sprache der Bibel aufweisen. Wohl mag Paulus in Athen die Worte eines stoischen Dichters über Zeus zitieren: „Seines Geschlechts sind wir ja auch" (Apg 17, 28), und sie auf Gott, den Schöpfer aller Dinge, anwenden, doch vertritt Aratus eine ganz andere Gottesvorstellung als der Apostel.

Der stoische Gottesbegriff findet seinen denkwürdigsten und edelsten Ausdruck in dem großen *Zeushymnos* des Kleanthes, der in einer Handschrift der *Eklogen* des Stobaios überliefert ist:[14]

Höchster allmächtiger Gott, den viele Namen benennen, Zeus, du Herr der Natur, der das All du nach dem Gesetz lenkst, sei mir gegrüßt! Dein Preis geziemt den sterblichen Menschen. Sind wir doch alle entsprossen von dir und mit Sprache begabet sind wir allein von allem, was lebt und webt hier auf Erden. Preisen will ich dich drum und deine Macht immer verkünden.

Dein ist das Weltgebäude, das um die Erde sich drehet, folgt dir, wie du es führst, fügt willig sich deinem Gebote, kennet den Diener gar wohl, den aus sieghafter Hand du entsendest, doppeltgespitzten feurigen Blitz, der ewig lebendig, der mit kraftvollem Schlag die natürlichen Dinge verfestigt. Durch ihn lenkst du die Welt, daß in allem Vernunft sich bewähre, teilest den großen dich mit wie den kleinen Lichtern des Himmels . . . Durch ihn bist du so groß, bist der Welt allmächtiger König.

Ja, nichts gibt es auf Erden, was deiner Gottheit entzogen, nichts in dem Reiche des Äthers noch drunten in Fluten des Meeres. Nur was Böses die Menschen vollbringen, das tut ihre Torheit. Aber du weißt auch das Krumme zum Graden zu richten. Was häßlich, schön wird's in deiner Hand, was feindlich, ergibt sich der Liebe; Gutes und Böses, sie werden vereint zu einem Verbande; eine Vernunft herrscht ewig, faßt alles harmonisch zusammen. Ihr zu entweichen versuchen die Menschen, die Böses erwählten, ziehen nur Unheil sich zu. Nach Gutem streben sie alle, aber für Gottes Gesetz sind Augen und Ohren verschlossen. Folgten sie ihm in Vernunft, dann hätten sie seliges Leben. Aber sie selber sind ohne Vernunft; es lockt sie ein Wahnbild hierhin und dorthin. Es müht sich der eine in törichtem Wettstreit, Ruhm zu erlangen und Ehre, den andern

---

[13] *Essay on Man*, 267 f. („Alle sind nur Teile eines wundersamen Ganzen, dessen Leib die Natur und dessen Seele Gott ist.")

[14] Ecl. I, 25. (Übersetzung Max Pohlenz.) Mit dem Beginn des dritten Satzes des Zeushymnos *(ek sou gar genos esmen) vgl.* man die Apg 17, 28b aus Aratus (*Phainomena* 5) zitierten Worte *(tou gar kai genos esmen)*.

treibt die Gewinnsucht ziel- und wahllos umher, der dritte kennt einzig das Streben, Lust zu verschaffen dem Leib, ihm süßes Nichtstun zu gönnen . . . doch irre gehen sie alle, streben gerade nach dem, was dem wahren Guten zuwider.
Drum, du allgütiger Zeus, inmitten des dunklen Gewölkes, Herr des schimmernden Blitzes, sei gnädig uns Menschenkindern! Nimm auch das Dunkel der Torheit, o Vater, von unserer Seele! Einsicht gib uns und rechtlichen Sinn, dein königlich Erbe! Ehrst du uns so, dann können auch wir die Ehre dir geben, stimmen das Loblied dir an, wie es ziemet sterblichen Menschen. Denn kein höheres Amt ward Göttern und Menschen verliehen, als das Gesetz zu preisen, das beide im Rechte verbindet.

Ein weiteres, sehr viel kürzeres Gedicht des Kleanthes ist uns erhalten geblieben, weil der jüngere Stoiker Epiktet (um 55—135 n. Chr.) es besonders schätzte:[15]

Führ du mich, Zeus, und du, Verhängnis,
wohin der Weg von euch mir ist bestimmt!
Ich folg' euch ohne Zaudern. Sträub' ich mich,
so handl' ich schlecht, — und folgen muß ich doch.

Zeus ist hier kaum mehr als eine Verkörperung des Schicksals. Seinem Schicksal kann der Mensch nicht entrinnen, doch vermag er es zu erleichtern, wenn er mit ihm zusammenarbeitet und, statt vergeblich dagegen anzurennen, sich freudig darin fügt. Zumindest dieses Schicksal war dann kein Spiel des Zufalls, sondern Teil des weltumfassenden *logos* oder Plans. Wer überzeugt war, darin eine Rolle zu spielen, dem verlieh diese Gewißheit große sittliche Kraft, Zielstrebigkeit und die Fähigkeit zu vorbildlicher Ausdauer und verantwortlichem Handeln.[16]

Doch ebenso wie sich der Stoiker seiner Pflicht zur Zusammenarbeit mit dem Schicksal bewußt ist, weiß er um seine Unabhängigkeit von dem Willen anderer Menschen und ist stolz darauf. Die Selbstgenügsamkeit — *autarkeia* — war ein stoisches Leitbild.[17] All ihrem Weltbürgertum

[15] Epikt. *ench.* 2, 23, 42; 3, 22, 95; 4, 1, 131 usw. (Übersetzung Max Pohlenz).
[16] Eng verknüpft mit dieser Vorstellung vom Wesen des Göttlichen ist der stoische Glaube an die „Vorsehung" *(pronoia).* Diese personifizierte Vorsehung dringt in das jüdisch-hellenistische Schrifttum des ausgehenden ersten Jahrhunderts v. Chr. und des ersten Jahrhunderts n. Chr. ein (Jesus Sirach; Drittes und Viertes Makkabäerbuch; Philo, Josephus); sie erscheint, obschon man ihr im Neuen Testament nicht begegnet (wo *pronoia* nur an einer Stelle, Apg 24, 2, und in anderer Bedeutung vorkommt), bei den frühchristlichen Apologeten und lebt im Gebrauch des Wortes „Vorsehung" als Ersatz für den Namen Gottes fort. Siehe A. Ehrhardt, *The Beginning,* Manchester 1968, S. 169.
[17] Die *autarkeia,* von der Paulus im Philipperbrief (4, 11) spricht (vgl. 2 Kor 9, 8; 1 Tim 6, 6), unterscheidet sich insofern vom stoischen Ideal, als sie die Zufriedenheit bezeichnet, die die Gewißheit der göttlichen Leitung und Fürsorge verleiht — eine „Gottgenügsamkeit" eher denn „Selbstgenügsamkeit". R. Bultmann hat dargelegt, daß die zwischen den „sittlichen Gedanken der

zum Trotz waren die Stoiker im Grunde ihres Herzens hartnäckige Individualisten. Sie neigten dazu, sich eher mit der Existenz ihrer Mitmenschen *abzufinden* als sie zu *lieben.* Wollte ein Stoiker nicht mehr weiterleben, weil man ihn in seinem Stolz und seiner Menschenwürde gekränkt hatte, so durfte er den Freitod wählen. Der Stoizismus im engeren Sinn hatte keine Unsterblichkeitslehre; die Seele überlebte den Tod des Leibes, mußte aber beim nächsten Weltenbrand, wenn nicht früher, verschwinden. Seneca und andere bemühten sich zwar, in der Hoffnung auf Unsterblichkeit Trost zu finden, doch konnten sie sich dabei nicht auf den Stoizismus berufen.

Im Bereich der sittlichen Werte unterschieden die Stoiker zwischen dem Guten, das es anzustreben, dem Übel, das es zu meiden, und dem Gleichgültigen, das es je nach Zweckmäßigkeit anzustreben oder zu meiden galt. Neben diesen sittlichen Werten gab es noch praktische: Naturgemäßes, dem der Vorzug gebührte, Naturwidriges, das es zu verwerfen galt,[18] und wiederum Gleichgültiges, das je nach Zweckmäßigkeit zu bevorzugen oder zu verwerfen war. Naturgemäße Handlungen werden als „uns zukommend" *(kathēkon)* bezeichnet, naturwidrige als „uns nicht zukommend" *(apokathēkon).*

In den neutestamentlichen Briefen begegnet man in den Verhaltensrichtlinien ganz ähnlichen Ausdrücken. So heißt es z. B. im Epheserbrief (5, 3f.), daß Unzucht, Unkeuschheit und Habsucht in der christlichen Gemeinde nicht einmal genannt werden sollen, „wie es Heiligen geziemt" *(prepei),* und schändliches Wesen, törichtes Geschwätz und leichtfertiger Scherz „sich nicht gebühren" *(ouk anēken).* Durch die Hinzufügung einer christlichen Wendung wird die stoische Terminologie jedoch oft verchristlicht; so werden die Frauen in Kol 3, 18 ermahnt, ihren Männern untertan zu sein, da dies „sich im Herrn gebührt" *(anēken).*

Was die Erkenntnistheorie der Stoiker betrifft, so waren sie der An-

---

stoischen Unterweisung" und dem Urchristentum bestehende Verwandtschaft der Verkündigung des NT zwar „positive Anknüpfungspunkte" bot, das Christentum (zum Unterschied vom Stoizismus) aber „die Kraft und den Enthusiasmus einer lebendigen Religion, eines persönlichen Gottesglaubens, die neue Wertung des Individuums und die Macht, die menschliche Seele zu eigenem Leben zu erwecken" zu geben vermochte („Das religiöse Moment in der ethischen Unterweisung des Epiktet und das Neue Testament", *ZNTW* 13 [1912], S. 191). Vgl. E. Bevan, *Stoics and Sceptics,* Oxford 1913, S. 49.

[18] Natur *(physis)* wurde in der Tat der gängigste Ausdruck des Populärstoizismus; in der Personifizierung „der" Natur begegnet man ihm noch heute. Die Stelle 1 Kor 11, 14 f., wo Paulus davon ausgeht, daß die Natur dem Mann kurzes Haar und der Frau langes, „statt eines Schleiers", verliehen hat, zeigt Anklänge an diese weitverbreitete stoische Terminologie.

sicht, der menschliche Geist gleiche bei der Geburt einer *tabula rasa,* einer völlig unbeschriebenen Wachstafel, die aber zur Aufnahme von Eintragungen durch die Erfahrung geeignet sei. Ganz ähnlich wie die Epikureer gingen sie davon aus, daß die Erkenntnis auf einer Folge von Wahrnehmungen gründet, die von außen verursacht sind, doch betonten sie, es sei dem einzelnen aufgegeben, sich diesen Wahrnehmungen gegenüber richtig zu verhalten und zu entscheiden, welche als gültig anzusehen und welche zu verwerfen seien. Mit Hilfe welcher Kriterien eine solche Entscheidung gefällt werden sollte, bleibt unklar. Zweifellos würde jeder, der die stoische Weltschau schon bejahte, Sinneswahrnehmungen und alle Eindrücke, die sein Geist im Laufe der Zeit empfing, im Lichte dieser Weltauffassung beurteilen. Einige Eindrücke waren unwiderstehlich; sie wirkten unmittelbar überzeugend *(phantasiai katalēptikai).*

Der sittliche Ernst der Stoiker war dem herkömmlichen römischen Ideal der „Charakterfestigkeit" *(gravitas)* wesensverwandt, und die politische Einheit des Römischen Reiches kam dem stoischen Leitbild der *kosmopolis* sehr nahe. Der römische Imperialismus begünstigte also die Entwicklung eines an ihn angepaßten Stoizismus. Seneca, der Erzieher Neros, der Sklave Epiktet und der Kaiser Mark Aurel waren die bedeutendsten stoischen Denker und Schriftsteller der Kaiserzeit. Wenngleich die spätere Forschung eine gewisse Verwandtschaft zwischen Seneca und Paulus nachweisen konnte und Epiktets Darlegung der stoischen Ethik indirekt vom Christentum beeinflußt sein mag, erkannte der asketische Moralist Mark Aurel, der zu den „Christenverfolgern" unter den römischen Kaisern zählt, doch die wesenhafte Unvereinbarkeit von Christentum und Stoizismus. Teilweise unter dem Einfluß seines Erziehers Fronto verachtete Mark Aurel die Christen als in bösem Aberglauben Befangene. Ihre Unbeugsamkeit angesichts von Folterung und Tod war in seinen Augen kein Seelenadel, dem jeder Stoiker Respekt gezollt hätte, sondern Unbelehrbarkeit und Verstocktheit, die es exemplarisch zu bestrafen galt.[19] Mark Aurels Stoizismus war zudem mit einer altväterlichen römischen Frömmigkeit gepaart, die in den Christen gefährliche Revolutionäre und politische Schädlinge erblickte. Dennoch hat man in manchen Kreisen Mark Aurels *Selbstbetrachtungen* fast in den Rang eines christlichen Erbauungsbuches erhoben.

---

[19] M. Aur. XI, 3; über Frontos Haltung siehe Min. Fel. 9, 31.

3.

Die von Aristoteles begründete peripatetische Schule setzte mehrere Generationen hindurch die Forschungstätigkeit fort, die er im Lykeion zu Athen eingeleitet hatte. Einige Schulhäupter des Peripatos folgten seinem Vorbild und spezialisierten sich auf das Studium und die Klassifizierung verschiedener Wissenssparten. Theophrast, der nach Aristoteles Schulhaupt war (322—288 v. Chr.), verfaßte außer seinen berühmten *Charakteren* Schriften über Botanik sowie andere Werke über Naturwissenschaft, und andere Mitglieder der Schule traten mit Abhandlungen über Medizin, Mathematik, Astronomie, Geographie, Kunst und Musik hervor. Doch stellten sie zwar eine Zeitlang „durch ihre wissenschaftlichen Leistungen sämtliche Mitbewerber in den Schatten",[20] übten aber in neutestamentlicher Zeit nicht im entferntesten mehr soviel Einfluß aus wie jene. Wiedererweckt wurde der Aristotelismus erst im Frühmittelalter.

4.

Die philosophische Tradition der platonischen Akademie wurde von Arkesilaos, der einige Jahre bis zu seinem Tode (241 v. Chr.) die Schulleitung innehatte, radikal umgestaltet. Streitigkeiten mit den Stoikern über das Wesen der Erkenntnis veranlaßten ihn, einen kompromißlosen Skeptizismus zu vertreten und jegliche Erkenntnismöglichkeit zu leugnen. Er widersetzte sich der stoischen Berufung auf die „unwiderstehliche Überzeugung" als Wahrheitskriterium. Selbst Sokrates' Restwissen — „ich weiß, daß ich nichts weiß" — galt Arkesilaos nicht als wahres Wissen. Karneades, der um die Mitte des darauffolgenden Jahrhunderts Schulhaupt der Akademie war, behielt diese Position bei, räumte jedoch ein, es gebe verschiedene Stufen der Wahrnehmung und man könne zu Schlußfolgerungen gelangen, die eine Anleitung zu richtigem Handeln gäben. 155 v. Chr. begab er sich zusammen mit den Leitern der peripatetischen Schule und der Stoa nach Rom, um den Römern die Grundgedanken der griechischen Philosophie zu vermitteln.

Die „Neue Akademie", wie diese skeptische Phase in der Geschichte der Akademie hieß, endete im ersten Jahrhundert v. Chr., als Antiochos von Askalon (gest. 69 v. Chr.) die Schulleitung übernahm und sich die

---

[20] G. Murray, *Five Stages of Greek Religion*, Oxford 1925, S. 145.

Wiederherstellung der „Alten Akademie" zum Ziel setzte. Er beendete den Hauptstreit mit den Stoikern.

Ein herausragendes Mitglied der Akademie war im ersten Jahrhundert v. Chr. der römische Staatsmann Cicero. Er war zwar im allgemeinen ein Anhänger der „Neuen Akademie", aber ein durchaus eklektischer Denker und auch für stoische Lehren aufgeschlossen.

Von den griechischen Philosophenschulen wirkte vor allem der Stoizismus auf das frühchristliche Denken ein, doch lassen sich auch Verbindungen zu den späteren, skeptischen Vertretern der Akademie nachweisen. Die alexandrinische Schule übertrug die stoische Allegorese der griechischen Mythologie auf die Deutung der Geschichten des Alten Testaments, doch die griechische Mythologie selbst wurde von den christlichen Apologeten ihrer absurden und unmoralischen Züge wegen ebenso heftig angegriffen wie von der Akademie. Ciceros Traktat *Über das Wesen der Götter* zeigt die für letztere charakteristische Kritik der griechischen Götterdichtungen (die Platon veranlaßten, die Dichter aus seinem Idealstaat zu verbannen), und im wesentlichen der gleichen Kritik begegnet man durchweg auch bei den christlichen Apologeten.[21]

5.

Mehrere der führenden griechischen Philosophen zeigen den Einfluß der Orphik, deren Glaubensgut seit alters auf Orpheus zurückgeführt wird. Orpheus' Aufenthalt im Hades prädestinierte ihn zum Helden eines Kultes, der den darin Eingeweihten die Hoffnung auf Unsterblichkeit und Erlösung von Strafe in der Unterwelt oder von der fortwährenden Gefangenschaft in immer neuen Leibern bot. Die orphische Mythologie enthielt einen Bericht über die Schöpfung der Erde und des Menschengeschlechts; dieses war aus der Asche der Titanen entstanden, die Zeus mit dem Feuer seines Blitzes vernichtete, weil sie seinen Sohn oder Enkel Dionysos-Zagreus zerrissen und verschlungen hatten.[22]

---

[21] Vgl. H. Chadwick (Ed.), *Origen: Contra Celsum*, Cambridge 1953, S. X.

[22] Der Charakter dieser Erzählung macht deutlich, daß die Orphik aus einer Mysterienreligion hervorgegangen ist. Die Mysterien waren kultische Zeremonien, bei denen die Passion und der Sieg einer Gottheit vor ihren Anhängern in Form eines Dramas dergestalt zur Anschauung gebracht wurden, daß diese in gewissem Sinne an ihrem Schicksal teilzunehmen vermochten. „Mysterien" hießen sie, weil nur Eingeweihte *(myeomai)* zu den Riten Zutritt hatten, denen Erlösung und Unsterblichkeit versprochen wurden. Unsere Kenntnis von den Einzelheiten der Mysterien — die berühmtesten wurden in

Die Vorstellung vom Leib (sōma) als Gefängnis oder Grab (sēma) der Seele und der Glaube an die Seelenwanderung *(metempsychōsis)* beherrschten das Denken der Pythagoräer. Dieser religiöse Orden verehrte als seinen Gründer den Pythagoras, der um das Jahr 531 v. Chr. von der ägäischen Insel Samos nach Kroton in Süditalien auswanderte. Inwieweit die pythagoreische Lehre auf Pythagoras selber zurückgeht, ist ungewiß, doch steht sicher fest, daß er lehrte: (1) die Seele könne durch einen reinen Lebenswandel Befreiung von den beschwerlichen Zyklen der Wanderungen erlangen, und (2) Zahlen seien die Grundprinzipien *(archai)* der realen Welt.

Die pythagoreischen Reinheitsgebote forderten das Studium der Natur und die Meidung bestimmter Speisen. Weitere Tabus wurden, wenn auch nicht anfänglich, so doch später, in Begriffen der Lehre von der Seelenwanderung erklärt. Die Mitglieder der Genossenschaft mußten sich einer sittlichen Selbstprüfung unterziehen: „Worin habe ich gesündigt?“ sollte sich jeder fragen. „Was habe ich getan? Welche Pflicht habe ich versäumt?“[23]

Platons Werke lassen den Einfluß der Orphik und des Pythagoreismus erkennen. Die pythagoreische Tradition erlebte später, in Verbindung mit platonischen, peripatetischen und stoischen Elementen, eine neue Blütezeit in Gestalt des Neupythagoreismus, der im ersten nachchristlichen Jahrhundert in Rom und Alexandria in Erscheinung trat. Zu den Denkern, auf die er einwirkte, zählt der jüdische Philosoph Philo von Alexandria (um 20 v. Chr. — 50 n. Chr.).

6.

Philo war ein in Wort und Tat von leidenschaftlicher Gesetzestreue erfüllter patriotischer Jude. Er entstammte der führenden jüdischen Familie in Alexandria; sein Bruder Alexander „zeichnete sich durch vornehme Abkunft und Reichtum vor allen Einwohnern der Stadt aus“[24] und bekleidete mit ausdrücklicher Billigung der römischen Behörden das

---

Eleusis nahe Athen zu Ehren der Erdgöttin Demeter und ihrer Tochter Kore gefeiert — ist dürftig und stammt aus der Spätzeit.

[23] *pē parebēn; ti d' erexa; ti moi deon ouk etelesthē;* (Diog. Laert. 8, 22).

[24] Ios. *ant. Iud.* XX, 100. Daß er sehr reich war, kann man daraus ersehen, daß er die Silber- und Goldbeläge für die neun Tore des Herodestempels stiftete (*bel. Iud.* V, 205) und in der Lage war, Agrippa I. und seiner Gattin Kypros 200 000 Drachmen zu leihen, obwohl er damit rechnen mußte, daß er sie nicht zurückbekommen würde (*ant. Iud.* XVIII, 159 f.).

Amt des „Arabarchen"[25] oder obersten Steuereinnehmers von Alexandria; Alexanders Sohn Tiberius wurde später Prokurator von Judäa und Präfekt von Ägypten.[26] Philo spielte ebenfalls eine Rolle im öffentlichen Leben,[27] seine historische Bedeutung gründet sich jedoch auf seine philosophischen Schriften. Sein Geist fühlte sich lebhaft von dem Bild der Wirklichkeit angezogen, das die griechische Philosophie — besonders der Platonismus, Stoizismus und Neupythagoreismus — entwarf. Von seinen Vätern war ihm jedoch der Glaube überkommen, daß die höchste dem Menschen zugängliche Wahrheit in den heiligen Schriften des jüdischen Volkes, besonders in den fünf Büchern Moses, zu finden sei. Zwangsläufig mußte er daher die Thora vom Standpunkt jener Philosophie auslegen, die er mit seinen natürlichen Verstandeskräften als die Wahrheit erkannt hatte. Die ethischen Gebote des mosaischen Gesetzes wiesen Israel den Weg, aber in Philos Augen gebot das Gesetz jene Tugend, die (wie er von den Neupythagoreern und anderen gelernt hatte) in der Herrschaft des Geistes über die niederen Kräfte und seiner Harmonisierung mit der „wahren Vernunft" *(orthos logos)* bestand, die in der Welt der Natur herrschte. Nicht nur schrieben die mosaischen Gesetze diesen Tugendpfad vor, sondern durch die allegorische Schriftauslegung ließ er sich auch an den Geschichten des Pentateuchs exemplifizieren. Nach dieser Art der Interpretation berichtet dann z. B. die Geschichte Abrahams von seinem Ausbruch aus der Gebundenheit an die Materie, seinen Gottesvisionen, die ihn immer mehr die letzte Wirklichkeit schauen ließen, von seinem Namenswechsel, der anzeigte, daß er endlich ein wahrer Weiser geworden war, und seiner Ehe mit der Wahrheit oder Tugend in Gestalt Sarahs.[28] Die Frucht dieser Ehe, Isaak, war der Gottessohn, der einer solchen Entwicklung, wie sie sein Vater durchgemacht hatte, nicht bedurfte, da er von Anfang an vollkommen war.[29] Die Geschichte von

---

[25] Bei Josephus (*ant. Iud.* XVIII, 159; XX, 100, 147) erscheint *arabarchēs* mit seinen Derivativen durch Dissimilation als *alabarchēs.* Inschriften bestätigen, daß dies im Ptolemäerreich der Titel des Oberzolleinnehmers war (vgl. auch Iuv. 1, 130). Formal, doch nicht bedeutungsmäßig, ist das Wort mit *arabarchēs,* „Herrscher über die Araber", identisch (Cic. *Att.* II, 17, 2, bezeichnet Pompejus als Arabarch; vgl. Ios. *ant. Iud.* XV, 167).

[26] S. Teil II, Kap. 6/2; 11/1. Ein anderer Sohn Alexanders, Marcus, war der erste Gatte der Berenike, der Tochter Agrippas I. (Ios. *ant. Iud.* XIX, 277).

[27] Er führte die Gesandtschaft der alexandrinischen Juden an den Kaiser Caligula an (siehe Teil II, Kap. 4/3).

[28] Siehe Philos Traktate *De migratione Abrahami, Quis rerum divinarum heres, De congressu quaerendae eruditionis gratia, De fuga et inventione, De mutatione nominum, De somniis* und *De Abrahamo.*

[29] Vgl. z. B. *mig.* 140; *fug.* 166—168; *mut. nom.* 130 f.; *Quaestiones in Gen.* über 1 Mo 24. Ein besonderer Traktat über Isaak ist nicht überliefert.

Jakob ähnelt dagegen mehr der von Abraham; sie berichtet von seiner Flucht aus der Sinnenwelt, seinem Empfang der göttlichen Wahrheit, seinem schließlichen Sieg, seiner Gottesvision und seiner Vereinigung mit Gott.[30]

Moses verkörpert den Logos, der den Menschen als Erlöser aus den Banden der Materie befreit und ihn als Oberpriester in die Gotteserkenntnis einweiht; am Ende entledigt Moses selber sich des letzten Stofflichkeitsrestes und hat völlig am Wesen Gottes teil.[31] Seine Gesetze weisen den Weg der Tugend,[32] sein Opferritual und das Heiligtum, in dem es vollzogen wurde, sind anschauliche Beispiele der kosmischen Wirklichkeit.[33]

In der Lehre Platos von den Ideen, die im überhimmlischen Reich ewig wesen,[34] erblickte Philo einen Schlüssel zum Verständnis vieler Teile der Heiligen Schrift. Im ersten Kapitel des ersten Buches Mose las er, wie Gott gleich einem Architekten, der einen Plan entwirft, die Welt der Ideen, darunter die Idee des Menschen, schuf; im zweiten Kapitel las er von der stofflichen Nachbildung dieses Plans oder Urbildes.[35] Der ideale Mensch war in der Sprache von 1 Mo 1, 27 „Mann und Weib"; der irdische Mensch, den Gott mit dem Logos erfüllte, war ein Mann und von Gott mit unumschränkter Herrschaft über seine Mitkreaturen ausgestat-

---

[30] Vgl. z. B. *mig.* 153, 208 ff.; *fug.* 4 ff., 39 ff.; *somn.* I, 2 ff., 45 ff., 68 ff., 115 ff. Jakobs neuer Name Israel (= „Gott streitet"), den er in Pniel erhielt (1 Mo 32, 28), wird von Philo als „der Gottseher" interpretiert, als ob darin hebr. *ra'ah*, „sehen", enthalten wäre (*migr.* 200 f.; *mut.* 81 f.; *somn.* I, 129). Ein besonderer Traktat über Jakob ist nicht überliefert. In *De Abrahamo* 52 versinnbildlichen Abraham, Isaak und Jakob die durch Lehre *(didaskalia)*, Natur *(physis)* bzw. Übung *(askēsis)* erworbene Tugend.

[31] Siehe besonders den Traktat *De vita Mosis.* Sein Tod wird als seine „Verwandlung" (*Mos.* II, 288) oder „Entrückung" (*sacr.* 8), als Abschütteln des Leibes und „Übergang vom sterblichen Dasein ins unsterbliche Leben" *(virt.* 76) bezeichnet. In *Quaestiones in Exod.* heißt es (zu 2 Mo 24, 2), Moses sei „zu Gott eingegangen". Ähnlich sagt Josephus, Moses sei „zu Gott hinübergegangen" (*ant. Iud.* IV, 326) — den gleichen Ausdruck benutzt er auch in bezug auf Henochs Entrückung (*ant. Iud.* I, 85).

[32] Siehe besonders seine Traktate *De decalogo* und *De specialibus legibus.*

[33] *Mos.* II, 71—108.

[34] Der *hyperouranios topos* (plat. *Phaidr.* 247 c).

[35] *all.* I, 31 ff.; II, 4 ff. Doch der Mensch, den Gott in den Garten setzt (1 Mo 2, 8), ist erstaunlicherweise nicht der „aus Erde gebildete" Mensch (1 Mo 2, 7), sondern der nach dem Bilde Gottes geschaffene himmlische Mensch (1 Mo 1, 26 f.), da in Philos allegorischer Auslegung der Erzählung allein der himmlische Mensch die Tugenden pflegen kann (*all.* I, 88 f.). In I Kor 15, 45 ff. widerspricht Paulus Philo ausdrücklich: der irdische Mensch folgt nicht auf den himmlischen (auf den mit einem geistlichen Leibe ausgestatteten Menschen der neuen Schöpfung, dessen Prototyp der auferstandene Christus ist), sondern geht ihm voran.

tet, doch das Unglück wollte es, daß aus seinem Leib das Weib geschaffen wurde, denn dieses war der Erde und der Materie verhaftet, und durch Eva führte die Schlange, das Symbol der Sinnenlust, ihn in die Knechtschaft, aus der er nur durch anhaltende Selbstbeherrschung im Streben nach Wahrheit und Tugend befreit werden kann.[36]

Der Philonismus läßt sich nicht anhand der verschiedenen jüdischen und griechischen Quellen erklären, aus denen er schöpfte. Philos Abhängigkeit von seinen Quellen ist offenkundig, doch der Philonismus ist die Leistung seines eigenen schöpferischen Geistes, die Verschmelzung bestimmter Elemente, aus der etwas Neues hervorgegangen ist. Er hat in viel höherem Maße auf das christliche Denken eingewirkt als auf das jüdische; es ist kein Zufall, daß Philos Schriften (wie die des Josephus) von Christen aufbewahrt wurden und nicht von Juden. Zwar hat er anscheinend keinen unmittelbaren Einfluß auf das neutestamentliche Denken ausgeübt, doch weisen seine Schriften eine Anzahl auffallender Berührungspunkte mit den paulinischen Briefen auf,[37] und einige Kenntnis seiner Denkungsart und Methode vermag das Verständnis des vierten Evangeliums (wenn sich die johanneische Logoslehre auch wesenhaft von der philonischen unterscheidet)[38] wie des Hebräerbriefes sehr zu fördern — des Werkes eines anderen Alexandriners, der das alte Testament jedoch im Unterschied zu dem Allegoriker Philo typologisch auslegt.[39]

7.

In den letzten drei vorchristlichen Jahrhunderten durchdrangen die Kultur und Denkweise des Hellenismus nicht nur die Diaspora, sondern auch Judäa selbst. Einige der Zenon-Papyri, die ein anschauliches Bild der Verhältnisse in der Provinz unter Ptolemäus Philadelphus (285—246

---

[36] *all.* II, 13 ff., 71 ff.

[37] Siehe H. Chadwick, „St. Paul and Philo of Alexandria", *BJRL* 48 (1965—66), S. 286 ff.

[38] Den Hintergrund des johanneischen *logos* findet man in der Hauptsache eher in den alttestamentlichen Vorstellungen von dem „Wort" und der „Weisheit" Gottes als im *logos* des Heraklit und der Stoiker; obwohl Philo den *logos* metaphorisch als „Gottes erstgeborenen Sohn" (*conf.* 146) und sogar als „zweiten Gott" beschreibt (*quaest. in gen.* zu 1 Mo 9, 6), ist ihm die johanneische Lehre vom persönlichen und fleischgewordenen *logos* doch gänzlich fremd.

[39] Vgl. C. Spicq, *L'Épitre aux Hébreux*, Paris 1952, 1, S. 39 ff. (der Philos Einfluß auf den Hebräerbrief jedoch überschätzt).

v. Chr.) vermitteln,[40] enthalten eine Fülle von Zeugnissen über die Hellenisierung Palästinas in der ersten Hälfte des dritten Jahrhunderts v. Chr. Die spätere palästinische Weisheitsdichtung (ganz zu schweigen von der der alexandrinischen Juden) steht eindeutig unter griechischem Einfluß. Wenngleich Josephus' Hinweis auf Ähnlichkeiten zwischen den Pythagoreern und Essenern mit seiner hellenisierenden Darstellung der religiösen Gruppen des Judentums als Philosophenschulen zusammenhängt,[41] braucht man eine gewisse Einwirkung der Pythagoreer auf die Essener in der damaligen Weltlage doch nicht auszuschließen. Vor einer allzu eilfertigen Unterscheidung zwischen einer palästinischen und einer hellenistischen Phase im Urchristentum sollte man sich hüten; nach Namen wie Andreas und Philippus zu urteilen, gehörten zum Kreis der Jünger Jesu möglicherweise auch Hellenisten. Man darf die hellenistischen Elemente im Neuen Testament nicht als Hinzufügungen oder störende Elemente abtun; sie bildeten von Anfang an wesentliche Bestandteile des christlichen Lebens.

---

[40] *CPI* 1, S. 115 ff.
[41] Siehe S. 90 mit Anm. 10.

FÜNFTES KAPITEL

Die Hohenpriester

1.

In der nachexilischen Zeit war der Hohepriester die wichtigste Persönlichkeit des jüdischen Gemeinwesens und als Oberhaupt des Tempelstaates anerkannt. Seine Stellung wurde vom Perserreich und später von den hellenistischen Monarchen, die als Nachfolger der Perser die Herrschaft über Coelesyrien ausübten, respektiert. Die von den persischen und hellenistischen Königen eingesetzten Provinzstatthalter hatten in erster Linie die finanziellen und strategischen Interessen ihrer Herrscher im Auge und kümmerten sich um die inneren Angelegenheiten Judäas nur wenig.[1] Bis zu der Krise, die unter Antiochus IV. eintrat, war das Amt des Hohenpriesters den Zadokiden vorbehalten, die die Oberpriester des salomonischen Tempels von seiner Gründung bis zur Zerstörung durch die Babylonier im Jahre 587 v. Chr. sowie des nachexilischen Tempels seit seiner Gründung gestellt hatten. Als das Synedrium zum ersten Mal in einem historischen Dokument aufscheint, bietet es sich als aristokratischer Senat dar, in dem der zadokidische Hohepriester den Vorsitz führt.[2]

Die Pflichten des Hohenpriesters waren naturgemäß in erster Linie sakraler und nicht administrativer Art. Er war, wie es 3 Mo 21, 10 heißt, der „Hohepriester unter seinen Brüdern", mit anderen Worten *primus inter pares.* Die meisten priesterlichen Amtspflichten — die tägliche Opferdarbringung, das Verbrennen des Weihrauchs usw. — konnten von allen Priestern erfüllt werden und wurden in der Tat von den Angehörigen der vierundzwanzig Priesterabteilungen abwechselnd wahrgenommen.[3] Natürlich amtierte der Hohepriester bei wichtigen Anlässen, so zum Beispiel an den drei großen jüdischen Wallfahrtsfesten — Passah

---

[1] Außer bei einem Zusammenbruch der öffentlichen Ordnung. So griff der persische Statthalter Bagoas um das Jahr 410 v. Chr. ein, als der Hohepriester Johannes seinen Bruder Jesua im Tempel im Verlauf eines Streits über die Nachfolge im Amt des Hohenpriesters erschlug (Ios. *ant. Iud.* XI, 297 ff.).

[2] Ios. *ant. Iud.* XII, 138, 142, in einem von Antiochus III. an Ptolemäus, seinen Statthalter in Coelesyrien und Phönizien (198 v. Chr.) gesandten Brief. Siehe S. 81.

[3] Vgl. 1 Chron 24, 4—19; Ios. *ant. Iud.* VII, 366.

(Fest der ungesäuerten Brote), Pfingsten und Laubhüttenfest, vor allem am letztgenannten. (Bei der Ausführung der Wasserspende wurde Alexander Jannäus am Laubhüttenfest einmal vom Volk mit den Zitronatzitronen, die jeder Israelit beim Fest-Morgengottesdienst in der Hand zu halten pflegte, beworfen, weil er das Wasser nach Art der Sadduzäer auf den Boden neben dem Altar und nicht auf den Altar selbst goß, wie es die vom Volk gebilligte pharisäische Regel forderte.)[4]

Doch selbst an den großen Wallfahrtsfesten brauchte der Hohepriester nicht zu amtieren, wenn seine Anwesenheit auch erwünscht und die Regel war. Unumgänglich war sie dagegen am Versöhnungstag, dem 10. Tischri, zur Zeit des Herbstäquinoktiums. An diesem Tage mußte sich der Hohepriester ganz allein in das Innere des Heiligtums, das (normalerweise durch einen Vorhang abgeschlossene) Allerheiligste, begeben und dort das Blut des Sühneopfers zur Sühne für sich und sein Volk darbringen. Er mußte bei der Durchführung dieser feierlichen Zeremonie im Besitz völliger levitischer Reinheit sein, und in späterer Zeit wurde er zur Vermeidung einer zufälligen Verunreinigung in der Woche vor dem Versöhnungstage isoliert und während dieser Zeit vielleicht sogar zweimal mit Reinigungswasser besprengt.[5] Erlitt er dennoch so spät eine Verunreinigung, daß seine Reinigung vor dem Versöhnungstage nicht mehr erfolgen konnte, so mußte ihn ein anderer Priester vertreten, und dieser war dann vorübergehend Hoherpriester *quoad sacra,* da allein der Hohepriester das Allerheiligste betreten durfte.[6]

Jesus Sirachs Lobrede auf den Hohenpriester Simon II. (um 200 v. Chr.) veranschaulicht den feierlichen Glanz der Erscheinung und der Kulthandlungen des Hohenpriesters am Versöhnungstag unter der alten zadokidischen Herrschaft — vor allem die Beschreibung von Simons Herrlichkeit „wenn er hervortrat hinter dem Vorhange . . . angesichts der ganzen Gemeinde Israels" (Sir 50, 5ff.). In nachzadokidischer Zeit entsprach der Charakter des Hohenpriesters der Heiligkeit seines Fürsprechamtes nur selten. Jonathan, einer der Söhne des Hannas, scheint sich der Bedeutung seines Amtes und seiner eigenen Unwürdigkeit bewußt gewesen zu sein, denn als ihm der ältere Agrippa eine zweite Amtsperiode

[4] Dieser Bericht gründet sich auf Ios. *ant. Iud.* XIII, 372 f. und bT *Sukkah* 48b.

[5] Das Ritual für diesen Fasttag geht auf die apotropäischen Vorschriften von 3 Mo 16 zurück. Die Bestimmung über die strenge siebentägige Absperrung des Hohenpriesters steht in Mischna, *Joma* 1, 1; unsere Quelle für die Tradition, daß er am dritten und siebten Tage seiner Absperrung mit *me niddah* besprengt wurde, ist Maimonides, *Jad ha-chazaqah* 1, *Halaka* 4.

[6] Siehe S. 66 (Matthias).

als Hoherpriester in Aussicht stellte, lehnte er sie mit der Begründung ab, es genüge ihm, einmal das heilige Gewand getragen zu haben.[7]

Eine weitere, aber weniger häufige Kulthandlung, bei welcher der Hohepriester persönlich zugegen sein und amtieren mußte, war die Schlachtung der Roten Kuh gemäß dem in 4 Mo 19 vorgeschriebenen Ritual. Der Kadaver der Roten Kuh wurde nach der Schlachtung verbrannt und die Asche an einem dafür geeigneten Platz aufbewahrt, um von Zeit zu Zeit für die Bereitung von Reinigungswasser (hebr. *me niddah,* wörtlich „Wasser für Unreinheit") verwandt zu werden, das zur Beseitigung einer Verunreinigung, beispielsweise an einem Toten, benötigt wurde. Die Asche einer Roten Kuh reichte mehrere Jahre für die Bereitung von Reinigungswasser aus. (Bei den Samaritern, die diese Praxis noch jahrhundertelang beibehielten, nachdem die Juden sie längst aufgegeben hatten, wurde die Asche der letzten Roten Kuh, die dort geschlachtet wurde, 250 Jahre lang bis zum Ende des 16. Jahrhunderts aufbewahrt.)[8] Der Mischna zufolge war Ismael ben Phiabi (etwa 58 bis 60 n. Chr.) der letzte Hohepriester, der die Rote Kuh schlachtete.[9]

2.

Der letzte legitime Hohepriester aus der Priesterfamilie Zadok war Onias III.; er wurde um 174 v. Chr. von Antiochus IV. abgesetzt und fiel drei Jahre später von Mörderhand.[10] An seine Stelle trat sein Bruder Jason; er versprach, die Hellenisierungspolitik des Königs eifriger voranzutreiben als Onias, doch mußte Jason selber 171 v. Chr. Menelaus weichen, der kein Zadokide und möglicherweise nicht einmal von priesterlicher Abkunft war.[11] Als Menelaus schließlich in Ungnade fiel, wurde an

---

[7] Ios. *ant. Iud.* XIX, 313—15.

[8] Vgl. M. Gaster, *Samaritan Traditions and Oral Law,* London 1932, S. 195 f.; J. Bowman, „Did the Qumran Sect Burn the Red Heifer?", *Revue de Qumran* 1 (1958—9), S. 73 ff.

[9] Mischna, *Parah* 3, 5. Dieser Traktat ist dem Ritual der Roten Kuh gewidmet.

[10] Vgl. 2 Makk 4, 1—10. 33—8; Dan 9, 26 a.

[11] Nach 2 Makk 4, 23 war Menelaus ein Bruder des Tempelhauptmanns *(prostates)* Simon, der nach 2 Makk 3, 4 dem Stamm Benjamin angehörte. Josephus macht aus ihm irrtümlicherweise einen jüngeren Bruder von Onias III. und Jason (*ant. Iud.* XII, 238 f.). Die vorhieronymianische lateinische Übersetzung von 2 Makk 3, 4 weist Simon (und dementsprechend auch Menelaus) dem „Stamm Bilja" zu (aus Neh 12, 5. 18 als Name einer Priesterfamilie bekannt); diese Lesart zieht beispielsweise vor: F.-M. Abel, *Les Livres des Maccabées,* Paris 1949, S. 316 f. Vgl. H. H. Rowley, „Menelaus

seiner Stelle Alcimus zum Hohenpriester eingesetzt (161 v. Chr.). Alcimus war zwar kein Zadokide, wurde aber wenigstens als Priester aaronitischer Herkunft von den Frommen in Israel anerkannt.[12] Onias IV., der Sohn Onias' III., begab sich um diese Zeit nach Ägypten, da ihm die Wiederherstellung der rechtmäßigen Dynastie Zadok im Jerusalemer Tempel aussichtslos erschien, und gründete dort, in Leontopolis, mit Erlaubnis Ptolomäus' VI. nach dem Vorbild des Jerusalemer Tempels einen Tempel. Er und seine Nachkommen hielten dort 230 Jahre lang, bis zur Schließung ihres Tempels durch Kaiser Vespasian, die bald nach der Zerstörung des Jerusalemer Tempels im Jahre 70 n. Chr. erfolgte, eine priesterliche Erbfolge und einen Opferkultus aufrecht.[13]

Als Alcimus nach zweijähriger Amtstätigkeit starb, blieb das Jerusalemer Hohepriesteramt sieben Jahre lang unbesetzt. Im Jahre 152 v. Chr. setzte Alexander Balas, der sich — möglicherweise zu Recht — als jüngerer Sohn Antiochus' IV. ausgab, Jonathan, den Bruder und Nachfolger des Judas Makkabäus, zum Hohenpriester ein, damit dieser ihn bei seinem Griff nach dem Seleukidenthron unterstütze.[14] (Das Hasmonäerhaus, dem Judas und sein Bruder angehörten, war priesterlicher Herkunft und gehörte zur Wochenabteilung Jojarib.)[15] Als Jonathans Bruder Simon ihm im Jahre 143 v. Chr. als Führer der Juden nachfolgte, trat er auch seine Nachfolge als Hoherpriester an. Nachdem Simon seinem Volk die vollständige Unabhängigkeit zurückgewonnen hatte, beschloß eine Volksversammlung der Juden, weil er nicht länger als durch einen fremden König eingesetzter Amtsträger gelten sollte, im September 140 v. Chr. seine Ernennung zum Ethnarchen, Oberkommandierenden und Erbhohenpriester — zum „Hohenpriester in Ewigkeit", wie es in dem Beschluß hieß, möglicherweise nach dem Muster der Verheißung von Psalm 110, 4.[16] Das Amt des Hohenpriesters blieb dann von Simon bis zum Sturz der Hasmonäer in jener Familie und war gewöhnlich mit dem höchsten weltlichen Amt vereinigt. (Königin Salome Alexandra, die von 76 bis 67 v. Chr. regierte, konnte als Frau nicht Hoherpriester werden — Priesterinnen waren damals im vorderen Orient zwar nichts Ungewöhn-

---

and the Abomination of Desolation", in: *Studia Orientalia Ioanni Pedersen septuagenario . . . dedicata*, Kopenhagen 1953, S. 303 ff.

[12] 1 Makk 7, 5. 9 ff.

[13] Ios. *bel. Iud.* I, 33, VII, 421—36; *ant. Iud.* XII, 62—73; XX, 236. Siehe S. 9 mit Anm. 7.

[14] 1 Makk. 10, 18 ff.

[15] Vgl. 1 Chron 24, 7, wo die Abteilung Jojarib als erste der vierundzwanzig Abteilungen genannt wird. Josephus behauptete, dieser Abteilung anzugehören (*vit.* 2). Siehe S. 144 Anm. 21.

[16] 1 Makk 14, 41.

liches, bei den Juden aber unbekannt — und bestimmte daher ihren älteren Sohn Hyrkanus für dieses Amt.) Die *chasidim* waren nicht sonderlich erbaut davon, daß sich die Hasmonäer das Amt des Hohenpriesters zusprachen. Die Pharisäer fanden sich unter Protest damit ab, während die Qumran-Gemeinde dermaßen empört war, daß sie die Verbindung mit dem in die Hände eines „gottlosen“ (d. h. unrechtmäßigen) Priestertums geratenen Tempel und der Administration abbrach und den Zadokiden in ihrem Wüstenrefugium nordwestlich des Toten Meeres zumindest in der Theorie die Treue hielt.[17]

In dem Kampf, der sich nach dem Tod ihrer Mutter im Jahre 67 v. Chr. zwischen Hyrkanus II. und seinem jüngeren Bruder Aristobul II. entspann, ging zusammen mit der Königswürde auch das Amt des Hohenpriesters jeweils auf den einen oder den anderen über. Nach der Besetzung Judäas durch die Römer im Jahre 63 v. Chr. verjagte Pompejus den Aristobul aus beiden Ämtern und setzte Hyrkanus wieder zum Hohenpriester ein. Julius Caesar bestätigte ihn später in diesem Amt (47 v. Chr.) und erkannte ihn offiziell als Ethnarchen der Juden an, enthielt ihm den Königstitel indessen vor.

Als die parthischen Eindringlinge im Jahre 40 v. Chr. Antigonus, den Sohn von Aristobul II., auf den Thron von Judäa setzten, wurde er zugleich auch anstelle seines Onkels Hyrkanus Hoherpriester. Um Hyrkanus für immer vom Hohenpriesteramt auszuschließen, schnitt man ihm die Ohren ab[18] (Verstümmelte konnten nicht Priester werden).[19] Wie seine Vorfahren regierte Antigonus Judäa dann als Priesterkönig, bis er im Jahre 37 v. Chr. nach der Einnahme Jerusalems durch Herodes, die mit römischer Hilfe erfolgte, gefangengenommen und hingerichtet wurde.[20]

3.

Herodes trat nunmehr die Regierung in dem Königreich an, zu dessen Herrscher ihn der römische Senat drei Jahre zuvor bestellt hatte. Da er als Idumäer nicht von priesterlichem Geblüt war, konnte er offensichtlich nicht selber Hoherpriester werden. Hyrkanus, der Großvater seiner Frau, konnte wegen seiner Verstümmelung nicht wieder zum Hohenpriester

---

17 Siehe S. 107 ff.
18 Ios. *bel. Iud.* I, 270; *ant. Iud.* XIV, 366.
19 3 Mo 21, 16 ff.
20 Siehe S. 18.

berufen werden, und Herodes hätte ohnehin gezögert, solch ein wichtiges Amt einem potentiellen Rivalen anzuvertrauen. Er übertrug es vielmehr einem unbekannten Priester aus der jüdischen Diaspora in Babylonien namens Hananel.[21]

Diese Ernennung mißfiel der Schwiegermutter des Herodes, Alexandra, die der Meinung war, das Amt des Hohenpriesters gebühre, da ihr Vater, Hyrkanus, nicht mehr dafür in Frage komme, ihrem siebzehnjährigen Sohne Aristobul. Auf ihr Drängen hin setzte Herodes Hananel wieder ab und machte seinen Schwager zum Hohenpriester. Das heilige Amt brachte dem Jüngling jedoch kein Glück: in weniger als Jahresfrist ertrank er. Ob wirklich infolge eines Unfalls, läßt sich nicht feststellen; seine Mutter jedenfalls gab Herodes die Schuld und verzieh ihm nie.[22] Ihre Feindseligkeit gegen Herodes sollte indes ihr und ihrer Familie noch weiteres Unglück bringen.[23]

Nach dem Tod des jungen Aristobul wurde Hananel erneut Hoherpriester.[24] Jesua ben Phiabi, der einige Jahre später seine Nachfolge antrat, wurde im Jahre 23 v. Chr. abgesetzt, da die Staatsräson die Einsetzung des einer wohlhabenden, in Alexandrien ansässigen Familie entstammenden Simon, Sohn des Boethus, zum Hohenpriester erforderte. Simon, der von Zeit zu Zeit als Priester in Jerusalem amtierte, hatte eine Tochter von außergewöhnlicher Schönheit mit Namen Mariamne. Der in sie verliebte Herodes wollte sie heiraten und anstelle ihrer unglücklichen Namensschwester, der Hasmonäerin Mariamne, zur Königin machen. Da er der Tochter eines Nichtadligen die Königswürde nicht verleihen konnte, erhob er ihren Vater in den Adelsstand, indem er ihn zum Hohenpriester machte. Jesua ben Phiabi mußte abtreten und dem Boethusäer Simon Platz machen.[25] Letzterer blieb bis zum Jahre 5 v. Chr. Hoherpriester. In jenem Jahr war Herodes schon todkrank, und sein pathologisches Mißtrauen quälte ihn ärger als je zuvor. Erst vor kurzem hatte er Herodes, den Sohn der zweiten Mariamne, anstelle seines ältesten Sohnes Antipater, den er verdächtigte, einen Anschlag auf sein Leben vorzubereiten, zum Thronerben eingesetzt. Im Verlauf weiterer Nachforschungen beschuldigte er indes Mariamne, Kenntnis von Antipaters finsteren Plänen erlangt und ihm diese Tatsache verschwiegen zu haben. Herodes schickte ihr daher den Scheidebrief, löschte den Namen

---

[21] Ios. *ant. Iud.* XV, 22.
[22] Ios. *ant. Iud.* XV, 34–9; 50–61; siehe S. 19.
[23] Siehe S. 26 f.
[24] Ios. *ant. Iud.* XV, 56.
[25] Ios. *ant. Iud.* XV, 322.

ihres Sohnes aus seinem Testament, enthob ihren Vater seines Amtes und berief an seiner Stelle den Jerusalemer Matthias, Sohn des Theophilus, zum Hohenpriester.[26] Trotz der Absetzung des Simon sollte indes seine Familie („das Haus des Boethus“), eine der wohlhabendsten und mächtigsten Priesterfamilien, während der darauffolgenden Jahrzehnte noch mehrere Hohepriester stellen.

Matthias, Simons Nachfolger, konnte an dem Versöhnungstag, der auf seine Einsetzung folgte, nicht als Hoherpriester amtieren, da er sich am Abend vor dem Fasten eine rituelle Verunreinigung zugezogen hatte, und mußte sich durch einen Verwandten vertreten lassen. Noch vor dem nächsten Versöhnungstag wurde Matthias wegen angeblicher Komplizität bei der Entfernung und Zerstörung des riesigen Goldadlers, den Herodes über einem der Tempeltore hatte anbringen lassen, abgesetzt (12. März 4 v. Chr.). Joasar, ein Bruder seiner Frau, den Herodes an seiner Stelle ernannte, gehörte zur Familie des Boethus.[27] Wenige Wochen später starb Herodes.

In den neun Jahren seiner Herrschaft über Judäa, die Archelaus nach dem Tode seines Vaters Herodes antrat, wechselte der Ethnarch dreimal den Hohenpriester aus. Zuerst beschuldigte er Joasar, den Sohn des Boethus, er habe sich während seiner Abwesenheit in Rom an der Agitation gegen ihn beteiligt, und ersetzte ihn durch Joasars Bruder Eleasar. Dieser mußte indes schon bald dem Jesua, Sohn des Seë, Platz machen. Als Archelaus abgesetzt wird, bekleidet Joasar jedoch erneut das Amt des Hohenpriesters und fordert das Volk auf, sich der von Quirinius, dem Legaten von Syrien, im Rahmen der Reorganisierung Judäas als römische Provinz befohlenen Schätzung zu fügen.[28]

4.

Jetzt, da Judäa eine von einem Vertreter des Kaisers Augustus regierte römische Provinz war, gewann das Amt des Hohenpriesters einen großen Teil der Autorität zurück, die es unter den persischen und hellenistischen Herrschern besessen hatte. Wieder wachte der dem Hohen Rat der siebzig Ältesten präsidierende Hohepriester über die inneren Angelegenheiten der jüdischen Nation. Natürlich war sein Amt nicht so mächtig wie

---

[26] Ios. *ant. Iud.* XVII, 78.
[27] Ios. *ant. Iud.* XVII, 164—6.
[28] Ios. *ant. Iud.* XVII, 339, 341; XVIII, 3.

in der Glanzzeit der Hasmonäerdynastie, doch war es auch nicht mehr zu der erniedrigenden Hilflosigkeit verurteilt, durch die es unter Herodes und Archelaus gekennzeichnet gewesen war. Der Hohepriester war der unbestrittene Repräsentant und Hauptstimmführer der Nation — nicht nur gegenüber dem Provinzstatthalter, sei es von Judäa oder von Syrien, sondern sogar gegenüber dem Kaiser in Rom.

Er mußte freilich eine Einschränkung seiner Autorität hinnehmen, die es unter seinen Vorgängern in den dreieinhalb Jahrhunderten von Kyros dem Großen bis Antiochus IV. nicht gegeben hatte: in den ersten fünfunddreißig Jahren der römischen Herrschaft über Judäa wurden die Hohenpriester von den Provinzstatthaltern ein- und abgesetzt, die in dieser wie auch in anderen Hinsichten die Vorrechte des Herodes und Archelaus übernahmen. Obwohl Bestechung und Erpressung streng geahndet wurden, fiel es den römischen Statthaltern schwer, angesichts der mannigfaltigen Gelegenheiten diesbezüglichen Versuchungen zu widerstehen, und eine solche „Gelegenheit" stellte diese ihre Befugnis zur Ein- und Absetzung der Hohenpriester dar. Es ist nicht erstaunlich, daß das Amt des Hohenpriesters vom Jahre 6 n. Chr. an faktisch zum Reservat einer kleinen Anzahl begüterter Priesterfamilien wurde, die sich zur Partei der Sadduzäer rechneten und ängstlich darauf bedacht waren, nichts zu tun noch zu gestatten, was geeignet erschien, sie in den Augen der Römer zu kompromittieren oder die bestehende Regelung zu gefährden.

Unter der Regierung des Herodes wurde der hohepriesterliche Prachtornat in der Burg Antonia aufbewahrt — mit den Siegeln des Hohenpriesters und des Tempelschatzmeisters verschlossen. Da er, bevor der Hohepriester ihn für das Versöhnungsfest und die großen Wallfahrtsfeste anlegte, erst rituell gereinigt werden mußte, wurde er ihm jeweils sieben Tage vorher ausgehändigt. Seine Aufbewahrung in Antonia stellte ein weiteres Mittel dar, um den Hohenpriester dem König gefügig zu machen.

Als Judäa römische Provinz wurde, wurde diese Regelung beibehalten, nur übte jetzt nicht ein jüdischer König, sondern ein römischer Statthalter diese zusätzliche Kontrolle über den Hohenpriester aus. Im Jahre 36 n. Chr. erwirkte der Legat von Syrien, Lucius Vitellius, als versöhnliche Geste gegenüber den Juden von Tiberius die Erlaubnis, daß die Tempelbehörden das Gewand wieder in ihren Gewahrsam nahmen.[29] Als der Prokurator Cuspius Fadus nach dem Tode des Herodes Agrippa I. im Jahre 44 n. Chr. versuchte, den Ornat in die Tempelburg Antonia

[29] Ios. *ant. Iud.* XVIII, 90 ff.

bringen zu lassen, damit er dort wie früher unter der Aufsicht der Römer verbleibe, bestätigte Claudius den Juden dieses Privileg.[30]

Joasar wurde, obwohl er das Volk von Judäa zur Kooperation mit Quirinius' Zensusmaßnahmen veranlaßt hatte, von diesem seines Amtes enthoben. Josephus zufolge empörte sich die Bevölkerung gegen ihn; vielleicht empfand sie den Gegensatz zwischen seiner Rolle beim Zensus und der, die Judas, der Galiläer, gespielt hatte, so stark, daß sie einen derart willfährigen Kollaborateur nicht länger als Hohenpriester zu tolerieren vermochte, wenn sie ihm und seinem Rat, sich den Zensusmaßnahmen zu fügen, auch gefolgt war und sie nicht, wie Judas es wollte, boykottiert hatte.[31]

Anstelle von Joasar berief Quirinius Hannas, den Sohn des Seth.[32] Hannas wurde das Oberhaupt einer der in den letzten Jahrzehnten des zweiten Tempels einflußreichsten Hohenpriesterfamilien. Fünf seiner Söhne,[33] ein Schwiegersohn[34] und ein Enkel[35] wurden nach ihm zu verschiedenen Zeiten Hohepriester. Er selber wurde 6 n. Chr. Hoherpriester und mußte im Jahre 15 auf Geheiß des Prokurators Valerius Gratus dem Ismael ben Phiabi Platz machen,[36] übte indessen noch viele Jahre lang bestimmenden Einfluß aus. Der vierte Evangelist läßt erkennen, daß Kajaphas (Hannas' Schwiegersohn) im Todesjahr Jesu zwar als Hoherpriester amtierte, Hannas jedoch die führende Rolle bei den Vorbereitungen zum Prozeß Jesu spielte, und laut Lukas erfolgte der früheste Versuch des Hohen Rats, die Predigttätigkeit der Apostel in Jerusalem zu unterbinden, hauptsächlich auf sein Betreiben hin.[37]

In den drei Jahren zwischen Hannas und Kajaphas amtierten drei Hohepriester, darunter Eleasar, Sohn des Hannas. Doch nachdem Valerius Gratus im Jahre 18 n. Chr. das Amt dem Kajaphas übertragen hatte, ließ er den Hohenpriester in den restlichen acht Jahren seiner Prokuratorzeit unbehelligt, und als er selber im Jahre 26 n. Chr. durch Pontius Pilatus abgelöst wurde, beließ dieser den Kajaphas im Amt; in der Tat

---

[30] Ios. *ant. Iud.* XX, 6 ff.
[31] Ios. *ant. Iud.* XVIII, 26.
[32] Ios. *bel. Iud.* II, 240; *ant. Iud.* XVII, 26 (Josephus nennt ihn Ananus).
[33] Eleasar (16—17 n. Chr.), Jonathan (36—37 n. Chr.), Theophilus (37—41 n. Chr.), Matthias (42—43 n. Chr.) und Hannas II. (61—62 n. Chr.).
[34] Joseph Kajaphas (Joh 18, 13).
[35] Matthias, Sohn des Theophilus (etwa 65—68 n. Chr.).
[36] Ios. *ant. Iud.* XVIII, 34.
[37] Joh 18, 13—24; Apg 4, 6. Der Hohepriester behielt auch nach der Absetzung seinen Amtscharakter; er blieb den einschränkenden Ehevorschriften unterworfen, und sein Tod besaß Sühnkraft (vgl. J. Jeremias, *Jerusalem zur Zeit Jesu*, Göttingen 1958, II B, S. 14).

hatten Kajaphas und Pilatus ihre Ämter zehn Jahre lang gleichzeitig inne und wurden kurz nacheinander abgesetzt.[38] Daß Kajaphas die außerordentlich lange Amtsdauer von achtzehn Jahren erreichte (eine Parallele hierzu bildet zwischen 40 v. Chr. und 70 n. Chr. lediglich die Amtsdauer Simons, des Schwiegervaters von Herodes), mag sich teils aus seinem diplomatischen Geschick, teils aus den vielfältigen Beziehungen des einflußreichen und begüterten Mannes erklären. Vermutlich vermochte ihn, solange Gratus und Pilatus über Judäa herrschten, kein Rivale zu überbieten. Er wurde schließlich im Jahre 36 n. Chr. von Vitellius, dem Legaten von Syrien, abgesetzt. Vitellius berief an Kajaphas' Statt Jonathan, einen Sohn des Hannas, setzte ihn indes unmittelbar nach dem Passafest des Jahres 37 n. Chr. wieder ab und ernannte seinen Bruder Theophilus zum Hohenpriester.[39]

Während der drei Jahre, in denen Herodes Agrippa als König über Judäa herrschte, setzte er drei Hohepriester ein — zuerst Simon Kantheras, den dritten Sohn des früheren Hohenpriesters Simon Boethus, dann Matthias, den vierten Sohn des Hannas, und schließlich Eljoenai, Sohn des Simon Kantheras.[40]

5.

Als Judäa nach Agrippas Tod im Jahre 44 n. Chr. wieder einem Prokurator unterstellt wurde, erhielt dieser nicht erneut das Recht, den Hohenpriester zu ernennen, sondern der Kaiser Claudius übertrug diese Befugnis dem Bruder Agrippas, Herodes, König von Chalkis, und als dieser im Jahre 48 n. Chr. starb, ging sie auf seinen Neffen, den jüngeren Agrippa über, der sie bis zum Kriegsausbruch im Jahre 66 n. Chr. ausübte.

Herodes von Chalkis berief zwei Hohepriester: Joseph, Sohn des Kami (um 44—47 n. Chr.), und Ananias, Sohn des Nedebäus (um 47—58 n. Chr.).[41] Der Letztgenannte erscheint im neutestamentlichen Bericht als „der Hohepriester Ananias", dem Paulus im Jahre 57 n. Chr. vorgeführt wurde und den der Apostel wegen seines Befehls, ihn auf den Mund zu schlagen, als eine „geweißte Wand" schmähte (Apg 23, 1 ff.). Die rabbi-

---

[38] Ios. *ant. Iud.* XVIII, 35, 95 (wo er „Joseph, der auch Kajaphas hieß", genannt wird). Siehe S. 42 mit Anm. 21.
[39] Ios. *ant. Iud.* XVIII, 95, 123.
[40] Ios. *ant. Iud.* XIX, 297 f., 313 ff., 342.
[41] Ios. *ant. Iud.* XX, 15 f., 103.

nische Überlieferung berichtet, er habe sich die den anderen Priestern zustehenden Anteile von den Opfern angeeignet; diese Verhaltensweise wurde in einer Parodie des 24. Psalms verspottet, die angeblich im Tempelhof zu hören war:

Erhebt, ihr Tore, eure Häupter,
Damit Johanan ben Narbai, ein Schüler des Panqai, eintrete
Und seinen Bauch mit den Heiligtümern des Himmels fülle![42]

Ananias überlebte seine Absetzung um acht Jahre; er wurde im September 66 n. Chr. bei Kriegsausbruch von Zeloten getötet. Ananias' Sohn Eleasar, der damals Tempelhauptmann war, rächte seinen ermordeten Vater.[43]

Agrippa II. berief insgesamt sechs Männer zu Hohenpriestern. Der erste von ihnen, Ismael ben Phiabi II., war nicht nur, wie bereits erwähnt, der letzte Hohepriester, der die Rote Kuh schlachtete, sondern man fand offenbar auch, daß er alles andere als eine Zierde seines hohen Amtes sei.[44] Wahrscheinlich ist er mit dem Hohenpriester zu identifizieren, der Josephus zufolge später in Kyrene hingerichtet wurde — unter welchen Umständen wissen wir nicht.[45]

Der bemerkenswerteste der von Agrippa berufenen Hohenpriester war ein Sohn des Hannas, der denselben Namen wie sein Vater trug. Dieser jüngere Hannas (Ananus) war der Hohepriester, der seine Kompetenz weit überschritt, indem er während des Interregnums vor der Ankunft eines neuen Prokurators, das auf den Tod des Festus im Jahre 62 n. Chr. folgte, die Hinrichtung Jakobus' des Gerechten betrieb. Agrippa distanzierte sich gegenüber Rom sofort von dieser ungesetzlichen Handlung, indem er den Hohenpriester, der sie begangen hatte, absetzte.[46] Während des Krieges tat sich der jüngere Hannas als Führer der gemäßigteren Partei unter den Jerusalemer Bürgern und als Widersacher der Zeloten

---

[42] bT *Pesachim* 57a. Panqai ist offensichtlich eine Korruption von Pinehas, doch dürfte hier eher der nichtswürdige Sohn des Eli (1 Sam 2, 12 ff.) als der Enkel des Aaron, der sich als Eiferer für das göttliche Gesetz besonders hervortat, gemeint sein (siehe S. 98).

[43] Siehe S. 121; Teil II, Kap. 13/2.

[44] Ios. *ant. Iud.* XX, 179 ff. Nach Josephus gingen die Oberpriester unter Ismael „in ihrer Dreistigkeit und in ihrem Übermut so weit, daß sie sich nicht scheuten, ihre Knechte auf die Tennen zu schicken und die den Priestern zustehenden Zehnten wegnehmen zu lassen, was zur Folge hatte, daß einige der ärmeren Priester aus Mangel an Lebensmitteln verhungerten" (*ant. Iud.* XX, 181). Dies ähnelt dem Talmud-Bericht über Ananias (siehe oben). Aus anderen Talmud-Passagen geht hervor, daß sich die Priester damals ganz allgemein die für die Leviten bestimmten Zehnten aneigneten (bT *Jebamot* 86 a, b; *Ketubot* 26 a; pT *Ma'aser Scheni* 5, 15).

[45] *bel. Iud.* VI, 114.

[46] Ios. *ant. Iud.* XX, 197—203. Siehe Teil II, Kap. 11/4; 13/1.

hervor;[47] Josephus' Bericht über seinen Tod zu Beginn des Jahres 68 n. Chr. unter den Händen der idumäischen Verbündeten der Zeloten ist von einer Lobrede auf seine Vaterlandsliebe begleitet. Mit der öffentlichen Zurschaustellung der Leichen des Hannas und eines anderen ehemaligen Hohenpriesters, des Jesus, Sohnes des Gamaliel, hatte in Josephus' Augen der Untergang der Stadt eingesetzt.[48]

Jesus, Sohn des Gamaliel, war von 63 bis 65 n. Chr. Hoherpriester gewesen. Eine im Talmud bewahrte Überlieferung berichtet, wie seine Frau Martha für eine große Geldsumme das Hohepriesteramt für ihn erwarb.[49]

Der letzte Hohepriester vor der Zerstörung des Tempels war ein Priester bäuerlicher Abkunft, Phanni (Pinehas), Sohn des Samuel; er wurde durch Los-Entscheid eingesetzt.[50] Josephus betrachtet seine Ernennung als schlimmes Sakrileg, in Wahrheit bäumten sich jedoch seine aristokratischen Empfindungen dagegen auf, daß einem Priester das höchste Amt zugesprochen wurde, der weder durch Rang noch Vermögen ausgezeichnet war. Phannis priesterlicher Stammbaum war makellos, und er war nicht unwürdiger, zum Hohenpriester eingesetzt zu werden, als viele seiner Vorgänger in den vorausgegangenen neunzig Jahren.

6.

Den begüterten Familien, die von der Einsetzung Simons, des Sohnes des Boethus, bis zum Jüdischen Krieg die meisten Hohenpriester stellten, entstammten auch die Tempelhauptleute[51] und Tempelschatzmeister. Dies

---

[47] *bel. Iud.* II, 563, 647 ff. Siehe S. 100. Die Unterschiede in der Charakteristik des jungen Hannas in *ant. Iud.* (ungünstig) und *bel. Iud.* (äußerst günstig) waren möglicherweise durch politische Erwägungen motiviert; über diese und mehrere andere Fragen, die durch den Gegenstand des vorliegenden Kapitels aufgeworfen werden, siehe E. M. Smallwood, „High Priests and Politics in Roman Palestine", *JTS*, n. s. 13 (1962), S. 14 ff.

[48] *bel. Iud.* IV, 162 ff., 314 ff. Josephus' Bericht über die Behandlung, die man diesen beiden ehemaligen Hohenpriestern angedeihen ließ, legt die Vermutung nahe, daß er sie als die Erfüllung eines Offb 11, 1–13 (die Apokalypse der beiden Zeugen) zugrundeliegenden apokalyptischen Fragments auffaßte.

[49] bT *Jebamot* 61 a.

[50] Josephus, *bel. Iud.* IV, 153 ff. In *ant. Iud.* XX, 227 wird er Phanasos (eine Hellenisierung von Pinehas) genannt.

[51] Der Tempelhauptmann ist vermutlich der *sagan* der rabbinischen Überlieferung; sollte dies der Fall sein, so hatte er den Rang unmittelbar unter dem Hohenpriester. Er befehligte die Tempelwache (siehe S. 37, Anm. 3).

bedeutete eine ungesunde Machtzusammenballung in den Händen einiger weniger reicher und einflußreicher Familien. Wenn die Verfasser des Neuen Testaments von „Oberpriestern" (gr. *archiereis*) in der Mehrzahl sprechen, dann sind stets die Mitglieder jener Familien gemeint, insbesonders jene, die damals das Amt des Hohenpriesters und die wichtigsten Tempelämter innehatten. Sowohl im Synedrium wie im öffentlichen Leben allgemein besaßen diese „Hohenpriester" eine Machtfülle, die in keinem Verhältnis zu ihrer Zahl stand. Die Haltung des gewöhnlichen Volkes ihnen und den Familien gegenüber, zu denen sie gehörten, kommt in einem satirischen Lied zum Ausdruck, das der Talmud überliefert:

Wehe mir vor der Familie des Boethus!
  Wehe mir vor ihren Knütteln!
Wehe mir vor der Familie des Hanin [Hannas]!
  Wehe mir vor ihrem Tuscheln!
Wehe mir vor der Familie des Kantheras!
  Wehe mir vor ihrer Feder!
Wehe mir vor der Familie des Ismael [ben Phiabi]!
  Wehe mir vor ihrer Faust!
Sie selbst sind Hohepriester;
  Ihre Söhne sind Schatzmeister;
Ihre Schwiegersöhne sind Tempelherren;
  Und ihre Diener schlugen das Volk mit Knütteln![52]

---

[52] bT *Pesachim* 57 a.

SECHSTES KAPITEL

Chasidim, Pharisäer und Sadduzäer

I.

Zu einer Zeit, als die Frömmigkeit der nachexilischen Gemeinde in Judäa unter dem Perserreich bestenfalls als lau zu bezeichnen war, begannen sich Gruppen frommer Juden regelmäßig zur gegenseitigen Ermutigung zu treffen. Im Maleachibuch (etwa 450 v. Chr.) wird diese Entwicklung mit folgenden Worten geschildert: „Da redeten miteinander, die den Herrn fürchten; und der Herr merkte darauf und hörte es. Und es ward vor ihm ein Gedenkbuch geschrieben für die, welche den Herrn fürchten und seinen Namen achten. Sie werden mein Eigentum werden, spricht der Herr der Heerscharen, auf den Tag, da ich einschreite, und ich werde mich ihrer erbarmen, wie einer sich seines Sohnes erbarmt, der ihm dient" (Mal 3, 16 f). Das Gedenkbuch, das vor Jahwe geschrieben wurde, ist der amtlichen Chronik des persischen Hofes vergleichbar, in die solche Dienste wie beispielsweise die des Mardochai für Xerxes, „für den König", aufgezeichnet wurden (Esth 2, 23).[1] Diejenigen, deren Namen in Jahwes Gedenkbuch eingetragen waren, würden beim Anbruch des Gerichtstags Anlaß zur Dankbarkeit haben: „Euch aber, die ihr meinen Namen fürchtet, wird die Sonne der Gerechtigkeit aufgehen, . . . die Heilung birgt unter ihren Flügeln . . . Und ihr werdet die Gottlosen zertreten; denn sie werden wie Asche sein unter euren Fußsohlen an dem Tage, da ich handle, spricht der Herr der Heerscharen" (Mal 4, 2—3).

Auf diese Entwicklung gehen sicherlich die Ursprünge der *chasidim*, der „Frommen" (Luther), zurück, die in der religiösen Krise Israels im zweiten vorchristlichen Jahrhundert eine so bedeutungsvolle Rolle spielen sollten. Ihre leidenschaftliche Treue zur Thora veranschaulicht aufs beste Psalm 119, das Werk eines unbekannten *chasid*,[2] der für seine Treue zu den göttlichen „Vorschriften" Not und Verfolgung hat erdulden müssen, diese Vorschriften indessen als ein Licht auf seinem Pfade und als süßen Honig in seinem Munde empfindet.

---

[1] Vgl. Esth 6, 1—3; Hdt. VIII, 85; Thuk. I, 129.

[2] Der *chasid* ist jemand, der getreu den Bund der *chesed* (herkömmlicherweise durch „Güte" übersetzt) mit Jahwe einhält, wie es Jahwe seinerseits tut (vgl. Ps 18, 25 / 2 Sam 22, 26, „gegen die Treuen [*chasid*] bist du treu").

Die *chasidim* beklagten das Eindringen des hellenistischen Lebensstils in das Judentum unter den Ptolemäern und Seleukiden, doch zeitigte ihre Mißbilligung nur geringe Wirkung. Die jüngere Generation, selbst in den Priesterfamilien, auf die die neue Mode große Anziehungskraft ausübte, sah in den *chasidim* nur altmodische Spielverderber. Doch als der Hellenismus einen anderen Zug seines Wesens offenbarte, indem Antiochus Epiphanes und seine Ratgeber versuchten, die Eigenart der jüdischen Religion und Nation auszulöschen, blieben die *chasidim* fest und lehnten jeden Kompromiß ab. Sie leisteten auch nicht nur passiven Widerstand, sondern viele von ihnen machten mit den hasmonäischen Rebellen gemeinsame Sache. „Hierauf versammelte sich zu ihnen eine Schar von Asidäern, tapfere Männer aus Israel, lauter solche, die sich willig dem Gesetze hingaben“ (1 Makk 2, 42). An diesem Bündnis hielten sie in all den Jahren des Kleinkriegs gegen die Fremdlinge fest, bis die religiöse Freiheit wiederhergestellt war und im Tempel wieder allein der Gott Israels angebetet wurde.

Die *chasidim* waren bereit, sich mit diesem glücklichen Ausgang des Kampfes zufriedenzugeben. Obwohl sie sich einige Jahre lang nicht dazu entschließen konnten, ihr Bündnis mit den Hasmonäern aufzukündigen, vermochten sie sich doch nicht sonderlich für die Fortsetzung des Kampfes zu erwärmen, bei der es den Hasmonäern vor allem um die politische Autonomie und die Vormachtstellung ihrer Familie ging. Daß ihre Begeisterung abebbte, zeigt u. a. die Geschichte von der Einsetzung des Alcimus zum Hohenpriester anstelle des verrufenen Renegaten Menelaus (161 v. Chr.). „Es versammelte sich aber zu Alcimus und Bakchides (Statthalter von Syrien unter Demetrius I.) eine Schar von Schriftgelehrten,[3] um Recht zu suchen. Und die Asidäer waren die ersten unter den Israeliten, die nach Frieden mit ihnen begehrten. Denn sie dachten: Ist doch ein Priester von den Nachkommen Aarons mit den Truppen gekommen; der wird uns nichts zu Leide tun“ (1 Makk 7, 14). Die Erzählung berichtet dann, daß, obwohl Alcimus sich eidlich für ihre Sicherheit verbürgt hatte, sechzig von diesen Männern an einem Tage festgenommen und getötet wurden. Nach dem extrem prohasmonäischen Verfasser des ersten Makkabäerbuches war Alcimus für diese heimtückische Tat verantwortlich, doch war sie aller Wahrscheinlichkeit nach das Werk des Bakchides, für den die *chasidim*, wie ihre Bundesgenossen, die Has-

[3] Die „Schriftgelehrten“ (hebr. *sopherim*, gr. *grammateis*) waren seit Esras Zeit die anerkannten Lehrer und Interpreten der Thora. Sir 39, 1—11 beschreibt den idealen Schriftgelehrten. Sie waren im Synedrium vertreten. Siehe S. 82 f.

monäer, Aufrührer wider die Seleukiden waren. Auf jeden Fall wurden keine weiteren Versuche zur Herbeiführung einer Wiederannäherung zwischen den *chasidim* und Alcimus unternommen.[4]

Als nach einem Interregnum von sieben Jahren, das auf den Tod des Alcimus folgte, Jonathan, der Bruder und Nachfolger von Judas Makkabäus, das Amt des Hohenpriesters von Alexander Balas als Geschenk empfing (152 v. Chr.), vermochten die *chasidim* diese Übernahme des heiligen Amtes durch jemanden, der, obschon einer Priesterfamilie entstammend, keinerlei gesetzlichen Anspruch darauf geltend machen konnte, nicht zu billigen — zumal er es von einem heidnischen Herrscher empfing, dessen fragwürdige Befugnis zur Einsetzung eines Hohenpriesters sich auf seine Behauptung gründete, er sei der Sohn des Verfolgers Antiochus Epiphanes. Als jedoch im Jahre 141 v. Chr. „das Joch der Heiden von Israel genommen wurde" und im darauffolgenden Jahr eine Nationalversammlung Simon und seine Familie im Amt des Hohenpriesters bestätigte, „bis ein glaubhafter Prophet erstehen würde",[5] schienen sich die meisten mit dieser Regelung abgefunden zu haben. Schließlich war die Hauptlinie der vormaligen hohenpriesterlichen Familie Zadoks nach Ägypten gegangen und hatte sich dort in einem neuen jüdischen Tempel in Leontopolis, den die *chasidim* ohne Zweifel als schismatisch verdammten, als Hohepriester niedergelassen.[6]

Unter dem Simonsohn Johannes Hyrkanus brach das Bündnis zwischen den *chasidim* und den Hasmonäern gänzlich auseinander. Zu jener Zeit traten die Pharisäer zum ersten Mal als eigenständige Gruppe in Erscheinung;[7] nach der üblichen Rekonstruktion der Ereignisse sind sie die *chasidim*, die mit Johannes Hyrkanus brachen, und manche leiten den Namen Pharisäer (hebr. *peruschim*, aram. *perischajja*, „Abgesonderte") von dieser Trennung oder Zurückziehung von dem Bündnis mit den Hasmonäern her.[8] Für diese Deutung spricht jedoch wenig. Nach anderer Vermu-

---

[4] In 2 Makk 14, 6 klagt Alcimus zwar gegenüber dem König, daß „die den Namen Chasidäer führenden Juden, an deren Spitze Judas Makkabäus steht, immerdar Krieg und Aufruhr erregen, indem sie das Reich nicht zur Ruhe kommen lassen", doch bezieht sich das vielleicht auf die Anhänger der hasmonäischen Politik der Fortsetzung des Kampfes bis zur Erlangung der Unabhängigkeit.

[5] 1 Makk 13, 14; 14, 41. Siehe S. 9.

[6] Siehe S. 9 mit Anm. 7.

[7] Sie erscheinen zum erstenmal zusammen mit den Sadduzäern und Essenern bei Ios. *ant. Iud.* XIII, 171 f. (etwa 145 v. Chr.).

[8] Vgl. E. Meyer, *Ursprung und Anfänge des Christentums*, II, Stuttgart 1921, S. 283 f.

tung bedeutet der Name „Erklärer" (der Schrift)[9] oder aber „Persianisierer".[10] Im letztgenannten Fall hätte es sich um einen Spottnamen gehandelt, den ihnen ihre theologischen Gegner anhefteten, weil sie Lehren wie die Auferstehung des Leibes und das künftige Gericht vertraten und an Hierarchien von guten und bösen Geistern, Engeln und Dämonen glaubten, die zu zwei feindlichen „Reichen" zusammengeschlossen seien.

Es ist möglich, daß ihre Gegner den Namen „Pharisäer" absichtlich mißdeuteten, als ob er „Persianisierer" meinte, aber es ist unwahrscheinlich, daß dies der Ursprung ihres Namens war. Es spricht sehr viel mehr dafür, daß sie „Pharisäer" im Sinne von „Abgesonderte" hießen, weil sie sich von allem fernhielten, was rituelle Unreinheit zur Folge haben konnte.[11] In Dingen der rituellen Reinheit, bezüglich der Speisevorschriften, des Sabbatgesetzes u. ä. ließen sie nämlich ohne Zweifel allergrößte Sorgfalt walten. Der Prototyp des *chasid* ist in dieser Beziehung Daniel, der sich nicht mit Nebukadnezars Speise oder Trank verunreinigen wollte, und die Martyrologien des zweiten und vierten Makkabäerbuches kreisen um eben diesen Punkt.[12]

Die alten Vorschriften über die Verzehntung der Bodenprodukte wurden von den Pharisäern ebenfalls mit peinlichster Sorgfalt eingehalten. Aus der Evangelientradition wird wiederholt ersichtlich, wie genau sie es damit nahmen; so betont der im Tempel betende Pharisäer: „Ich gebe den Zehnten von meinem ganzen Einkommen" (Lk 18, 12), und Jesus sagt von ihnen, sie verzehnteten „die Minze und den Anis und den Kümmel" (Mt 23, 23).[13] Der Verzehntung unterliegende Speisen rührten sie nur an, wenn der Zehnte davon auch wirklich entrichtet worden war.

---

[9] Vgl. W. O. E. Oesterley, *The Jews and Judaism during the Greek Period*, London 1941, S. 246. Diese Ansicht kann sich auf die Angabe des Josephus (*bel. Iud.* II, 162) stützen, daß „die Pharisäer in dem Ruf besonders gewissenhafter Gesetzesauslegung stehen".

[10] Vgl. T. W. Manson, „Sadducee and Pharisee", *BJRL* 22 (1938), S. 153 ff.; *The Servant-Messiah*, Cambridge 1953, S. 19 f.

[11] In diesem Sinn kommt das Wort der Bedeutung des hebräischen Wortstammes *qadosch*, „heilig", sehr nahe. So erweitert der Midrasch *Sifra* zum 3. Buch Mose „darum sollt ihr euch heilig halten und sollt heilig sein; denn ich bin heilig" (3 Mo 11, 44 f.) zu: „wie ich heilig bin, so sollt auch ihr heilig sein; wie ich abgesondert *(parusch)* bin, so sollt auch ihr abgesondert *(peruschim)* sein."

[12] Vgl. Dan 1, 8; 2 Makk 6, 18—7, 42; 4 Makk 4, 26 ff.

[13] Vgl. Lk 11, 42: „Ihr verzehntet die Minze und die Raute und jegliches Gartengewächs". Das soll besagen, daß sie diese Gartengewächse neben den in 5 Mo 14, 22 f. aufgeführten Hauptbodenfrüchten — Korn, Wein und Oliven — verzehnteten. Eine wörtliche Anwendung von 3 Mo 27, 30 führte zur Formulierung einer umfassenderen Regel: „Alles, was zur Speise dient, aufbewahrt wird und aus der Erde wächst, ist zehntpflichtig" (Mischna,

Die biblische Lehre von der Herrschaft Gottes über das Weltall und seiner Verwertung menschlichen Tuns zur Förderung seiner eigenen Absichten nahmen sie sehr ernst. Mochten die Menschen auch seine Gesetze mißachten und sich seinem Willen widersetzen, sein Wille würde dennoch triumphieren, was immer sie auch unternahmen.[14]

Im Verlauf ihres Forschens im Gesetz stellten sie ein Korpus altüberlieferter Auslegungen und Anwendungen desselben zusammen, das im Laufe der Zeit die gleiche unumstößliche Gültigkeit erlangte wie das geschriebene Gesetz selbst. Spätere Rabbinergenerationen stellten es dann so dar, als sei dieses mündliche Gesetz von Mose überkommen, der es zugleich mit dem geschriebenen Gesetz am Sinai empfangen habe; während dieses von Abschreibern überliefert worden sei, sei jenes mündlich von Generation zu Generation weitergegeben worden — von Moses an Josua, dann wiederum an die Ältesten, an die Propheten, an die Männer der Großen Synagoge, und von Simon dem Gerechten, einem der letzten Überlebenden der Großen Synagoge, an Antigonus von Sokho, der es wiederum an aufeinanderfolgende Gelehrtenpaare weitergegeben habe, Generation um Generation — an Jose ben Joeser und Jose ben Jochanan, Josua ben Perachja und Mattai von Arbela, Juda ben Tabai und Simon ben Schatach (um 70 v. Chr.), Schemaja und Abtalion (um 40 v. Chr.), Hillel und Schammai (um 10 v. Chr.).[15] Der Mischna-Traktat *Pirqe Abot*, der mit diesem Bericht über die Überlieferung beginnt, vermittelt den Eindruck, daß es sich bei diesen Paaren um kollegiale Gelehrtenpaare handelte. In Wirklichkeit gründeten aber zum Beispiel Hillel und Schammai rivalisierende Rabbinenschulen, die bestimmte Teile des Gesetzes ganz verschieden auslegten und in der Art und Weise, wie sie die Überlieferung der Vorfahren weitergaben, beträchtlich voneinander abwichen.

In ihrer Haltung zur Überlieferung und ihrer allgemeinen Lebens- und

---

Ma'aserot 1,1). Über die Verzehntung minderer Kräuter waren sich die Rabbis nicht ganz einig (vgl. Mischna, *Ma'aserot* 4,5). Nach Mischna, *Schebi'it* 9, 1 war die Raute von der Verzehntung ausgenommen; E. Nestle („Anise and Rue", *Ex* 15 [1903—4], S. 528) schlug vor, daß das semitische *schabbara* hinter Lukas' *pēganon* eine falsche Lesart für *schebeta* („Dill" oder „Anis", gr. *anēthon*) sein könne.

[14] Vgl. Ios. *bel. Iud.* II, 162 f.; *ant. Iud.* XIII, 172; XVIII, 13. Gamaliels Rat in Apg 5, 38 f. ist typisch pharisäisch; vgl. den Ausspruch des Rabbi Jochanan, des Sandalenmachers, in *Pirqe Abot* 4, 14 („Jede Versammlung, die im Namen des Himmels stattfindet, wird am Ende bestehen. Die aber nicht im Namen des Himmels stattfindet, wird am Ende nicht bestehen").

[15] *Pirqe Abot* 1, 1—12. Schemaja und Abtalion sind vielleicht mit Samaias und Pollio in der Erzählung des Josephus (*ant. Iud.* XIV, 172 ff.; XV, 3 f., 370) zu identifizieren, die am Beginn von Herodes' Regierungszeit hohes Ansehen genossen (siehe S. 26).

Denkweise wiesen alle pharisäischen Schulen jedoch eine Verwandtschaft auf, durch die sie sich von anderen Parteien im Judentum, speziell von ihren Hauptgegnern, den Sadduzäern, unterschieden.

2.

Über den Ursprung der Sadduzäer ist noch weniger bekannt als über den der Pharisäer. In theologischer Hinsicht unterschieden sie sich von den Pharisäern dadurch, daß sie die Tradition verwarfen und einzig und allein das geschriebene Gesetz gelten ließen. Obwohl die pharisäische Linie schließlich siegen sollte, betrachteten sich die Sadduzäer als „Altgläubige" und lehnten die Lehren von der Auferstehung des Leibes und der Zumessung von Lohn und Strafe bei einem Gerichtstag nach dem Tode als aus dem Zoroastrismus übernommene Neuerungen ebenso ab wie den Glauben an Hierarchien von Engeln und Teufeln. Gegenüber der Prädestinationslehre der Pharisäer bestanden sie auf der Freiheit des menschlichen Willens, den Lauf der Dinge zu bestimmen.[16]

Bedeutungsvoller als ihre theologischen Ansichten, die in unseren Quellen nur als von der Lehre der Pharisäer abweichende Haltung dargelegt werden, war jedoch ihre politische Rolle. Sie erscheinen zuerst als die Partei, die seit der Zeit des Johannes Hyrkanus die hasmonäischen Herrscher unterstützt und berät. Man hat oft gemeint, ihr Name deute auf besondere Anhänglichkeit an die hohepriesterliche Familie der Zadokiden hin; da sie indessen bei ihrem ersten Auftauchen in der Geschichte als Förderer der hasmonäischen Hohenpriester in Erscheinung treten, ist diese Etymologie unwahrscheinlich. Mehr Wahrscheinlichkeit für sich hat die Ansicht, daß das Wort „Sadduzäer" (hebr. *sadduqim*) eine Hebraisierung des griechischen Wortes *syndikoi* („Syndizi", „Mitglieder des Rats") darstellt und sie als die Ratgeber der Hasmonäer bezeichnet, obschon sie selber es später mit hebr. *saddiq*, „gerecht", in Zusammenhang brachten.[17]

Nach Josephus[18] war Johannes Hyrkanus zunächst Anhänger der Pharisäer, bis er sie einmal während eines Banketts, zu dem er sie eingeladen hatte, aufforderte, ihn ganz offen zur Rede zu stellen, falls sie bemerken

[16] Vgl. Ios. *bel. Iud.* II, 163 f.; *ant. Iud.* XIII, 173; XVIII, 16 f.; Mk 12, 18; Apg 23, 8.
[17] T. W. Manson, „Sadducee and Pharisee", *BJRL* 22 (1938), S. 144 ff.; *The Servant Messiah*, Cambridge 1953, S. 16.
[18] *ant. Iud.* XIII, 288 ff.

sollten, daß er vom rechten Wege abirre. Einer seiner Gäste, Eleasar, ließ sich das nicht zweimal sagen und bedeutete ihm, wenn er als absolut gerecht gelten wolle, solle er als Hoherpriester zurücktreten und sich mit der zivilen Gewalt begnügen. Sein priesterlicher Stammbaum war nämlich nicht gänzlich über jeden Verdacht erhaben, hieß es doch, seine Mutter habe sich in den entscheidenden Monaten vor seiner Geburt in Gefangenschaft seleukidischer Beamter befunden. Hyrkanus nahm diese abfälligen Bemerkungen über die Keuschheit seiner Mutter und seine eigene Legitimität naturgemäß übel. Einer seiner Freunde, ein Sadduzäer mit Namen Jonathan, versicherte ihm, Eleasar habe nur freimütig ausgesprochen, was die gesamte Pharisäerpartei insgeheim empfinde, worauf Hyrkanus mit den Pharisäern brach und sich hinfort mit den Sadduzäern verband.

Diese Geschichte (die einer im Talmud von Alexander Jannäus berichteten sehr ähnlich ist)[19] stellt die Dinge sehr vereinfacht dar, doch steht fest, daß die Sadduzäer von dieser Zeit an bis zum Tode des Jannäus im Jahre 76 v. Chr. die Macht ausübten und die Pharisäer die Oppositionspartei waren.

Obwohl die Sadduzäer sehr mächtig waren, scheinen ihre Mitglieder doch nur einigen wenigen begüterten Familien entstammt zu sein, besonders den führenden Priesterfamilien, während die Pharisäer sich auf die breite Masse des Volkes stützen konnten. In der Tat hat man den Unterschied zwischen den beiden Parteien als einen ursprünglich sozialen hingestellt und die Sadduzäer als die Abkömmlinge der patrizischen Grundbesitzer, die Pharisäer hingegen als die Nachkommen der städtischen Händler bezeichnet;[20] doch wie dem auch sei: die Unterschiede zwischen beiden Parteien sind in der Zeit, in der sie in der Geschichte unter ihren eigentlichen Bezeichnungen erscheinen, keineswegs in erster Linie sozialer Art.

Der Widerstand der Pharisäer gegen das Régime spitzte sich unter der Regierung des Alexander Jannäus zu, und es scheint, daß sie in den Aufstand der Jahre 94—88 v. Chr. verstrickt waren, in dessen Verlauf die Rebellen die Hilfe des seleukidischen Königs Demetrius III. in Anspruch nahmen.[21] Ein Hinweis auf „[Deme]-trius, den König von Jawan, der begehrte, nach Jerusalem zu kommen nach dem Rat derer, die nach glatten Dingen suchen“, in dem Bruchstück eines Midraschs zu Nahum

---

[19] bT *Qidduschin* 66 a.

[20] Diese These vertritt insbesondere L. Finkelstein, *The Pharisees*, Philadelphia 1946.

[21] Ios. *bel. Iud.* I, 83 ff.; *ant. Iud.* XIII, 372 ff.

2, 11, das in Qumran (Höhle 4) gefunden wurde, läßt auf die Teilnahme der Pharisäer an diesem Aufstand schließen. Mit dem Ausdruck „die, die nach glatten Dingen suchen" (hebr. *doresche chalaqot*) wird in der Qumran-Literatur mehrmals eine Partei, höchstwahrscheinlich die der Pharisäer, bezeichnet, die die Qumran-Gemeinde ablehnte. Wenn der Midrasch zu Nahum 2, 12 in demselben Qumran-Fragment später von „dem Löwen des Zorns" spricht, „der durch seine Mächtigen und durch die Männer des Rates schlug" und „Rache nahm an denen, die nach glatten Dingen suchen, indem er sie lebendig aufhängte, was noch nie in Israel geschehen war",[22] so meint er vielleicht die grausame Rache, die Jannäus nach der Niederschlagung der Revolte an den Aufständischen übte, indem er achthundert von ihnen ans Kreuz schlagen ließ. Aus dem Talmud geht hervor, daß das Volk „die Tötung der Rabbinen durch König Jannäus" nicht so bald vergaß. „Alle Weisen in Israel wurden niedergemetzelt, und die Welt war öde und leer, bis Simon ben Schetach erschien und dem Gesetz seinen früheren Glanz zurückgab."[23]

Josephus berichtet, die Aufständischen, achttausend an der Zahl, seien nach der Kreuzigung ihrer Anführer durch Jannäus aus dem Land geflohen und erst nach dem Tode des Königs zurückgekehrt. Für die Pharisäerpartei wandte sich die Lage nach Jannäus' Tod indessen zum Guten, denn seine Witwe, Salome Alexandra, die seine Nachfolge antrat, begünstigte sie und räumte ihr großen Einfluß ein. In der rabbinischen Überlieferung gilt ihre neunjährige Regierungszeit als ein kleines goldenes Zeitalter, und es überrascht nicht, daß sie selber *(more rabbinico)* als die Schwester des Simeon ben Schetach bezeichnet wird.[24]

Die Ratgeber der Königin nutzten ihren Einfluß naturgemäß aus, um an ihren Verfolgern Rache zu nehmen; insbesondere wurden jene, die Jannäus Beihilfe zu der Kreuzigung seiner achthundert Widersacher geleistet hatten, jetzt ihrerseits hingerichtet. (Einen möglichen Hinweis hierauf hat man in einem noch nicht veröffentlichten Bruchstück eines Sektenkalenders aus Qumran [Höhle 4] gefunden.)[25] Die zu Tode erschrokkenen Sadduzäer versicherten sich der Hilfe des jüngeren Sohnes der Königin, Aristobul, der seine Mutter eindringlich bat, die loyalen Anhänger ihres verstorbenen Gatten nicht dem Verderben preiszugeben, könn-

---

[22] 4 QpNah, hg. von J. M. Allegro, DJD, V, Oxford 1968, S. 37—42. Vgl. unten S. 115; Teil II, Kap. 3/1.
[23] bT *Sotah* 47 a; *Qidduschin* 66 a.
[24] bT *Berakot* 48 a.
[25] Vgl. J. T. Milik, *Ten Years of Discovery in the Wilderness of Judaea*, London 1959, S. 73.

ten sie doch sonst in ihrer Verzweiflung zum Nabatäerkönig und zu anderen benachbarten Herrschern übergehen, die über eine solche Stärkung ihrer Macht auf Kosten Judäas sehr erfreut sein würden.[26]

3.

Von der Regierungszeit der Salome Alexandra an war die Position der Pharisäer im Hohen Rat gesichert. Dieser Rat, der gewöhnlich mit dem hebräischen oder aramäischen Wort Sanhedrin (ein Lehnwort aus gr. *synedrion,* „Rat") bezeichnet wird, wurde schon bald vor der Erringung der Unabhängigkeit durch die Hasmonäer geschaffen. Als Judäa ein Tempelstaat unter den hellenistischen Reichen war (und wahrscheinlich bereits früher unter den Persern), stand dem Hohenpriester als Leiter der inneren Angelegenheiten eine beratende Versammlung zur Seite. Die rabbinische Exegese führte den Ursprung dieses Rats auf die siebzig Ältesten zurück, die während der Wüstenzeit auserwählt waren, die Last der Mose auferlegten Verwaltungs- und Justizaufgaben mitzutragen (4 Mo 11, 16 ff.); in der Geschichte taucht er indessen zum ersten Mal in einem Brief auf, den Antiochus III. nach der Schlacht bei Paneion, durch die Judäa dem seleukidischen Herrschaftsgebiet einverleibt wurde, an den Statthalter von Coelesyrien richtete.[27] Dieser von Josephus zitierte Brief spricht wiederholt von dem jüdischen „Senat" (gr. *gerousia):* „Allen Angehörigen des Volkes soll gestattet sein, nach den Gesetzen ihrer Väter zu leben, und es sollen der Senat, die Priester, die Tempelschreiber und die Sänger von der Kopfsteuer, der Abgabe für die Krone und der Salzsteuer befreit sein." Wenn in den Makkabäerbüchern von den „Vornehmsten des Volkes" die Rede ist, so dürften damit die Mitglieder dieses Rates gemeint sein.[28] Unter den hasmonäischen Fürsten gehörten dem Rat nur Sadduzäer an, doch Alexandra besetzte ihn offensichtlich mit Pharisäern. Denn die „Vornehmsten der Juden", die sie in ihrer Sterbestunde zusammen mit ihrem ältesten Sohn, dem Hohenpriester Hyrkanus, aufsuchten, um sie zu fragen, was man tun solle, um ihren jüngeren Sohn Aristobul an der Durchführung seiner Machtergreifungspläne zu hindern,[29] waren sicherlich nicht Sadduzäer; Aristobul war der Freund und

---

[26] Ios. *bel. Iud.* I, 110 ff.; *ant. Iud.* XIII, 401 ff.
[27] Ios. *ant. Iud.* XII, 138 ff.
[28] 1 Makk 7, 23 usw.
[29] Ios. *ant. Iud.* XII, 428.

Fürsprecher der Sadduzäer, die seine Einsetzung zum Priesterkönig gewiß brennend wünschten.

Nach der Eroberung des Landes durch die Römer behielt der Hohepriester Hyrkanus die Leitung der Nation *(prostasia tou ethnous)*[30] und führte den Vorsitz im Hohen Rat. Als Gabinius Statthalter von Syrien war (57—55 v. Chr.), schränkte er die Befugnisse des Synedriums bei seiner Neuorganisierung von Judäa beträchtlich ein,[31] doch übte der Hohe Rat 47 v. Chr. unter dem Vorsitz des Hyrkanus seine Macht als Oberster Gerichtshof wieder voll aus. In jenem Jahr mußte sich nämlich Herodes vor ihm verantworten, dem man vorwarf, über seine Kompetenzen als Militärgouverneur von Galiläa hinausgegriffen zu haben, indem er den Räuberhauptmann Ezechias ohne Gerichtsverfahren hinrichten ließ. Der Hohe Rat hätte ihn verurteilt, wenn Hyrkanus nicht aus Furcht vor den Folgen die Verhandlung vertagt hätte, ehe das Gericht einen solch drastischen Urteilsspruch fällte.[32]

Als Herodes König der Juden wurde, büßten sowohl der Hohepriester wie das Synedrium ihre meisten Befugnisse ein, während die Pharisäer beim Volk an Ansehen gewannen — zum Teil, weil sie, wenn es erforderlich schien, nicht davor zurückschreckten, Herodes öffentlich entgegenzutreten. Als Judäa im Jahre 6 n. Chr. römische Provinz wurde, wurden der Hohepriester und das Synedrium erneut mit der Leitung der inneren Angelegenheiten des Landes betraut, wenn sie auch im letzten dem römischen Prokurator verantwortlich waren. Während der nächsten sechzig Jahre wurden regelmäßig Angehörige der wohlhabenden sadduzäischen Familien zu Hohenpriestern eingesetzt, und diese Familien beherrschten den Hohen Rat. Aber obwohl die Pharisäer in der Minderheit waren, hatten sie doch einen derart starken Rückhalt im Volk, daß sie sowohl innerhalb wie außerhalb des Synedriums über einen Einfluß geboten, der in gar keinem Verhältnis zu ihrer Zahl stand. Nach Josephus, der selber von seinem neunzehnten Lebensjahr an Anhänger der Pharisäerpartei war, fanden sich die sadduzäischen Beamten mit den pharisäischen Grundsätzen ab, da sie erkannten, daß das Volk sonst nicht bereit gewesen wäre, sie zu tolerieren.[33]

Im Neuen Testament begegnet man verschiedenen Bezeichnungen für das Synedrium: „Rat" *(synedrion* oder *boulē)*, „Ältesten-Rat" *(presbyterion)* und „Senat" *(gerousia)*; oft wird es auch durch Aufführung seiner

---

[30] Ios. *ant. Iud.* XX, 244.
[31] Ios. *bel. Iud.* I, 170; *ant. Iud.* XIV, 90 f.
[32] Ios. *bel. Iud.* I, 208 ff.; *ant. Iud.* XIV, 163 ff.
[33] *ant. Iud.* XVIII, 17.

Bestandteile benannt — zum Beispiel „die Hohenpriester und die Pharisäer“ (Mt 21, 45; Joh 7, 32), „die Hohenpriester und Ältesten und Schriftgelehrten“ (Mk 14, 53), „die Hohenpriester und Schriftgelehrten“ (Lk 22, 2), „die Hohenpriester und Ältesten“ (Apg 4, 23), „die Hohenpriester und der ganze Hohe Rat“ (Apg 22, 30), „die Oberen und Ältesten und Schriftgelehrten“ (Apg 4, 5).

4.

Die Pharisäer schlossen sich zu örtlichen Gemeinschaften oder Bruderschaften *(chaburot;* die Mitglieder einer *chaburah* hießen *chaberim)* zusammen.[34] Josephus schätzt ihre Zahl auf etwa sechstausend.[35] Zweifellos folgten viele ihrer Leitung, ohne einer pharisäischen Gemeinschaft anzugehören. Außerdem gehörten viele, wenn nicht die meisten Schriftgelehrten, die hauptberuflichen Erforscher und Lehrer der Schrift, der einen oder anderen pharisäischen Schule an und trugen deren Interpretationen unter das Volk. Aber nicht alle Schriftgelehrten waren „Schriftgelehrte [von der Partei] der Pharisäer“ (Mk 2, 16; vgl. Apg 23, 9); es gab auch andere, die das Gesetz nach den Lehren der Sadduzäer auslegten und die „Überlieferung der Alten“ ignorierten (Mk 7, 3. 5).

Die „Überlieferung der Alten“ sollte in der Hauptsache die Härten mildern, die eine buchstäbliche Anwendung des geschriebenen Gesetzes Menschen auferlegt hätte, die unter ganz anderen Bedingungen lebten, als sie zur Zeit der erstmaligen Verkündigung des Gesetzes herrschten. Zum Beispiel hätte eine buchstäbliche Auslegung des Gesetzes von 2 Mo 16, 29, „niemand verlasse am siebenten Tage seine Wohnung“, jedermann am Sabbat nahezu völlig an seine Wohnung gefesselt, hätte die Interpretation des Begriffs „seine Wohnung“ im Licht von 4 Mo 35, 5 nicht 2000 Ellen im Umkreis derselben oder jedes beliebigen zu diesem Zweck namhaft gemachten Aufenthaltsortes beinhaltet — die „Sabbatstrecke“ *(techum hasch-schabbat),* einen „Sabbatweg weit“ (Apg 1, 12).[36]

Bisweilen ging man bei der Auslegung in der Tat so weit, daß vom ursprünglichen Wortlaut des Gebots kaum etwas übrigblieb, oder ein fundamentaleres Gebot seine Gültigkeit verlor. Diese Kritik übte Jesus

---

[34] Der *chasid,* der Psalm 119 verfaßte, sagt: „Ich bin ein Genosse *(chaber)* aller, die dich fürchten, und derer, die deine Befehle halten“ (V. 63).
[35] Ios. *ant. Iud.* XVII, 42 (gegen das Ende von Herodes' Leben).
[36] Mischna, *'Erubin* 4, 3 usw.

an einer schriftgelehrten Ausdeutung, die die Pflicht zur materiellen Unterstützung der Eltern praktisch aufhob, falls der Betreffende nachwies, daß das Geld, das er für diesen Zweck hätte verwenden können, schon Gott geweiht sei *(qorban)*. Jesus sagte, solch eine Auslegung verstoße gegen den Geist des fünften Gebots, das Ehrfurcht vor den Eltern fordere (Mk 7, 9—13). Diese Interpretation des Gesetzes über Gelübde (5 Mo 23, 21) war eine spezifische Anwendung des allgemeinen Grundsatzes, wonach für sakrale Anliegen bestimmte Gelder nicht für andere Zwecke verwandt werden durften. Rabbi Elieser ben Hyrkanus vertrat jedoch gegen Ende des ersten Jahrhunderts die Auffassung, ein Gelübde, das sich nachteilig auf die Beziehung zwischen Eltern und Kindern auswirke, könne annulliert werden, und seine Kollegen pflichteten ihm bei.[37]

Hillel wird eine Gesetzesnovelle zugeschrieben, die in starkem Ausmaß zur Abänderung, wenn nicht zur Aufhebung des alten Gesetzes beitrug, demzufolge einem israelitischen Volksgenossen geliehene Darlehen jedes siebte Jahr erlassen werden sollten (5 Mo 15, 1—6). Unter den andersgearteten Verhältnissen des zweiten jüdischen Gemeinwesens bildete dieses Gesetz eine unbillige Härte für den, der zur Überbrückung einer Notlage dringend ein Darlehen brauchte; war das Erlaßjahr nicht mehr fern, so fand er nur schwer jemanden, der bereit war, ihm etwas zu leihen, ungeachtet der Ermahnung in 5 Mo 15, 7—11 an alle begüterten Israeliten, ein Darlehen unter solchen Umständen nicht zu verweigern. Hillel führte daher die Bestimmung ein, daß, falls der Betreffende *vor* der Auszahlung des Darlehens vor Gericht (gr. *pros boulē*, woraus das hebräische und aramäische Lehnwort für diese Bestimmung *prozbul* entstand) erkläre, daß das Gesetz über den Erlaß von Schulden darauf nicht anwendbar sein solle, die Schuld beim Herannahen des Erlaßjahres nicht gestrichen werden dürfe.[38]

Von den beiden in neutestamentlicher Zeit tonangebenden Schulen stand die des Schammai in dem Ruf einer besonders strengen und die des Hillel in dem einer eher milden Gesetzesauslegung. Die Gesetzeskundigen im Evangelienbericht, die „die Menschen belasten mit schwer zu tragenden Lasten“, aber selber die Lasten mit keinem Finger anrühren,

---

[37] Mischna, *Nedarim* 9, 1.

[38] Mischna, *Schebi'it* 10, 3 ff. (Eine andere, aber weniger wahrscheinliche Etymologie als *pros boulē* ist gr. *prosbolē*, „Lieferung“ von Waren). Hillels berühmter Schüler und Nachfolger Gamaliel I. änderte das Gesetz, daß die Bewegungen von Neumondszeugen am Sabbattag einschränkte, ab (Mischna, *Rosch ha-Schanah* 4, 5) und untersagte die Annullierung von Scheidungsprozessen ohne Wissen der Frau (Mischna, *Gittin* 4, 2).

sind wahrscheinlich Schammaiten (Lk 11, 46). Im Zuge der Erneuerung des nationalen Lebens, die auf den Krieg 66—73 n. Chr. folgte, wurde indessen die Schule Hillels unter Johanan ben Sakkai tonangebend. Die extreme Haltung der Schammaiten, die darauf bestanden, daß jede Vorschrift aufs I-Tüpfelchen genau erfüllt werden müsse — sie spiegelt sich im Jakobusbrief 2, 10 („Denn wer das ganze Gesetz hält, sich aber in *einem* verfehlt, der ist in allem schuldig geworden") —, ist weltenweit von der Lehre des Rabbi Akiba (etwa 100 n. Chr.) entfernt, daß „die Welt mit Güte gerichtet wird, und doch alles auf die Menge der Tat ankommt" *(Pirque Abot* 3, 19) — das heißt darauf, ob bei menschlichen Handlungen das Gute oder das Böse überwiegt.[39] Daran gilt es sich zu erinnern, wenn man den Gegensatz zwischen dem Bild, das die Evangelien von den Pharisäern zeichnen, und dem, das die späteren rabbinischen Urkunden bieten, feststellt. Aber selbst in letzteren wird freimütig zugestanden, daß sich nicht alle Pharisäer dieses Namens würdig zeigten; von den sieben Kategorien von Pharisäern, die der Talmud unterscheidet, erhält allein der, der Pharisäer aus Liebe zu Gott ist, ein rückhaltloses Lob.[40]

Die große Bedeutung, die die Pharisäer der rituellen Reinheit beimaßen, veranlaßte sie nicht nur, sich von den Heiden, die ja gänzlich außerhalb des Gesetzes standen, und den Samaritern, die die Reinheitsgebote anders als die Juden auslegten, fernzuhalten, sondern sich auch in beträchtlichem Ausmaß von denjenigen ihrer jüdischen Glaubensgenossen zu distanzieren, die es mit den Reinheits- und Verzehntungsvorschriften nicht ganz so genau nahmen wie die Pharisäer selber. Zu den letztgenannten zählten in der Hauptsache die gewöhnlichen Handwerker und Bauern, die für Studium und Beobachtung dieser Gesetze nicht viel Zeit und vielleicht auch kein großes Interesse aufzubringen vermochten. Diese Leute, die die überwiegende Mehrzahl der jüdischen Bevölkerung Palästinas bildeten, nannte man „das Volk des Landes" — nur wurde die alte Sammelbezeichnung *'am ha'ares* jetzt in individueller Bedeutung gebraucht und zur Spezialbezeichnung für einen religiösen Ignoranten, der nicht mit dem Gesetz vertraut war. In diesem Sinn kommt die Wendung in einem dem Hillel zugeschriebenen Ausspruch vor: „Kein *'am ha'ares* ist fromm"[41] — ein Ausspruch, der in der Bemerkung einer Gruppe füh-

---

[39] Vgl. H. Danby, *Studies in Judaism,* Jerusalem 1922, S. 19; B. S. Easton, *Christ in the Gospels,* New York 1930, S. 88 ff.; C. G. Montefiore und H. Loewe, *A Rabbinic Anthropology,* London 1938, S. 595 ff.
[40] jT *Berakot* 9, 7.
[41] *Pirqe Abot* 2, 6.

render Pharisäer im Neuen Testament nachklingt: „Aber dieses Volk, welches das Gesetz nicht kennt — verflucht sind sie!" (Joh 7, 49)

Eine Tatsache gereicht den Pharisäern vor allen anderen zum Ruhm: nach der Einäscherung des zweiten Tempels und dem Zusammenbruch des zweiten jüdischen Gemeinwesens im Jahre 70 n. Chr. waren sie die einzige Partei im Judentum, die sich der Aufgabe der Erneuerung des nationalen Lebens gewachsen zeigte und sie bewältigte.

SIEBTES KAPITEL

Die Essener

Neben den Pharisäern und Sadduzäern existierte in neutestamentlicher Zeit in Judäa eine dritte Partei, die zwar im öffentlichen Leben weniger hervortrat, aber gleichwohl Züge aufweist, die für die jüdische Religion und die Ursprünge des Christentums von erstrangigem Interesse sind. Es ist dies die Partei der Essener.

Die Herleitung ihres Namens (gr. *Essēnoi, Essaioi)* ist lange umstritten gewesen und immer noch nicht ganz geklärt. Die meisten Forscher leiten ihn aus aram. *chasja* („fromm" oder „heilig") ab — eine Ableitung, die durch die Tatsache gestützt wird, daß die Essener höchstwahrscheinlich eine Sonderentwicklung der *chasidim* des zweiten vorchristlichen Jahrhunderts darstellen. Schwierigkeiten bereitet indessen, daß *chasja* eher für das Syrisch-(Ost-)Aramäische als für das Westaramäische bezeugt ist.[1] Vieles spricht auch für die Ableitung aus aram. *'asja,* „Heiler"[2] — besonders interessant wegen ihrer bedeutungsmäßigen Ähnlichkeit mit den *Therapeutai,* einer frommen Judengemeinschaft in Ägypten, auf die Philo ebenso wie auf die Essener in Judäa zur Bestätigung seiner These weist, daß „jeder Tüchtige frei ist".[3] Die Bezeichnung *therapeutai* könnte, wie Philo bemerkt, „Heiler" bedeuten, wenngleich er sie auch mit Gottes-„Knechte" oder -„Anbeter" übersetzt.

Philo von Alexandrien (etwa 20 v. Chr. — 50 n. Chr.) verdanken wir die frühesten Angaben über die Essener; weitere Nachrichten überliefern im ersten vorchristlichen Jahrhundert Josephus und Plinius der Ältere, während der christliche Autor Hippolyt von Rom zu Beginn des dritten Jahrhunderts einige Einzelheiten über sie mitteilt, die seine Vorgänger nicht erwähnen.

---

[1] Diese Ableitung wird zum Beispiel von J. T. Milik, *Ten Years of Discovery in the Wilderness of Judaea,* London 1959, S. 80, und M. Black, *The Scrolls and Christian Origins,* London 1961, S. 13 ff., vorgezogen; sie erwähnen ein inschriftliches Vorkommen von *chsy* in einer Verbalform im Palmyrenischen (einer westaramäischen Mundart).

[2] Vgl. G. Vermes, „The Etymology of ,Essenes'", *Revue de Qumran* 2 (1959—60), S. 427 ff.

[3] Phil. *contempl.* 2 ff.

1.

Der Bericht des Plinius steht in seiner Naturgeschichte (V, 73); er wurde offensichtlich zwischen 73 n. Chr. (dem Jahr des Falls von Masada) und 79 (dem Jahr, in dem Plinius beim Ausbruch des Vesuvs den Tod fand) verfaßt. Der Verfasser hat vorher das Tote Meer und seine Wunder beschrieben und fährt wie folgt fort:

> Westlich wohnen, so nahe die Ausdünstungen des Sees es gestatten, die Essener, ein einsames und vor allen übrigen Bewohnern der Erde bewundernswertes Volk, das ohne Frauen, überhaupt ohne alle Gemeinschaft mit dem weiblichen Geschlecht, ohne Geld, und nur in Gesellschaft seiner Palmen lebt. Ihre Anzahl erneuert sich immer wieder durch Ankömmlinge, denn viele wandern dahin, welche lebensmüde sind und von den Wogen des Schicksals sich zur Annahme ihrer Sitten gedrungen fühlen. So besteht (was unglaublich scheint) ein Volk, bei dem niemand geboren wird, Tausende von Generationen fort. So fruchtbar ist für sie der Lebensüberdruß anderer! Unterhalb ihres Gebiets lag früher die Stadt En-Gedi, welche nach Jerusalem [vermutlich Abschreibfehler für „Jericho"] wegen ihres fruchtbaren Bodens und ihrer Palmenwälder den zweiten Rang behauptete; jetzt ist sie gleichfalls ein Schutthaufen. Hierauf folgt Masada, eine Festung auf einem Felsen, nicht weit vom Toten Meer. So weit reicht Judäa.

Plinius' Schilderung, die wahrscheinlich auf früheren Quellen basiert, enthält, um was für Leute es sich auch handeln mag, ein beträchtliches Maß an rhetorischer Übertreibung. So hatten die Essener zum Beispiel sicherlich nicht seit Tausenden von Generationen in jenem Gebiet gelebt; vermutlich wäre bereits „seit zehn Generationen" stark übertrieben, selbst wenn man vier Generationen je Jahrhundert rechnet.

Die Bestimmung ihres Hauptquartiers hängt zum Teil von der Bedeutung der Präposition „unterhalb" in der Angabe „Unterhalb ihres Gebietes lag früher die Stadt En-Gedi" *(infra hos Engada oppidum fuit)* ab. Da Plinius hier das Jordantal von der Quelle bis zum Toten Meer beschreibt, ist anzunehmen, daß er En-Gedi südlich des Hauptquartiers der Essener lokalisiert, ebenso wie „hierauf" (lat. *inde)* am Beginn des darauffolgenden Satzes besagt, daß Masada südlich von En-Gedi liegt. Dies wirft die Frage auf, ob das Hauptquartier der Essener nicht mit Chirbet Qumran zu identifizieren sei — um so mehr, als R. de Vaux und andere Archäologen uns versichern, daß es westlich des Toten Meeres keine andere Anlage gibt, auf die Plinius' Beschreibung passen könnte.[4] Aus

[4] R. de Vaux, *L'Archéologie et les Manuscrits de la Mer Morte,* London 1961, S. 100 ff. Siehe unten S. 109.

diesem Identifizierungsvorschlag ergeben sich bedeutsame Folgerungen, wie noch zu zeigen sein wird.

2.

Philo von Alexandrien hat uns zwei Berichte über die Essener hinterlassen: einen ziemlich umfangreichen in seiner Abhandlung *Über die Freiheit des Tüchtigen* (die allgemein zu seinen Jugendwerken gerechnet wird) und einen kürzeren in seinen *Hypothetica* (einer allgemeinen Apologie des Judentums).

In seinem erstgenannten Bericht schätzt Philo die Zahl der Essener auf etwa viertausend und gibt an, sie lebten in Dörfern, betrieben fleißig Landwirtschaft und ähnliche Arbeiten und verwendeten viel Zeit (besonders am Sabbattag, an dem sie in ihren Synagogen zusammenkämen) für die gemeinsame Beschäftigung mit ethischen und religiösen Fragen, einschließlich der Auslegung der heiligen Schriften. Er berichtet, sie seien sehr auf rituelle Reinheit bedacht, und ihr gesamtes Geld, ihre Lebensmittel und Kleidung seien gemeinschaftliches Eigentum. Weiter gibt er an, sie opferten keine Tiere, schwörten keine Eide, unterhielten kein Militär und trieben keinerlei Handel, hielten sich keine Sklaven, sorgten für die infolge Krankheit oder Altersschwäche Arbeitsunfähigen und pflegten ganz allgemein sämtliche Tugenden. Sie waren in der Tat hervorragende Beispiele für seine These, daß die wahrhaft Tüchtigen wahrhaft frei seien.[5]

In seinem kürzeren Bericht erwähnt Philo erneut mehrere dieser Charakteristika und fügt hinzu, sie nähmen nur Erwachsene in ihre Gemeinschaft auf und blieben ehelos, da Ehefrauen und Familien nach ihrer Auffassung dem nach dem Guten und Wahren Strebenden hinderlich seien.[6]

3.

In den Werken des Josephus finden sich drei Berichte über die Essener. Der umfangreichste steht im zweiten Buch seiner nur wenige Jahre nach 70 n. Chr. verfaßten *Geschichte des Jüdischen Krieges*,[7] ein kürzerer im

[5] Phil. *prob.* 75 ff.
[6] *Hypothetica (Apologia pro Judaeis)* nach Eus. *praep. ev.* VIII, 11, 1 ff.
[7] *bel. Iud.* II, 119 ff.; daran schließen sich Schilderungen der Pharisäer (162 f.)

achtzehnten Buch der etwa zwanzig Jahre später entstandenen *Jüdischen Altertümer*[8] und ein noch kürzerer im dreizehnten Buch desselben Werkes, wo die Essener erstmals in der Geschichte auftauchen.[9]

Josephus berichtet mehr Einzelheiten als Philo, und seine Angaben stammen — zumindest teilweise — aus erster Hand. Er behauptet sogar, er habe sich als Jüngling den Essenern ebenso wie den anderen jüdischen Sekten angeschlossen, da er sie alle habe kennenlernen und dann die beste auswählen wollen.[10]

Leider muß man alles, was Josephus über sich selber berichtet, mit einiger Vorsicht hinnehmen, und da er seine „enge Vertrautheit" mit den Essenern zusammen mit anderen Erlebnissen zwischen sein sechzehntes und neunzehntes Lebensjahr datiert (etwa 53—56 n. Chr.), scheint sie nicht sonderlich weit gegangen zu sein.

Während Philo die Essener zugestandenermaßen dazu benutzt, einen moralischen Grundsatz zu beweisen, hebt Josephus überdies bei ihnen wie bei anderen jüdischen Sekten jene Züge hervor, die besonders geeignet erschienen, seine heidnischen Leser zu beeindrucken; so beschreibt er zum Beispiel die jüdischen religiösen Sekten stets als Philosophenschulen nach griechischer Art.

Im großen ganzen kann man Josephus' Schilderung der Essener jedoch als verläßlich und genau bezeichnen.

Nach Josephus waren die Essener über alle Städte Palästinas verstreut. Einige von ihnen lebten in Jerusalem. Untereinander übten sie Gastfreundschaft: ein Essener, der ein Obdach brauchte, wurde von jedem anderen Essener, den er aufsuchte, als Bruder willkommen geheißen. Vieles von dem, was Josephus berichtet, setzt indessen ein Gemeinschaftsleben voraus, wie es Stadtbewohner nicht führen konnten, und es drängt

---

und Sadduzäer (164 ff.) an. Josephus stellt die Essener als die dritte Philosophenschule unter den Juden dar.

[8] *ant. Iud.* XVIII, 18 ff. im Anschluß an Darstellungen der Pharisäer (12 ff.) und Sadduzäer (16 f.) und vor einem Bericht über die „vierte Philosophie" (23 ff.), das heißt den Zelotismus (siehe unten S. 98 ff.).

[9] *ant. Iud.* XIII, 171 f. (siehe S. 97).

[10] *vit.* 10 ff. Er entschied sich für die Pharisäer, „eine der griechischen Stoa ähnelnde Partei". Die Sadduzäer betrachtet er wahrscheinlich als das jüdische Gegenstück zu den Epikuräern, während er an anderer Stelle angibt, die Essener bildeten „eine ähnliche Klasse von Menschen wie bei den Griechen die Pythagoräer" (*ant. Iud.* XV, 371). Wahrscheinlich resultiert aus diesem Versuch, die hauptsächlichsten jüdischen Parteien verschiedenen griechischen Philosophenschulen anzugleichen, eine gewisse Verzerrung seiner Darstellung jener; siehe jedoch die Bemerkungen über griechische Einflüsse auf S. 58 f.

sich die Schlußfolgerung auf, daß die vollberechtigten Essener in abgesonderten Gemeinschaften lebten, es aber außerdem nicht vollberechtigte Mitglieder gab, die in Städten wohnten.

Nach Josephus spielte der Prädestinationsgedanke bei den Essenern eine noch größere Rolle als bei den Pharisäern. Seinen griechischen Lesern erklärt er diesen ihren Glauben wie folgt: „Die Essener lehren, alles stehe unter der Macht des Verhängnisses, und es komme bei den Menschen nichts vor, das nicht vom Geschick bestimmt sei.“[11]

Im achtzehnten Buch der *Jüdischen Altertümer* führt er aus:

> Die Essener lehren, man müsse alles dem Willen Gottes anheimgeben. Sie glauben an die Unsterblichkeit der Seele und halten den Lohn der Gerechtigkeit für das erstrebenswerteste Gut. Wenn sie ihre Weihgeschenke in den Tempel schicken, bringen sie ihre Opfer[12] gemäß außerordentlich strengen eigenen Reinigungsvorschriften dar. Aus diesem Grunde ist ihnen der Zutritt zum gemeinsamen Heiligtum nicht gestattet, und sie bringen demgemäß ihre Opfer besonders dar.[13] Übrigens sind es Menschen von vortrefflichen Sitten, und sie beschäftigen sich bloß mit Ackerbau. Ganz besonders bewunderungswürdig und lobenswert aber sind sie wegen einer bei den Griechen und den anderen Völkern völlig unbekannten, bei ihnen jedoch nicht etwa erst seit kurzer Zeit, sondern schon seit vielen Jahren herrschenden ausgleichenden Gerechtigkeit, infolge deren sie vollkommene Gütergemeinschaft haben und dem Reichen nicht mehr Genuß von seinen Gütern lassen wie dem Armen. Nach dieser Lehre leben über viertausend Menschen. Sie heiraten ebensowenig, als sie Knechte halten, da sie das letztere für Unrecht, das erstere aber für die Quelle allen Streites halten, und so leben sie für sich und dienen einer dem andern. Zu Verwaltern ihrer Einkünfte und der Felderträge wählen sie tüchtige Männer sowie Priester, die für Getreide und sonstige Nahrungsmittel zu sorgen haben.[14]

---

[11] *ant. Iud.* XIII, 172.

[12] Die aus dem sechsten Jahrhundert stammende lateinische Fassung und der im zehnten oder elften Jahrhundert verfaßte Abriß fügen eine Negation hinzu: „sie bringen keine Opfer dar“. Die lateinische Fassung widerspricht indessen nicht dem Sinn des griechischen Textes; sie sagt: „sie feiern keine Opfer mit dem Volk“. Alle auf uns gekommenen Handschriften des vollständigen griechischen Textes lassen die Negation jedoch aus. Philos Angabe, daß die Essener im höchsten Maße zu Dienern oder Anbetern *(therapeutai)* Gottes wurden, „nicht durch Tieropfer, sondern dadurch, daß sie es für ihre Pflicht halten, ihren Geist zu heiligen“ (*prob.* 75), leugnet nicht völlig, daß sie Opfer darbrachten, sondern entspricht ähnlichen Feststellungen über den relativen Wert von Opfern und Gerechtigkeit im Alten Testament (vgl. 1 Sam 15, 22; Hos 6, 6 usw.).

[13] Man kann diese Angabe mit der Existenz des (unidentifizierten) „Essenertors“ in der Nähe des Tempels verknüpfen (Ios. *bel. Iud.* V, 145).

[14] *ant. Iud.* XVIII, 18—22. Der letzte Satz dieses Berichts ist textlich korrupt und daher ausgelassen worden.

Josephus bestätigt zwar im allgemeinen Philos und Plinius' Angaben, daß die Essener ehelos blieben,[15] erwähnt jedoch einen „anderen Verband der Essener, der in Lebensführung, Sitten und Gesetzen mit den übrigen übereinstimmt und sich nur in der Ansicht über die Ehe von ihnen unterscheidet".[16] Die Mitglieder dieses Verbandes, schreibt er, heiraten und gründen Familien, da sie der Ansicht sind, daß das Geschlecht sonst erlöschen würde (eine naive Erklärung, da ja aus seiner Schilderung deutlich wird, daß sich die Hauptverbände der Essener mit Erfolg „fortpflanzten", indem sie die Kinder anderer adoptierten und aufzogen). Diese Ehefrauen nahmen offensichtlich am Gemeinschaftsleben und den rituellen Waschungen teil.

Wer in die Bruderschaft der Essener aufgenommen werden wollte, mußte, wie Josephus berichtet, zuerst eine dreijährige Probezeit durchlaufen. Während des ersten Jahres trug er das weiße Leinengewand und den Schurz, die für die Sekte kennzeichnend waren, und führte den kleinen Pflock mit sich, den jeder Essener zum Ausschaufeln eines Abortloches gemäß der Anweisung von 5 Mo 23, 12—14 benutzte. Am Ende des ersten Probejahres wurde der Novize zur rituellen Reinigung zugelassen, doch erst nach zwei weiteren Jahren durfte er erstmals am Gemeinschaftsmahl teilnehmen. Und wenn man ihn schließlich der Zulassung zur Vollmitgliedschaft für würdig befunden hatte, dann mußte er laut Josephus,

> bevor er die gemeinsame Speise anrührt, ihnen furchtbare Eide schwören, erstlich die Gottheit zu verehren, dann das, was den Menschen gegenüber gerecht ist, zu bewahren und weder aus freiem Entschluß jemandem Schaden zuzufügen noch auf Befehl, immer aber die Ungerechten zu hassen und auf der Seite der Gerechten zu kämpfen, stets allen die Treue zu halten, allermeist aber der Obrigkeit, denn ohne Gott erwachse niemandem eine Herrscherstellung. Und falls er selbst zu befehlen habe, so werde er niemals gegen die Vollmacht durch mutwilligen Mißbrauch verstoßen und die Untergebenen auch nicht durch Kleidung oder durch irgendein Mehr an Schmuck überstrahlen. Er werde die Wahrheit immer lieben und es sich zur Aufgabe machen, die Lügner zu überführen. Er werde die Hände vor Diebstahl und die Seele rein von unrechtem Gewinn bewahren und weder vor den Anhängern der Sekte etwas verheimlichen noch anderen etwas von ihnen verraten, sollte man auch bis zum Tode Gewalt anwenden. Außerdem schwört er, niemandem die Satzungen an-

---

[15] Der Zölibat wurde von frommen Juden nicht höher bewertet als der Ehestand; seine Beibehaltung im Essenertum mag sich aus der Übertragung von Vorschriften für den heiligen Krieg in Israel auf die geistliche Streitbarkeit des Ordens erklären (vgl. M. Black, *The Scrolls and Christian Origins*, S. 17, 29 f.).

[16] *bel. Iud.* II, 160 f.

ders mitzuteilen als wie er selbst sie empfing, keinen Raub zu begehen und die Bücher der Sekte in gleicher Weise wie die Namen der Engel sorgfältig zu bewahren. Mit solchen Eiden versichern sie sich der neu Eintretenden.[17]

Wie bei einer durch derartige Eide abgesicherten Gemeinschaft nicht anders zu erwarten, herrschte in ihr eine strenge, doch unbeugsam gerechte Disziplin. Die Initiationseide übten auf das Gewissen derer, die sie geleistet hatten, eine derart starke Wirkung aus, daß ein exkommunizierter Essener (es sei denn, seine Ausstoßung wurde rechtzeitig wieder rückgängig gemacht) dem Hungertode ausgeliefert war, da er alle Speisen, die nicht nach den essenischen Vorschriften zubereitet waren, für unrein ansah und es nicht über sich bringen konnte, sie anzurühren.[18] Josephus berichtet, viele Mitglieder der Sekte hätten alle möglichen Folterungen durch die Römer über sich ergehen lassen, die sie auf diese Weise vergeblich zu zwingen versucht hätten, verbotene Speisen zu essen oder auf andere Weise ihren Eid zu brechen.[19]

Der Tageslauf eines Esseners begann vor Sonnenaufgang; gemeinsam mit seinen Sektengenossen verrichtete er sogleich nach dem Aufstehen seine Morgengebete, „gleichsam die Sonne bittend, daß sie aufgehe".[20] Wahrscheinlich heißt das nur, daß die Essener bei ihren Gebeten das Gesicht gegen Osten wandten, was bei den Juden nicht allgemein üblich war. (Josephus' Schilderung erinnert hier an die Taufsekte der Sampsäer, die vermutlich gewisse Ähnlichkeiten mit den Essenern aufwies und deren mit hebr. *schemesch*, „Sonne", verwandter Name auf die Huldigungen zurückgeht, die sie der Sonne als einer Offenbarung der Gottheit darbrachten.[21]) Vor der Verrichtung dieser Gebete sprachen sie kein einziges

---

[17] *bel. Iud.* II, 139—42. (Übersetzung O. Michel und O. Bauernfeind.)
[18] *bel. Iud.* II, 143 f.
[19] *bel. Iud.* II, 152.
[20] *bel. Iud.* II, 128. Die Sitte, das Angesicht beim Gebet gegen Osten zu wenden, war bei den Juden unbekannt, wurde aber schon im sechsten Jahrhundert v. Chr. von einigen „Nonkonformisten" im Jerusalemer Tempel geübt (Hes 8, 16).
[21] Epiphan. *panar.* 19, 2; 53, 1. Die Sampsäer späterer Jahrhunderte sind vermutlich mit jenen Ebioniten zu identifizieren, die die Weissagungen im Buch des angeblichen Propheten Elkesai annahmen, durch die bestimmte „essenische" Lehren am Beginn des zweiten Jahrhunderts n. Chr. unter judenchristlichen Gruppen im Ostjordanland Verbreitung fanden (vgl. Hippol. *haer.* IX, 12; X, 25; Origenes nach Eus. *hist. ecc.* VI, 38; Epiphan. *panar.* 19, 1 ff.; 30, 17). Desgleichen gibt Philo an, daß die Therapeutai in Ägypten am Morgen den Blick nach Osten richten, und „wenn sie dann die Sonne aufgehen sehen, erheben sie die Hände zum Himmel und beten um einen schönen Tag, nämlich um Erkenntnis der Wahrheit und Scharfsichtigkeit des Geistes" (*contempl.* 89).

Wort. Sodann (ausgenommen am Sabbattag, der sehr strikt eingehalten wurde) gingen die Brüder an ihre Arbeit, die sie von den Aufsehern zugewiesen bekamen, und widmeten sich ihr bis gegen Mittag. Dann kamen sie im Gemeinschaftszentrum zusammen, badeten und gingen in ihren Linnengewändern ins Refektorium. Das Mittagsmahl war ein feierliches Ereignis, zu dem nur vollberechtigte Mitglieder zugelassen waren. Es wurde durch ein Tischgebet, das ein Priester sprach, eingeleitet und abgeschlossen, und alle Anwesenden priesen und lobten Gott gemeinsam vor und nach dem Mahl, das aus einfachen Gerichten bestand. Sie aßen mit Maßen, und ihr Verhalten bei Tisch wie auch sonst war stets durch Nüchternheit und Gelassenheit gekennzeichnet. Sie sprachen nicht alle auf einmal, sondern ergriffen ihrem Rangalter entsprechend der Reihe nach das Wort. Es gab bei ihnen nämlich vier Stände, und die später Eingetretenen standen den früheren nach.[22]

Nach dem Mahl legten sie ihre Linnengewänder beiseite, zogen wieder ihre Arbeitskleider an und setzten bis zum Abend die ihnen zugewiesene Arbeit fort. Dann versammelten sie sich zu einem weiteren Mahl, an dem jedoch Freunde und Gäste teilnehmen durften.

Ein merkwürdiger Zug, von dem Josephus berichtet, ist, daß die Essener Öl für unrein hielten und sich auch nach dem Baden nicht salbten, weil sie der Meinung waren, eine rauhe Haut sei dem Himmel wohlgefälliger[23] (wahrscheinlich galt ihnen das Einreiben der Haut mit Öl als ein Zeichen von Luxus). Sie vermieden es, Eide zu schwören, abgesehen von jenen, die sie bei der Einweihung ablegten. Sie waren eifrige Leser der heiligen Schriften und der Werke der Alten und sowohl wegen ihrer Auslegung der Propheten wie auch wegen ihrer eigenen Voraussagen berühmt, die sich regelmäßig bewahrheiteten. Sie schenkten ferner der Heilkraft verschiedener Wurzeln, Pflanzen und „Steine“ (vermutlich bituminöse Gesteine aus dem Toten Meer) große Aufmerksamkeit.[24]

---

[22] Ios. *bel. Iud.* II. Die vier Stände, bei denen „die später Eingetretenen den früheren nachstehen“, bezeichnen wahrscheinlich aufeinanderfolgende Initiationsstufen, und der vierte und höchste Stand umfaßte vermutlich jene, die sämtliche Stufen durchlaufen hatten und vollberechtigte Mitglieder waren.

[23] *bel. Iud.* II, 123. Das Meiden von Öl, weil es verunreinige, ist nach einer Lesart von *CD* XII, 16 möglicherweise für die Qumran-Gemeinde bezeugt; vgl. A. Dupont-Sommer, *The Essene Writings from Qumran*, Oxford 1961, S. 155 mit Anm. 4. Vielleicht lag irgendein ritueller Grund vor, erwähnt doch Porphyrius (*abst.* IV, 6, 7), daß die Priester Öl mieden.

[24] *bel. Iud.* II, 136.

4.

Hippolyts Bericht steht im neunten Buch seiner zu Beginn des dritten Jahrhunderts verfaßten Schrift *Die Widerlegung aller Häresien.*[25] Hippolyt schließt sich zum größten Teil an Josephus an, scheint aber auch Zugang zu einer anderen verläßlichen Quelle gehabt zu haben, die ihn befähigte, Josephus' Bericht in bestimmten Punkten zu berichtigen und in anderen zu ergänzen.[26] Die Angaben, die auf Sonnenanbetung bei den Morgengebeten der Essener weisen, übergeht Hippolyt; nach ihm „beten sie mit Ordnung und Ausdauer schon am frühen Morgen und sprechen nicht, bevor sie nicht ihrem Gott im Gesang ihre Verehrung bezeigt haben".[27]

Hippolyt gibt an, die Essener hätten sich im Verlauf ihrer Geschichte in vier Parteien aufgespalten, wenngleich sein Bericht kaum eine klare Unterscheidung zwischen ihnen gestattet, da sie alle gleichermaßen rigoristisch scheinen. Eine dieser Parteien, bemerkt er, sei derart unduldsam gegen die Heiden gewesen (insbesondere gegen Heiden, die den Namen Gottes im Munde führten, sich aber nicht beschneiden lassen wollten), daß man ihre Mitglieder „Zeloten" oder *sicarii* genannt habe.[28] Dies deutet entweder auf eine teilweise Überschneidung von Essenern und Zeloten hin oder läßt zumindest vermuten, daß die Essener gegenüber Heiden eine Haltung an den Tag legten, die zu Verwechslungen mit den Zeloten führte. Daß die Essener keine grundsatzstrengen Pazifisten waren, scheint außerdem aus dem Umstand hervorzugehen, daß ein Essener namens Johannes im Krieg gegen die Römer als tatkräftiger Befehlshaber der jüdischen Rebellenstreitkräfte in Erscheinung trat.[29]

Hippolyt führt eine Anzahl Beispiele an, die veranschaulichen, wie streng die Essener den Sabbat und andere Gesetze hielten. Einige, gibt er an, weigerten sich, eine Münze anzufassen, die das Abbild eines Kaisers oder irgendeines anderen Menschen trug, da sie das bloße Betrachten eines solchen Gegenstandes als eine Form von Abgötterei im Sinne des zweiten Gebotes werteten.[30]

---

25 *haer.* IX, 14—23.
26 Vgl. den Anhang „The Essenes in Hippolytus and Josephus" von A. Black, in: *The Scrolls and Christian Origins,* S. 187 ff.
27 *haer.* IX, 16.
28 *haer.* IX, 21. Siehe S. 104.
29 Ios. *bel. Iud.* II, 567; III, 11, 19.
30 *haer.* IX, 21. Diese übertriebene Gewissenhaftigkeit war auch für die Hauptrichtung des rabbinischen Judentums kennzeichnend: Nahum aus Tiberias war zum Beispiel so heilig, daß er niemals in seinem Leben das Bild auf einer Münze betrachtete (jT *'Abodah Zarah,* 3, 1).

Hippolyts wichtigste Abweichung von Josephus' Bericht ist indessen seine Angabe, die Essener hätten sowohl an die Auferstehung des Leibes wie an die Unsterblichkeit der Seele geglaubt. Er führt aus, die Seele sei nach ihrer Auffassung unsterblich und ruhe nach der Trennung vom Leibe an einem luftigen und hellen Ort bis zum Gerichtstag aus, nachdem sie mit dem wiederauferstandenen Leibe wiedervereinigt werde.[31] Josephus berichtet indessen, die Essener hätten den Leib als das vorübergehende und vergängliche Gefängnis der unsterblichen Seele angesehen, aus dem sie beim Tode ausbreche, um sich, voll Freude über ihre Befreiung aus langer Knechtschaft, in den Himmel aufzuschwingen. Beide Autoren bezeugen den Glauben der Essener an die natürliche Unsterblichkeit der Seele, der keine für das Judentum charakteristische Lehre war, doch gab sich Josephus nicht damit zufrieden, dieses griechische Element im Glauben der Essener zu verzeichnen, sondern kam anscheinend der griechischen Denkweise noch weiter entgegen, indem er andeutete, daß die Essener nicht an eine Auferstehung des Leibes glaubten.[32]

5.

Philo zufolge wurde der Essenismus von Mose begründet.[33] Ähnlich jenen, die die Hauptmasse der jüdischen religiösen Überlieferung weitergaben, behaupteten auch die Essener zweifellos, ihre Vorschriften und Gesetzesauslegungen gingen auf Mose zurück und seien durch seine Autorität gedeckt. Und wenn Josephus uns berichtet, sie zollten nächst Gott dem Namen des Gesetzgebers höchste Verehrung, und wenn jemand diesen lästere, werde er mit dem Tode bestraft,[34] so ist damit sicherlich Mose gemeint. Man hat die Essener auch als die geistlichen Nachfahren von Gruppen wie den Rechabitern bezeichnet, die zur Zeit der hebräischen Monarchie der bodenständigen Lebensweise in Kanaan mit dem Anbau von Getreide und Wein abschworen und die Wüstentradition ihrer Vorfahren fortsetzten.[35] Die Existenz der Essener als Gemeinschaft läßt sich indessen nicht weiter als bis zur Mitte des zweiten

---

[31] *haer.* IX, 22.
[32] *bel. Iud.* II, 154 f. Da Josephus die Essener jedoch aus eigener Anschauung kannte, kann man die Möglichkeit nicht ausschließen, daß sie selber es waren, die dem griechischen Denken dieses Zugeständnis machten.
[33] *Hypothetica* 11, 1 („unser Gesetzgeber").
[34] *bel. Iud.* II, 145.
[35] M. Black, *The Scrolls and Christian Origins*, S. 15.

vorchristlichen Jahrhunderts zurückverfolgen. Josephus erwähnt sie erstmals zusammen mit den Pharisäern und Sadduzäern in seinem Bericht über die Statthalterschaft des Jonathan (160—143 v. Chr.);[36] der erste einzelne Essener, den die Geschichte kennt, heißt Judas; er lebte unter der Regierung Aristobuls I. (104—103 v. Chr.) und war wegen seiner Fähigkeit, die Zukunft vorauszusagen, berühmt: er soll u. a. Tag und Ort des Todes von Antigonus, eines Bruders des Königs, prophezeit haben.[37]

Ein anderer essenischer Prophet war Menahem; er bezeichnete eines Tages den Knaben Herodes, als dieser mit ihm zur Schule ging, als den künftigen König der Juden. Viele Jahre später, als Herodes längst König war, ließ er Menahem holen, der ihm sagte, er werde noch zwanzig oder dreißig Jahre regieren. Josephus bemerkt, Herodes habe von der Zeit an alle Essener in Ehren gehalten.[38]

Das Neue Testament berichtet möglicherweise eine Folge dieser Begebenheit. Lukas erzählt, unter den Leitern der Kirche im syrischen Antiochien um 47 n. Chr. sei ein Manahen (griechische Schreibweise von Menahem) gewesen, der früher *syntrophos* (Pflegebruder, Klassenkamerad oder Höfling) des Tetrarchen Herodes gewesen sei (Apg 13, 1). Man hat daraus gefolgert, daß Herodes der Ältere Menahem dadurch ehrte, daß er einen gleichnamigen Enkel des Propheten zusammen mit seinem eigenen Sohn Antipas, dem künftigen Tetrarchen von Galiläa und Peräa, am Hof erziehen ließ.

Ein weiterer essenischer Prophet war ein gewisser Simon. Archelaus ließ ihn kurz vor seiner Absetzung im Jahre 6 n. Chr. zusammen mit anderen kommen, damit er ihm einen Traum deute. Simon deutete ihn zutreffend auf Archelaus' bevorstehenden Sturz: fünf Tage später befahl Augustus den Archelaus zu sich nach Rom und verbannte ihn nach Gallien.[39]

Während wir bis vor kurzem alle Angaben über die Essener fast ausschließlich den Werken von Autoren entnahmen, die selber nicht Mitglieder der Sekte waren, können wir jetzt mit der Möglichkeit rechnen, daß eine große Menge essenischen Schrifttums ans Licht gekommen ist, das uns befähigt, sie auch von innen her kennenzulernen.[40]

---

36 *ant. Iud.* XIII, 171 f.
37 Ios. *bel. Iud.* I, 78 ff.; *ant. Iud.* XIII, 311 ff.
38 *ant. Iud.* XV, 373—8.
39 Ios. *bel. Iud.* II, 113; *ant. Iud.* XVII, 346 f.
40 Siehe S. 106 ff.

ACHTES KAPITEL

Die Zeloten

Die Zeloten (gr. *zēlōtai)* bezeichneten sich mit dem hebräischen Ausdruck *qanna'im* oder dem aramäischen *qan'anajja.* Der Apostel, der bei Lukas „Simon der Eiferer" heißt (Lk 6, 15; Apg 1, 13), wird von den anderen Synoptikern „Simon der Kananäer" genannt (Mk 3, 18; Mt 10, 4) — „Kananäer" ist die mit einer griechischen Endung versehene aramäische Form. Sowohl die semitischen wie die griechischen Wörter können nicht nur Eifer im gewöhnlichen Sinne bezeichnen, sondern einen religiösen Eifer für die alleinige Ehre des Gottes Israels gegen alles, was diese seine Ehre zu schmälern drohte.

Die Zeloten des ersten nachchristlichen Jahrhunderts hüteten ein altes und edles geistliches Erbe. Ihr Prototyp war Pinehas, der Enkel des Aaron, der, als die Israeliten dem Baal von Peor dienten, von Eifer für Jahwe erfüllt — einem Eifer gleich dem Jahwes selbst —, drastische Maßnahmen ergriff, um der Plage Einhalt zu gebieten (4 Mo 25, 7—13; vgl. Ps 106, 28—31). Pinehas' „Eifer" wird durch das hebräische Verb *qinne* und das damit verwandte Substantiv *qin'ah* ausgedrückt, die in der Septuaginta durch die griechischen Wörter *zēloō* und *zēlos* wiedergegeben werden.

Der Bestimmung im Mischna-Traktat *Sanhedrin* (9, 6), wonach die Zeloten *(qanna'in)* gegen Juden, die heidnische Frauen ehelichen,[1] vorgehen dürfen — vermutlich ohne vorheriges Gerichtsverfahren —, liegt zweifellos das Beispiel der gewaltsamen Beendigung einer Mischehe durch Pinehas zugrunde.

In einer ähnlichen Lage zeichnete sich auch der Prophet Elia durch besonderen Eifer für Gott aus.[2] „Geeifert habe ich für den Herrn, den Gott der Heerscharen!", erklärte er, „denn Israel hat dich verlassen"

---

[1] Wörtlich „eine Aramäerin" (hebr. *'aramit*).

[2] In der späteren jüdischen Überlieferung wird Elia mit Pinehas verglichen oder sogar gleichgesetzt (vgl. Tg JI [Ex 4, 13; 6, 18; 4 Mo 25, 12]; *Pirqe de-R. Eli'ezer* 29; Orig. Comm. in Jo 1, 21, angeführt von J. Jeremias in *TWNT* II, s. v. *El(e)ias,* S. 935 mit Anm. 38; V, s. v. *pais theou,* S. 684, Anm. 234). Neben ihrem gemeinsamen Eifer für Gott waren Pinehas und Elia durch einen „Bund des Friedens" (4 Mo 25, 12 f.; Mal 2, 5) miteinander verbunden, und Pinehas' gründliches Durchgreifen findet in Elias Befehl, die Baalspropheten auszurotten: „Keiner von ihnen soll entrinnen!" (1 Kö 18, 40) eine Parallele.

(1 Kö 19, 10); er gebrauchte dabei den hebräischen Ausdruck *qanno' qinne'ti* (LXX *zēlōn ezēlōsa). Spätere* Geschlechter erinnerten sich seines Eifers; Jesus Sirach bemerkt über sein Wirken für Israel (Sir 48, 2):

> Und er zerbrach ihnen den Stab des Brots
> und durch sein Eifern ließ er sie zu wenigen werden.

Ebenso erinnerte Mattathias, der Vater des Judas Makkabäus und seiner Brüder, seine Söhne auf dem Sterbebett daran, wie „Elias, weil er für das Gesetz eiferte, in den Himmel emporgehoben wurde" (1 Makk 2, 58).

Mattathias selber hatte sich ein oder zwei Jahre zuvor ebenfalls als Eiferer für das Gesetz erwiesen, indem er energisch gegen Abtrünnige in seiner Vaterstadt Modein vorging. Nachdem er die Einladung eines Beamten des Antiochus IV., seinen Mitbürgern bei der Darbringung eines Opfers auf einem heidnischen Altar voranzuschreiten, voll Verachtung abgelehnt hatte, „geriet er in Eifer", tötete einen Juden, der im Begriff stand, götzendienerische Opfer darzubringen, sowie den königlichen Beamten, und zerstörte den Altar. „So eiferte er für das Gesetz, wie Pinehas gegenüber Simri, dem Sohne Salus, tat. Sodann ließ Mattathias in der Stadt den lauten Ruf erschallen: Jeder, der für das Gesetz eifert und den Bund aufrechterhalten will, ziehe aus, mir nach!" (1 Makk 2, 24—27). Das griechische Verb *zēloō* erscheint in dieser Stelle dreimal, und zweifellos stand in dem uns verlorenen hebräischen Original des ersten Makkabäerbuches das Verb *qinne'*.

Es existierte mithin in Israel eine feste Tradition religiösen „Eifers", und die Eiferer für Gott konnten auf rühmliche Beispiele verweisen. Man muß sich davor hüten, anzunehmen, daß jedes Mal, wenn das Wort „Eiferer" in einem jüdischen Kontext im Neuen Testament erscheint, die Mitgliedschaft in der Zelotenpartei im strengen Wortsinn gemeint ist. Wenn Paulus zum Beispiel sagt, er habe als junger Mensch seine Altersgenossen als „ein Eiferer für die Überlieferungen meiner Väter" (Gal 1, 14) übertroffen,[3] oder wenn Jakobus der Gerechte die Gläubigen in Jerusalem „alle Eiferer für das Gesetz" (Apg 21, 20) nennt, so gebrauchen sie das Wort in seiner gewöhnlichen, nichttechnischen Bedeutung, wenn auch in einem unverkennbar religiösen Sinn.

Die ersten eindeutigen Hinweise auf Eiferer im Sinne von Mitgliedern der Zelotenpartei beziehen sich — möglicherweise — auf die Anhänger

---

[3] Mit Gal 1, 14 vergleiche man Josephus' Selbstbezeichnung als „Anhänger" *(zēlōtēs)* des Bannus (*vit.* 11) und Paulus' weitere Schilderung seiner vorchristlichen Zeit: „voll Eifer die Gemeinde verfolgend" (Phil 3, 6). Die Frage in 1 Pt 3, 13: „Und wen gibt es, der euch etwas Böses zufügen könnte, wenn ihr dem Guten nacheifert?" mag die Warnung enthalten, nicht falschen Eifer zu zeigen — zum Beispiel gegen die Behörden.

des Menahem, die sich im September 66 n. Chr. an die Spitze des Aufstandes gegen die Römer zu setzen versuchten,[4] mit Sicherheit auf die Extremisten unter den Aufständischen in Jerusalem im Winter 66—67 n. Chr.[5] und speziell auf jene „Räuber" *(lēstai)*, wie Josephus sie nennt, die Ende 67 n. Chr. den Tempel unter ihre Kontrolle brachten und Johannes von Giskhala, der kurz zuvor bei der Besetzung Galiläas durch Vespasians Truppen nach Jerusalem geflohen war, zu ihrem Anführer machten. Nachdem Josephus geschildert hat, wie diese „Räuber" einen gewöhnlichen Priester, Phanni ben Samuel, durchs Los zum Hohenpriester einsetzten, berichtet er über die Versuche zweier ehemaliger Hoherpriester, Hannas II. und Jesus, Sohn des Gamaliel, „das Volk gegen die ‚Zeloten' aufzustacheln. So nannten diese nämlich sich selbst, als ob sie edlen Zielen nachstrebten und nicht den schlimmsten Taten, worin sie sich gegenseitig noch übertrafen".[6] Unsere rabbinischen Quellen legen die Tätigkeit der *qanna'im* ebenfalls in die Zeit des Jüdischen Krieges; so geben die nachtalmudischen *Abot des R. Nathan* (eine Erweiterung des Mischna-Traktats *Pirqe Abot*) an, sie hätten, als Vespasian auf Jerusalem marschiert sei, um es zu bekriegen,[7] versucht, die heiligen Gefäße zu verbrennen — vielleicht ein Hinweis auf die von Vespasian beabsichtigte Belagerung der Stadt im Juni 68, die er auf die Nachricht von Neros Tod hin aufhob.

Josephus berichtet dann noch häufig von den Taten der Zeloten; er schreibt ihnen die schlimmsten Grausamkeiten zu, die während des Krieges verübt wurden, und bezeichnet sie als die Hauptverantwortlichen für die Katastrophen, in die der Krieg das jüdische Volk stürzte.[8] Er weiß wohl, daß der Ausdruck „Zelot" in der Hauptsache ein Ehrenname ist; er bemerkt jedoch, sie hätten sich ihn als vorgebliche Eiferer für die Tugend beigelegt, während sie in Wahrheit „ausnahmslos jede Greueltat aufs getreueste nachahmten und nicht einmal solche, die in längst vergangener Zeit geschehen waren, übergingen".[9] Seine Angaben über die Zeloten sind alles andere als objektiv. Für die Katastrophe des Jahres 70 n. Chr. durfte Josephus ja weder die Römer verantwortlich machen, waren sie doch (abgesehen von einzelnen wie dem Prokurator Florus) seine Gönner, noch sein eigenes Volk in seiner Gesamtheit. Doch den Zeloten, die

---

[4] Ios. *bel. Iud.* II, 144. Siehe S. 103; Teil II, Kap. 13/2.
[5] *bel. Iud.* II, 651.
[6] *bel. Iud.* IV, 160 f.
[7] *Abot de R. Natan* 6, 8 (siehe S. 104, Anm. 21).
[8] *bel. Iud.* VII, 268 f.
[9] *bel. Iud.* VII, 269.

bis zum bitteren Ende aushielten und die schlimmsten Vergeltungsmaßnahmen erdulden mußten, konnte er ungestraft die Schuld an den Leiden geben, die dem jüdischen Volk auferlegt wurden.

Vor 66 n. Chr. werden die Zeloten nicht namentlich erwähnt; den Aufstieg ihrer Partei führt man gewöhnlich auf die Ereignisse des Jahres 6 n. Chr. zurück. Als Judäa nach der Absetzung des Archelaus den Status einer römischen Provinz erhielt, führte P. Sulpicius Quirinius, der Legat von Syrien, zwecks Festsetzung der an den kaiserlichen Fiskus zu entrichtenden Tributzahlungen einen Zensus in der Provinz durch. In den Tagen jener Schätzung trat nach den Worten Gamaliels des Älteren, wie Lukas sie überliefert, „der Galiläer Judas auf und brachte eine Volksschar dazu, unter seiner Führung einen Aufruhr zu machen; auch er kam um, und alle, die ihm folgten, wurden zerstreut“ (Apg 5, 37). Josephus gibt einen ausführlicheren Bericht; danach pflanzte Judas (aus Galiläa oder aus Gamala in Gaulanitis)[10] zusammen mit einem Pharisäer namens Sadduk die Fahne des Aufstands auf, da sie es für unerträglich hielten, daß das Gottesvolk einem heidnischen Monarchen Tribut zahle, ja, die Erfüllung einer solchen Forderung als Hochverrat an Gott bezeichneten, der allein Israels König sei.

Josephus nennt Judas einen „Sophisten“, der eine neue Partei gegründet habe, die vierte „Philosophenschule“ der Juden[11] — die anderen drei waren die Parteien der Pharisäer, Sadduzäer und Essener. Wie wir sahen, bezeichnet Josephus diese Parteien in Analogie zu den Schulen der Griechen als Philosophenschulen.[12] Das Hauptmerkmal dieser neuen Partei war, daß sie das theokratische Prinzip bis zu einem Punkt trieb, wo die Anerkennung eines heidnischen Herrschers für ungesetzlich galt. Dieser Standpunkt liegt der Frage zugrunde, die man im April 30 n. Chr. dem im Tempel lehrenden Jesus stellte: „Ist es erlaubt, dem Kaiser Steuern zu geben, oder nicht? Sollen wir sie geben oder nicht geben?“ Im allgemeinen teilte die von Judas gegründete Partei die theologischen Anschauungen der Pharisäer, doch während sich die Pharisäer (sehr vernünftigerweise, wie sich zeigen sollte) zumeist damit begnügten, auf Gott zu harren und das Joch der Fremdherrschaft einstweilen so gut es ging zu ertragen, vertraten die Anhänger der „vierten Philosophenschule“ die Ansicht, es sei ihre Pflicht, sich aktiv für die offenbare Absicht Gottes — die Befreiung Israels vom Joch der Fremdherrschaft —

---

[10] In *bel. Iud.* II, 118, 433 wird er als Galiläer bezeichnet; in *ant. Iud.* XVIII, 4 als „Gaulaniter, aus der Stadt Gamala gebürtig“.

[11] *bel. Iud.* II, 118; *ant. Iud.* XVIII, 9, 23.

[12] Siehe S. 90.

einzusetzen und (wie Mattathias und seine Söhne in der Zeit der Seleukidenherrschaft) die Initiative zur Abschüttelung dieses Jochs zu ergreifen.

Josephus führt alle Übel, von denen die Juden Palästinas in den folgenden Jahrzehnten heimgesucht wurden, und die in der Verwüstung des Landes und der Einäscherung des Tempels gipfelten, auf Judas' und Sadduks Aufstand zurück.[13] Obwohl er es nicht ausdrücklich sagt, muß man doch folgern, daß die „vierte Philosophie" mit der Partei der Zeloten identisch ist, deren Entstehung somit in das Jahr 6 n. Chr. datiert wird.

Doch wenn die Zeloten auch erst 6 n. Chr. als Partei hervortraten, war doch der zelotische Geist weitaus älter. Die Ausdrücke „Zeloten" und „Räuber" *(lēstai)* sind für Josephus praktisch austauschbar. Und er weiß sehr viel über die Tätigkeit solcher „Räuber" lange vor der Schätzung des Quirinius zu berichten. So erfahren wir, daß im Jahre 47 v. Chr. der junge, unlängst zum Militärpräfekten von Galiläa ernannte Herodes der Tätigkeit des Bandenführers *(archilēstēs)* Ezechias ein jähes Ende bereitete, ihn gefangennahm und ohne Gerichtsverfahren hinrichten ließ.[14] Daß Ezechias kein gewöhnlicher Räuberhauptmann, sondern ein vaterlandsliebender Widerstandsführer war, wird aus dem Zorn ersichtlich, mit dem der Jerusalemer Hohe Rat die Nachricht von seiner Hinrichtung empfing, während die Römer mit Herodes durchaus zufrieden waren.[15] Als Herodes dreiundvierzig Jahre später starb, scharte ein Sohn dieses Ezechias mit Namen Judas eine Anzahl Anhänger um sich und überfiel das königliche Zeughaus in Sepphoris (Galiläa), um seine Bande zum Kriegsdienst auszurüsten. Dieser und andere Aufstände nahmen ein derartiges Ausmaß an, daß Quintilius Varus, der Legat von Syrien, sich zum Einschreiten genötigt sah: Sepphoris wurde niedergebrannt, seine Einwohner in die Sklaverei verkauft und der Aufstand mit Feuer und Schwert niedergeschlagen.[16]

Ob man alle Wirren, die nach dem Tode des Herodes ausbrachen, als zelotische Aufstände bezeichnen kann, ist ungewiß; es ist denkbar, daß einige von ihnen von überlebenden Nachkommen der Hasmonäer ins Werk gesetzt wurden, doch ist diese Vermutung nicht hinreichend beleg-

---

[13] *ant. Iud.* XVIII, 8.
[14] *bel. Iud.* I, 204; *ant. Iud.* XIV, 159. Das Wort *archilēstēs* (statt des einfachen *lēstēs*) wird Joh 18, 40 bei einzelnen Textzeugen auf Barabbas angewandt. Siehe S.210, Anm. 28.
[15] *bel. Iud.* I, 205 ff.; *ant. Iud.* 160 ff.
[16] *bel. Iud.* II, 56; *ant. Iud.* XVII, 271 f.

bar. Es ist jedoch durchaus wahrscheinlich, daß die galiläische Erhebung im Jahre 4 v. Chr. unter Judas, dem Sohn des Ezechias, ein zelotischer Aufstand im strengen Wortsinn war.[17]

Es steht nicht sicher fest, daß dieser Judas derselbe ist, der im Jahre 6 n. Chr. die Erhebung in Judäa anführte. (Dieser Aufstand brach in Judäa und nicht in Galiläa aus, weil Galiläa als Teil der Tetrarchie des Antipas nicht zu der neu begründeten römischen Provinz gehörte und deshalb nicht in den Tributstreit verwickelt war.) Vieles spricht jedenfalls dafür, daß es sich in beiden Fällen um denselben Judas handelte. Wenn das stimmt, kann man die interessante Feststellung machen, daß das Erblichkeitsprinzip bei der Führung der Aufständischen stets in Geltung blieb: zwei Söhne Judas' des Galiläers, Jakobus und Simon, wurden etwa 46 n. Chr. von dem Prokurator Tiberius Julius Alexander gefangengenommen und gekreuzigt;[18] zwanzig Jahre später spielte ein weiterer Sohn (oder Enkel?) namens Menahem bei der Erhebung des Jahres 66 n. Chr. kurze Zeit eine führende Rolle, und ein Verwandter von ihm, Eleasar Jairi, hielt 73 n. Chr. in Masada mit seinen Anhängern bis zum bitteren Ende aus.[19]

Josephus bezeichnet viele der Aufständischen gegen die Römer als Räuber; es ist indessen durchaus denkbar, daß die Benennung bei den Aufrührern selber und bei denen, die mit ihnen sympathisierten, einen ehrenvollen Klang hatte — wie die Bezeichnung *kleptai* (wörtlich „Diebe"), die die Griechen erhielten, die in den Jahrhunderten der Türkenherrschaft Widerstand leisteten. Wenn Barabbas und die beiden Männer, die zusammen mit Jesus gekreuzigt wurden, in den Evangelien *lēstai* genannt werden (Joh 18, 40; Mk 15, 27), dann sind darunter nicht gewöhnliche Räuber, sondern Widerstandskämpfer gegen die Besatzungsmacht zu verstehen; im Falle des Barabbas wird dies sogar ausdrücklich festgestellt, wenn Markus angibt, daß er „in Fesseln mit den Aufrührern lag, die in dem Aufruhr einen Mord begangen hatten" (Mk 15, 7), und es erklärt seine Beliebtheit bei der Jerusalemer Menge, die seine Freilassung forderte. Zwanzig Jahre später werden für einen Aufruhr während der Prokuratorzeit des Cumanus gleichfalls *lēstai* verantwortlich gemacht.[20]

---

[17] Vgl. W. R. Farmer, „Judas, Simon and Athronges", *NTS* 4 (1957—8), S. 147 ff.

[18] *ant. Iud.* XX, 102.

[19] *bel. Iud.* II, 447; VII, 253, 275, 297, 320 ff. Siehe Teil II, Kap. 13/2.

[20] *bel. Iud.* II, 228 ff.; *ant. Iud.* XX, 113, 121. Gr. *lēstēs* erscheint im Hebräischen und Aramäischen als Lehnwort *(lista)*, bisweilen im Sinne von „Zelot";

Ein anderer Ausdruck, mit dem Josephus solche Leute bezeichnet, ist *sikarioi,* eine griechische Form des lateinischen Wortes *sicarii* (= „mit einem Dolch Bewaffnete". Im Hebräischen und Aramäischen erscheint dasselbe Wort ebenfalls als Lehnwort in dem Plural *siqarin.*)[21] Dieser Ausdruck wird in einem engeren und einem mehr allgemeinen Sinn gebraucht. Im engeren Sinn bezieht er sich auf die Anführer einer neuen Terrorwelle, die durch die energischen und vorübergehend erfolgreichen Maßnahmen des Prokurators Felix gegen einen „Räuber"-Aufstand unter Führung eines gewissen Eleasar zu Beginn von Neros Regierungszeit (etwa 54 n. Chr.) ausgelöst wurde. Eleasar und seine Hauptstellvertreter wurden zwecks Bestrafung nach Rom gebracht; die Masse seiner Anhänger geriet zum großen Teil in Gefangenschaft und wurde ans Kreuz geschlagen. Da eine offene Empörung gegen die Provinzialverwaltung bis auf weiteres ausgeschlossen war, gingen die Extremisten in der Widerstandspartei dazu über, sich an den Festtagen und bei ähnlichen Gelegenheiten in Jerusalem unter das Volk zu mischen und Leute, die ihr Mißfallen erregt hatten, unbemerkt mit Dolchen *(sicae),* die sie unter ihren Kleidern versteckt trugen, zu erstechen, um anschließend sogleich wieder in der Menge unterzutauchen. Solche Anschläge wurden in erster Linie auf jüdische Führer verübt, die im Verdacht standen, mit den Römern gemeinsame Sache zu machen oder zumindest der vaterländischen Sache nicht genügend Sympathien entgegenzubringen; eines der ersten Opfer der *sicarii* war ein ehemaliger Hoherpriester, Jonathan, Sohn des Hannas.[22]

Im weiteren Sinn sind *sicarii* ganz allgemein Aufständische. Diesen Sinn hat das Wort wahrscheinlich in Apg 21, 38, wo der für die Burg Antonia in Jerusalem verantwortliche Militärtribun Paulus fälschlich für den „Ägypter [hält], der vor diesen Tagen die viertausend Mann aus den Dolchmännern *(sicarii)* aufgewiegelt und in die Wüste hinausgeführt hat." In einem noch weiteren Sinne verwendet Josephus es für die gesamte zelotische Bewegung, von den Aufständischen zur Zeit des Quirinius[23] bis zu den heroischen Verteidigern der Festung Masada und

---

vgl. bT *Sanhedrin* 106 b, wo Pinehas, der Enkel des Aaron, weil er den falschen Propheten Balaam tötete, als *lista* bezeichnet wird.

[21] In der jüngeren Rezension der *Abot des R. Natan* werden die oben auf S. 100 erwähnten *qanna'in siqarin* genannt; in bT *Gittin* 56 a wird ihr Anführer als *'Abba Siqera,* „Haupt der Jerusalemer *birjonim*", bezeichnet (siehe S. 190 mit Anm. 21).

[22] *bel. Iud.* II, 256; *ant. Iud.* XX, 164 (siehe Teil II, Kap. 11/3 für das Gerücht, seine Ermordung sei durch Felix angestiftet worden).

[23] *bel.Iud.* VII, 253 f.

den Überlebenden der Kämpfe in Judäa, die nach 70 n. Chr. nach Ägypten flohen und dort zum letzten Mal Widerstand leisteten.[24] Mag sein, daß Josephus die Zeloten lieber als *sicarii* bezeichnete, weil dieser Ausdruck nicht so ehrenvoll klang wie „Zelot" — und wahrscheinlich sogar *lēstēs* —, doch als er schildert, wie keiner der *sicarii*, ob jung oder alt, trotz Martern aller Arten gezwungen werden konnte, Caesar als Oberherrn anzuerkennen, dürfte selbst er ihnen eine gewisse Hochachtung nicht versagt haben.[25] Wer die frühen Christen bewundert, weil sie bei der gleichen Weigerung beharrten, kann nicht umhin zuzugeben, daß diese vaterlandsliebenden Juden große Standhaftigkeit bewahrten, indem sie es ablehnten, ein Bekenntnis abzulegen, das in ihren Augen Verrat an dem Gott ihrer Väter bedeutet hätte.

Die Ausgrabungen, die von 1963 bis 1965 in Masada durchgeführt wurden, wo die Zeloten im Jahre 73 n. Chr. bis zum Ende gegen die Römer aushielten, haben uns ein stummes, doch eindrucksvolles Bild von ihrer Tapferkeit und Hingabe vermittelt. Entgegen dem Bericht des Josephus waren die Verteidiger von Masada alles andere als gottlose Bösewichter, sondern vielmehr gesetzesstrenge Juden. Inmitten der Üppigkeit des Herodespalastes richteten sie ihre Andachtsstätten ein. Zwei der von den Zeloten ausgestalteten Räume dienten wahrscheinlich als Synagoge und Schule, während zweifelsfrei feststeht, daß sie zwei ebenfalls freigelegte Räume, die von rabbinischen Fachleuten für koscher erklärt worden sind,[26] für ihre rituellen Waschungen benutzten.

Man versteht Josephus' Feindseligkeit gegen die Zeloten nicht, wenn man nicht berücksichtigt, daß sie keineswegs bloß eine jüdisch-nationalistische Bewegung bildeten. Sie waren sicherlich extrem römerfeindlich eingestellt, bekämpften jedoch die jüdische Führungsschicht — die Hierarchie und die begüterten Aristokraten — fast ebenso heftig. Das einfache Volk bewunderte sie, weil jedermann wußte, daß sie sich für es einsetzten. Der Krieg 66—73 n. Chr., wie Josephus ihn beschreibt, war nicht nur ein Unabhängigkeitskrieg gegen Rom, sondern auch ein Klassenkampf innerhalb Israels. Josephus' Haß gegen die Zeloten war um so stärker, als er ihre Politik und Wirksamkeit als tödliche Bedrohung all der Privilegien empfand, die ihm und seinen adligen Standesgenossen lieb und teuer waren.

---

[24] *bel.Iud.* VII, 409 ff.
[25] *bel. Iud.* VII, 418 f.
[26] Vgl. Y. Yadin, *Masada: Herod's Fortress and the Zealots' Last Stand*, London 1966, S. 164 ff.

NEUNTES KAPITEL

Die Qumran-Gemeinschaft

1.

In den *chasidim* des zweiten vorchristlichen Jahrhunderts hat auch die Qumran-Gemeinde ihren Ursprung, eine Gemeinschaft frommer Juden, von deren Existenz die Welt plötzlich 1947 und in den darauffolgenden Jahren durch Handschriftenfunde und archäologische Ausgrabungen in dem nordwestlich des Toten Meeres gelegenen Wadi Qumran und seiner näheren Umgebung Kenntnis erhielt.

Die Vorfahren der Qumran-Gemeinde sind vermutlich unter jenen *chasidim* zu suchen, die im Danielbuch als die *maskilim* erwähnt werden, was entweder mit „die Weisen" oder (wahrscheinlicher) „diejenigen, die Weisheit vermitteln" zu übersetzen ist. Es waren Leute, die danach strebten, die Absichten Gottes, wie sie sie in den Schriften der Propheten aufgezeichnet fanden,[1] zu erkunden und anderen die von ihnen gewonnenen Einsichten mitzuteilen. Die Verfolgungen unter Antiochus Epiphanes trafen sie mit besonderer Härte. Über die Rolle, die sie in jener schweren Zeit spielten, heißt es in Dan 11, 33 ff.: „Die *maskilim* im Volke werden viele zur Einsicht bringen; doch eine Zeitlang werden sie Unglück haben durch Schwert und durch Feuer, durch Wegführung und durch Beraubung. Und während sie Unglück haben, wird ihnen eine kleine Hilfe zuteil, und viele werden sich heuchlerisch ihnen anschließen. Von den Weisen werden manche fallen, damit eine Läuterung unter ihnen gewirkt werde, eine Sichtung und Reinigung bis zur Endzeit." Mit der „kleinen Hilfe", die ihnen zuteil wurde, ist wahrscheinlich die Tätigkeit des Judas Makkabäus und seiner Brüder gemeint: die zitierten Worte sind aus der Sicht der Anfangszeit des Hasmonäeraufstandes geschrieben, als noch niemand voraussehen konnte, daß Judas und seine Anhänger imstande sein würden, der Nation die religiöse Freiheit zurückzugeben. Mit jenen, die sich den *maskilim* „heuchlerisch" anschlossen, sind offenbar alle die gemeint, die unter der Verfolgung schwach wurden oder auf die eine oder andere Art und Weise Kompromisse schlossen. Die Abspal-

---

[1] Wie der im Jeremiabuch forschende Daniel (Dan 9, 2). Das Wort *maskil* im Sinne von „Lehrer" taucht wiederholt in den Qumran-Texten auf. Siehe auch S. 134.

tung dieser würdelosen Mitglieder der Sekte bewirkte, daß diejenigen, die ihr die Treue hielten, sich nach ihrem Weggang um so reiner und stärker fühlten.[2]

Die *maskilim* rechneten mit einer Intensivierung der Verfolgung bis zu einem Punkt, wo ihr Überleben unmöglich scheinen würde: dann würde der Erzengel Michael als Fürsprecher des Gottesvolkes eingreifen. Auf dem Gipfel seiner Macht würde der Verfolger stürzen. Das Auferstehungszeitalter würde folgen, in dem die *maskilim* leuchten würden „wie der Glanz der Himmelsfeste und, die viele zur Gerechtigkeit geführt, wie die Sterne immer und ewig" (Dan 12, 3). In der Bezeichnung der *maskilim* als „die viele zur Gerechtigkeit geführt" klingt nach, was in Jes 53, 11 vom Gottesknecht gesagt wird (wo er „vielen Gerechtigkeit schaffen wird"); es mag in der Tat sein, daß ihr Einblick in die Absichten Gottes sie lehrte, sie seien ausersehen, vereint den dem leidenden Knecht vorgezeichneten Weg zu gehen.[3]

Auf jeden Fall kam die von den *maskilim* erhoffte Erfüllung nicht so schnell, wie sie erwarteten. Statt dessen siegten die Hasmonäer. Die *maskilim* konnten den Erfolg der Hasmonäer eigentlich nicht beklagen, brachte er doch auch ihnen Vorteile; sie hatten wieder die Möglichkeit, Gottes Gesetz zu halten und ihren herkömmlichen Lebenswandel zu führen und brauchten nicht mehr ständig zu fürchten, entdeckt, gefoltert und getötet zu werden. Die ehrgeizigen Bestrebungen der Hasmonäer wurden jedoch auf eine Weise offenbar, die den *maskilim* Grund zu ernster Sorge gab, und als Jonathan, der Bruder und Nachfolger des Judas Makkabäus, im Jahre 152 v. Chr. aus der Hand des Alexander Balas das Amt des Hohenpriesters empfing, schien ihnen das Maß voll.

Die Empörung über diese Amtsanmaßung war bei diesen *maskilim* noch größer als bei den Pharisäern. Nach ihrer Auffassung war das Amt des Hohenpriesters nämlich ausschließlich der Familie Zadoks vorbehalten. Zadok war der Oberpriester in der Zeit König Salomos gewesen, als der erste Tempel geweiht wurde (etwa 960 v. Chr.), und das heilige Amt vererbte sich in seiner Familie — abgesehen von dem siebzigjährigen Interregnum zwischen der Zerstörung Jerusalems und der Weihe des zweiten Tempels (516 v. Chr.) — vom Vater auf den Sohn, bis

---

[2] Vgl. die vielen, „die nach Gerechtigkeit und Recht trachteten" und sich lieber in der Wüste abschlachten ließen, als am Sabbat Widerstand zu leisten (1 Makk 2, 29—38).

[3] Die Märtyrer des zweiten und vierten Makkabäerbuches geben ihr Leben als Sühnopfer für ihre Landsleute hin (2 Makk 7, 37 f.; 4 Makk 6, 27 ff.; 17, 22; 18, 4). Siehe S. 117 f., 134.

Antiochus IV. im Jahre 174 v. Chr. Onias III., den letzten rechtmäßigen zadokidischen Hohenpriester, absetzte und drei Jahre später dessen Bruder Jason, der seine Stelle eingenommen hatte, ebenfalls seines Amtes enthob. Sie fanden es sehr merkwürdig, daß ein Hasmonäer das heilige Amt aus der Hand des angeblichen Sohnes jenes Königs annahm, der der rechtmäßigen Zadokidenherrschaft ein gewaltsames Ende bereitet hatte!

Diese neue Ordnung führte keineswegs die ewige Gerechtigkeit herauf, wie es die *maskilim* so glühend gehofft hatten. Sie wußten genau, welche Rolle sie in der Zeit der Entscheidung, die sie sich im Geiste vorstellten, spielen würden, doch was sollten sie in dieser neuen und gänzlich unerwarteten Lage tun? Sie vermochten sich nicht damit abzufinden und mußten dagegen protestieren — aber wie?

Mag sein, daß dies der Augenblick ist, den die zadokidische *Mahnrede* meint, ein Teil eines Werkes aus Qumran, der ein halbes Jahrhundert vor der Entdeckung der Qumran-Texte in zwei bruchstückhaften frühmittelalterlichen Handschriften ans Licht kam.[4] In einer Zeit des Abfalls, heißt es dort,

> hat Gott, weil er des Bundes mit den Vorfahren gedachte, einen Rest übriggelassen in Israel und sie nicht der Vernichtung preisgegeben. Und in der Zeit des Zornes, dreihundertundneunzig Jahre[5], nachdem er sie in die Hand Nebukadnezars, des Königs von Babel, gegeben hatte, hat er sie heimgesucht. Und er ließ aus Israel und aus Aaron eine Wurzel der Pflanzung sprießen, damit sie in Besitz nehme sein Land und fett würde durch die Güte seines Bodens. Und sie sahen ihr Unrecht ein und erkannten, daß sie schuldige Männer waren. Und sie waren wie Blinde und solche, die nach dem Weg tasten, zwanzig Jahre lang. Und Gott achtete auf ihre Werke, denn mit vollkommenem Herzen hatten sie ihn gesucht, und erweckte ihnen den Lehrer der Gerechtigkeit, um sie auf den Weg seines Herzens zu führen. Und er machte kund den späteren Geschlechtern, was er am letzten Geschlecht, der Gemeinde der Abtrünnigen, tun wird.[6]

Dieser Lehrer der Gerechtigkeit,[7] dieser rechtmäßige und verläßliche Ratgeber, war offensichtlich ein Mann von außergewöhnlichen Qualitäten, sowohl ein Organisator und eine Führerpersönlichkeit wie ein unabhängiger Denker und Deuter der Prophetenschriften. Unter seiner

---

[4] In der Geniza der sogenannten Esra-Synagoge von Alt-Kairo. Sehr viel frühere Bruchstücke desselben Werkes wurden unter den Qumran-Handschriften gefunden.

[5] Eine wahrscheinlich aus Hes 4, 5 entnommene Zahl, die hier indessen eine neue Deutung erfährt.

[6] *CD* I, 4—12. (Übersetzung E. Lohse.)

[7] Hebr. *moreh sedeq*, ein vielleicht aus Hos 10, 12 (vgl. Luther: „bis er kommt und Gerechtigkeit über euch regnen läßt") oder Joe 2, 23 übernommener Ausdruck.

Leitung zogen viele *maskilim* in die Wüste von Judäa hinaus, um dort als festgefügte, in einem neuen Bund zusammengeschlossene Gemeinschaft von „zur Heiligkeit Willigen" zu leben und sich dem Studium und der Beobachtung des göttlichen Gesetzes zu widmen. Auf diese Weise, glaubten sie, würden sie ein für den Herrn vorbereitetes Volk sein und ihm als sein auserwähltes und geeignetes Werkzeug zu Gebote stehen, wenn sich die Zeit nahe, da er entscheidend in den Weltenlauf eingreifen werde. Ihren Rückzug in die Wüste rechtfertigten sie mit der bekannten Bibelstelle Jes 40, 3:

> In der Wüste bahnet den Weg des Herrn;
> machet in der Steppe eine gerade Straße unserm Gott![8]

In den Städten und Dörfern von Judäa sympathisierten viele mit ihnen, die sich zu der ganzen Strenge eines Gemeinschaftslebens in der Wüste nicht berufen fühlten. Während die Qumran-Siedlung sicherlich jeweils nur einige hundert Bewohner umfaßte, betrug die Zahl ihrer Anhänger und Sympathisanten in verschiedenen Teilen des Landes sicher das Zehnfache. Diejenigen, die in die Wüste hinauszogen, durchliefen zuerst eine strenge Probezeit, nach deren Abschluß sie sich ihr ganzes Leben lang einer eisernen Disziplin unterwarfen, deren Einzelheiten in der *Gemeinderegel* bewahrt sind.

In dem verfallenen Gebäudekomplex, der den Namen Chirbet Qumran trägt, hat sich bis auf den heutigen Tag das Gemeindezentrum erhalten; die sorgfältigen archäologischen Forschungen, die dort durchgeführt wurden,[9] haben ergeben, daß er über zwei Jahrhunderte lang der Hauptsitz der Gemeinde war. Die erste Niederlassung der Gemeinde in Chirbet Qumran (wahrscheinlich während der Statthalterzeit des Jonathan) hatte nur bescheidene Ausmaße; zwanzig oder dreißig Jahre später, vermutlich als ihre Zahl wuchs und ihre Lebensform wie ihre Zukunftspläne sich deutlicher abzeichneten, wurde ein etwas soliderer Bau errichtet. Diese erste Phase währte bis etwa zum Beginn von Herodes' Regierungszeit (37 v. Chr.); danach blieb das Gelände anscheinend dreißig Jahre lang unbenutzt, und während dieser Zeit wurde das Gebäude durch ein Erdbeben — aller Wahrscheinlichkeit nach das des Jahres 31 v. Chr. — schwer beschädigt. Als die Anlage um 4 v. Chr. wieder in Benutzung genommen wurde, mußten daher erst umfangreiche Wiederaufbauarbeiten durchgeführt werden. Diese zweite Phase währte bis zum Krieg 66—73 n. Chr.

---

[8] Zitiert in 1 QS VIII, 14.

[9] Für die maßgeblichste Darstellung dieser Forschungsarbeiten siehe R. de Vaux, *L'Archéologie et les Manuscrits de la Mer Morte*, London 1961, S. 1 ff.

2.

Die *Gemeinderegel* erwähnt eine Gruppe von fünfzehn Männern — drei Priestern und zwölf Laien —, die „im Rat der Gemeinschaft“[10] sein sollten; nach seiner Gründung sei dieser Rat fest gegründet und in der Lage, die Absichten Gottes auszuführen. Vielleicht stellte die Gruppe einen obersten geheimen Rat zur Leitung des Lebens und der Arbeit der Gemeinde dar,[11] doch bildeten diese fünfzehn Männer vermutlich in erster Linie den Kern, mit dem der Lehrer der Gerechtigkeit den Anfang machte, als er die Organisation der Gemeinschaft in Angriff nahm.[12]

Die Qumran-Gemeinde war hierarchisch organisiert: es gab Priester (sie heißen „Aaronsöhne“ oder „Zadoksöhne“), Leviten, Älteste und einfache Mitglieder. Bestimmte wichtige Angelegenheiten wurden durchs Los entschieden, das unter der Aufsicht der Aaronsöhne geworfen wurde. Auf diese Weise bewahrte man die aus früheren Zeiten überkommene Tradition, in der die Priester den Willen Gottes durch das heilige Los, die Urim und Thummim, festgestellt hatten.

Von Zeit zu Zeit wurde eine Generalversammlung der Gemeinde anberaumt, die Sitzung der „Vielen“ *(ha-rabbim)*. Für das Einnehmen der Plätze galten besondere Vortrittsregeln: zuerst die Priester, dann die Ältesten und dann alle übrigen, jeder entsprechend seiner Stellung, und die Tagesordnung wurde strikt eingehalten. Wer das Wort ergreifen wollte, mußte aufstehen und sagen: „Ich möchte ein Wort an die Vielen richten.“ Erteilten ihm die Führer die Erlaubnis, so durfte er sprechen. Solange er redete, durfte ihn niemand unterbrechen.[13] Ungehöriges Betragen, wie zum Beispiel törichtes Reden, lautes Lachen, Schlafen während der Sitzung oder zu häufiges Verlassen des Raumes ohne hinreichenden Grund, wurde entsprechend bestraft. Die Bestrafung erfolgte gewöhnlich in der Form, daß der Betreffende für eine bestimmte Zeit von der „Reinheit der Vielen“, das heißt von den Reinigungszeremonien und dem

---

[10] 1 QS VIII, 1.

[11] Vgl. z. B. M. Burrows, *The Dead Sea Scrolls,* New York 1955, S. 232; P. Wernberg-Møller, *The Manual of Discipline,* Leiden 1957, S. 122 f.; K. Schubert, *The Dead Sea Community,* London 1959, S. 47; A. Dupont-Sommer, *The Essene Writings from Qumran,* Oxford 1961, S. 90.

[12] Vgl. E. F. Sutcliffe, *The Monks of Qumran,* London 1960, S. XI, 152 f.; A. R. C. Leaney, *The Rule of Qumran and its Meaning,* London 1966, S. 210 ff.

[13] 1 QS VI, 8—13.

Gemeinschaftsmahl, ausgeschlossen wurde, oder daß man ihm die Rationen kürzte.[14]

Jedem der Lager, in die die Gemeinschaft eingeteilt war, stand ein Inspektor *(mebaqqer)* vor[15] und allen Lagern ein Hauptinspektor *(paqid)*, der über die Einhaltung der Ordensregeln wachte.[16]

Dem Hauptinspektor oblag u. a. die Prüfung von Bewerbern, die in die Gemeinschaft aufgenommen zu werden wünschten; er mußte feststellen, ob ihre Beweggründe lauter waren, ob sie ein reines Leben geführt hatten und ob sie sich über die Bedeutung ihres Antrags im klaren waren. Wer dieses erste Examen bestand, mußte dann vor die Generalversammlung der „Vielen" treten, die über seine Aufnahme oder Ablehnung entschied. Angenommene Bewerber mußten, ehe sie vollberechtigte Mitglieder wurden, erst zwei Initiationsstufen durchlaufen, die jeweils ein Jahr währten. Während des ersten Jahres behielten sie ihre private Habe, während des zweiten Jahres wurde diese beim Schatzmeister der Gemeinde hinterlegt, aber erst wenn die Bewerber am Beginn des dritten Jahres die volle Mitgliedschaft erwarben, ging ihr Besitz in den gemeinschaftlichen Fonds ein.[17] Ein Mitglied, das „falsche Angaben machte bezüglich des Besitzes, wider sein Wissen",[18] wurde hart bestraft — allerdings nicht so hart wie Ananias und Saphira, die sich in der Frühzeit der Jerusalemer Kirche dieses Vergehens schuldig machten.[19] In Qumran bestand die Strafe im Ausschluß von der „Reinheit der Vielen" (vielleicht von der Teilnahme an ihren feierlichen Gemeinschaftsakten) für die Dauer eines Jahres und in der Kürzung der Rationen um ein Viertel. Für schwerere Vergehen war der vollständige Ausschluß aus der Gemeinde vorgeschrieben. Auch nach einem vollständigen Ausschluß konnte ein bußfertiges Mitglied unter der Bedingung wieder aufgenommen werden, daß es sich, bevor man seine Wiederzulassung in Erwägung zog, zunächst zwei Jahre lang einer strengen Disziplin unterwarf. Wer indessen nach zehnjähriger Mitgliedschaft im Gemeinderat ausgeschlossen wurde, konnte nicht wiederaufgenommen werden.[20]

Wer in den Bund von Qumran aufgenommen wurde, mußte feierlich geloben, mit ganzem Herzen zum mosaischen Gesetz zurückzukehren

---

[14] 1 QS VI, 24—VII, 15.
[15] 1 QS VI, 12; CD IX, 18 usw.
[16] 1 QS VI, 14.
[17] 1 QS VI, 13—23.
[18] 1 QS VI, 24 f.
[19] Apg 5, 1—11.
[20] 1 QS VI, 27—VII, 2; VII, 19—25; VIII, 20—IX, 2.

und jeglichen Umgang mit Gottlosen zu meiden. Während er dies tat, sprachen die Priester eine erweiterte Form der deuteronomischen Preisungen jener, die sich entschlossen, auf Gottes Wegen zu wandeln, und die Leviten die entsprechenden Verdammungen jener, die sich wider ihn empörten.[21]

Der gemeinsame Besitz der Gemeinde wurde vom Schatzmeister gemäß den Anweisungen des Rats verwaltet.[22] Dieser Fonds vermehrte sich anscheinend durch Löhne oder andere von Gemeindegliedern nach ihrer Aufnahme bezogene Einkünfte. Sie scheuten offensichtlich keinerlei Arbeit und waren bereit, niedrige Dienste für die Gottlosen zu verrichten, wobei sie ihnen äußerlich Demut bezeigten, im Innern aber ganz andere Empfindungen für sie hegten. Ungeachtet all ihrer Selbstverleugnung müssen die Qumran-Leute doch über einige Existenzmittel verfügt haben. In der Umgebung von Qumran selbst gab es verschiedene Arbeitsmöglichkeiten — mit der benachbarten Oase *Ain Feshkha* und den Erzeugnissen des Toten Meeres verbundene Tätigkeiten sowie Arbeiten, die am Hauptsitz der Gemeinde verrichtet werden konnten. Sie konnten sicherlich als Landwirte, Hirten, Bienenzüchter, Töpfer usw. Beschäftigung finden oder sich ihren Lebensunterhalt durch den Verkauf verschiedener Produkte und Fertigwaren verdienen. Auch ist nicht anzunehmen, daß sich alle Mitglieder ständig in Qumran aufhielten. Viele arbeiteten gewiß in den dichter besiedelten Teilen von Judäa und trugen dadurch zur Unterhaltung des Gemeindelebens bei, daß sie den größten Teil ihrer Einkünfte der Sekte zukommen ließen. Vielleicht empfingen die Qumran-Leute auch Mittel von „nicht vollberechtigten Mitgliedern" oder Sympathisanten, die ein weltliches Leben führten.

Welche Rolle Ehe und Familienleben in der Qumran-Gemeinde spielten, läßt sich nicht mit Sicherheit feststellen. Auf der einen Seite enthält die *Damaskusschrift* ihre eigene strenge Auslegung des jüdischen Eherechts und erwähnt Anhänger des neuen Bundes, die „in Lagern wohnen entsprechend der Ordnung des Landes und Frauen nehmen und Kinder zeugen"[23], und die *Gemeinderegel* sieht erwartungsvoll der Zeit entgegen, da das Leben der gesamten Gemeinde Israels wohlgeordnet sein wird und die Frauen und Kinder wie die Männer zusammenkommen, um der Erklärung des Bundesgesetzes zu lauschen.[24] Ferner ist da die Tatsache, daß man an den Rändern der Begräbnisplätze von Qumran

---

[21] 1 QS I, 16—II, 18; V, 7—11.
[22] 1 QS VI, 19—23.
[23] *CD* VII, 6 ff.; siehe S. 125.
[24] 1 QSa I, 4 ff.

eine Anzahl Frauen- und Kindergräber gefunden hat.[25] Auf der anderen Seite muß man sich fragen, wie diejenigen, die das harte Leben eines Mitglieds der Qumran-Gemeinde zu führen bereit waren, die üblichen Pflichten eines Ehemanns und Familienvaters erfüllen konnten. In unseren Urkunden wird nicht ausdrücklich festgestellt, daß die Aufnahme als vollberechtigtes Mitglied Ehelosigkeit voraussetzte, und man muß sich hüten, der Qumran-Gemeinde Züge zuzuschreiben, die für das christliche Kloster- und Mönchsleben charakteristisch sind. Es ist indessen denkbar, daß diejenigen Anhänger der Gemeinde, die „entsprechend der Ordnung des Landes" in den Städten und Dörfern von Judäa lebten, auf die übliche Art und Weise heirateten und Familien gründeten (und sich dabei an die strenge Auslegung des Ehegesetzes hielten, wie sie die Qumran-Gemeinde vertrat), während alle die, die als vollberechtigte Gemeindeglieder in der Wüste lebten, sich diese Annehmlichkeiten und Verantwortlichkeiten versagten, da sie sie als für Angehörige der *militia dei* hinderlich ansahen. In diesem Fall könnte man sie zu jenen zählen, die nach den Worten Jesu auf Ehe und Familienleben verzichten, „sich selbst verschnitten ... um des Reiches der Himmel willen" (Mt 19, 12).[26]

3.

Die Qumran-Gemeinde legte der rituellen Reinigung in Wasser große Bedeutung bei; in der Tat waren die besonderen Waschungen, die das levitische Gesetz für die Priester vorschreibt, in Qumran anscheinend für alle Gemeindeglieder Vorschrift. Dies wird aus der *Gemeinderegel* deutlich, wenn auch nicht anzunehmen ist, daß dies der Zweck der reichlichen Versorgung mit Wasser und des kunstvollen Zisternensystems in Chirbet Qumran war. Diese Reinigungen waren kein bloßer Initiationsritus, sondern wurden offensichtlich oft durchgeführt. Immer wieder wird indessen betont, daß rituelle Waschungen allein nichts bewirkten, wenn das Herz des Betreffenden nicht Gott zugeschworen sei. Die Waschung des Leibes werde nur angenommen, wenn sie das äußere Kennzeichen einer gereinigten und demütigen Seele sei.[27]

---

[25] R. de Vaux, *L'Archéologie et les Manuscrits de la Mer Morte*, S. 38.
[26] Siehe S. 92, Anm. 15. Auf der anderen Seite ist es bedeutsam, daß die Gemeinschaften der Therapeutai Frauen wie Männer aufnahmen (Phil. *contempl.* 68 f.).
[27] 1 QS III, 1—12.

Die Gemeinde hielt regelmäßig Gemeinschaftsmahle, gemeinschaftliche Gottesdienste und Beratungen ab. Nicht immer kamen dazu jedoch sämtliche Gemeindeglieder zusammen, sondern sie konnten schon durchgeführt werden, wenn zehn Mitglieder versammelt waren, vorausgesetzt, daß einer von ihnen ein Priester war. Es war zum Beispiel erforderlich, daß vor einem Gemeinschaftsmahl (ob als Gruppe von zehn Mitgliedern oder in größerer Anzahl) der Priester vor dem Genuß von Brot oder Wein das Tischgebet sprach. Und wenn solch eine Gruppe von zehn Gemeindegliedern zusammenkam, mußte sie dafür Sorge tragen, daß immer einer von ihnen im heiligen Gesetz forschte und es auslegte. Anscheinend lösten sie einander dabei ab, so daß Studium und Auslegung ständig betrieben wurden. Die Nacht war in drei Nachtwachen eingeteilt, und während jeder Wache blieb ein Drittel der Gemeindeglieder auf, um den Lesungen und Erklärungen zu lauschen und die vorgeschriebenen Lobsprüche zu sagen.[28]

Neben den gewöhnlichen Gemeinschaftsmahlen gab es vermutlich besondere heilige Mahle, an denen nur vollberechtigte Gemeindeglieder teilnahmen. Die *Gemeinschaftsregel* beschreibt ein Mahl im künftigen Zeitalter, an dem das priesterliche Oberhaupt der Theokratie und der Messias Israels teilnehmen würden,[29] und so galten die heiligen Mahle in Qumran vielleicht irgendwie als Vorwegnahme dieses künftigen Mahls. Da die Qumran-Gemeinde aber die Priesterschaft und ihre Vorrechte so stark in den Vordergrund rückte, ist es jedoch wahrscheinlicher, daß die feierlichen Mahle als Fortsetzung des wöchentlichen Verzehrs der Schaubrote galten. Diese aus zwölf Laiben bestehenden Schaubrote wurden an jedem Sabbattag in der unsichtbaren Gegenwart Jahwes auf dem Tisch erneuert und sollten „Aaron und seinen Söhnen zufallen, und diese sollen sie an heiliger Stätte essen“ (3 Mo 24, 5—9).[30]

Den Priestern Israels stand nicht nur das Brot von dem Schaubrottisch zu, sondern auch das Fleisch von verschiedenen Tieropfern. Das erklärt vielleicht die Tierknochen, die die Qumran-Leute entweder in irdenen Töpfen aufbewahrten oder unter Topfscherben begruben (die betreffenden Tonwaren sind völlig zerbrochen, so daß beides möglich, wenn auch ersteres wahrscheinlicher ist). Die Knochen stammen von

[28] 1 QS VI, 1—8. Das Quorum *(minjan)* von zehn Männern bildet im Judentum die Regel; die Bestimmung, daß einer der zehn ein Priester sein muß, spiegelt den priesterlichen Ursprung und das priesterliche Ideal der Qumran-Gemeinde.

[29] 1 QSa II, 17 ff.

[30] Vgl. M. Black, *The Scrolls and Christan Origins,* London 1961, S. 108 ff.

gebratenen Rindern, Schafen und vor allem Ziegen und sind offensichtlich Überreste von Mahlzeiten.[31] Die Tatsache, daß man sich die Mühe machte, solche Überreste zu sammeln, läßt vermuten, daß sie nicht von gewöhnlichen Mahlzeiten stammten. Handelte es sich um Opfermahle? Dies wirft das schwierige Problem der Opferpraxis in Qumran auf. Der einzige Ort, wo nach dem deuteronomischen Gesetz Opfer dargebracht werden konnten, war Jerusalem. Wenn die zeitweilige Herrschaft ungesetzlicher Hoherpriester über den Jerusalemer Tempel es den Qumran-Leuten aber unmöglich machte, an den dortigen Gottesdiensten teilzunehmen, hatten sie dann (wie ihre Vorfahren zur Zeit des Mose) einen Altar in der Wüste, auf dem annehmbare Opfer durch ihre eigenen Priester dargebracht werden konnten? Fest steht, daß in Qumran nichts gefunden wurde, was man als Altar identifizieren könnte.[32] Vielleicht könnte man ihre Sondermahle als „Quasi-Opfermahle" bezeichnen.

Die Pharisäer blieben ungeachtet all ihrer Gegnerschaft gegen die unter den Hasmonäern, Herodäern und Römern amtierenden Hohenpriester dem Opferkult im Tempel nicht fern. Die Qumran-Leute tadelten die Pharisäer aber nicht allein wegen dieser kompromißbereiten Haltung, sondern auch wegen ihrer (wie sie meinten) zu laxen Auslegung der Gesetze, und weil sie nicht ernsthaft genug nach Gerechtigkeit strebten.[33] Soweit man die Gesetzesauslegung der Qumran-Gemeinde mit der der Pharisäer vergleichen kann, lehrte anscheinend selbst die strengste pharisäische Schule (die des Schammai) eine mildere *halaka* als die in Qumran befolgte. Das Ehegesetz der Qumran-Sekte untersagte die Vielehe aufgrund von 1 Mo 1, 27 („als Mann und Frau schuf er sie") — einer Schriftstelle, die Jesus eines seiner Argumente gegen die Ehescheidung lieferte.[34] In Qumran wurde die Ehe zwischen Onkel und Nichte mißbilligt,[35] obschon die Thora sie nicht ausdrücklich untersagt. Andere Auslegungsschulen im Judentum erlaubten sie, weil die Thora sie nicht eindeutig verbietet. Die Ehe zwischen Onkel und Nichte war in der herodäischen Familie besonders häufig[36] und wurde von den

---

[31] Vgl. F. E. Zeuner, „*Notes on Qumran*", PEQ 92 (1960), S. 28 ff.

[32] R. de Vaux, *L'Archéologie et les Manuscrits de la Mer Morte*, S. 10 ff. Siehe indessen F. M. Cross, *The Ancient Library of Qumran*, New York 1958, S. 74 ff.

[33] Siehe S. 80 für die Bezeichnung *doresche ha-chalaqot*; das letzte Wort war vielleicht ein Spottwortspiel zu den pharisäischen *halakot*, „Regeln" (im Lichte von Jes 30, 10: „saget uns angenehme Dinge").

[34] *CD* IV, 20 ff.; vgl. Mk 10, 2—9.

[35] *CD* V, 7 ff.

[36] Ein früherer bekannter Fall war die Ehe zwischen dem Tobiaden Joseph und der Tochter seines Bruders (Ios. *ant. Iud.* XII, 186 ff.).

religiösen Führern offenbar nicht mißbilligt, obschon sie mit ihrer Kritik an vielen anderen Zügen der herodäischen Lebensweise keineswegs zurückhielten. Die Interpreten der Qumran-Gemeinde argumentierten indessen, daß, da die Thora die Ehe zwischen Tante und Neffen ausdrücklich untersage,[37] die Ehe zwischen Onkel und Nichte in Analogie hierzu als verboten anzusehen sei.

Das Sabbatgesetz wurde von der Qumran-Gemeinde gleichfalls strenger ausgelegt als von den strengsten Pharisäern. Als die Pharisäer Jesus wegen seiner Krankenheilungen am Sabbat kritisierten, antwortete er: „Wer unter euch, dem sein Sohn oder sein Ochse in einen Brunnen fällt, wird ihn am Sabbattag nicht alsbald heraufziehen?" (Lk 14, 5).[38] Zwischen seinen theologischen Widersachern und ihm herrscht also Einigkeit darüber, daß sich keiner von ihnen von irgendeiner Auslegung des Sabbatgesetzes daran hindern lassen würde, hier menschlich zu verfahren. Doch die *halaka* der Qumran-Gemeinde untersagt sogar solch eine menschliche Handlung in einer außergewöhnlichen Situation: „Niemand soll Vieh beim Werfen helfen am Sabbattag. Und wenn es in einen Brunnen fällt oder in eine Grube, so soll er es nicht am Sabbat wieder herausholen."[39]

Die Qumran-Leute weigerten sich, an den Opfergottesdiensten teilzunehmen, solange unrechtmäßige Hohepriester die Herrschaft über den Jerusalemer Tempel ausübten; sie glaubten, Gott werde bis auf weiteres ihre Lobsprüche als ein ausreichendes Opfer ansehen, sahen erwartungsvoll dem Tag entgegen, an dem eine legitime zadokidische Priesterherrschaft Gott im gereinigten Tempel aufs neue annehmbare Opfer darbringen würde[40] und hielten in ihrer Gemeinde die Dienstabteilungen der Priester und Leviten funktionsfähig, damit die Wiederaufnahme des Tempelkults zur festgesetzten Zeit unverzüglich erfolgen könnte.

Die Qumran-Gemeinde war mancherlei Verfolgungen durch die Hasmonäer ausgesetzt. Ein Angehöriger der Dynastie wird in den Qumran-Texten als der „gottlose Priester" besonders erwähnt.[41] (Während jeder

---

[37] 3 Mo 18, 13, zitiert in *CD* V, 9.

[38] In der Parallelstelle Mt 12, 11 ist von „einem Schaf" die Rede (vgl. auch Lk 13, 15). Über die Haltung der Rabbinen siehe I. Abrahams, *Studies in Pharisaism and the Gospels*, Series I, Cambridge 1917, S. 129 ff.; ferner Strack-Billerbeck 1, S. 629.

[39] CD XI, 13 f.; in 16 f. wird eine Konzession gemacht, falls es sich um einen Menschen handelt.

[40] Dies geht aus 1 QM II, 1—6 und aus Bruchstücken der „Apokalypse des Neuen Jerusalems" aus verschiedenen Höhlen hervor.

[41] Dieser Gleichsetzung stimmen nicht alle Forscher zu; andere Identifizierungen erstrecken sich von Menelaus in der Zeit Antiochus' IV. (vgl. H. H. Rowley,

hasmonäische Priester, ja jeder Hohepriester nach dem Fall des Hauses Zadoks in den Augen der Gemeinde insofern ein „gottloser Priester“ war, als er sein Amt nicht rechtmäßig innehatte, betrachteten sie einen bestimmten Hasmonäer als den „gottlosen Priester“ *par excellence*. Man ist sich nicht einig, welcher Hasmonäer mit dem gottlosen Priester zu identifizieren ist, doch deutet vieles darauf hin, daß es Jonathan, der Bruder und Nachfolger des Judas Makkabäus, war.[42] Es heißt, der gottlose Priester habe einmal einen Angriff auf den Lehrer der Gerechtigkeit unternommen, als dieser und seine Anhänger gerade den Versöhnungstag begingen.[43] Die Tatsache, daß der gottlose Priester das an diesem heiligen Tag zu tun vermochte (anstatt, wie man erwarten sollte, im Tempel zu amtieren), dürfte sich daraus erklären, daß die Tempelbehörden und die Qumran-Gemeinde verschiedene Kalender benutzten.

Der Kalender der Qumran-Gemeinde scheint im wesentlichen mit dem uns aus dem *Jubiläenbuch* bekannten identisch gewesen zu sein.[44] In diesem Kalender war allein die Sonne bestimmend; das Jahr war (zumindest der Absicht nach) ein Sonnenjahr (von 364 Tagen), aber die Monate waren herkömmliche Kalendermonate von dreißig oder einunddreißig Tagen und genausowenig durch die Mondphasen bestimmt wie die Monate unseres julianisch-gregorianischen Kalenders. Die Monate des amtlichen jüdischen Kalenders waren dagegen Mondmonate; der erste Monatstag fiel, soweit dies durchführbar war, mit dem Neumond zusammen, und die Feste richteten sich nach den Mondphasen. (Die Tatsache, daß man in Qumran nach einem anderen Kalender lebte als dem, der in Jerusalem benutzt wurde, ist ein weiterer Grund dafür, weshalb die Qumran-Gemeinde nicht an dem regulären Tempelkult teilnehmen konnte.)

Die Aufgabe, der sich die Qumran-Leute widmeten, war weder leicht noch unedel. Unter der gegenwärtigen Herrschaft der Sündhaftigkeit konnten sie als Lohn für ihre Hingabe an den Willen Gottes nichts als Leid erwarten, doch erduldeten sie dieses Leid nicht nur um ihrer

---

The Zadokite Fragments and the Dead Sea Scrolls, Oxford 1952, S. 67 ff.) bis zu Eleasar, Tempelhauptmann im Jahre 66 n. Chr. (vgl. G. R. Driver, *The Judaean Scrolls*, Oxford 1965, S. 267 ff.).

[42] Vgl. z. B. B. G. Vermes, *Les Manuscrits du Désert de Juda*, Tournai-Paris 1953, S. 94; J. T. Milik, *Ten Years of Discovery in the Wilderness of Judaea*, London 1959, S. 65 ff.; E. F. Sutcliffe, *The Monks of Qumran*, London 1960, S. IX ff., 42 ff.

[43] 1 Q pHab XI, 4—8 (zu Hab 2, 15).

[44] Vgl. A. R. C. Leaney, *The Rule of Qumran and its Meaning*, London 1966, S. 23 ff.

eigenen Rechtfertigung vor Gott willen, sondern sie hofften, damit auch Versöhnung für das Land Israel als Ganzes zu bewirken.[45]

Sie glaubten, daß Gott den gottlosen Priester und seine Spießgesellen eines Tages für ihre Schandtaten zur Rechenschaft ziehen werde. Im Laufe der Zeit wurde ihnen auch klar, wer die Werkzeuge des göttlichen Gerichts sein würden: Gott zog sich für diesen Zweck die „Kittim" heran, und mit den „Kittim" meinten die Qumran-Leute, wie schon erwähnt, vermutlich die Römer.[46] In der Tat waren es die Römer, die 63 v. Chr. durch ihre Besetzung Judäas der Hasmonäerherrschaft ein Ende bereiteten; aber die Qumran-Sekte vermochte schon vor diesem Zeitpunkt zu erkennen, wie sich die Dinge gestalten würden. Sie erkannte auch, daß die Römer über die Grenzen der ihnen gegebenen Kompetenz hinausgreifen und sich wegen ihres Unglaubens und ihrer Habgier selber dem Urteilsspruch Gottes aussetzen würden. Und die Erwählten Gottes, unter denen die Qumran-Gemeinde den ersten Platz einnahm, würden die Werkzeuge des göttlichen Urteilsspruchs gegen die Kittim sein.[47] In der *Kriegsrolle* von Qumran, die zum Teil ein erweiterter *Midrasch* zu Dan 11, 40—12, 3 ist, wird im einzelnen vorhergesagt, wie die Erwählten Gottes sein Urteil über die Kittim und andere „Söhne der Finsternis" vollstrecken werden. Man könnte sagen, daß die Gemeinde in dieser Hinsicht erwartungsvoll der Zeit entgegensah, da sie die Rolle des „Volkes der Heiligen des Höchsten" spielen würde, dem in Dan 7, 22. 27 richterliche Gewalt und ewige Herrschaft gegeben werden.

Aus den verschiedenen Bezeichnungen, die den Männern von Qumran in ihrer Literatur gegeben werden, wird deutlich, daß sie sich als den gerechten Überrest und Gottes wahres Israel ansahen. Sie erscheinen beispielsweise als die Heiligen des Bundes, die Armen der Herde, die Söhne des Lichts, die Männer der Wahrheit, die Gemeinde Israels und Aarons (in dem zuletzt genannten Titel meint „Israel" die Laien und „Aaron" die Priester unter ihnen).

Dank der Lehren, die sie vom Lehrer der Gerechtigkeit empfingen, vermochten sie den Schriften der Propheten zu entnehmen, welche Pflicht Gott ihnen auferlegt hatte. Außerordentlich interessant sind in diesem Zusammenhang die in Qumran gefundenen Bibelkommentare. Sie werfen zwar kein Licht auf den ursprünglichen Sinn der betreffenden Bücher, geben aber wichtige Aufschlüsse über die Glaubensüberzeugungen der

[45] Vgl. 1 QS V, 6 f.; IX, 3—5.
[46] Siehe S. 15.
[47] Vgl. 1 Q pHab II, 12—VI, 12.

Kommentatoren und ihrer Gefährten. Sie glaubten, sie seien in die Endzeit eingetreten, auf die alle Propheten vorauswiesen, und warteten begierig auf das Zeichen, das den Anbruch des neuen Zeitalters ankündigen würde, das Zeichen, das sie zugleich gegen die Feinde Gottes zu den Waffen rufen würde. Sie fuhren auch nach dem Tode des Lehrers der Gerechtigkeit (etwa 100 v. Chr.?) mit unverminderter Gläubigkeit fort, erwartungsvoll dieser Zeit der Entscheidung entgegenzusehen.[48]

Die von ihnen erwartete Entscheidung erfolgte indessen in anderer Weise, als sie es sich vorgestellt hatten. Die letzten Tage ihres Gemeindelebens lassen sich nur schwer rekonstruieren. Fest steht lediglich, daß ihr Hauptsitz in Qumran während des Krieges 66—73 n. Chr. mit Feuer und Schwert angegriffen und zerstört wurde.[49] Wir wissen nicht, ob die Gemeinde bis zum Ende dort blieb; es ist durchaus denkbar, daß sie, als der Aufstand gegen Rom losbrach, meinte, jetzt sei die Zeit gekommen, dem Herrn gegen die Mächtigen zu Hilfe zu eilen. Eine andere Möglichkeit ist, daß die Zeloten Chirbet Qumran in Besitz nahmen und es im Kriege als Stützpunkt benutzten. Das Zeugnis der „Kupferrolle" aus Höhle 3 ist hier vielleicht von Belang, falls sie (laut einer sehr einleuchtenden Auslegung ihres Textes) ein Bestandsverzeichnis von Tempelgütern und ähnlichen Dingen enthält, die die Führer des Aufstands an verschiedenen Orten versteckten, um sie als Kampfmittel zu verwenden.[50] Was die anderen Rollen betrifft, die vermutlich aus der Gemeindebibliothek stammen, so wissen wir nicht, ob sie von Gemeindegliedern oder von anderen Juden in den benachbarten Höhlen eingelagert — in einigen Fällen, besonders in Höhle 4, sollte man wohl besser sagen „ausgekippt" — wurden. Wahrscheinlich hofften die Gemeindeglieder, sie würden eines Tages zurückkehren und sie wieder in Besitz nehmen können. Was mit der Gemeinde oder den Gemeindegliedern geschah, die den Krieg überlebten, kann man nur vermuten. Vielleicht schlossen sich einige Überlebende jenen Gliedern der Kirche von Jerusalem an, die die untergehende Stadt um die gleiche Zeit verließen und östlich des Jordans eine Zuflucht fanden; gewisse Glaubensüberzeugungen und Praktiken der Ebioniten könnten sich aus einer Einwirkung des Ethos der Qumran-Sekte auf das frühe Judenchristentum erklären.[51]

---

[48] Vgl. die Bezugnahmen auf seinen Tod in CD XIX, 35 f.; XX, 14.

[49] Vgl. R. de Vaux, *L'Archéologie et les Manuscrits de la Mer Morte*, S. 28 ff.; H. H. Rowley, „The History of the Qumran Sect", *BJRL* 49 (1966—7), S. 202 ff.

[50] Vgl. J. M. Allegro, *The Treasure of the Copper Scroll*, New York, S. 120 ff.

[51] Vgl. O. Cullmann, „Die neuentdeckten Qumran-Texte und das Judenchristentum der Pseudoklementinen", in: *Neutestamentliche Studien für R. Bultmann* = *BZNTW* 21, hrsg. von W. Eltester, Berlin 1954, S. 35 ff.; „*The Signi-*

4.

Man hat die Qumran-Gemeinde der Reihe nach mit sämtlichen religiösen Parteien des Judentums in der Spätzeit des zweiten jüdischen Gemeinwesens identifiziert — mit den Sadduzäern,[52] Pharisäern,[53] Zeloten[54] und Essenern.[55]

Mit den Sadduzäern der Geschichte hat sie jedoch nichts gemein — abgesehen von der Ähnlichkeit zwischen der Bezeichnung „Sadduzäer" (von wem sie sich auch immer ableiten mag) und dem Namen Zadok, den die Gemeinde in hohen Ehren hielt. Auch wenn die Sadduzäer „Zadoksöhne" zu sein beanspruchten (was wenig wahrscheinlich ist), hatte der Ausdruck bei ihnen einen ganz anderen Sinn als in Qumran. Alle einschlägigen Zeugnisse deuten darauf hin, daß die bittersten Feinde der Gemeinschaft eng mit den Sadduzäern liiert waren.

Mit den Pharisäern hatte sie die Sorge um das Gesetz Gottes gemein. Ihre Gesetzesauslegung war indessen strenger als die irgendeiner bekannten pharisäischen Schule. Auch räumte sie in ihrer Bibelexegese den Prophetenschriften einen wichtigen und unabhängigen Platz ein, was sie eher mit Jesus und seinen ersten Anhängern als mit den Pharisäern verbindet. Ihre Kritik des zeitgenössischen Tempelwesens war radikaler als die der Pharisäer, von denen sie sich auch durch ihre Kalenderpraxis unterscheiden. Falls es zudem die Pharisäer sind, die von den Qumran-Leuten als „Sucher nach glatten Lehren" oder „Vermittler von glatten Interpretationen" bezeichnet werden (und man weiß nicht, wer mit dieser Bezeichnung sonst gemeint sein könnte), so ist ihre Identifizierung mit den Pharisäern oder auch nur mit einer besonders strengen pharisäischen Schule ausgeschlossen.

Einige angesehene Forscher sind nun überzeugt, die Qumran-Leute seien mit den Zeloten gleichzusetzen. Die bekannteste Darlegung dieser

---

ficance of the Qumran Texts for Research into the Beginnings of Christianity", in: K. Stendahl (Hrsg.), *The Scrolls and the New Testament*, London 1958, S. 18 ff. Siehe Teil II, Kap. 13/4.

[52] Vgl. R. North, „The Qumran ‚Sadducees'", CBQ 17 (1955), S. 164 ff.; A. M. Habermann, *Megillot Midbar Jehuda*, Jerusalem 1959, S. XV, 25 ff.

[53] Vgl. C. Rabin, *Qumran Studies*, Oxford 1957, S. 53 ff.

[54] Vgl. C. Roth, *The Historical Background of the Dead Sea Scrolls*, Oxford 1958, S. 22 ff.; G. R. Driver, *The Judaean Scrolls*, Oxford 1965, S. 237 ff.

[55] Diese These wird von der Mehrzahl der Forscher vertreten; unter den ersten, die sie vortrugen oder vorschlugen, waren E. L. Sukenik, *Megillot Genuzot* I, Jerusalem 1948, S. 16, und A. Dupont-Sommer, *Observations sur le Commentaire D'Habacuc découvert près de la Mer Morte*, Paris 1950, S. 26 ff.

These identifiziert den Lehrer der Gerechtigkeit mit dem zelotischen Anführer Menahem, dem Sohn Judas des Galiläers, der im September 66 n. Chr. von den Anhängern seines Rivalen, des Tempelhauptmanns Eleasar, umgebracht wurde, oder mit Eleasar ben Jair, einem Verwandten Menahems, der entkam, als dieser gefangengenommen und getötet wurde, und bis zur Einnahme der Festung durch die Römer im Mai 73 n. Chr. in Masada aushielt. Der gottlose Priester wird entsprechend mit dem Tempelhauptmann Eleasar identifiziert. Der Angriff dieses Eleasar auf Menahem und seine Anhänger wird mit dem des gottlosen Priesters auf den Lehrer gleichgesetzt, der erfolgte, als dieser mit seinen Schülern gerade den Versöhnungstag feierte. Die Jahreszeit könnte ungefähr stimmen, aber Eleasars Feindschaft gegen Menahem wurde dadurch entflammt, daß dieser oder seine Anhänger einige Tage zuvor Eleasars Vater Ananias, einen ehemaligen Hohenpriester, überfallen und getötet hatten.[56]

Abgesehen von dieser Diskrepanz zwischen den beiden Begebenheiten, stimmen der Charakter und Lebenslauf des Lehrers der Gerechtigkeit, soweit sie sich aus der Qumran-Literatur rekonstruieren lassen, nicht mit denen des Menahem oder Eleasar ben Jair überein. Der Lehrer war anscheinend Priester; es findet sich aber nirgendwo ein Hinweis, daß Menahem oder seine Verwandten priesterlicher Abkunft waren. Menahem machte königliche eher denn priesterliche Ansprüche geltend; vielleicht hoffte er, als Israels Krieger-Messias anerkannt zu werden. Josephus bezeichnet ihn (gleichwie seinen Vater Judas) als „Sophisten",[57] doch da Josephus die verschiedenen jüdischen Sekten als Philosophenschulen darstellt, mußte er auch ihre Führer als Philosophen vorstellen.

Der Lehrer der Gerechtigkeit der Qumran-Sekte war der effektive Gründer seiner Gemeinde.[58] Falls die Qumran-Gemeinde also mit der Zelotenpartei zu identifizieren ist, müßte man den Lehrer der Gerechtig-

---

[56] Für die in Rede stehenden Personen und Ereignisse siehe Ios. *bel. Iud.* II, 433 ff. (s. Teil II, Kap. 13/2). Vgl. H. E. Del Medico, *The Riddle of the Scrolls*, London 1958, S. 140 ff.; C. Roth, *The Historical Background of the Dead Sea Scrolls*, Oxford 1958, S. 6 ff., 74 f.; G. R. Driver, *The Judaean Scrolls*, Oxford 1965, S. 241 ff.

[57] *bel. Iud.* II, 118; der Text von II, 433, wo Menahem als *sophistēs* bezeichnet wird, ist umstritten, und nach einigen Handschriften wird auch Judas hier so genannt.

[58] Der „effektive Gründer", weil die Gläubigen vor seiner Heraufkunft zwanzig Jahre lang wie Blinde nach dem Weg tasteten (*CD* I, 9 f.) und damals anscheinend keinen Führer besaßen; erst der Lehrer organisierte sie als geschlossene Gemeinschaft.

keit eigentlich statt mit Menahem oder Eleasar ben Jair mit Judas oder sogar mit dessen Vater Hiskia[59] gleichsetzen.

Ein Teil der Qumran-Literatur — vor allem die *Damaskusschrift* — entstand zudem geraume Zeit nach dem „Heimgang" des Lehrers (ein Ausdruck, der eher auf einen natürlichen als auf einen gewaltsamen Tod deutet).[60] Doch zwischen Menahems Tod und dem schließlichen Zusammenbruch des zelotischen Widerstands in Masada lagen nicht einmal sieben Jahre — für die Abfassung der betreffenden Schriften eine zu kurze Zeit. Und die Zerstörung von Chirbet Qumran erfolgte noch vor dem Fall von Masada, vermutlich vier oder fünf Jahre früher.

Gegen die Zeloten-Hypothese sprechen auch die paläographischen Belege. Die Paläographen weichen bei der Datierung der Qumran-Handschriften zwar etwas voneinander ab, aber lediglich um eine Generation. Sollte sich die Zeloten-Hypothese in ihrer gängigen Form bestätigen, so irren sich die Paläographen um hundertundfünfzig Jahre. Die Fülle von Qumran-Handschriften hat jedoch die Erstellung einer *relativen* paläographischen Chronologie möglich gemacht, während die Handschriften aus anderen Gegenden westlich des Toten Meeres, die nach der Freiheitsära des zweiten jüdischen Aufstands (132—135 n. Chr.)[61] datiert sind, die Ausarbeitung einer absoluten Chronologie für die Qumran-Urkunden sehr erleichtert haben. Der Konflikt zwischen dem Lehrer der Gerechtigkeit und dem gottlosen Priester war zur Zeit der Anfertigung der Handschrift des Habakuk-Midraschs längst vorüber — und diese Handschrift ist mit an Gewißheit grenzender Wahrscheinlichkeit vor das Jahr 50 v. Chr. zu datieren.[62] Der Lehrer der Gerechtigkeit war zur Zeit der Abfassung der *Damaskusschrift* tot, und die früheste Handschrift dieses Werkes wird in den Anfang des ersten vorchristlichen Jahrhunderts datiert, — also so früh, daß man den Lehrer unmöglich mit Hiskia (gest. 47 v. Chr.) identifizieren kann, von irgendeinem seiner Nachkommen ganz zu schweigen.

Die Zeloten-Hypothese tut dem Quellenbefund in keiner Weise Genüge. Eine Hypothese ist allein dann akzeptabel, wenn sie nicht nur der inneren Evidenz des dokumentarischen Quellenmaterials entspricht, wie es von Philologen und Historikern ausgedeutet wird, sondern auch den

---

[59] Siehe S. 103.

[60] *CD* XIX, 35 f.; XX, 14.

[61] Besonders aus Murabba'at und En-Gedi.

[62] Der Kommentar selber entstand noch früher, wahrscheinlich vor 63 v. Chr., da die römische Okkupation, die in jenen Jahren erfolgte, anscheinend eher erwartet denn als ein eingetretenes Ereignis verzeichnet wird.

paläographischen und archäologischen Beweisstücken, wie sie von den Fachforschern interpretiert werden. Die Identifizierung der Qumran-Sekte mit Essenern — nicht mit dem gesamten Orden, sondern mit einer Gruppe von Essenern — wird dem Quellenbefund in stärkerem Ausmaß gerecht als jede andere Gleichsetzung.

Eine Identifizierung der Gemeinde mit den Essenern wurde schon zu Beginn der Funde in Höhle 1 vorgeschlagen. R. de Vaux und andere haben Chirbet Qumran mit dem von Plinius erwähnten Hauptsitz der Essener identifiziert. Außer dem Argument, daß die Archäologen kaum eine andere Möglichkeit sehen, Plinius' essenisches Hauptquartier zu lokalisieren, gibt es noch andere, z. T. gewichtigere Indizien.

Ein ziemlich fragwürdiges chronologisches Argument lautet, daß die Essener während der Zeit, als die Qumran-Gemeinde bestand, blühten; daß sie ungefähr um dieselbe Zeit — in der zweiten Hälfte des zweiten vorchristlichen Jahrhunderts — in die Geschichte eintraten, als die Qumran-Bewegung begann, und daß sie in der zweiten Hälfte des ersten nachchristlichen Jahrhunderts immer noch blühten.

Bedeutsamer ist das Argument, das sich auf die Ähnlichkeit zwischen den Glaubensanschauungen und -praktiken der Essener, wie zeitgenössische Autoren sie uns schildern, und denen der Qumran-Gemeinde, wie sie in deren eigenem Schrifttum bezeugt sind, gründet.

Zwischen den beiden bestehen auffallende Ähnlichkeiten (die jedoch nicht auf eine völlige Identität hinauslaufen): in Hinsicht der langen Probezeit, der bei der Aufnahme abgelegten feierlichen Gelübde, der strengen Disziplin, der rituellen Waschungen, des Gemeinschaftsmahls, des hierarchischen Aufbaus mit genauer Beobachtung der Vortrittsrechte, der herausragenden Stellung der Priester, der Gütergemeinschaft, der äußerst strengen Auslegung des Sabbatgesetzes und des gesetzlich ungewöhnlich strengen Standpunkts. Da aus der *Gemeinderegel* deutlich wird, daß eine häufige Strafe in Qumran in der Kürzung der Rationen bestand, kann man sich vorstellen, daß, wie Josephus berichtet, ein Sektenmitglied, das sich eines so schweren Vergehens schuldig gemacht hatte, daß man ihm sämtliche Rationen für eine hinreichend lange Zeit entziehen zu müssen glaubte, in der Gefahr schwebte, Hungers zu sterben. Bisweilen erstreckt sich die Ähnlichkeit zwischen den beiden Disziplinarordnungen auf Dinge, die wir als trivial bezeichnen würden; so entspricht der Angabe des Josephus, daß die Essener das Ausspeien „in die Mitte der Versammlung" oder nach der rechten Seite hin mieden,[63]

[63] *bel. Iud.* II, 147.

die Bestimmung in der *Gemeinderegel,* daß „ein Mann, der mitten in die Sitzung der Vielen hineinspuckt, mit dreißig Tagen" — vermutlich durch Entzug seines Anteils am Gemeinschaftsmahl — „bestraft werden soll".[64]

Aus der Angabe des Josephus, daß, „wenn zehn zusammen eine Sitzung abhalten, keiner das Wort ergreift, falls die anderen neun dagegen sind",[65] könnte man folgern, daß es bei den Essenern üblich war, sich zu zehn Gliedern zu gruppieren, und wir sahen schon, daß in Qumran zehn Sektenmitglieder die regulären Gemeinschaftsveranstaltungen durchführen konnten, vorausgesetzt, daß sich unter ihnen ein Priester befand; da aber zehn bei den Juden ganz allgemein eine anerkannte Zahl für gemeinschaftliches Tun war (bei den orthodoxen Juden ist dies bis auf den heutigen Tag die für eine Synagogengemeinde zur Beschlußfassung erforderliche Zahl), kommt dieser Übereinstimmung keine Bedeutung zu.

Josephus' Angabe, die Essener hätten eifrig die alten Schriften, besonders die Propheten, studiert,[66] läßt sich an Hand der Qumran-Schriften ebenfalls veranschaulichen. Auf der anderen Seite scheinen die Beispiele, die er für die Prophetengabe der Essener anführt, trivial im Vergleich zu den auf der Deutung alttestamentlicher Prophetien gegründeten Vorhersagen künftiger Ereignisse, die uns in den Qumran-Texten begegnen. Seine Erwähnung des essenischen Interesses für Engel[67] steht mit der Aufmerksamkeit in Einklang, die man in Qumran spätjüdischen Werken zollte, in denen Engel eine große Rolle spielen.[68] Auch zu dem Interesse der Essener für Heilungen lassen sich anscheinend in Qumran Analogien aufweisen.[69]

Hippolyt berichtet, die Essener hätten einen Weltbrand am Tage des jüngsten Gerichts erwartet;[70] diese Überzeugung kommt gelegentlich in den *Lobliedern* der Qumran-Sekte auf eine Weise zum Ausdruck, die auf zoroastrischen Einfluß deutet.[71]

Alle Ähnlichkeiten und Parallelen, die man anführen kann, rechtferti-

---

[64] 1 QS VII, 13.
[65] *bel. Iud.* II, 146.
[66] *bel. Iud.* II, 136.
[67] *bel. Iud.* II, 142.
[68] Für die Stellung der Engel in der Liturgie der Qumran-Sekte vgl. J. Strugnell, „The Angelic Liturgy at Qumran, 4 Q Serek Sirot Olat Hassabat", *VT Supplement* 7 (1960), S. 318 ff.; ein anderes Bruchstück dieser Urkunde wurde 1963 in Masada gefunden.
[69] *bel. Iud.* II, 136; vgl. 4 Q *Therapeia* (ferner 4 Q *Or. Nab.;* 1 Q *Gen. Apoc.* XX, 28 f.).
[70] *haer.* IX, 22.
[71] Vgl. 1 QH III, 29 ff. (wo jedoch das verzehrende Feuer vielleicht kein eschatologisches ist).

gen indessen keine völlige Gleichsetzung der Qumran-Gemeinde mit den Essenern. Wo herausragende Charakteristika der einen Gruppe in den Quellen, denen wir unsere Nachrichten über die andere entnehmen, überhaupt nicht erwähnt sind, können wir nicht zu unbestreitbaren Schlußfolgerungen gelangen. Beide Gruppen änderten ihre Glaubensanschauungen und -übungen im Lauf der Jahre zweifellos in gewissem Ausmaß, so daß man die Unterschiede zwischen dem Essenertum und Qumran in Hinsicht der Häufigkeit und Bedeutung von Reinigungszeremonien, der Dauer der Probezeiten, der Opferlehre und -praxis, der Haltung zur (jüdischen oder heidnischen) Obrigkeit und der Anwendung von Gewalt vielleicht nicht überbewerten sollte. Im antiken Schrifttum findet sich jedoch eine derartige Menge von Hinweisen auf eine Vielzahl messianischer und „Täufer"-Gemeinden mit Hauptsitz im Jordantal und in der Totenmeergegend, daß eine völlige Identifizierung zweier dieser Gemeinschaften, über die wir derzeit mehr wissen als über die anderen, voreilig wäre.

Man hat vermutet, die Qumran-Gemeinde sei vielleicht mit den heiratenden Essenern zu identifizieren, von denen Josephus berichtet. Solche verheirateten Essener müssen in der Tat eine Sondergruppe gebildet haben, denn nicht nur Plinius und Philo, sondern auch Josephus selbst führen die Ehelosigkeit als eines der Kennzeichen der Essener auf. Es liegen keine Beweisstücke vor, daß die Qumran-Leute grundsätzlich ehelos blieben, obschon es, wie wir sahen, nicht unwahrscheinlich ist, daß die vollberechtigten Sektenmitglieder aus praktischen Erwägungen nicht heirateten und keine Familien gründeten. Eine andere Möglichkeit wäre, daß es sich bei Josephus' heiratenden Essenern um jene nicht vollberechtigten Mitglieder der Bruderschaft handelt, die sich nicht aus dem weltlichen Leben zurückzogen.

Die Essener werden nur in griechischen und lateinischen Urkunden erwähnt. Man mag fragen, ob die Qumran-Gemeinde mit irgendeiner der im jüdischen rabbinischen Schrifttum, das in hebräischer und aramäischer Sprache abgefaßt ist, erwähnten Gruppen identifiziert werden kann. Auch hierzu läßt sich noch nichts Definitives sagen. Man mag an jene Leute denken, die in der rabbinischen Überlieferung als die „Morgentaucher" *(tobele sacharin)* figurieren, weil sie, bevor sie den Namen Gottes in den Mund nahmen, bei Tagesanbruch erst ein rituelles Bad nahmen — und damit noch über die gesetzesstrengen Pharisäer hinausgingen, mit denen sie deshalb in Streit gerieten.[72] Angesichts der

---

[72] Tosefta, *Jadaim* 2, 20; sie sind möglicherweise den Hemerobaptisten von

Vielzahl derartiger Sekten im damaligen Judentum berechtigt uns unser derzeitiges Wissen indessen lediglich zu dem Verdikt: „unbewiesen".

Der Ausdruck „Essener" hatte offensichtlich einen ausgedehnten Bedeutungsspielraum. Wie wir sahen, unterscheidet Hippolyt vier essenische Parteien, und möglicherweise gab es noch andere Gruppen, die man mit demselben Namen bezeichnete. Wenn man die uns bekannten Ähnlichkeiten und augenscheinlichen Unterschiede zwischen der Qumran-Gemeinde und den Essenern erwägt, so drängt sich die Schlußfolgerung auf, daß die Qumran-Gemeinde eine — bedeutende — essenische Gruppe war, die freilich vielleicht in manchem von anderen essenischen Gruppen abwich.[73]

Wenn die Männer von Qumran auch keine Zeloten im Sinne von Mitgliedern der Zelotenpartei waren, so waren sie doch sicherlich Eiferer für Gott, für sein Gesetz und seine Sache. Was ihre Bereitschaft betrifft, sich an die Spitze des eschatologischen Kampfes gegen die Söhne der Finsternis zu setzen, so schließt sie ihre Identität mit den Essenern nicht aus. Nach Hippolyt wurden einige Essener Zeloten und *sicarii* genannt und taten sich als solche hervor:[74] wir können sicher sein, daß der Essener Johannes nicht der einzige Angehörige seines Ordens war, der 66 n. Chr. gegen Rom zu den Waffen griff.

Epiphan. *Anak.* 17 zuzuordnen (vgl. Clem. *hom.* II, 23, wo Johannes der Täufer als Hemerobaptist bezeichnet wird).

[73] Ich stimme A. R. C. Leaney zu, daß die Qumran-Gemeinde „eine Sonderform einer Bewegung war, die ursprünglich in verschiedenen Zweigen in vielen Städten und Dörfern Palästinas existierte. Es kann durchaus sein, daß diese Bewegung mit derjenigen oder einem Teil derjenigen identisch war, die Josephus die Essener nennt" *(The Rule of Qumran and its Meaning,* S. 33). Vielleicht existierten auch außerhalb Palästinas Zweige — möglicherweise in Ägypten und höchstwahrscheinlich in Damaskus, falls die Angabe, daß einige Anhänger des Lehrers der Gerechtigkeit nach Damaskus gingen, wörtlich aufzufassen ist (*CD* VI, 5, 19; VII, 19; XIX, 34; XX, 12).

[74] *haer.* IX, 21. Siehe S. 95.

ZEHNTES KAPITEL

Die Messiashoffnung

1.

Die Bezeichnung „Messias" stellt ein hebräisches (oder aramäisches) Verbaladjektiv dar, das durch „gesalbt" zu übersetzen ist.[1] Wenn es auf Personen angewandt wird, bezeichnet es deren sakrale Funktion: es gibt an, daß sie ihr Amt „von Gottes Gnaden" innehaben. Im Alten Testament wird es in Ausnahmefällen auf Propheten angewandt,[2] gelegentlich auf die Oberpriester[3] und zumeist auf den König von Israel, den „Gesalbten des Herrn".[4]

Die geschichtliche „Messiashoffnung" ist aufs engste mit dem Königtum in Israel und besonders mit der von David begründeten Königsdynastie verknüpft. Sie ist mit der Verheißung ewiger Herrschaft an Davids Haus in der Weissagung des Nathan verbunden, die in Prosa im zweiten Buch Samuel 7, 8—16 überliefert ist und in (vermutlich früherer) gebundener Form in den Psalmen 89, 19—37 und 132, 11 ff. zitiert wird. Als von der Zeit seiner Bedrohung durch die Assyrer an das Haus Davids zu zerfallen begann, wurde der Gegensatz zwischen den stolzen Hoffnungen der dynastischen Weissagung und der tatsächlichen Sachlage immer schmerzlicher offenbar. Doch gerade in dieser bedrückenden Situation begannen Propheten voll Überzeugung von einem kommenden Tag zu sprechen, da Davids zerfallene Hütte wiedererstehen und sein ehemaliger Glanz in einem zweiten und größeren David wiederhergestellt und übertroffen werden würde.[5]

Man empfand auch lebhaft den Gegensatz zwischen dem idealen Königtum Jahwes in seinem Volk Israel und über die Welt, das im nationalen Kult gefeiert wurde, und der unvollkommenen Art und Weise, wie

---

[1] Hebr. *maschiach* von dem Verb *maschach*; aram. *meschicha*.
[2] Zum Beispiel Ps 105, 15 für den Parallelismus „Gesalbte" // „Propheten". Vgl. 1 Kö 19, 16 für einen (außergewöhnlichen) Fall einer Salbung zum Propheten.
[3] 3 Mo 4, 3. 5. 16; 6, 22.
[4] Zum Beispiel 1 Sam 16, 6; 24, 10; Klgl 4, 20 usw.
[5] Vgl. Am 9, 11 f. (in Apg 15, 16 f. als in der Heidenmission der Apostel erfüllt zitiert); Hos 3, 5.

seine menschlichen Stellvertreter sein Königtum repräsentierten und bisweilen sogar der Lächerlichkeit preisgaben. Dieser Gegensatz belebte zudem die Hoffnung auf einen Tag — den Tag Jahwes —, an dem das Ideal verwirklicht werden und die Rechtfertigung der Sache Jahwes in der Welt seinem Volk Sicherheit bringen würde. Wie Amos betonte, neigte das Volk des Herrn dazu, seinen Sieg vorschnell mit dem eigenen Wohlergehen gleichzusetzen.[6]

Diese beiden Hoffnungen — die Hoffnung auf den Tag Jahwes und die Hoffnung auf die Erneuerung der Herrschaft Davids — vermischten sich häufig, so zum Beispiel in einigen Weissagungen des Jesaja. Der „Fürst mit den vier Namen" soll Davids Thron auf ewig aufrichten, dank des Eifers des Herrn der Heerscharen, seiner Sorge, sein Wort zu halten (Jes 9, 6 f.); das „Reis aus dem Stumpf Isais", auf dem der Geist des Herrn in reicher Fülle ruhen wird, wird ein goldenes Zeitalter heraufführen, in dem nicht allein Israel, sondern die ganze Erde sich der Erkenntnis des Herrn erfreuen wird (Jes 11, 1—10).

Jesajas Schilderung des gerechten Königs der Zukunft ist eng mit seiner Lehre über Israels gerechten Rest verknüpft. Die verheerende Sintflut, die über das ungehorsame Volk hereinbrechen wird, wird nur ein Überrest überleben, aber es wird zumindest diesen Überrest geben, in dessen Mitte Israels Hoffnung in das neue Zeitalter hinübergerettet wird. Es wird nicht nur ein überlebender Rest, sondern ein gläubiger Rest sein, der Grundstein des wiederhergestellten Zions. Wenn der Sohn Davids erscheint, wird er somit über eine heilige Stadt als Hauptstadt und über ein gerechtes Volk als seine Untertanen verfügen.[7] Diese enge Verbindung zwischen König und Volk findet in anderen vorchristlichen Äußerungen der Hoffnung Israels wie auch in der neutestamentlichen Schilderung des Gottesknecht-Messias und seines Knecht-Volkes ihr Gegenstück.

Auf Jesajas Wirken folgten keine helleren, sondern düsterere Tage, doch blieb die Hoffnung, der er Ausdruck gab, lebendig. Freudig begrüßt Jeremia die Ankunft eines Fürsten aus dem Hause Davids, der mit Recht den Namen *Jahwe-sidqenu* („Der Herr ist unser Heil") tragen wird, dessen sich sein Zeitgenosse Zedekia *(sidqi-Jahu)*, der letzte gekrönte König der davidischen Dynastie, wenig würdig zeigt. „In jenen Tagen wird Juda geholfen werden, und Israel wird sicher bleiben" (Jer 23, 5 f.; 33, 14—16). Desgleichen sieht sein jüngerer Zeitgenosse Hesekiel, der den Sturz des

---

[6] Am 5, 18—20.
[7] Jes 4, 3; 10, 20 ff.; 28, 16; 32, 1 ff.

meineidigen Zedekia erwartet, voraus, daß die Davidskrone lange, aber nicht für immer ohne Träger bleiben wird: „Trümmer, Trümmer, Trümmer will ich aus der Stadt machen! Wehe ihr! so soll sie bleiben, bis der kommt, dem das Recht zusteht und dem ich sie übergebe" (Hes 21, 32). Die Worte „bis der kommt, dem das Recht zusteht", sind wahrscheinlich Hesekiels Deutung des Satzglieds „bis daß Schiloh kommt"[8] in Jakobs Segen über seine Söhne, wo ein Herrscher aus dem Stamm Juda angekündigt wird (1 Mo 49, 10). An anderer Stelle gibt Hesekiel diesem künftigen Herrscher den Namen David und schildert ihn als den guten Hirten Israels, der Herde Jahwes (Hes 34, 23 f.; 37, 24 f.).

Daß man gleichzeitig auch die Restauration der Dynastie Davids erwartete, als Kyros die Rückkehr der judäischen Exilanten und den Wiederaufbau des Tempels in Jerusalem gestattete, war nur natürlich. Ja, Serubbabel, der Enkel des früheren Königs Jojachin und Statthalter von Judäa am Beginn der Regierung Darius' I. (521 v. Chr.), wird in Sach 6, 12 als „der Sproß" begrüßt — mit dem Titel, den Jeremia bereits dem kommenden Fürsten *Jahwe-sidqenu* gegeben hatte.[9] Während Jahwe seinen Großvater Jojachin verworfen hatte, „wenngleich er ein Siegelring wäre an seiner rechten Hand" (Jer 22, 24 ff.), empfängt Serubbabel durch den Propheten Haggai die Verheißung, daß Jahwe ihn als seinen Siegelring erwählt hat (Hag 2, 23). Serubbabel sollte die Krone seiner königlichen Ahnen niemals tragen, doch die aus dem Exil Heimgekehrten nahmen die Tatsache, daß ein Sproß aus dem Hause Davids als Statthalter in Judäa amtierte, zum Zeichen, daß die diesem Haus zuteil gewordenen Verheißungen nicht in Vergessenheit geraten waren.

Nach Serubbabel versinkt das Haus Davids jedoch im Dunkel. Die spätere Weissagung von Sacharja 9, 9 bezieht sich wahrscheinlich auf einen davidischen Fürsten:

Frohlocke laut, Tochter Zion!
  Jauchze, Tochter Jerusalem!
Siehe, dein König kommt zu dir;
  gerecht und siegreich ist er —

doch sollten noch Jahrhunderte vergehen, ehe dieser Ruf ein Echo fand. Nach dem Machtantritt der Hasmonäer hatte es den Anschein, als sollten die Hoffnungen, die sich an das Geschlecht Davids knüpften, angesichts der Ruhmestaten jener Familie aus dem Stamm Levi, in der die Königswürde mit dem Amt des Hohenpriesters vereinigt war, zur Bedeutungslosigkeit herabsinken.

---

[8] Was vielleicht bedeutet „bis der Herrscher kommt" (ZÜ).
[9] Jer 23, 5; 33, 15 (hebr. *semach*).

Auf diese Vereinigung der Königswürde mit dem Amt des Hohenpriesters im Stamm Levi spielt vermutlich eine Stelle im *Testament Rubens* (6, 7—12) an, wo Ruben wie folgt zu seinen Söhnen spricht:

> Denn Levi gab der Herr die Herrschaft . . . Deshalb befehle ich euch, auf Levi zu hören; denn er wird das Gesetz des Herrn erkennen und wird anweisen zum Gericht und zu Opfern für ganz Israel bis zur Vollendung der Zeiten des Hohenpriesters Christus, von welchem der Herr gesagt hat . . . Levi naht euch in Demut des Herzens, damit ihr Segen aus seinem Mund empfangt. Er selbst wird nämlich Israel segnen und Juda. Denn ihn hat der Herr auserwählt zu herrschen über alle Völker. Und ihr sollt niederfallen vor seinem Stamm, denn er wird für euch sterben in sichtbaren und unsichtbaren Kriegen, und er wird unter euch ein König in Ewigkeit sein.[10]

Doch nicht alle Judäer waren mit dem hasmonäischen Priesterkönigtum einverstanden. So lebte zum Beispiel die Qumran-Gemeinde in der Erwartung eines priesterlichen wie eines königlichen Messias, die beide in der Endzeit aufstehen und unter Gott das neue Zeitalter heraufführen würden, doch waren die Hasmonäer die letzten, mit denen sie den priesterlichen Messias in Verbindung brachte. Ihrer Erwartung zufolge würde es sich um einen Priester aus dem Hause Zadoks handeln, dem in dem kommenden Zeitalter die Staatsführung obliegen und der noch über dem davidischen Messias stehen würde.[11] Eine andere fromme Gemeinschaft, die die achtzehn Lieder der *Salomo-Psalmen* schuf, griff die Hasmonäer scharf an, weil sie in ihrem Hochmut „den Thron Davids verwüsteten", und erblickte in der römischen Eroberung des Jahres 63 v. Chr. ein Gottesurteil über sie. Die Römer selbst benahmen sich nicht weniger hochmütig, aber ihre Tage waren gezählt; sie würden eine Niederlage erleiden, und der davidische Messias würde sie aus dem Land Israel vertreiben. So betet der Psalmist (17, 23 f.; 32—36):[12]

---

[10] (Übersetzung F. Schnapp.) Die *Testamente der Zwölf Patriarchen* sind als Ganzes nur in einer christlichen Rezension in griechischer Sprache überliefert. Bruchstücke früherer, vorchristlicher Rezensionen von einigen *Testamenten* sind erhalten geblieben, darunter Fragmente des *Testaments Levis* in aramäischer Sprache aus der Geniza der Esra-Synagoge von Alt-Kairo und aus Qumran sowie des *Testaments Naphtalis* in hebräischer Sprache aus Qumran.

[11] So hat in 1 QSa II, 11 ff., 17 ff. „der Priester" bei Ratssitzungen und Festmahlen vor dem „Messias Israels" den Vorrang, und in 1 QSb II, 24 ff., V, 20 ff. geht der für den Hohenpriester und „die Söhne Zadoks, die Priester" erflehte Segen dem für den „Fürsten der Gemeinde" erflehten voraus. Wenn in den Qumran-Texten „der Messias" schlechthin erwähnt wird, so ist der davidische Messias gemeint.

[12] Man hat die Salomo-Psalmen gewöhnlich für pharisäische Kompositionen gehalten, doch bringen sie vielleicht allgemeiner die Empfindungen jeder beliebigen frommen Gemeinschaft zum Ausdruck, die die Hoffnung Israels hegte.

Sieh' darein, o Herr, und laß ihnen erstehen ihren König, den Sohn
 Davids,
 zu der Zeit, die du erkoren, Gott,
 daß er über deinen Knecht Israel regiere.
Und gürte ihn mit Kraft, daß er ungerechte Herrscher zerschmettere ...

Und er hält die Heidenvölker unter seinem Joche, daß sie ihm dienen,
 und den Herrn wird er verherrlichen offenkundig vor der ganzen Welt
und wird Jerusalem rein und heilig machen, wie es zu Anfang war,
 so daß Völker vom Ende der Erde kommen, seine Herrlichkeit zu sehen,
bringend als Geschenk ihre erschöpften Söhne,
 und um zu schauen des Herrn Herrlichkeit, mit der sie Gott verherrlicht hat.
Er aber herrscht als gerechter König, von Gott unterwiesen, über sie,
 und in seinen Tagen geschieht kein Unrecht unter ihnen,
 weil sie alle heilig sind, und ihr König der gesalbte Herr.

Diese letzten Worte, „der gesalbte Herr" (gr. *christos kyrios*), sind dieselben, die in der Verkündigung des Engels an die Hirten in Bethlehem in Lk 2, 11 vorkommen: „Euch ist heute der Heiland geboren, welcher der Christus ist, der Herr, in der Stadt Davids."[13] Und vielleicht ist dies kein bloßer Zufall, ist doch die Atmosphäre der lukanischen Erzählung von der Geburt Jesu der der *Salomo-Psalmen* recht ähnlich; die frommen Israeliten, denen man darin begegnet — Zacharias und Elisabeth, Joseph und Maria, Simeon und Hanna —, die auf „den Trost Israels" und „die Erlösung Jerusalems" warten, gehörten offenbar einer frommen Gruppe der „Stillen im Lande" an, die dem Kreis, welcher die *Salomo-Psalmen* hervorbrachte, nicht unähnlich war. In den Gesängen des Lukas von der Geburt Christi kommen die Sehnsüchte der *Salomo-Psalmen* erneut zum Ausdruck, doch jetzt sind sie der Erfüllung nahe. Mit folgenden Worten verkündet Gabriel die Geburt des Sohnes der Maria (Lk 1, 32 f.):

Dieser wird groß sein und Sohn des Höchsten genannt werden,
 und Gott der Herr wird ihm den Thron seines Vaters David geben,
und er wird König sein über das Haus Jakob in Ewigkeit,
 und seines Königtums wird kein Ende sein.

Wir vernehmen darin einen Widerhall der Weissagung des Jesaja über den „Fürsten mit den vier Namen", dessen gerechte Herrschaft „auf dem Throne Davids und über seinem Königreiche ... von nun an bis in Ewigkeit" dauern wird (Jes 9, 7). Und ganz ähnlich klingt es in Zacharias' Lobeshymne (Lk 1, 68—71):

Gepriesen sei der Herr, der Gott Israels;
 denn er hat sich seines Volkes angenommen und ihm Erlösung bereitet

---

[13] An beiden Stellen ist *christos kyrios* oftmals zu *christos kyriou* („der Gesalbte des Herrn") emendiert worden; vgl. Lk 2, 26.

und hat uns aufgerichtet ein Horn des Heils
in dem Hause Davids, seines Knechtes,
wie er geredet hat durch den Mund seiner heiligen, von Ewigkeit her
ausgesandten Propheten:
Errettung von unsern Feinden
und aus der Hand aller, die uns hassen ...

Dies waren die edelsten Ausprägungen der Messiashoffnung am Vorabend von Jesu Geburt. Eine zureichende Würdigung ihrer Deutung und Erfüllung durch Jesus kann jedoch nicht ohne Bezugnahme auf eine andere Form erfolgen, in der uns die Hoffnung Israels im Alten Testament wie in den außerkanonischen Schriften neben dem Alten Testament entgegentritt.

2.

Einer der Propheten Israels bezeichnet die Messiashoffnung als „die dem David verheißene Gnade“ (Jes 55, 3) — die Summe der Verheißungen, die Jahwe David machte und ihm durch einen dynastischen Bund verbriefte. Diese Worte finden sich am Ende des Korpus von Weissagungen, das mit der Trostbotschaft an Jerusalem beginnt und der Stadt das nahe bevorstehende Ende ihrer Drangsale und die Rückkehr ihrer verschleppten Bürger aus dem babylonischen Exil ankündigt: „Tröstet, tröstet mein Volk! spricht euer Gott“ (Jes 40, 1). Diese Erneuerung wird die Erlösungstat des Gottes Israels sein; zu ihrer Durchführung hat er Kyros, den Begründer des Perserreiches, ausersehen. Der von Sieg zu Sieg schreitende Kyros weiß nicht, daß sein triumphaler Vormarsch von einem ihm unbekannten Gott, dem einen wahren Gott, gelenkt wird, im Vergleich zu dem alle Götter der Völker zur Bedeutungslosigkeit herabsinken. Dennoch ist es Jahwe, der Kyros gesalbt und seine Rechte gehalten hat, um ihm eine weltbeherrschende Stellung zu geben, von der aus er Jahwes Willen auszuführen und die jüdischen Exilanten ihrem Heimatland wiederzugeben vermag. Diese Zurückbringung wird dazu führen, daß alle Völker erkennen: Jahwe allein ist Gott. So wird die Zion verkündete frohe Botschaft in der ganzen Welt ein Echo finden; sie ist in der Tat nicht allein für Zion eine frohe Botschaft, sondern im letzten Grunde für die gesamte Menschheit.[14]

Aber wie kann der Aufstieg eines heidnischen Eroberers, wie kann die Rückkehr einiger tausend entwurzelter Juden solch eine allumfassende

---

[14] Jes 45, 1 ff.

Bedeutung erlangen? Weil durch diese Bewegungen — wie gering ihre vordergründige Bedeutung auch sein mag — die Voraussetzungen für etwas weit Bedeutungsvolleres geschaffen werden: für das Auftreten einer Gestalt, die Kyros in den Schatten verweist, den Gottesknecht, der die Aufgabe hat, die Kenntnis des wahren Gottes auf der ganzen Erde zu verbreiten. Kyros hat Jahwe gedient, ohne sich dessen bewußt zu sein; hier ist einer, der ihm bereitwillig und klug dienen wird. Kyros hat Gottes Absichten mit den zeitlichen und begrenzten Methoden der militärischen Eroberung und imperialen Macht gefördert; hier ist einer, der sie auf ganz andere Art und Weise fördern wird — nicht, indem er die Welt mit Lärm erfüllt, sondern in der Verborgenheit und durch geduldigen Gehorsam; nicht, indem er anderen seinen Willen aufzwingt, sondern indem er klaglos Verachtung, Ungerechtigkeit, Leiden und Tod auf sich nimmt. Dieses Schicksal bereiten ihm andere dafür, daß er Gott gehorsam ist, und doch steckt noch mehr dahinter: die Krönung seines Gehorsams besteht darin, daß er sich dieser Behandlung fügt; hierfür hat Jahwe ihn auserwählt und seinen Geist auf ihn gelegt (Jes 42, 1). Gerade sein Leiden ist das Mittel, durch das er den Plan Gottes vollkommener erfüllt, als es Kyros je zu tun vermochte, und den Vielen Segen und Befreiung bringt.[15]

Wer ist dieser Knecht? Gelegentlich wird er als „Israel" angesprochen, wie zum Beispiel in Jes 49, 3, wo Jahwe zu ihm sagt:

Du bist mein Knecht,
Israel, durch den ich mich verherrliche.

Er ist indessen nicht gänzlich die Verkörperung des Volkes Israel: Israel als Ganzes ist ein ungehorsamer Knecht gewesen, und die Aufgabe, der Welt die Erkenntnis Gottes zu vermitteln, ist jemandem anvertraut, der in seiner Person das ideale Israel verwirklicht und sowohl dem Volk Israel wie den anderen Völkern die erlösende Gnade Gottes bringt (Jes 49, 6):

Zuwenig ist es, daß du mein Knecht sein solltest,
nur um die Stämme Jakobs aufzurichten
und die Geretteten Israels zurückzubringen;
so will ich dich denn zum Lichte der Völker machen,
daß mein Heil reiche bis an das Ende der Erde.

Dieser Gottesknecht ist mithin eng mit dem Volk Israel verbunden und dennoch von ihm unterschieden; tatsächlich leidet er zum Teil für die Sünde des Volkes — „ob der Sünde meines Volkes", sagt der Prophet, „zum Tode getroffen" (Jes 53, 8).[16] Er ist in Wirklichkeit Israels

[15] Jes 42, 1—4; 49, 1—6; 50, 4—9;52, 13—53, 12.
[16] LXX: *lammawet* („zum Tode"), anstatt MT *lamo* („ihm").

König, sakralisiert dargestellt, der sowohl sein Volk zu repräsentieren als auch stellvertretend für es zu leiden vermag;[17] er ist der, dessen Wirken die Erfüllung der „David verheißenen Gnaden" gewährleistet. Wenn er es im ersten der vier „Gottesknechtlieder" ist, der „die Wahrheit unter die Völker hinaustragen" wird (Jes 42, 1), so sagt Jahwe in einer darauffolgenden Weissagung, die in diese Lieder nicht mit eingeschlossen ist, von ihm (Jes 55, 4):

Wie ich ihn für Völker zum Zeugen gemacht,
zum Fürsten und Gebieter von Nationen.

In welchem Sinn diese Worte auch immer auf den ursprünglichen David zutrafen, sie sind in sehr viel stärkerem Maße auf den Knecht anwendbar, der, durch Leiden triumphierend, Wahrheit und Gerechtigkeit auf Erden aufrichtet.

Zwei Aussagen über den jesajanischen Knecht klingen im Danielbuch nach. „Mein Knecht", sagt Jahwe am Anfang des vierten Gottesknechtliedes (Jes 52, 13), „wird weise handeln *(jaskil)*".[18] Das Pluralpartizip dieses hebräischen Verbs, *maskilim,* wird in Daniel 11, 33; 12, 3 mit Bezug auf jene verwandt, die die Hauptlast des Angriffs tragen, als Antiochus Epiphanes die Religion der Juden abzuschaffen versucht, und andere durch ihre Lehren und ihr Vorbild ermutigen, fest zu bleiben und sich zu weigern, das Gesetz ihres Gottes zu brechen.[19] Obwohl diese *maskilim* Schlimmes erdulden müssen, ist ihnen ihr Lohn gewiß: wenn das Auferstehungszeitalter herannaht, werden sie „leuchten wie der Glanz der Himmelsfeste und, die viele zur Gerechtigkeit geführt, wie die Sterne immer und ewig" (Dan 12, 3). Die Worte „die viele zur Gerechtigkeit geführt", die in synonymem Parallelismus mit den „Weisen" (den *maskilim*) gebraucht werden, gemahnen an Jahwes Worte in Jes 53, 11: „der Gerechte, mein Knecht, wird vielen Gerechtigkeit schaffen". Es ist sehr wohl möglich, daß die verfolgten *maskilim* das Gefühl hatten, bis zu einem gewissen Grade korporativ die Rolle des Gottesknechts zu spielen.

Man mag diese *maskilim* mit dem Volk identifizieren, das in einer früheren Vision Daniels „die Heiligen des Höchsten" genannt wird und nach dem Sturz des letzten heidnischen Weltreiches richterliche Gewalt und die Macht über alle Reiche empfängt (Dan 7, 22. 27). Die Wendung „die

---

[17] Vgl. C. R. North, *The Suffering Servant in Deutero-Isaiah,* Oxford 1948, S. 207 ff.; A. Bentzen, *King and Messiah,* London 1955, S. 48 ff.; H. H. Rowley, *The Servant of the Lord and Other Essays on the Old Testament,* Oxford ²1965, S. 1—94 und besonders S. 61 ff.

[18] Dieselbe Form *jaskil* wird mit bezug auf den messianischen „Sproß" in Jer 23, 5 verwandt („der wird . . . weise regieren").

[19] Siehe S. 106.

Heiligen des Höchsten“ erscheint allerdings in der Deutung des Traumes, in dem nach dem Aufstieg und Sturz von vier wilden Tieren, die die heidnischen Weltreiche bezeichnen, „einem, der einem Menschensohn glich“ (aram. *ke bar 'änasch,* das heißt einer menschenähnlichen Gestalt), der mit den Wolken des Himmels kommt und vor den „Hochbetagten“ geführt wird (Dan 7, 13 f.), die ewige und allumfassende Herrschaft gegeben wird.

Man braucht die Quellen dieser Gestalt, „die einem Menschensohn glich“, nicht außerhalb Israels — beispielsweise in iranischen Vorstellungen von einem Ur- oder Himmelswesen — zu suchen.[20] Der Wortlaut erinnert an Stellen wie Ps 80, 17, wo der Psalmist im Gebet zu Jahwe, dem „Hirten Israels“, von Israel als „dem Mann deiner Rechten, dem Menschensohn, den du dir gestärkt hast“, spricht („Menschensohn“, hebr. *ben 'adam* wird hier in synonymem Parallelismus mit „Mann“, hebr. *'isch,* gebraucht), oder Ps 8, 5, wo „des Menschen Sohn“ (hebr. *ben 'adam*), in Parallelismus mit dem „wenig niedriger als Gott“ gemachten Menschen *('änasch),* die Herrschaft über die niederen Lebewesen ausübt und das Ideal des Menschen verwirklicht, wie er nach dem Willen Gottes sein sollte. Eine unmittelbarere, wenngleich andersartig bezeichnete Vorstufe kann man indessen im Gottesknecht erblicken, besonders wenn man die Neigung des hebräischen Denkens berücksichtigt, zwischen korporativer und individueller Persönlichkeit zu schwanken — in diesem Fall zwischen der Nation und ihrem Repräsentanten.

Daniels „einer, der einem Menschensohn glich“, wird nicht ausdrücklich als leidende Gestalt dargestellt, doch werden „die Heiligen des Höchsten“, sein Gegenstück in der Deutung von Daniels Vision, von dem „kleinen Horn“ auf dem Kopf des vierten großen Tieres — des Verfolgers Antiochus — angegriffen und überwältigt. Die Situation wird nur durch göttliches Eingreifen umgekehrt, so daß der Verfolger vernichtet wird und die verfolgten Heiligen gerechtfertigt und erhöht werden. Wenn man sich nicht so sehr an die Worte oder Symbole hält, sondern an die Wirklichkeit, die sie vermitteln, geht man jedenfalls nicht zu weit, wenn man in diesem „einem, der einem Menschensohn glich“ eine weitere Verkörperung der Messiashoffnung Israels erblickt.

---

[20] Vgl. R. Otto, *Reich Gottes und Menschensohn,* München ¹1940, S. 133 ff.; ferner S. Mowinckel, *He that Cometh,* Oxford 1956, S. 335 ff., 346 ff.

3.

Die Vision von Daniel 7 steht vermutlich hinter einer Anzahl Stellen in den *Bilderreden des Henoch*. Mit diesem Titel bezeichnet man gewöhnlich Kapitel 37 bis 71 des äthiopischen Henochbuches, einen in vielen Hinsichten von anderen Teilen des aus mehreren Überlieferungen zusammengewachsenen Henochbuches verschiedenen Abschnitt. Vielleicht ist es bezeichnend, daß man unter den Qumran-Handschriften zwar Bruchstücke aller anderen Hauptabschnitte des äthiopischen Henochbuches identifizieren konnte, aber kein Fragment der *Bilderreden* gefunden hat. Obwohl dieser Abschnitt möglicherweise von einem anderen Autor und aus einer anderen Zeit stammt als die übrigen Teile des äthiopischen Henochbuches, wurde er wahrscheinlich vor der Zeitwende verfaßt.[21]

In den *Bilderreden* tauchen die gefallenen Engel, die an anderen Stellen des äthiopischen Henochbuches eine so große Rolle spielen, nicht auf. Gott, der „Herr der Geister", wird in den *Bilderreden* als „der, der ein betagtes Haupt hat" (oder kürzer als „das Haupt der Tage") bezeichnet, dessen Haupt „weiß wie Wolle" ist (46, 1). Diese Beschreibung gründet sich offensichtlich auf Dan 7, 9, wo Daniel Gott als „einen Hochbetagten" schaut, dessen „Haupthaar rein wie Wolle" war. Bei ihm war „ein anderer, dessen Antlitz wie das Aussehen eines Menschen war" (46, 2). Dieser andere wird als „jener Menschensohn" bezeichnet, ein Ausdruck, in dem zweifellos Dan 7, 13 anklingt, doch ist „jener Menschensohn" in den *Bilderreden* kein Titel, sondern bedeutet „jener Menschensohn (Mensch), der zusammen mit dem Haupt der Tage erscheint", „der Menschensohn, der die Gerechtigkeit hat", wie er in 46, 3 heißt; er ist offensichtlich identisch mit demjenigen, der sonst „der Gerechte ..., dessen Werke von dem Herrn der Geister aufbewahrt sind" (38, 2), genannt wird, der „Auserwählte der Gerechtigkeit und der Treue", der „seine Wohnung unter den Fittichen des Herrn der Geister" hat (39, 6 f.), und der „Gesalbte" (Messias) des Herrn der Geister (48, 10; 52, 4).[22] Dieser Menschensohn wird ein Stab für die Gerechten und das Licht der Völker sein (48, 4) — hier vernehmen wir ein Echo des zweiten jesajanischen Gottesknechtliedes (Jes 49, 6) —, aber der Vollstrecker des göttlichen Gerichts über die Gottlosen (1 Hen 48, 8—10).

---

[21] Siehe E. Sjöberg, *Der Menschensohn im äthiopischen Henochbuch*, Lund 1946, S. 35 ff.

[22] Für eine erhellende Darstellung des Menschensohnes im ägyptischen Henochbuch siehe M. D. Hooker, *The Son of Man in Mark*, London 1967, S. 33 ff.

Denn der Menschensohn war vorher verborgen,
Und der Höchste hat ihn vor seiner Macht aufbewahrt
Und ihn den Auserwählten geoffenbart (62, 7).

Am Tage der Heimsuchung aber erweist sich dieser Menschensohn als Fürsprecher der Gerechten und Richter der Ungerechten:

Ein Teil von ihnen wird den anderen ansehen;
Sie werden erschrecken,
Ihren Blick senken,
Und Schmerz wird sie ergreifen,
Wenn sie jenen Menschensohn
Auf dem Throne seiner Herrlichkeit sitzen sehen werden (62,5).

Dergleichen Worte haben eine auffallende Ähnlichkeit mit den Worten Jesu über die Zeit, da der Menschensohn „auf dem Throne seiner Herrlichkeit“ sitzen wird, um zusammen mit zwölf Beisitzern Gericht zu halten (Mt 19, 28), während alle Völker vor ihm versammelt sind, um in zwei Gruppen aufgeteilt zu werden, „wie der Hirt die Schafe von den Böcken sondert“ (Mt 25, 31 ff.).

Der Menschensohn in den *Bilderreden* „wurde bei dem Herrn der Geister und sein Name vor dem Betagten genannt ... Bevor die Sonne und die Zeichen geschaffen, bevor die Sterne des Himmels gemacht wurden“ (1 Hen 48, 2 f.). Sein Name wird aber bis gegen den Schluß der *Bilderreden* geheimgehalten; in Kapitel 71 wird Henoch in den Himmel entrückt und von Gott mit den Worten begrüßt: „*Du* bist der Menschensohn, der zur Gerechtigkeit geboren wird; Gerechtigkeit wohnt über dir, und die Gerechtigkeit des betagten Hauptes verläßt dich nicht“ (71, 14). Diese Identifizierung des Menschensohnes mit Henoch[23] beweist zur Genüge, daß die *Bilderreden* nicht das Werk eines christlichen Verfassers sind.

Wie der „eine, der einem Menschensohn glich“ im Danielbuch ist auch der „Menschensohn“ in den *Bilderreden* als Kollektivpersönlichkeit aufzufassen, als die von Ewigkeit her in Gott erwählte und „verborgene“ Gemeinschaft der Gerechten und Erwählten,[24] die von Zeit zu Zeit in jemandem individualisiert werden kann, der durch besondere Gerechtigkeit hervorragt, wie Henoch, der in einem anderen Abschnitt des äthiopischen Henochbuches seiner Gerechtigkeit wegen den Auftrag bekommt, die gefallenen Engel zu richten,[25] und der in den *Bilderreden* auserwählt

---

[23] Man mag damit die Darstellung Henochs als Knecht des Herrn im Buch der Weisheit Salomos 4, 10—15 (vgl. 2, 13) vergleichen.

[24] Vgl. Eph 1, 4, wo das Volk Gottes vor der Grundlegung der Welt in Christus erwählt wird.

[25] Vgl. 1 Pt 3, 18 f., wo Christus diese Aufgabe erfüllt, der „lebendig gemacht wurde nach dem Geist“, nachdem er „getötet wurde nach dem Fleisch“.

worden ist, in der Endzeit über alle Gottlosen das Urteil zu sprechen. In den *Bilderreden* ist der Menschensohn eng mit der Gemeinde der Gerechten verbunden: wie er, sind auch sie gerecht (38, 1 ff. usw.); wie er, sind auch sie auserwählt (38, 3 usw.).

In einer der Visionen der Esra-Apokalypse (4 Esr 13, 1—53) begegnet man einer späteren Weiterentwicklung des „Menschensohnes" des Danielbuches und des äthiopischen Henochbuches in einem „Menschen", der aus dem Herzen des Meeres emporsteigt und mit den Wolken des Himmels fliegt, um die Gottlosen zu richten und die Schöpfung zu erlösen. Er wird von Gott als „mein Sohn" anerkannt und als „derjenige, den der Höchste lange Zeiten hindurch aufspart", bezeichnet — Worte, die in anderen Teilen derselben Apokalypse mit Bezug auf den Messias gebraucht werden (4 Esr 7, 28 f.; 12, 32 f.).

Die Esra-Apokalypse wurde jedoch erst nach 70 n. Chr. verfaßt und kann daher keinen Einfluß auf die Evangelientradition ausgeübt haben. Der Titel „Menschensohn" in der Evangelientradition, wo man ihm nur im Munde Jesu begegnet, bezeichnet einen schöpferischen Fortschritt in seiner Verwendung und Bedeutung.[26]

4.

Jesu Zeitgenossen waren auf keine bestimmte Form von Messiaserwartung festgelegt, doch herrschte die Hoffnung auf einen kriegerischen Messias vor. Vielen schien es, als seien die Verheißungen eines Fürsten aus dem Hause Davids, der sein Volk von dem Joch der Unterdrücker befreien werde, für eine Zeit wie die ihre gemacht worden, gleichgültig, ob ihnen ein Herodäer oder ein römischer Statthalter dieses Joch auferlegt habe. Im Kreise einer Minderheit von „Stillen im Lande" wurden indessen von Zeit zu Zeit Erwartungen mehr geistlicher Art laut. In Lukas' Gesängen von der Geburt Christi ist nicht nur Platz für das von Gabriel und Zacharias angeschlagene davidische Thema, sondern auch für Simeons *Nunc dimittis* mit seinem Widerhall der Gottesknechtlieder (Lk 2, 30—2):

Denn meine Augen
haben dein Heil gesehen,
das du im Angesicht aller Völker
bereitet hast,

[26] Siehe S. 179.

ein Licht zur Erleuchtung
der Heiden
und zur Verherrlichung
deines Volkes Israel.[27]

Im Geist dieser Worte, der Lukas in hohem Grade angesprochen haben muß, sollte die Messiashoffnung im ersten christlichen Jahrhundert verwirklicht werden.

---

[27] Siehe Teil II, Kap. 6/3 für eine weitere Anwendung von Jes 49, 6.

ELFTES KAPITEL

Das Judentum am Beginn des christlichen Zeitalters

1.

Am Beginn des christlichen Zeitalters sahen alle Juden in der ganzen Welt Palästina und Jerusalem als ihre Heimat an, doch lebten die meisten von ihnen weit davon entfernt.[1] Die Aufzählung der Völker in Apg 2, 9—11, die sieben Wochen nach Jesu Tod beim Pfingstfest in Jerusalem durch Gläubige vertreten waren, verdient wegen ihrer literarischen Verwandtschaften Interesse,[2] bezeichnet indessen deutlich den weiten Bereich der jüdischen Diaspora, von den Herrschaftsgebieten der „Parther und Meder und Elamiter" im Osten bis nach Rom im Westen, wobei die dazwischen liegenden Gebiete Mesopotamien, Kleinasien, Kreta, Arabien, Ägypten und Kyrene besonders erwähnt werden.

Seit den Deportationen durch die Assyrer und Babylonier (8.—6. Jahrhundert v. Chr.) waren in Mesopotamien und den daran angrenzenden Ländern stets Juden ansässig gewesen. Von den Nachkommen der Verbannten machten viele von der unter der persischen Herrschaft bestehenden Möglichkeit, in die Heimat zurückzukehren, keinen Gebrauch. Artaxerxes III. von Persien siedelte eine Anzahl jüdischer Gefangener in Hyrkanien am Kaspischen Meer an (etwa 350 v. Chr.).[3] Für diese unter den „innerasiatischen Nichtgriechen" lebenden Juden verfaßte Flavius Josephus die erste (aramäische) Ausgabe seines *Jüdischen Krieges.*[4]

Die Judenkolonien in Ägypten entstanden am Anfang des 6. Jahrhunderts v. Chr. Die Elephantine-Papyri berichten uns einiges über das

---

[1] Aussagen zeitgenössischer Autoren, die Ausmaß und Umfang der jüdischen Diaspora zeigen, sind bei Schürer *GJV*, 3, S. 3 ff. zusammengestellt.

[2] S. Weinstock („The Geographical Catalogue in Acts 2, 9—11", *JRS* 38 [1948], S. 43 ff.) erwähnt eine handschriftliche Randnotiz von F. C. Burkitt in einem Separatabdruck von F. Cumont „La plus ancienne géographie astrologique", *Klio* 9 (1909), S. 263 ff. — einem Aufsatz, der die Aufteilung der Völker unter die Tierkreiszeichen behandelt. Burkitts Notiz tabellarisiert die Aufzählung von Apg 2, 9—11 neben dem nach den Tierkreiszeichen angeordneten Verzeichnis der Völker aus den *Apotelesmatica* des Paulus Alexandrinus (4. Jh. n. Chr.). Die Notiz soll anscheinend besagen, daß „Lukas in Wirklichkeit sagen wollte, ‚die ganze Welt' ... alle Völker, die unter den zwölf Tierkreiszeichen leben".

[3] Hier. *chron. a. Abr.* (105. Olympiade).

[4] Ios. *bel. Iud.* I, 3.

Schicksal einer solchen Niederlassung: sie bestand aus jüdischen Söldnern und ihren Familien, die Psamtek II. von Ägypten (594—588 v. Chr.) für einen Krieg gegen die Äthiopier und danach zur Bewachung seiner Südgrenze angeworben hatte. Diese Juden, die Josias religiöser Reform vom Jahre 621 v. Chr. offenbar kaum Beachtung schenkten, errichteten Jahwe auf der Nilinsel Elephantine einen Tempel und Altar und lebten dort und in Syene (Assuan) bis etwa 400 v. Chr.[5] Sie gehörten vielleicht mit zu denjenigen, an die Jeremia im Jahre 586 v. Chr. seine Botschaft richtete, als er die judäischen Führer und ihre Gefolgsleute begleiten mußte, die sich nach Ägypten aufmachten, um der Rache der Babylonier nach der Ermordung des von Nebukadnezar eingesetzten Statthalters von Judäa, Gedalja, zu entgehen (Jer 44).

Im Verlauf der Eroberungszüge Alexanders des Großen und der Eingliederung Ägyptens und der Cyrenaika in sein Reich ließen sich noch sehr viel mehr Juden in diesen Gebieten nieder, besonders in Alexandrien (331 v. Chr. von Alexander d. Gr. gegründet) und Kyrene. Philo von Alexandrien schätzte die Zahl der in Ägypten und den benachbarten Gebieten lebenden Juden um das Jahr 38 n. Chr. auf mindestens eine Million.[6] Diese Angabe dürfte stark übertrieben sein, doch waren in Ägypten sicherlich sehr viele Juden ansässig. In Alexandrien selbst war damals einer der fünf Stadtbezirke gänzlich und ein weiterer zum großen Teil jüdisch.[7] Die Ptolemäer forderten die Ansiedlung von Juden in Alexandrien, besonders während der Zeit, als Judäa zu ihrem Reich gehörte; Ptolemäus I. (323—285 v. Chr.) brachte eine Anzahl Juden nach der Cyrenaika, um die Loyalität dieses Gebiets zu festigen.[8] In ähnlicher Weise begünstigte der Seleukide Antiochus III., nachdem er Judäa und Coelesyrien den Ptolemäern entrissen hatte, die Gründung von Judenkolonien in Antiochien und anderen Städten seines Reiches. Noch vor der Eroberung Coelesyriens verpflanzte er eine große Anzahl Juden aus dem östlichen Teil seines Reiches nach Phrygien und Lydien in Kleinasien, um die Loyalität dieser Provinzen zu stärken.[9] Die phrygischen Juden waren dafür bekannt, daß sie alles andere als gesetzesstreng und durchaus bereit waren, sich an ihre Umwelt anzupassen; die Grenzen zwischen Judentum und Heidentum waren dort nicht hermetisch, wenn es auch

---

[5] Siehe A. E. Cowley, *Aramaic Papyri of the Fifth Century B.C.*, Oxford 1923; E. G. Kraeling, *The Brooklyn Museum Aramaic Papyri*, Oxford 1953.

[6] Phil. *Flacc.* 43.

[7] Phil. *Flacc.* 55; vgl. Ios. *bel. Iud.* II, 495.

[8] Ios. *c. Ap.* II, 44.

[9] Ios. *ant. Iud.* XII, 149 ff.

zweifelhaft ist, ob das *Prugita,* dessen Weine und Bäder laut dem Talmud die zehn Stämme von ihren israelitischen Brüdern getrennt hatten,[10] mit Phrygien gleichzusetzen ist.[11]

Was Rom anbelangt, mit dem die Juden in der Zeit des Judas Makkabäus diplomatische Beziehungen aufgenommen hatten, so wuchs die dortige jüdische Kolonie nach der Eroberung Judäas durch Pompejus im Jahre 63 v. Chr. rasch an; 59 v. Chr. stellte sie laut Cicero ein einflußreiches Element in der römischen Gesellschaft dar.[12] Zu Beginn des christlichen Zeitalters waren in Rom schätzungsweise 40—60 000 Juden ansässig.[13] Unsere Kenntnis der römischen Judenschaft gründet sich nicht nur auf literarische Zeugnisse, sondern auch auf die Untersuchung von sechs jüdischen Katakomben in Rom.[14] Vor allem drei dieser Katakomben haben uns wertvolles Material geliefert — die Monteverde-Katakombe an der Via Portugensis, die erstmals im Jahre 1602 entdeckt und 1904 wiederentdeckt wurde, die 1853 entdeckte Katakombe an der Via Appia und die Katakombe an der Via Nomentana, die 1919 ausgegraben wurde. Die römischen Juden sprachen im allgemeinen griechisch und trugen griechische Namen, gaben ihren Kindern aber (nach Inschriften in den Katakomben zu urteilen) lateinische Namen. Als es im Jahre 19 n. Chr. zu einem öffentlichen Skandal kam, weil vier römische Juden einen wohlhabenden Proselyten namens Fulvia überredet hatten, eine größere Geldsumme für den Jerusalemer Tempel zu spenden, die sie dann unterschlugen, verfügte der Kaiser Tiberius die Ausweisung aller Juden; viertausend römische Juden wurden damals als Soldaten nach Sardinien geschickt.[15] Wenige Jahre später war die jüdische Gemeinde jedoch nach Rom zurückgekehrt und wieder so zahlreich wie zuvor.[16]

---

[10] bT *Schabbat,* 147 b.

[11] Vgl. A. Neubauer, *Géographie du Talmud,* Paris 1868, S. 315. M. Jastrow (*A Dictionary of the Targumin* usw., New York 1926, S. 1217) verlegt Prugita nach Nordpalästina. Für die Assimilationsbestrebungen phrygischer Juden siehe auch W. M. Ramsay, *Cities and Bishoprics of Phrygia* II, Oxford 1897, S. 637 ff., 649 ff., 673 ff.; das von ihm beigebrachte epigraphische Material veranlaßt ihn zu der Feststellung (S. 67): „Wir können also die Heirat der Jüdin Eunice aus Lystra mit einem Griechen und die Freistellung ihres Sohnes vom mosaischen Gesetz als typisch für eine Lockerung der jüdischen Ausschließlichkeit in Lykaonien und Phrygien und für eine Annäherung an die heidnische Bevölkerung, in deren Mitte die Juden lebten, ansehen" (vgl. Apg 16, 1—3; 2 Tim 1, 5; siehe Teil II, Kap. 9/1).

[12] Cic. *Flacc.* 66.

[13] H. J. Leon, *The Jews of Ancient Rome,* Philadelphia 1960, S. 135 f.

[14] H. J. Leon, *a. a. O.,* S. 46 ff.

[15] Ios. *ant. Iud.* XVIII, 81—4; vgl. Tac. *ann.* II, 85, 5; Suet. *Tib.* 36.

[16] Siehe Teil II, Kap. 8/2.

2.

Das Herzstück des jüdischen Lebens bildete der Jerusalemer Tempel, der an derselben Stelle stand, wo König Salomo nahezu tausend Jahre zuvor Jahwe das Haus „von gewaltiger Größe" gebaut hatte. Nachdem die Heere der Chaldäer es 587 v. Chr. niedergebrannt hatten, war etwa siebzig Jahre später das bescheidenere Heiligtum des Serubbabel dort errichtet worden. Dieser zweite Tempel bestand ungeachtet seiner drei Jahre währenden Entweihung durch Antiochus Epiphanes (167—164 v. Chr.) und seiner gelegentlichen Verschönerung durch Stifter — vor allem durch Herodes, der ihn umbaute und die heilige Stätte beträchtlich erweiterte — bis zu seiner Zerstörung durch römische Truppen im Jahre 70 v. Chr. Nach seiner Restaurierung durch Herodes übertraf er an Pracht noch den Bau König Salomos. Hier wurde Tag für Tag im Priestervorhof dem Gotte Israels das *tamid*, das ständige Brandopfer, dargebracht — jeden Morgen bei Tagesanbruch ein Lamm und jeden Nachmittag „zur Stunde des Gebets, der neunten" (Apg 3, 1) ein weiteres Lamm.[17] Die Einzelheiten dieser beiden täglichen Brandopfer sind im Mischna-Traktat *Tamid* verzeichnet; obwohl sein Inhalt, wie die übrige Mischna, erst gegen Ende des 2. Jahrhunderts n. Chr. aufgezeichnet wurde, bewahrte er in einer im großen und ganzen verläßlichen Form eine bis in die Zeit des Tempelbestandes zurückreichende mündliche Überlieferung. Das *tamid* wurde jeden Morgen von Chorgesang und Gemeindegebeten begleitet; ein Weihrauchopfer ging ihm vorauf und ein vom Hohenpriester bezahltes und in seinem Namen Gott dargebrachtes *mincha* (Speiseopfer aus Weizenmehl und Öl) sowie ein Wein-Trankopfer folgten ihm; daran schlossen sich ein Gebetsgottesdienst in der „Quaderhalle" *(lischkat haggazit)* mit dem *Sch'ma* („Höre Israel . . .") und dem Segen an, sowie ein Lobgottesdienst mit musikalischer Begleitung, der mit dem Tagespsalm endete. Der Nachmittagsgottesdienst verlief ähnlich, nur daß dabei das Weihrauchopfer dem Brandopfer nicht vorausging, sondern sich anschloß.

Am Sabbat[18] wurden morgens und nachmittags je zwei Lämmer geopfert; an jedem Neumondstag[19] und an Festtagen[20] wurde die Zahl der Opfer vervielfacht.

Die Priester waren in vierundzwanzig Abteilungen gegliedert, von de-

---

[17] Das biblische Gesetz über das *tamid* ist in 4 Mo 28, 3—8 verzeichnet.

[18] Vgl. 4 Mo 28, 9 f.

[19] Vgl. 4 Mo 28, 11—15.

[20] Vgl. 4 Mo 28, 16—29, 38.

nen jede jeweils eine Woche Dienst tat.[21] Die meisten Priester amtierten somit jedes Jahr insgesamt zwei Wochen, doch mußten an den hohen Festtagen wegen der größeren Zahl der Opfer sämtliche Wochenabteilungen Dienst tun.

Außer den festgesetzten Opfern wurden noch viele weitere auf Veranlassung von Privatpersonen dargebracht, besonders zum Dank für die Errettung aus Gefahr oder für andere Wohltaten und aufgrund von Gelübden,[22] wie zum Beispiel des Nasiräergelübdes der vier Männer in Apg 21, 23 ff., dessen Kosten Paulus übernahm. Unter allen diesen Einzelopfern ragt das tägliche Opfer hervor, das von Augustus bis Nero für den römischen Kaiser dargebracht wurde;[23] seine Einstellung im Sommer 66 n. Chr. kam der offiziellen Bestreitung seiner Autorität gleich.[24]

Die drei großen Wallfahrtsfeste waren (1) das durch die Passahfeier eröffnete Massotfest, an dem man sieben Tage lang ungesäuertes Brot aß, um die Zeit des Frühlings-Äquinoktiums, (2) sieben Wochen später das Pfingstfest und (3) das Laubhüttenfest um die Zeit des Herbst-Äquinoktiums. Diese drei Feste waren ursprünglich Ackerbaufeste und bezeichneten (1) den Beginn bzw. (2) das Ende der Gersten- und Weizenernte und (3) das Ende der Wein- und Olivenlese, die den Abschluß der gesamten jährlichen „Einsammlung" bildete. In neutestamentlicher Zeit — und was das erste und dritte dieser Feste betrifft, schon sehr viel früher — trat ihre Bedeutung als Ackerbaufeste indessen hinter dem Gedenken an historische Ereignisse zurück: das Fest der ungesäuerten Brote erinnerte an die ungesäuerten Brotkuchen, die die Israeliten bei ihrem überstürzten Auszug aus Ägypten buken (2 Mo 12, 29), das Pfingstfest erinnerte an die

---

[21] Vgl. 1 Chron 24, 7—19; Mischna, *Ta'anit* 4, 2. Der ersten Abteilung (Jojarib) gehörten die Hasmonäer an (1 Makk 2, 1) wie auch Josephus (*vit.* 2). Es waren nicht immer vierundzwanzig Abteilungen; in den Listen von Neh 12, 1—7 (in der Zeit Serubbabels), 12, 12—21 (frühes 5. Jahrhundert v. Chr.) und 10, 3—9 (etwa 430 v. Chr.) sind zweiundzwanzig verzeichnet. Die Qumran-Gemeinde traf Vorkehrungen für sechsundzwanzig Abteilungen (1 QM II, 2) — eine Anpassung an den „Jubiläen"-Kalender mit seinen 52 Wochen im Jahr (siehe S. 117). Der offizielle jüdische Kalender hatte ein Jahr von 354 Tagen, geteilt in zwölf Mondmonate; von Zeit zu Zeit wurde ein dreizehnter Monat eingeschaltet. Siehe auch E. J. Vardaman, „Introduction to the Caesarea Inscription of the Twenty-Four Priestly Courses", und M. Avi-Yonah, „The Caesarea Inscription of the Twenty-Four Priestly Courses", in: E. J. Vardaman und J. L. Garrett (Hrsg.), *The Teacher's Yoke*, Waco 1964, S. 42 ff., 46 ff.

[22] Mehrere der kanonischen Psalmen wurden anscheinend für solche Gelegenheiten verfaßt (zum Beispiel Ps 66, besonders V. 13—20); vgl. auch Jon 2, 2—9, besonders Vers 9.

[23] Siehe Teil II, Kap. 4/3.

[24] Siehe Teil II, Kap. 13/2.

Gesetzgebung am Sinai (2 Mo 19, 1 ff.)[25] und das Laubhüttenfest an die Laubhütten, in denen die Israeliten während ihrer Wüstenwanderung wohnten (3 Mo 23, 42 f.).

Ihre ursprüngliche Bedeutung als Ackerbaufeste geriet indessen nicht gänzlich in Vergessenheit. So bekundete man zum Beispiel mit der Wasserspende, die während des Laubhüttenfestes an sieben Morgen dargebracht wurde,[26] daß noch so viel Arbeit keine Ernte hervorbringen würde, wenn nicht zur rechten Zeit Regen vom Himmel fiel. Daß die Begehung des Laubhüttenfestes (vermutlich einschließlich der Zeremonie der Wasserspende) für das kommende Jahr Regen sicherte, wird aus Sach 14, 17 deutlich: „Die aber nicht heraufziehen nach Jerusalem von den Geschlechtern der Erde, um den König, den Herrn der Heerscharen anzubeten, über diese wird kein Regen kommen."[27] Diese Wasserspende bildet den Hintergrund des Aufrufs Jesu am achten und letzten Tage des Laubhüttenfestes 30 n. Chr. (dem Tage, an dem diese Zeremonie anscheinend nicht durchgeführt wurde):

> Wenn jemand dürstet, komme er zu mir und trinke!
> Wer an mich glaubt, aus dessen Leibe werden Ströme
> lebendigen Wassers fließen (Joh 7, 37 f.).

In der Frühzeit des Volkes Israel war jeder Mann gehalten, bei diesen drei Anlässen am Heiligtum zu erscheinen,[28] und selbst unter den ganz andersartigen Bedingungen des ersten nachchristlichen Jahrhunderts machten sich aus allen Teilen der Diaspora die Juden in Scharen nach Jerusalem auf den Weg, um an dem einen oder anderen dieser Feste teilzunehmen. Mit ihnen pflegten eine Anzahl Proselyten und sogar gottesfürchtige Heiden zu kommen: „Besucher aus Rom, Juden und Judengenossen" (Apg 2, 10) waren am Pfingsttag 30 n. Chr. in Jerusalem, und sieben Wochen zuvor werden „unter denen, die hinaufzogen, um am Passafest anzubeten", und Jesus gerne sehen wollten, einige Griechen erwähnt (Joh 12, 20 f.). Mehr als einmal verließ Paulus sein Heidenmis-

---

[25] Die Anerkennung des Pfingstfestes als Jahrfeier der Sinaigesetzgebung erscheint erstmals im Jubiläenbuch 1, 1 mit 6, 17; vgl. auch bT *Pesachim* 68 b; Midrasch *Tanchuma* 26 c; sie ist wahrscheinlich in der Erzählung von Apg 2, 1—11 impliziert. Für den jüdischen heiligen Kalender siehe den Anhang zu diesem Kapitel, S. 156.

[26] Mischna, *Sukka* 4, 9.

[27] Da die Ernte der Ägypter von der jährlichen Nilüberschwemmung abhing und nicht von Regenfällen (zumindest auf das Land Ägypten), sollte ihre Strafe, falls sie nicht heraufzogen, das Laubhüttenfest zu feiern, nicht Dürre, sondern die Pest sein (Sach 14, 18 f.).

[28] 2 Mo 23, 17; 34, 23; 5 Mo 16, 16.

sionsgebiet eigens, um in Jerusalem an einem dieser Feste teilzunehmen.[29]

Außer den Wallfahrtsfesten wurde am Beginn des Herbstmonats Tischri das Neujahrsfest gefeiert (vielleicht das nicht näher bezeichnete „Fest der Juden" in Joh 5, 1), um die Zeit der Wintersonnenwende das Chanukkafest (Tempelweihfest zum Gedenken an die Wiedereinweihung des Tempels unter Judas Makkabäus 164 v. Chr., nach seiner Entheiligung durch Antiochus IV.[30] [vgl. Joh 10, 22]) und zu Beginn des Frühjahrs das Purimfest zur Erinnerung an die Befreiung der Juden von ihrem Feinde Haman, wie sie im Buche Esther berichtet wird.[31] Kein Tag im ganzen Jahr wurde so feierlich begangen wie der Versöhnungstag (am 10. Tischri, fünf Tage vor dem Beginn des Laubhüttenfestes), an dem der Hohepriester das im Innern des Heiligtums befindliche Allerheiligste betrat, um die Sünde des ganzen Volkes zu sühnen.[32]

Man versteht die Begebenheit, mit der das Lukasevangelium beginnt — das Räucheropfer des Zacharias, des Vaters Johannes' des Täufers, im Tempel — besser, wenn man sich klar macht, daß dies der Höhepunkt seiner priesterlichen Laufbahn war. Jede „Wochenabteilung" umfaßte so viele Priester, daß keiner von ihnen hoffen konnte, das Vorrecht, am goldenen Räucheraltar zu amtieren, mehr als einmal auszuüben. Der Engel erschien dem Zacharias, als seine Dienstabteilung — „die Dienstabteilung Abia" (vgl. 1 Chron 24, 10) — Dienst hatte, und „er wurde durch das Los bestimmt, in den Tempel des Herrn zu gehen und zu räuchern" (Lk 1, 9).

Die Tempelgottesdienste wurden in der Hauptsache durch die Kopfsteuer in Höhe von einem halben Schekel unterhalten, die jeder männliche Jude von zwanzig Jahren und darüber jedes Jahr am ersten Adar (Februar/März) zu entrichten hatte.[33] Juden aus allen Teilen der Welt bezahlten diese Steuer, und ihre Einziehung und Weiterleitung nach Jerusalem wurde von den römischen Behörden gefördert. Die gängigste Münze hierfür war das einem Schekel entsprechende tyrische Tetradrachmon; gewöhnlich entrichteten damit zwei Juden gemeinsam ihre

---

[29] Apg 18, 21, westlicher Text („Ich muß auf jeden Fall zum kommenden Fest [Passah oder Pfingsten] in Jerusalem sein"); 20, 16 („er eilte, um, wenn es ihm möglich wäre, auf den Tag des Pfingstfestes in Jerusalem zu sein").
[30] Vgl. 1 Makk 4, 36—59; 2 Makk 1, 18; 2, 16—18; 10, 1—8.
[31] Est 9, 17—32.
[32] 3 Mo 16; Mischna, *Soma*.
[33] Vgl. 2 Mo 30, 11—16; 2 Chron 24, 6; Ios. *ant. Iud.* XIV, 110; Mischna, *Scheqalim*. Die jährliche Steuer betrug einmal, um 430 v. Chr. (vgl. Neh 10, 32 f.), einen Drittelschekel.

Steuer. Es war dies die Münze, die Petrus in Mt 17, 24—27 auf Jesu Geheiß den Einnehmern „für mich und dich" geben sollte.

Die Abgabe des Brennholzes für die Opfer war gleichfalls eine öffentliche Spende, die jedes Jahr am 15. Ab (Juli/August) geleistet wurde.[34]

Eine weitere Einnahmequelle waren die freiwilligen Gaben, die auf verschiedene Weise gespendet wurden. Es gab umfangreiche Zuwendungen, über die man die Öffentlichkeit ausführlich ins Bild setzte;[35] außerdem existierten in der Tempelkasse, die sich im Frauenvorhof befand, dreizehn trompetenförmige Opferstöcke, in die man Münzen einwerfen konnte,[36] wie es die arme Witwe von Markus 12, 41—44 tat, die, indem sie zwei Heller einlegte, „alles, was sie hatte, ihr ganzes Gut" opferte.

Die Priester bezogen ihre Einkünfte aus verschiedenen Quellen: die Sündopfer und Schuldopfer flossen ihnen gewöhnlich zu, desgleichen ein beträchtlicher Teil der Mahlopfer, die Schaubrote, Brust und rechte Schulter der Dankopfer, die Häute der als Brandopfer dargebrachten Tiere, die Erstlinge vom Korn und von anderen Bodenfrüchten *(teruma)* sowie von der Grütze *(challa)*, die Erstlinge vom Vieh (oder der entsprechende Geldbetrag), die fünf Schekel Lösegeld für die Erstgeburt von Menschen, ein Teil des Ertrags der Schafschur und eine große Anzahl Sonderabgaben.[37] Der Zehnte (eine zehnprozentige Einkommensteuer) wurde hauptsächlich den Leviten, den nichtpriesterlichen Tempeldienern, zugeteilt, die ein Zehntel davon an die Priester abführten.[38] Der Zehnte von 5 Mo 14, 22 ff.; 26, 12 ff. wurde damals als ein zweiter Zehnter interpretiert (was er ursprünglich nicht war), der auf Tiere, die zum gewöhnlichen Gebrauch geschlachtet wurden (zum Unterschied von den zu Opferzwecken geschlachteten), zu entrichten war, von dem die Priester bestimmte Teile bekamen (5 Mo 18, 3).[39]

Die Oberpriester wußten sich in wachsendem Maße den Löwenanteil an diesen Nebeneinkünften und -bezügen zu sichern; wie erwähnt, erreichte dieser Mißstand seinen Höhepunkt unter dem Hohenpriester

---

[34] Neh 10, 34; Ios. *bel. Iud.* II, 425; *Megillat Ta'anit* 11; Mischna, *Ta'anit* 4, 5. 8.

[35] Wie das von Alexander aus Alexandrien (Philos Bruder) zur Ausschmükkung der Tempeltore gestiftete Gold und Silber (Ios. *bel. Iud.* V, 205). Siehe S. 55, Anm. 24.

[36] Von diesen dreizehn Behältern waren sieben für verschiedene gesetzliche Abgaben und sechs für freiwillige Spenden bestimmt (Mischna, *Scheqalim* 6, 1, 5).

[37] Die meisten dieser Bestimmungen sind im Priesterkodex des Pentateuchs niedergelegt.

[38] Siehe Teil II, Kap. 11/4.

[39] Siehe Mischna, *Ma'aser Scheni.*

Ananias, dem Sohn des Nedebäus; damals gerieten viele gewöhnliche Priester in große Not.[40]

3.

Solange der Tempel bestand, bildete er das Herzstück des jüdischen religiösen Lebens, doch konnte er im täglichen Leben der meisten Juden nicht die gleiche Rolle spielen wie zur Zeit des Königs Josia, unter dessen Regierung Jerusalem zum Zentrum der Anbetung des Volkes wurde, das für jedermann im Königreich Juda ohne Schwierigkeiten erreichbar war. Vor allem die Diasporajuden konnten den Tempel nur hin und wieder aufsuchen. Der Mittelpunkt ihres gewöhnlichen religiösen und Gemeindelebens war die Synagoge.

Die Ursprünge der Synagoge liegen zwar im dunkeln,[41] doch geht man sicherlich nicht fehl, wenn man sie im babylonischen Exil und der nachfolgenden Zeit sucht. Auf welche Weise vermochten die Verbannten ihrem Väterglauben so sehr die Treue zu wahren, daß diejenigen, die schließlich aus der Verbannung zurückkehrten, „das Volk des Landes" als zu lax oder in seinen Praktiken zu synkretistisch ansahen, um es am Wiederaufbau des Tempels teilnehmen zu lassen? Wenn sie während des Exils zusammentrafen, um sich gegenseitig Mut zu machen, festgelegte Gebete zu sprechen und die Gesänge Zions auch in der Fremde anzustimmen, so wären das zumindest die Anfänge einer Synagoge gewesen. Die Synagoge entfaltete sich in den nachexilischen Jahrhunderten und wurde zu einem unveränderlichen Bestandteil des jüdischen Lebens nicht allein in der Zerstreuung, sondern auch in Palästina und sogar in Jerusalem selber. Dort wurden an den Sabbat- und Festtagen gottesdienstliche Versammlungen abgehalten, bei denen die Gebete und Lobpreisungen der Tempelgottesdienste wiederholt wurden, doch während diese Gebete und Lobpreisungen im Tempel, wo die Opfer im Mittelpunkt standen, Beiwerk waren, stellten sie in der Liturgie der Synagoge, die keine Opfer kannte, die Hauptbestandteile dar. Außerdem fanden im Rahmen des synagogalen Gottesdienstes Gesetzeslesungen und -auslegungen statt. Das Gesetz wurde von Anfang bis Ende verlesen — in den östlich von Palästina gelegenen Synagogen nach einem einjährigen und in den weiter westlich

---

[40] Siehe S. 69; Teil II, Kap. 11/4.

[41] Die früheste Bezugnahme auf Synagogen findet sich vielleicht in Psalm 74, 8 (häufig in die Makkabäerzeit datiert): „sie verbrannten alle Gottesstätten *(mo'ade'El)* im Lande".

gelegenen Ländern nach einem dreijährigen Zyklus.[42] In Palästina und im Orient war die Verlesung des hebräischen Textes von einer mündlichen Übersetzung (einem *targum*) in die aramäische Sprache begleitet; in den griechischsprachigen Westprovinzen benutzte man die gemeinhin als Septuaginta bezeichnete griechische Fassung.[43] Auf die Lesung aus dem Pentateuch folgte an jedem Sabbat eine Lesung aus den Propheten (eine *haphtara);* diese Lektionen wurden jedoch nicht fortlaufend vorgelesen, sondern jeweils aufgrund irgendeiner Beziehung zu der vorgeschriebenen Lesung aus dem Pentateuch ausgewählt. Aus den lukanischen Schriften des Neuen Testaments erfährt man einige Einzelheiten über zwei Synagogengottesdienste — aus Lk 4, 16 ff., wo Jesus an einem Sabbattag aufsteht, um die zweite Lektion (die einleitenden Sätze von Jes 61) vorzulesen und dann sitzend auszulegen, und aus Apg 13, 14 ff., wo Paulus und Barnabas in der Synagoge zu Antiochien in Pisidien nach der Verlesung der beiden Lektionen von den Vorstehern der Synagoge aufgefordert werden, „ein Wort des Zuspruchs an das Volk" zu richten, und Paulus aufsteht, um eine Ansprache an die Versammelten zu halten.[44]

Ein Synagogengottesdienst begann zu jener Zeit mit dem Ruf zur Anbetung und dem *Sch'ma* nebst den dazugehörenden Benediktionen und dem Dekalog;[45] daran schlossen sich die vorgeschriebenen Gebete und Segnungen, die Lesung aus dem Gesetz und den Propheten und ein „Wort des Zuspruchs" oder der Erklärung; den Abschluß bildete ein Segen.[46] Obwohl die Synagogengottesdienste in der ganzen jüdischen Welt zweifellos nach einem allgemeinen Schema gestaltet wurden, herrschte doch eine beträchtliche Vielfalt; Israel Abrahams kann deshalb

---

[42] Vgl. A. Büchler, „The Reading of the Law and Prophets in a Triennial Cycle", *JQR* 5 (1892—3), S. 420—68; 6 (1893—4), S. 1—73; J. Mann, *The Bible as Read and Preached in the Old Synagogue*, Cincinnati 1940; A. Guilding, *The Fourth Gospel and Jewish Worship*, Oxford 1960.

[43] Des Griechischen pflegte man sich auch in den hellenistischen Synagogen von Palästina wie zum Beispiel der Jerusalemer Synagoge der Freigelassenen aus Cyrene, Alexandrien, Kilikien und Asia zu bedienen, wo Stephanus mit seinen Widersachern disputierte (Apg 6, 9); tatsächlich war der Umstand, daß Griechisch die Sprache dieser Synagogen war, möglicherweise ein Hauptgrund dafür, daß man ihre Mitglieder als Hellenisten bezeichnete (siehe Teil II, Kap. 2).

[44] Siehe Teil II, Kap. 6/3.

[45] Der Dekalog wurde später nicht mehr gesprochen. Vgl. bT *Beraka* 3 c; C. W. Dugmore, *The Influence of the Synagogue upon the Divine Office*, Oxford 1944, S. 21 f.; M. Simon, „The Ancient Church and Rabbinical Tradition" in: F. F. Bruce und E. G. Rupp (Hrsg.), *Holy Book and Holy Tradition*, Manchester 1968, S. 110. Siehe Teil II, Kap. 7/1.

[46] Vgl. Mischna, *Megilla* 4, 3.

von der „Freiheit der Synagoge" sprechen.[47] Der allgemeine Ablauf des Synagogengottesdienstes erlangte indessen über den Bereich der jüdischen Geschichte hinaus Bedeutung; er beeinflußte in gewissem Ausmaß die frühchristliche Kultordnung.[48] Invokation, Gebet, Danksagung, Schriftlesung, Zuspruch und Segen bilden seit dem Beginn des Christentums integrale Bestandteile der Liturgie, wenn auch der spezifisch christliche Ritus des Abendmahls im Mittelpunkt steht.

Überall in der Welt vermittelten die Synagogen den heidnischen Städten, in denen es jüdische Gemeinden gab, die Kenntnis von Israels Gott und Israels Religion. „Mose hat von alten Zeiten her in jeder Stadt seine Verkündiger, da er in den Synagogen an jedem Sabbat vorgelesen wird" (Apg 15, 21). Das Bild, das uns die Apostelgeschichte von Paulus und seinen Gefährten vermittelt, wie sie in jeder neuen Stadt, in die sie gelangten, sogleich die Synagoge aufsuchten und sie, solange man es ihnen gestattete, als Aktionsbasis benutzten, stimmt voll und ganz mit dem überein, das uns die Archäologie und die literarischen und inschriftlichen Zeugnisse verschaffen. Sogar Athen, das seinen jüdischen Einwohnern sicherlich weniger zusagte als viele andere griechische Städte, hatte laut Apg 17, 17 seine Synagoge, und offensichtlich übte die jüdische Religion so viel Anziehungskraft auf einige Athener aus, daß sie sie als „Gottesfürchtige" regelmäßig besuchten. Philippi bildete anscheinend eine Ausnahme: nach der wahrscheinlichsten Lesart von Apg 16, 13[49] fanden Paulus und drei Gefährten dort keine Synagoge vor und gingen daher am Sabbattag „zum Tor hinaus an einen Fluß, wo ... eine jüdische Gebetsstätte war", und „setzten sich und redeten zu den Frauen, die zusammengekommen waren". Das heißt offenbar, daß, da nicht genügend jüdische Männer vorhanden waren (die Errichtung einer Synagogengemeinde setzte die Anwesenheit von mindestens zehn voraus), eine Anzahl Frauen — Jüdinnen und Gottesfürchtige — zusammenkamen und die für den Sabbattag vorgeschriebenen Gebete sprachen. Obwohl sie keine Synagoge bilden konnten, stellten sie doch den Kern der christlichen Kirche in Philippi dar. Die für eine Kirche erforderliche Mindestzahl waren „zwei oder drei" (Mt 18, 20), sehr viel weniger als ein jüdischer *minjan*,[50]

---

[47] *Studies in Pharisaism and the Gospels* 1, Cambridge 1917, S. 1 ff.
[48] Vgl. C. W. Dugmore, a. a. O.
[49] Das Zeugnis von Sinaiticus, A, B läßt vermuten, daß die alexandrinische Lesart *enomizomen proseuchēn einai* („wir vermuteten, dort sei eine Gebetsstätte") eine Überarbeitung eines früheren Textes ist, der wahrscheinlich in der byzantinischen Lesart *enomizeto proseuchē einai* („man pflegte zu beten", Luther) bewahrt ist.
[50] Siehe S. 124.

und was die Vorrechte der Kirchenmitgliedschaft betraf, so legte Paulus selber fest, daß in Christus „nicht Mann und Weib“ sei, desgleichen „nicht Jude noch Grieche, ... nicht Sklave noch Freier“ (Gal 3, 28).[51]

Nach Auskunft der Apostelgeschichte gab es Synagogen auch in Damaskus, Zypern, Ikonium, Thessalonich, Beröa, Korinth und Ephesus.[52] In Rom haben wir inschriftliche Zeugnisse für elf Synagogen,[53] von denen die meisten anscheinend auf dem rechten Tiberufer standen, wo sich laut Philo das jüdische Viertel befand.[54] Wie in Korinth[55] gab es dort eine „Synagoge der Hebräer“, vielleicht die früheste der stadtrömischen Synagogen. Einige waren nach Schutzherren benannt, wie die Synagogen der Augustenser (die den Kaiser als ihren Schutzherrn bezeichneten) und der Agrippenser (nach dem Freund und Ratgeber des Kaisers, Agrippa). Andere tragen die Namen der Bezirke, aus denen ihre Gemeinden kamen — so die Synagogen der Suburenser (nach der Subura, einem Elendsquartier am Abhang des Esquilin, benannt) und der (vermutlich am Marsfeld wohnenden) Campenser. Überreste von irgendeiner der römischen Synagogen konnten bisher nicht identifiziert werden, doch wurde im Jahre 1963 in Ostia (dem an der Tibermündung gelegenen Hafen von Rom) eine Synagoge aus dem vierten Jahrhundert n. Chr. entdeckt, die auf einem früheren Fundament aus dem späten ersten Jahrhundert n. Chr. errichtet war, das ebenfalls eine Synagoge gewesen war.[56]

4.

Als Paulus in der Synagoge im pisidischen Antiochien zu sprechen begann, redete er die Gemeinde als „ihr israelitischen Männer und ihr, die ihr Gott fürchtet“ (Apg 13, 16) an. In vielen Synagogen bestand die Gemeinde nicht nur aus Juden und Proselyten (in die religiöse Gemeinschaft Israels aufgenommene Heiden), sondern auch aus Gottesfürchti-

---

[51] Es ist verlockend, anzunehmen, daß Paulus hier das dreifache Vorrecht des frommen Juden ablehnt, der im Verlauf seiner Morgengebete Gott dafür dankt, daß er ihn weder als Heiden noch als Sklaven noch als Frau schuf — falls man diese Danksagung schon in das Jahr 50 n. Chr. datieren kann.

[52] Apg 9, 2. 20; 13, 5; 14, 1; 17, 1. 10; 18, 4 ff. 26; 19, 8.

[53] Vgl. Schürer, *GJV* III, S. 44 ff.; H. J. Leon, *The Jews of Ancient Rome*, S. 135 ff.

[54] Phil. *Gai.* 155.

[55] Siehe Teil II, Kap. 9/3.

[56] Vgl. M. F. Squarciapino, „The Synogogue at Ostia“, *Archaeology* 16 (1963), S. 194 ff.

gen — Heiden, die zwar starke Sympathien für den jüdischen Kultus und Lebenswandel hegten, sich aber nicht dazu entschließen konnten, „das Joch des Himmelreichs auf sich zu nehmen" und sich als Proselyten in die Gemeinschaft der Juden einzugliedern. Da sich ein Mann, der Proselyt werden wollte, normalerweise beschneiden lassen mußte,[57] ist es nicht verwunderlich, daß mehr Frauen als Männer den entscheidenden Schritt vollzogen. Wer sich damit begnügte, ein Gottesfürchtiger zu bleiben, war, so sehr er sich den ethischen und religiösen Praktiken der Juden auch verbunden fühlen oder wie großzügig er jüdische Anliegen auch durch Spenden fördern mochte, gleichwohl ein Außenseiter. Cornelius, der Zenturio aus Caesarea, war „fromm und gottesfürchtig samt seinem ganzen Hause, der dem jüdischen Volk viele Almosen gab und allezeit zu Gott betete" (Apg 10, 2), aber strenggenommen nach wie vor ein Heide.

Auf solche Leute übte das Evangelium in einer Synagoge nach der anderen sogleich eine Wirkung aus. Es verlangte von ihnen weder die Beschneidung noch die Unterwerfung unter die spezifisch jüdischen Bestandteile des mosaischen Gesetzes und bot ihnen Erlösung und Mitgliedschaft im Volk Gottes kraft ihres Glaubens, ohne zwischen ihnen und gläubigen Juden einen Unterschied zu machen. Die Synagogenbehörden, die naturgemäß hofften, daß sie oder jedenfalls ihre Kinder sich eines Tages zur vollen Mitgliedschaft im israelitischen Gemeinwesen entschließen würden, waren über ihre Hinneigung zu Paulus und anderen Missionaren oftmals alles andere als erbaut. Der römische Satiriker Juvenal schildert noch zu Beginn des zweiten Jahrhunderts diesen Vorgang wie folgt:[58] während der Vater den Sabbat hält und auf den Genuß von Schweinefleisch verzichtet, aber ein Gottesfürchtiger bleibt, macht der Sohn keine Vorbehalte mehr, läßt sich beschneiden und wird ein Vollproselyt. Wenn solch ein Vater indessen an das Evangelium glaubte und sich der christlichen Gemeinde anschloß, so ging seine Familie der Synagoge verloren.

Die Synagoge bot also dem Heidenapostel bei der Ausübung seiner Missionstätigkeit eine Aktionsbasis, und immer wieder fand er in einer neuen Stadt in der gottesfürchtigen Randzone der Synagogengemeinde den Kern der Kirche.

Ein weiteres ist noch über die Synagoge zu bemerken: als der Tempel und sein Ritual im Jahre 70 n. Chr. ausgelöscht wurden, blieb das Juden-

---

[57] Neben einem Reinigungsbad und der Darbringung eines Opfers im Jerusalemer Tempel, die von weiblichen Proselyten verlangt wurden. Für das Bad („Proselytentaufe") siehe S. 161; Teil II, Kap. 6/1.
[58] Iuv. XIV, 96 ff.

tum bestehen, weil die Institution, von der sein Überleben und das jüdische Gemeindeleben ganz allgemein abhingen, bereits festgefügt war. Der Tempel hatte sich überlebt; es war die Synagoge, die auch weiterhin den immerwährenden Interessen des Judentums diente, wie sie es schon seit Generationen getan hatte.

5.

Angesichts der wichtigen Rolle, die die Verlesung und Erklärung der heiligen Schriften in der Synagoge spielte, mußte man wissen, welche Werke dazu gehörten und welche nicht. Die endgültige Festlegung des Kanons der hebräischen Schrift wurde ebenso wie die Vereinheitlichung ihres Textes in der Zeit nach 70 n. Chr. vorgenommen und wird von altersher mit der Errichtung des neuen rabbinischen Synedriums in Jamnia unter der Leitung des Jochanan ben Zakkai und seiner Anhänger in Verbindung gebracht. Über die Grundzüge des Kanons scheint jedoch schon am Beginn des christlichen Zeitalters weithin Einigkeit geherrscht zu haben. Die Dreiteilung der hebräischen Bibel in Gesetz, Propheten und Schriften ist bereits für die Zeit des Enkels des ben Sira bezeugt, der, nachdem er 132 v. Chr. nach Alexandrien ausgewandert war, das „Weisheits"-Buch (Ecclesiasticus) seines Großvaters aus dem Hebräischen ins Griechische übertrug und ein Vorwort zu dieser griechischen Übersetzung verfaßte, in dem er seinen Großvater einen eifrigen Erforscher „des Gesetzes, der Propheten und der anderen Bücher unserer Väter" nennt. Ja, allem Anschein nach lag der Inhalt des „Gesetzes selber, der Prophetien und der übrigen Bücher" zu der Zeit, als er dieses Vorwort verfaßte, bereits in griechischer Übersetzung vor.

Die Evangelien enthalten keinerlei Hinweis auf irgendwelche Meinungsverschiedenheiten zwischen Jesus und seinen theologischen Widersachern in bezug auf die Grenzen der Heiligen Schrift; sie stritten sich vielmehr über ihre Auslegung. Auch wenn es sich bei der Erwähnung des „Gesetzes des Mose und der Propheten und Psalmen" in Lukas 24, 44 um eine Formulierung des Evangelisten handeln sollte, steht sie doch mit den Tatsachen der Wirksamkeit Jesu im Einklang. Jesu Worte über all das seit dem Beginn der Zeiten vergossene Märtyrerblut, „vom Blut Abels an bis zum Blut des Zacharias, der zwischen dem Altar und dem [Tempel-] Haus umkam" (Lk 11, 51; vgl. Mt 23, 35) versteht man am besten, wenn seine Bibel wie die herkömmliche hebräische Bibel mit der

Genesis begann und mit den Chronikbüchern endete;[59] denn wie Abel der erste Märtyrer ist, der in dieser Reihe erscheint (1 Mo 4, 8), so ist der Priester Zacharias (der Sohn des Jojada) der letzte (2 Chron 24, 20—24).[60] Man versteht sonst nicht, warum Zacharias hier den Abschluß der „treuen Märtyrer allzumal" bildet, wie Abel den Anfang markiert. In den kanonischen Schriften werden Märtyrer genannt, die später lebten,[61] von den Märtyrern unter Antiochus IV.[62] und anderen, noch späteren, ganz zu schweigen.[63]

Ungewißheit herrscht lediglich in Hinsicht einiger weniger Urkunden im dritten Teil, wie zum Beispiel Prediger und Esther. Es ist möglich, daß die Qumran-Gemeinde das Buch Esther nicht als kanonisches Buch ansah,[64] und im Neuen Testament wird es nicht erwähnt. Die Rabbinen von Jamnia waren jedoch keine Neuerer, als ihre Synode die Zugehörigkeit dieser Bücher zur Bibel bestätigte. „Ihre Erörterungen galten weniger der Aufnahme bestimmter Schriften in den Kanon als vielmehr ihrem Recht, darin zu bleiben."[65] Wenn Josephus in seiner Schrift *Gegen Apion* die Zahl der heiligen Bücher seines Volkes mit zweiundzwanzig

---

[59] In der traditionellen Anordnung der hebräischen Bibel besteht das Gesetz aus dem Pentateuch und umfassen die Propheten die vier „früheren Propheten" (Josua, Richter, Samuel, Könige) und die vier „späteren Propheten" (Jesaja, Jeremia, Hesekiel, Zwölfprophetenbuch), während die Schriften mit den Psalmen, Sprüchen und dem Buch Hiob beginnen, mit den fünf *Megillot* („Buchrollen"), nämlich Hoheslied, Ruth, Klagelieder, Prediger, Esther, fortfahren und mit Daniel, Esra, Nehemia und den Chronikbüchern enden.

[60] Vgl. bT *Sanhedrin* 96 b. Es ist gänzlich unwahrscheinlich, daß irgendein anderer Sacharja gemeint ist. „Sacharja, der Sohn des Berechja" (Mt 23, 35) ist auf eine Verwechslung des von Joas getöteten Sohnes des Jojada mit dem späteren Propheten Sacharja zurückzuführen (Sach 1, 1); von Sacharja, dem Sohn des Baris, der 67—68 n. Chr. von Zeloten getötet wurde (Ios. *bel. Iud.* IV, 335 ff.), ist hier nicht die Rede. Es ist auch völlig ausgeschlossen, daß Zacharias, der Vater Johannes des Täufers, gemeint sein könnte. Die Legende von seiner Ermordung (Protevangelium des Jakobus 23, 1 ff.) beruht wahrscheinlich auf einer Fehlinterpretation von Lk 11, 51.

[61] Zum Beispiel der Prophet Uria (Jer 26, 20 ff.).

[62] 2 Makk 6, 18—7, 42; vgl. Hebr 11, 36 ff.

[63] Zum Beispiel der Regenbringer Onias, um 66 v. Chr. (Ios. *ant. Iud.* XIV, 22 ff.).

[64] Esther ist das einzige Buch der hebräischen Bibel, das unter den Qumran-Handschriften fehlt; gegenüber jeder Schlußfolgerung aus seinem Fehlen ist jedoch Vorsicht geboten.

[65] A. Bentzen, *Introduction to the Old Testament*, 1, Kopenhagen 1948, S. 31. Für eine eingehende Erörterung siehe G. F. Moore, *Judaism in the First Centuries of the Christian Era*, 1, Cambridge/Mass. 1927, S. 238 ff. Bei dem Disput unter den Rabbinen über die Beibehaltung des Hesekielbuches ging es wahrscheinlich um seine Verlesung in der Synagoge; die Kanonizität der Propheten, zu denen Hesekiel gehört, war damals nicht mehr umstritten.

angibt,[66] so geschieht dies wahrscheinlich nicht unter dem Einfluß der Dispute, die zur Zeit der Abfassung seiner Schrift in Jamnia stattfanden, noch auch besagt die Tatsache, daß seine Aufzählung unter der traditionellen jüdischen Gesamtzahl von vierundzwanzig bleibt, daß er zwei Bücher ausschloß, die man in Jamnia mit einbezog;[67] er benutzt vielmehr lediglich eine andere Zählweise, wobei er großenteils der Anordnung der von ihm benutzten griechischen Fassung folgt.[68] In seiner palästinischen Frühzeit betrachtete Josephus sich als Anhänger der Pharisäerpartei und vertrat vermutlich die in ihr gängige Auffassung über die Grenzen des Kanons.

Wir wissen nicht, wieweit die Sadduzäer in dieser Hinsicht mit den Pharisäern übereinstimmten. Hippolyt, Origenes, Hieronymus und andere frühchristliche Autoren behaupten, sie hätten allein den Pentateuch anerkannt,[69] doch beruht diese Aussage vermutlich auf einem Mißverständnis einer Josephusstelle. Wenn Josephus angibt, die Sadduzäer verträten die Auffassung, allein das geschriebene Gesetz müsse befolgt werden, so stellt er den Pentateuch (das geschriebene Gesetz) nicht den prophetischen Büchern gegenüber, sondern den mündlichen Geboten, die die Pharisäer als „von früheren Generationen überliefert und nicht in den Gesetzen Moses verzeichnet" akzeptierten.[70]

Es heißt bisweilen, daß, wenn Jesus die Einwände der Sadduzäer gegen die Lehre von der Auferstehung eher durch einen Hinweis auf den Pentateuch (2 Mo 3, 6) als auf solche „näherliegenden" Stellen wie Jes 26, 19 („Deine Toten werden leben, werden auferstehen") oder Dan 12, 2 („viele von denen, die schlafen im Erdenstaube, werden erwachen") abgewehrt habe, so deshalb, weil die Sadduzäer die Propheten oder die Schriften nicht annahmen. Man mag in der Tat bezweifeln, daß sie das Danielbuch annahmen, doch stellte Jesus, anstatt einen oder zwei der konventionelleren Beweistexte zu zitieren, die ganze Frage auf eine festere Grundlage, indem er die Lehre auf das Sein und Wesen Gottes gründete: „Er ist nicht ein Gott von Toten, sondern von Lebendigen" (Mk 12, 26 f.).

---

[66] *c. Ap.* I, 37—41.

[67] Nach seiner ausführlichen Wiedergabe der Esthergeschichte zu urteilen (*ant. Iud.* XI, 184—296), schloß er dieses Buch anscheinend nicht aus. Wahrscheinlich behandelte er das Buch Ruth als Anhang zum Richterbuch und die Klagelieder als Zusatz zu Jeremia.

[68] Es besteht keinerlei Evidenz für eine autoritative Festlegung des griechischen Kanons unter den alexandrinischen Juden. Philos Bibel hatte allem Anschein nach denselben Umfang wie die hebräische Bibel.

[69] Vgl. Hippol. *haer.* IX, 24; Orig. *c. Cels.* I, 49; Hier. *Comm. in Matt.* 22, 31 f.

[70] *ant. Iud.* XIII, 297.

ANHANG ZU KAPITEL 11

Das Heilige Jahr in Israel

	Hebräischer Monatsname in der nachexilischen Epoche	**Entsprechung im gregorianischen Kalender**	**Fest- oder Fasttag**	**Name des Fest- oder Fasttags**
I	Nisan	März—April	14.	Passah
			15.—21.	Fest der ungesäuerten Brote
			(etwa) 17.	Erstlinge
II	Ijjar	April—Mai		
III	Siwan	Mai—Juni	(etwa) 7.	Wochenfest (Pfingsten)
IV	Thammuz	Juni—Juli		
V	Ab	Juli—August	9.	Fasttag für die Tempelzerstörung
VI	Elul	Aug.—Sept.		
VII	Tischri	Sept.—Okt.	1.	(Neujahr (Tag des Lärmblasens)
			10.	Versöhnungstag
			15.—22.	Sukkot (Erntefest, Laubhüttenfest)
VIII	Marcheschwan	Okt.—Nov.		
IX	Kislew	Nov.—Dez.	25.	Chanukka (Erneuerung)
X	Tebeth	Dez.—Jan.		
XI	Schebat	Jan.—Febr.		
XII	Adar	Febr.—März	14.—15.	Purim

ZWÖLFTES KAPITEL

Johannes der Täufer

Von allen religiösen Bewegungen in Palästina am Vorabend der Heraufkunft des Christentums ist keine für das Christentum selbst in so unmittelbarer Weise bedeutungsvoll wie die Wirksamkeit Johannes' des Täufers. Alle vier Evangelien schicken ihrem Bericht über die Wirksamkeit Jesu eine kurze Zusammenfassung der Tätigkeit des Johannes voraus,[1] und aus der Apostelgeschichte läßt sich entnehmen, daß dies die Predigt der Urkirche widerspiegelt. Der Apostelgeschichte zufolge leiteten sowohl Petrus wie Paulus ihre Berichte über Jesu Wirksamkeit mit einem Hinweis auf die Taufe des Johannes ein,[2] und als sich die Frage erhob, wer anstelle des abgefallenen Judas zum Apostel zu berufen sei, hieß es, es komme nur einer von jenen in Frage, „die mit uns gegangen sind die ganze Zeit hindurch, in der der Herr Jesu bei uns ein und aus ging, von der Taufe des Johannes an“ (Apg 1, 21 f.).

Johannes' Stellung in den Evangelien und in der Apostelgeschichte ist in der Rolle begründet, die ihm als Jesu „Vorläufer“ zufiel, doch hinterließ seine öffentliche Wirksamkeit auch aus eigenem Recht bei vielen palästinischen Juden einen tiefen, freilich nur kurzlebigen Eindruck.

Die einzige Quelle außerhalb des Neuen Testaments, die uns verläßliche Angaben über Johannes liefert, ist eine Stelle in den *Jüdischen Altertümern* des Josephus, wo die Besiegung des Herodes Antipas durch seinen Schwiegervater Aretas IV. berichtet wird.[3] Josephus führt aus:

> Manche Juden waren übrigens der Ansicht, der Untergang der Streitmacht des Herodes sei nur dem Zorne Gottes zuzuschreiben, der für die Tötung Johannes' des Täufers die gerechte Strafe gefordert habe. Den letzteren nämlich hatte Herodes hinrichten lassen, obwohl er ein edler Mann war, der die Juden anhielt, nach Vollkommenheit zu streben, indem er sie ermahnte, Gerechtigkeit gegeneinander und Frömmigkeit gegen Gott zu üben und so zur Taufe zu kommen. Dann werde, verkündigte er, die Taufe Gott angenehm sein, weil sie dieselbe nur zur Heiligung des Leibes, nicht aber zur Sühne für ihre Sünden anwendeten; die Seele nämlich sei dann ja schon vorher durch ein gerechtes Leben entsündigt. Da nun infolge der wunderbaren Anziehungskraft solcher Reden eine gewaltige Menschenmenge zu Johannes strömte, fürchtete Herodes, das

[1] Mt 3, 1—12; Mk 1, 2—8; Lk 3, 1—20; Joh 1, 6—8, 19—36; 3, 23—30.
[2] Apg 10, 38; 13, 24 f.
[3] Siehe S. 33.

> Ansehen des Mannes, dessen Rat allgemein befolgt zu werden schien, möchte das Volk zum Aufruhr treiben, und hielt es daher für besser, ihn rechtzeitig aus dem Wege zu räumen, als beim Eintritt einer Wendung der Dinge in Gefahr zu geraten und dann, wenn es zu spät sei, Reue empfinden zu müssen. Auf diesen Verdacht hin ließ also Herodes den Johannes in Ketten legen, nach der Festung Machaerus bringen . . . und dort hinrichten. Sein Tod aber war, wie gesagt, nach der Überzeugung der Juden die Ursache, weshalb des Herodes Heer aufgerieben worden war, da Gott in seinem Zorn diese Strafe über den Tetrarchen verhängt habe.[4]

Nach Lukas war Johannes ein von einem schon bejahrten Priesterehepaar geborenes „Wunderkind", das die Jahre vor seiner öffentlichen Wirksamkeit „in der Einöde" verbrachte (Lk 1, 80) — vermutlich in der Wüste von Judäa, da sein Elternhaus im judäischen Bergland lag. Wir erfahren nicht, ob er allein oder in Gemeinschaft mit anderen in der Wüste lebte. Vor allem seit den Funden von Qumran hat man häufig gemutmaßt, er sei in der Qumran-Gemeinde oder einer ähnlichen essenischen Gruppe aufgewachsen.[5] Diese Hypothese läßt sich weder beweisen noch widerlegen. Johannes' Aufenthaltsort war sicherlich nicht weit von Qumran entfernt, und einem jungen Mann von priesterlicher Abkunft dürfte eine Bewegung, die der Bewahrung eines reinen Priestertums solch große Bedeutung beimaß, besonders zugesagt haben.

Doch unabhängig davon, ob diese Mutmaßungen zutreffen oder nicht, fügt sich die Wirksamkeit, durch die sich Johannes einen Namen machte, nicht in den Rahmen des Essenertums, sondern trug vielmehr einen ausgesprochen prophetischen Charakter. Als „das Wort Gottes an Johannes, den Sohn des Zacharias, in der Wüste erging" (Lk 3, 2), wie es in früherer Zeit an manchen Propheten ergangen war, rief es zu Dingen auf, die von der Lehre und Übung der Qumran-Sekte durchaus verschieden waren.

---

[4] *ant. Iud.* XVIII, 116—19. Der Zusatz über Johannes im altrussischen Josephus-Text (11.—12. Jahrhundert) nach *bel. Iud.* II, 168 enthält zu viele historische Irrtümer und muß daher außer Betracht bleiben. (Dort steht zum Beispiel, der Tetrarch Philippus sei der erste Gatte der Herodias gewesen.) Ein weiterer Zusatz im altrussischen Text, nach *bel. Iud.* II, 110, schildert einen „wilden Mann", der während des Ethnarchats des Archelaus (4 v. Chr.—6 n. Chr.) blühte; R. Eisler identifizierte ihn mit Johannes dem Täufer *(Iesous basileus, ou basileusas,* II, Heidelberg 1930, S. 3 ff.); dieser Autor identifiziert Johannes auch mit dem Lehrer der Gerechtigkeit der Damaskusschrift (*a. a. O.*, S. 697 f.).

[5] Vgl. W. H. Brownlee, „John the Baptist in the New Light of Ancient Scrolls", *Interpretation* 9 (1955), S. 71 ff., wieder abgedruckt in: K. Stendahl (Hrsg.), *The Scrolls and the New Testament*, London 1958, S. 35 ff.; A. S. Geyser, „The Youth of John the Baptist", *NovT* 1 (1956), S. 70 ff.

Für Johannes wie für die Qumran-Leute, andere Essener und verwandte Gruppen war die Wüste der Ort, wo sie die Offenbarung Gottes erwarteten.[6] Seine Wirksamkeit begann Johannes indessen im belebtesten Teil der judäischen Wüste, an der Jordan-Übergangsstelle nördlich des Toten Meeres, dem Verkehrsknotenpunkt zwischen Judäa und Peräa, und er richtete seine Botschaft an alle, die sie hören wollten, auch an die „Söhne der Grube", von denen sich die frommen Qumran-Leute fernzuhalten gelobt hatten.[7] Falls Johannes vorher einem Bund wie dem von Qumran angehört hatte, so war jetzt für ihn die Zeit gekommen, sich von seinen ehemaligen Gefährten zu trennen und einen neuen Weg einzuschlagen. Die Massen, die aus allen Teilen Palästinas im Jordantal zusammenströmten, um ihm zu lauschen, taten dies, weil sie in seiner Predigt einen autoritativen Klang vernahmen, wie man ihn seit Jahrhunderten in Israel nicht mehr vernommen hatte: „alle hielten dafür, Johannes sei wirklich ein Prophet" (Mk 11, 32). Der historische Johannes der Täufer tritt uns nicht als Jünger irgendeines anderen Lehrers der Gerechtigkeit entgegen, sondern als ein neuer Lehrer der Gerechtigkeit mit seiner eigenen Jüngerschaft.

Johannes' Predigt war eschatologischer Natur. Der Gerichtstag, verkündete er, sei nahe herbeigekommen. Gericht halten werde der „Kommende", dem er, Johannes, den Weg bereite. Der Kommende erfüllt die dem „Menschensohn" (Dan 7, 13 ff.) zugewiesene Aufgabe, wenn auch nicht überliefert ist, daß Johannes die Bezeichnung „Menschensohn" benutzte. Doch wenn der vierte Evangelist berichtet, Johannes habe von der Präexistenz des Kommenden — „Der nach mir kommt, ist vor mir gewesen; denn er war als Erster vor mir" (Joh 1, 15.30) — gesprochen, so mag eine gewisse Berührung mit dem Menschensohn der *Bilderreden des Henoch* vorliegen, „dessen Name vor dem Herrn der Geister genannt wurde, bevor die Sonne und die Sterne des Himmels gemacht wurden" (1 Hen 48, 3).[8]

Der Kommende werde alle unfruchtbaren Bäume beseitigen — alle die, deren Leben nicht die Früchte der Gerechtigkeit hervorbrächten. Oder, um ein anderes Bild zu wählen, er werde die Welt zu seiner Tenne machen und die Spreu vom Weizen trennen. Seinen Weizen —

---

[6] Vgl. J. Steinmann, *St. John the Baptist and the Desert Tradition*, London 1958; W. H. Brownlee, *The Meaning of the Qumran Scrolls for the Bible*, New York 1964, S. 112 ff. Für die Konsequenzen, die die Qumran-Sekte aus Jes 40, 3 (in Mk 1, 3; Joh 1, 23 auf Johannes den Täufer angewandt) zog, siehe oben S. 109.

[7] *CD* VI, 14 f.

[8] Siehe S. 136.

die Gerechten — werde er in die Scheuer sammeln, doch die vom Winde verwehte Spreu werde er zusammenkehren und verbrennen. Israel solle daher Buße tun. Vor diesem kommenden Richter würden die Verdienste der Väter nicht zählen, die Abstammung von Abraham ohne Bedeutung sein. Allein aufrichtige Bußfertigkeit würde der Forderung der Stunde gerecht werden und das kommende Zorngericht abwenden. Und diese Bußfertigkeit müsse, um wirksam zu werden, in der Taufe zum Ausdruck kommen.[9]

Man hat Johannes' Schilderung des Kommenden auch mit der Erwartung der Qumran-Leute verglichen, zur Endzeit werde einer erscheinen, der einige der charakteristischsten Anliegen ihrer Gemeinde verkörpern werde — einer, der in mehreren Hinsichten dem jesajanischen Gottesknecht ähnelt:

> Und dann wird Gott durch seine Wahrheit alle Werke eines Mannes läutern und ihn sich mehr als die Menschenkinder reinigen, indem er allen Geist des Frevels aus dem Innern ihres Fleisches tilgt und sie reinigt durch heiligen Geist von allen gottlosen Taten. Und er wird über sie sprengen den Geist der Wahrheit wie Reinigungswasser (zur Reinigung) von allen Greueln der Lüge und dem Sich-Wälzen in unsauberem Geist, um die Rechtschaffenen zu unterweisen in der Erkenntnis des Höchsten und der Wahrheit der Söhne des Himmels und klug zu machen, die vollkommen im Wandel sind.[10]

Diese Stelle lehrt nicht, daß der, der diese besondere Gabe des Heiligen Geistes empfängt, selber andere mit dem Geist taufen wird, wie es Johannes zufolge der Kommende tun wird, doch Johannes' prophetischer Blick geht nicht nur in dieser Beziehung über all das hinaus, was man sich in Qumran vorzustellen vermochte.

Die Johannestaufe war etwas Neues in Israel, wenn sie auch nicht gänzlich ohne Vorläufer war. Das Gesetz schrieb Reinigungen mittels des Reinigungswassers[11] und auf andere Weise vor, und manche from-

---

[9] Vgl. Mt 3, 7—12 // Lk 3, 7—9. 16 f.

[10] 1 QS IV, 20—2; W. H. Brownlee, „The Servant of the Lord in the Qumran Scrolls", *BASOR* 135 (Okt. 1954), S. 33 ff. (besonders S. 36 f.); J. P. Audet, „Affinités littéraires et doctrinales du Manuel de Discipline", *RB* 60 (1953), S. 41 ff. (besonders S. 74); vgl. J. A. T. Robinson, „The Baptism of John and the Qumran Community", *HTR* 50 (1957), S. 175 ff. (besonders S. 188 f.), wieder abgedruckt in: *Twelve New Testament Studies*, London 1962, S. 11 ff. (besonders S. 23 f.). Anstatt „eines Mannes" sollte man indessen in der ersten Zeile des Zitats vielleicht „des Menschen" übersetzen und in Parallele hierzu im darauffolgenden Satzteil anstatt „mehr als die Menschenkinder" „einige aus den Menschenkindern" (d. h. die Präposition *min* nicht komparativisch, sondern partitivisch fassen); in diesem Fall mag die Stelle auf die Erfüllung der Verheißung der Ausgießung des Geistes in Joe 2, 28 weisen.

[11] Siehe S. 62.

men Gemeinschaften intensivierten die Beobachtung derartiger Riten. Die Pharisäer maßen häufigen Waschungen große Bedeutung bei,[12] und einige kleinere und noch radikalere Gruppen bestanden so sehr darauf, daß man sie als „Morgentaucher", „Hemerobaptisten" u. ä. bezeichnete.[13]

Eine weitere Analogie zur Johannestaufe mag man in der Praxis der jüdischen Proselytentaufe erblicken. Ein zum Judentum bekehrter Nichtjude mußte sich beschneiden lassen (wenn er männlichen Geschlechts war), ein besonderes Opfer im Tempel (solange dieser bestand) darbringen und ferner ein rituelles Bad nehmen. Es ist eine umstrittene Frage, wann dieses Bad oder diese Selbsttaufe eingeführt wurde, aber da der Zeitpunkt zwischen der Schule Schammais und der Hillels kontrovers war, muß es vor der Zerstörung Jerusalems und spätestens am Beginn des christlichen Zeitalters gewesen sein.[14] Einige Angehörige der Schule Hillels gingen so weit, die — allerdings kaum ernstgemeinte — Behauptung aufzustellen, ein Nichtjude werde eher durch diese Taufe als durch die Beschneidung Jude.[15]

Insoweit die Proselytentaufe eine Analogie zur Johannestaufe bildet, sagte Johannes im Grunde den gebürtigen, auf ihre Abstammung von Abraham stolzen Juden folgendes: „Euer untadeliger Stammbaum ist vor Gott ohne jede Bedeutung; wenn ihr zu dem neuen Israel des in Kürze anbrechenden Zeitalters gehören wollt, so müßt ihr euch von eurer bisherigen Haltung distanzieren, erkennen, daß ihr in seinen Augen nicht besser als die Heiden seid, und müßt euch deshalb wie sie durch die Taufe in die endzeitliche Gemeinschaft seines Volkes aufnehmen lassen."

Die Taufe des Johannes unterschied sich jedoch von der Proselytentaufe, die ja eine Selbsttaufe war, auch in ihrer eschatologischen Bedeutung. Hesekiels Verheißung lautete, daß der Gott Israels sein Volk beim Anbruch des neuen Zeitalters mit reinem Wasser von all seiner Unreinheit reinigen, ihm ein neues Herz geben und einen neuen Geist in sein Inneres legen werde — seinen eigenen Geist.[16] Wahrscheinlich ist es

---

[12] Mk 7, 3 f.; C. G. Montefiore, *The Synoptic Gospels*, London, ²1927, I, S. 133—144.
[13] Siehe S. 125.
[14] Siehe H. H. Rowley, „Jewish Proselyte Baptism and the Baptism of John", *HUCA* 15 (1940), S. 313 ff., wieder abgedruckt in: *From Moses to Qumran*, London 1963, S. 211 ff.
[15] Vgl. die *baraita* (Überlieferung außerhalb der Mischna von der Generation nach 70 n. Chr.) in bT *Jebamot* 46 a (siehe Rowley, *From Moses to Qumran*, London 1963, S. 211 ff.).
[16] Hes 36, 25 ff.

diese Verheißung, die den Worten im Johannesevangelium (3, 5) über die Neugeburt „aus Wasser und Geist“ zugrunde liegt — Worten, die sich in ihrem ursprünglichen Zusammenhang auch auf die Johannestaufe bezogen haben mögen. Die, die sich Johannes' Ruf zur Buße zu Herzen nahmen und von ihm taufen ließen, würden den gerechten Rest der Endzeit bilden, das „wohlgerüstete Volk“, das Johannes „dem Herrn zu bereiten“ beauftragt war (Lk 1, 17). Dies ist vermutlich der entscheidende Punkt der Angabe des Josephus, Johannes habe seine Hörer aufgefordert, durch die Taufe zusammenzukommen“.[17] Wenn Josephus freilich sagt, die Johannestaufe sei zur Heiligung des Leibes derjenigen gespendet worden, deren Seele schon vorher durch ein gerechtes Leben entsündigt worden sei, so mag er von seiner Kenntnis der Bedeutung der essenischen Waschungen beeinflußt sein: die Qumran-Leute betonten nachdrücklich, keine Waschung würde jemals einen Menschen reinigen, der sein Herz gegen Gott verhärte.[18] In der Tat hätte Johannes bestätigt, daß die von ihm gespendete Taufe niemandem von Nutzen sein werde, der sie ohne aufrichtige Reue empfange, doch steht Markus' Beschreibung der Johannestaufe als einer Taufe „auf Grund der Buße zur Vergebung der Sünden“ (Mk 1, 4) mit sämtlichen Zeugnissen, die uns für die Wirksamkeit des Täufers zu Gebote stehen, in Einklang.

Wer seine Sünden bekannte und zum Zeichen seiner Bußfertigkeit die Johannestaufe empfing, sollte „der Buße gemäße Früchte bringen“ (Lk 3, 8) und ein Leben führen, das Johannes' „Lehre von der Gerechtigkeit“ (Mt 21, 32) entsprach.

Dieser „rechte Weg“ unterschied sich nicht wesentlich von dem, den die früheren Propheten gefordert hatten — Recht üben und die Güte lieben und demütig wandeln vor Gott.[19] Johannes lehrte seine Zuhörer, ihre Speise und Kleidung mit den Bedürftigen zu teilen; er gebot den Steuereinnehmern nicht, ihren Beruf aufzugeben, untersagte ihnen aber, den Steuerpflichtigen einen Zuschlag für ihre eigene Tasche abzuverlangen; er bedeutete den Soldaten nicht, dem Militär Valet zu sagen, sondern forderte sie auf, sich mit ihren Rationen und ihrem Sold zufrieden zu geben und Zivilpersonen nicht gewaltsam oder erpresserisch Geld abzunehmen.[20] (Diese Soldaten waren vermutlich Auxiliartruppen unter dem Kommando des Prokurators von Judäa; die Vertreter der An-

---

[17] Ios. *ant. Iud.* XVIII, 117; der Dativ in *baptismō synienai* bezeichnet vermutlich nicht den Zweck, sondern ist ein Instrumentalis.
[18] 1 QS III, 4—6.
[19] Mi 6, 8.
[20] Lk 3, 12—14.

sicht, es habe sich um Angehörige jüdischer Zelotenscharen gehandelt, denen Johannes als „Feldgeistlicher" beigegeben gewesen sei, lesen etwas in die Texte hinein, was nicht darin steht;[21] außerdem hätte Josephus einen aufständischen „Feldgeistlichen" nicht einen „edlen Mann" genannt!)

Während sich das Volk und zum Teil sogar diejenigen, die als asoziale Elemente galten, von seiner Predigt zutiefst beeindruckt zeigten und in großer Zahl von ihm die Taufe zu empfangen begehrten, vermochte der Täufer die religiösen Führer der Nation, die Schriftgelehrten und vor allem die Pharisäer nicht zu überzeugen.[22] Sie hatten ihre eigenen Vorstellungen vom rechten Weg und weigerten sich, in der Johannestaufe eine Verbesserung ihrer eigenen rituellen Waschungen zu erblicken.

Von Johannes' Hörern gingen die meisten anschließend wieder heim, um die Ankunft des Kommenden zu erwarten. Einige blieben indes bei ihm und wurden seine Jünger.[23] Wir wissen nicht, wie viele es waren, doch bildeten sie eine ansehnliche Gemeinschaft, die sich in dieser Hinsicht mit den Jüngern der großen pharisäischen Lehrer und, später, den Jüngern Jesu wohl vergleichen ließ. Johannes lehrte sie eine Gebetsform,[24] in der sicherlich der eschatologische Ton seiner Predigt anklang, und erlegte ihnen offensichtlich regelmäßige Fastenzeiten auf.[25] Es ist jedoch unwahrscheinlich, daß er von ihnen die gleiche strenge Askese forderte, die er selber übte, trug er doch ein Gewand aus Kamelhaar, mied Brot und Wein und aß nur das, was die Wüste bot — Heuschrecken und wilden Honig.[26] Die Tatsache, daß er Heuschrecken aß, zeigt, daß seine Asketik den Vegetarismus als Lebensprinzip nicht mit einschloß, wenn ihn auch die halb-vegetarisch lebenden Enkratiten im zweiten Jahrhundert zu ihrem Gesinnungsgenossen machten, indem sie die Heuschrecken und den Honig in „Milch und Honig" abänderten (so Tatian im *Diatessaron*).[27]

Für die Verfasser des Neuen Testaments war der Gipfel der Wirksamkeit des Täufers die Taufe Jesu, der sich von seinem Heimatort Nazareth in Galiläa ins Jordantal aufmachte und Johannes bat, ihm die Taufe zu spenden. Dieses Ereignis bezeichnet auch den Beginn der

---

[21] Vgl. R. Eisler, *Iesous basileus, ou basileusas*, II, Heidelberg 1930, S. 54 ff.
[22] Vgl. Lk 7, 29 f.
[23] Vgl. Mk 6, 29; Joh 1, 35; 3, 25 f.
[24] Lk 11, 1.
[25] Mk 2, 18.
[26] Mk 1, 6; Mt 11, 18 // Lk 7, 33.
[27] Im *Ebionitenevangelium* (bei Epiphan. *panar.* 30. 13. 4 f.) sind aus den „Heuschrecken" *(akrides)* „Pfannkuchen" *(egkrides)* geworden.

öffentlichen Wirksamkeit Jesu. Einige frühe christliche Autoren konnten sich nicht recht erklären, warum Jesus von Johannes die Taufe zu empfangen begehrte.[28] Wahrscheinlich erblickte Jesus in Johannes einen Propheten und erkannte seine Tauftätigkeit als Gottes Werk an. Man kann noch weitergehen und sagen, daß er wußte, daß mit Johannes' Predigt die Stunde für seine eigene Wirksamkeit herbeigekommen war; folglich verband er sich auf die denkbar öffentlichste und unmißverständlichste Art und Weise mit der Tätigkeit des Johannes, indem er sich von ihm taufen ließ: „so entspricht es dem Auftrag, den Gott mir gab, und seinem Willen" (Mt 3, 15; Übers J. Zink).

Wenn dies Jesu Überzeugung war, dann wurde sie durch das, was ihm beim Verlassen des Flusses widerfuhr, vollauf bestätigt.[29] Ebensowenig haben wir Anlaß, zu bezweifeln, daß Johannes seinerseits von Stund an Jesus als den Kommenden ansah, von dem er gesprochen hatte. Die Botschaft, die er später Jesus aus dem Gefängnis sandte: „Bist du es, der da kommen soll, oder sollen wir auf einen andern warten?" (Mt 11, 3 / Lk 7, 20) legt keineswegs nahe, daß er Jesus zuvor nicht als den Kommenden betrachtet hatte. Sie läßt eher darauf schließen, daß er, nachdem er ihn als den Kommenden angesehen hatte, nunmehr Zweifel zu hegen begann, da die Berichte, die er über Jesu Tätigkeit in Galiläa empfangen hatte, nur wenig Ähnlichkeit mit seiner Schilderung des Gerichts hatten, das der Kommende halten würde.

Johannes setzte nach der Taufe Jesu seine Tätigkeit nicht nur im Jordantal, sondern auch in anderen Landesteilen fort. Der vierte Evangelist überliefert uns einen kurzen, aber wertvollen Bericht über eine Phase seiner Tauftätigkeit „in Aenon nahe bei Salim", womit aller Wahrscheinlichkeit nach das östlich von Sichem gelegene Wadi Far'ah gemeint ist, denn es war dort Johannes zufolge „viel Wasser" (Joh 3, 23).[30] Das heißt, daß er in der Gegend von Samaria predigte und taufte. Selbst wenn die Samaritaner vom Standpunkt des gesetzesstrengen Judentums

---

[28] Vgl. Mt 3, 14 f. Im *Nazaräerevangelium* (nach Hier. *adv. Pelag.* III, 2) „sagten die Mutter des Herrn und seine Brüder zu ihm: ‚Johannes der Täufer tauft zur Vergebung der Sünden; laßt uns hingehen und uns von ihm taufen lassen.' Er aber sprach zu ihnen: ‚Was habe ich gesündigt, daß ich hingehe und mich von ihm taufen lasse? Es sei denn das, was ich gesagt habe, Unwissenheit (Unwissenheitssünde)'".

[29] Siehe S. 172 f.

[30] Vgl. W. F. Albright, „Recent Discoveries in Palestine and the Gospel of St. John", in: W. D. Davies und D. Daube (Hrsg), *The Background of the New Testament and its Eschatology*, Cambridge 1954, S. 153 ff.; *The Archaeology of Palestine*, Harmondsworth 1960, S. 247 f.

rituell unrein waren, muß dies nicht besagen, daß die jüdischen Nonkonformisten die gleiche Haltung ihnen gegenüber einnahmen, und in der Tat beweisen neueste Entdeckungen und Forschungen ein beachtliches Maß an Ähnlichkeit zwischen bestimmten Aspekten der samaritanischen Lehre und des jüdischen Nonkonformismus.[31]

Während Johannes dort wirkte, blieb Jesus in Judäa und übte kurze Zeit eine eigene Tauftätigkeit aus. Einige junge Männer, die früher Jünger des Johannes gewesen waren, hatten sich inzwischen Jesus angeschlossen, und zwischen ihnen und ihren früheren Gefährten, die sich nach wie vor als Johannesjünger betrachteten, kam es naturgemäß zu Spannungen. Als Jesus erfuhr, daß einige Pharisäer diese Spannungen dazu benutzten, einen Keil zwischen ihn und Johannes zu treiben, zog er sich in den Norden des Landes zurück.[32]

Johannes' Tätigkeit in Samaria war vermutlich nur von kurzer Dauer, legte indes den Grund für weitere bedeutsame Entwicklungen in diesem Gebiet während der nächsten Jahrzehnte, auf die sich in den kurzen Berichten über die Wirksamkeit Jesu (Joh 4, 30 ff.) und des Philippus (Apg 8, 5 ff.) in Samaria Hinweise finden.[33]

Nach Galiläa scheint Johannes nicht gelangt zu sein, und doch fand er durch die Hand des Herodes Antipas, des Tetrarchen von Galiläa, den Tod. Antipas' Tetrarchie umfaßte neben Galiläa auch Peräa, und Johannes' Tätigkeit im Jordantal vollzog sich nicht nur am Westufer des Flusses, sondern auch am peräischen Ufer (Joh 1, 28). Johannes kehrte aller Wahrscheinlichkeit nach von Aenon nach Peräa zurück und wurde dort auf Befehl des Tetrarchen in Haft genommen. Josephus gibt an, Antipas habe befürchtet, daß Johannes' Fähigkeit, Menschenmengen um sich zu versammeln, einen Aufruhr hervorrufen würde; die Synoptiker sind etwas genauer und fügen hinzu, Johannes habe den Antipas wegen seiner Ehe mit seiner Schwägerin Herodias zurechtgewiesen.[34] Das Gesetz (3 Mo 18, 16 und 20, 21) untersagte einem Mann die Ehe mit der Frau seines Bruders. Es galt auch, wenn der Bruder nicht mehr lebte; mehrere Jahre zuvor hatte die Ehe des älteren Bruders des Antipas, Archelaus, mit Glaphyra, der Witwe des unglückseligen Alexander, des Sohnes Herodes' des Großen und der Mariamne, schweres Ärgernis erregt.

---

[31] Vgl. M. Black, *The Scrolls and Christian Origins*, London 1961, S. 54 ff.
[32] Joh 1, 35 ff.; 3, 25 f.; 4, 1 ff.
[33] Vgl. J. A. T. Robinson, „The ‚Others' of John 4, 38", in: *Twelve New Testament Studies*, S. 61 ff.; einen anderen Standpunkt vertritt O. Cullmann, „Samaria and the Origins of the Christian Mission", in: *The Early Church*, London 1956, S. 185 ff.
[34] Mk 6, 18; Lk 3, 19.

(Das Leviratsgesetz 5 Mo 25, 5—10 bezog sich nur auf den Fall, daß der verstorbene Bruder kinderlos geblieben war.) Eine noch krassere Gesetzesverletzung lag vor, wenn der Bruder, mit dem die Frau zuvor verheiratet gewesen war, noch lebte.[35]

Die Mißbilligung ihrer Ehe durch Johannes berührte nicht nur das Privatleben von Antipas und Herodias, sondern hatte auch, wie wir schon sahen, einen politischen Aspekt.[36] Ein Prophet, der einen Herrscher wegen einer flagranten Gesetzesverletzung öffentlich tadelte, konnte ihm damit seine Untertanen abspenstig machen. Johannes auf freiem Fuß zu lassen, war riskant, folglich ordnete Antipas seine Verhaftung und Einkerkerung in der peräischen Festung Machaerus an. Ein noch schärferes Vorgehen schien dem Tetrarchen untunlich, und Johannes konnte über seine Jünger eine Zeitlang mit der Außenwelt in Verbindung treten; so sandte er zwei von ihnen aus, die Jesus befragen und ihm über Jesu Wirksamkeit in Galiläa berichten sollten. Laut Markus war es Herodias, die Johannes' Hinrichtung betrieb und ihren widerstrebenden Gatten, der „den Johannes fürchtete" und „ihn gern hörte", obwohl er, „wenn er ihn hörte, in schwere Ratlosigkeit kam" (Mk 6, 20), schließlich umzustimmen vermochte.

Johannes' Hörerschaft behielt ihn noch viele Jahre im Gedächtnis; ein Vierteljahrhundert nach seinem Tode hören wir von einer Gruppe im fernen Ephesus, die die Johannestaufe empfangen zu haben behauptete.[37] Man hat gefolgert, daß noch später eine „johannitische" Gruppe in der gleichen Gegend gelebt habe, gegen die der vierte Evangelist polemisierte, doch stehen uns keine weiteren Zeugnisse für ihr Vorhandensein zu Gebote. Die Johannesjünger blieben wahrscheinlich noch eine oder zwei Generationen lang als eine ihrer selbst bewußte Gemeinschaft zusammen, abgesehen von jenen, die in Jesus den Kommenden erkannten, von dem Johannes sprach, und folglich Jesu Jünger wurden. Die Herstellung einer Verbindung zwischen den Johannesjüngern und verschiedenen schismatischen jüdischen Gruppen, über die christliche Autoren wie Justin, Hegesipp, Hippolyt und Epiphanius einiges berichten, erweist sich als schwierig. Noch problematischer ist die historische Verbindung zwischen den Anhängern des Täufers und der gnostischen

---

[35] Herodias' erster Mann lebte noch (Ios. *ant. Iud.* XVIII, 136).
[36] Siehe S. 33.
[37] Apg 19, 1—7; sie werden indessen nicht Johannesjünger genannt. Wenn Lukas sie als „einige Jünger" einführt, dann soll das, entsprechend dem bei ihm üblichen absoluten Gebrauch des Wortes „Jünger", heißen, daß sie Jünger Jesu waren (vgl. A. Ehrhardt, *The Framework of the New Testament Stories*, Manchester 1964, S. 159).

Taufsekte der Mandäer, die noch heute im Irak existiert. Die Mandäer bringen Johannes hohe Verehrung entgegen, doch sind die in ihrem Schrifttum über ihn verzeichneten Nachrichten augenscheinlich sämtlich den Evangelien entnommen, insbesondere Lukas; offenbar wurden sie ihnen durch irgendwelche vom Marcionismus und Manichäismus beeinflußten syrischsprachigen Christen vermittelt.[38]

In Jesu Augen bezeichnete Johannes' Wirksamkeit das Ende des Zeitalters des Gesetzes und der Propheten; ihm folgte das neue Zeitalter des Reiches Gottes, an dessen Schwelle Johannes als der letzte und größte in der langen Reihe jener stand, die seine Heraufkunft voraussahen und voraussagten (Lk 16, 16). Und Jesus soll hier das letzte Wort über Johannes sprechen: „Was zu schauen seid ihr in die Wüste hinausgegangen? Ein Rohr, das vom Wind bewegt wird? Oder was zu sehen seid ihr hinausgegangen? Einen Menschen, der mit weichen Kleidern angetan ist? ... Oder was zu sehen seid ihr hinausgegangen? Einen Propheten? Ja, ich sage euch: Sogar mehr als einen Propheten ... Ich sage euch: Unter denen, die von Frauen geboren sind, ist kein größerer Prophet als Johannes. Doch der Kleinste im Reiche Gottes ist größer als er" (Lk 7, 24—28).[39]

---

[38] Vgl. F. C. Burkitt, „The Mandaeans", *JTS* 29 (1928), S. 228 ff.; *Church and Gnosis*, Cambridge 1932, S. 100 ff.; C. Colpe, „Mandäer", *RGG*³, IV, Tübingen 1961, 709—12.

[39] Siehe die ausgezeichneten Ausführungen von T. W. Manson über die Bedeutung Johannes des Täufers in: *The Servant Messiah*, Cambridge 1953, S. 47; ferner seinen Aufsatz „John the Baptist", *BJRL* 36 (1953—4), S. 395 ff.

DREIZEHNTES KAPITEL

Jesus und das Reich Gottes

1.

Außer den Schriften des Neuen Testaments und späteren, die darauf aufbauen, stehen uns nur wenig — und zudem umstrittene — Quellen über Jesu Leben und Lehre zu Gebote. Was das römische Reichsganze anbelangt, braucht uns diese Tatsache keineswegs zu überraschen. Eine Episode aus unseren Tagen mag dies veranschaulichen.

In der Zeit, als sich die britische Herrschaft über Indien ihrem Ende näherte, machte in Wasiristan in der Nordwest-Grenzprovinz ein gewisser Haji Mirza Ali Khan, Fakir von Ipi, der sich den Titel eines „Vorkämpfers des Islam" beigelegt hatte, als Unruhestifter von sich reden. In Meldungen der britischen und indischen Presse war hin und wieder von ihm die Rede, wenn er die *pax Britannica* in jener Gegend erneut zu stören versucht hatte. Danach hörte man jahrelang nichts mehr von ihm, bis schließlich im April 1960 sein Ableben mitgeteilt wurde.[1] Es ist nicht anzunehmen, daß ihm künftige Historiker unseres Jahrhunderts besondere Bedeutung beimessen werden.

Der Fakir von Ipi war ein heiliger Mann, und seine Anhänger hielten ihn zweifellos für eine außerordentlich bedeutungsvolle Persönlichkeit. Hätten sie ihn zum Mittelpunkt eines Kults gemacht, diesen zu propagieren begonnen und damit einen unerwartet großen Erfolg gehabt, wären daraufhin in Karatschi und Neu Delhi Unruhen ausgebrochen, die Kunde von ihrer Wirksamkeit nach England gedrungen, die dort ansässigen Inder und Pakistaner in Bewegung geraten — so würde jedermann den Namen des Fakirs von Ipi kennen und kein Historiker ihn übergehen. Ein solcher Vorgang würde freilich einige Zeit beanspruchen.

Gleichermaßen bedeutete im Jahre 30 n. Chr. der Name und die Tätigkeit Jesu von Nazareth den im Herzen des Römerreiches lebenden Menschen zweifellos nicht mehr als der Fakir von Ipi den Engländern des zwanzigsten Jahrhunderts. Ein religiöser Führer, der sich als König ausgab und eine Gefolgschaft um sich sammelte, und den man daraufhin aus dem Wege zu räumen beschloß, war im Palästina jener Tage nichts

---

[1] Siehe *Illustrated London News* vom 30. April 1960.

Außergewöhnliches. Doch als seine Anhänger behaupteten, er sei von den Toten auferweckt worden, und ihn als den Erlöser verkündigten, auf den die Welt warte, als ihre Mission erstaunliche Erfolge aufzuweisen hatte, nicht nur nach Antiochien und Alexandrien, sondern in die Hauptstadt Rom selber vordrang und dort Unruhen hervorrief, da wurde der Name Christi (wie die Heiden ihn nannten)[2] und seiner Anhänger, der Christen, im Herzen des Römerreichs zu einem Begriff. Dieser Prozeß brauchte freilich seine Zeit. Und die römische Geschichtsschreibung erwähnt Christus und die Christen zwar schließlich, doch treten die Berichte in der römischen „Literatur" erstmals in jener Sparte in Erscheinung, die man heute als „Polizeibericht" bezeichnen würde.

Das Eindringen des Christentums in die stadtrömische Judenschaft scheint diese um das Jahr 49 n. Chr. in Aufruhr versetzt zu haben, als dessen Anstifter Sueton um 120 n. Chr. den „Chrestus" bezeichnet.[3] Die Bedeutung seiner Angabe soll in einem späteren Kapitel eingehend erörtert werden; wahrscheinlich entnahm er sie römischen „Polizeiakten".[4]

Suetons Zeitgenosse Tacitus erwähnt in seinen zwischen 115 und 117 n. Chr. verfaßten *Annalen* den Brand Roms im Jahre 64 n. Chr. und Neros Versuch, ihn den Christen zur Last zu legen. Er erklärt dann seinen Lesern den Ursprung ihres Namens: „Der Stifter dieser Sekte, Christus, ist unter der Regierung des Tiberius durch den Prokurator Pontius Pilatus hingerichtet worden. Der unheilvolle Aberglaube wurde dadurch für den Augenblick unterdrückt, trat aber später wieder hervor und verbreitete sich nicht bloß in Judäa, wo er entstanden war, sondern auch in Rom, wo alle furchtbaren und verabscheuungswürdigen religiösen Gebräuche, die es in der Welt gibt, sich zusammenfinden und geübt werden."[5]

Wenn Polizeiberichte hinreichend bedeutungsvoll werden, dann beginnt sich die Geschichtsschreibung für sie zu interessieren, wie diese Tacitusstelle zeigt. Nicht nur war das Vorgehen der neronischen Polizei gegen die Christen Roms der Erwähnung wert (vor allem angesichts der Ausmaße, die das Christentum zur Zeit Trajans angenommen hatte,[6] unter dessen Regierung Tacitus seine Annalen verfaßte), sondern auch die vor

---

[2] Gr. *christos,* die Entsprechung zu hebr. *maschiach,* wurde ursprünglich als Titel („der Gesalbte") auf Jesus angewandt, dann aber bald als sein Name gebraucht.

[3] Suet. *Claud.* 25.

[4] Siehe Teil II, Kap. 8/2.

[5] Tac. *ann.* XV, 44.

[6] Kaiser von 98 bis 117 n. Chr.

mehr als dreißig Jahren unter der Statthalterschaft des Pilatus in Judäa durchgeführte Polizeiaktion erlangte nunmehr eine Bedeutung, wie sie im Jahre 30 n. Chr. kein Römer hätte voraussehen können. Der verachtungsvolle und feindselige Ton, in dem Tacitus von den Christen spricht, legt die Vermutung nahe, daß er seine präzisen Angaben über Christi Hinrichtung nicht von Christen erhielt; wenn damals noch ein Bericht über die Angelegenheit in den staatlichen Archiven vorhanden war, so hatte ein Mann seiner Stellung zweifellos die Möglichkeit, ihn einzusehen.

Ein anderer Zeitgenosse Suetons und des Tacitus, der jüngere Plinius, liefert eine Art eigenen „Polizeiakt" in dem Bericht über die Ausbreitung des Christentums in seiner Provinz, den er um das Jahr 112 n. Chr. als Kaiserlicher Legat von Bithynien an den Kaiser Trajan sandte.[7] Er gibt darin die Aussagen einiger Christen, die sich gewissermaßen als Kronzeugen zur Verfügung gestellt hatten, über die sonntäglichen Zusammenkünfte der Christgläubigen wieder — an und für sich Harmlosigkeiten, wenn sie auch nach Plinius' Ansicht einen erschreckenden Aberglauben offenbarten, darunter das Singen eines Wechselgesangs an „Christus als ihren Gott" (oder „an Christus wie an einen Gott"). Dies sind die frühesten Erwähnungen Christi im heidnischen Schrifttum.[8]

Die Bezugnahmen auf ihn in den jüdischen Überlieferungen der Tannaiten-Zeit (etwa 70—200 n. Chr.) ergeben folgendes Bild: Jesus von Nazareth trat in Israel als Rechtsbrecher auf, trieb Zauberei, spottete über die Worte der Weisen, verführte das Volk und leitete es in die Irre und sagte, er sei nicht gekommen, um von der Thora etwas wegzunehmen oder ihr etwas hinzuzufügen (oder, nach einer anderen Lesart, um von der Thora etwas wegzunehmen, sondern um ihr etwas hinzuzufügen). Am Rüsttag zum Passahfest wurde er als Häretiker und Volksverführer gehängt. Seine Jünger (von denen fünf namentlich genannt werden: Mattai, Naqai, Neser, Buni und Todah) sollen in seinem Namen Kranke geheilt haben. Dieser Bericht entspricht in etwa dem, was man von den Erben der theologischen Widersacher Jesu, wie die Evangelien sie uns schildern, erwarten würde.[9]

---

[7] Plin. *epist.* X, 96. Siehe Teil II, Kap. 15/2.

[8] Problematischer sind die Hinweise auf Jesus in der verlorengegangenen Geschichte des Thallus (etwa 52 n. Chr.), die Julius Africanus zitiert (F. Jacoby, *Die Fragmente der griechischen Historiker*, II B, Berlin 1929, § 256), und in dem (in einer syrischen Handschrift des Britischen Museums [Additional 14, 658] aus dem siebten Jahrhundert bewahrten) Brief, den Mara bar Serapion nach 73 n. Chr. an seinen Sohn schrieb.

[9] Die rabbinischen Stellen über Jesus finden sich bei J. Klausner, *Jesus von*

Zwei frühere jüdische Bezugnahmen auf ihn finden sich in der handschriftlichen Überlieferung der *Jüdischen Altertümer* des Josephus (etwa 93 n. Chr. verfaßt). Eine von ihnen bezeichnet Jakobus von Jerusalem (den „Jakobus den Gerechten" späterer christlicher Autoren) als den „Bruder Jesu, des sogenannten Christus",[10] die andere, ein Absatz über Jesus selbst, wurde offenbar schon frühzeitig im Verlauf der Überlieferung mit Rücksicht auf Josephus' christliche Leser durch Einschiebungen abgeändert.[11] Man kann sie daher nicht ohne weiteres als Beleg heranziehen, doch mag sie im Lichte ihres Kontextes, wo verschiedene jüdische Wirren unter dem Prinzipat des Tiberius geschildert werden, ursprünglich etwa folgendermaßen gelautet haben:

> Etwa um diese Zeit erstand eine Quelle weiterer Unruhen[12] in einem gewissen Jesus; er war ein weiser Mann[13] und ein Wundertäter, ein Lehrer aller jener Menschen, die für ungewöhnliche Dinge aufgeschlossen sind.[14] So zog er viele Juden und auch viele Heiden an sich. Dieser Mann war der sogenannte Christus[15]. Als Pilatus ihn aufgrund von Mitteilungen, die er von den Vornehmsten unseres Volkes erhalten hatte, zum Kreuzestode verurteilte, wurden doch diejenigen, die ihn von Anfang an geliebt hatten, ihm nicht untreu.[16] Und noch bis auf den heutigen Tag besteht der Stamm der Christen, wie sie sich nach ihm nannten, fort.[17]

Nazareth, Jerusalem 1952, S. 17—57, zusammengestellt; vgl. T. W. Manson, *Studies in the Gospels and Epistles,* Manchester 1962, S. 16 ff. Die wichtigste Einzelstelle in der rabbinischen Literatur, die auf Jesus Bezug nimmt, ist bT *Sanhedrin* 43 a, wo eine *baraita* berichtet, wie man „Jesus am Vorabend des Passahfestes hängte", nachdem vierzig Tage lang vergeblich durch einen Ausrufer die Aufforderung ergangen war, wer zu seiner Verteidigung etwas zu sagen habe, möge sich melden.

[10] *ant. Iud.* XX, 200.

[11] *ant. Iud.* XVIII, 63 f. Siehe J. Klausner, *Jesus von Nazareth,* S. 68 ff.

[12] „Eine Quelle weiterer Unruhen" ist eine in den Zusammenhang passende Ergänzung von R. Eisler, *Iesous basileus, ou basileusas,* I, Heidelberg 1929, S. 48 ff.

[13] Der überlieferte Text fügt hinzu: „wenn man ihn überhaupt einen Menschen nennen darf".

[14] Im überlieferten Text steht: „mit Freuden bereit sind, die Wahrheit zu empfangen" (TAĻETHE, hier zu TAAETHE emendiert).

[15] Der überlieferte Text lautet: „Dieser Mann war der Christus." Die Wendung „der sogenannte Christus" erscheint in der Bezugnahme auf Jakobus in *ant. Iud.* XX, 200 und wird hier durch Hieronymus' Lesung *„credebatur esse Christus"* (*vir. ill.* 13) gestützt. Nach Origenes (*c. Cels.* I, 47) glaubte Josephus nicht an Jesus als den Christus — nicht daß wir Origenes' Zeugnis zu diesem Punkt brauchten.

[16] Der überlieferte Text fügt hinzu: „Denn er erschien ihnen am dritten Tage wieder, lebend, wie gottgesandte Propheten dies und tausend andere wunderbare Dinge von ihm vorher verkündet hatten."

[17] Die zusätzlichen Erwähnungen Jesu in der altrussischen Fassung von Josephus' *Jüdischem Krieg* (siehe S. 158, Anm. 4) sind interessante christliche Überlieferungen, können aber keinen Anspruch auf Authentizität erheben. Zwei

Christliche Nachrichten über Jesus, die über das hinausgehen, was die neutestamentlichen Schriften überliefern, stehen uns, von einigen ihm zugeschriebenen Aussprüchen abgesehen, nicht zu Gebote. Die bekannteste Sammlung solcher Jesusworte stammt aus dem zweiten Jahrhundert und ist in einer im vierten Jahrhundert verfaßten koptischen Übersetzung aus dem Griechischen, dem *Thomasevangelium,* auf uns gekommen, das um 1945 zusammen mit vielen anderen, zumeist gnostischen Urkunden in der Nähe des antiken Chenoboskion in Oberägypten entdeckt wurde. Einige von diesen, die in den Schriften des Neuen Testaments keine Parallelen haben, sind möglicherweise echt, doch stellt die Frage ihrer Authentizität die Forschung vor eine schwierige Aufgabe, da sie zumeist ohne Zusammenhang überliefert sind.[18]

2.

Die neutestamentlichen Schriften bleiben somit unsere Primärquellen, und wir können uns glücklich schätzen, daß uns ein derart gründlich geprüftes und analysiertes Quellenmaterial zu Gebote steht.[19]

Jesu erstes öffentliches Auftreten erfolgte bei seiner Taufe durch

---

dieser Zusätze seien erwähnt. Der eine, zu *bel. Iud.* II, 174, ist eine Erweiterung der Passage in *ant. Iud.* XVIII, 63 f. Er enthält eine Zusammenfassung des Prozesses und der Hinrichtung Jesu, derzufolge Pilatus (der Jesus dankbar war, weil er seine Frau geheilt hatte) sich weigert, ihn zu verurteilen, den „Gesetzeslehrern" aber freie Hand läßt, mit ihm nach Gutdünken zu verfahren; diese lassen ihn daraufhin kreuzigen. Diese Entlastung des Pilatus auf Kosten der jüdischen Führer ist für das christliche Schrifttum charakteristisch. Im Verlauf von Josephus' Tempelbeschreibung ist in *bel. Iud.* V, 195 ein weiterer Hinweis auf Jesus eingeschaltet; nach dem Bericht über die im Tempel angeschlagenen Warnungen an alle Heiden, nicht in das Innere vorzudringen, heißt es, daß „über diesen eine vierte Inschrift in denselben [griechischen, lateinischen und hebräischen] Buchstaben hing, welche lautete: ‚Jesus, ein König, der nie regierte, wurde von den Juden ans Kreuz geschlagen, weil er die Zerstörung der Stadt und die Verwüstung des Tempels vorhersagte' ". Auch hier kann die Angabe, daß Jesus „von den Juden ans Kreuz geschlagen wurde", nicht dem Josephus zugeschrieben werden. Der Wortlaut der Inschrift in ihrer griechischen Form, IESOUS BASILEUS OU BASILEUSAS („Jesus, ein König, der nie regierte"), lieferte R. Eisler den Titel für sein *magnum opus* (Heidelberg 1929—30), in dem er diese altrussischen Zusätze, angemessen emendiert, als Quellenmaterial für seine Rekonstruktion der Ursprünge des Christentums benutzt; vgl. die Kritik von J. W. Jack, *The Historic Christ*, London 1933.

18 Siehe A. Guillaumont u. a. (Hrsg.), *Evangelium nach Thomas*, Leiden 1959; R. McL. Wilson (Hrsg.), *New Testament Apocrypha* I, London 1963, S. 511 ff.

19 Die neutestamentlichen Schriften wurden natürlich nicht als Quellenmaterial für Historiker geschrieben und sind, abgesehen vom Lukasevangelium

Johannes im Jordan; diese wird gewöhnlich, und mit Recht, als das den Beginn seiner Wirksamkeit kennzeichnende Ereignis angesehen. Sobald er aus dem Wasser stieg, sah er, nach dem Bericht des Markus, „die Himmel sich öffnen und den Geist wie eine Taube auf sich herabschweben. Und eine Stimme erscholl aus den Himmeln: ‚Du bist mein geliebter Sohn, an dir habe ich Wohlgefallen gefunden'" (Mk 1, 10 f.). Der zerrissene Himmel weist auf eine göttliche Offenbarung wie in Jes 64, 1: „O daß du den Himmel zerrissest und führest herab . . .!" Das Herabschweben der Taube deutet auf eine besondere Begabung mit dem Geiste Gottes für ein spezielles Amt wie das des „Reises aus dem Stumpf Isais" in Jes 11, 1 ff. („Auf ihm wird ruhen der Geist des Herrn") oder des in Jes 42, 1 ff. vorgestellten Gottesknechts, von dem Jahwe sagt: „Ich habe meinen Geist auf ihn gelegt." Das Vorstellen seines Gottesknechts durch Jahwe in der letzteren Stelle scheint hinter den Worten der himmlischen Stimme bei Jesu Taufe zu stehen, die wahrscheinlich als ein *bat qol,* ein „Echo" der göttlichen Äußerung vom Himmel zu verstehen ist.[20] Wenn der Zuruf „Mein Sohn bist du", mit dem der Gesalbte des Herrn in Psalm 2, 7 angesprochen wird, Jesus als den davidischen Messias bezeichnet, so erinnern die folgenden Worte an Jes 42, 1, „mein Erwählter, an dem meine Seele Wohlgefallen hat", und bekunden, daß Jesus seine messianische Aufgabe im Sinne des Weges des Knechtes erfüllen soll.[21]

Nach seiner Taufe zog Jesus sich für vierzig Tage in die Einsamkeit der Wüste von Judäa zurück, wo ihm die in der Erzählung von seiner Versuchung so lebendig beschriebenen Erlebnisse widerfuhren.[22] Bestärkt in dem bei seiner Taufe gefaßten Entschluß, verließ er sein Wüsten-

---

und der Apostelgeschichte, nicht im Stil der Geschichtsschreibung abgefaßt; dies hindert den Historiker indessen nicht daran, sie als Quellenmaterial zu benutzen, und er läßt sich auch nicht von Theologen einschüchtern, die ihm einzureden versuchen, seine Aufgabe sei unausführbar und illegitim. Siehe F. F. Bruce, „History and the Gospel" in: C. F. H. Henry (Hrsg.), *Jesus of Nazareth: Saviour and Lord,* London 1966, S. 87 ff.

[20] Die *bat qol,* „Tochter der Stimme", ist die Bezeichnung, die die Rabbinen einer Äußerung vom Himmel gaben, durch die Gott seinen Willen kundtat, nachdem die Prophetien aufgehört hatten.

[21] Mit der Annahme, daß sie eine Verbindung zwischen den beiden mit „Siehe da, mein Knecht" beginnenden Passagen (Jes 42, 1; 52, 13) feststellten, macht man sich noch nicht des Anachronismus schuldig, Menschen des ersten Jahrhunderts die Erkennung der von B. Duhm ausgeschiedenen vier Gottesknechtlieder zuzuschreiben.

[22] Es wird gemeinhin angenommen, daß die ausführlichen Berichte über Jesu Versuchung in Mt 4, 1—11 und Lk 4, 1—13 aus der Spruchquelle Q hergeleitet sind.

refugium. Es galt, die Aufgabe, zu der er sich berufen wußte, im Geiste vollkommenen Gottvertrauens zu erfüllen. Er würde sie nicht als Mittel zu seinem persönlichen Vorteil benutzen; er würde nicht auf ihrer Bestätigung durch irgendein aufsehenerregendes Zeichen beharren; er würde sie nicht mit den Methoden der militärischen Eroberung oder der politischen Gewalt erfüllen, wie es das Volk von dem Messias, auf den es hoffte, erwartete.

Daran schloß sich eine gemeinsame Tätigkeit mit Johannes an, und als Johannes vom Jordantal in die Nähe von Sichem zog, blieben Jesus und seine Jünger, wie wir sahen, eine Weile im Jordantal. Doch als sich voraussehen ließ, daß sich die Pharisäer die Spannungen, die zwischen seinen Jüngern und denen des Johannes entstanden, zu Johannes' und seinem Schaden zunutze machen würden, verließ Jesus Judäa.[23] An die Wirksamkeit des Johannes in der Gegend von Sichem schloß sich ein kurzer, aber fruchtbringender Aufenthalt Jesu in demselben Gebiet an. Man hat den ursprünglichen „Sitz im Leben" der Worte, die er damals an seine Jünger richtete: „andre haben gearbeitet, und ihr seid in ihre Arbeit eingetreten" (Joh 4, 38), gemeinhin in das frühapostolische Zeitalter, in die Evangelisation von Samarien durch Philippus (Apg 8, 5 ff.), verlegt — unnötigerweise, wie uns scheinen will.[24] Wie Johannes' Wirksamkeit in Aenon steht Jesu Tätigkeit in jener Gegend am Beginn der unzureichend dokumentierten Geschichte christlicher und para-christlicher Bewegungen in Samarien.

3.

Die Hauptphase von Jesu Wirksamkeit begann jedoch in Galiläa nach der Inhaftierung und Einkerkerung Johannes' des Täufers.[25] Es ist bemerkenswert, daß er auf die Nachricht über Johannes hin sogleich nach Galiläa zog; hatte Johannes sich nämlich durch seine Tätigkeit in Peräa die Feindschaft des Antipas zugezogen, so wählte Jesus den anderen, wichtigeren Teil der Tetrarchie des Antipas, um Johannes' Werk fortzuführen. Über die Frage, warum er Galiläa statt Judäa wählte, kann man lediglich Mutmaßungen anstellen. Galiläa war die Gegend, in der er seit seiner Kindheit gelebt hatte, und er kam vielleicht zu dem Schluß,

---

[23] Joh 3, 22—4, 3 (siehe S. 164).
[24] Siehe S. 165 mit Anm. 33.
[25] Vgl. Mk 1, 14 f.

in Galiläa könne er sein Werk auf ein festeres Fundament stellen als in Judäa; auch mag er daran gedacht haben, daß in Jes 9, 1 das „Galiläa der Heiden" das göttliche Licht empfängt, und daran hat der erste Evangelist ja sicherlich gedacht (Mt 4, 12—16).

Das Reich Gottes bildete in den ersten Monaten der Wirksamkeit Jesu in Galiläa den Leitgedanken seiner Verkündigung. „Die Zeit ist erfüllt", verkündete er, „und das Reich Gottes ist genaht;[26] tut Buße und glaubt an das Evangelium" (Mk 1, 15). Für Hörer, die über einige Kenntnis der alttestamentlichen Schriften verfügten, konnten diese Worte nur einen Sinn haben: die Zeit war gekommen, wie es im Buch Daniel vorhergesagt war, da der Gott des Himmels auf den Trümmern der aufeinanderfolgenden heidnischen Weltreiche ein Reich errichten würde, das niemals von einem anderen zerstört oder verdrängt werden, sondern ewig dauern würde (vgl. Dan 2, 44; 7, 14. 18. 27). Mit Daniels eigenen Worten, die in Jesu Verkündigung vielleicht absichtlich anklingen sollen: „Die Zeit war da, und die Heiligen nahmen das Reich in Besitz" (Dan 7, 22).

Was war das für ein Reich, das Jesus verkündete? In seiner Lehre ist nicht ein einziges Mal von der Wiederherstellung des Reiches Davids die Rede, obschon dieser Gedanke bei vielen seiner Zeitgenossen, darunter seinen eigenen Jüngern, durchaus lebendig geblieben war. Das Wesen des Reiches Gottes, wie er es auffaßte und verkündete, läßt sich am besten aus der Eigenart seiner Wirksamkeit und dem Schwerpunkt seiner Lehre ableiten.

In Jesu Lehre vom Reich Gottes ist nichts entscheidender als seine Lehre von dem Gott, dem das Reich gehört. Aus allen unseren Zeugnissen wird deutlich, daß Jesus der einzige war, der auf Gott die Bezeichnung *'abba* anwandte — nicht die liturgische Form *'abinu* („Vater unser"), mit der Gott in bestimmten Synagogengebeten angeredet wurde, noch auch das persönlichere *'abi* („mein Vater"), sondern das häusliche Wort, mit dem ein Vater im vertrauten Familienkreis angeredet wurde.

---

[26] Gr. *ēggiken*, was nach Auffassung von C. H. Dodd im Licht von *ephthasen* in Mt 12, 28 // Lk 11, 20 (vgl. auch Mk 9,1, *elēlythyian*) bedeutet, daß das Reich Gottes „herbeigekommen ist" (*Parables of the Kingdom*, London 1935, S. 44 ff.; „The kingdom of God has come", *ExT* 48 [1936—7], S. 138 ff.). Die Frage der „verwirklichten Eschatologie" hängt indessen nicht lediglich von der Übersetzung einzelner Worte, sondern von der Gesamtinterpretation des Evangelienberichts ab. Der allgemeine Standpunkt des Markus und der anderen Evangelisten scheint zu sein, daß das Reich Gottes während der Wirksamkeit Jesu eingeleitet wurde, aber erst mit seinem Tod und seiner Auferstehung wirklich gekommen war.

Er redete Gott als *'abba*[27] an und sprach von ihm anscheinend in der dritten Person als *'abba,* womit er das ihm eigene Gefühl liebender Nähe zu Gott und sein unbedingtes Vertrauen zu ihm ausdrückte; doch er forderte darüber hinaus auch seine Jünger auf, in gleicher Weise Gott *'abba* zu nennen und ihn mit der gleichen vertrauensvollen Hoffnung anzublicken, wie sie Kinder zeigen, die von ihren Vätern erwarten, daß sie sie mit Nahrung und Kleidung versorgen. Diese Haltung wird insbesondere im Vaterunser eingeschärft (das eine kurze Zusammenfassung der Lehre Jesu darstellt),[28] wo er seine Jünger fast im gleichen Atemzug lehrt, für die Verwirklichung von Gottes ewigen Absichten mit der Welt (dem Kommen seines Reiches) zu beten und ihn um ihr tägliches Brot, um die Vergebung ihrer Sünden und Erlösung in der Stunde der Versuchung zu bitten. *'Abba* — ursprünglich eine aramäische Form, die im nachbiblischen Hebräischen aber auch als Kosewort für „Vater" weit verbreitet war — war in der Anwendung auf Gott ein für Jesus und seine Jünger so charakteristischer Ausdruck, daß er unverändert in den Wortschatz des Heidenchristentums überging; so sagt Paulus zum Beispiel, wenn Christen (in dem vorliegenden Kontext Heidenchristen) Gott *'abba* nennten, zeige das, daß sie den Geist Jesu empfangen hätten, den Geist, der sie wiederum zu Söhnen Gottes mache (Gal 4, 6; Rö 8, 15 f.). „Hier sehen wir, wer der historische Jesus war: der Mann, der die Macht hatte, Gott als *abba* anzureden, und die Sünder und Zöllner in sein Reich mit aufnahm, indem er sie ermutigte, dieses eine Wort ‚Abba, lieber Vater' auszusprechen."[29]

Was die Art seiner Wirksamkeit anbetrifft, insbesondere während der ersten Monate in Galiläa, so ist sie in seiner Botschaft an Johannes den Täufer zusammengefaßt. Als Johannes im Gefängnis zu Machaerus Berichte über Jesu Wirken empfing und erkannte, daß es nicht gänzlich dem Richteramt entsprach, das er selber für den Kommenden vorausgesagt hatte, sandte er zwei seiner Jünger zu ihm, die ihn fragen sollten: „Bist du es, der da kommen soll, oder sollen wir auf einen anderen warten?" Vor den Augen der Boten des Johannes heilte Jesus „viele von Krankheiten und Qualen und bösen Geistern, und vielen Blinden schenkte er das Augenlicht. Und er antwortete und sprach zu ihnen:

---

[27] Vgl. Mk 14, 36.

[28] Vgl. J. Jeremias, „The Lord's Prayer in Modern Research", *ExT* 71 (1959—60), S. 141 ff.

[29] J. Jeremias, *The Central Message of the New Testament,* London 1965, S. 30; für eine ausführlichere Untersuchung siehe ders., *Abba. Studien zur neutestamentlichen Theologie und Geschichte,* Göttingen 1966, S. 15—67; vgl. auch C. F. D. Moule, *The Phenomenon of the New Testament,* London 1967, S. 47 ff.

,Gehet hin und berichtet dem Johannes, was ihr gesehen und gehört habt: Blinde werden sehend, Lahme gehen, Aussätzige werden rein, und Taube hören, Tote werden auferweckt, Armen wird die frohe Botschaft gebracht; und selig ist, wer an mir keinen Anstoß nimmt'" (Lk 7, 19—23; vgl. Mt 11, 2—6). Als sie Johannes Bericht erstatteten, erkannte dieser sicherlich, daß dies all die Dinge waren, die die hebräischen Propheten mit dem Neuen Zeitalter verknüpft hatten; besonders die nachdrückliche Hervorhebung der Predigt froher Kunde an die Armen kennzeichnete Jesus als den vom Geist gesalbten Sprecher von Jes 61, 1 f., der beauftragt ist, sich eben dieser Aufgabe zu widmen: „den Gefangenen Befreiung zu verkündigen und die Zerschlagenen zu befreien und zu entlassen, ein angenehmes Jahr des Herrn zu verkündigen".[30] Es wird hier auf eine messianische Wirksamkeit angespielt, denn der Sprecher ist der Gesalbte des Herrn, doch ist es eine messianische Wirksamkeit, die sich beträchtlich von dem unterscheidet, was so viele in Israel damals hofften. Die Worte von Jes 61, 1 f. hätten sich in der Tat auf jemanden beziehen können, der sich anschickte, die unterdrückten Untertanen der Römer und des Antipas von ihrem Joch zu befreien, doch von dieser Art Befreiung ist nicht im geringsten die Rede.

Die gleiche nachdrückliche Hervorhebung der Gegenwart des Reiches Gottes in Jesu gegenwärtiger Wirksamkeit erscheint in einer Kontroverse zwischen Jesus und einigen Schriftgelehrten über seine Macht, von Dämonen Besessenen Erleichterung zu verschaffen. „Wenn ich durch den Finger Gottes die Dämonen austreibe", sagte er, „so ist ja das Reich Gottes zu euch gekommen"[31] (Lk 11, 20).

Derlei Worte können nur bedeuten, daß in der Wirksamkeit Jesu das Reich Gottes bereits gegenwärtig war; bei seinen Kranken- und Besessenenheilungen und seiner Predigt an die Armen waren die „Kräfte" des Reiches am Werk, die einen heiligen Krieg kämpften, in das Reich des Bösen eindrangen und seine Gefangenen befreiten. Derselbe Punkt kehrt in vielen seiner Gleichnisse vom Reich wieder.[32] Seine Erklärung gegenüber einer Gruppe von Pharisäern stimmt damit überein. Sie fragten ihn, wann das Reich Gottes kommen werde, und er antwortete ihnen, es werde nicht so kommen, „daß man es beobachten könnte. Man wird auch

[30] Dies ist der Text der programmatischen Predigt Jesu in der Synagoge von Nazareth in Lk 4, 16 ff.; er begann seine Auslegung mit den Worten: „Heute ist dieses Schriftwort erfüllt vor euren Ohren."

[31] Gr. *ephthasen* (vgl. S. 175, Anm. 26).

[32] Vgl. J. Jeremias, *Die Gleichnisse Jesu*, Göttingen 1970.

nicht sagen: Siehe hier! oder: dort! Denn siehe, das Reich Gottes ist in eurer Mitte“[33] (Lk 17, 20 f.).

Das hieß jedoch nicht, daß die Hoffnung der Zeiten in seiner jetzigen Wirksamkeit voll verwirklicht war. Das Reich Gottes war zwar gegenwärtig und tätig, lag aber erst in den Anfängen. Eines Tages, sagte er seinen Jüngern, werde es „mit Macht“ kommen, und zumindest einige von ihnen würden diesen Tag erleben (Mk 9, 1). Ebenso lehrte er seine Jünger auch, zu Gott zu beten „Dein Reich komme“ (Lk 11, 2), und versicherte ihnen, wenn sie im Vergleich zu den starken Bataillonen der politischen Machthaber und der religiösen Führungsschicht auch eine „kleine Herde“ seien, habe ihr himmlischer Vater das Reich doch für sie bestimmt (Lk 12, 32). Sie sollten jedoch nicht meinen, daß im Reich Gottes Beförderung gleichbedeutend mit Privilegien, Status und dem Recht, die Dienste anderer in Anspruch zu nehmen, sein werde; in seinem Reich gelange man nur durch demütigen und entsagungsvollen Dienst zu Ehren, ja der Dienst *sei* die Ehre. In dieser Beziehung gab er ihnen ein würdiges Beispiel, indem er nicht Dienste zu empfangen begehrte, sondern diente und den allerhöchsten Dienst leistete, indem er sein Leben „als Lösegeld für viele“ hingab. Wie Origenes großartig formuliert, war Jesus die *autobasileia,*[34] das Reich in Person, denn eine vollkommenere Verkörperung der Grundsätze des Reiches Gottes als in ihm, der zu seinem Vater sagte: „Doch nicht, was ich will, sondern was du willst“,[35] und in diesem Geiste das Kreuz auf sich nahm, war undenkbar.

Gegenwärtig waren das Reich Gottes und Jesus selber durch mancherlei Begrenzungen gekennzeichnet. Diese Begrenzungen würden eines Tages verschwinden. „Mit einer Taufe aber muß ich getauft werden“, sagte Jesus, „und wie ist mir so bange, bis sie vollendet ist“ (Lk 12, 50). Daß diese Taufe sein Tod war, wird aus der Art und Weise deutlich, wie er einmal seine Jünger Jakobus und Johannes fragte, ob sie den Kelch trinken könnten, den er trinke, oder sich mit der Taufe taufen lassen könnten, womit er getauft werde (Mk 10, 38 f.). Sein Tod würde die Voraussetzungen für die Freisetzung der Kräfte des Reiches Gottes

---

[33] Dies ist im Kontext die wahrscheinlichste Bedeutung von *entos hymōn. entos* heißt „innen, drinnen“, doch weist die Tatsache, daß das Pronomen im Plural steht, eher auf die Bedeutung „in eurer Mitte“ als auf „in jedem (einzelnen) von euch“. Eine andere mögliche Übersetzung ist „in eurer Reichweite“.

[34] Orig. *Comm. in Matt.* XIV, 7 (zu Mt 18, 23).

[35] Mk 14, 36.

und für die Befreiung und Segnung einer sehr viel größeren Anzahl von Menschen schaffen, als er durch seine gegenwärtige Wirksamkeit in Galiläa oder Judäa zu erreichen vermochte.

4.

Diese beiden Phasen des Reiches Gottes sind in Jesu Lehren eng mit dem verknüpft, was er über den Menschensohn zu sagen hat. Die Gestalt des Menschensohnes geht in seiner Lehre ebenso wie seine Verkündigung des Reiches Gottes auf das Danielbuch zurück. Der Menschensohn wird, wie wir sahen, überdies in den *Bilderreden des Henoch* beschrieben;[36] es ist jedoch unwahrscheinlich, daß Jesu Denken durch das letztgenannte Werk beeinflußt wurde, obschon dessen Sprache vielleicht in Matthäus' Wendungen über den Menschensohn, der „auf dem Throne seiner Herrlichkeit" sitzt (Mt 19,28; 25,31), anklingt. Der Menschensohn in Jesu Lehre dürfte seinen spezifischen Charakter indessen zum Teil seiner Identifizierung mit dem jesajanischen Gottesknecht verdanken, der (anders als der Menschensohn in den *Bilderreden*) sein Leben als Schuldopfer *('ascham)* für andere hergibt und derart seine Wirksamkeit krönt (Jes 53, 10).[37]

Verfolgt man die Entwicklung der Evangelienüberlieferung, so konstatiert man eine wachsende Tendenz, das Pronomen „ich" im Munde Jesu durch die Bezeichnung „der Menschensohn" zu ersetzen.[38] Während Jesus in Mk 8, 27 zum Beispiel seine Jünger fragt: „Für wen halten mich die Leute?" (ähnlich in Lk 9, 18), lautet seine Frage in Mt 16, 13: „Für wen halten die Leute den Sohn des Menschen?" Diese Tendenz setzte möglicherweise schon vor der schriftlichen Fixierung der frühesten Evangelienstränge ein; jedenfalls finden wir eine „Q"-Stelle (Mt 11, 18 f. / Lk 7, 34 f.), in der Jesus dem asketischen Johannes dem Täufer den „Menschensohn" (das heißt sich selber) gegenüberstellt, der „ißt und trinkt". Hier bedeutet „der Menschensohn" einfach „ich". Da das ge-

---

[36] Siehe S. 136 ff.

[37] Für diese Identifizierung siehe T. W. Manson, *The Teaching of Jesus*, Cambridge 1935, S. 229 ff.; J. Jeremias in: W. Zimmerli und J. Jeremias, *The Servant of God*, London 1957, S. 88 ff.; für eine Kritik der Identifizierung und anderer gewöhnlich damit verbundener Auffassungen siehe M. D. Hooker, *Jesus and the Servant*, London 1959.

[38] In einem der späteren synoptischen Evangelien kann „ich" gelegentlich an die Stelle von „der Menschensohn" treten; vgl. Mt 10, 32 f. („werde auch ich mich bekennen . . . werde auch ich verleugnen . . .") mit Mk 8, 38; Lk 12, 8 f.

wöhnliche aramäische Wort für „ein Mensch" *(bar'änasch)* wörtlich „Sohn des Menschen" meint, ist es denkbar, daß Jesus bei solch einer Gelegenheit irgendeine Umschreibung wie „dieser Mensch" für die erste Person Singular des Personalpronomens gebrauchte, doch hat das wenig mit seiner eschatologischen Verwendung der Bezeichnung „der Menschensohn" zu tun.

Man hat in der Tat argumentiert, daß der eschatologische Gebrauch der Bezeichnung durch Jesus durchaus fraglich sei, da er an keiner Stelle des Evangelienberichts das Reich Gottes und den Menschensohn im selben Zusammenhang erwähnt. Da man nicht ernstlich bezweifeln könne, daß er über das Reich Gottes sprach, müsse man folglich entschieden bezweifeln, daß er jemals von dem Menschensohn sprach.[39] Dieses Argument vermag kaum zu überzeugen. Sollte der Tatsache, daß das Reich Gottes und der Menschensohn nicht zusammen erwähnt werden, irgendwelche Bedeutung zukommen, so kann es ganz einfach sein, daß sie sich gegenseitig implizieren, so daß man beide nicht gleichzeitig zu erwähnen brauchte.[40]

Jesus sagt: „Wer immer sich zu mir bekennt vor den Menschen, zu dem wird sich auch der Sohn des Menschen bekennen vor den Engeln Gottes" (Lk 12, 8). Diese Aufgabe erfüllt der Menschensohn in der einen Stelle des Neuen Testaments, wo er außerhalb der Evangelien erscheint; in Apg 7, 55 f. sieht der die Ansprüche Jesu vor dem Synedrium verfechtende Stephanus „die Himmel geöffnet und den Sohn des Menschen zur Rechten Gottes stehen" — das heißt als seinen Fürsprecher vor dem himmlischen Gericht stehen.[41]

Doch wenn der Menschensohn der Fürsprecher der Gläubigen und Gerechten ist, so ist er der Richter der Ungläubigen und Ungerechten: „Wer sich meiner und meiner Worte schämt unter diesem abtrünnigen und sündhaften Geschlecht, dessen wird sich auch der Sohn des Menschen schämen, wenn er kommen wird in der Herrlichkeit seines Vaters mit den heiligen Engeln" (Mk 8, 38). Der Menschensohn werde ein „Zeichen" für dieses Geschlecht sein — das einzige Zeichen, das ihm gegeben würde (Lk 11, 30) —, aber sein Kommen werde sie alle überraschen (Lk 12, 40; 17, 24—30).

---

[39] Vgl. H. B. Sharman, *Son of Man and Kingdom of God*, New York 1943; P. Vielhauer, „Gottesreich und Menschensohn in der Verkündigung Jesu", *Festschrift für Günther Dehn*, Neukirchen 1957, S. 51—79. Danach geht die Zusammenstellung von Mk 8, 38 und 9, 1 auf den Evangelisten zurück.

[40] Vgl. C. K. Barrett, *Jesus and the Gospel Tradition*, London 1967, S. 31.

[41] Vgl. C. F. D. Moule, „From Defendant to Judge — and Deliverer", *SNTS Bulletin* 3 (1952), S. 40 ff., besonders S. 46 f.

Jesu Hinweise auf den Menschensohn waren bis dahin zwar dunkel gewesen, aber nicht wesentlich von dem abgewichen, was den Menschensohn betreffend geschrieben war. Aber das Kommen des Menschensohnes in Herrlichkeit und als Richter war nicht alles, was über ihn geschrieben war: es war auch „geschrieben, daß er viel leiden und verachtet werden soll" (Mk 9, 12).[42] In der späteren Phase seiner Wirksamkeit bedeutete Jesus seinen Jüngern mit steigendem Nachdruck, daß „der Sohn des Menschen viel leiden" müsse (Mk 8, 31; vgl. 9, 31; 10, 33),[43] und verkündete ihnen beim letzten Abendmahl: „der Sohn des Menschen geht dahin, wie von ihm geschrieben steht" (Mk 14, 21). Diese nachdrückliche Betonung der Tatsache, daß das Leiden des Menschensohnes etwas ist, was in bezug auf ihn „geschrieben" steht, schließt einen Hinweis auf die hebräische Bibel in sich, und wenn dieser sich in der Tat auf den leidenden Knecht von Jes 52, 13—53, 12 bezieht, so ist die Situation eindeutig. Die Antwort auf die Frage: „Und wie steht geschrieben von des Menschen Sohn, daß er viel leiden soll und verachtet werden?" ist einfach, wenn der Menschensohn der Gottesknecht ist. Jesus war nicht der einzige Lehrer im Israel jener Zeit, der die Gleichsetzung des Menschensohnes mit dem Gottesknecht postulierte; die Qumran-Gemeinde scheint die beiden Gestalten im wesentlichen miteinander identifiziert zu haben, wenngleich ohne ausdrückliche Benutzung der beiden Titel.[44]

In dem Maße, wie sich Jesu Wirksamkeit ihrem Ende näherte, machte er mehr und mehr deutlich, daß er selber die Rolle des leidenden Menschensohnes verkörpern werde. Aber noch in der letzten Woche war dem vierten Evangelisten zufolge das, was er zu diesem Thema — zumindest in der Öffentlichkeit — sagte, so rätselhaft, daß sie ihn fragten: „Wer ist dieser Sohn des Menschen?" (Joh 12, 34).

Als ihn der Hohepriester nach seiner Verhaftung im Verlauf der gerichtlichen Untersuchung jedoch fragte, ob er der Messias sei oder nicht, entgegnete er: „Ich bin's; und ihr werdet den Sohn des Menschen sitzen sehen zur Rechten der Macht und kommen mit den Wolken des Himmels".[45] Dies ist Markus' Version (Mk 14, 62); nach Lukas antwortete

---

[42] Vgl. Lk 17, 25; vor dem „Tag" des Menschensohnes „muß er zuvor vieles leiden und verworfen werden von diesem Geschlecht".

[43] Über die vorhellenistische und vorösterliche Traditionsschicht, die in diesen Passionsankündigungen feststellbar ist, siehe J. Jeremias, *s.v. pais theou*, *TWNT* V, Stuttgart 1954; *The Central Message of the New Testament*, S. 42 f.

[44] Siehe S. 117 f.

[45] Vergleicht man Markus' „Ich bin's" mit Matthäus' „Du hast es gesagt" (Mt 26, 64) und Lukas' „Ihr sagt es, daß ich es bin" (Lk 22, 70), so erhebt sich

Jesus: „Doch *von jetzt an* wird der Sohn des Menschen sitzen zur Rechten der Macht Gottes" (Lk 22, 69).[46] Das bevorstehende Leiden des Menschensohnes würde die neue Ordnung einleiten, in der er durch Gott gerechtfertigt werden und als Erlöser und Richter zu seinem Volk kommen werde. In der Sprache des vierten Evangeliums war die Stunde gekommen, daß der Sohn des Menschen verherrlicht werde: „Wenn ihr den Sohn des Menschen erhöht haben werdet, dann werdet ihr erkennen, daß i c h es bin" (Joh 12, 34; 8, 28).

Mit dem Leiden des Menschensohnes würde überdies das Reich Gottes, das bisher ungeachtet all der gewaltigen Werke Jesu Beschränkungen unterworfen gewesen war, „mit Macht" kommen. In dem Leiden des Menschensohnes wurde zudem das Mysterium des Gottesreiches enthüllt.[47]

Diejenigen, die Jesus bei seinen schweren Prüfungen nicht verlassen hatten, auch wenn sie am Ende den Mut verloren und seinen Kelch dann nicht zu trinken oder an seiner Taufe teilzunehmen vermochten, waren gleichwohl die Erben des Reiches, das er ihnen vermachte (Lk 22, 28—30); ihre Aufgabe war es künftig, an seinem Werk teilzuhaben und die Botschaft des Gottesreiches nicht nur (wie in der früheren Zeit der Beschränkung) dem Volk Israel, sondern allen Völkern zu verkünden.

Jesus deutete offenkundig eine Zwischenzeit an zwischen dem Beginn des Reiches Gottes durch das Leiden und die Rechtfertigung des Menschensohnes und der Vollendung des Reiches beim Jüngsten Gericht, wenn der Menschensohn endgültig offenbart werden würde.[48] Dies wirft die weitere Frage auf, ob er die Absicht hatte, eine „Kirche", eine Gemeinde seiner Jünger oder ein „neues Israel" zu begründen. Wenn der Täufer die Bildung einer Taufgemeinde beabsichtigte, ist es nicht a priori unwahrscheinlich, daß Jesus eine ähnliche Absicht hegte. Daß dies der Fall war, geht sehr klar aus der Tatsache hervor, daß er aus der Schar seiner Jünger zwölf Männer auswählte, die er ausbilden wollte und die nicht nur an seiner Predigt- und Heiltätigkeit teilnehmen, sondern auch

---

die Frage nach dem ursprünglichen Wortlaut hinter diesen drei Formulierungen. Vielleicht wies Jesus sie darauf hin, daß sie den Ausdruck „Messias" gewählt hatten; was ihn betraf, so zog er es vor, von der Rechtfertigung des Menschensohnes zu sprechen. Siehe S. 203 f.

[46] Vgl. Mt 26, 64: „Von jetzt an (*ap'arti*, was Lukas' *apo tou nyn* entspricht) werdet ihr den Sohn des Menschen sitzen sehen zur Rechten der Macht . . .".

[47] Vgl. T. W. Manson, „Realized Eschatology and the Messianic Secret" in: *Studies in the Gospels: Essays in Memory of R. H. Lightfoot*, hrsg. von D. E. Nineham, Oxford 1955, S. 209 ff.

[48] Vgl. W. G. Kümmel, *Verheißung und Erfüllung*, Zürich 1957; Kritik seiner Argumentation in C. K. Barrett, *Jesus and the Gospel Tradition*, S. 74 ff.

die Führer des neuen Israels sein sollten. Dies wird aus dem gut bezeugten Logion deutlich, worin er ihnen sagt, wenn die neue Ordnung heraufkomme, würden sie „auf Thronen sitzen, um die zwölf Stämme Israels zu richten" (Lk 22, 30; vgl. Mt 19, 28). Jesus ließ sie nicht darüber im Zweifel, daß ihnen eine solche Ehre nur zuteil werden würde, wenn sie aller Menschen Knechte seien — ja darin bestünde, daß sie aller Menschen Knechte seien.[49] Aber die absichtliche Übereinstimmung ihrer Zahl, zwölf, mit der Gesamtheit der Stämme Israels, besagte, daß sie ein „Israel" zu führen haben würden. Daß ihnen dies durchaus klar war, erhellt aus der Sorgfalt, mit der sie sich nach dem Abfall des Judas Iskarioth bemühten, die Lücke zu füllen und wieder auf die Zahl zwölf zu kommen.[50]

---

[49] Vgl. Mk 10, 42—5; Lk 22, 24—7.
[50] Apg 1, 15—26.

VIERZEHNTES KAPITEL

Jesus und die Reiche der Welt

1.

Jesu Verkündigung des Reiches Gottes erfolgte nicht in einem geschichtlichen Vakuum. Auch wenn er nicht vom „fünften Reich" in einer Weise sprach, die den Beifall der Zeloten gefunden hätte, mußte jede Verkündung eines neuen Königreiches in manchen Kreisen erwartungsvolle, wenn auch unverständige Begeisterung wecken, in anderen dagegen Argwohn und Feindseligkeit. Eine befriedigende Deutung von Jesu Leben und Wirksamkeit ist ohne Berücksichtigung der kritischen Lage, in der er lebte und tätig war, nicht möglich.

„Die apokalyptische Bewegung zur Zeit Jesu", schrieb Albert Schweitzer im ersten Jahrzehnt unseres Jahrhunderts, „knüpft an kein historisches Ereignis an ... Die Zeit bietet auch keine Ereignisse, welche die Eschatologie in Gang zu setzen scheinen."[1] Dies ist eine seltsame Behauptung; das geschichtliche Ereignis, das geeignet war, „die Eschatologie in Gang zu setzen", ist nämlich unübersehbar: die römische Besetzung von Palästina ab 63 v. Chr. im allgemeinen und die Ersetzung der herodäischen Herrschaft in Judäa durch eine direkte römische Verwaltung im Jahre 6 n. Chr. im besonderen.[2]

Zumindest dies war doch wohl im ersten Jahrzehnt unseres Jahrhunderts ebenso deutlich wie heute, doch stehen uns inzwischen damals noch nicht verfügbare Zeugnisse über eine „allgemeine eschatologische Bewegung" zu Gebote, von der Albert Schweitzer keine Spur zu entdecken vermochte. In der Qumran-Gemeinde war man aufgrund der Ereignisse von 63 v. Chr. und der unmittelbar darauffolgenden Jahre zu der Überzeugung gelangt, daß die im Danielbuch 12, 1 vorausgesagte beispiellose „Zeit der Bedrängnis" herbeigekommen sei, und die *Kriegsregel* zeigt,

---

[1] *The Quest of the Historical Jesus*, London 1910, S. 368.
[2] Vgl. H. G. Wood, *Jesus in the Twentieth Century*, London 1960, S. 123, wo Verf. im Verlauf einer kritischen Würdigung des Buches *The Jesus of History* von T. R. Glover, London 1917, ausführt, es setze „Jesu Wirksamkeit nicht in ausreichendem Maße mit der Krise in der Geschichte Israels in Beziehung, die sich aus der Eingliederung ins Römerreich ergab", und sei „nicht genügend von dem damaligen Krisengefühl durchdrungen".

wie sich einige Gemeindeglieder auf die eschatologische Entscheidung vorbereiteten, die sie als unmittelbar bevorstehend ansahen.[3]

Wir wissen nicht, ob Jesus während seines vierzigtägigen Aufenthalts in der Wüste von Judäa oder zu irgendeinem anderen Zeitpunkt mit den Qumran-Leuten oder anderen essenischen Gemeinschaften in unmittelbare Beziehung trat. Wahrscheinlich wurde er in der „nonkonformistischen" Umwelt geboren und erzogen, zu der diese jüdischen Gemeinschaften ebenfalls gehörten. Um zu erkennen, wie sehr seine Denkweise von den Idealen der Qumran-Leute entfernt war, braucht man indessen nur seine Haltung zum Gesetz mit der strengen Gesetzesauslegung der Qumran-Gemeinde zu vergleichen, die die der Pharisäer an Rigorosität noch übertraf.[4] Man hat sogar die Ansicht vertreten, daß sich seine Polemik gegen eine extrem harte Anwendung der Thora ursprünglich zum Teil gegen die Qumran-Gemeinde richtete und von der frühen palästinischen Kirche dann gegen die Pharisäer gewendet wurde.[5]

Das mag in manchen Fällen geschehen sein, doch kann man die Darstellung der Evangelien, nach der die Pharisäer seine *theologischen* Hauptwidersacher waren, getrost als historisch ansehen.[6] Wenn er den Pharisäern vorwarf, sie „belasteten die Menschen mit schwer zu tragenden Lasten" (Mt 23, 4; Lk 11, 46), und seine Zuhörer aufforderte, statt dessen lieber sein eigenes „sanftes" Joch (Mt 11, 30) auf sich zu nehmen, so kann man sich vorstellen, was er von der *halaka* der Qumran-Sekte gesagt hätte, im Vergleich zu der die Pharisäer tatsächlich „Sucher nach glatten Lehren" waren.[7]

Von allen Parteien im Israel jener Zeit hing keine dem Ideal des kommenden Gottesreiches entsagungsvoller an als die der Zeloten. Nach ihrer Auffassung war es angesichts der gegenwärtigen Krise nicht damit getan, daß man sagte, man wolle auf Gott harren. Gegenüber den sadduzäischen Oberpriestern, die mit der Besatzungsmacht kollaborierten, den Pharisäern, die sich unter Protesten fügten, und den Essenern, die sich in ihrem Wüstenrefugium von allen öffentlichen Angelegenheiten fernhielten, bestanden die Zeloten darauf, die Lage erfordere

---

[3] Siehe S. 118.
[4] Siehe S. 115 f.
[5] W. D. Davies, *The Setting of the Sermon on the Mount*, Cambridge 1964, S. 208 ff.
[6] Die Sadduzäer standen ihm in der Tat sowohl theologisch wie politisch ferner. Theologische Gegensätze sind aber oft schärfer zwischen Parteien, denen ein beträchtliches Maß von Glaubensüberzeugungen und -praktiken gemeinsam ist.
[7] Siehe S. 80.

gewaltsames Vorgehen gegen den Feind; Gott werde ganz gewiß denen helfen, die sich für seine Sache einsetzten und für die Errichtung seines Reiches stritten, wie er einst Judas Makkabäus und seinen Brüdern geholfen habe.

In Jesu Augen war dies nicht der Weg des Reiches. Als er selber mehr als einmal Gelegenheit hatte, eine Streitmacht anzuführen, weigerte er sich und büßte infolge seiner Weigerung viele Anhänger ein. Die Frage der Tributzahlung an den Kaiser war für ihn von untergeordneter Bedeutung: da das Tributgeld den Namen des Caesar trug, war es offensichtlich sein eigen; man sollte es ihm zurückgeben.[8] „Was Gottes ist", die Belange seines Reiches, waren allem übergeordnet; wer sie an die erste Stelle setze, dem würde nichts mangeln. Nicht daß die Belange des Reiches Gottes auf das Jenseits gerichtet waren; sie hatten ebensowohl mit der Erde wie mit dem Himmel zu tun und waren im irdischen Leben dadurch zu fördern, daß man Gottes Gebote befolgte. Aber diese Belange wurden nicht im mindesten dadurch beeinträchtigt, daß man einem heidnischen Monarchen Münzen zurückerstattete, die ohnehin sein Abbild trugen. Vielleicht hatte die Frage über das Bild auf dem Denarius, den man Jesus gab, als er ein Exemplar des Tributgeldes sehen wollte, eine Bedeutung, die über ihren unmittelbaren Gegenstand hinausging. Manche Juden hatten ein so empfindliches Gewissen, daß sie sich weigerten, eine Münze mit dem Abbild eines Menschen zu berühren oder zu betrachten, weil dies gegen das zweite Gebot verstoße.[9] Wollte Jesus sagen, daß der Umgang mit solchen Münzen nur für Heiden in Frage komme und daß ein gesetzesbeflissener Jude am besten daran tue, sie ihnen sogleich auszuhändigen? Jedermann wußte, daß sie für sakrale Zwecke ungeeignet waren; beispielsweise konnte kein Jude seine Tempelsteuer mit dem Geld des Caesar entrichten. Das Geld des Caesar schien sich am besten für die Bezahlung des Tributs an den Caesar zu eignen.

Man kann noch weiter gehen und sagen, daß Jesus anerkannte, daß der Caesar seine derzeitige Herrschaft über das jüdische Volk ausübte und auch weiterhin ausüben würde, solange es die göttliche Vorsehung gestattete. In diesem Zusammenhang ist die fehlplacierte, aber echte Perikope von der Ehebrecherin vielleicht von Belang.[10] Ihre Schuld stand offenbar außer Frage; das Gesetz Israels war in einem solchen Fall ein-

---

[8] Dies ist vielleicht der Sinn von „gebet" *(apodote)* in Mk 12, 17.
[9] Siehe S. 95.
[10] In vielen Handschriften steht die Perikope vielleicht zu Recht im Anschluß an Lk 21, 38.

deutig. Es forderte ihre Hinrichtung durch Steinigung.[11] Ihre Ankläger, so wird uns berichtet, wollten Jesu Meinung dazu hören, „damit sie ihn anklagen könnten“ (Joh 8, 6). Er mußte sich entweder zum mosaischen oder zum römischen Gesetz in Widerspruch setzen, welch letzteres den jüdischen Behörden bei der Umwandlung Judäas in eine römische Provinz selbstverständlich das Exekutionsrecht entzog.[12] Der Versuch, Jesus auf einem der beiden Hörner dieses Dilemmas aufzuspießen, schlug fehl. Der aufgrund des mosaischen Gesetzes gefällte Urteilsspruch sei unbedingt zu vollstrecken, entgegnete er — jedoch nur von denen, deren eigene Hände in dieser Beziehung rein seien.

Der Jesus der Evangelien forderte seine Anhänger auf, eine andere Haltung als die Zeloten einzunehmen, sich nicht der Gewalt zu widersetzen oder Vergeltung zu üben, sondern die andere Wange hinzuhalten und zwei Meilen mit ihren militärischen Vorgesetzten zu marschieren, wenn diese ihnen befählen, eine Meile weit zu gehen. Wenn sie diesen Friedensweg mißachteten, wenn sie den Weg der Erhebung gegen Rom vorzögen, dann, so warnte er seine Zuhörer, würde das Land Israel der Zerstörung anheimfallen und ihm das gleiche Schicksal bereitet werden, das die aufrührerischen Galiläer getroffen habe, die von Pilatus' Truppen im Tempelhof niedergemacht worden waren.[13] Die Wahrscheinlichkeit, daß dieses Bild binnen höchstens zwei Generationen ein früheres, historisch genaueres verdrängte, das Jesus als Parteigänger der Zeloten zeigte, ist genauso groß wie die, daß ein halbes Jahrhundert nach dem Osteraufstand in Dublin (1916) der Versuch Erfolg hätte, Michael Collins und andere Führer des irischen Unabhängigkeitskampfes als Pazifisten darzustellen, die ihren Anhängern einschärften, dem „sächsischen Erbfeind“ freundlich und zuvorkommend zu begegnen.

---

[11] Die Steinigung ist ausdrücklich für das des Ehebruchs überführte verlobte Mädchen vorgeschrieben (5 Mo 22, 21. 24); in Analogie hierzu wurde dieselbe Hinrichtungsart für Ehebruch im Falle einer verheirateten Frau zugemessen, der gleichermaßen ein Kapitalverbrechen war (5 Mo 22, 22; 3 Mo 20, 10).

[12] Siehe J. Jeremias, „Zur Geschichtlichkeit des Verhörs Jesu vor dem Hohen Rat", *ZNTW* 43 (1950—1), S. 145 ff., besonders S. 148 ff.; vgl. auch T. W. Manson, „The Pericope de Adultera (Joh 7, 53—8, 11)" *ZNTW* 44 (1952—3), S. 255 f.

[13] Lk 13, 1—3. Siehe S. 41 f.

2.

Schon bald nach dem Beginn von Jesu Wirksamkeit in Galiläa bedeuteten ihm die dortigen Synagogenbehörden in wachsendem Maße, sie wünschten nicht, daß er die Synagogen als Tribüne für seine Verkündigung des Reiches benutze. Er ging daher dazu über, sich von den Berghängen oder von den Gestaden des Sees Genezareth aus an die Volksmengen zu wenden. Er stellte die allgemein anerkannten Normen der pharisäischen Orthodoxie in zu vielen Punkten in Frage, besonders durch die souveräne Großzügigkeit, mit der er das Sabbatgebot auslegte, und dadurch, daß er beinahe vorzugsweise mit anrüchigen Personen Umgang pflegte, denen die meisten Frommen lieber aus dem Wege gingen.

Anstatt das Sabbatgebot, wie es in der Schule des Hillel oder des Schammai ausgelegt wurde, zu befolgen, bestand Jesus darauf, der Sabbat sei den Menschen zur Erholung und zu ihrem Wohlergehen gegeben, und jede Handlung, die diesem Zweck diene, sei daher dem Sabbattag besonders angemessen. Auch die Rabbinen hätten zugestanden, in dringenden Fällen, wenn es um Leben oder Tod gehe, könne am Sabbattag ärztliche Hilfe geleistet werden; wenn der Patient aber ohne Gefahr bis zum nächsten Tage warten könne, dann solle die Konsultation aufgeschoben werden.[14] Jesus betonte demgegenüber, der Sabbat sei für die Ausführung solcher Werke der Barmherzigkeit besonders gut geeignet, gleichgültig, ob der Fall dringend sei oder nicht, da derlei Werke vollkommen der Absicht Gottes entsprächen, in der er den Menschen diesen Tag gegeben habe.[15] Auf der anderen Seite widerstreite alles, was geeignet sei, das Sabbatgebot beschwerlich zu machen, dieser göttlichen Absicht. „Der Sabbat ist um des Menschen willen geschaffen worden und nicht der Mensch um des Sabbats willen“ (Mk 2, 27).

Was seinen Umgang mit anrüchigen Personen betraf, zu denen man gewöhnlich die Steuereinnehmer zählte, so muß er beträchtlichen Anstoß erregt haben, als er einen Steuereinnehmer sogar in den Kreis der Zwölf aufnahm.[16] Auch wenn Levi seinen Beruf als Steuereinnehmer aufgab, um Jesus nachzufolgen, ließ sich in den Augen vieler Frommen die Tatsache, daß er früher Steuereinnehmer gewesen war, nicht aus der Welt schaffen und würde immer gegen ihn sprechen. Unter dem Tetrarchen

---

[14] Vgl. Mischna, *Joma* 8, 6: „Wenn man nicht weiß, ob nicht vielleicht Lebensgefahr vorliegt, so berechtigt jede solche Befürchtung zur Verletzung der Sabbatbestimmungen“.
[15] Vgl. Lk 6, 9; 13, 10—16; 14, 1—6.
[16] Mk 2, 13 ff.

Herodes Antipas konnte man die Steuereinnehmer in Galiläa nicht der Zusammenarbeit mit den Römern beschuldigen, doch die Bedingungen, unter denen sie ihrer Tätigkeit nachgingen, waren so beschaffen, daß sie faktisch sämtlich Erpresser waren. Ein Steuereinnehmer durfte weder ein öffentliches Amt bekleiden noch vor einem jüdischen Gericht aussagen.[17] In den Rabbinenschulen erörterte man ernsthaft die Frage, ob Personen mit derart niedrigem Charakter wahre Reue zu empfinden vermöchten, und selbst jene, die sie bejahten, räumten ein, daß es sehr schwierig sei, da ein bußfertiger Steuereinnehmer im Normalfall nicht imstande sein würde, sämtliches ungerechterweise von ihm erpreßte Geld zurückzuzahlen.[18] Daß Jesus mit solchen Leuten und mit anderen „Juden, die heidnisch lebten", umging und Tischgemeinschaft pflegte, war seinen überaus frommen Zeitgenossen ein Stein des Anstoßes und Ärgernisses.

Was die Fischer, die Jesus von ihrer beruflichen Tätigkeit am galiläischen Meer abberief, von diesem neuen Gefährten hielten, dem sie am Schiffslandeplatz von Kapernaum so häufig Steuern auf ihre Fänge hatten entrichten müssen, kann man sich ungefähr vorstellen. Noch schwieriger dürfte es für Simon den Zeloten,[19] ein weiteres Mitglied des inneren Kreises, gewesen sein, sich mit seiner Gesellschaft abzufinden. Daß ein Zelot zu den Zwölfen gehörte, veranschaulicht die Vorurteilslosigkeit Jesu, und Simon der Zelot muß festgestellt haben, daß einige Lehren seines neuen Meisters stark von all dem abwichen, was man ihn zuvor gelehrt hatte. Theologisch unterschieden sich die Zeloten nicht sehr von den Pharisäern, und weder ein Pharisäer noch ein Zelot noch ein Essener brauchte sich von seinen theologischen Grundüberzeugungen loszusagen, um Jesus als von Gott gesandten Lehrer anzuerkennen. Dagegen hätte ein Sadduzäer Jesu Lehre nicht annehmen und zugleich theologisch ein Sadduzäer bleiben können; die Hoffnung auf ein zukünftiges Leben, die Jesus und den anderen drei Parteien gemeinsam war, wurde nämlich von den Sadduzäern verworfen.

Nach dem Wenigen zu urteilen, das wir über die Personen der Zwölf erfahren, scheinen sie eine Schar rauher Individualisten und den Gipsheiligen, als die man sie so oft dargestellt hat, gänzlich unähnlich gewesen zu sein. Jakobus und Johannes, die „Donnersöhne",[20] waren ein

---

[17] Vgl. Mischna, *Nedarim* 3, 4.
[18] Zachäus war eine Ausnahme (Lk 19, 8).
[19] In Mk 3, 18 / Mt 10, 4 wird er „Simon der Kananäer" genannt (siehe S. 98).
[20] Gr. *boanērges* stellt vermutlich eine galiläische Aussprache von aram. *bene regesch* dar (siehe G. H. Dalman, *Jesus-Jeshua*, London 1929, S. 12).

ungestümes Paar, und der erste der Apostel trug selber einen Beinamen, Barjona, der auffallend einem im rabbinischen Schrifttum zur Bezeichnung einer Gruppe von Aufrührern verwandten Ausdruck ähnelt.[21] „Ischarioth", den Beinamen des Judas, hat man bisweilen von *sicarius* hergeleitet, doch wenn Josephus' Angabe zutrifft, der den Aufstieg der *sicarii* in die Prokuratorzeit des Felix (52—59 n. Chr.) datiert, so ist diese Ableitung anachronistisch.[22] Es ist jedenfalls besser, die im *Codex Bezae*[23] bezeugte alte Etymologie anzunehmen und „Ischarioth" als *'isch Qerijjot,* „der Mann aus Kerioth", zu deuten. Sollte es sich um das Kerioth von Jos 15, 25 handeln, so war Judas vielleicht der einzige Judäer unter den Zwölfen, und nach seinem Verrat Jesu an die Tempelbehörden zu urteilen, ist die Wahrscheinlichkeit, daß er — modern ausgedrückt — ein „Rechtszelot" war, ebenso groß wie die, daß er ein „Linkszelot" war.[24]

Die Zwölf empfingen die Bezeichnung „Apostel" (wahrscheinlich die Entsprechung zu hebr. *schelichim*),[25] als Jesus sie jeweils zu zweit aussandte, um in den Städten und Dörfern von Galiläa das Reich Gottes zu verkündigen und in seinem Namen die Kranken zu heilen. Er rechnete offensichtlich damit, daß sie in vielen von den Orten, die sie aufsuchen sollten, Sympathisanten finden und daher ohne Wegzehrung auskommen würden: „Wo ihr aber in eine Stadt oder in ein Dorf kommt, erkundiget euch, wer

---

[21] Siehe S. 104, Anm. 21, für die Tätigkeit von *birjonim* während der Belagerung von Jerusalem. Die *birjonim* erscheinen aber erst in der späteren babylonischen Tradition, und man sieht *Bariona* (Mt 16, 17) am besten als gewöhnliches Patronymikum, „Sohn des Johannes", an (so Joh 1, 42; 21, 15—17).

[22] Überdies wäre der Anfangsvokal von *Iskariōtēs* dann prothetisch. Ein prothetischer Vokal entwickelt sich aber nur, wenn das betreffende Wort mit zwei aufeinanderfolgenden Konsonanten beginnt (vgl. die Form *Skariōth* im „westlichen" Text), nicht dagegen, wenn, wie bei *sicarius/sikarios/siqar/siqera,* zwischen den ersten beiden Konsonanten ein Vollvokal steht. In einigen koptischen Versionen wird „Judas — *nicht* der Ischarioth" (Joh 14, 22) merkwürdigerweise „Judas der Kananäer" genannt.

[23] Anstatt *Iskariōtēs* liest Cod. D in Joh 12, 2; 13, 2. 26; 14, 22 *apo Karjotou.* Die Lesart *Iskariōth* in Mk 3, 19; 14, 10; Lk 6, 16 stützt ebenfalls die Etymologie *isch Qerijjot.* Laut Joh 6, 71; 13, 26 trug Judas' Vater Simon ebenfalls den Beinamen Ischarioth.

[24] Diese Ausdrücke sind einem Artikel von J. A. Findlay, „Why did Jesus tell His Disciples to buy Swords?" in: *The British Weekly,* 16. März 1950, entlehnt. Unter einem „Rechtszeloten" verstand er „einen fanatischen Anhänger des Tempelkults", der „Jesus an die Regierung verriet, weil er der ehrlichen Überzeugung war, daß Jesus den Tempel zu zerstören beabsichtigte".

[25] Vgl. K. H. Rengstorf in *TWNT* 1, Stuttgart 1933, *s. v. apostolos,* S. 413 ff. Obschon man nicht von der Institution des *schaliach* im rabbinischen Judentum auf die des Apostels Jesu schließen kann, ist ihnen das Prinzip gemeinsam, daß sich ihre Autorität gänzlich von dem herleitet, der sie entsendet, und nur im Rahmen ihres Auftrages ausgeübt werden kann.

darin würdig sei, und bleibet dort, bis ihr weiterzieht" (Mt 10, 11). Die genaue Bedeutung des Eigenschaftswortes „würdig" in diesem Ausspruch bedarf näherer Betrachtung: man denkt dabei an die Angabe des Josephus, daß, wenn Essener auf Reisen gingen, sie keine Vorräte mitzunehmen brauchten, weil es in jeder Stadt ein Mitglied ihrer Sekte gab, das beauftragt war, durchreisende Angehörige der Bruderschaft zu bewirten.[26]

Doch wer würde für die zwölf Apostel den Dienst verrichten, den diese „außerordentlichen" Mitglieder der Essener-Sekte für ihre Brüder leisteten? Man kann zunächst an Leute denken, auf die die Predigt Johannes' des Täufers Eindruck gemacht hatte und die nach Haus zurückgekehrt waren, um auf das von Johannes angekündigte Erscheinen des Kommenden zu warten. Galiläa wird nicht ausdrücklich unter den Gegenden erwähnt, aus denen das Volk in großer Zahl herbeiströmte, um Johannes zuzuhören, doch zumindest einer kam aus Galiläa, um sich von ihm taufen zu lassen — Jesus selber —, und wenn einer kam, so kamen vielleicht noch mehr. Allgemeiner gesprochen ist zu vermuten, daß es in Galiläa Leute gab, die wie Simeon und Hanna und weiter südlich Joseph von Arimathäa[27] „auf das Reich Gottes warteten" und diejenigen bewirten würden, die seine Heraufkunft verkündeten. Es wäre auch keineswegs verwunderlich, wenn einige dieser „Würdigen" Beziehung zu den Essenern gehabt hätten.

Den Aposteln, die gemäß ihrem Auftrag ihre Tätigkeit auf ihre israelitischen Brüder beschränkten und die heidnischen Gemeinden in Galiläa und den samaritanischen Gebieten an seiner Südgrenze mieden, wurde ein Empfang bereitet, der sie mit Begeisterung erfüllte und sie befähigte, Jesus nach dem Abschluß ihrer Wirksamkeit einen enthusiastischen Bericht zu erstatten. In ihrem Eifer sagten und taten sie indessen vermutlich Dinge, die den Tetrarchen von Galiläa, als er davon erfuhr, in Unruhe versetzten und in ihm den Verdacht aufkommen ließen, er habe es hier anstelle des ursprünglichen Johannes, den er kürzlich hinrichten ließ, mit einem neuen Johannes dem Täufer zu tun.[28] Die herodäische Partei, die die Interessen des Antipas in Palästina verfocht, schloß daraufhin mit den Pharisäern ein widernatürliches Bündnis gegen Jesus. Jesus ging daher mit den Zwölfen über den See in das Gebiet des Philippus, wo die politische Atmosphäre ruhiger war.

Die Wirksamkeit der Zwölf hatte indessen soviel Aufsehen erregt, daß

---

[26] *bel. Iud.* II, 124 f.
[27] Lk 2, 25. 38; 23, 51.
[28] Mk 6, 14—16.

ihnen eine große Anzahl Galiläer über den See nachfolgte. Es waren dies ganz offensichtlich führerlose, verzweifelte Menschen, die sehnlichst wünschten, es möge jemand an ihre Spitze treten und unverzüglich das verheißene Reich heraufführen; wenn Jesus sie mitleidsvoll als „Schafe, die keinen Hirten haben" (Mk 6, 34)[29] bezeichnet, so hat er, wie T. W. Manson immer wieder hervorhebt, nicht eine Gemeinde ohne Pfarrer, sondern eine Armee ohne Heerführer im Sinn.[30] Er wußte: wenn sie den falschen Heerführer fänden, könnte dieser sie ins Verderben führen, und der Bericht des vierten Evangelisten, demzufolge sie nach ihrer Speisung in der Wüste Jesus zu ihrem König machen wollten, zeigt, welch einen Anführer sie gern gehabt hätten (Joh 6, 15).[31] Aber ein König, wie sie ihn sich wünschten, wollte Jesus nicht sein, und für den König, der allein er sein wollte, hatten sie keine Verwendung; viele seiner galiläischen Anhänger wandten sich deshalb, wie Johannes berichtet,[32] von da an von ihm ab.

Diese Krise leitete anscheinend das Ende von Jesu öffentlicher Wirksamkeit in Galiläa ein; er zog mit den Zwölfen weiter in das Gebiet des Tetrarchen Philippus, in die Nähe der Hauptstadt Cäsarea Philippi. Die Zwölf mochten sich wohl fragen, ob ihr Meister sie nicht völlig in die Irre geführt habe; warum hatte er diese einmalige Gelegenheit, sich an die Spitze eines Heeres von tatendurstigen Patrioten zu setzen und es gegen die Römer zu führen, vorüberziehen lassen? Einige ihrer Mitjünger hatten Jesus, durch dieses Erlebnis desillusioniert, den Rücken gekehrt; warum sollten *sie* bei ihm bleiben? Jesus stellte ihre Treue auf die Probe, und Petrus, der als Sprecher auftrat, bekräftigte, daß sie trotz vielem, was ihren Erwartungen nicht entsprochen habe, glaubten, daß er der Messias sei.[33] Doch offensichtlich hatte der Begriff für Petrus einen ande-

---

[29] Vgl. dieselbe Wendung in 1 Kö 22, 7, wo sie Ahabs Heer nach seinem Tod bezeichnet.

[30] T. W. Manson, *The Servant-Messiah*, Cambridge 1953, S. 70: „Was Jesus am Seeufer erblickte, war eine makkabäische Streitmacht ohne einen Judas Makkabäus, ein führerloser Haufen, der eine Gefahr für sich selber wie für alle anderen bildete."

[31] Vgl. H. W. Montefiore, „Revolt in the Desert?", *New Testament Studies* 8 (1961—2), S. 135 ff.

[32] Joh 6, 66.

[33] E. Haenchen, „Die Komposition von Mk VIII 27—IX 1 und Par", *NovT* 6 (1963), S. 81 ff., führt eine formkritische Analyse dieses Abschnitts durch, die ihn zu dem Schluß gelangen läßt, daß er eine „Komposition des Evangelisten" darstellt (der sich bei seiner Abfassung freilich auf die ihm bekannten Überlieferungen stützte), und daß diese eine theologische Botschaft vermitteln soll. Die Übereinstimmung der Überlieferungen des Markus und Johannes an diesem Punkt, den beide als Krise in Jesu Wirksamkeit darstellen, ist Beweis

ren Inhalt bekommen, wenn er ihn noch einem Menschen als Titel zubilligen konnte, der sich geweigert hatte, die Messiasrolle zu spielen, die das Volk erwartete. Tatsächlich kann man in Petrus' Bekenntnis den Beginn des Vorgangs konstatieren, in dessen Verlauf der Messiasbegriff unter Jesu Anhängern einen anderen, seinem Charakter und seiner Wirksamkeit entsprechenden Sinn bekam. Damals, als der „Messias" für die meisten der davidische Kriegsheld war, der sein Volk zum Sieg über seine heidnischen Unterdrücker führen würde, war es jedoch nur natürlich, daß Jesus Petrus und die anderen Apostel warnte, ihn nicht in der Öffentlichkeit als den Messias zu bezeichnen. Doch er sagte noch mehr: Markus zufolge begann er von nun an seinen Jüngern zu sagen, er werde nicht nur die Macht Roms nicht angreifen und stürzen, sondern man werde ihn selber verwerfen und töten. Als Petrus ihn bat, nicht solche Reden zu führen, blieb er dabei, daß dies der ihm von Gott vorgezeichnete Weg sei, und fügte hinzu, diejenigen, die immer noch entschlossen seien, ihm zu folgen, müßten klar erkennen, was ihrem Führer bevorstehe, und in der Lage sein, sich Rechenschaft darüber zu geben, was das für sie selbst bedeute: sie müßten bereit sein, eines Tages ein Kreuz zur Richtstätte zu tragen, wie er bereit sei, das seine zu tragen.

3.

Wenig später gingen Jesus und die Zwölf von Galiläa nach Judäa und gelangten (vermutlich) im Herbst des Jahres 29 n. Chr. nach Jerusalem.[34] Während der darauffolgenden sechs Monate blieben sie in Judäa oder Peräa, besuchten die Hauptstadt zu den Festen — zum Beispiel zum Tempelweihefest im Dezember desselben Jahres — und verbrachten die dazwischenliegenden Wochen im Jordantal oder in der Nähe der judäischen Wüste.[35] Bei seinen Aufenthalten in Jerusalem genoß Jesus die Gastfreundschaft der berühmten Familie in Bethanien an den Ostabhängen des Ölbergs (etwa drei Kilometer von Jerusalem); tagsüber hielt er sich im Tempelbereich auf, wo er gleich vielen anderen Rabbinen die-

dafür, daß der Kern der Erzählung seiner „evangelischen Darstellung" vorausgeht.

[34] Vgl. Mk 10, 1; Joh 7, 2 ff.

[35] Vgl. M. Goguel, *Das Leben Jesu*, Zürich 1934, S. 262. T. W. Manson, „The Cleansing of the Temple", *BJRL* 33 (1950—1), S. 271 ff., hält dafür, daß die Reinigung des Tempels um die Zeit des Laubhüttenfestes und nicht ein halbes Jahr später während der Karwoche stattfand.

jenigen unterwies, die sich um ihn scharten. Jesus war in Jerusalem kein völlig Unbekannter, und von seinem früheren kurzen Aufenthalt in der Stadt her gab es dort eine Anzahl Leute, die sich als seine Jünger betrachteten. Aber während dieser letzten Monate konzentrierte er seine Lehrtätigkeit auf Jerusalem — mindestens immer dann, wenn wegen der dort anwesenden Pilgermassen die Gefahr einer heimlichen Verhaftung durch die Tempelpolizei gering erschien. Den Tempelbehörden und den Führern des Hohen Rats war seine Lehrtätigkeit alles andere als willkommen, befürchteten sie doch, daß jedwede Erwähnung eines neuen Reiches das Volk gegen die Römer aufwiegeln und diese zur Durchführung von Vergeltungsmaßnahmen veranlassen würde. Er war indessen bei den Massen derart beliebt, daß sie es nicht wagten, offen gegen ihn vorzugehen.

Wie Galiläa die frohe Botschaft vom Reich vernommen hatte, sollte Jerusalem jetzt von den Dingen hören, die seinen Frieden betrafen. Es gab dort zu viele allgemein beliebte und einflußreiche Schwarmgeister, deren Lehren, ungeachtet ihres hoffnungsfrohen Optimismus, ganz und gar nicht dazu angetan waren, der Stadt Frieden zu bringen. Es ist möglich, daß der kurz vor Jesu Ankunft in Judäa erfolgte Einsturz des Turmes am Teich von Siloah, von dem in Lk 13, 4 kurz die Rede ist, mit einem Aufstandsversuch gegen die Römer verknüpft war; einige der Aufrührer, die den Turm besetzt hielten, kamen ums Leben, als die Römer ihn unterminierten und zum Einsturz brachten. Dies ist zugestandenermaßen eine spekulative Erweiterung des Hinweises Jesu auf „jene Achtzehn, die der Turm am (Teich von) Siloah bei seinem Einsturz tötete"; sie kann sich indessen auf seine Warnung stützen, daß seinen Zuhörern eine ähnliche Katastrophe drohe, wenn sie nicht anderen Sinnes würden. Falls sie hartnäckig darauf bestünden, den Römern Widerstand zu leisten, dann würden sowohl ihre Stadt wie sie selber der Zerstörung anheimfallen. Warum beschritten sie statt dessen nicht den Weg des Menschensohnes, den Weg der Unterordnung und des Dienstes, und errichteten dergestalt das neue Reich — nicht *als Folge* ihres Gehorsams gegen Gottes Willen, sondern *im* Gehorsam gegen seinen Willen?

Das letzte Fest, zu dem Jesus nach Jerusalem kam, war das Passah von Anfang April 30 n. Chr. Zusammen mit seinen Jüngern schloß er sich den Pilgermassen an, die nach der Hauptstadt zogen, und als sie sich Bethanien näherten, lösten sie eine ungeheure Erregung aus, denn die Einwohner sprachen ständig von einem Wunder, das er kürzlich in ihrer Stadt gewirkt, indem er seinen Freund Lazarus aus dem Grabe, in das man ihn drei Tage zuvor gelegt, ins Leben zurückgerufen hatte. Als Jesus auf einem Esel,[36] den er in Bethanien bestiegen hatte, in Jerusalem einzog, sahen die Pilger darin die Verwirklichung einer alttestamentlichen Weissagung, in der die Stadt Jerusalem aufgefordert wird, freudig ihren König zu begrüßen, der zu ihr kommt, „demütig auf einem Esel reitend" (Sach 9, 9). Gleichgültig, welches der ursprüngliche „Sitz im Leben" dieser Weissagung war, Jesus zeigte sich durch seine Handlungsweise dem Volk von Jerusalem als sein Messias, wenn es nur den Weg des Friedens dem des Krieges vorziehen wollte; diesen hätte er ihm gewiesen, wenn er nicht einen friedlichen Esel, sondern ein Schlachtroß bestiegen hätte. Aber weder die Pilger noch das Volk von Jerusalem waren dazu aufgelegt, einen so feinen Unterschied zu würdigen. Wenn der Prophet von Nazareth endlich ihr Führer sein wollte, dann sollte er es sein, und der alte Festruf *Hosianna* („Ach, Herr, hilf doch!")[37] bekam einen neuen Sinn. Sicherlich stand Jerusalems Befreiung jetzt unmittelbar bevor — und für sie gab es nur einen Weg, auf dem diese Befreiung sich erreichen ließ.

Den Hoffnungen der begeisterten Pilgermenge entsprachen die Befürchtungen der Oberpriester und Herrschenden. Welche Absichten Jesus auch immer verfolgen mochte, sie hatten den Eindruck, daß seine Anhänger ihn jetzt zu einer Aktion drängten, die die Römer zu raschen und harten Gegenmaßnahmen veranlassen würde. Man mußte ihn so schnell wie möglich festnehmen lassen und in Sicherheit bringen; seine Verhaftung hatte jedoch gänzlich unauffällig zu erfolgen, damit sie nicht zu einem Volksaufstand führte, und das würde (wie sie meinten) erst nach der Beendigung des Festes möglich sein.

Jesus wußte wohl, was sie für Überlegungen anstellten, sorgte aber dafür, daß sein Aktionsprogramm für die wenigen Tage vor der Festfeier, die ihm noch blieben, keine Unterbrechung erfuhr. Seine „Reinigung des Tempels", die darin eine große Rolle spielte, mußte ihn unvermeidlich in Konflikt mit dem Synedrium bringen und bestärkte sie tatsächlich in ihrer Überzeugung, daß er zu gefährlich sei, als daß man ihn frei herumlaufen lassen dürfe.

Diese Aktion war alles andere als ein Angriff auf die Heiligkeit des Tempels, sondern vielmehr ein Protest gegen seine Entheiligung. Man

---

[36] W. Bauers Behauptung, daß *pōlos* („Füllen"), wenn es, wie in Mk 11, 2 ff., ohne Eigenschaftsbeilegung gebraucht wird, „Pferd" bedeutet („The Colt of Palm Sunday", *JBL* 72 [1953], S. 220 ff.), wird von O. Michael, „Eine philologische Frage zur Einzugsgeschichte", *NTS* 6 (1959—60), entkräftet; vgl. H. W. Kuhn, „Das Reittier Jesu in der Einzugsgeschichte des Markusevangeliums", *ZNTW* 50 (1959), S. 82 ff., für Belege, daß der Bericht des Markus sowohl 1 Mo 49, 11 wie Sach 9, 9 heranzieht.

[37] Vgl. Ps 118, 25, *hoschi 'ah-nna.*

faßt sie am besten als „Prophetenaktion“ von der Art auf, wie sie im Alten Testament so oft berichtet wird.[38] Sie betraf den äußeren Vorhof des Tempels, der zuweilen Heidenvorhof genannt wurde, da Heiden, denen die inneren Höfe (bei Todesstrafe) verschlossen waren, ihn betreten durften. Wenn Jesus die Benutzung des äußeren Vorhofs als Markt oder Basar oder Abkürzungsweg für Träger und Boten verbot, so wollte er ihn seiner eigentlichen Bestimmung als Bereich, wo die Heiden sich dem lebendigen Gott nähern konnten, zurückgeben.[39] Daß dies seine Absicht war, wird dadurch bestätigt, daß er, als er der Volksmenge den Sinn seiner Handlungsweise erläuterte, die prophetischen Worte von Jes 56, 7 zitierte: „Mein Haus soll ein Bethaus heißen für alle Völker.“ Wenn er hinzufügte: „Ihr aber habt es zu einer Räuberhöhle gemacht“, so wiederholte er nur Jeremias ernste Worte in der Weissagung, die die unmittelbar bevorstehende Zerstörung des Salomo-Tempels ankündigten (Jer 7, 11).[40] Seine Worte besagen nicht, daß die Tempelbehörden die Handelsgeschäfte im Hof begünstigten, weil sie ihnen die Taschen füllten; diese Geschäfte — vor allem der Verkauf von Opfertieren und das Geldwechseln — kamen den Tempelbesuchern vielmehr zum großen Teil sicherlich sehr gelegen.[41] Die Benutzung der heiligen Stätte für derlei

---

[38] Solch eine symbolische Handlung hätte man ohne Schwierigkeit politisch interpretieren können und tat dies auch gegenüber dem Synedrium (und vielleicht auch gegenüber Pilatus), doch scheinen sich die Herrschenden über ihren Charakter und Zweck nicht völlig im unklaren gewesen zu sein, als sie nicht die Tempelpolizei herbeiriefen (vgl. Joh 7, 32. 45), sondern ihn stattdessen fragten: „In was für einer Vollmacht tust du dies? oder wer hat dir diese Vollmacht gegeben, das zu tun?“ (Mk 11, 27 ff.). Ein Prophet hätte solch eine Aktion mit göttlicher Billigung wohl durchführen können. Jesus entgegnete auf ihre Herausforderung mit einer Frage nach der Autorität Johannes' des Täufers, der im Volk als Prophet galt. Es findet sich kein Hinweis, daß die Reinigung des Tempels ein tumultuarischer Vorgang war, der mit Sicherheit die Angehörigen der römischen Garnison in der Antonia auf den Plan gerufen hätte.

[39] Mk 11, 39 (vgl. Mischna, *Berakot* 9, 5). Vgl. E. Lohmeyer, *Kultus und Evangelium*, Göttingen 1942, S. 47 ff., für den Vorschlag, daß Jesus Vorbereitungen für das eschatologische Herbeiströmen „aller Völker“ zum Berg mit dem Hause des Herrn treffen wollte (Jes 2, 2; Mi 4, 1).

[40] Dies ist nicht der einzige Punkt, in dem sich Jesus und Jeremia ähneln: man vergleiche Jesu Politik des Gehorsams gegen Rom mit Jeremias Rat an seinen König und sein Volk, sich Nebukadnezar zu beugen. Es überrascht nicht, daß die Jünger in Mt 16, 14 zu Jesus sagen: „Etliche halten dich für ... Jeremia“.

[41] Es besteht kein Anlaß, die Marktstände im äußeren Vorhof mit den wiederholt im rabbinischen Schrifttum erwähnten „Buden der Hannassöhne“ zu verknüpfen; letztere wurden auf dem Ölberg errichtet und 67 n. Chr. (von Zeloten) zerstört (jT *Peah* 1, 6; *Sifre* zu 5 Mo 14, 22). Vgl. indessen V. Eppstein, „The historicity of the Gospel account of the cleansing of the Temple“, *ZNTW* 55 (1964), S. 42 ff.

Zwecke stellte aber insofern eine räuberische Handlung dar, als den Heiden keine Gelegenheit gegeben wurde, sich Gott zu nähern, und Gott der Anbetung beraubt wurde, die er vielleicht von ihnen empfangen hätte. Und es mag sein, daß einige der Gottesfürchtigen, die damals in Jerusalem weilten, die Bedeutung von Jesu Handlungsweise voll und ganz erkannten. Obwohl der vierte Evangelist nämlich, vermutlich aus programmatischen Gründen, die Reinigung des Tempels zwei Jahre früher als dieses Passah ansetzt, berichtet er, während Jesu letzter Woche in Jerusalem seien einige Griechen, „die hinaufgezogen waren, um am Fest anzubeten", an den Jünger Philippus herangetreten und hätten um eine Unterredung mit Jesus nachgesucht.[42] Der Evangelist verfolgt mit seinem Bericht über diese Begebenheit eine eigene Absicht, doch mag die Bitte dieser Griechen sehr wohl durch Jesu Geste zum Besten von heidnischen Gottesfürchtigen, wie sie selber es waren, hervorgerufen worden sein.

Auch wenn die „Reinigung des Tempels" die Oberpriester nicht persönlich betraf, nötigte Jesu Handlungsweise sie doch, sich schnellstens einen Überblick über die Lage zu verschaffen. Die Gefahr eines Volksaufstandes und römischer Vergeltungsmaßnahmen, die sie befürchtet hatten, als Jesus ein oder zwei Tage zuvor nach Jerusalem eingezogen und von den Festpilgern mit stürmischer Begeisterung begrüßt worden war, drohte jetzt in sehr viel stärkerem Maße. Eine Revolte kleineren Ausmaßes,[43] bei der es mehrere Tote gegeben hatte, war von den Römern erst jüngst ohne große Mühen niedergeschlagen worden, und die Anführer warteten jetzt im Gefängnis auf ihre Hinrichtung; ließ man Jesus unbehindert weitermachen, so konnte sehr viel Schlimmeres geschehen. Man mag sich in der Tat fragen, wie viele willige Helfer Jesus hatte, als er die Kaufleute und Geldwechsler aus dem Tempelvorhof vertrieb, und ob sie wohl alle seine Absicht verstanden. Die Führer des Synedriums sahen sich nach wie vor außerstande, Jesus noch vor dem Fest in ihre Gewalt zu bekommen, wenngleich sie sich wohl gefragt haben mögen, ob die Ereignisse bis dahin nicht ihrer Kontrolle entglitten sein würden.

In dieser Situation wollte Judas Ischarioth, der vielleicht seinerseits ebenfalls der Meinung war, Jesus habe sich durch die Begeisterung des Volkes zu einer Handlungsweise hinreißenlassen, die sowohl seine Gefährten wie ihn selber den Kopf kosten könnte, sichergehen und bot sich an, Jesu Verhaftung *vor* dem Fest unter Umständen zu ermöglichen, die

[42] Joh 12, 20 ff.
[43] Der „Aufruhr", in dem Barabbas „einen Mord begangen hatte" (Mk 15, 7); die beiden *lēstai*, die zusammen mit Jesus gekreuzigt wurden, hatten sich vielleicht ebenfalls daran beteiligt.

die Gefahr eines öffentlichen Auflaufs ausschließen würden. Die Behörden gingen sofort auf sein Anerbieten ein.

Jesus wußte sehr wohl, daß einer seiner Jünger ihn verraten würde, und ergriff, als er seine restlichen Vorkehrungen traf, besondere Vorsichtsmaßregeln. Er war entschlossen, das Passahmahl mit seinen Jüngern in Jerusalem zu feiern — das letzte Passah vor der Einleitung des Reiches Gottes —, und nichts durfte die Ausführung dieses Plans behindern. In einem Haus, das einem ihm wohlgesinnten Bürger gehörte, war ein geheimes Treffen verabredet worden; kurz vor der dafür vereinbarten Zeit sandte er zwei verläßliche Jünger dorthin, damit sie das Mahl bereiteten. Sie erfuhren nicht einmal, in welcher Straße sich das Haus befand, sondern sollten einem Mann mit einem Wasserkrug folgen, der ihnen entgegenkommen würde. Als sie ihren Auftrag erfüllt hatten, trafen Jesus und die anderen Jünger ein.[44]

Diese Passahfeier fand aller Wahrscheinlichkeit nach mindestens vierundzwanzig Stunden vor der offiziellen Feier statt; in diesem Fall mußten sie das Mahl ohne das Passahlamm essen — die Lämmer mußten nämlich zu der vom amtlichen Kalender vorgeschriebenen Zeit im Tempel geopfert werden, und danach war das Passahmahl in jenem Jahr an einem Freitagabend nach Sonnenuntergang zu verzehren. Der Genuß des Passahs ohne Lamm war nicht außergewöhnlich, ja eher die Regel als die Ausnahme, fehlte das Lamm doch notgedrungen auf jeder Passahtafel außerhalb der Stadt Jerusalem.[45]

Mag sein, daß Jesus und seine Jünger das Passah nach einem anderen Kalender als dem amtlichen feierten; mag sein, daß Jesus, da er wußte, daß er am Freitagabend, zur Zeit der offiziellen Festfeier, nicht mehr leben würde, es absichtlich mit seinen Jüngern früher essen wollte.[46] Während des Mahles und danach gab er ihnen von dem Brot und Wein auf dem Tisch, um den sie lagen, indem er beides als Symbol seines

---

[44] Mk 14, 12 ff.

[45] Es wird deutlich darauf hingewiesen, daß das letzte Abendmahl den Charakter eines Passahmahls hatte (vgl. J. Jeremias, *The Eucharistic Words of Jesus*, London ²1966), wenngleich das Lamm nicht ausdrücklich erwähnt wird. Vgl. E. Stauffer, *Jesus. Gestalt und Geschichte*, Bern 1957, S. 87, für den Vorschlag, daß man Jesus kein Passahlamm zubilligte, weil er in den Augen der Tempelbehörden ein Ketzer war.

[46] Vgl. A. Jaubert, *La Date de la Cène*, Paris 1957, für die These, daß Jesus und seine Jünger dem Kalender des Jubiläenbuches und der Qumran-Gemeinde (vgl. S. 117 f.) folgten und das Passah an dem *Dienstag*-Abend der Karwoche feierten. Siehe auch A. Jaubert, „Jésus et le calendrier de Qumran", NTS 7 (1960—1), S. 1 ff.; E. Ruckstuhl, *Die Chronologie des letzten Mahles und des Leidens Jesu*, Zürich 1963.

Lebens bezeichnete, das er für die Schaffung des neuen Bundes zwischen Gott und den Menschen zu opfern im Begriff stand. Seine Feinde trachteten ihm nach dem Leben, doch er würde ihnen nicht erlauben, die Initiative zu ergreifen und ihr Ziel zu erreichen, statt dessen würde er Gott sein Leben als Sühneopfer für sein Volk darbringen, als „Lösegeld für viele" (Mk 10, 45). Wenn er in diesem Geiste starb, dann würde seine Wirksamkeit kein jähes Ende finden, sondern sein Tod würde sie krönen und die Mission des Menschensohnes zu einem triumphalen Abschluß bringen.

Während des Mahls schlich sich Judas fort; allein Jesus hatte von seinem Auftrag Kenntnis. Er blieb noch eine Zeitlang bei den anderen und warnte sie vor der nahe bevorstehenden Krise. Er hatte sie zuvor die „kleine Herde" genannt, der der Vater das Reich zu geben beschlossen habe; jetzt sprach er von der nahe bevorstehenden Zerstreuung dieser Herde und zitierte Sach 13, 7, wo Jahwe spricht: „Ich werde den Hirten schlagen, und die Schafe werden sich zerstreuen" (Mk 14, 27). Das lukanische Gegenstück zu diesem Markusspruch ist die Unterhaltung zwischen Jesus und seinen Jüngern über die beiden Schwerter (Lk 22, 35—38). Er erinnerte sie daran, daß er sie früher ohne Vorräte — „ohne Beutel und Tasche und Schuhe" — ausgesandt habe, und sie hätten dennoch an nichts Mangel gehabt. Jetzt aber würden sie eine solidere Ausrüstung brauchen; man werde nämlich ihn selber als Gesetzesbrecher verurteilen, und seine Anhänger würden als Geächtete gelten; auf die Güte mitfühlender Volksgenossen könnten sie sich nicht länger verlassen. Sie würden jetzt Beutel und Tasche brauchen — und falls einer von ihnen kein Schwert besitze, tue er gut, seinen Mantel zu veräußern und sich eins zu kaufen. Nach Josephus brauchten die Essener, wenn sie auf Reisen gingen, zwar keine Wegzehrung mitzunehmen, hatten aber wegen des Räuberunwesens Waffen bei sich. Jesus denkt jetzt indessen nicht daran, daß seine Anhänger sich gegen Räuber zu wehren haben würden; allerdings würden die Behörden sie mit solchen in einen Topf werfen, und sie täten gut daran, sich in ihre Rolle zu finden.[47] Sie nahmen ihn allzu wörtlich und gestanden ihm, daß sie bereits zwei Schwerter hätten — was, nebenbei bemerkt, zeigt, wie wenig sie einer Zelotenschar glichen, die sehr viel besser bewaffnet gewesen wäre. Als Jesus merkte, daß sie den Sinn seiner

---

[47] Vgl. den Ausspruch des Johanan ben Sakkai in jT *Sanhedrin* 1, 4: *schuttap listis kelistis*, „der Genosse eines Räubers wird für einen Räuber (angesehen)". Vgl. S. G. F. Brandon, *Jesus and the Zealots*, Manchester 1966, S. 340 ff. für eine andere Interpretation.

Worte nicht begriffen hatten, sagte er: „Es ist genug!“[48] und ließ das Thema fallen. Anders als zu der Zeit, da sie an der Beliebtheit ihres Meisters partizipiert hatten, „sind sie jetzt von Feinden umgeben, die derart rücksichtslos sind, daß der Besitz von zwei Schwertern ihnen nicht viel nützen wird“.[49]

Der Hirte würde indessen zurückkehren und seine zerstreute Herde wieder zusammenführen: „wenn ich auferweckt worden bin“, sagt Jesus zu ihnen, „werde ich euch nach Galiläa vorangehen“ (Mk 14, 28). Das Verb „vorangehen“ (gr. *proagō)* wird u. a. auf einen Hirten angewandt, der seiner Herde vorangeht, oder auf einen Hauptmann, der seine Leute anführt. Die Verheißung, daß die kleine Herde das Reich erlangen würde, sollte nicht zuschanden werden. Nach der Deutung der Vision Daniels durch den Engel sollte das „Volk der Heiligen des Höchsten“ das Reich durch Leiden und Verfolgung empfangen; in der neutestamentlichen Erfüllung nimmt der Menschensohn den größeren Teil dieses Leidens auf sich und erringt derart die Herrlichkeit des Reiches für seine Anhänger ebenso wie für sich selbst — obschon auch für sie weiterhin gilt, daß „wir durch viele Trübsale in das Reich Gottes eingehen müssen (Apg 14, 22).

---

[48] Gr. *hikanon estin.* Vgl. 5 Mo 3, 26: „Genug! *(hikanousthō soi);* rede mir nicht mehr davon.“

[49] T. W. Manson, *Ethics and the Gospel,* London 1960, S. 90.

FÜNFZEHNTES KAPITEL

Prozeß und Hinrichtung Jesu

Nach dem letzten Abendmahl verließen Jesus und seine Jünger das Haus, in dem sie es gemeinsam verzehrt hatten, und begaben sich an einen an den Abhängen des Ölbergs gelegenen Ort, wo sie vorher schon bei ähnlichen Gelegenheiten die Nacht zugebracht hatten. Die Behörden waren unterdessen nicht untätig gewesen. Als Judas aus dem Obergemach herbeieilte und ihnen berichtete, jetzt bestehe die Möglichkeit, Jesus ohne unliebsames Aufsehen zu verhaften, schickten sie einen mit Schwertern und Keulen bewaffneten Trupp Tempelpolizei los, der ihm folgen und die Verhaftung durchführen sollte. Aus dem johanneischen Bericht, wonach die Beauftragten des Synedriums von einer *speira* begleitet waren (Joh 18, 3. 12), hat man gefolgert, daß auch römische Soldaten dabei waren, Angehörige der in der Burg Antonia diensttuenden Kohorte, denn das griechische Worte *speira* entspricht dem lateinischen *cohors:* in Judäa (wo unter den Prokuratoren keine Legionstruppen stationiert waren) wäre dies eine Auxiliarkohorte mit einer Sollstärke von 760 Mann Infanterie und 240 Mann Kavallerie gewesen. Einige Übersetzer zögern offenbar, die eigentliche Bedeutung von *speira* wiederzugeben oder zum wenigsten unzweideutig wiederzugeben; so übersetzt Luther *speira* durch „Schar" und erweckt, indem er Judas „die Schar der Kriegsknechte und der Diener der Hohenpriester und Pharisäer" „zu sich nehmen" läßt (V. 3), im Durchschnittsleser die Vorstellung, daß der Hohe Rat diese „Schar" bereitstellte. Die Situation wird ein wenig klarer in V. 12, wo Luther wahrscheinlich einen Unterschied zwischen „der Schar" und dem „Oberhauptmann" auf der einen Seite und den „Dienern der Juden" auf der anderen machen will; tatsächlich waren „die Schar und der Oberhauptmann" die Kohorte und ihr „Chiliarch" oder (mit dem römischen Ausdruck) ihr Militärtribun.[1] Johannes will sicherlich nicht sagen, daß sich die gesamte Kohorte auf den Weg machte, um einen Mann mit einer Handvoll Anhänger zu verhaften, selbst wenn man damit rechnete, daß alle bis an die Zähne bewaffnet sein würden, sondern meint gewiß eine Abteilung Soldaten der Kohorte, die groß genug war, daß ihr Einheits-

[1] Vgl. Apg 21, 31 ff., wo Claudius Lysias, der Militärtribun, der im Jahre 57 n. Chr. die Garnison in der Antonia befehligte, als der *chiliarchos* bezeichnet wird.

führer sie begleitete. Dieser Bericht widerspricht der späteren Tendenz, die Verantwortung der Römer für Jesu Verhaftung und Hinrichtung auf ein Minimum zu reduzieren, so sehr, daß, wer seine Geschichtlichkeit bestreiten will, sehr starke Argumente beibringen müßte.[2] Doch wenn er historisch ist, so folgt daraus, daß die Oberpriester schon mit den römischen Behörden über Jesus konferiert und beratschlagt hatten, wie man ihm am wirksamsten entgegentreten könnte.

Die Verhaftung ging überraschend glatt vonstatten. Die Anwesenheit römischer Soldaten mag sich daraus erklären, daß man mit bewaffnetem Widerstand gerechnet hatte, doch kam es dann lediglich zu einem leichten Handgemenge, dem Jesus selber sofort ein Ende bereitete, worauf die Jünger das Weite suchten und ihren Herrn seinen Feinden preisgaben. Er zeigte sich überrascht, daß letztere Waffen trugen — „Wie gegen einen Räuber seid ihr ausgezogen!" rief er aus[3] — und ergab sich ihnen. Entschlossen, keinerlei Risiko einzugehen, legten sie ihm Handfesseln an und brachten ihn in das Haus des Hannas, des ehemaligen Hohenpriesters, der nach wie vor der einflußreichste Führer der Gruppe der Oberpriester im Hohen Rat war.[4] Dort fand eine inoffizielle Untersuchung statt, ehe man Jesus zu Kajaphas, dem Vorsitzenden des Synedriums, schickte. Falls man bei Pilatus Anklage gegen ihn erheben wollte, bekam diese einen offiziellen Anstrich, wenn der amtierende Hohepriester sie im Namen des Obersten Gerichtshofes vorbrachte.[5]

Die Vorbereitung des Prozesses stieß indessen auf unerwartete Schwierigkeiten. Eile war geboten, denn am nächsten Abend sollte das Passahfest gefeiert werden und die ganze Angelegenheit bis dahin abgeschlossen sein. Überdies pflegten hochgestellte Leute wie Pilatus am frühen Morgen mit ihrer Arbeit zu beginnen und sie gegen Mittag zu beenden. Man beraumte daher eine Nachtsitzung des Gerichts — oder zumindest der notwendigen Anzahl von Richtern — an.[6]

Im Hause des Hannas hatte man Jesus über seine Lehre befragt, in der Hoffnung, er möge eine Aussage machen, aufgrund derer man ihn der Aufwiegelei bezichtigen könnte. Er berief sich aber darauf, er habe in

---

[2] Vgl. P. Winter, *On the Trial of Jesus*, Berlin 1961, S. 45.
[3] Mk 14, 48.
[4] Joh 18, 13.
[5] Joh 18, 24.
[6] Vgl. A. H. Sherwin-White, *Roman Society and Roman Law in the New Testament*, Oxford 1963, S. 45; Verf. faßt den beiläufigen Hinweis auf das Feuer, an dem Petrus sich wärmte (Mk 15, 54. 67; Lk 22, 55), als unbeabsichtigte Übereinstimmung auf, die die Evidenz für ein nächtliches Verhör stütze.

der vergangenen Woche (wie auch bei früheren Aufenthalten in der Hauptstadt) öffentlich im Tempel gelehrt und nichts zu verbergen.[7] Bei der Befragung vor Kajaphas versuchte man, ihn der Bedrohung der Sicherheit oder Heiligkeit des Tempels zu überführen, und begründete dies damit, er habe sich anheischig gemacht, ihn zu zerstören und nach drei Tagen „einen andern aufzubauen, der nicht mit Händen gemacht" sei.[8] Es erwies sich indessen als unmöglich, Zeugen zu einheitlichen Aussagen über das, was er tatsächlich gesagt hatte, zu veranlassen. Fest stand, daß er die Zerstörung des Tempels vorhergesagt hatte, und eine solche Äußerung war an sich für ihn genau so gefährlich wie vor mehr als sechshundert Jahren für Jeremia dessen ähnliche Worte über Salomos Tempel.[9] Dem Evangelisten Johannes zufolge hatte er auch davon gesprochen, er werde in drei Tagen einen neuen Tempel bauen.[10] Man vermochte ihm indessen nicht nachzuweisen, daß er „gegen" den Tempel gesprochen hatte; hätte man es gekonnt, so hätte er sich nach jüdischem Recht der Gotteslästerung schuldig gemacht und auch gegen römisches Recht verstoßen, das die Sicherheit und Heiligkeit des Tempels schützte.[11]

Es existierte noch eine andere Möglichkeit, seine Verurteilung durchzusetzen. Er selber hatte sich über den Messianat stets ausgeschwiegen, welche Ansprüche seine begeisterten Anhänger auch immer für ihn vorbringen mochten. Wenn man ihn aber dazu bringen konnte, ganz offen den Anspruch zu erheben, er sei der Messias, dann ließ sich das Pilatus gegenüber ohne weiteres als Anspruch, der König der Juden zu sein, darstellen, und man konnte sicher sein, daß dieser dann schon das Nötige veranlassen würde. Kajaphas fragte daher Jesus rundheraus, ob er der Messias sei. Jesu bejahende Antwort mag in Ausdrücke gekleidet gewesen sein, die die Verantwortung für die Wahl dieses Wortes dem Hohenpriester auferlegten — sie war indessen hinreichend bejahend, um dem Hohenpriester und seinen Amtskollegen den Vorwand zu liefern, den sie suchten, um ihn vor Pilatus in Anklagezustand zu versetzen. Jesus sagte jedoch noch mehr und gab seinen Richtern Material an die Hand, aufgrund dessen sie ihn auch wegen Gotteslästerung verurteilen konnten, die nach jüdischem Recht (anders als der Anspruch, der Messias zu sein) ein Kapitalverbrechen darstellte. „Von jetzt an", sagte Jesus, „werdet ihr

---

[7] Joh 18, 19.
[8] Mk 14, 58.
[9] Siehe S. 196 mit Anm. 39.
[10] Joh 2, 19.
[11] Vgl. Apg 6, 11 ff., wo Stephanus' „Lästerreden wider ... Gott" darin bestehen, daß er Reden „wider die heilige Stätte" führt und insbesondere ihre Zerstörung vorhersagt. Siehe Teil II, Kap. 2/1.

den Sohn des Menschen sitzen sehen zur Rechten der Macht und kommen auf den Wolken des Himmels."[12]

Der Anspruch, der Messias zu sein, beinhaltete zugleich den Anspruch, derjenige zu sein, den Gott in der Weissagung von Psalm 110, 1 anredete: „Setze dich zu meiner Rechten, bis daß ich hinlege deine Feinde als Schemel für deine Füße." Unter den jüdischen Auslegern herrschte zu jener Zeit anscheinend Einigkeit darüber, daß der dergestalt Angeredete der Messias sei. Wer den Anspruch erhob, der Messias zu sein, konnte daher folgerichtig davon sprechen, er sitze zur Rechten Gottes; dies ausdrücklich zu sagen, hätte indessen als unerhörte Kühnheit gegolten, und die gleiche Haltung hätte man gegenüber jemandem eingenommen, der, indem er beanspruchte, der Messias zu sein, die Folgerung angenommen hätte, daß, weil der Messias in Psalm 2, 7 von Gott als sein Sohn angeredet wird, er selber daher Gottes Sohn sei. Jesus zog indessen offensichtlich beide Folgerungen.[13] Nicht allein dies: indem er davon sprach, der Menschensohn komme aus den Wolken des Himmels, wandte er auf sich selber die Worte von Daniel 7, 13 f. an. Es liegen Zeugnisse dafür vor, daß bestimmte Stränge der jüdischen Interpretation des Hinweises Daniels auf den „einen, der einem Menschensohn glich", diese Gestalt nahezu als gottgleich ansahen. Diese Interpretation erscheint zum Beispiel in der älteren griechischen Fassung des Danielbuches, wo der „eine, der einem Menschensohn glich", die Szene „als ein Hochbetagter" betritt.[14] Vielleicht findet sie in der Offenbarung des Johannes 1, 12 ff. ein Echo, wo Johannes eine Vision von „einem, der einem Menschensohn ähnlich war" hat (er identifiziert ihn mit dem auferstandenen Christus) und diesen in Ausdrücken beschreibt, die teilweise der Schilderung des Hochbetagten im Danielbuch entlehnt sind; sie mag außerdem anklingen in der entrüsteten Reaktion der Kollegen des R. Aqiba, als er vorschlug, die „Throne", die in Dan 7,9 unmittelbar vor dem Gericht aufgestellt wurden, könnten für den Hochbetagten (wie der Zusammenhang zeigt) bzw. für „David", das heißt den davidischen Messias, bestimmt sein. „Aqiba", protestierten sie, „wie lange gedenkst du noch Gottes Herrlichkeit zu ent-

---

[12] Mk 14, 62 / Mt 26, 64 / Lk 22, 69. Siehe S. 181 f.

[13] In der Frage des Hohenpriesters: „Bist du der Messias, der Sohn des Hochgelobten?" (Mk 14, 61) ist die Bezeichnung „der Sohn des Hochgelobten" ein offizielles Synonym von „Messias". Für Jesus selber war das Bewußtsein, in einem besonderen Sinne der Sohn des Vaters zu sein, keine lediglich offizielle Beziehung, sondern etwas zutiefst Persönliches, die grundlegende Gewißheit seines Innenlebens (siehe die Erörterung von *Abba* auf S. 175 f.).

[14] Gr. *hōs palaios hēmerōn,* wo Theodotion wörtlich *heōs tou palaiou ton hēmerōn* übersetzt.

weihen?" — hatte man doch das Gefühl, die Auslegung, die den „einen, der einem Menschensohn glich", mit dem Messias identifizierte, grenze an Gotteslästerung, um so mehr, als die Christen sie ja annahmen.[15]

Jesus wurde also der Gotteslästerung für schuldig befunden und hätte durch Steinigung hingerichtet werden können (obschon strenggenommen vor der Vollstreckung die Genehmigung des römischen Statthalters hätte eingeholt werden müssen). Seine Annahme des Messiastitels (gleichgültig, ob sie ausdrücklich oder implizite erfolgte) wies indessen auf eine Möglichkeit, wie man den Makel seiner Tötung auf die Römer abschieben konnte. Während der Messias nach jüdischer Auffassung in der Hauptsache eine religiöse Gestalt (wenngleich nicht ohne politische Bedeutung) war, würde er für die Römer ein Politiker sein, war doch der Messias definitionsgemäß der rechtmäßige König von Israel, und nicht bloß ein Politiker, sondern ein politischer Rebell, da die Herrschaft über das jüdische Volk derzeit vom Kaiser Tiberius ausgeübt wurde. Wenn der Hohepriester nachdrücklich hervorhob, daß die Art und Weise, in der Jesus seine Frage beantwortet habe, den Tatbestand der Gotteslästerung erfülle, so wollte er damit wahrscheinlich diejenigen Mitglieder des Hohen Rats zufriedenstellen, die die Anzeige Jesu bei Pilatus, aus dem bloßen Grunde, weil er der Messias zu sein beanspruchte, nicht gebilligt hätten.

Beim Anbruch des Passahrüsttages wurde Jesus sogleich dem Pilatus vorgeführt, und die Oberpriester erschienen, um ihn in aller Form in Anklagezustand zu versetzen. Als Pilatus sie aufforderte, ihre Anklage vorzubringen, antworteten sie, er habe versucht, überall in der Provinz Unfrieden zu säen, den Judäern verboten, dem Kaiser Tribut zu zahlen und den Anspruch erhoben, der gesalbte König der Juden zu sein.[16]

Da dies Vergehen gegen das römische Recht waren, ist die vielerörterte Frage, ob der Hohe Rat befugt war, ohne Zustimmung des Prokurators das Todesurteil zu vollstrecken, nicht sehr bedeutungsvoll. Die Oberpriester wandten sich nicht mit der Bitte an Pilatus, er möge einen Urteilsspruch des Synedriums bestätigen. Diese Frage tauchte etwas später auf, als es den Anschein hatte, als halte Pilatus die ursprüngliche Anklage für ziemlich substanzlos, und er davon sprach, er wolle Jesus eine leichte Strafe auferlegen, die ihn lehren würde, in Zukunft vorsichtiger zu sein

---

[15] bT *Chagiga* 14 a; *Sanhedrin* 38 b.

[16] Die vollständigste Angabe der Anklage vor Pilatus findet sich bei Lukas 23, 2. Die Anklage wäre normalerweise als Antwort auf solch eine Frage wie die von Pilatus in Joh 18, 29 gestellte: „Was für eine Anklage bringt ihr gegen diesen Menschen vor?" formuliert worden.

und zu sprechen. Der Titel „König der Juden“ besagte, daß der Angeklagte Führer einer Widerstandsbewegung war; als Pilatus ihn befragte, wurde ihm indessen schon nach wenigen Minuten klar, daß dieser Mann kein Widerstandsführer war. „Ich will ihn freigeben“, sagte er, „nachdem ich ihn habe züchtigen lassen“ (Lk 23, 16). Die Ankläger Jesu protestierten dagegen mit der Begründung, man habe ihn auf jeden Fall eines Verbrechens gegen das jüdische Gesetz überführt, und als Pilatus erwiderte: „Nehmet ihr ihn und richtet ihn nach eurem Gesetz!“, hielten sie ihm entgegen, er habe sein Leben verwirkt, doch seien sie nicht befugt, die Todesstrafe an ihm zu vollziehen: „Uns ist es nicht erlaubt, jemand zu töten“ (Joh 18, 31).[17]

Dieser Bericht des vierten Evangelisten ist heftig angefochten worden. Man kann die Frage aber nicht in der Weise behandeln, daß man aus verschiedenen Quellen ausführliche Hinweise betreffend der Hinrichtung von Gesetzesübertretern in Judäa zwischen 6 und 66 n. Chr. beibringt und sie gegeneinander abwägt, ohne den Kontext zu berücksichtigen, innerhalb dessen die ganze Frage erörtert werden muß. Dieser Kontext ist das Prozeßrecht in den römischen Provinzen. Die Kapitalgerichtsbarkeit war ausschließlich den Provinzstatthaltern vorbehalten; nur ganz selten wurde ihre Ausübung Provinzialen zugebilligt, und zwar allein bevorrechtigten Gemeinwesen, wie zum Beispiel freien Städten. Jerusalem war keine freie Stadt, und es ist sehr unwahrscheinlich, daß die Römer einer so unruhigen Provinz wie Judäa ein solches Zugeständnis gemacht hätten. Die meisten Vorfälle, die als Beweis dafür angeführt werden, daß die Kapitalgerichtsbarkeit dem Hohen Rat nicht entzogen war, weisen Züge auf, die sie als Ausnahmen kennzeichnen.[18] Wahrscheinlich hatten die Römer selbst in Judäa in bezug auf Verletzungen der Heiligkeit des Tempels ein Zugeständnis gemacht, wurden doch sogar

---

[17] Joh 18, 31 wird durch eine in jT *Sanhedrin* 1, 1; 7, 2 bewahrte *baraita* bestätigt, derzufolge „vierzig Jahre vor der Zerstörung des Tempels Israel die Kapitalgerichtsbarkeit entzogen wurde“. Als *baraita* (vor 200 n. Chr.) ist diese Tradition zu früh, als daß man sie als Folgerung aus dem Kommentar des R. Isaak ben Evdemi (um 250 n. Chr.) zu der Überlieferung, daß „der Hohe Rat vierzig Jahre vor der Zerstörung des Tempels die Quaderhalle verließ und in einen Basar übersiedelte“, ansehen könnte. „Daraus wird klar“, bemerkte R. Isaak, „daß er keine Geldstrafen mehr verhängte. Geldstrafen sagst du? Sag lieber, daß er keine Todesurteile mehr fällte!“ (bT *Sanhedrin* 12 a, 41 a). Siehe J. Jeremias, „Zur Geschichtlichkeit des Verhörs Jesu vor dem Hohen Rat“, *ZNTW* 43 (1950—1), S. 145 ff.

[18] Zu diesen Begebenheiten zählen die Steinigung des Stephanus (Apg 7, 54 ff.) und die des Herrenbruders Jakobus (Ios. *ant. Iud.* XX, 200). Die Steinigung des Jakobus fand in dem Interregnum zwischen zwei Prokuratoren statt und stellte auf jeden Fall eine Kompetenzüberschreitung dar, die die

römische Bürger dafür nach jüdischem Gesetz mit dem Tode bestraft,[19] doch findet sich keinerlei Hinweis, daß diese Art von Sakrileg irgendwann im Prozeß Jesu vor Pilatus eine Rolle spielte.

Wenn Pilatus nicht geneigt war, die Anklage wegen Aufruhrs so ernst zu nehmen, wie es die Hohenpriester erwarteten, so war er noch weniger bereit, das Todesurteil wegen eines theologischen Vergehens gegen das jüdische Gesetz zu bestätigen. Jesus wurde indessen schließlich doch als Aufrührer verurteilt. Die Andeutung des Hohenpriesters, der Kaiser werde einen Richter kaum als seinen Freund betrachten, der einen Angeklagten freigesprochen habe, der den Anspruch erhob, König der Juden zu sein, genügte, um Pilatus umzustimmen: „Wenn du diesen freilässest, bist du des Kaisers Freund nicht; jeder, der sich zum König macht, widersetzt sich dem Kaiser" (Joh 19, 12).[20] Also nahm er auf dem Richterstuhl oder der Tribüne Platz, von der aus der Urteilsspruch gefällt werden mußte, und verurteilte Jesus zum Tode — durch Kreuzigung, wie es bei aufrührerischen Provinzialen, besonders in jenem Teil der Welt, üblich war. Die Anklage, aufgrund deren das Urteil gefällt wurde, geht aus dem über Jesu Haupt am Kreuz angebrachten *titulus* hervor: „Der König der Juden."

---

römischen Behörden zweifellos geahndet hätten, wenn Agrippa II. ihnen nicht durch die sofortige Absetzung des verantwortlichen Hohenpriesters zuvorgekommen wäre (siehe S. 70). Die Ansicht, die Steinigung des Stephanus sei in der Zeit zwischen Pilatus' Abberufung und der Ernennung seines Nachfolgers erfolgt (vgl. B. Reicke, *Neutestamentliche Zeitgeschichte,* Berlin 1965, S. 142) vermag nicht zu überzeugen (s. Teil II, Kap. 2/2). Die Verbrennung einer Priestertochter wegen Unzucht (vgl. 3 Mo 21, 9), die R. Äl'azar ben Zadok als kleiner Junge, auf den Schultern des Vaters reitend, mit angesehen hat (Mischna, *Sanhedrin* 7, 2; Tosefta, *Sanhedrin* 9, 11 a), gehört mit hoher Wahrscheinlichkeit in die Regierungszeit Herodes Agrippas I. (37—44 n. Chr.). Was die im Essener-Orden vollstreckten Hinrichtungen betrifft (vgl. Ios. *bel. Iud.* II, 145), so waren sie genauso rechtswidrig, wie es die Anschläge der *sicarii* oder wie es private Hinrichtungen innerhalb einer Geheimgesellschaft in einem zivilisierten Staat der Jetztzeit wären. Auf jeden Fall war die polizeiliche Überwachung der Provinz nicht so lückenlos, daß eine gelegentliche Überschreitung ihrer Jurisdiktionsbefugnisse durch jüdische Kreise ausgeschlossen gewesen wäre; vgl. Origenes' Angaben (*Brief an Africanus* 14) über Kapitalprozesse, die insgeheim *(lelēthotōs)* vor dem Präsidenten des (späteren) Synedriums, „weder ganz offen noch auch ohne Wissen des Kaisers", stattfanden.

[19] Vgl. Ios. *bel. Iud.* VI, 124—6 und die griechische Inschrift (*OGIS* 598, *SEG* VIII, Anm. 169), die Heiden warnt, daß jeder von ihnen, der in den inneren Vorhöfen angetroffen werde, des Todes sei. Ebenfalls mit dem Tode bestraft wurden Juden, die in das Allerheiligste eindrangen, das allein vom Hohenpriester betreten werden durfte (Phil. *Gai.* 307).

[20] Falls Sejans Sturz damals schon erfolgt war (er stürzte im Oktober 31 n. Chr.), so war Pilatus' Stellung möglicherweise um so gefährdeter, als er

Zwei Vorfälle im Verlauf des Prozesses sind besonders erwähnenswert: die Entsendung Jesu zu Antipas (die allein von Lukas berichtet wird) und die Barabbas-Episode (die von allen Evangelisten berichtet wird und daher einen der Markus- und der johanneischen Überlieferung gemeinsamen Zug darstellt).

Als Jesu Ankläger behaupteten, er habe auf dem ganzen Weg von Galiläa bis nach Jerusalem das Volk aufsässig gemacht, fragte Pilatus, ob er Galiläer sei, und sandte ihn, als er hörte, dies sei der Fall, zu Antipas, der während jener Passahzeit ebenfalls in Jerusalem residierte. Wahrscheinlich war Pilatus nicht verpflichtet, Antipas den Fall zu übergeben, tat es aber aus Höflichkeit, als er erfuhr, Jesus habe einige der Vergehen, deren man ihn beschuldigte, in seiner Heimat Galiläa, die zu Antipas' Tetrarchie gehörte, verübt.[21] Es ist möglich, daß Antipas, was seine Tetrarchie betraf, einige der seinem Vater durch Augustus übertragenen Auslieferungsrechte geerbt hatte, doch mußten solche Rechte, ehe sie gewährt wurden, geltend gemacht werden. Pilatus' Geste war, wie gesagt, eine Höflichkeitsbezeugung. Antipas wußte sie zu würdigen, war aber zu klug, sie auszunutzen. Er erkannte die übergeordnete Autorität des kaiserlichen Repräsentanten an und schickte Jesus zu Pilatus zurück, nachdem er vergeblich versucht hatte, ihn dazu bringen, daß er etwas tue oder sage, was die ihm zu Ohren gekommenen Gerüchte, er sei ein Wundertäter, bestätigt hätte.

Antipas nahm Pilatus' Entgegenkommen offensichtlich zum Anlaß, den Groll zu begraben, den er gegen den Prokurator seit einiger Zeit gehegt hatte, wahrscheinlich seit Pilatus' Truppen ein halbes oder ein Jahr zuvor während eines Pilgerfestes im äußeren Tempelvorhof gegen einige seiner galiläischen Untertanen vorgegangen waren, wobei Pilatus ihr „Blut mit ihren Opfern vermischt hatte".[22] Pilatus mag seinerseits dem Antipas nachgetragen haben, daß dieser vor noch längerer Zeit zusammen mit dreien seiner Brüder den Kaiser überredet hatte, Pilatus zur Beseitigung der goldenen Schilde aufzufordern, die er unter völliger Mißachtung der

---

dessen Einfluß vielleicht seine Ernennung verdankte (siehe S. 39). (Vgl. B. Reicke, *Neutestamentliche Zeitgeschichte*, S. 130, 136; P. L. Maier, „Sejanus, Pilate and the date of the Crucifixion", *Church History* 37 [1968], S. 3 ff.) Man braucht Pilatus' Furcht vor Tiberius' Argwohn aber nicht mit Sejans Sturz in Zusammenhang zu bringen; Jesus wurde vermutlich 30 n. Chr. gekreuzigt: alle späteren Daten haben sehr viel weniger Wahrscheinlichkeit für sich. Über die Bedeutung des „wichtigen politischen Terminus" *Caesaris amicus* vgl. A. N. Sherwin-White, *Roman Society and Roman Law in the New Testament*, S. 47.

[21] Vgl. A. N. Sherwin-White, *a. a. O.*, S. 28 ff.

[22] Lk 13, 1.

religiösen Gefühle der Einwohner in Jerusalem hatte anbringen lassen.[23] Durch diesen Austausch von Höflichkeitsbezeugungen wurde der alte Streit zwischen den beiden beigelegt.

Lukas, der diesen Vorfall in seinem Evangelium berichtet und ihn in der Apostelgeschichte erwähnt,[24] weiß mehr über die herodäische Familie als die anderen neutestamentlichen Autoren. Er kannte ein oder zwei Leute, die mit ihr in ziemlich enger Verbindung standen, wie zum Beispiel Johanna, deren Mann Chusa Verwalter *(epitropos)* in Antipas' Haushaltung in Galiläa war,[25] und vor allem den Pflegebruder oder Freund aus der Kindheit des Tetrarchen, Menahem, der später Christ wurde und ein leitendes Amt in der Kirche von Antiochien in Syrien, Lukas' Vaterstadt, bekleidete.[26] Man darf seinen Bericht über die Übergabe des Falles Jesu durch Pilatus an Antipas daher auf keinen Fall als romanhaft abtun.

Ein noch immer ungelöstes Problem stellt die Barabbas-Episode dar. Außerhalb der Evangelien gibt es keinen sicheren Beleg für den Brauch, an jedem Passah dem Volk einen Gefangenen freizugeben. Die Passionserzählung des Markus und die des Johannes bezeugen unabhängig voneinander seine Existenz: „An jedem Fest", heißt es bei Markus, „ließ er (Pilatus) ihnen einen Gefangenen frei, den sie sich (gerade) ausbaten" (Mk 15, 6). Während bei Markus das Volk aus eigener Initiative auf der Einhaltung des Brauchs besteht, wird er im Johannesevangelium zuerst von Pilatus erwähnt (Joh 18, 39). Wir wissen nichts über den Ursprung und Zweck dieses *privilegium paschale;* daß es nichts weiter war als eine apologetische Erfindung in der Evangelientradition, ist höchst unwahrscheinlich.[27] Markus und Johannes berichten übereinstimmend, daß der

---

[23] Phil. *Gai.* 300.
[24] Lk 23, 6—12. 15 a; Apg 4, 27.
[25] Lk 8, 3.
[26] Apg 13, 1 (vgl. S. 97).
[27] Barabbas ist ein Patronymikum; die Tatsache, daß nach mehreren Textzeugen für Mt 27, 16 f. sein Personenname Jesus war, ist ein für die Situation wichtiger Faktor. Man hat versucht, die Barabbas-Episode zu der Bestimmung in Mischna, *Pesachim* 8, 6 in Beziehung zu setzen, daß das Passahlamm „für einen, dem man versprochen hat, ihn aus dem Gefängnis herauszulassen", wie auch für andere, die möglicherweise an seinem Verzehr verhindert sind, mitgeschlachtet werden darf, aber „nicht um ihrer selbst willen, damit sie es nicht zur Untauglichkeit bringen". Vgl. J. Blinzler, *Der Prozeß Jesu*, Regensburg 1969, S. 317 ff., und für eine Kritik dieser These P. Winter, *On the Trial of Jesus*, S. 91. Siehe ferner J. Merkel, „Die Begnadigung am Passahfeste", *ZNTW* 6 (1905), S. 293 ff. Die Barabbas-Episode ist das einzige bedeutsame Problem, das A. N. Sherwin-White in seinem sonst sehr aufschlußreichen Kapitel „The Trial of Christ in the Synoptic Gospels", *Roman Society and Roman Law in the New Testament*, S. 24—27, nicht behandelt.

Mann, dessen Freilassung die Volksmenge forderte, Barabbas war. „Barabbas", sagt Johannes, „war ein Räuber" (Joh 18, 40) — das heißt ein Bandit (gr. *lēstēs)* in dem Sinn, in dem Josephus den Ausdruck so oft benutzt, um einen zelotischen Aufrührer zu bezeichnen.[28] Dies stimmt mit Markus' ausführlicherer Angabe überein, daß Barabbas „zusammen mit den Aufrührern, die bei dem Aufstand einen Mord verübt hatten, im Gefängnis war" (Mk 15, 7). Über diesen „Aufstand" gibt es keine weiteren Belege, doch muß er erst kurz vorher stattgefunden haben, da die Anführer noch nicht hingerichtet worden waren. Die beiden Räuber — *lēstai,* wie Markus sie nennt (Mk 15, 27) —, die zusammen mit Jesus gekreuzigt wurden, waren vermutlich in denselben Vorfall verwickelt.

Ungeachtet des Dunkels, das über der Barabbas-Episode liegt, zeugt doch die Art, wie der Evangelist den Barabbas Jesus gegenüberstellt, von großer Dramatik. Sie stellten zwei unvereinbare Reaktionen auf die römische Besetzung dar — den Weg des Angriffs und den der Gewaltlosigkeit. Es überrascht nicht, daß sich das Volk angesichts einer solchen Alternative für Barabbas entschied; verwunderlich ist indessen, daß Pilatus in eine Situation geriet, die ihn nötigte, einen erklärten Feind Roms freizulassen. Es war Jesus, der den Kreuzigungstod starb, und der Wortlaut der an seinem Kreuz befestigten Anklage: „Der König der Juden" sollte eine Bedeutung erlangen, die weit über all das hinausging, was Pilatus sich vorzustellen vermochte.[29]

---

[28] Eine Lesart im Barsalibi-Text und Randlesart der syrischen Peschitta setzt eine Variante *archilēstēs* voraus — derselbe Ausdruck, den Josephus auf Ezechias, den Vater des Judas, anwendet (*bel. Iud.* I, 204; *ant. Iud.* XIV, 159). In Mt 27, 16 erhält Barabbas das Epitheton *episēmos* („berüchtigt"), mit dem Josephus zum Beispiel den Johannes von Giskhala und andere seinesgleichen bezeichnet (*bel. Iud.* II, 585).

[29] Über den Gegenstand dieses Kapitels siehe jetzt S. G. F. Brandon, *The Trial of Jesus of Nazareth,* London 1968.

SACH- UND PERSONENREGISTER (Teil I)

Von Abraham Meister

(in Auswahl. Ausführliches Register folgt im 2. Teil)

VERZEICHNIS DER ABKÜRZUNGEN (Teil I)

adv.haer.	*Über die fälschlich so genannte Gnosis* (Irenäus)
adv.pelag.	*Gegen die Pelagianer* (Hieronymus)
AJT	*American Journal of Theology*
ann.	*Annalen* (Tacitus)
ant.Iud.	*Jüdische Altertümer* (Josephus)
apol.	*Apologie* (Justinus); *Verteidigung des Christentums* (Tertullian)
Att.	*An Atticus* (Cicero)
BASOR	*Bulletin of the American Schools of Oriental Research*
bel.Iud.	*Jüdischer Krieg* (Josephus)
BGU	*Berliner Griechische Urkunden*
BJRL	*Bulletin of the John Rylands Library*
BM	British Museum, London
bT	Babylonischer Talmud
BZNTW	*Beiheft zur Zeitschrift für die Neutestamentliche Wissenschaft*
CAH	*Cambridge Ancient History*
CBQ	*Catholic Biblical Quarterly*
c.Cels.	*Gegen Celsus* (Origenes)
CD	*Damaskusschrift* (Zadokitisches Fragment)
CIG	*Corpus Inscriptionum Graecarum*
CIL	*Corpus Inscriptionum Latinarum*
Clem.hom.	*(Pseudo-)Klementinische Homilien*
Clem.recogn.	*(Pseudo-)Klementinische Rekognitionen*
ClPh	*Classical Philology*
conf.ling.	*Über die Verwirrung der Sprachen* (Philo)
contempl.	*Über das betrachtende Leben* (Philo)
CPI	*Corpus Papyrorum Iudaicarum* (ed. V. A. Tcherikover und A. Fuks)
CSEL	*Corpus Scriptorum Ecclesiasticorum Latinorum*
DACL	*Dictionnaire d'Archéologie Chrétienne et de Liturgie*
Dio Cass.	*Römische Geschichte* (Cassius Dio)
DJD	*Discoveries in the Judaean Desert* (Clarendon Press, Oxford)
epist.	*Brief(e)*
ExT	*Expository Times*
Flacc.	*Gegen Flaccus* (Philo)
fug.	*Über die Flucht und das Finden* (Philo)
Gai.	*Die Gesandtschaft an Caligula* (Philo)

GJV	E. Schürer, *Geschichte des Jüdischen Volkes im Zeitalter Jesu Christi*
haer.	*Widerlegung aller Häresien,* auch: *Philosophumena* (Hippolyt)
hist.	*Geschichtsbücher* (Sallust, Tacitus)
hist.eccl.	*Kirchengeschichte* (Euseb)
HNT	*Handbuch zum Neuen Testament* (hg. von H. Lietzmann)
HTR	*Harvard Theological Review*
HUCA	*Hebrew Union College Annual*
IEJ	*Israel Exploration Journal*
JBL	*Journal of Biblical Literature*
JEH	*Journal of Ecclesiastical History*
JJS	*Journal of Jewish Studies*
JQR	*Jewish Quarterly Review*
JRS	*Journal of Roman Studies*
JTS	*Journal of Theological Studies*
Iuv.	*Satiren* (Juvenal)
leg.agr.	*Über das Ackergesetz* (Cicero)
leg.all.	*Allegorische Erklärung des heiligen Gesetzbuches* (Philo)
leg.	*Gesandtschaft an Gaius* (Philo)
Magn.	*Magnesierbrief* (Ignatius)
migr.	*Über Abrahams Wanderung* (Philo)
Mos.	*Über das Leben Mosis* (Philo)
mut.	*Über die Namensänderung* (Philo)
nat.	*Naturgeschichte* (Plinius d. Ä.)
NovT	*Novum Testamentum* (Leiden)
NTS	*New Testament Studies*
OGIS	*Orientis Graeci Inscriptiones Selectae* (ed. W. Dittenberger)
Or.Sib.	Sibyllinische Weissagungen
panar.	*Panarion* (Epiphanius)
Pap.Herc.	In den *Volumina Herculanensia* veröffentlichte Papyri
PEQ	*Palestine Exploration Quarterly*
Phld.	*Philadelphierbrief* (Ignatius)
praep.ev.	*Praeparatio evangelica* (Eusebius)
prov.	*Über die Vorsehung* (Philo)
PsSal	*Psalmen Salomos*
pT	Palästinischer Talmud
Q	Qumran (1 Q = erste Höhle von Qumran; 1 QH = *Dankpsalmen* aus der ersten Höhle; 1 QM = *Kriegsrolle* aus der ersten Höhle; 1 QS = *Gemeinderegel* aus der ersten Höhle; 1 QSa = *Gemeinschaftsregel*

	aus der ersten Höhle; 1 QSb = *Segenssprüche* aus der ersten Höhle; 4 QpNah = Nahum-Midrasch aus der vierten Höhle von Qumran)
quaest.Ex.	*Kurzkommentar zu Exodus* (Philo)
quaest.Gen.	*Kurzkommentar zu Genesis* (Philo)
RB	*Revue Biblique*
RGG[3]	*Die Religion in Geschichte und Gegenwart,* 3. Aufl. (Tübingen 1957—65)
RHPR	*Revue d'Histoire et de Philosophie Religieuses*
Röm.	*Römerbrief* (Ignatius)
RThR	*Reformed Theological Review* (Australien)
SEG	*Supplementum Epigraphicum Graecum*
Sm.	*Smyrnäerbrief* (Ignatius)
SNTS	Studiorum Novi Testamenti Societas
somn.	*Über die Träume* (Philo)
Strab.	*Erdbeschreibung* (Strabo)
Strack-Billerbeck	H. L. Strack und P. Billerbeck, *Kommentar zum Neuen Testament aus Talmud und Midrasch* (München 1922—28)
strom.	*Stromata (Vermischtes)* (Klemens von Alexandrien)
TU	*Texte und Untersuchungen zur Geschichte der altchristlichen Literatur*
TWNT	*Theologisches Wörterbuch zum Neuen Testament,* hg. von G. Kittel und G. Friedrich (Stuttgart 1932 ff.)
VT	*Vetus Testamentum* (Leiden)
ZDPV	*Zeitschrift des Deutschen Palästina-Vereins*
ZNTW	*Zeitschrift für die Neutestamentliche Wissenschaft*
ZRG	*Zeitschrift für Religions- und Geistesgeschichte*

VERZEICHNIS DER BIBELSTELLEN (Teil I)

Von Abraham Meister

APOKRYPHEN UND PSEUDEPIGRAPHEN

Teil II:
Von Jerusalem bis Rom

INHALT (Teil II)

ERSTES KAPITEL

Die Jerusalemer Urgemeinde

1.

Wenn der Hohepriester Kajaphas und seine Kollegen meinten, nach Jesu Tod werde die gesamte Bewegung, die er angeführt hatte, für immer verschwinden, so irrten sie sich. Dabei hatten sie gute Gründe für eine solche Vermutung: Nach einem hitzköpfigen, doch mißlungenen Versuch eines Jüngers, sich mit Waffengewalt zu verteidigen, suchten die Anhänger Jesu entnervt das Weite. Ein oder zwei Tage später erblicken wir sie noch einmal, wie sie sich irgendwo in Jerusalem aus Furcht vor den jüdischen Behörden eingeriegelt haben. Durch die überstürzte Flucht seiner demoralisierten Anhänger nach seiner Verhaftung und Kreuzigung schienen Jesus und seine Sache endgültig unglaubwürdig geworden zu sein. Durch die Kreuzigung Jesu wurde „der unheilvolle Aberglaube für den Augenblick unterdrückt", stellt Tacitus fest, doch berichteten ihm seine Quellen vielleicht nicht, wie kurz die Zeitspanne war, nach deren Ablauf er „wieder hervortrat".[1]

Weder die jüdischen noch die römischen Behörden hatten das Ereignis voraussehen können, das all ihre Berechnungen zunichte machte: daß Jesus von den Toten auferstehen und sich seinen Jüngern „nach seinem Leiden ... als lebendig" erweisen würde.[2] Nicht einmal die Jünger selber hatten damit gerechnet, sondern waren völlig überrascht. Dieses Ereignis verwandelte jedoch die Männer, die eben noch enttäuscht und verängstigt gewesen waren, schlagartig in eine Schar mit einer Mission und einem Lebensziel, die sich in ihrem ganzen Handeln praktisch niederschlugen.

---

[1] Tac. *ann.* XV, 44.

[2] Apg 1, 3. Diese Erscheinungen wurden Einzelpersonen (wie Petrus, Jakobus dem Gerechten und später Paulus), aber auch Gruppen („den Zwölfen" oder „allen Aposteln") zuteil, einmal sogar einer großen Anzahl, „mehr als fünfhundert Brüdern auf einmal", von denen die Mehrzahl fünfundzwanzig Jahre später, als Paulus in 1 Kor 15, 5 ff. die Auferstehungserscheinungen mitteilte, noch lebte. Einige fanden in oder nahe Jerusalem statt, andere in Galiläa; sie erfolgten nicht immer in der gleichen Form (beispielsweise wurde Jesus manchmal sofort erkannt, manchmal erst nachdem er sich zu erkennen gab). Sie vermittelten indessen ausnahmslos die unerschütterliche Gewißheit, daß der gekreuzigte und begrabene Jesus die Ketten des Todes gesprengt hatte.

Dieser „Auferstehungsglaube“ der Jünger ist eine historische Tatsache von erstrangiger Bedeutung, aber ihn mit dem Auferstehungsgeschehen selbst zu identifizieren, heißt Ursache und Wirkung zu verwechseln.[3] Ohne das Ereignis der Auferstehung hätte es auch keinen Auferstehungsglauben gegeben. Doch war es der Auferstehungsglaube, der die zerstreuten Anhänger Jesu wieder zusammenführte, und schon wenige Wochen nach seinem Tode treten sie als festgefügte, kraftvolle, ungemein anziehende Gemeinschaft in Jerusalem in Erscheinung.

Diese Gemeinschaft wurde anscheinend schon frühzeitig mit einem jener Ausdrücke bezeichnet, die im Alten Testament für die gesamte „Versammlung“ (*qahal*) oder „Gemeinde“ (*'edah*) Israels benutzt werden. Das griechische Wort *ekklēsia,* das gewöhnlich mit „Kirche“ übersetzt wird, spiegelt eines dieser hebräischen Wörter oder sein aramäisches Äquivalent *kenischta* und bringt die Überzeugung der Gemeinschaft zum Ausdruck, sie sei der wahre Überrest des Gottesvolkes, das Israel des neuen Zeitalters.[4]

2.

Eine entscheidende Tatsache, die alle Zeugnisse über diese Jerusalemer Urgemeinde durchdringt, ist das Bewußtsein der Jünger, daß mit dem Abschluß der Wirksamkeit des Messias auf Erden das Zeitalter des Geistes heraufgekommen sei. Der Anbruch dieses Zeitalters war in den alttestamentlichen Prophetenbüchern geweissagt worden, besonders in Joel 2, 28 f, wo Jahwe verheißt, daß einst, wenn er zu seinem Volk komme, um es zu segnen,

> ich meinen Geist ausgieße über alles Fleisch;
> und eure Söhne und Töchter werden weissagen,
> eure Greise werden Träume träumen,
> eure Jünglinge werden Gesichte sehen.
> Auch über die Knechte und über die Mägde
> will ich in jenen Tagen meinen Geist ausgießen.

---

[3] Paulus unterscheidet in 1 Kor 15, 17 zwischen der Tatsache der Auferstehung und dem Auferstehungsglauben, wo er nachdrücklich betont, ohne Auferstehung sei der Auferstehungsglaube illusorisch: „Ist aber Christus nicht auferweckt worden, so ist euer Glaube nichtig.“

[4] Gelegentlich wurde *synagōgē* in der gleichen Bedeutung gebraucht (vgl. Jak 2, 2; vielleicht auch *episynagōgē* in Hebr 10, 25); im Griechischen bezeichnete das Wort jedoch speziell einen jüdischen Versammlungsort in der „Synagoge“ zum Unterschied von der „Kirche“. Siehe S. 200 mit Anm. 3 und 4.

Daß dieser Geist Jahwes derselbe Geist ist, durch dessen Kraft die früheren Propheten gesprochen hatten, geht aus der Verheißung hervor, daß diejenigen, über die der Geist ausgegossen wird, weissagen werden. Ja, in Joels Weissagung klingt die Erinnerung an Moses Worte in 4 Mo 11, 19 an: „Wollte Gott, daß alle im Volke des Herrn Propheten wären, daß der Herr seinen Geist auf sie legte."

Die Hoffnung auf das Zeitalter des Geistes, genährt von Worten wie denen Joels, wurde kurz vor dem Anbruch des Christentums in vielen jüdischen Gemeinschaften gehegt. Davon geben insbesondere die Qumranschriften Zeugnis. Die Mitglieder der Qumran-Gemeinde, zumindest einige von ihnen, glaubten, Gott habe schon seinen heiligen Geist auf sie ausgegossen; wiederholt preist der Sänger in der *Hymnenrolle* Gott, weil der Geist, den er empfangen hat, ihn befähigt, der göttlichen Geheimnisse teilhaftig zu werden und Lagen zu bestehen, in denen er sonst straucheln und fallen würde. Der Geist wird als Geist der Heiligkeit, der Wahrheit, des Rats, der Erkenntnis, der Gnade, der Rechtschaffenheit bezeichnet.[5] Der Geist reinigt den Menschen von seinen Sünden; doppelt anstößig ist deshalb die Sünde jener, die den Geist empfangen haben, denn sie stellt eine Befleckung des Geistes der Heiligkeit dar.[6] Diese Ausgießung des Geistes innerhalb der Gemeinschaft ist indessen nur das Vorspiel zu einer vollständigeren Ausgießung beim Anbruch des neuen Weltalters;[7] wie weit diese Ausgießung gehen wird, bleibt unklar, doch wenn alle Frevler vor dem Anbruch des neuen Weltalters ausgerottet werden sollen, dann kann man sich gut vorstellen, daß der Geist auf „alles (verbliebene) Fleisch" ausgegossen werden wird.

Die Ausgießung des Geistes wird auch in der Predigt Johannes des Täufers angekündigt. Der Täufer sagt, er taufe mit Wasser, aber der Kommende werde mit heiligem Geiste taufen.[8] Die Evangelien stellen Jesus als den Kommenden dar, der selber mit dem Geist „gesalbt" ist, um die ihm übertragene Aufgabe zu erfüllen.[9] Und wenn Jesus die Boten des Johannes zu ihrem eingekerkerten Lehrer zurückschickt, damit sie ihm alles berichten, was sie während ihres Zusammenseins mit Jesus gehört und gesehen haben, dann soll Johannes aus dem, was sie ihm sagen, entnehmen, daß Jesus in der Tat derjenige ist, auf dem, in den Worten von Jesaja 61, 1, der Geist Gottes ruht, um ihn zur Vollendung

---

[5] Vgl. 1 QH VII, 6 f.; IX, 32; XII, 11 f.
[6] *CD* V, 11; VII, 3 f.
[7] 1 QS IV, 20–3; siehe Teil I, S. 160.
[8] Mk 1, 7 f.
[9] Lk 4, 18; vgl. Apg 10, 38.

des Werks zu befähigen, das Johannes für den Kommenden vorausgesagt hatte.[10] Insbesondere treibt Jesus die Dämonen durch den Geist Gottes aus; deshalb machen sich jene, die seine Macht der Hilfe des Beelzebub zuschreiben, der Lästerung wider den Heiligen Geist schuldig.[11] Die Ausgießung des Geistes und die Heraufkunft des Gottesreiches sind zwei verschiedene Aspekte, unter denen sich Jesu Wirken betrachten läßt;[12] beide werden teilweise vor seinem Tode offenbar, doch erst nach seinem Tode — in johanneischer Ausdrucksweise: nach seiner „Verherrlichung" — wird das Reich mit Macht kommen, wird der Geist in seiner ganzen Fülle ausgegossen werden.[13] Im vierten Evangelium verspricht Jesus in seiner Abschiedsrede an die Jünger, den Geist als ihren Fürsprecher oder Rechtsbeistand (gr. *paraklētos)* zu senden, auf dessen Hilfe sie immer zählen können (Joh 14, 16.26; 15, 26; 16, 7); im synoptischen Bericht ist diese Aufgabe des Geistes in der Verheißung enthalten, daß die Jünger, wenn sie einst vor Gericht gestellt werden und sich verteidigen müssen, ihre Worte vorher nicht ängstlich zurechtzulegen brauchen: „Denn nicht ihr seid es, die reden, sondern der heilige Geist" (Mk 13, 11; vgl. Mt 10, 20).[14]

In der Apostelgeschichte teilt Jesus den Geist in seiner ganzen Fülle aus, nachdem er nach seinem Leiden und Sterben zur Rechten Gottes erhöht worden ist, wie in Psalm 110, 1 geweissagt war.[15] Die Ausgießung des Geistes findet am Pfingstfest statt, sieben Wochen nach dem Passah, an dem Jesus gekreuzigt wurde. Vom nachexilischen Judentum wurde das Pfingstfest zum Gedächtnis der Gesetzgebung und Bestätigung des Bundes am Sinai gefeiert. Man hat die Vermutung aufgestellt, daß in Qumran die jährliche Zeremonie der Bundeserneuerung am Pfingstfest stattfand.[16] Dafür spricht auch, daß das *Jubiläenbuch,* eines der frühesten Zeugnisse für die Identifizierung des Pfingstfestes mit der Jahresfeier der Gesetzgebung, angibt, daß am selben Tag der Jahrestag des Bundes mit Noah gefeiert wurde: „Deswegen ist angeordnet und aufgeschrieben in den himmlischen Tafeln, daß sie in diesem Monat [im dritten Monat (Sivan)] das Wochenfest begehen sollten einmal des Jahrs, zur Erneue-

---

[10] Lk 7, 22; siehe Teil I, S. 177.
[11] Mk 3, 22 ff.; Mt 12, 31 f.
[12] Vgl. J. E. Yates, *The Spirit and the Kingdom,* London 1963.
[13] Mk 9, 1; Joh 7, 39.
[14] In der parallelen Stelle in Lk 21, 15 sagt Jesus: „*ich* werde euch Mund und Weisheit geben" (vgl. Apg 6, 10).
[15] Siehe Teil I, S. 182; 204.
[16] Vgl. A. R. C. Leaney, *The Rule of Qumran and its Meaning,* London 1966, S. 95 ff.

rung des Bundes in jedem einzelnen Jahre" (Jub 6, 17).[17] Am ersten „christlichen" Pfingsttag sprach Apg 2 zufolge Gott, der einstmals am Sinai gesprochen, aufs neue zu den Völkern und bestätigte seinen Bund, seinen Geist auf alles Fleisch auszugießen. Die Begabung der Menschen mit dem Geist Gottes war ein Zeichen des neuen Bundes, wie aus einem Vergleich zwischen Jer 31, 31 ff. und Hes 11, 19 f. und 36, 25 ff. hervorgeht; nach der Verheißung Jesu war sie auch ein Beweis dafür, daß Gott ihn jetzt als den Herrn und Messias, den Täufer mit dem Geist, auf den Thron gesetzt hatte. Daher erging an das ganze Haus Israel der Ruf zur Buße, zur Annahme der Taufe in Jesu Namen, um dadurch nicht nur Sündenvergebung zu erlangen, sondern auch die Gabe des Geistes zu empfangen.

Die Unterscheidung, die Johannes der Täufer zwischen seiner eigenen Taufe in Wasser und der Taufe des Kommenden mit dem heiligen Geist trifft, könnte erwarten lassen, daß die Taufe in Wasser nach der Geistbegabung aufhören werde. Tatsächlich wurde die Taufe in Wasser jedoch beibehalten und in das neue Zeitalter hinübergenommen, doch erhielt sie eine zusätzliche Bedeutung. Sie war jetzt nicht nur, wie bei Johannes dem Täufer, mit der Sündenvergebung verknüpft, sondern wurde zum Zeichen, durch das alle, die an Jesus glaubten, in seine mit dem Geist getaufte Gemeinschaft aufgenommen wurden.[18]

Jegliche Tendenz, sich den Geist als Substanz vorzustellen, als dem Wasser vergleichbare „Flüssigkeit" (was angesichts der Taufterminologie nahegelegen hätte), wurde durch das starke Bewußtsein seiner personalen Gegenwart unter ihnen unterdrückt. Die Entscheidungen der Gemeinde sind in erster Linie die Entscheidungen des Geistes;[19] ein in der Gemeinschaft begangenes Delikt ist ein Vergehen gegen den Geist;[20] später wird die Missionstätigkeit der Jünger durch den Geist geleitet.[21] Die Äußerungen von Propheten in der Gemeinde werden als die Stimme des Geistes erkannt, ja, der Prophet braucht gar nicht als Mittelsperson erwähnt zu werden: es genügt zu sagen, daß der Heilige Geist gesprochen hat.[22]

---

[17] Vgl. bT *Pesachim* 68b.
[18] Vgl. Apg 2, 38; 1 Kor 12, 13.
[19] Vgl. Apg 15, 28.
[20] Vgl. Apg 5, 3.
[21] Vgl. Apg 16, 6 f.
[22] Vgl. Apg 13, 2.

3.

Zu den Fragen in bezug auf die frühe Gemeinde, über die wir fast gar nichts wissen, zählt die nach der Rolle, die Jesu Anhänger in Galiläa spielten. Unsere Kenntnis der Frühzeit der Gemeinde gründet sich auf Lukas, dessen Bericht sich auf Jerusalem und Umgebung beschränkt.[23] Wenn die Apostel und viele ihrer Anhänger (darunter Angehörige der Familie Jesu) auch Jerusalem zu ihrem „Hauptquartier" machten, obwohl sie Galiläer waren, hatte Jesus doch in Galiläa viel mehr Anhänger als in Jerusalem, und nicht alle dieser galiläischen Jünger zogen nach Jerusalem. Was taten sie? Auch ihr Glaube erneuerte sich nach der Auferstehung, erfolgten doch einige der Erscheinungen des Auferstandenen in Galiläa; ihr weiteres Schicksal muß indessen großenteils der Phantasie überlassen bleiben. Mag sein, daß ihr Glaube und ihre Lebensführung in manchen Einzelheiten von dem Glauben und Lebenswandel ihrer Brüder in Jerusalem abwich, und vielleicht lassen sich einige der christlichen Lebensformen und Lehrweisen, die in der apostolischen Geschichte, gemessen an den Jerusalemer Normen, als unzulänglich erscheinen, bis nach Galiläa zurückverfolgen.[24]

4.

Die Leiter der Gemeinde waren die zwölf Apostel, die Jesus zu Richtern der „zwölf Stämme Israels" in dem neuen Weltalter bestimmt hatte.[25] (Daß sich die Judenchristen noch jahrzehntelang als den wahren Überrest Israels, die zwölf Stämme, betrachteten, zeigt die Einleitung des Jakobusbriefes.) Nach dem Abfall des Judas Ischarioth mußten die Apostel die Lücke ausfüllen und einen ihrer Mitjünger in ihren Kreis wählen; zwei wurden nominiert, und das nach Gebet geworfene Los fiel auf Matthias als den neuen zwölften Apostel. (Voraussetzung für die Nominierung der beiden war gewesen, daß sie seit der Zeit der Wirksamkeit Johannes' des Täufers Anhänger Jesu und Gefährten der Apostel und überdies persönliche Zeugen der Auferstehung Jesu gewesen

---

[23] Vgl. E. Lohmeyer, *Galiläa und Jerusalem*, Göttingen 1936; R. H. Lightfoot, *Locality and Doctrine in the Gospels*, London 1938, S. 78 ff.; H. Conzelmann, *Die Mitte der Zeit. Studien zur Theologie des Lukas*, Tübingen ^{3}1964, S. 21 ff.
[24] Vgl. Apg 18, 24 ff.; 19, 1 ff. (siehe S. 123 f.; 129).
[25] Mt 19, 28; Lk 22, 30.

waren.)[26] Einige Jahre später schuf der Tod des Zebedäussohnes Jakobus, der ebenfalls zu den Zwölfen zählte und auf Befehl Herodes Agrippas des Älteren hingerichtet wurde, keine Lücke;[27] vielmehr nahm ein treuer Apostel sein Amt wahr. Eine Nachfolge im Apostolat wurde nicht ins Auge gefaßt.

Die Brüder Jesu werden schon frühzeitig als Gemeindeglieder besonders erwähnt.[28] Dies ist um so bemerkenswerter, als sie vor seinem Tode offensichtlich nicht zu seinen Anhängern zählten; ihre Haltung ihm gegenüber war bis dahin reserviert, wenn nicht feindselig gewesen.[29] Paulus' Angabe, der auferstandene Jesus sei dem Jakobus erschienen (1 Kor 15, 7), gibt eine Erklärung für ihren Gesinnungswandel. Jakobus war anscheinend der älteste und bekannteste der vier Brüder Jesu und sollte später eine führende Stellung in der Jerusalemer Gemeinde bekleiden. Er erscheint nach einigen Jahren zusammen mit den Aposteln Petrus und Johannes[30] als eine ihrer drei „Säulen", ja, Paulus bezeichnet ihn wie selbstverständlich als Apostel.[31] (Paulus beschränkt das Wort „Apostel" nicht auf die Zwölf.) Noch später tritt Jakobus als der unbestrittene Leiter der Jerusalemer Gemeinde in Erscheinung; man könnte ihn gewissermaßen als Vorsitzenden im Sanhedrin des neuen Israel bezeichnen.[32]

5.

Die in der frühesten Zeit der Jerusalemer Gemeinde praktizierte Gütergemeinschaft war zum Teil eine Fortsetzung der Gewohnheit der zwölf Jünger. Sie hatten in den Jahren ihres Zusammenseins mit Jesus eine gemeinsame Kasse gehabt, über die Judas Ischarioth wachte.[33] „Gütergemeinschaft" war aber auch die spontane Reaktion vieler Neubekehrter auf die verzeihende Gnade, die sie erfahren hatten. Viele übergaben ihren Besitz den Aposteln, die die Einnahmen in einen gemeinsamen Fonds einlegten, aus dem die ärmeren Gemeindeglieder ein tägliches

---

[26] Apg 1, 21 f.
[27] Apg 12, 2.
[28] Apg 1, 14.
[29] Mk 3, 21; Joh 7, 4.
[30] Gal 2, 9.
[31] Gal 1, 19.
[32] Apg 15, 13 ff.; 21, 18.
[33] Joh 12, 6; 13, 29.

Almosen empfingen.[34] Im Unterschied zu der straff organisierten und obligatorischen Gütergemeinschaft der Qumran-Sekte geschah all dies ohne System und freiwillig; andererseits traf Ananias und Saphira, die die Apostel zu täuschen versuchten, ein weitaus härteres Schicksal als die Strafe, die die *Gemeinderegel* der Qumran-Sekte für diejenigen vorsah, die „falsche Angaben machen bezüglich des Besitzes" (ein Jahr lang Ausschluß vom gemeinsamen Mahl und Kürzung der Essensrationen um ein Viertel).[35]

6.

Die Schwierigkeiten, mit denen die Jünger fertig werden mußten, als sie öffentlich für Jesus Zeugnis abzulegen begannen, kann man sich kaum groß genug vorstellen. In den Augen der Römer kompromittierten sie sich aufs schwerste, indem sie sich als die Anhänger eines Mannes bekannten, der von einem römischen Gericht wegen Aufruhrs verurteilt und anschließend hingerichtet worden war. Und die Absicht, ihren jüdischen Volksgenossen gegenüber einen Mann, der ans Kreuz geschlagen worden war, als den langersehnten Messias zu rühmen, hätte jeder vernünftig Denkende als absurd und anstößig bezeichnet. Ein gekreuzigter Messias war ein Widerspruch in sich.[36] Israels Messias war doch definitionsgemäß der göttlichen Gnade in einem unvergleichlichen Ausmaß teilhaftig; ebenso definitionsgemäß war ein Gekreuzigter bei Gott in Ungnade gefallen, stand doch in der Thora unmißverständlich der Satz: „Ein Gehängter ist von Gott verflucht" (5 Mo 21, 23). Die Behauptung, der gekreuzigte Jesus sei der Messias, muß vielen Juden als schwerste Gotteslästerung erschienen sein. Die Anhänger Jesu, die offen zugaben, daß man ihren Herrn ans Kreuz geschlagen hatte, behaupteten jedoch, Gott habe ihn von den Toten auferweckt und dadurch das über ihn gefällte Todesurteil samt allem, was dieses Todesurteil bedeutete, aufgehoben. Sie selber waren unmittelbare Zeugen der Auferstehung Jesu, und es lagen alttestamentliche *testimonia* vor, die bewiesen, daß ihn seine Auferstehung als den verheißenen Messias auswies.[37]

Er war nicht nur der von Gott verheißene Messias, er war der 5 Mo 18,

---

[34] Apg 2, 44 ff.; 4, 32 ff.
[35] Apg 5, 1 ff.; vgl. 1 QS VI, 24 f. (siehe Teil I, S. 111).
[36] 1 Kor 1, 23.
[37] Vgl. C. H. Dodd, *According to the Scriptures*, London 1952; B. Lindars, *New Testament Apologetic*, London 1961.

15—19 versprochene „Prophet wie Mose" und der jesajanische Gottesknecht. Die dreifache Identifizierung Jesu als Messias, Prophet und Knecht erfolgt in der Rede, die Petrus nach der Heilung des Lahmgeborenen im Tempel hält (Apg 3, 12—26). Die offenbar gewordene Macht des Jesusnamens gilt ihm als Zeugnis dafür, daß, in der Sprache von Jes 52, 13, der Gottesknecht emporgestiegen und hoch und erhaben ist. Da die Führer des Volkes sein wahres Wesen nicht erkannten, hatten sie ihn Pilatus überantwortet und seine Hinrichtung betrieben. Aber der Redner und seine Gefährten konnten bezeugen, daß Gott ihn von den Toten auferweckt hatte, und ein weiteres Zeugnis stellte die Heilung dar, die in seinem Namen erfolgt war. „Gott aber hat das, was er durch den Mund aller Propheten vorherverkündigt hat, daß nämlich sein Christus leiden werde, auf diese Weise erfüllt. So tut nun Buße und bekehret euch, damit eure Sünden getilgt werden, auf daß Zeiten der Erquickung vom Angesicht des Herrn kommen und er den für euch bestimmten Christus Jesus senden möge, den der Himmel aufnehmen muß bis zu den Zeiten der Herstellung alles dessen, was Gott durch den Mund seiner heiligen, von Ewigkeit her ausgesandten Propheten geredet hat." Zu diesen Propheten zählte Mose, der von dem Propheten sprach, den Gott erstehen lassen werde und dem alle ihre vollste Aufmerksamkeit zuwenden müßten, „aber auch alle Propheten von Samuel an und den folgenden, so viele ihrer geredet haben, die haben auch diese Tage angekündigt". Die Söhne der Propheten, die Erben des Bundes Gottes mit Abraham, seien aufgefordert, den Segen anzunehmen, der jetzt durch den Einen, von dem alle Propheten zeugten, verfügbar gemacht werde.

J. A. T. Robinson hat die Christologie dieser Rede mit ihrer Betonung des Knecht- und Prophetentums Jesu als „die allerfrüheste Christologie" bezeichnet.[38] Besonders bemerkenswert ist die Andeutung, wenn Israel (oder eine repräsentative Anzahl Menschen in Israel) jetzt Buße tue, würde Gott Jesus als ihren Messias vom Himmel senden, damit er die Aufgabe erfülle, für die er bestimmt worden sei. Sein Kommen werde die Errichtung oder Wiederherstellung alles dessen bedeuten, was Gott durch die Propheten verheißen habe, und eine Ruhepause einleiten — vermutlich vor dem Ende der Dinge. Das erinnert an die Worte, die anderwärts in bezug auf Elia gesagt werden, von dem es hieß, er werde kommen und auf Erden alles wiederherstellen, „bevor der große und furchtbare Tag des Herrn kommt" (Mal 4, 5; Mk 9, 12).

---

[38] J. A. T. Robinson, *Twelve New Testament Studies,* London 1962, S. 139 ff.

7.

Wenn man die frühen Jünger „Christen" nennt, so mag man das der Bequemlichkeit halber tun, doch muß man sich darüber klar sein, daß dieser Ausdruck für jene Zeit einen Anachronismus darstellt. Die Bezeichnung „Christen" kam erst mehrere Jahre später auf, als die Heidenmission begann, und wurde von griechischsprachigen Einwohnern von Antiochien in Syrien geprägt.[39] Die Jünger selbst nannten ihre Bewegung den „Weg";[40] ihre jüdischen Volksgenossen bezeichneten sie als Nazarener oder, genauer, Nazoräer. Der Ursprung dieser Bezeichnung wirft einige schwierige Probleme auf. Jesus war als „Jesus der Nazarener" oder „Jesus der Nazoräer" bekannt — beide Formen erscheinen in den Evangelien und sind dort gleichbedeutend mit „Jesus von Nazareth". Die Form „Nazarener" ist unmittelbar von dem Ort Nazareth (oder Nazara) hergeleitet, „Nazoräer" möglicherweise ebenfalls, durch Lautversetzung.[41] Mag sein, daß die Jünger Jesu dann Nazarener genannt wurden, da sie Anhänger des Nazareners waren, doch wird die Frage durch das Vorhandensein verschiedener Gruppen mit ähnlichen Namen kompliziert. In einigen Fällen bedeutet der Name vielleicht „Observanten" (aus hebr. *nasar*), in anderen möglicherweise „Nasiräer" (hebr. *nazir*, „abgesondert", „geweiht"). Ursprünglich bestand zwischen diesen beiden Namen, die ja ganz verschiedene Wurzeln haben, keinerlei Zusammenhang, doch wurden sie in späterer Zeit vielleicht miteinander verwechselt, vor allem, wenn sie ins Griechische übersetzt bzw. transkribiert wurden. Auch durch die Bezeichnung Jesu als „Nazoräer" stellt uns einer der vier Evangelisten vor ein Problem, das bisher noch nicht zufriedenstellend gelöst werden konnte: nach Matthäus ließ sich die heilige Familie nach der Rückkehr aus Ägypten in Nazareth in Galiläa nieder, „damit erfüllt würde, was durch die Propheten gesagt worden ist: ‚Er wird Nazoräer heißen'" (Mt 2, 23). Weder im Alten Testament noch irgendwo sonst findet sich eine Prophetie dieses Wortlauts; nach der gängigsten Erklärung dieser Matthäus-Stelle handelt es sich um ein Wortspiel, das Nazareth *(nsrt)*

---

[39] Apg 11, 26.

[40] Apg 9, 2; 19, 9.23; 24, 14.22. Vgl. E. Repo, *Der „Weg" als Selbstbezeichnung des Urchristentums*, Helsinki 1964.

[41] Vgl. G. F. Moore, „Nazarene and Nazareth" in: Foakes Jackson und K. Lake (Hrsg.), *The Beginnings of Christianity*, 1, London 1920, S. 426 ff.; W. O. E. Oesterley, „Nazarene and Nazareth", *ExT* 52 (1940—1), S. 410 ff.; W. F. Albright, „The Names ‚Nazareth' and ‚Nazoraean'", *JBL* 65 (1946), S. 397 ff.; M. Black, *An Aramaic Approach to the Gospels and Acts*, Oxford 1967[3], S. 197 ff.; H. H. Schaeder, s. v. *Nazarēnos, Nazōraios*, *TWNT* IV, S. 879 ff.

und Nazoräer (*nswrj*) zu einem Wort mit den gleichen Wurzelkonsonanten in Jes 11, 1 in Beziehung setzt, wo der verheißene davidische Messias als „ein Reis aus dem Stumpf Isais und ein Schoß (hebr. *neser*)[42] aus seinen Wurzeln" bezeichnet wird. Bei einem griechischen Autor wie Matthäus kann man jedoch ein Wortspiel mit *nazir* („Nasiräer") nicht ausschließen, das in einer Wendung wie „denn der Knabe soll ein Nazirit sein von Mutterschoß an" (Ri 13, 7) in einer alttestamentlichen Verkündigungsformel erscheint.

Die ganze Frage wird zusätzlich durch Belege für das Vorhandensein einer jüdischen „Nasaräer"-Sekte in vorchristlicher Zeit kompliziert.[43] Wahrscheinlich handelt es sich um eine Bezeichnung, die man den Angehörigen verschiedener nonkonformistischer Bewegungen in Israel wegen ihrer Gesetzesstrenge gab; ein modernes Überbleibsel dieses Sprachgebrauchs findet sich bei den Mandäern, die sich vorzugsweise *nasoraia* nennen. In diesem Sinn hätte die Bezeichnung auf Jesus in jedem Fall angewandt werden können, doch wurde sie ihm wohl vor allem gegeben, weil er auch ein „Nazarener" im lokalen Sinn war, denn er war ja in Nazareth aufgewachsen.

Falls sich die Schar der Jesusjünger um eine große Anzahl nonkonformistischer Juden vermehrte, so interpretierten jene, die sie „Nazarener" nannten, diese Bezeichnung möglicherweise im herkömmlichen Sinne von „Observanten", ohne Jesu Beziehung zu Nazareth besonders zu betonen. In der christlichen Überlieferung ist die Bezeichnung auf bestimmte Gruppen von Judenchristen beschränkt — speziell auf diejenigen, die bei ihren nichtjüdischen Brüdern für orthodoxer als die Ebioniten galten.[44] In der semitischsprachigen Welt ist sie indessen die allgemeine Bezeichnung für die Christen jüdischer wie heidnischer Abkunft geblieben; so heißen sie im Koran, der das Wort als „Helfer" (*ansar*) interpretiert, *Nasrani*.[45]

---

[42] In 1 QH VI, 15; VII, 19; VIII, 6. 8. 10 hat dieses Wort *neser* die Sonderbedeutung „Pflanzung".

[43] Epiphan. *panar.* 19, 3, 1 f., wo sie von den Nazoräern unterschieden werden; vgl. M. Black, *The Scrolls and Christian Origins*, London 1961, S. 66 ff.

[44] Vgl. Hier *vir.ill.* 3 (über die Nazarener von Beröa = Aleppo). Für die Ebioniten siehe Teil I, S. 119; Teil II, S. 197.

[45] Sure 3, 45; vgl. 11, 14; ferner das koptische *Philippus-Evangelium*, Log. 47.

8.

Das öffentliche Zeugnis der Jünger fand in Jerusalem ein lebhaftes Echo, und sie gewannen rasch eine breite Anhängerschaft. Viele von denen, die sich ihnen anschlossen, gehörten möglicherweise zu jenen frommen Gemeinschaften, die seit langem auf das Reich Gottes gewartet hatten — Anhänger nonkonformistischer Bewegungen in Israel. Einige von diesen traten vielleicht in Massen zu ihnen über. Doch zogen sie auch Pharisäer zu sich herüber und sogar eine beträchtliche Anzahl Priester.[46] Wir wissen nicht, ob letztere ihren Dienst im Tempel weiterhin versahen und ob ihnen dies überhaupt gestattet worden wäre.

Die einzige Gruppe, die der neuen Gemeinschaft mit unverhüllter Feindseligkeit gegenübertrat, war die Partei der Sadduzäer, insbesondere die Oberpriester und die Tempelbehörden. Sie zeigten sich um so mehr beunruhigt, als sie feststellen mußten, daß diese Bewegung, von der sie angenommen hatten, sie sei mit dem Tode ihres Begründers endgültig verschwunden, rasch anwuchs. Sie wandten sich aus religiösen Gründen gegen Leute, die den Gedanken der Auferstehung in den Vordergrund rückten und sich nicht einmal damit zufrieden gaben, sie (wie die Pharisäer) als ein zukünftiges Ereignis zu bezeichnen, sondern sie durch ihre Behauptung, im Falle eines Menschen, nämlich Jesu, sei die Auferstehung bereits Wirklichkeit geworden, mit Nachdruck herausstellten.[47] Die Sadduzäer bekämpften die neue „Sekte“ als Störer der öffentlichen Ordnung, strömten doch große Menschenmassen im Tempelbezirk zusammen, besonders in der Halle Salomos, am Ostende des äußeren Vorhofs, um ihnen zuzuhören.[48] Und sie widersetzten sich ihnen, weil ihre Predigt eine — vielleicht undefinierbare, aber nicht minder radikale — Bedrohung der jüdischen Führungsschicht, deren Hüter sie selber waren, darstellte. Indessen brachten weite Kreise den Jüngern Wohlwollen entgegen, waren sie doch fromme Juden, die regelmäßig die Tempelgottesdienste besuchten und denen man keinerlei Rechtsbruch nachweisen konnte. Die religiösen Führer versuchten, sie zu unterdrücken, sie einzuschüchtern, damit sie ihre Predigt einstellten, sie aber ließen sich von niemandem in Angst versetzen, sondern verkündeten weiterhin den von den Menschen gekreuzigten, aber von Gott ins Leben zurückgerufenen Jesus als Israels wahren Messias. Bald bot sich jedoch eine günstigere Gelegenheit zu

---

[46] Apg 6, 7.
[47] Apg 4, 2.
[48] Apg 3, 11; 5, 12.

einer Unterdrückungskampagne; diese resultierte indessen daraus, daß der Gemeinde eine Gruppe hellenistischer Juden angehörte, deren Herausforderung an die Führungsschicht sehr viel eindeutiger war als die der Apostel.

ZWEITES KAPITEL

Stephanus, Philippus und die Hellenisten

1.

Die Gemeinschaft der Jünger Jesu in Jerusalem umfaßte zu einem sehr frühen Zeitpunkt ebensowohl „Hellenisten" wie „Hebräer". Diese Bezeichnungen tauchen ganz plötzlich, ohne nähere Erklärung, in Apg 6, 1 auf, wo Lukas die Beschwerde erwähnt, die die Hellenisten gegen die Hebräer in der Urgemeinde vorbrachten, weil die Witwen der Erstgenannten bei der täglichen Versorgung aus dem gemeinsamen Fonds übergangen wurden.[1]

Die Unterschiede zwischen den Hebräern und den Hellenisten waren in erster Linie sprachlicher und kultureller Art, hatten wahrscheinlich aber auch theologische Bedeutung. Die Hebräer waren offensichtlich Juden, die gewöhnlich aramäisch sprachen und in Palästina (oder einer anderen Gegend, wo aramäischsprachige Juden lebten) beheimatet waren. Die Hellenisten waren hingegen Juden, die griechisch sprachen und in den Augen strengerer Palästinenser zu viele griechische Sitten angenommen hatten. Viele von ihnen gehörten zweifellos zur griechischsprachigen Diaspora, auch wenn sie längere oder kürzere Zeit in Palästina ihren Wohnsitz hatten, doch waren griechischsprachige Juden auch in Palästina beheimatet.[2] Die Antwort auf die Frage, wann und auf welche Weise so

---

[1] Vgl. W. Bauer, W. F. Arndt, F. W. Gingrich, *Greek-English Lexicon of the New Testament*, Chicago 1957, s. v. *Hellēnistēs*: „ein griechischsprachiger Jude im Gegensatz zu einem, der eine semitische Sprache spricht" (S. 251). Siehe auch G. P. Wetter, „Das älteste hellenische Christentum nach der Apostelgeschichte", *Archiv für Religionswissenschaft* 21 (1922), S. 410 ff.; H. J. Cadbury, „The Hellenists", in: Foakes Jackson und K. Lake (Hrsg.), *The Beginnings of Christianity*, V, London 1933, S. 59 ff.; H. Windisch, s. v. *Hellēnistēs*, *TWNT* II, Stuttgart 1935, S. 508 f.; E. C. Blackman, „The Hellenists of Acts VI, 1", *ExT* 48 (1936—7), S. 524 f.; M. Simon, *St. Stephen and the Hellenists in the Primitive Church*, London 1958, S. 1 ff.; C. F. D. Moule, „Once More, Who Were the Hellenists?", *ExT* 70 (1958—9), S. 100 ff.; C. S. Mann, „‚Hellenists' and ‚Hebrews' in Acts VI, 1" = App. VI in: J. Munck, *The Acts of the Apostles*, New York 1967, S. 301 ff. (in Anh. V, S. 285 ff., wird A. Spiros Identifizierung von „Hebräern" und „Samaritanern" allzu bereitwillig angenommen — aufgrund der von Spiro aufgewiesenen auffallenden Ähnlichkeiten zwischen Stephanus' Darlegungen und der samaritanischen Tradition).

[2] Die Anwesenheit von Hellenisten in Palästina schon unter der Regierung

viele dieser Hellenisten Jünger Jesu wurden, findet man vielleicht in Lukas' Bericht über das Pfingstfest, wonach Diasporajuden einen großen, wenn nicht den Hauptteil von Petrus' Hörerschaft bildeten.

Zwischen den Juden Palästinas existierte zwar keine starre Sprachgrenze — noch zur Zeit des zweiten jüdischen Aufstands 132—135 n. Chr. scheinen die Rebellen des Hebräischen, Aramäischen und Griechischen im gleichen Maße mächtig gewesen zu sein[3] —, doch herrschte das Gefühl vor, der Gebrauch des Hebräischen oder Aramäischen sei „patriotischer". Lukas wirft ein interessantes Streiflicht auf die Situation in Jerusalem, wenn er schildert, wie Paulus 57 n. Chr., nachdem römische Soldaten ihn vor der Menge, die ihn im Heidenvorhof zu lynchen drohte, in Sicherheit gebracht hatten, vom Militärtribunen die Erlaubnis erhielt, von der Treppe, die von jenem Vorhof zur Festung Antonia führte, einige Worte an die Menge zu richten: „Paulus winkte auf der Treppe stehend dem Volke mit der Hand; nachdem aber große Stille eingetreten war, redete er sie in hebräischer Sprache an und sagte: ‚Ihr Brüder und Väter, höret meine Verteidigung, die ich jetzt an euch richte.' Als sie aber hörten, daß er sie in hebräischer Sprache anredete, verhielten sie sich noch stiller" (Apg 21, 40—22, 2). Sie hatten angenommen, er werde griechisch sprechen, und hätten ihn in diesem Falle vermutlich durchaus verstanden, doch berührte es sie sympathisch, daß er sich der „hebräischen Sprache" — was in diesem Zusammenhang wahrscheinlich Aramäisch bedeutet — bediente, ob sie diese nun besser verstanden oder nicht. Wie Paulus selber (trotz seiner Herkunft aus Tarsus), waren sie „Hebräer", keine „Hellenisten". Der Unterschied wird nicht nur in griechischen Urkunden ge-

---

des Ptolemäus Philadelphus (285—246 v. Chr.) ist in den Zenon-Papyri reichlich bezeugt (vgl. V. Tcherikover, *Hellenistic Civilization and the Jews*, Philadelphia 1959, S. 60 und das Literaturverzeichnis dort in Anm. 53 auf S. 427 f.). Lange vor der Gründung hellenistischer Reiche in Ägypten und Kleinasien existierten dort bereits jüdische Niederlassungen (vgl. Jer 44, 1; Ob 20), doch wurden sie nach der Gründung griechischer Städte in jenen Gebieten im Anschluß an die Eroberungen Alexanders des Großen sehr viel zahlreicher. Nach Josephus siedelten Ptolemäus I. und Antiochus III. zur Sicherung der Loyalität dieser Gebiete Juden in der Cyrenaika und in Phrygien an (*c. Ap.* II, 44; *ant. Iud.* XII, 147 ff.). Im zweiten vorchristlichen Jahrhundert waren Juden in Rom ansässig; nach der Eroberung von Judäa durch Pompejus im Jahre 63 v. Chr. wuchs ihre Zahl beträchtlich (vgl. H. J. Leon, *The Jews of Ancient Rome*, Philadelphia 1960). Aus dem Vorhandensein von Ossarien in und um Jerusalem in der Zeit vor 70 n. Chr. erhellt, daß die Diaspora-Juden gerne nach Jerusalem heimkehrten, wenn auch nur, um dort zu sterben und begraben zu werden; sie hingen meistens noch mehr am Tempel als die Pharisäer und Rabbinen.

[3] P. Benoit, J. T. Milik, R. de Vaux (Hrsg.), *Discoveries in the Judaean Desert* II: *Les Grottes de Murabba'at (Texte)*, Oxford 1961, *passim.*

macht, sondern auch in hebräischen: beispielsweise werden in der Mischna *'edim 'ibrim*, (jüdische) Zeugen, die gewöhnlich aramäisch (oder hebräisch) sprechen, von den *'edim jewanim*, (jüdischen) Zeugen, die üblicherweise griechisch sprechen, unterschieden.[4]

Der Zwist über die ungleiche Verteilung der Almosen an die Witwen der beiden Gruppen wird laut Lukas' Erzählung durch die Einsetzung von sieben Männern beigelegt, die die tägliche Zuweisung vornehmen sollen. Nach ihren Namen zu urteilen, dürfte es sich um sieben Hellenisten gehandelt haben; einer von ihnen (Nikolaos) war ein Proselyt aus dem syrischen Antiochien. Sie waren indessen anscheinend keineswegs bloße Armenpfleger (*septem viri mensis ordinandis*); möglicherweise waren sie die gewählten Führer der hellenistischen Gruppe. Daß sie liberaler dachten als die „Hebräer", einschließlich der Apostel, geht aus der Fortsetzung der Erzählung über ihre Wahl hervor, die Lukas gewissermaßen als Einführung in die Anfänge der Heidenmission benutzt. Nikolaos, der antiochenische Proselyt, tritt in der christlichen Literatur des zweiten Jahrhunderts als der Gründer der Nikolaiten[5] in Erscheinung, die sich (wie aus den Sendschreiben an die sieben Gemeinden Asiens in der Offenbarung hervorgeht) um eine Milderung der Forderungen des Jerusalemer Apostelkonzils bemühten.[6] Die einzigen von den Sieben, über die wir Genaueres wissen, sind indessen Stephanus und Philippus. Stephanus' kurze öffentliche Wirksamkeit war durch einen energischen Angriff auf den Tempelkult in Jerusalem gekennzeichnet, während Philippus' evangelistische Wirksamkeit das Evangelium über die Grenzen des Judentums hinaustrug.

Dem Bericht des Lukas über Stephanus' Wirken geht unmittelbar die Angabe vorauf, daß „eine große Menge der Priester dem Glauben gehorsam" wurde (Apg 6, 7). Sie gehört zu den summarischen, Überleitungen schaffenden Ergänzungen, die für Lukas' Bericht charakteristisch sind, doch hat man versucht, sie in nähere Beziehung zu ihrem Kontext und zur Partei der Hellenisten zu setzen. So hat man zum Beispiel die Priester, die dem christlichen Glauben anhingen, mit den Empfängern des Hebräerbriefes oder mit der Qumran-Gemeinde oder mit beiden in Verbindung gebracht.[7] Falls sie Beziehungen zur Qumran-Gemeinde hatten,

---

[4] Mischna, *Gittin* 9, 6. 8.

[5] Vgl. Iren. *adv. haer.* I, 26, 3; III, 10, 6; Clem. Alex. strom. III, 4, 25 f. (zitiert bei Eus. *hist. eccl.* III, 29). Der Herleitung des Wortes von diesem Nikolaos war vielleicht wenig mehr als eine Vermutung.

[6] Offb 2, 6; 3, 15.

[7] Vgl. K. Bornhäuser, *Empfänger und Verfasser des Briefes an die Hebräer*, Gütersloh 1932; C. Spicq, *L'Épître aux Hébreux* I, Paris 1952, S. 226 ff. und

dann, so heißt es, hätten sie eine ähnliche Haltung zum Tempel und seinem Kult eingenommen wie Stephanus. Die Kritik der Qumran-Leute am Tempel und seinem Kult betraf aber in der Hauptsache die damalige Vorherrschaft einer ungesetzlichen Hohenpriesterschaft; die Gemeinde sah erwartungsvoll dem Tag entgegen, da das legitime hohepriesterliche Zadokidengeschlecht wieder einem annehmbaren Kult in einem gereinigten Tempel vorstehen würde. Stephanus' Kritik war weitaus radikaler; sie richtete sich gegen den Tempel als solchen. Zudem scheint eine enge Verbindung zwischen der konservativen und exklusiven Qumran-Gemeinde und dem missionsorientierten Liberalismus der Hellenisten in der Urgemeinde doch wohl ausgeschlossen, auch wenn ein so ausgezeichneter Gelehrter wie Cullmann gewichtige Argumente dafür beibringt.[8] Wenn andererseits die Priester von Apg 6, 7 Hellenisten waren, so teilten sie möglicherweise Stephanus' Standpunkt, in welchem Falle sie vermutlich den Tempeldienst aufgaben. Doch liegen uns keine Zeugnisse darüber vor, daß sie es taten.

Stephanus gehörte einer hellenistischen Synagoge in Jerusalem an, der sogenannten Synagoge der Libertiner, deren Mitglieder sich aus Juden aus Kyrene, Alexandrien, Kilikien und dem prokonsularischen Asien zusammensetzten.[9] Hier übte er zum erstenmal öffentlich Kritik am Tempelwesen und gab seiner Überzeugung Ausdruck, es habe sich nunmehr durch das Kommen Jesu endgültig überlebt. Seine Ausführungen führten zu einem Disput in der Synagoge, in deren Verlauf sich Stephanus' Argumente als unwiderlegbar erwiesen. Der nächste Schritt war die Anklage gegen ihn vor dem Obersten Gerichtshof, der unter dem Vorsitz des Hohenpriesters (nahezu mit Sicherheit Kajaphas) zusammentrat. Die Anklage gegen ihn lautete auf Lästerreden wider Gott und Mose — wider Gott, weil er behauptete, Jesus sei gekommen, den Tempel und das gesamte Tempelwesen zu beseitigen, und wider Mose, da er außerdem behauptete, Jesus sei gekommen, die Gebräuche abzuschaffen, deren Innehaltung Israel im Gesetz des Mose zur Pflicht gemacht war.

Wir wissen nicht, in welchem Ausmaß Stephanus das jüdische Gesetz abgeschafft wissen wollte. Uns ist bekannt, daß liberale Diaspora-Juden lehrten, auf die äußeren Forderungen des Gesetzes könne man unter der

---

„L'Épître aux Hébreux: Apollos, Jean-Baptiste, les Hellénistes et Qumrân", *Revue de Qumran* I (1958—9), S. 365 ff.

[8] Vgl. O. Cullmann, „The Significance of the Qumran Texts for Research into the Beginnings of Christianity", in: K. Stendahl (Hrsg.), *The Scrolls and the New Testament*, London 1958, S. 18 ff., bes. S. 25 ff.

[9] Apg 6, 9. Siehe S. 37, Anm. 7.

Voraussetzung Verzicht leisten, daß die darin zum Ausdruck kommenden geistlichen Lehren beachtet würden. Philo bekämpft diese Einstellung: „Auch weil die Beschneidung darauf hinweist, daß wir alle Lust und Begierde aus uns ‚herausschneiden‘ sollen und gottlosen Wahn entfernen müssen, dürfen wir nicht das über sie gegebene Gesetz aufheben“,[10] heißt es in *Über Abrahams Wanderung*. Ananias, der jüdische Lehrer des Izates, des Königs von Adiabene, riet diesem, Gott gemäß dem jüdischen Gesetz anzubeten, sich aber nicht beschneiden zu lassen.[11] Im Falle des Stephanus geht es jedoch um mehr als nur um diese Form von Liberalismus. Seinen Anklägern zufolge war die von ihm angekündigte Abschaffung der „Gebräuche“ eng mit „diesem Jesus, dem Nazoräer“,[12] verknüpft — d. h. mit der Anerkennung Jesu als Messias. Schon im rabbinischen Spätjudentum begegnet man dem Gedanken, daß das Zeitalter des Messias an die Stelle des Zeitalters des Gesetzes treten werde.[13] Wenn jemand, der in dieser Lehre erzogen worden war, später zu dem Glauben kam, Jesus sei der Messias, dann lag für ihn die Auffassung nahe, daß Jesu Kommen das Gesetz außer Kraft gesetzt habe. Wahrscheinlich war dies Paulus' Erfahrung und vielleicht auch die des Stephanus. Über diesen Teil der gegen Stephanus erhobenen Anklage sind uns indessen keine Einzelheiten überliefert. Wir können jedoch annehmen, daß dieser Standpunkt unter den Hellenisten vertreten wurde, und er mußte unvermeidlich Spannungen zwischen ihnen und den mehr traditionalistisch denkenden „Hebräern“ in der Gemeinde erzeugen, von der Masse der Jerusalemer Judenschaft ganz zu schweigen.

Der andere Teil der Anklage gegen Stephanus ähnelt in auffallender Weise derjenigen, die einige Jahre zuvor erfolglos gegen Jesus vorgebracht wurde; „wir haben ihn sagen hören: Dieser Jesus, der Nazoräer, wird diese Stätte zerstören“ (Apg 6, 14), erinnert an die Worte der Zeugen beim Prozeß Jesu: „Wir haben ihn sagen hören: Ich werde diesen mit Händen gemachten Tempel zerstören und nach drei Tagen einen anderen aufbauen, der nicht mit Händen gemacht ist“ (Mk 14, 58). Bei beiden Prozessen werden die Zeugen als „falsche Zeugen“ bezeichnet; wer gegen einen Wahrheitszeugen aussagt, ist *eo ipso* ein „falscher Zeuge“. (Es fällt auf, daß im lukanischen Bericht über den Prozeß Jesu mit

---

[10] *migr.* 92.
[11] Ios. *ant. Iud.* XX, 41. Siehe S. 83 f.
[12] Apg 6, 14.
[13] bT *Sanhedrin* 97a, *Schabbat* 151b; vgl. L. Baeck, „The Faith of Paul“, *JJS* 3 (1952), S. 93 ff.; W. D. Davies, *The Setting of the Sermon on the Mount*, Cambridge 1964, S. 446 ff.

keinem Wort von der Zerstörung des Tempels durch Jesus die Rede ist; es ist dies eines von mehreren Beispielen für Lukas' Neigung, ein Thema, das die anderen Synoptiker im Kontext von Jesu Wirksamkeit behandeln, für seinen zweiten Band zurückzustellen.)

Stephanus erhielt Gelegenheit, zu den Beschuldigungen der Zeugen Stellung zu nehmen. Seine Verteidigungsrede in Apg 7, die formell seine Antwort auf die gegen ihn vorgebrachten Anklagen darstellt, könnte man als Manifest der hellenistischen Gruppe betrachten, der er angehörte. Man kann sie nicht uneingeschränkt als Manifest des hellenistischen Judentums überhaupt bezeichnen, obwohl dieses zweifellos gewisse Elemente aufwies, die zum Tempel die gleiche radikale Haltung einnahmen wie Stephanus. Im zweiten Jahrhundert erwähnt Justin Juden in der Diaspora, die die Stelle Maleachi 1, 10 f. dahin interpretierten, Gott habe die Tempelopfer zugunsten der Gebete seines unter den Heiden lebenden Volkes verworfen.[14] Für die Haltung des Stephanus war indessen sein Glaube ausschlaggebend, Jesus habe durch sein Kommen und seine Wirksamkeit dem Tempelwesen für alle Zukunft ein Ende bereitet.

Gegen den Vorwurf der Lästerrede wider Mose verwahrt Stephanus sich mit einem *tu quoque*: eine derartige Anklage, entgegnet er ironisch, stehe den Nachkommen jener wohl an, die nach dem Zeugnis ihrer eigenen heiligen Schriften Mose sowohl in Ägypten wie in der Wüste unablässig Widerstand geleistet hätten, ihn nicht als ihren von Gott ernannten Richter und Befreier hätten anerkennen wollen und seine Absetzung durch einen Führer, der sie nach Ägypten zurückführen sollte, gefordert hätten. Mose sei nur der erste von vielen Sprechern Gottes, die von seiten Israels ähnlichen Widerstand zu erdulden gehabt hätten, und dieses Verhaltensschema hätte sich jetzt bei der Ablehnung Jesu, des letzten Propheten, auf den Mose und seine Nachfolger vorausgewiesen hätten, definitiv wiederholt.[15]

Stephanus' Argument ist nicht nur ein gutes Beispiel der frühchristlichen Apologetik und Polemik gegen die jüdische Kritik; in ihrer Herausstellung Jesu als des „Propheten gleichwie Mose" gemahnt sie an die später von den Ebioniten vertretene Christologie wie auch an die samaritanische Lehre vom *Ta'eb*.[16]

In Stephanus' Apologie ist dieses Thema mit seiner Polemik gegen das Tempelwesen, insbesondere gegen die Geisteshaltung, die durch das

---

[14] Iust. (Mart). *dial* 41, 2.
[15] Apg 7, 37.
[16] Siehe Teil I, S. 42; Teil II, S. 13.

Tempelwesen allzu sehr gefördert wurde, verwoben. Der Gott ihrer Väter, belehrte er seine Zuhörer, sei nicht an einen einzigen Ort gebunden; er habe sich Abraham in Mesopotamien geoffenbart, er sei mit Joseph in Ägypten gewesen, er habe zu Mose in der Wüste gesprochen, wo übrigens dem Volk Israel alles für die wahre Anbetung Notwendige zu Gebote gestanden habe — der Engel des Herrn, die „lebendigen Aussprüche" und die bewegliche Stiftshütte, die für ein umherziehendes Volk ein sehr viel passenderes Heiligtum gewesen sei als ein ortsfestes, dauerhaftes Steingebäude. Selbst nach der Seßhaftwerdung in Kanaan habe ihm bis zu den Tagen Davids und Salomos ein bewegliches Zelt als Heiligtum gedient. Dies steht mit der göttlichen Weissagung in Einklang, die Nathan auf Geheiß des Herrn David mitteilte: „Habe ich doch in keinem Hause gewohnt von dem Tage an, da ich Israel aus Ägypten heraufführte, bis auf diesen Tag, sondern in einer Zeltwohnung bin ich umhergezogen" (2 Sam 7, 6). Andere Propheten und rechtschaffene Männer in Israel hätten den Gedanken, man könne den Höchsten mit einer irdischen Behausung versehen oder ihm eine besonders geheiligte Stätte zuweisen, verworfen oder verlacht,[17] doch solange der Jerusalemer Tempel in den Augen der Masse des Volkes der Ort bleibe, den Gott allen anderen als seine Wohnung vorgezogen habe, vermöge sie nur schwer der Versuchung zu widerstehen, zu meinen, er stünde ihr ebendort zur Verfügung, wo sie ihn sich wünsche.

Aus der Verteidigungsrede des Stephanus geht nicht hervor, welche Vorstellung von Gottes Wohnung er seinen Hörern anstelle der von ihm abgelehnten nahebringen wollte. Mag sein, daß er (wie andere im apostolischen Zeitalter) in der Gemeinschaft des Gottesvolkes den neuen Tempel sah; das steht indessen nicht mit Sicherheit fest, obschon eine Lehre, die den paulinischen Schriften, dem Hebräerbrief, dem ersten Petrusbrief und der Offenbarung gemeinsam ist, mit gutem Grund als ursprünglich gelten kann.[18] Auf jeden Fall zeigt Stephanus' Haltung zum Tempelwesen, daß er von der Unvereinbarkeit der alten Ordnung mit der Lehre Jesu anscheinend eine sehr viel klarere Vorstellung besaß als sie bei den frühen Jüngern in Jerusalem anzutreffen war. Es besteht ein — möglicherweise bewußter — Gegensatz zwischen den führenden Aposteln, die nach wie vor die Tempelgottesdienste besuchten, und diesem jungen Hellenisten, der verkündete, mit der Ankunft Christi habe das Tempelwesen jedwede

[17] Vgl. 1 Kö 8, 27; Jes 66, 1; Jer 7, 4.
[18] Vgl. A. Cole, *The New Temple*, London 1950; B. Gärtner, *The Temple and the Community in Qumran and the New Testament*, Cambridge 1965.

Bedeutung eingebüßt. Ein Gegensatz besteht auch zwischen Stephanus und Jakobus dem Gerechten, der nach Hegesipp ein fleißiger Tempelbesucher war und sich bei den Juden wegen seiner Gesetzesbeflissenheit und seinem Anhalten im Gebet allgemeiner Achtung erfreute.[19]

Der Gegensatz zwischen Stephanus und Jakobus ist noch auffallender, wenn man die Ähnlichkeiten zwischen dem Bericht des Lukas über die Hinrichtung des Stephanus und dem des Hegesipp über Jakobus' Hinrichtung bedenkt. Beide legen vor dem Hohen Rat für den Menschensohn zur Rechten Gottes Zeugnis ab; beide werden gesteinigt. Doch sollte man diese Ähnlichkeiten nicht überbewerten und die Möglichkeit berücksichtigen, daß der spätere Bericht über das Martyrium des Jakobus durch Lukas' Schilderung der Verurteilung und Steinigung des Stephanus beeinflußt ist.[20]

Stephanus' Antwort schließt mit der Anklage gegen seine Richter: Sie hätten in jüngster Vergangenheit „den Gerechten" zurückgewiesen und seien damit in die Fußstapfen ihrer Väter getreten, die die Propheten zurückwiesen, welche Seine Ankunft ankündigten. Eine solche Sprache mußte sie zwangsläufig in Zorn versetzen, und als Stephanus ihre Feindseligkeit spürte und erkannte, daß sie ihn mit Sicherheit verurteilen würden, appellierte er an den himmlischen Gerichtshof, vor dem Jesus als sein Entlastungszeuge oder Verteidiger auftrete: „Ich sehe den Himmel geöffnet", rief er aus, „und den Sohn des Menschen zur Rechten Gottes stehen" (Apg 7, 56). Seine Worte riefen den Zuhörern gewiß die Worte ins Gedächtnis, die Jesus einige Jahre zuvor an derselben Stelle gesprochen hatte: „Doch von jetzt an wird der Sohn des Menschen sitzen zur Rechten der Macht Gottes" (Lk 22, 69). Beachtenswert ist, daß dies außerhalb der Evangelien die einzige Stelle im Neuen Testament ist, an der man der Bezeichnung „Menschensohn" begegnet, und daß Stephanus außer Jesus selber der einzige ist, von dem berichtet wird, daß er sie benutzte. Bemerkenswert ist ferner, daß der Menschensohn für Stephanus die Rolle eines Fürsprechers spielt. Es kann keinem Zweifel unterliegen, daß der Menschensohn, den er sieht, der erhöhte Jesus ist, d. h. Jesus erscheint ihm als *der* Menschensohn, von dem Jesus selber sprach, als er sagte: „Wer immer sich zu mir bekennt vor den Menschen, zu dem wird sich auch der Sohn des Menschen bekennen vor den Engeln Gottes" (Lk 12, 8). Die Tatsache, daß der Titel hier von einem

---

[19] Eus. *hist. eccl.* II, 23, 4 ff.

[20] Dies ist wahrscheinlicher als die These von H. J. Schoeps, Stephanus sei in der Apostelgeschichte eine „Ersatzfigur" für Jakobus (*Theologie und Geschichte des Judentums*, Tübingen 1949, S. 441).

Hellenisten gebraucht wird, beweist, daß es sich um einen derart charakteristischen Ausdruck Jesu handelte, daß er frühzeitig von den hellenistischen Gläubigen in Palästina wörtlich aus dem Aramäischen ins Griechische übersetzt wurde. Wenn man Hegesipps Bericht über das Martyrium des Jakobus Glauben schenken darf, dann wurde der Titel während des ganzen apostolischen Zeitalters in der palästinischen Gemeinde benutzt;[21] die Tatsache, daß er im Neuen Testament außerhalb der Evangelien und Apg 7, 56 nicht vorkommt, dürfte sich daraus erklären, daß eine so spezifisch semitische Wendung Nichtjuden zu unverständlich war, als daß man sie bei der Heidenmission hätte verwenden können.

Wie die Worte über den Menschensohn die Verurteilung Jesu wegen Gotteslästerung besiegelten, so geschah es auch im Falle des Stephanus. Das Todesurteil gegen Stephanus wurde indessen gemäß dem überlieferten Gesetz gegen den Gotteslästerer durch Steinigung vollstreckt. Die Zeugen mußten die ersten Steine werfen,[22] und Lukas berichtet, sie hätten, bevor sie ans Werk gegangen seien, ihre Kleider „zu den Füßen eines Jünglings namens Saulus" niedergelegt (Apg 7, 58), der hier zum erstenmal in der Erzählung der Apostelgeschichte auftaucht. Da er aus Kilikien stammte, war Saulus vielleicht Mitglied der Synagoge, in der Stephanus disputierte; auf jeden Fall kannte er dessen Ansichten; sie waren ihm ein Greuel, und er war der Meinung, Stephanus' Hinrichtung sei zu Recht erfolgt.

Es stellt sich naturgemäß die Frage, wie das Todesurteil gegen Stephanus unter Umgehung des römischen Statthalters vollstreckt werden konnte, war doch die Blutgerichtsbarkeit den jüdischen Behörden entzogen.[23] Die römische Rechtsprechung erfuhr nach Pilatus' Abreise nach Rom zu Beginn des Jahres 37 n. Chr. keinerlei Unterbrechung, die Kajaphas oder sein Nachfolger sich hätte zunutze machen können,[24] wie ein späterer Hoherpriester sich das auf den Tod des Festus 62 n. Chr. folgende Interregnum zunutze machte, um die Verurteilung und Hinrichtung Jakobus' des Gerechten und einiger anderer zu erwirken.[25] Tatsächlich bekundete Vitellius, der Statthalter von Syrien, während der auf Pilatus' Abreise folgenden Zeit ein außergewöhnliches per-

---

[21] Jakobus antwortet seinen Fragestellern: „Was fragt ihr mich über den Sohn des Menschen?" (Hegesipp nach Eus. *hist. eccl.* II, 23, 13).

[22] 5 Mo 17, 7; vgl. die Einzelheiten der späteren Praxis in Mischna, *Sanhedrin* 6, 1—4.

[23] Siehe Teil I, S. 206 f.

[24] Siehe Teil I, S. 42.

[25] Siehe S. 150; 179.

sönliches Interesse an den Angelegenheiten Judäas. Die Datierung der Hinrichtung des Stephanus und die Bekehrung Saulus' von Tarsus in das Jahr 37 n. Chr. stößt jedenfalls auf Schwierigkeiten. Einige Forscher — zum Beispiel Joseph Klausner[26] — haben die Ansicht vertreten, die Steinigung des Stephanus sei nicht die Vollstreckung eines regulären Todesurteils gewesen, sondern von einer Gruppe zelotischer Heißsporne ausgeführt worden. Lukas' Erzählung weist in der Tat Elemente auf, die diese Interpretation nahelegen, doch dürfte sie dennoch falsch sein. Höchstwahrscheinlich war es so, daß sich die führenden Juden gegen Ende der Prokuratorzeit des Pilatus, besonders als er in Cäsarea residierte, darüber klar waren, daß sie sich unauffällig einige Eigenmächtigkeiten herausnehmen konnten. Nach dem Sturz seines Gönners Sejan im Jahre 31 n. Chr. ließ seine heikle Position gegenüber dem Kaiser Tiberius es Pilatus geraten erscheinen, sich nicht übermäßig in Interna der jüdischen Rechtspflege in Jerusalem einzumischen. Mehr denn je war er von günstigen — oder zumindest nicht allzu ungünstigen — Berichten des Hohenpriesters und des Synedriums an den Kaiser abhängig. Sofern die öffentliche Ordnung nicht gefährdet war, war ein Vorfall wie die Steinigung des Stephanus gewöhnlich lange, bevor der Prokurator davon erfuhr, abgetan, und er mag es wohl für das klügste gehalten haben, angesichts eines solchen fait accompli beide Augen zuzudrücken.

2.

Der Tod des Stephanus bildete das Signal für eine Unterdrückungskampagne der Jerusalemer Behörden gegen alle, die ebenso dachten wie er. Lukas sagt nicht ausdrücklich, daß sie sich in erster Linie gegen die Hellenisten in der Jerusalemer Gemeinde richtete, doch geht aus seinem Bericht hinreichend deutlich hervor, daß dies der Fall war. Danach spielte Saulus dabei die führende Rolle, und diese Angabe stimmt mit dem Bericht, den Saulus (Paulus) selber über seine Tätigkeit vor seiner Bekehrung gibt, überein: „Ich verfolgte die Gemeinde Gottes über die Maßen und zerstörte sie" (Gal 1, 13). Man zwang insbesondere die hellenistischen Jünger, Jerusalem zu verlassen. Sie waren zwar die Hauptopfer der Verfolgung, doch ließ man auch ihre „hebräischen" Mitjünger keineswegs ungeschoren. Wenn Paulus berichtet, die „Kirchen Christi in Judäa" hätten später von ihm als von dem, „der uns einst verfolgte", gesprochen,

---

[26] *Von Jesus zu Paulus,* Jerusalem 1950, S. 277.

dann dürfte er nicht nur hellenistische Gemeinden meinen; aus dem Zusammenhang geht hervor, daß er die Jerusalemer Urgemeinde mit einschließt, der damals nur noch sehr wenige Hellenisten angehörten.

Ein Ergebnis dieser kurzfristigen, aber intensiven Verfolgungswelle war, daß die Jerusalemer Gemeinde fortan ein vorwiegend „hebräisches" Gepräge trug[27] und eine sehr viel konservativere Haltung an den Tag legte, als es wohl der Fall gewesen wäre, wenn die Hellenisten hätten bleiben und die ihnen zukommende Rolle darin spielen können. Ein weiteres, erfreulicheres Ergebnis war, daß die gewaltsam vertriebenen Hellenisten das Evangelium mit in die angrenzenden Gebiete und Provinzen nahmen, in denen sie Zuflucht suchten, so daß es bald darauf in heidnischem Boden Wurzel faßte.

Nach dem Tode des Stephanus tritt Philippus als die herausragende Gestalt unter den Führern der Hellenisten in Erscheinung. Er begab sich nach Samarien und begann, das Evangelium in einer der samaritanischen Städte zu predigen. Der am besten bezeugte Text von Apg 8, 5 gibt an, er sei in die „Stadt Samariens" hinabgekommen,[28] ohne diese zu nennen. Die gleichnamige alte Hauptstadt kann es nicht gewesen sein, denn diese war inzwischen in Sebaste umbenannt worden. Da es sich bei der in Rede stehenden Stadt um jene handelte, in der der Zauberer Simon geraume Zeit gewirkt hatte, käme vielleicht dessen etwa zehn Kilometer westlich von Nablus gelegener Geburtsort Gitta in Frage,[29] doch kann man natürlich keinesfalls sicher sein, daß Philippus hier predigte. Angesichts des Zeugnisses des vierten Evangeliums, daß Jesus wie auch Johannes der Täufer kurze Zeit in Samarien wirkten,[30] mag es wahrscheinlicher scheinen, daß Philippus auf der von ihnen geschaffenen Grundlage aufbaute; wir können das jedoch nicht wissen. Auf jeden Fall war seine Predigttätigkeit äußerst erfolgreich.

Von dem Zauberer Simon behaupteten seine Anhänger, er sei „die Kraft Gottes, die man die große nennt" (Apg 8, 10). Dies ist eine merkwürdige Ausdrucksweise; Lukas benutzt den Ausdruck „die man nennt" gewöhnlich, um sich für den Gebrauch eines Fremdwortes zu entschuldigen, und es kann sein, daß es sich hier, wie A. Klostermann 1883 vor-

---

[27] Ein vorherrschend, doch nicht ausschließlich „hebräisches" Gepräge, wie die Erwähnung des „Mnason aus Zypern" in Apg 21, 16 zeigt.

[28] *tēn polin tēs Samarias* (A B 69 usw.). Dennoch ziehen H. von Soden und J. H. Ropes die Lesung „eine Stadt Samariens" (*polin tēs Samarias*, C D 81 byz. sah. boh.) vor.

[29] Iust. (Mart.) *apol.* I, 26, 2; Justin war selber in Flavia Neapolis (heute Nablus) in Samarien beheimatet (*apol.* I, 1).

[30] Siehe Teil I, S. 164; 174 f.

schlug, nicht um das griechische Adjektiv *megalē*, „groß", sondern um das aramäische oder hebräische Partizip *megalleh*, „Offenbarer", handelt.[31] Gleichgültig, ob man diesen Vorschlag annimmt oder nicht, erhob Simon vermutlich in der Tat den Anspruch, der Offenbarer eines esoterischen, fortgeschrittenen Wissens zu sein, das jene, die es erwarben, von den Banden der bösen Welt befreien und in die Welt des Lichts erheben würde. Es wäre anachronistisch, wollte man seine Lehre den durchgebildeten gnostischen Systemen des zweiten Jahrhunderts an die Seite stellen, doch könnte man sie sehr wohl als eine Art „Frühform der Gnosis" bezeichnen, die dem apostolischen Evangelium scheinbar genügend ähnlich war, um irgendwie damit verschmolzen zu werden. Ehe Simons Anhänger dieses Evangelium empfingen, glaubten sie bereits „an das Kommen einer göttlichen Offenbarung durch einen göttlich inspirierten menschlichen Mittler".[32]

Die Berichte der Apologeten und Kirchenväter über Simon müssen sehr sorgfältig geprüft werden. Da sie in ihm den Begründer des Gnostizismus sahen, neigten sie dazu, ihm ein weiterentwickeltes gnostisches Lehrgebäude zuzuschreiben, als für das zweite Drittel des ersten nachristlichen Jahrhunderts wahrscheinlich ist. Einige ihrer Angaben klingen indessen durchaus glaubwürdig. Nach den pseudoklementinischen *Rekognitionen* war er ein Schüler des Dositheus;[33] nach den pseudoklementinischen *Homilien* waren sowohl er wie Dositheus einst Schüler Johannes des Täufers.[34] Man hat die Existenz einer Person namens Dositheus in Zweifel gezogen und ihren Namen als Rückbildung von der Sekte der Dosithäer gedeutet.[35] Zumindest die Existenz der Dosithäer steht außer Zweifel; es handelt sich um eine samaritanische Sekte, die ähnliche Züge aufweist wie die Essener Judäas. Wir verfügen hiermit über einen oder zwei bedeutungsvolle Wegweiser, doch sind ihre Aufschriften zu unleserlich, als daß wir sicher sagen könnten, wohin sie uns leiten.

Zu der Zeit, als Philippus wirkte, war Simon vermutlich der anerkannte Führer einer Gruppe von Dosithäern, denen er außer ihren altüberlieferten Glaubensanschauungen spezifische Lehren vermittelte — Lehren, die ein deutlich erkennbares „gnostisches" Gepräge trugen. Die Kir-

---

[31] *Probleme im Aposteltexte*, Gotha 1883, S. 15 ff.
[32] A. Ehrhardt, *The Framework of the New Testament Stories*, Manchester 1964, S. 163. G. Delling, s. v. *mageia*, *TWNT* IV, Stuttgart 1942, S. 363 meint, Simon habe sich für den *Ta'eb* (vgl. Bd. I, S. 42) gehalten.
[33] *Clem. recogn.* II, 8, 11 f.
[34] *Clem. hom.* II, 23 f.
[35] Vgl. M. Black, *The Scrolls and Christian Origins*, London 1961, S. 57.

chenväter sehen in ihm den Begründer des Gnostizismus; ihre Beschreibung seines Lehrgebäudes läßt vermuten, daß es „nicht mehr und nicht weniger als eine Angleichung nicht vollständig begriffener christlicher Lehren an ein im Grunde heidnisches System war".[36] Mag sein, daß A. Ehrhardts These, Philippus habe „eine vorchristliche gnostische Sekte in die Gemeinschaft seines Evangeliums aufgenommen", durch die vorhandenen Zeugnisse nicht verbürgt wird, doch kann man ihm beipflichten, daß der Bericht über Philippus' Mission zusammen mit anderen Anspielungen in den neutestamentlichen Schriften auf eine frühzeitige Beziehung der Samaritaner zum Evangelium „die Frage des Vorhandenseins und des Ausmaßes samaritanischer Einflüsse auf das Urchristentum im allgemeinen und auf das vierte Evangelium im besonderen" aufwirft.[37]

Wir wissen nicht, ob Philippus und Simon auch späterhin noch miteinander in Verbindung blieben, doch ließ man keinen Zweifel daran aufkommen, daß für Simon in der Gemeinschaft der Apostel kein Platz sei. Die Apostel blieben in Jerusalem, als die Hellenisten und ihre Führer zerstreut wurden, bekundeten indessen auch weiterhin ein lebhaftes Interesse an den Bestrebungen der Hellenisten außerhalb von Judäa und fühlten sich für die Leitung dieser Bewegung verantwortlich. Als sie von Philippus' missionarischem Wirken in Samarien erfuhren, begaben sich Petrus und Johannes, zwei der führenden Apostel, dorthin und bekundeten ihre Billigung seiner Arbeit und die Aufnahme seiner Bekehrten in ihre Gemeinschaft, indem sie denen, die „auf den Namen des Herrn Jesus" getauft worden waren, die Hände auflegten.[38] Der Auflegung der Hände der Apostel auf diese Samaritaner folgten sogleich sichtbare und hörbare Zeichen, wie sie die Herabkunft des Geistes auf die Apostel und ihre Gefährten am Pfingsttag in Jerusalem gekennzeichnet hatten. Solche besonderen Beweise waren wahrscheinlich notwendig, um die Samaritaner, die es seit langem gewohnt waren, daß sie von Jerusalem als Außenseiter verachtet wurden, von ihrer vollständigen Eingliederung in die neue Gemeinschaft des Gottesvolks zu überzeugen.[39] Vielleicht will Lukas durch diesen Bericht zeigen, daß in Samarien ein neuer Kern der sich entfaltenden Kirche geschaffen wurde, von dem aus das Evangelium dann in verschiedene Richtungen ausstrahlte.

Der Besuch der Apostel führte indessen zum Bruch zwischen der jun-

---

[36] R. McL. Wilson, *The Gnostic Problem,* London 1958, S. 100; vgl. seinen Artikel „Simon, Dositheus and the Dead Sea Sect", *ZRG* 9 (1957), S. 21 ff.
[37] *The Framework of the New Testament Stories,* S. 163 f.
[38] Apg 8, 16.
[39] Vgl. G. W. H. Lampe, *The Seal of the Spirit,* London 1951, S. 72.

gen Gemeinde und dem Zauberer Simon, der durch seine Reaktion auf die Herabkunft des Geistes bewies, daß er das eigentliche Wesen des christlichen Glaubens nicht zu begreifen vermochte. Für ihn war die Geistbegabung eine Art höhere Magie, und er hoffte, man werde ihm diese verkaufen, damit er sie dann auch betreiben könne. Er erscheint in der christlichen Überlieferung als der eingefleischte Gegner der Apostel, insbesondere des Petrus, auf allen ihren Missionsreisen. Die Existenz einer Sekte, der Simonier, die hundert Jahre später in Rom seine Lehren verbreitete, läßt vermuten, daß er selber bis in die Hauptstadt des Römerreiches gelangte und dort sein Konkurrenzevangelium lehrte — obschon es angesichts der Fragwürdigkeit der auf uns gekommenen Zeugnisse umstritten ist, ob der Simon, dessen Anhänger diese Sektierer waren, mit dem identisch ist, der in Lukas' Bericht erscheint.[40] Wahrscheinlich war er aber mit ihm identisch, und das kurze Auftauchen von Lukas' Simon in dem Bericht über die Evangelisation von Samarien mag zeigen, wie eine Frühform der Gnosis sehr frühzeitig das hellenistische Christentum bedrohen konnte.

3.

Nach Abschluß seiner missionarischen Tätigkeit in Samarien begegnen wir Philippus in der Nähe der Stadt Gaza. Dort taufte er einen Gottesfürchtigen aus dem am oberen Nil gelegenen Königtum Meroe; dieser befand sich auf der Rückreise von einer Wallfahrt nach Jerusalem, als Philippus ihm begegnete und ihm „das Evangelium von Jesus" auf der Grundlage des jesajanischen Gottesknechtliedes verkündete, das der Gottesfürchtige gerade las, als Philippus seinen Weg kreuzte.[41]

Von Gaza aus reiste Philippus dann nordwärts entlang der palästinischen Küste, evangelisierte die dort gelegenen Städte und gelangte schließlich nach Cäsarea. Dort blieb er anscheinend, zweifellos in der Absicht, von hier aus seine Evangelisationstätigkeit fortzusetzen; jedenfalls begegnen wir ihm hier zwanzig Jahre später: seine Mitchristen nennen ihn dann „den Evangelisten Philippus", und er ist Vater von vier Töchtern, „die aus Eingebung redeten".[42]

---

[40] Vgl. Iust. (Mart.) *apol.* I, 26, 2 ff.; Iren. *adv. haer.* I, 23, 1 ff.; Orig. *c. Cels.* I, 57; siehe H. Waitz, „Simon Magus in der altchristlichen Literatur", *ZNTW* 5 (1904), S. 121 ff.
[41] Apg 8, 26 ff.
[42] Apg 21, 8 f.

Die palästinische Küstenbevölkerung, insbesondere die Einwohnerschaft von Cäsarea, setzte sich zur Hauptsache aus Heiden zusammen. Die Evangelisation dieses Gebiets hatte daher eine größere Ausdehnung des Wirkungskreises des Evangeliums zur Folge als Philippus' missionarisches Wirken in Samarien. Die Initiative zur Evangelisation von Heiden schreibt Lukas indessen nicht dem Philippus, sondern dem Apostel Petrus zu, der nach dem Abebben der Verfolgungswelle in Judäa die zerstreuten Jüngergemeinden in Lydda, Joppe und anderen Gebieten der Saronebene aufsuchte und während dieser Tätigkeit gebeten wurde, nach Cäsarea zu kommen und dort einen „gottesfürchtigen" römischen Zenturio namens Cornelius zu besuchen. Als Petrus ihm und seiner Familie das Evangelium predigte, schenkten sie der Botschaft Glauben, und ihr Glaube war von derart deutlichen Zeichen der Macht und Billigung des Heiligen Geistes begleitet, daß Petrus keine andere Wahl blieb, als sie taufen zu lassen, ohne die Frage der Beschneidung aufzuwerfen.[43] Wir wissen nicht, wann dies geschah, doch selbst wenn Cornelius nicht der erste Heide gewesen sein sollte, der sich zum Christentum bekehrte, war er für Lukas doch der erste heidnische Bekehrte, der hinreichend bedeutsam war, daß man sich auf seinen Fall berufen konnte, und die Ereignisse in seinem Haus stellten „das Pfingsten der Heidenwelt" dar.[44] Mag sein, daß der in Meroe beheimatete Bekehrte des Philippus früher getauft wurde als Cornelius, doch war seine Taufe eine private Handlung des Philippus, während die Taufe des Cornelius durch Petrus am Sitz der Provinzialregierung von Judäa stattfand und in den Augen vieler einen politischen Akt des gesamten jerusalemischen Apostolats darstellte.

Die erste Massenevangelisation von Heiden fand indessen nicht in Cäsarea, sondern im syrischen Antiochien statt, und die Evangelisten waren weder Petrus noch Philippus, sondern ungenannte „Männer aus Zypern und Kyrene" (Apg 11, 20), Glieder der hellenistischen Gemeinde, die nach Stephanus' Tod aus Jerusalem und Judäa geflohen war. Als diese Männer, die über Syrien und Phönizien nordwärts gezogen waren und unterwegs die jüdischen Gemeinden evangelisiert hatten, nach Antiochien gelangten, begannen sie, die Geschichte von Jesus ebensowohl Heiden als auch Juden zu berichten, und viele Heiden glaubten der frohen Botschaft und nahmen freudig Jesus als den Erlöser an, der ihnen aus ihrer geistlichen Not zu helfen vermochte.[45] In einer griechischen Großstadt wie

---

[43] Apg 9, 32—10, 48.

[44] F. H. Chase, *The Credibility of the Acts of the Apostles*, London 1902, S. 79.

[45] Falls man im Neuen Testament überhaupt eine spezifisch antiochenische Christologie entdecken kann, dann kann man sie als Weiterentwicklung der

Antiochien — der drittgrößten Stadt der Welt — gab es viele rivalisierende Kulte und Mysterienreligionen, die den Menschen Erlösung verhießen. Die Botschaft, die die Männer aus Zypern und Kyrene brachten, war somit in eine ihnen nicht gänzlich unvertraute Form gekleidet, doch wies der Christus, von dem die Besucher sprachen, Züge auf, die ihn besonders anziehend erscheinen ließen und in keinem der Gebieter und Erlöser der anderen Kulte eine Entsprechung hatten. Für die Heiden von Antiochien klang „Christus" (= der Messias) aber nicht wie eine offizielle Bezeichnung, sondern eher wie ein Personenname; daher nannte man dort diejenigen, die so viel von *Christos* sprachen, naturgemäß *Christianoi,* „Christusanhänger", und dieser Name blieb haften. Es ist dies eine typisch heidnische Bezeichnung, auf die Juden niemals gekommen wären — auch griechischsprachige Juden nicht: wenn Juden nämlich Jesu Anhänger als Christen bezeichnet hätten, so hätte man daraus folgern können, sie erkennten an, daß der Jesus, dem diese nachfolgten, in der Tat der *christos,* der „Gesalbte", sei.[46]

Die Männer aus Zypern und Kyrene hatten etwas ins Werk gesetzt, von dem niemand zu sagen vermochte, wie es enden würde. Die Jerusalemer Apostel, die sich das Recht auf Überwachung aller neugegründeten Gemeinden vorbehielten, waren sich bewußt, daß diese Neugründung in Antiochien der Kontrolle und Lenkung bedurfte, wenn sie ihrer Obhut nicht entgleiten und in irgendeinen primitiven Synkretismus ausmünden sollte. Doch anstatt einen oder zwei aus ihrer Mitte dorthin zu entsenden, wie sie es getan hatten, als Philippus' Predigt in Samarien sich als so erfolgreich erwies, schickten sie Barnabas, der zu den Mitbegründern der Jerusalemer Kirche zählte. Barnabas war selber aus Zypern gebürtig und deshalb vermutlich Hellenist, obschon er auch als Levit gekennzeichnet wird und den eindeutig jüdischen Namen Joseph trug. Nach Lukas war Barnabas der Beiname, den ihm die Apostel wegen seiner „mutmachenden" Art gaben. Ob Barnabas wirklich, wie Lukas sagt (Apg 4, 36), „Sohn des Zuspruchs" bedeutet, ist ein vielerörtertes philologisches Problem,[47]

Lehre des Stephanus, Philippus und ihrer Gefährten auffassen; vgl. D. Georgi, „Der vorpaulinische Hymnus Phil. 2, 6—11", in: E. Dinkler (Hrsg.), *Zeit und Geschichte. Dankesgabe an R. Bultmann,* Tübingen 1964, S. 263 ff., bes. S. 292.

[46] Siehe Teil I, S. 131; 169.

[47] Gr. *hyios paraklēseōs.* Barnabas am ähnlichsten ist der palmyrenische Name Bar-Nebo (etwa „Sohn des Propheten"); vielleicht kommt „Ermahnung", eine der Bedeutungen von *paraklēsis,* „Prophetie" hinreichend nahe. Man könnte aber auch an eine Form der semitischen Wurzel *nwch,* wie syr. *nawcha,* denken, was man durch „Trost" übersetzen könnte (eine andere Bedeutung von *paraklēsis*), doch ist das weniger wahrscheinlich.

doch bestätigen alle Angaben über ihn die Richtigkeit dieser Charakterisierung. Einen besseren Delegierten hätte man kaum mit dem Auftrag nach Antiochien entsenden können, den Fortgang des Christentums dort zu überwachen. Seinem Namen getreu, war er hocherfreut über alles, was er dort vorfand, und ermutigte die Missionare wie die Bekehrten, fortzufahren, wie sie begonnen hatten. Unter seiner Anleitung entwickelte sich in Antiochien eine kraftvolle Gemeinde — eine Gemeinde, in der von Anbeginn ein großer Teil, wenn nicht die Mehrzahl der Mitglieder von heidnischer Abstammung war. In einer weltoffenen Stadt wie Antiochien herrschte eine völlig andersartige Atmosphäre als in Jerusalem, und die Atmosphäre der neuen Gemeinde von Antiochien muß sich fast ebenso stark von der der Jerusalemer Muttergemeinde unterschieden haben. Diese Sachlage mußte früher oder später zu Spannungen zwischen den beiden Gemeinden führen.

Damals lagen diese Spannungen noch in der Zukunft. Barnabas suchte den Aufbau der Gemeinde in Antiochien voranzutreiben, mußte aber bald feststellen, daß er diese Aufgabe allein nicht zu bewältigen vermochte. Er kannte jemanden, der sich hervorragend zum Helfer eignen würde. Dieser Mann lebte in Tarsus; also machte sich Barnabas dorthin auf, um ihn mit nach Antiochien zu nehmen. Sein Name war Saulus — jener Saulus aus Tarsus, der in den überlieferten Berichten erstmals als billigender Zuschauer bei der Hinrichtung des Stephanus in Erscheinung tritt, dann aber unter seinem römischen Namen Paulus als der große Apostel der Heiden in die Weltgeschichte eingehen sollte.

DRITTES KAPITEL

Der frühe Paulus

I.

„Saulus, der auch Paulus heißt",[1] kam, vermutlich in einem der ersten Jahre des christlichen Zeitalters, in Tarsus, der Hauptstadt von Kilikien, zur Welt. Seine Vaterstadt rühmte sich eines hohen Alters; sie hatte früher zeitweilig unter der Herrschaft der Assyrer, Perser, Alexanders des Großen und der Seleukiden gestanden. Um das Jahr 170 v. Chr. verlieh Antiochus Epiphanes ihr eine neue Verfassung als freie Stadt, was sie auch blieb, als die Römer sie 64 v. Chr. ihrem Reich einverleibten. Zu der Zeit, als Paulus geboren wurde, genoß sie hohes Ansehen als geistiges Zentrum; in ihren Schulen widmete man sich der Philosophie, Rhetorik und, wie Strabo angibt, der allgemeinen Bildung[2] — sie war, modern ausgedrückt, eine Universitätsstadt. Wenn sie auch nicht, wie Athen und Alexandrien, Studenten aus anderen Teilen der griechisch-römischen Welt anzulocken vermochte, erfreuten sich doch einige ihrer Philosophen eines ausgezeichneten Rufes, zum Beispiel der Stoiker Athenodoros und nach ihm der Akademiker Nestor. Athenodoros, der den Kaiser Augustus zu seinen Schülern zählen konnte, kehrte im Jahre 15 v. Chr. in seinen Heimatort Tarsus zurück und reformierte die Stadtverwaltung. So blieb z. B. das Bürgerrecht fortan den Besitzenden vorbehalten.

Wie in anderen Städten des Vorderen Orients bildeten auch in Tarsus diejenigen Bürger, die zugleich im Besitz des römischen Reichsbürgerrechts waren, naturgemäß eine aristokratische Elite. Als Tarsenser war Paulus, wie er selbst sagt, „Bürger einer nicht unberühmten Stadt" (Apg 21, 39), doch darüber hinaus war er von Geburt römischer Bürger (Apg 22, 28).

Wir wissen nicht, auf welche Weise Paulus' Familie das römische Bürgerrecht erwarb. Die Provinz Kilikien unterstand im ersten vorchristlichen Jahrhundert mehreren römischen Generälen — zum Beispiel Pompejus und Antonius —, und diese waren aufgrund ihres *imperium* befugt, bewährten Personen dieses Privileg zu verleihen. Ob freilich Pau-

[1] Apg 13, 9.
[2] *geog.* XIV, 5, 13.

lus' Vater oder Großvater das Bürgerrecht von einem dieser Generäle oder von jemand anderem verliehen bekam, läßt sich nicht feststellen, auch kennen wir nicht den Grund für die Verleihung. Sir William Calder stellte eine durchaus einleuchtende These auf: „Hatte Antonius oder Pompejus seinen Vater (oder vielleicht seinen Großvater) nicht zum römischen Bürger gemacht? Sie waren ja *skēnopoioi* [Zeltmacher], und ihre Firma konnte einem kriegführenden Prokonsul sehr nützlich sein."[3] Das ist indessen lediglich ein plausibler Vorschlag.

Als römischer Bürger hatte Paulus drei Namen — ein *praenomen* (Vorname), ein *nomen* oder *nomen gentile* (Familienname) und ein *cognomen* (Individual- oder Zuname). Bekannte Beispiele solcher dreiteiliger römischer Namen sind Gaius Julius Caesar und Marcus Tullius Cicero. Wir kennen von Paulus' drei Namen jedoch nur sein *cognomen*, lateinisch *Paullus.* Wäre uns sein *nomen gentile* bekannt, so wüßten wir in etwa, unter welchen Umständen seine Familie das Bürgerrecht erhielt, übernahmen doch Neubürger gewöhnlich den Familiennamen ihres Patrons — und häufig auch sein *praenomen.* Falls Paulus' Vater also beispielsweise das Bürgerrecht von Antonius verliehen bekommen hätte, wäre der volle Name des Paulus möglicherweise Marcus Antonius Paullus gewesen.

Jedes eheliche Kind eines römischen Bürgers mußte (so kann man aus gewissen Quellen schließen) innerhalb von dreißig Tagen nach der Geburt angemeldet werden. In den römischen Provinzen gab sein Vater oder dessen Beauftragter beim zuständigen Staatsarchiv (*tabularium publicum*) eine Erklärung (*professio*) ab, daß das Kind römischer Bürger sei. Diese Erklärung wurde in das amtliche Geburtsverzeichnis (*album professionum*) aufgenommen und dem Vater oder seinem Beauftragten eine beglaubigte Abschrift in Form eines Diptychons (aufeinander geklappte Schreibtafel) ausgehändigt.[4] Diese Bescheinigung war die amtliche Bestätigung, daß der Betreffende römischer Bürger war. Wenn Paulus auf sein römisches Reichsbürgerrecht hinwies, war er möglicherweise in der Lage, Zweiflern diesen Ausweis vorzulegen.[5]

---

[3] In einem Privatbrief vom 18. Februar 1953. Er fügte mit Bezug auf eine Veröffentlichung des Adressaten hinzu: „Sie betonen nicht genug, daß Paulus ein *Poseur* war, *mutatis mutandis* einem heutigen Inder vergleichbar, der Träger eines hohen britischen Ordens ist."

[4] F. Schulz, „Roman Registers of Births and Birth-Certificates", *JRS* 32 (1942), S. 78 ff.; 33 (1943), S. 55 ff.

[5] So F. Schulz, *JRS* 33 (1943), S. 46 f. (vgl. Apg 16, 37; 22, 25 ff.); A. N. Sherwin-White hält es für wahrscheinlicher, daß solche Urkunden normalerweise in den Familienarchiven aufbewahrt wurden (*Roman Society and Roman*

Außer seinen römischen Namen führte Paulus noch einen jüdischen Namen, den seine Verwandten und aramäischsprachige Kreise, wie etwa die christlichen Gemeinden von Damaskus und Jerusalem, benutzten. Sein jüdischer Name war Saul; mag sein, daß seine Eltern, die zum Stamm Benjamin gehörten (Rö 11,1; Phil 3, 5), ihren Sohn so nannten, weil dies der Name des in der Geschichte der Nation bedeutendsten Angehörigen jenes Stammes, des ersten Königs von Israel, war.

Paulus bezeichnet sich als „Hebräer" (2 Kor 11, 22), als „Hebräer von Hebräern" (Phil 3, 5). Hieronymus zufolge[6] stammte Paulus' Familie aus Giskhala in Galiläa und wanderte nach Tarsus aus, als die Römer Palästina eroberten; leider wissen wir nicht, ob er diese interessante Nachricht einer verläßlichen Quelle entnahm. Doch Paulus' Angabe, seine Eltern seien „Hebräer", besagt, daß sie aramäisch sprachen — nicht ausschließlich, denn für einen Tarsenser waren Griechischkenntnisse unerläßlich, doch sicherlich und vielleicht vorzugsweise aramäisch.[7] Auf jeden Fall waren sie so weit wie nur möglich davon entfernt, die Assimilierungstendenzen vieler in Kleinasien ansässiger Juden nachzuahmen. Nach dem lukanischen Bericht über Paulus' Erscheinen vor dem Hohen Rat (Apg 23, 6) gehörten sie zur Partei der Pharisäer,[8] und dafür spricht auch die Tatsache, daß sie ihren vielverheißenden Sohn nicht auf eine der Philosophen- oder Rhetorenschulen in Tarsus schickten, sondern auf die des Gamaliel in Jerusalem. Gamaliel war der berühmteste Schüler Hillels und folgte diesem im Amt des Leiters der Schule nach, die seinen Namen trug.

In welchem Alter Paulus nach Jerusalem geschickt oder gebracht wurde, ist eine umstrittene Frage. Versuche, in seiner späteren Sprache und

---

Law in the New Testament, Oxford 1963, S. 149). Eine weitere Ungewißheit liegt darin, daß diese Registrierung römischer Bürger bei der Geburt augenscheinlich durch die *Lex Aelia Sentia* des Jahres 4 n. Chr. und die *Lex Papia Poppaea* des Jahres 9 n. Chr. verfügt wurde. Wenn Paulus ein oder zwei Jahre vor dem erstgenannten Gesetz zur Welt kam, wäre er dann schon auf diese Weise registriert worden? Zu der ganzen Frage siehe A. N. Sherwin-White, *The Roman Citizenship*, Oxford 1939.

[6] *vir. ill.* 5.

[7] C. F. D. Moule („Once More, Who Where the Hellenists?", *ExT* 70 [1958—9], S. 100) macht den (sehr einleuchtenden) Vorschlag, daß die *„Hellēnistai* der Apostelgeschichte in Jerusalem lebende Juden waren, die hauptsächlich dadurch gekennzeichnet waren, daß sie nur auf griechisch die Schrift lasen und in der Synagoge beteten, während die *Hebraioi* Aramäisch und vielleicht auch Hebräisch beherrschten, auch wenn sie des Griechischen durchaus mächtig waren (wie offensichtlich Paulus)".

[8] Er bezeichnet sich dort als „Pharisäer, Sohn von Pharisäern" (vgl. Phil 3, 5: „ein Pharisäer nach dem Gesetz").

Denkweise Spuren des Einflusses zu finden, den seine Vaterstadt auf den Knaben ausübte, vermögen nicht recht zu überzeugen. Es mag sein, daß Tarsus ihn in seinem vierten Lebensjahrzehnt stärker beeinflußte als in seiner Kindheit, in der ihn seine streng jüdische Erziehung gegen vieles abgeschirmt haben dürfte, was ein anderer gleichaltriger Junge dort gesehen und gehört hätte. Überdies deuten die einleitenden Worte seiner Rede an die feindliche Menge im Jerusalemer Tempelvorhof, wie Lukas sie in der Apostelgeschichte (22, 3) wiedergibt, darauf hin, daß er schon früh nach Jerusalem kam: „Ich bin ein Jude, geboren zu Tarsus in Kilikien, erzogen aber in dieser Stadt zu den Füßen Gamaliels, unterrichtet nach der Strenge des Gesetzes der Väter" — vor allem, wenn man sie, wie es vielleicht richtig sein dürfte, folgendermaßen interpunktiert: „Ich bin ein Jude, (a) geboren zu Tarsus in Kilikien, aber (b) erzogen in dieser Stadt, (c) zu den Füßen Gamaliels unterrichtet nach der Strenge des Gesetzes der Väter."[9] Stimmt diese Interpunktion, dann wurde er vermutlich einige Jahre in Jerusalem erzogen, ehe er Gamaliels Schüler wurde.[10]

Daß Paulus ein überaus gelehriger Schüler war, kann man aus seinem eigenen Bericht ersehen: „Ich ging im Judentum weiter als viele Altersgenosssen in meinem Volk, indem ich in besonders hohem Maße ein Eiferer für die Überlieferungen meiner Väter war" (Gal 1, 14). Die Beherrschung von Schrift und Tradition war nicht einfach; das Gesetz in allen Einzelheiten zu beobachten noch schwieriger, doch zwanzig oder mehr Jahre nach seiner Christusbegegnung konnte Paulus auf seine früheren Jahre zurückblicken und sein Verhalten in den Worten zusammenfassen: „in der im Gesetz verlangten Gerechtigkeit untadelig" (Phil 3, 6).

Es ist nicht ausgeschlossen, daß die talmudische Erwähnung eines ungenannten Schülers Gamaliels, der „Frechheit in Dingen der Thora" zeigte,[11] eine Anspielung auf Paulus darstellt. Die Stelle brächte dann die rabbinische Empörung darüber zum Ausdruck, daß Paulus von seinem ursprünglichen Weg abwich, und die (für den Schreiber) falsche Haltung des Apostels zum Gesetz wurde in seine Lehrjahre zurückprojiziert.

Es ist durchaus möglich, daß er und seine Mitschüler zu den Füßen Gamaliels nicht nur rabbinisches Wissen erwarben, sondern auch an propädeutischen Kursen in griechischer Kultur teilnahmen. Aus dem

---

[9] Dies ist die Interpunktion in Nestles griechischem Neuen Testament.

[10] Vgl. W. C. van Unnik, *Tarsus or Jerusalem: The City of Paul's Youth*, London 1962.

[11] bT *Schabbat*, 30b; vgl. J. Klausner, *Von Jesus zu Paulus*, Jerusalem 1950, S. 295 f.

Talmud erfahren wir, daß Gamaliels Sohn Simeon Schüler hatte, die „die Weisheit der Griechen" studierten,[12] und Simeons Vater dürfte ebenfalls solche Schüler gehabt haben. Es ist sehr wohl möglich, daß Paulus sich in seiner Schule einen Fundus an griechischer Bildung erwarb. Es gibt keine Beweise, daß Paulus jemals formale Bildung von griechischen Lehrern vermittelt bekam; die Kenntnis griechischer Literatur und Kultur, die seine Briefe spiegeln, besaß in jener Zeit in der hellenistischen Welt jeder Gebildete, ob Jude oder Nichtjude.

Zur gehörigen Zeit scheint Paulus zum Rabbinat ordiniert worden zu sein.[13] Die Tatsache, daß der Hohepriester ihn als seinen Beauftragten nach Damaskus sandte, um von den Führern der dortigen jüdischen Gemeinde die Auslieferung von Flüchtlingen zu erwirken, legt die Vermutung nahe, daß er irgendeine derartige Stellung bekleidete. Aus einigen Stellen der Apostelgeschichte — vor allem aus Apg 26, 10, wo Paulus von den Jerusalemer Gläubigen, die jener Verfolgung zum Opfer fielen, sagt: „wenn sie getötet werden sollten, gab ich die Stimme dazu" — hat man sogar geschlossen, daß er Mitglied des Hohen Rats war; das ist indessen alles andere als wahrscheinlich.[14]

In der Erzählung der Apostelgeschichte steht Gamaliels maßvolle und hinhaltende Politik gegenüber den Jüngern Jesu (Apg 5, 34 ff.) in scharfem Gegensatz zu der unduldsamen Haltung seines Schülers. Gamaliels Vorgehen stand mehr mit dem allgemeinen Standpunkt der Pharisäer im Einklang, doch mag sich Paulus' Einstellung nicht nur aus seinem andersartigen Temperament erklären, sondern auch aus seinem schärferen Blick für die von der neuen Bewegung ausgehende Gefährdung jener Elemente in der Religion seiner Väter, die ihm am teuersten waren — vor allem der überagenden Stellung der Thora. Für ihn stand die Unvereinbarkeit der alten und der neuen Ordnung ebenso unverrückbar fest wie für Stephanus, dessen Ausführungen er in der Synagoge der Libertiner zugehört haben mag. Die beiden jungen Männer zogen indes völlig entgegengesetzte praktische Folgerungen aus der ihnen gemeinsamen Überzeu-

---

[12] bT *Sotah,* 49b.

[13] Die Erteilung der Ordination setzte voraus, daß der Bewerber Schrift und Tradition gründlich beherrschte, mit den *talmidechakamim* („Schüler der Weisen") vertraut war und das vierzigste Lebensjahr erreicht hatte. Die letztgenannte Bedingung hatte Paulus nicht erfüllt, doch ist zweifelhaft, ob die Tradition älter ist als 70 n. Chr. Vgl. E. Lohse, *Die Ordination im Spätjudentum und im Neuen Testament,* Berlin 1951, und die Kritik von A. Ehrhardt, *The Framework of the New Testament Stories,* Manchester 1964, S. 132 ff.

[14] Ein „junger Mann" (*neanias,* Apg 7, 58) dürfte kaum dem Ältestenrat (*gerousia*) angehört haben.

gung. Wenn Stephanus verkündete: „Das Neue ist da, deshalb muß das Alte fallen", dann entgegnete Paulus: „Das Alte muß bleiben, deshalb muß das Neue weg."

Nach der Hinrichtung des Stephanus leitete Paulus die Verfolgung der Jesusjünger in Judäa. Seine damalige Tätigkeit konnte er nie vergessen; er kommt nicht nur in der Erzählung der Apostelgeschichte in seiner Predigt wie im Gebet darauf zurück, sondern nimmt auch in seinen Briefen wiederholt darauf Bezug: „Ich bin der geringste der Apostel, der ich nicht wert bin, ein Apostel zu heißen, weil ich die Gemeinde Gottes verfolgt habe" (1 Kor 15, 9). Sein Wirken als Verfolger fand jedoch ein jähes Ende, und er wurde zur Umkehr gezwungen, als er vor der Stadt Damaskus, wie er selber es formulierte, „von Christus Jesus ergriffen" wurde (Phil, 3, 12). Dreimal wird die Geschichte seiner Bekehrung in der Apostelgeschichte berichtet: einmal in der dritten Person und zweimal von ihm selbst — so große Bedeutung maß Lukas offenkundig diesem Ereignis bei. Lukas erzählt, kurz gesagt, wie Paulus, der vom Hohenpriester beauftragt war, alle in Damaskus befindlichen Anhänger des neuen „Weges" zu verhaften und gefesselt nach Jerusalem zu bringen, in der Nähe seines Zielorts plötzlich ein helles Licht umstrahlte. Er stürzte zu Boden und hörte, wie der auferstandene Herr ihn, den Christenverfolger, zur Rede stellte, und zwar auf Aramäisch: *„Scha'ul, Scha'ul, ma'att radepinni?"* In jenem Augenblick wurde Paulus zum lebenslangen Knecht eines neuen Herrn, gegen dessen Befehle es keine Widerrede gab. Dieser trug ihm auf, seinen Weg nach Damaskus fortzusetzen und dort auf weitere Befehle zu warten. Da Paulus „vor dem Glanz jenes Lichtes nicht sehen konnte", wurde er von seinen Begleitern zu seiner Wohnung in der „Gasse, welche die gerade heißt",[15] geführt; er blieb drei Tage lang blind und aß nicht und trank nicht. Er wurde sodann von einem Jünger aus Damaskus namens Ananias, einem „frommen Mann nach dem Gesetz" (Apg 22, 12), aufgesucht, der Paulus als Bruder begrüßte und seine Hände auf ihn legte. Paulus konnte sogleich wieder sehen und Speise und Trank zu sich nehmen. Ananias fungierte auch als Sprachrohr Christi, gab Paulus die ihm angekündigten weiteren Anweisungen, forderte ihn auf, sich taufen zu lassen, und überbrachte ihm Christi Auftrag, für ihn der Welt gegenüber Zeuge zu sein.[16]

---

[15] Im Darb al-Mustaqim hat sich der Name bis heute erhalten.
[16] Da Damaskus der Ort war, wo Paulus erstmals in die Gemeinschaft der Christen aufgenommen wurde, kann man Mutmaßungen anstellen, ob dies für die Affinitäten zur Qumran-Sekte von Bedeutung war, die man in seinen Schriften festgestellt hat. Solche Mutmaßungen würden von der (an sich kei-

Man hat wiederholt versucht, Paulus' Erlebnis mit den Begriffen der Medizin und Psychologie zu erklären. Von größerem praktischem Belang ist die Bedeutung, die es für ihn besaß. Für Paulus war es der Augenblick, da Christus, der zuvor seinen ursprünglichen Aposteln und anderen Anhängern als der Auferstandene erschienen war, „zuletzt von allen" (1 Kor 15, 8) Paulus selber erschien, der Augenblick, da er „den Herrn sah" (1 Kor 9, 1), da es Gott, der ihn von seiner Mutter Leib an für seine besondere Mission ausgesondert hatte, „gefiel, seinen Sohn" an ihm „zu offenbaren", damit er ihn unter den Heiden verkündigen sollte (Gal 1, 15 f.). Für Paulus waren seine Bekehrung vom Judentum und die Berufung zum Apostel Christi Teil eines einzigen umwälzenden Erlebnisses.

Eines in der Tat umwälzenden Erlebnisses, denn es bedeutete nicht nur einen plötzlichen und totalen Wandel seiner Haltung gegenüber Jesus und seinen Anhängern, sondern hatte zur Folge, daß nunmehr Jesus den zentralen Platz in Paulus' Leben und Denken einnahm, den bisher das Gesetz innegehabt hatte. Seine bisherige Einstellung zu Jesus war vom Gesetz bestimmt gewesen: dem Gesetz zufolge ist „ein Gehängter von Gott verflucht" (5 Mo 21, 23), und diese Worte waren ganz offensichtlich auf Jesus anwendbar.[17] Ob Jesu Kreuzigung zu Recht oder zu Unrecht erfolgt sei, war da eine vergleichsweise akademische Frage; worauf es ankam, war, daß er, weil er den Kreuzigungstod erlitten hatte, unter dem göttlichen Fluch gestorben war und daher unmöglich der Messias sein konnte. Zu behaupten, Jesus sei der Messias, war daher eine Gotteslästerung; alle die, die solch eine absurde Behauptung aufstellten, verdienten, als Gotteslästerer bestraft zu werden, waren sie doch nicht bloß irregeleitete Toren, sondern Schwindler und Betrüger. Indem sie Jesus als den Messias bezeichneten, beriefen sie sich darauf, er sei von den Toten auferstanden — sie selber hätten ihn, den Auferstandenen, gesehen. Doch solch eine Behauptung verdiente nicht einen Augenblick Gehör; nirgendwo fand sich im Gesetz ein Hinweis, der gegen einen „Gehängten" ausgesprochene göttliche Fluch könne jemals zurückgenommen werden. Genau das würde Jesu Auferstehung von den Toten aber

---

neswegs unsinnigen) Voraussetzung ausgehen müssen, daß das Damaskus, wohin nach der *Damaskusschrift* zumindest einige Anhänger des Lehrers der Gerechtigkeit auswanderten (*CD* VI, 5, 19; VII, 19; VIII, 21; XX, 12), die gleichnamige Stadt war. Waren Ananias und seine Gefährten, so könnte man fragen, Anhänger des Lehrers der Gerechtigkeit, ehe sie Jünger Jesu wurden? Siehe E. Repo, *Der „Weg" als Selbstbezeichnung des Urchristentums*, Helsinki 1964, S. 84 ff.

17 Nach der Auslegung von 4 Qp Nahum schließen diese Worte den Kreuzestod („welcher Menschen lebendig aufhängt") ein. Siehe Teil I, S. 80 mit Anm. 22.

besagen. Paulus war felsenfest davon überzeugt, das Rechte zu tun, wenn er diese Blasphemie mit der Wurzel ausrottete; sein Gewissen war rein, zeigte er doch auf diese Weise seinen Eifer im Dienste Gottes und des Gesetzes. Das „introspektive Gewissen des Abendländers"[18] mag meinen, Paulus habe während seiner Tätigkeit als Erzverfolger im Unterbewußtsein Zweifel empfunden, ob er wirklich recht handele, doch findet eine solche Vermutung in dem, was Paulus späterhin darüber äußerte, keinerlei Stütze.

Und dann erschien Paulus ohne jede Vorankündigung und auf eine derart zwingende Weise, daß keinerlei Zweifel aufkommen konnte, der Gekreuzigte und gab sich ihm als „Jesus der Nazoräer, den du verfolgst" (Apg 22, 8; vgl. 26, 15) zu erkennen. Die Jünger hatten also doch Recht gehabt: der „Gehängte" war tatsächlich von den Toten auferstanden und mußte folglich als Herr und Messias anerkannt werden. Immer noch stand im Gesetz, daß Gott einen Gehängten mit einem Fluch belege; man mußte sich daher damit abfinden, daß der Messias diesen Fluch auf sich gezogen hatte, doch jetzt galt es, dieses Paradox zu erwägen und zu erklären. Schon früh erkannte Paulus, daß die Lösung dieses Problems in dem Beweisgang lag, den er später Gal 3, 10—14 darlegt: Christus habe, indem er den Kreuzigungstod auf sich nahm, aus freien Stücken den göttlichen Fluch auf sich geladen. Er habe sein Volk von dem Fluch befreit, mit dem das Gesetz alle die belege, die es brechen (5 Mo 27, 26), indem er selbst „zum Fluch geworden" sei.

Nicht allein dies, sondern der Glaube, daß der Messias gekommen sei, schloß für Paulus die Folgerung ein, daß das Zeitalter des Gesetzes zu Ende sei. Einige rabbinische Denkrichtungen vertraten nachweislich den Standpunkt, daß, sobald die Zeit des Messias heraufkomme, das Gesetz seine Gültigkeit verlieren werde, und es ist möglich, daß Paulus sich diese Lehre zu eigen gemacht hatte.[19] Doch ob er sie nun zuvor gelernt hatte oder nicht, er vertrat sie jedenfalls auf das entschiedenste in seinem Leben und seiner Lehre als Christ. „Das Ende des Gesetzes ist Christus, zur Gerechtigkeit für jeden, der glaubt" (Rö 10, 4). Jeglicher Versuch, Christusgläubigen das Gesetz aufzuzwingen, damit sie vor Gottes Angesicht angenommen würden, lief daher, wenn auch unabsichtlich, auf die Leugnung der Ankunft des Messias hinaus — auf die Leugnung der Messianität Jesu.

---

[18] Vgl. K. Stendahl, „The Apostle Paul and the Introspective Conscience of the West", *HTR* 56 (1963), S. 199 ff.

[19] Vgl. L. Baeck, „The Faith of Paul", *JJS* 3 (1952), S. 93 ff.; siehe S. 22 mit Anm. 12.

Daß Jesus der Messias war und demgemäß das Gesetz als Lebensform aufgehoben hatte, war für Paulus' Denkweise seit seiner Bekehrung von kardinaler Bedeutung. Bisher hatte sein ganzes Denken um das Gesetz als zentrales Prinzip und Leitstern gekreist. Nach dem Zerbruch dieses Prinzips fielen die Komponenten seines Denkens auseinander, um sich sogleich um den auferstandenen Christus, das neue zentrale Prinzip und den neuen Leitstern herum, neu zu ordnen. Von Stund an war für Paulus das Leben — Christus (Phil 1, 21).

2.

Paulus' eigenem Bericht zufolge ging er im Anschluß an seine Bekehrung nach Arabien (Gal 1, 17). Man hat gewöhnlich vermutet, er sei in die Wüste gezogen, um sich im Lichte seiner Bekehrung Gott zu stellen und in den Einöden, wo sich Mose und Elia in der Frühzeit der Geschichte Israels Gott gestellt hatten, seine ganze Lebenshaltung neu zu überdenken. Das mag zutreffen, doch haben wir auch Zeugnisse, daß er nicht nur zum Zwecke einsamer Meditation von Damaskus nach Arabien aufbrach. Als er nämlich von Arabien nach Damaskus zurückkehrte (Gal 1, 17), hatte er ein Erlebnis, das die Vermutung nahelegt, er habe etwas getan, womit er den Unwillen des arabischen Königs erregte: „Der Ethnarch des Königs Aretas",[20] berichtet er an anderer Stelle, ließ die Stadt der Damaszener bewachen, um sich meiner zu bemächtigen, und ich wurde durch ein Fenster in einem Korb durch die Stadtmauer hinabgelassen und entrann seinen Händen" (2 Kor 11, 32 f.).

Die Erwähnung des Königs Aretas legt nahe, daß das „Arabien", nach dem Paulus sich aufmachte, das Nabatäerreich war, das sich bis an die Mauern von Damaskus erstreckte und damals möglicherweise sogar die Stadt selber einschloß. Diese letzte Folgerung hat man aus der Tatsache gezogen, daß es keine zwischen 34 und 62 n. Chr. geprägten damaszenischen Münzen mit dem Bild des römischen Kaisers gibt; sie würde zudem eine Erklärung dafür bieten, warum ein „Ethnarch" des Aretas in Damaskus solche Machtbefugnisse hatte, wie Paulus' Bericht sie voraussetzt.[21] (Nach anderer Vermutung wartete der Ethnarch nur den Augenblick ab, da Paulus die Stadt verlassen und nabatäischen Boden betreten würde, um ihn zu verhaften, doch legt Paulus' Ausdrucksweise diese

[20] Nabatäischer König, 9 v. Chr. — 40 n. Chr. (siehe Teil I, S. 32).
[21] Vgl. E. Schürer, *GJV* 2, S. 119.

Hypothese eigentlich nicht nahe.)[22] Wenn Paulus schon so bald für die nabatäischen Behörden zur unerwünschten Person wurde, so liegt die Vermutung nahe, daß er während dieses Aufenthalts in „Arabien" seinen Auftrag, den Heiden zu predigen, auszuführen begann und sich dadurch ihre Feindschaft zuzog.

Von Damaskus aus machte Paulus sich im dritten Jahr nach seiner Bekehrung nach Jerusalem auf den Weg. Was für einen Empfang würde man ihm dort bereiten? Seine alten Freunde würden ihn jetzt als Abtrünnigen ansehen, doch wo sollte er neue Freunde finden? Unter denen, die er jüngst verfolgt hatte? Würden sie sogleich bereit sein, das Vergangene ruhen zu lassen, selbst wenn sie von der Aufrichtigkeit seiner Bekehrung überzeugt waren? In dieser kritischen Situation erwies sich Barnabas, der Levit von der Insel Zypern, für Paulus als Freund in in der Not; er verbürgte sich bei den Führern der Jerusalemer Christen dafür, daß Paulus kein Lockspitzel sei. Vermutlich hatte Barnabas den Paulus schon vor dessen Bekehrung gekannt — vielleicht war auch er Mitglied der Synagoge, die Stephanus und Paulus besuchten. Dank Barnabas' Vermittlung war Petrus nunmehr hinreichend von Paulus' Aufrichtigkeit überzeugt, um ihn vierzehn Tage lang als seinen Gast zu beherbergen. In der Tat ging Paulus dieses Mal hauptsächlich deshalb nach Jerusalem, weil er dort Petrus treffen wollte.[23] Der einzige andere Apostel, mit dem er bei seinem Besuch zusammentraf, war Jakobus der Gerechte,[24] der, obwohl er nicht zu den von Jesus ernannten Zwölfen gehört hatte, gleichwohl binnen kurzem in der Jerusalemer Gemeinde und weit darüber hinaus ein solches Ansehen erlangt hatte, daß er ebenfalls zu den Aposteln gezählt wurde.

Paulus wollte nicht nur Petrus' Bekanntschaft machen, sondern auch Informationen erhalten, die ihm niemand besser als Petrus geben konnte. So sehr er nämlich auf seiner Unabhängigkeit von den Jerusalemer Aposteln bestand, wußte er doch, wie wichtig es für ihn sein würde, soviel wie möglich über Jesu Wirksamkeit und Passion wie über die

---

[22] Nach Apg 9, 23 beobachteten die Juden von Damaskus die Stadttore, in der Absicht, Paulus zu töten.

[23] Gal 1, 18, wo er schreibt, er sei nach Jerusalem heraufgezogen, *historēsai Kēphan*, „um Kephas zu befragen", „um sich nach Kephas zu erkundigen". Vgl. G. D. Kilpatrick, „Galatians 1:18 HISTORESAI KEPHAN", in: A. J. B. Higgins (Hrsg.), *New Testament Essays in Memory of T. W. Manson*, Manchester 1959, S. 144 ff.; W. D. Davies, *The Setting of the Sermon on the Mount*, Cambridge 1964, S. 453 ff. (Appendix IX, „The Use of the Term *historēsai* in Gal 1, 18").

[24] Gal 1, 19.

Erscheinungen des Auferstandenen zu erfahren — und wer vermochte ihn umfassender zu unterrichten als Petrus? Selbst der Herrenbruder Jakobus war in dieser Hinsicht nicht so nützlich wie Petrus, da er kein Gefährte Jesu während der Zeit seiner Wirksamkeit gewesen war. Doch eines konnten ihm weder Petrus noch Jakobus vermitteln, und das war die apostolische Autorität, denn diese, betont Paulus nachdrücklich, habe er unmittelbar von dem auferstandenen Herrn empfangen.

Paulus muß sich bewußt gewesen sein, daß er das Evangelium einerseits nicht von Menschen empfangen hatte, da es ihm ohne Vermittlung zuteil wurde, „durch eine Offenbarung Jesu Christi" (Gal 1, 12), daß er es jedoch in anderer Hinsicht doch empfangen hatte, empfangen als etwas, was er anderen weitergeben sollte, wie es ihm überliefert worden war (1 Kor 15, 23).[25] Hätte man ihn aufgefordert, diesen Unterschied zwischen dem ihm „offenbarten" und dem von ihm „empfangenen" Evangelium zu erläutern, so hätte er wahrscheinlich geantwortet, der Kern des Evangeliums, „Jesus Christus, der auferstandene Herr", sei ihm bei seiner Bekehrung geoffenbart worden, während er die Einzeltatsachen von unmittelbaren Zeugen erfahren habe, die vor ihm „in Christus" waren. In diesem letztgenannten Sinn ruft er seinen korinthischen Bekehrten ins Gedächtnis, wie er ihnen „in erster Linie überliefert"[26] habe, „daß Christus für unsere Sünden gestorben ist, nach den Schriften, und daß er begraben und daß er auferweckt worden ist am dritten Tag, nach den Schriften, und daß er dem Kephas [Petrus] erschien, dann den Zwölfen. Hernach erschien er mehr als fünfhundert Brüdern auf einmal ... Hernach erschien er dem Jakobus, dann den Aposteln allen" (1 Kor 15, 3—7).

Diese Zusammenfassung der Auferstehungserscheinungen gliedert sich in zwei Reihen, die durch die Erscheinungen vor Petrus bzw. Jakobus eingeleitet werden. Da Paulus sagt, er habe dies „empfangen", ist nichts wahrscheinlicher, als das Petrus und Jakobus ihm während jener vierzehn Tage in Jerusalem davon berichteten. Daher betont er auch nach-

---

[25] Vgl. H. Lietzmann, *HNT: An die Korinther I—II*², Tübingen 1923, S. 58; P. H. Menoud, „Revelation and Tradition: The Influence of Paul's Conversion on his Theology", *Interpretation* 7 (1953), S. 131 ff.; B. Gerhardsson, *Memory and Manuscript*, Lund 1961, S. 272 ff. O. Cullmann legt dar, daß die sich von dem historischen Jesus herleitende Tradition gleichzeitig durch den erhöhten Herrn bestätigt wurde (*The Early Church*, London 1956, S. 66 ff.).

[26] Die durch „überliefern" (*paradidōmi*) und „empfangen" (*paralambanō*) übersetzten Verben sind die griechischen Entsprechungen zu hebr. *masar* und *qibbēl*, die termini technici für den Vorgang der Weitergabe der rabbinischen Überlieferung.

drücklich, daß sie, gleichgültig welche Unterschiede in anderen Hinsichten zwischen ihm auf der einen und Petrus, Jakobus und ihren Gefährten auf der anderen Seite vielleicht bestünden, alle in der Verkündigung dieser Grundtatsachen übereinstimmten: „Sei ich es nun, seien es jene — so predigen wir, und so seid ihr gläubig geworden" (1 Kor 15, 11).

Sollte Paulus jedoch zu predigen begonnen haben, ehe er mit Petrus und Jakobus zusammentraf, so erhebt sich die Frage, *was* er predigte. Auf der Grundlage seiner im Licht des Damaskuserlebnisses ausgedeuteten Kenntnis der alttestamentlichen Propheten war er befähigt, unverzüglich „Jesus Christus den auferstandenen Herrn" zu verkünden. Dies stimmt mit dem lukanischen Bericht überein, daß er „einige Tage" nach seiner Bekehrung und Taufe „bei den Jüngern in Damaskus war und alsbald in den Synagogen Jesus predigte, daß dieser der Sohn Gottes sei" (Apg 9, 19 f.). Nach der Zusammenkunft mit Petrus und Jakobus war er jedoch imstande, weitere Einzelheiten hinzuzufügen und anderen mitzuteilen, was ihm selber berichtet worden war.

Nach dem kurzen Besuch in Jerusalem kehrte Paulus in seine Vaterstadt Tarsus zurück. Lukas zufolge rieten ihm seine Freunde zu schleuniger Abreise aus der judäischen Hauptstadt, da sie in Erfahrung gebracht hatten, daß eine Gruppe Hellenisten — vielleicht Mitglieder jener Synagoge, in der sie und er früher gegen Stephanus gestritten hatten[27] — einen Anschlag gegen ihn plane.

Für mehrere — etwa acht bis zehn — Jahre entschwindet Paulus nun fast völlig unseren Blicken. Daß er während dieser Zeit nicht untätig war, geht aus seiner Angabe hervor, die Gemeinden in Judäa hätten gehört, daß ihr einstiger Verfolger „jetzt den Glauben, den er einst zerstörte", verkündige, und Gott seinethalben priesen (Gal 1, 22—24). Paulus hielt sich während dieser Jahre im nordwestlichen Teil der Provinz Syrien-Kilikien auf (Ostkilikien gehörte von 38 v. Chr. bis 72 n. Chr. verwaltungsmäßig zu Syrien). In diese Zeit fällt der ekstatische Zustand, den Paulus im zweiten Korintherbrief (12, 2 ff.) schildert; er empfing darin eine unaussprechliche Offenbarung; diese war ihm offensichtlich sehr teuer, hinterließ aber für den Rest seines Lebens in Gestalt einer unangenehmen Körperbehinderung ihre Spur bei ihm.[28] In diesem Zeitabschnitt dürften ferner einige der Leiden zu datieren sein, die er

---

[27] Apg 9, 29 f.
[28] Sein „Dorn für das Fleisch"; was genau damit gemeint ist, wird wohl niemals zu erfahren sein.

in 2 Kor 11, 23—27 aufzählt, darunter Geißelungen auf Veranlassung jüdischer wie heidnischer Behörden. Es ist auch sehr wahrscheinlich, daß er in diesen Jahren, in denen er in und um Tarsus die Heiden missionierte, in engere Berührung mit der hellenistischen Kultur kam, als es ihm in seinen früheren Jahren in Tarsus gestattet gewesen war. Die Hauptrichtung seines Glaubens und Lebens war indessen schon zu sehr festgelegt — zuerst durch seine Ausbildung im rabbinischen Judentum und dann durch seine Begegnung mit dem auferstandenen Christus —, als daß der Hellenismus noch einen entscheidenden Einfluß darauf hätte ausüben können. Man stößt in seinen Schriften auf Begriffe und Wendungen, namentlich aus dem Bereich der Stoa, die damals allgemein bekannt waren und die er ohne Zögern in einem christlichen Kontext verwandte, doch war Paulus' Evangelium, obschon es zur Hauptsache das Evangelium für die Hellenisten war, kein hellenisiertes Evangelium. Eben dieser Umstand machte es zur „Torheit" in den Augen jener Paulus-Hörer, die für profane Weisheit aufgeschlossen waren.

Aus der Dunkelheit dieser Jahre taucht er um das Jahr 45 n. Chr. wieder auf, als Barnabas nach Tarsus kam, um ihn nach dem syrischen Antiochien mitzunehmen, wo Paulus ihm bei der Ausübung des Seelsorgeamtes unter den Heidenchristen der Stadt zur Seite stehen sollte.

VIERTES KAPITEL

Krise unter Caligula

1.

Kaiser Tiberius hinterließ ein Testament, in dem er seinen achtzehnjährigen Enkel Gemellus und seinen fünfundzwanzigjährigen Großneffen Gaius als seine Erben einsetzte.[1] Nach seinem Tode ließ sich der Senat jedoch, hauptsächlich durch Sertorius Macro, den Nachfolger Sejans als Präfekt der Prätorianergarde, dazu überreden, dieses Testament wegen der angeblichen Unzurechnungsfähigkeit des Erblassers umzustoßen und den Prinzipat dem Gaius zu übertragen. Gemellus war der Sohn des verstorbenen Tiberiussohnes Drusus, Gaius indessen der Sohn des Tiberiusneffen Germanicus, des volkstümlichen, im Jahre 19 n. Chr. verstorbenen Oberkommandierenden der „Rheinarmee", dessen Beliebtheit Gaius jetzt zustatten kam. Sein Machtantritt wurde jubelnd begrüßt, erhoffte man sich doch davon einen willkommenen Wandel nach der drückenden Herrschaft des mürrischen und mißtrauischen Tiberius.

Gaius hatte als Knabe mit seiner Mutter, der älteren Agrippina, und seinen Geschwistern im väterlichen Hauptquartier am Rhein gelebt und dort eine Miniaturuniform und kleine Soldatenstiefel getragen. Die Soldaten gaben ihm damals den Kosenamen Caligula („Stiefelchen"),[2] den er behielt, obwohl er ihn natürlich, als er heranwuchs, und vor allem nach seiner Thronbesteigung nicht mehr hören wollte.

In den ersten sechs Monaten seiner Regierung sah es ganz so aus, als dürfe man auf die Verwirklichung der großen Erwartungen, die sich an ihren Beginn geknüpft hatten, hoffen. Im Oktober 37 n. Chr. wurde der Kaiser jedoch ernstlich krank, und als er genas, konstatierte man einen Wandel seines Charakters. Josephus schildert die Großmut und Mäßigung, die er am Anfang seiner Regierung zeigte, und die Beliebtheit, deren er sich erfreute, um dann festzustellen, daß ihm die Größe seines Reiches „später derart den Kopf verwirrte, daß er in seiner Überhebung sich zum Gott machte".[3] Es besteht kein Zweifel, daß er immer mehr

---

[1] Suet. *Tib.* 76.
[2] Suet. *Gai.* 9.
[3] *ant. Iud.* XVIII, 256.

aus dem Gleichgewicht geriet, und als sein Wahnsinn unerträgliche Ausmaße annahm, wurde er, da man sich seiner auf legale Weise nicht zu entledigen vermochte, ermordet.

Am Beginn seines Prinzipats entließ Caligula den Herodes Agrippa aus dem Gefängnis, in das man ihn wegen Beleidigung des Tiberius eingesperrt hatte,[4] und überhäufte ihn zum Zeichen seiner immerwährenden Freundschaft mit Ehrungen. Er schenkte ihm nicht nur eine goldene Kette, die genausoviel wog wie die eiserne, an die man ihn jüngst gelegt hatte, sondern ernannte ihn auch zum Herrscher über das Gebiet, das sein Onkel Philipp bis zu seinem Tode im Jahre 34 n. Chr. als Tetrarch regiert hatte, sowie über das nördlicher gelegene Abilene, das vordem die Tetrarchie des Lysanias gewesen war, und verlieh ihm den Königstitel.[5]

Agrippas Schwester Herodias drängte daraufhin ihren Gatten Antipas, er möge den Kaiser bitten, auch *ihm* den Königstitel zu verleihen: habe er doch mehr als vierzig Jahre lang Galiläa und Peräa als Tetrarch für Rom regiert und sich die Mißgunst der Nachbarn dadurch zugezogen, daß er als getreuer Agent und Spitzel des Kaisers in jenem Teil des römischen Herrschaftsgebiets gewirkt habe. Wenn Antipas jetzt, am Ende seiner Tage, die Königswürde empfange, so sei das wahrlich nur eine geringe Entschädigung für die treuen und unangenehmen Dienste, die er Rom geleistet habe. Der Kaiser, der seinen verschwendungssüchtigen Zechkumpanen Agrippa ohne weiteres zum König gemacht habe, werde sicherlich einräumen, daß Antipas mit weitaus größerem Recht Anspruch auf diesen Titel erheben könne.

So argumentierte Herodias, doch Antipas, den Jesus nicht umsonst „diesen Fuchs" nannte,[6] hielt es für besser, keine schlafenden Hunde zu wecken. Herodias fuhr jedoch fort, in ihn zu dringen, und überredete ihn schließlich, gegen seine Überzeugung nach Rom zu fahren, um dort seine Bitte vorzutragen. Wie er gefürchtet hatte, brach ihm sein Ansinnen das Genick: er erhielt nicht, was er begehrte, sondern verlor alles, was er besaß. Endlich war nämlich für Agrippa der Augenblick gekommen, den er schon lange herbeigesehnt hatte, und er beeilte sich, den Kaiser brieflich gegen Antipas einzunehmen: dieser habe mit Sejan vor dessen Sturz im Jahre 31 n. Chr. konspiriert und schmiede derzeit mit Artabanus III. von Parthien finstere Ränke gegen Rom. Überdies

---

[4] Siehe Teil I, S. 34.
[5] Ios. *bel. Iud.* II, 181; *ant. Iud.* XVIII, 236 ff.
[6] Lk 13, 32.

halte er in seinem Waffenarsenal zu Tiberias Kriegsgerät für 70 000 Mann bereit.

Als Antipas den Kaiser in dessen Landhaus zu Baiae aufsuchte, war der Prinzeps gerade mit der Lektüre von Agrippas Brief beschäftigt. Davon aufblickend, fragte er Antipas, ob der Bericht über das Kriegsgerät im Zeughaus zu Tiberias zutreffe. Antipas mußte diese Frage bejahen und wurde auf der Stelle zur Verbannung nach Lyon verurteilt. Herodias teilte dem Kaiser mit, er beabsichtige, sie als die Schwester seines Freundes Agrippa und nicht als die Frau seines Feindes Antipas zu behandeln: sie könne ihre Habe behalten und weiterhin so leben, wie sie es gewohnt sei. Wie andere Frauen ihrer Familie machte Herodias das Maß ihrer Fehler voll: den Prinzeps mit Verachtung strafend, entgegnete sie lediglich, sie ziehe es vor, ihrem Gatten in die Verbannung zu folgen. So geschah es, und im Exil entschwinden Antipas und Herodias unseren Blicken. Antipas' Tetrarchie Galiläa und Peräa wurde samt seinem übrigen Besitz dem Agrippa übereignet (39 n. Chr.).[7]

Agrippas Charakter erscheint bis zu diesem Zeitpunkt wenig anziehend; seine Freundschaft mit Caligula sollte sich gleichwohl in einer Krise, die bald nach Antipas' Verbannung ausbrach, für die Juden als äußerst wertvoll erweisen.

2.

Die zahlreiche Judenschaft von Alexandrien in Ägypten lebte dort seit Generationen als von einem eigenen Senat (*gerousia*) unter der Leitung eines Ethnarchen verwaltete Gemeinde (*politeuma*) innerhalb des größeren städtischen Gemeinwesens.[8] Wir wissen nicht genau, wie ihre Lage beschaffen war, da die jüdischen Apologeten wie Philo und Josephus dazu neigen, die den alexandrinischen Juden seit alters eingeräumten Privilegien zu übertreiben, doch schloß die Zugehörigkeit zur Judenschaft anscheinend nicht zwangsläufig die Mitbürgerschaft mit den in der Stadt lebenden Griechen ein. Ja, die meisten alexandrinischen Juden dürften mit ihrem Status durchaus zufrieden gewesen sein und gar nicht nach größerer Gemeinschaft mit ihren griechischen Nachbarn gestrebt haben, da sie dann in stärkerem Maße mit heidnischen

---

[7] Ios. *bel. Iud.* II, 182 f.; *ant. Iud.* XVIII, 240 ff.

[8] *Aristeas-„Brief"* 310 (vgl. Ios. *ant. Iud.* XII, 108); Phil. *Flacc.* 74. Vgl. E. M. Smallwood, *Philonis Alexandrini Legatio ad Gaium*, Leiden 1961, S. 5 ff.

Praktiken in Berührung gekommen wären, als es gesetzestreuen Juden lieb sein konnte. Einige vornehme Juden der Stadt gehörten allerdings beiden *politeumata* an, wie Philos Bruder Alexander, der in Alexandrien das Amt des Vorstehers mit dem Recht zur Steuer- und Zollerhebung (*arabarchēs* oder *alabarchēs*) bekleidete. Andere ehrgeizige Angehörige der alexandrinischen Judenschaft, speziell (vermutlich) solche, die für eine Angleichung an die griechische Umwelt eintraten, vertraten jedoch den Standpunkt, sie hätten Anspruch auf die Zuerkennung des vollen Bürgerrechts, auch wenn sie keineswegs bereit waren, alle damit verbundenen gesellschaftlichen Pflichten auf sich zu nehmen.

Unter den Ptolemäern lebten die Juden und Griechen von Alexandrien in Eintracht zusammen. Die Umstände, die zur Annexion Ägyptens durch Rom führten, mußten die Beziehungen zwischen ihnen jedoch zwangsläufig vergiften; die Juden ergriffen nämlich für Rom Partei und zogen aus der Einverleibung Ägyptens ins Römische Reich nach der Schlacht bei Actium (31 n. Chr.) und dem Selbstmord der Kleopatra, der letzten ptolemäischen Monarchin (30 n. Chr.), Vorteil. Während die Römer die Privilegien der alexandrinischen Judenschaft bestätigten, hatten sie für die dortigen Griechen großenteils nur Verachtung übrig.[9] Diejenigen Alexandriner, die die römische Herrschaft am schärfsten mißbilligten, waren in der Regel auch antijüdisch eingestellt. Zu ihnen zählte ein Lehrer namens Apion, dessen Schmähschriften gegen das jüdische Volk mehrere Jahrzehnte später Josephus zur Abfassung seines Traktats *Gegen Apion* veranlaßten. In dieser Situation mußte jede Maßnahme, die darauf abzielte, der alexandrinischen Judenschaft weitere Privilegien zuzubilligen, auf scharfen Widerstand stoßen.

Im Jahre 32 oder 33 n. Chr. wurde Aulus Avillius Flaccus von Tiberius als Präfekt von Ägypten nach Alexandrien entsandt.[10] Die ersten Jahre seiner Statthalterschaft verliefen, von einigen Zusammenstößen mit alexandrinischen „Nationalisten", unter deren Anführern Isidor und Lampo sich einen Namen machten, abgesehen, einigermaßen ruhig. Nach Caligulas Thronbesteigung schien Flaccus' Stellung indes gefährdet, hatte er doch einige Jahre zuvor die Mutter des Prinzeps angeklagt, die 29 n. Chr. nach der Insel Pandateria verbannt wurde, wo sie drei Jahre später den Hungertod starb. Solange sein Freund Macro Prätorianerpräfekt blieb, konnte sich Flaccus einigermaßen sicher fühlen, doch als jener plötzlich anfangs 38 n. Chr. einer Laune des Kaisers zum Opfer

[9] Vgl. Cic. *Rab. Post.* 35.
[10] Zum folgenden vgl. Phil. *Flacc.* passim.

fiel, war es um Flaccus' Seelenruhe geschehen. Vielleicht hatte er sogar erfahren, daß Caligula versucht hatte, Macro kurz vor dessen Hinrichtung in Sicherheit zu wiegen, indem er ihn anstelle von Flaccus zum Präfekten von Ägypten ernannte.

Die ständige Angst, in der Flaccus jetzt lebte, wirkte sich nachteilig auf seine Amtstätigkeit aus. So vergaß er beispielsweise, die Resolution, die die alexandrinische Judenschaft Caligula zu Ehren bei dessen Thronbesteigung abfaßte, nach Rom weiterzuleiten. Flaccus versprach, die Entschließung nebst einem Begleitbrief, in welchem er persönlich die Loyalität der Juden bezeugen wollte, dem Kaiser zuzusenden. Philo führt die Nichterfüllung seines Versprechens auf seine judenfeindliche Einstellung zurück, sie dürfte sich jedoch eher aus bloßer Zerstreutheit, hervorgerufen durch seine unsichere Lage, erklären, denn es besteht kein Grund, ihm irgendwelche antijüdischen Gefühle oder Maßnahmen zuzuschreiben, solange Macro noch lebte.

Nach Macros Tod traten die Führer der judenfeindlichen Bewegung unter den alexandrinischen Griechen an den Präfekten heran und erboten sich, ihn dem Prinzeps gegenüber in ein günstiges Licht zu setzen, falls er sich bereit erkläre, eine antijüdische Politik zu treiben. Der arme Flaccus willigte ein. Seine Maßnahmen beschränkten sich zunächst auf „Arbeit nach Vorschrift", wenn es sich um Juden handelte. Im Laufe der Zeit hatte man ihnen in Alexandrien zahlreiche Privilegien eingeräumt, die aber in den verschiedenen Gesetzen und Verordnungen, die ihren Status regelten, nicht ausdrücklich aufgeführt waren; Flaccus beschloß, den Juden gegenüber nunmehr streng nach den Buchstaben des Gesetzes zu verfahren.

In dieser gespannten Situation stattete Agrippa, der Freund des Kaisers, auf dem Wege nach Palästina, wo er die Herrschaft über das ihm im vorhergehenden Jahr von Caligula übertragene Königreich antreten wollte, Alexandrien einen Besuch ab (August 38 n. Chr.). Die alexandrinischen Juden sahen darin eine ihnen höchst willkommene Gelegenheit, sich über die schikanöse Behandlung zu beschweren, die Flaccus ihnen angedeihen ließ, und waren überzeugt, daß ihre Beschwerde an den Kaiser weitergeleitet würde. Was Flaccus betraf, so blieb ihm keine andere Wahl, als Agrippa öffentlich auf die ihm als König und Freund Caligulas gebührende Art und Weise willkommen zu heißen. All dies war Balsam für die Seelen der alexandrinischen Juden, während ihre Feinde Gift und Galle spien und den König in einer öffentlichen Demonstration verspotteten: Sie ergriffen einen stadtbekannten Narren namens Carabas, stülpten ihm eine nachgemachte Krone auf, gaben ihm ein

Stück Papyrus anstatt eines Szepters, hüllten ihn in eine Matte als Mantel und huldigten ihm im Gymnasium, indem sie laut *mari* oder *maran* schrien (aramäisch = „mein Herr" oder „unser Herr").[11]

Alle urteilsfähigen Leute in Alexandrien waren sich darüber klar, daß Agrippa diese öffentliche Schmähung als schwere Kränkung empfinden und daß Caligula diese Verhöhnung der seinem Freund verliehenen Königswürde nicht ungeahndet lassen würde. Angesichts der Stimmung des Stadtpöbels glaubten die führenden Männer und Flaccus selber jedoch, gute Miene zum bösen Spiel machen zu müssen. Flaccus erließ eine Proklamation, in der er die alexandrinischen Juden als Ausländer bezeichnete, die keine weiteren Rechte als die ihnen von Zeit zu Zeit ausdrücklich eingeräumten besäßen. Er befahl ihnen, sich sämtlich in den einen Stadtbezirk zu verfügen, der ihnen ursprünglich zugewiesen war, und ließ ihre Häuser in den anderen Stadtbezirken plündern. Die dortigen Synagogen wurden dem Erdboden gleichgemacht und die im jüdischen Bezirk gelegenen entweiht. Eine der beliebtesten Entweihungsmethoden bestand darin, in den Synagogen Kaiserbilder oder -bildsäulen aufzustellen; entfernten die Juden sie, so konnte man ihre Handlungsweise als Treulosigkeit gegenüber einem Prinzeps anprangern, der seine Göttlichkeit, wie man wußte, sehr ernst nahm. Es kam zu zahlreichen Ausschreitungen gegen einzelne Juden, die in der öffentlichen Auspeitschung von achtunddreißig jüdischen Ältesten während der Feier des Kaisergeburtstages am 31. August gipfelten.[12]

Danach ebbten die Unruhen allmählich ab, und Mitte Oktober wendete sich das Blatt, als eine Kompanie römischer Soldaten unter Führung eines Zenturio eintraf, der Befehl hatte, Flaccus zu verhaften und nach Rom zu schaffen. Der ehemalige Präfekt von Ägypten wurde dort vor Gericht gestellt und zur Verbannung auf die im Ägäischen Meer gelegene Insel Andros verurteilt, wo man ihn später hinrichtete. Die alexandrinischen Juden maßen der Tatsache, daß seine Verhaftung am Laubhüttenfest (des Jahres 38 n. Chr) erfolgte, große Bedeutung bei.[13] Nach seiner Entfernung konnten sie vermutlich nach und nach und ohne viel Aufhebens in ihre früheren Behausungen zurückkehren. Der neue Präfekt von Ägypten, C. Vitrasius Pollio, ordnete eine genaue Untersuchung des Ursprungs und Verlaufs der Unruhen an und gestattete danach zwei Delegationen — einer von fünf alexandrinischen Griechen (darunter

---

[11] Philo schreibt *marin* (*Flacc.* 39), was wie eine Vermischung von *mari* und *maran* aussieht.
[12] Phil. *Flacc.* 74.
[13] Phil. *Flacc.* 116.

Isidor und Apion) und einer anderen von fünf alexandrinischen Juden (unter der Führung von Philo) —, sich nach Rom zu begeben und ihre Sache dem Kaiser vorzutragen. Beide Gesandtschaften wurden je zweimal vorgelassen; vielleicht unternahm Caligula zwischen den beiden Audienzen seinen Zug nach Germanien und an den Ärmelkanal, zu dem er im September 39 n. Chr. aufbrach. Fest steht, daß die zweite Audienz im September 40 n. Chr. stattfand; inzwischen war jedoch ein Ereignis eingetreten, das den Kaiser wenig geneigt machte, jüdischen Loyalitätsbekundungen ein williges Ohr zu leihen.

3.

Die Stadt Jamnia in Westpalästina hatte eine heidnisch-jüdische Mischbevölkerung. Die Heiden errichteten, um Caligulas Germanienzug zu feiern, dem Kaiser zu Ehren einen Altar, der von einigen über diese heidnischen Götzendiener aufgebrachten einheimischen Juden niedergerissen wurde. Als Galigula, der nach seinem Germanienzug mehr denn je von seiner Göttlichkeit überzeugt war, hiervon erfuhr, wies er Publius Petronius, Vitellius' Nachfolger als Legat von Syrien (39—42 n. Chr.) an, mit einer Legionsstreitmacht nach Judäa zu marschieren und eine riesige Kaiserstatue im Jerusalemer Tempel aufzustellen.[14]

In seiner gewöhnlich *Die Gesandtschaft an Caligula* betitelten Schrift hat Philo einen Bericht über die beiden alexandrinischen Delegationen gegeben. Der Kaiser gewährte den beiden Gesandtschaften in den Gärten des Maecenas und des Lamia auf dem Esquilin in Rom, wo er gerade umfangreiche Änderungen an einer seiner Residenzen beaufsichtigte, gleichzeitig eine zweite Audienz. Die griechische Delegation warf den alexandrinischen Juden mangelnde Loyalität vor, hätten sie es doch am Beginn seines Prinzipats unterlassen, Dankopfer für die Genesung des Kaisers darzubringen; die Juden entgegneten, das sei eine glatte Lüge: ganze Brandopfer hätten sie für den Prinzeps dargebracht, nicht nur damals, sondern schon früher bei seiner Thronbesteigung und später in Erwartung seiner Siege in Germanien — nicht zu reden von den Opfern, die das jüdische Volk seit der Zeit des Kaisers Augustus zweimal täglich für den Prinzeps dargebracht habe. „Das mag wahr sein", erwiderte Caligula, „ihr habt geopfert, aber einem anderen Gott, wenn es auch für meine Person gewesen ist. Was hilft das, ihr habt ja nicht mir ge-

---

[14] Phil. *Gai.* 200—3.

opfert."[15] Die Audienz verlief ergebnislos, doch wurden die jüdischen Delegierten entgegen ihren Befürchtungen durchaus huldvoll vom Kaiser verabschiedet: „Sie scheinen mir weniger schlechte als armselige Menschen zu sein", meinte Caligula, „Dummköpfe, die nicht glauben wollen, daß mir eines Gottes Natur gehört."[16]

Beiden Delegationen wurde bedeutet, sie möchten sich nur gedulden, bis es dem Kaiser gefalle, sie zu einer weiteren Audienz zu bestellen. Inzwischen trat in Judäa die schon erwähnte Krise ein, eine Krise, wie man sie seit der Errichtung des Zeusaltars auf dem großen Jerusalemer Brandopferaltar durch Antiochus Epiphanes mehr als zweihundert Jahre zuvor nicht mehr erlebt hatte. Gemäß dem Befehl des Kaisers marschierte Petronius mit zwei Legionen südwärts, wurde indes in Ptolemais von jüdischen Abordnungen aufgehalten, denen auch Mitglieder der herodäischen Familie und andere einflußreiche Persönlichkeiten angehörten, welche ihm versicherten, die gesamte jüdische Nation werde sich wie ein Mann erheben und lieber untergehen als die Entweihung des Tempels durch die Kaiserstatue hinnehmen. Den Kundgebungen in Ptolemais folgten ähnliche in Tiberias. Obwohl Petronius der Gehorsam gegenüber jedem höheren Befehl zur zweiten Natur geworden war, ließ er sich von den Protesten der Juden doch beeindrucken und suchte zunächst Zeit zu gewinnen; er sandte dem Kaiser einen Brief, in dem er ihm vorschlug, bis zur Ernte der Kornfrucht und des Ertrags der Baumpflanzungen (des Jahres 40 n. Chr) zu warten, denn sonst würde das Volk die anstehenden Landarbeiten vernachlässigen oder vielleicht sogar im ganzen Land die Felder verwüsten und das Getreide anzünden. Caligula reagierte gereizt und bedeutete Petronius in einem Brief, die Errichtung und Weihung der Bildsäule habe absoluten Vorrang.[17]

Herodes Agrippa zeigte sich dieser schwierigen Situation durchaus gewachsen. Er war der einzige, der in der Lage war, Caligula von seiner törichten Politik abzubringen, und setzte alles daran, ihn umzustimmen.

Philo zufolge erfuhr Agrippa von Caligulas Vorhaben erstmals nach der Absendung des zweiten kaiserlichen Briefes an Petronius; Caligula selbst erzählte ihm davon, als er dem Kaiser wie üblich seine Aufwartung machte. Er erlitt einen Zusammenbruch (möglicherweise infolge einer Hirnblutung), von dem er sich erst nach mehreren Tagen erholte. Dann schrieb er dem Kaiser einen derart vorsichtigen, doch zugleich überzeu-

---

[15] Phil. *Gai.* 357.
[16] Phil. *Gai.* 367.
[17] Die Geschichte wird sowohl von Josephus *bel. Iud.* 184 ff., *ant. Iud.* XVIII, 261 ff. wie von Philo berichtet.

genden Brief, daß sich Caligula bereit erklärte, von seinem Vorhaben, seine Statue in Jerusalem aufzustellen, abzulassen. Der Prinzeps teilte dies Petronius in einem dritten Brief mit, fügte indes hinzu, daß, falls irgend jemand von seinen treuen Untertanen in Judäa außerhalb der Stadt Jerusalem den Wunsch haben sollte, Caligulastatuen oder -bilder aufzustellen oder ihm zu Ehren Opferaltäre zu errichten, er dies unbehindert tun dürfe und jeder Versuch, sie zu beseitigen, nicht nur mit dem Tode zu bestrafen sei, sondern auch die unwiderrufliche Aufstellung seiner Bildsäule in Jerusalem zur Folge haben werde.[18]

Josephus verwendet dagegen ein bekanntes Erzählmotiv, wenn er berichtet, Agrippa habe sein Ziel durch die Ausrichtung eines üppigen Gastmals für Caligula erreicht; dieses entzückte seinen hohen Gast derart, daß er Agrippa fragte, ob er ihm einen Wunsch erfüllen könne.[19] Agrippa bat ihn, von seinem Plan, seine Bildsäule in Jerusalem aufzustellen, abzulassen. Caligula war von dieser Bitte gar nicht erbaut, konnte sie ihm aber schlecht abschlagen und schickte Petronius einen Brief, durch den er seinen Befehl widerrief.

Philos und Josephus' Berichte über Agrippas Intervention weichen zwar in Einzelheiten voneinander ab, doch stimmen beide darin überein, daß Agrippa es war, der Caligula veranlaßte, seinen Plan nicht weiterzuverfolgen.

Caligulas Brief an Petronius, mit dem er seinen Befehl widerrief, kreuzte sich mit einem Schreiben des Letztgenannten an den Kaiser. Weitere dringende Vorstellungen führender Persönlichkeiten in Judäa bei Petronius ließen keinen Zweifel darüber aufkommen, daß die Ausführung des kaiserlichen Befehls einen Krieg heraufbeschwören mußte, in welchem das ganze Land der Verwüstung anheimfallen würde. Petronius sandte daher dem Kaiser einen weiteren Brief, in dem er ihn hierauf hinwies und hinzufügte, daß die Provinz dann natürlich als Einnahmequelle ausfallen würde. Als Caligula diesen Brief empfing, brach er in Zorn aus und forderte Petronius unter Androhung der Todesstrafe auf, die einzig ehrenvollen Konsequenzen aus seiner Gehorsamsverweigerung zu ziehen und sich selbst zu richten.[20]

Zu seinem Glück erreichte Petronius dieser letzte Brief des Caligula infolge stürmischen Wetters erst nach drei Monaten. Siebenundzwanzig Tage vor seiner Ankunft gelangte die Nachricht nach Syrien, daß Cali-

---

[18] *Gai.* 261 ff.
[19] *ant. Iud.* XVIII, 289 ff. Bezüglich des Motivs vergleiche man hiermit die Geburtstagsfeier des Herodes Antipas in Mk 6, 21 ff.
[20] Ios. *ant. Iud.* XVIII, 302 ff.

gula am 24. Januar 41 n. Chr. einem Attentat zum Opfer gefallen sei.[21] Wenn diese Mitteilung ebenso lange nach Syrien unterwegs war wie die Nachricht vom Tode des Tiberius vier Jahre zuvor,[22] dann traf sie gegen Ende Februar dort ein; Petronius empfing dagegen erst Ende März die Aufforderung, Selbstmord zu begehen, und da konnte er sie ohne weiteres ignorieren.

Caligulas Ermordung war die Frucht einer von einflußreichen Feinden des Kaisers im Winter 40/41 n. Chr. angezettelten Verschwörung. Zu ihnen zählte auch ein Prätorianerpräfekt, und es waren Militärtribunen der Garde, die den Anschlag ausführten. Einige der Verschwörer gaben sich, wie die Mörder Julius Caesars achtundvierzig Jahre zuvor, der Illusion hin, die Beseitigung des „Tyrannen" werde automatisch die Wiederherstellung der Freiheit mit sich bringen, und der römische Senat werde erneut die Regierungsgeschäfte übernehmen. Der Senat vermochte jedoch lediglich die Tötung der Witwe Caligulas und seiner jungen Tochter zu veranlassen. Die Prätorianergarde machte ihm klar, wer die Macht in Händen hielt, indem sie Caligulas Onkel Claudius, einen Angehörigen des Kaiserhauses, den man wegen seines pedantischen Wesens und seiner ungelenkten Bewegungen (er hatte möglicherweise an spinaler Kinderlähmung gelitten) bisher nicht recht ernst genommen hatte, als ihren neuen Prinzeps ausrief. Am darauffolgenden Tag sah sich der Senat genötigt, die Wahl der Prätorianeroffiziere zu bestätigen, und eine der ersten Regierungsmaßnahmen des neuen Kaisers bestand darin, daß er einige Senatsmitglieder in seine neue Residenz auf dem Palatin rief und sie veranlaßte, gemeinsam mit ihm das Todesurteil über Cassius Chaerea, den Tribunen, der den ersten Streich gegen Caligula geführt hatte, zu fällen.[23]

Herodes Agrippa, der damals gerade in Rom weilte, vergaß nicht, was Caligula für ihn getan hatte, und erwies seinem Leichnam die letzte Ehre, und zwar zu einer Zeit, da andere dazu zu feige waren.[24] Doch waren die Juden im allgemeinen — besonders in Alexandrien und Judäa — erleichtert, als sie die Nachricht von Caligulas Tod empfingen. Jene schrecklichen Wochen, als es so aussah, als vermöge ihn nichts daran zu hindern, seine Drohung wahrzumachen und seine Statue im Jerusalemer Tempel aufzustellen, waren noch nicht aus ihrem Gedächtnis

---

[21] Ios. *bel. Iud.* 203; Suet. *Gai.* 58.
[22] Siehe Teil I, S. 35.
[23] Ios. *ant. Iud.* XIX, 15—273 beschreibt Caligulas Tod und Claudius' Regierungsantritt mit großer Ausführlichkeit.
[24] Ios. *ant. Iud.* XIX, 237.

geschwunden, und einige Apokalyptiker verkündeten, Caligulas Versuch und der von Antiochus Epiphanes im zweiten Jahrhundert v. Chr. verübte Greuel biete ein Beispiel für das, was in der Bedrängnis der Endzeit bevorstehe. Wahrscheinlich dachte Philo an Antiochus' Schandtat, als er schrieb, Caligula habe Anstalten getroffen, den Jerusalemer Tempel in ein Heiligtum für seine Person umzuwandeln, das seinen Namen, den des „Neuen Zeus Epiphanes", tragen solle.[25] (Antiochus IV. behauptete, er sei der olympische Zeus in offenbarer Gestalt; auf einigen seiner Münzen trägt er dessen Züge.)

Sehr wahrscheinlich während dieser Zeit der Bedrängnis 40 n. Chr. brachte eine Anzahl judäischer Christen erstmals in schriftlicher Form eine Sammlung bestimmter Jesusworte in Umlauf, die nach ihrer Ansicht für die damalige Krise von unmittelbarer Bedeutung waren. „Wenn ihr aber den Greuel der Verwüstung[26] stehen seht, wo er nicht sollte", hatte Jesus gesagt, „dann sollen die in Judäa ins Gebirge fliehen; wer auf dem Dach ist, soll nicht hinabsteigen und nicht hineingehn, um etwas aus seinem Haus zu holen, und wer auf dem Feld ist, soll nicht zurückkehren, um seinen Mantel zu holen ... Denn jene Tage werden eine Drangsal sein, wie von Anfang der Schöpfung an, die Gott erschaffen hat, bis jetzt keine solche gewesen ist und keine sein wird" (Mk 13, 14—19).[27] Zu dem hier erwähnten „Greuel der Verwüstung" (in Daniels Weissagungen und im ersten Makkabäerbuch 1, 54 die Bezeichnung für den Zeusaltar des Antiochus) fügte der Sammler die Parenthese hinzu: „wer es liest, der merke auf!" — das heißt, er merke auf, daß Jesu Prophezeiung sich demnächst erfüllen wird. Und um dies noch unmißverständlicher zu machen, setzte er sich sogar über die grammatischen Regeln hinweg und personifizierte den Greuel der Verwüstung: nicht so sehr die Statue sollte verehrt werden als vielmehr der Kaiser, den sie abbildete.[28] Jesu Prophezeiung sollte sich im Jahre 40 n. Chr. dann doch nicht erfüllen, aber eine Generation später erinnerte man sich seiner Worte aufs neue und gab ihnen eine neue Deutung, als nämlich die heilige Stätte tatsächlich zum Schauplatz götzendienerischer Praktiken wurde.[29]

---

[25] *Gai.* 346; vgl. 197, 281.
[26] Gr. *to bdelygma tēs erēmōseōs.* Siehe Teil I, S. 8 mit Anm. 5.
[27] Siehe G. R. Beasley-Murray, *Jesus and the Future,* London 1954, S. 172 ff.; *A Commentary on Mark Thirteen,* London 1957, S. 54 ff., 59 ff.
[28] In Mk 13, 14 ist das Partizip *estēkota* männlich, obwohl es sich auf das sächliche Hauptwort *bdelygma* bezieht (in der parallelen Stelle Mt 24, 15 ist das Partizip sächlich). Siehe S. 110.
[29] Siehe S. 188, Anm. 56.

FÜNFTES KAPITEL

Herodes Agrippa, König der Juden

Kaiser Claudius und Herodes Agrippa kamen im selben Jahr zur Welt (11—10 v. Chr.) und kannten sich seit ihrer Kindheit. Als Agrippas Vater Aristobul im Jahre 7 v. Chr. hingerichtet wurde, schickte man den Knaben mit seiner Mutter Berenike (der Tochter der Herodesschwester Salome und ihres idumäischen Gatten Kostobar) nach Rom. Berenike wurde eine enge Freundin der Mutter des Claudius, Antonia (der Tochter des Antonius und der Augustusschwester Octavia), und Agrippa wuchs in engem und freundschaftlichem Kontakt zur kaiserlichen Familie, vor allem mit seinem Altersgenossen Claudius, auf.

Eine der ersten Handlungen des Claudius nach seiner Thronbesteigung war die Eingliederung Judäas in Agrippas Königreich, dessen Herrschaftsgebiet damit fast die gleiche Ausdehnung erhielt wie das seines Großvaters.[1] Gleichzeitig verlieh er Agrippa den Rang eines Konsuls (den Rang eines Prätors hatte ihm vier Jahre zuvor der römische Senat zuerkannt) und setzte Agrippas Bruder Herodes zum Herrscher über das Königtum Chalkis im Libanon ein.[2] Wenn Claudius die Herrschaft über Judäa einem jüdischen König übergab, so tat er dies zweifellos auch aus Dankbarkeit gegen seinen Freund Agrippa, der ihm in der schwierigen Situation nach Caligulas Ermordung zur Seite gestanden hatte, in der Hauptsache jedoch, weil ihm aufgrund der jüngsten Unruhen in Judäa klar geworden war, daß das Interesse Roms die Regierung der Juden durch einen der Ihren, der ihre religiösen Anliegen verstand, gebot. Es war dies ein sehr kluger Schachzug des Kaisers — ein noch geschickterer als die Ernennung Herodes' des Großen zum König der Juden im Jahre 40 v. Chr., war Agrippa doch, anders als sein Großvater, bei seinen Untertanen durchaus beliebt. Gewiß, er war ein Herodes, aber bedeutungsvoller war in ihren Augen die Tatsache, daß er durch seine unglückliche Großmutter, Mariamne, Hasmonäer war.

Eine in der Mischna berichtete Erzählung veranschaulicht, wie das Volk über ihn dachte. Laut 5 Mo 31, 10 f. muß nach einem Sabbatjahr beim herbstlichen Laubhüttenfest das deuteronomische Gesetz am Zen-

---

[1] *bel. Iud.* II, 214; *ant. Iud.* XIX, 274.
[2] *bel. Iud.* II, 217; *ant. Iud.* XIX, 277.

tralheiligtum dem versammelten Volk vorgelesen werden. Im Oktober des Jahres 41 n. Chr. (fünfzehn Tage nach dem Ende des Sabbatjahres 40/41 n. Chr.) unterzog sich demgemäß Agrippa als König der Juden am Sukkoth dieser Pflicht. Eine hölzerne Tribüne wurde im Tempelvorhof aufgestellt und ein Thron darauf errichtet. Agrippa erhob sich, um vom Hohenpriester das Gesetz entgegenzunehmen, setzte sich aber nicht hin, wie es dem König gestattet war, um die vorgeschriebenen Passagen daraus vorzulesen, sondern verlas sie stehend. Als er zum „Königsgesetz" (5 Mo 17, 14—20) kam, brach er bei Vers 15 — „Du sollst aus deinen Brüdern einen zum König über dich setzen; du darfst nicht einen Ausländer, der nicht dein Bruder ist, über dich setzen" — in Tränen aus, denn er dachte an seine idumäische Abkunft. Doch das Volk rief aus: „Fürchte dich nicht; du bist unser Bruder, du bist unser Bruder!" — wobei es an seine hasmonäische Abkunft durch Mariamne dachte.[3]

Agrippas Entschluß, das Gesetz stehend zu verlesen, veranschaulicht seine ehrerbietige Haltung gegenüber den religiösen Gefühlen seiner jüdischen Untertanen, und die Weisen in Israel waren denn auch voll des Lobes über ihn. In der Tosefta und im Babylonischen Talmud wird jedoch dazu angemerkt, ein Rabbi habe gelehrt, Israel sei zur Strafe dafür, daß es Agrippa derart geschmeichelt habe, zerstört worden.[4]

Agrippas Respektbezeigung für die Thora war nur eine von vielen frommen Handlungen, die die religiösen Führer in Israel ihm zur Gerechtigkeit rechneten. Früher schon hatte er die goldene Kette, die genauso viel wog wie die eiserne, mit der man ihn auf Tiberius' Geheiß gefesselt hatte, das Geschenk Caligulas bei dessen Thronbesteigung, im Tempel aufhängen lassen.[5] Als er später als König von Judäa in Jerusalem einzog, brachte er Dankopfer im Tempel dar und übernahm die Kosten für mehrere Nasiräer, deren Gelübde abliefen und bei deren Haarschur die vorgeschriebenen Opfer dargebracht werden mußten.[6]

---

[3] Mischna, *Sotah* 7, 8. Nach dem Gesetz über den Eintritt in die Gemeinde (5 Mo 23, 7 f. — „Nachkommen, die ihnen im dritten Geschlecht geboren werden") konnte er selbst als Abkömmling von Idumäern jetzt als ihr „Bruder" anerkannt werden. Mischna, *Bikkurim* 3, 4 zufolge trug er am Erstlingsfest wie jeder Jude seinen Korb auf der Schulter in den Tempelvorhof.

[4] Tosefta, *Sotah* 7, 16; bT *Sota* 41b. Es ist unwahrscheinlich, daß diese Klage mit der des Pharisäers Simon im Zusammenhang steht, von der Josephus *ant. Iud.* XIX, 332 ff. berichtet; nach Simon hätte man Agrippa aus dem Tempel ausschließen müssen, weil er sich eine rituelle Verunreinigung zugezogen hatte.

[5] Ios. *ant. Iud.* XIX, 294 f.

[6] Ios. *ant. Iud.* XIX, 294. Als Paulus 57 n. Chr. nach Jerusalem kam, empfahl man ihm etwas Ähnliches, damit jeder sehen könne, daß er (entgegen den

Außerhalb der rein jüdischen Gebiete seines Reiches und der unmittelbar daran angrenzenden Territorien ließ sich Agrippa jedoch ebensowenig von jüdisch-religiösen Bedenken zurückhalten wie vor ihm sein Großvater. Während die unter seiner Regierung in Jerusalem geprägten Münzen kein Bild aufweisen, tragen die in Cäsarea und anderwärts geschlagenen entweder sein Bild oder das des Kaisers.[7] In Cäsarea wurden Bildsäulen von Angehörigen seiner Familie aufgestellt.[8] Besonders freigiebig mit Geschenken erzeigte Agrippa sich gegen die Einwohner von Berytus (Beirut); er ließ dort ein Theater, ein Amphitheater, Bäder und Säulenhallen bauen und zur Einweihung dieser Bauwerke Schaustücke aufführen und Wettkämpfe ausfechten, die ganz und gar nicht den jüdischen Frömmigkeitsnormen entsprachen.[9]

All dies scheint seiner Beliebtheit bei seinen jüdischen Untertanen jedoch keinen Abbruch getan zu haben. Nach fünfunddreißigjähriger Regierung durch römische Beamte war es zu schön, endlich wieder einen jüdischen König zu haben, als daß man sich — von einigen extrem Rechtgläubigen vielleicht abgesehen — an seiner Anpassung an heidnische Sitten in heidnischen Städten gestoßen hätte. Er trug im allgemeinen ein liebenswürdiges Naturell zur Schau und erließ den Jerusalemer Hausbesitzern einen Teil der ihnen seit alters auferlegten Steuern.[10] Am wenigsten schätzten ihn seine heidnischen Untertanen, trotz der großzügigen Schenkungen, die er ihren Städten zukommen ließ; als er im Jahre 44 n. Chr. starb, brachten die Einwohner von Cäsarea und Sebaste ihre Freude über den Tod des ungeliebten Herrschers in lautstarken Umzügen zum Ausdruck.[11]

Zu seinen Vorrechten als König der Juden gehörte das Recht, das Amt des Hohenpriesters zu vergeben; in den drei Jahren seiner Regierung in Judäa setzte er drei Hohepriester ab und drei ein.[12]

Er heiratete eine Cousine ersten Grades, Kypros, eine Tochter der Voll-

---

umlaufenden Gerüchten) ein gesetzesstrenger Jude sei (Apg 21, 23 ff.); siehe S. 158 f.

[7] Vgl. J. Meyshan, „The Coinage of Agrippa the First", *IEJ* 4 (1954), S. 186 ff. Seine bildnislosen Münzen tragen zumeist die Inschrift *Basileōs Agrippa* („des Königs Agrippa"); einige seiner cäsariensischen Münzen, die sein Bildnis tragen, bezeichnen ihn als *Basileus megas Agrippas Philokaisar* („Der große König Agrippa, Freund des Caesar").

[8] Ios. *ant. Iud.* XIX, 357.

[9] Ios. *ant. Iud.* XIX, 335 ff.

[10] Ios. *ant. Iud.* XIX, 299.

[11] Ios. *ant. Iud.* XIX, 356 ff.

[12] Siehe Teil I, S. 69.

schwester seines Vaters, Salampsio (die ihren Vetter ersten Grades Phasael geheiratet hatte); sie schenkte ihm einen Sohn, den jüngeren Agrippa, und drei Töchter: Berenike, die ihren Onkel Herodes von Chalkis heiratete, Mariamne, die einen gewissen Julius Archelaus, Sohn des Hilkia, heiratete, und Drusilla, der wir später als der Frau des Prokurators Felix begegnen werden.[13]

Die einzige Bezugnahme auf Agrippa im Neuen Testament betrifft seine feindselige Haltung zur Jerusalemer Kirche. Er erscheint in Apg 12, 1 ff. als „der König Herodes", der einen der zwölf Apostel, den Zebedäussohn Jakobus, hinrichten und einen weiteren, Petrus, einkerkern ließ. Die Zeugnisse, die für die These angeführt werden, Jakobus' Bruder Johannes habe damals das gleiche Schicksal erlitten, sind allzu dürftig und vermögen das Gewicht nicht zu tragen, das einige Forscher ihnen beigemessen haben.[14] Petrus verdankte sein Leben der Entscheidung Agrippas, seine öffentliche Hinrichtung bis nach dem Fest der ungesäuerten Brote aufzuschieben. Noch vor Ablauf der Festwoche entkam der Apostel aus dem Gefängnis, und zwar unter Umständen, die in Agrippas Augen den Verdacht nahelegten, er habe Helfer unter den Wächtern gehabt.

Lukas zufolge ließ Agrippa Petrus gefangennehmen, weil „er sah, daß es den Juden gefiel"[15] (Apg 12, 3). Während man die Apostel wenige Jahre zuvor bei der Unterdrückungskampagne, die nach der Hinrichtung des Stephanus einsetzte, unbehelligt gelassen hatte, bildeten sie jetzt offenbar die Hauptangriffsziele. Lukas' Bericht, nach dem sich Petrus kurz zuvor mit Einwilligung seiner Mitapostel in Cäsarea mit Heiden verbrüdert hatte, bietet eine hinreichende Erklärung für ihre plötzliche Unbeliebtheit bei vielen Juden, deren Achtung sie zuvor genossen hatten. Von diesem Zeitpunkt an erscheint der Herrenbruder Jakobus, der als

---

[13] Apg 24, 24. Siehe S. 147.

[14] Abgesehen von der Ansicht, die auf Mk 10, 39 verweist, vgl. E. Schwartz, „Über den Tod der Söhne Zebedaei", *Abh. d. kgl. Gesellschaft d. Wissenschaften zu Göttingen*, phil.-hist. Kl., N. F., Bd. 7, Nr. 5 (1904); „Noch einmal der Tod der Söhne Zebedaei", *ZNTW* 11 (1910), S. 89 ff.; der Beweis wird aus dem Bruchstück der Weltchronik des Philipp von Side (etwa 450 n. Chr.) abgeleitet (C. de Boor, TU), wonach „Papias in seinem zweiten Buch angibt, Johannes und sein Bruder Jakobus seien von Juden getötet worden" (vgl. die Angabe des Georgios Hamartolos [9. Jh.] nach dem *Codex Coislinianus* 305, daß „Johannes des Märtyrertums für würdig befunden wurde, denn Papias gibt im zweiten Buch seiner *Herrenworte* an, er sei von den Juden getötet worden"). Was Papias wirklich sagte, können wir erst erfahren, wenn seine seit langem verlorene *Erklärung der Herrenworte* wiedergefunden wird.

[15] Vielleicht spezieller den oberpriesterlichen Familien.

gesetzesstrenger Jude in Jerusalem in hohem Ansehen stand, als maßgebender Führer der Jerusalemer Kirche.[16]

In der unweit von Agrippas Nordgrenze gelegenen phönizischen Hafenstadt Dora ereignete sich um das Jahr 42 ein ähnlicher Vorfall wie jener, der unter der Regierung des Kaisers Caligula zu einer schweren Krise geführt hatte. Einige Jugendliche stellten in der Synagoge dieser Stadt ein Bild des Claudius auf. Agrippa legte bei Petronius, in dessen Provinz Dora lag, Protest dagegen ein, und Petronius ließ die Übeltäter gemäß dem Edikt, durch das Claudius bei seiner Thronbesteigung die Rechte der alexandrinischen Judenschaft garantierte, streng bestrafen.[17]

Kurze Zeit danach wurde C. Vibius Marsus anstelle von Petronius zum Legaten von Syrien ernannt (42—44 n. Chr.). Agrippas Beziehungen zu ihm gestalteten sich nicht günstig, und Marsus sah sich zweimal genötigt, den König daran zu hindern, etwas zu tun, was den Interessen Roms zuwiderzulaufen schien.

Marsus' erste Intervention betraf die „dritte Mauer", die Agrippa nördlich der Stadt Jerusalem — ungefähr dort, wo heute die Nordmauer der Altstadt verläuft — aufführen ließ, um die nördlich des Tempelbezirks gelegene Vorstadt Besetha einzufriedigen. Marsus argwöhnte, die Stärke und Höhe dieser Mauer sei geeignet, bei der Jerusalemer Bevölkerung den Römern unerwünschte Unabhängigkeitsbestrebungen zu fördern, und wies Agrippa an, den Bau einzustellen.[18]

Marsus' zweite Intervention erfolgte aus Anlaß einer Zusammenkunft von Klientelkönigen, die Agrippa nach Tiberias einberufen hatte und die dort zweifellos Fragen von gemeinsamem Interesse erörtern sollte. Es erschienen dort die Könige von Kommagene, Emesa, Kleinarmenien und Pontus sowie Agrippas Bruder Herodes von Chalkis und Agrippa selber. Die Zusammenkunft hatte kaum begonnen, als Marsus in Tiberias eintraf und den Königen befahl, sich unverzüglich auf die Heimreise zu begeben.[19]

Agrippas Tod erfolgte unter dramatischen Umständen, die sowohl Lukas wie Josephus berichten; jeder von beiden erwähnt Einzelheiten, die der andere übergeht, doch stimmen sie in den Haupttatsachen überein.[20] Mag sein, daß Agrippa die Phönizier durch seine Einmischung in

---

[16] Vgl. Apg 12, 17; Gal 2, 2.
[17] Ios. *ant. Iud.* XIX, 300 ff.
[18] Ios. *ant. Iud.* XIX, 326 f.
[19] Ios. *ant. Iud.* XIX, 338 ff.
[20] Apg 12, 20 ff.; Ios. *ant. Iud.* XIX, 343 ff.

die Vorgänge in Dora verärgert hatte, doch da sie, wie schon ihre Vorfahren tausend Jahre zuvor in den Tagen Hirams und Salomos,[21] ihre Nahrungsmittel aus den fruchtbaren Bezirken von Galiläa bezogen, konnten sie sich einen längeren Streit mit Agrippa nicht leisten. Sie baten daher den Kammerherrn des Königs, zwischen ihnen und Agrippa zu vermitteln, und begaben sich zwecks öffentlicher Bekundung ihrer Versöhnung mit letzterem zu den Festspielen, die zu Ehren des Kaisers in Cäsarea veranstaltet wurden — vermutlich die Geburtstagsfeierlichkeiten für Claudius am 1. August.[22] (Nach anderer Vermutung handelte es sich um das alle fünf Jahre dem Kaiser zu Ehren veranstaltete Fest, das Herodes der Große aus Anlaß der Gründung von Cäsarea dort am 5. März 9 v. Chr. ins Leben gerufen hatte[23] — doch wäre das Jahr 44 n. Chr. kein solches fünftes Jahr gewesen.) Josephus schildert, wie der König am zweiten Tag der Spiele frühmorgens im Theater seinen Platz einnahm, mit einem ganz aus Silber gewirkten Gewand angetan, das, von den ersten Strahlen der Sonne getroffen, aufleuchtete, so daß die (natürlich heidnische) Menge ihn Gott nannte.[24] Lukas zufolge hielt er von seinem Thron aus eine Rede an die phönizischen Delegierten, die ihm begeistert zuriefen: „Eines Gottes Stimme und nicht eines Menschen!" (Apg 12, 23). Beide Autoren berichten übereinstimmend, in diesem Augenblick hätten ihn rasende Schmerzen überfallen, und führen dies auf die Nichtablehnung der ihm von der Menge erwiesenen göttlichen Ehren zurück.[25] Er wurde sofort in seinen Palast gebracht, wo er fünf Tage später verschied. Als Todesursache hat man gewöhnlich Bauchfellentzündung infolge Blinddarmdurchbruchs angenommen,[26] obschon noch verschiedene andere Diagnosen zur Diskussion gestellt wurden. Der Tod

---

[21] 1 Kö 5, 9 ff.

[22] Suet. *Claud.* 2, 1.

[23] Vgl. E. Meyer, *Ursprung und Anfänge des Christentums*, III, Stuttgart 1923, S. 167. Für die Gründung von Cäsarea siehe Ios. *ant. Iud.* XVI, 136.

[24] Vgl. die fesselnde, aber nicht überzeugende Deutung der Erzählung von J. Morgenstern, „The Chanukkah Festival and the Calendar of Ancient Israel", *HUCA* 20 (1947), S. 1 ff., besonders S. 89 f., Anm. 167; „The King-God among the Western Semites and the Meaning of Epiphanes", *VT* 10 (1960), S. 138 ff., besonders S. 156 ff.

[25] Josephus berichtet, wie eine Eule, die ihm einst als Glücksbote erschienen sei, als Tiberius ihn hatte in Ketten legen lassen (*ant. Iud.* XVIII, 195), jetzt als Unglücksbote erneut erschien (*ant. Iud.* XIX, 346).

[26] So E. M. Merrins, „The Deaths of Antiochus IV, Herod the Great, and Herod Agrippa I", *Bibliotheca Sacra* 61 (1904), S. 561 f. J. Meyshan, „The Coinage of Agrippa the First", *IEJ* 4 (1954), S. 187, Anm. 2 (vgl. *PEQ* 92 [1960], S. 86 f.) schlägt Vergiftung mit Arsen (auf Befehl von Rom) vor, während A. R. Short, *The Bible and Modern Medicine*, London 1953, S. 66 ff. ver-

des vierundfünfzigjährigen Agrippa war eine Tragödie für Judäa; hätte er das Alter seines Großvaters erreicht, dann wären dem Land die Katastrophen der darauffolgenden Jahrzehnte möglicherweise erspart geblieben. Claudius schloß sich der Auffassung seiner Ratgeber an, die ihm vorschlugen, Agrippas Reich lieber nicht dem siebzehnjährigen Sohn des Königs zu geben; sie glaubten, ihm wegen seines jugendlichen Alters die Regierung eines so schwierigen Reiches wie Judäa nicht anvertrauen zu dürfen. Er hätte diese verantwortungsvolle Aufgabe indessen schwerlich noch schlechter erfüllen können als die Prokuratoren, die als Nachfolger seines Vaters eingesetzt wurden. Als „Trostpflaster" erhielt der jüngere Agrippa beim Tode seines Onkels Herodes im Jahre 48 das Königreich Chalkis.[27]

---

mutet, daß er an Darmverschluß starb, und ein Kollege von der medizinischen Fakultät der Universität Sheffield in einer Privatmitteilung die Ansicht vertritt, daß es sich um eine Echinococcusblase handelte.

[27] Ios. *bel. Iud.* II, 223; *ant. Iud.* XX, 104.

SECHSTES KAPITEL

Die Frühzeit des Heidenchristentums

1.

Die in Nordsyrien am Orontes gelegene Stadt Antiochien wurde im Jahre 300 v. Chr. von Seleukus Nikator, dem ersten Seleukidenherrscher, gegründet. Ihre Bevölkerung umfaßte von frühester Zeit an auf der einen Seite Griechen und Mazedonier und auf der anderen Syrer, sowie jüdische Veteranen aus Seleukus' Heer, die in der Umgebung der Stadt Land bekamen und sich dort niederließen. Antiochien bildete somit seit dem Beginn der jüdischen Zerstreuung eines ihrer Zentren, und die jüdische Bevölkerung wuchs im Laufe der Jahre rapide an, besonders nach 200 v. Chr., als Judäa ins Seleukidenreich eingegliedert wurde, dessen Regierungssitz sich in Antiochien befand.[1] Sein Seehafen war das an der Mündung des Orontes gelegene Seleukeia Pieria.

Dank ihrer Land- und Seeverbindungen entwickelte sich die Stadt zu einem bedeutenden Handelszentrum, was sie auch unter römischer Herrschaft blieb, denn als die Römer im Jahre 64 v. Chr. Syrien als ihre Provinz organisierten, wurde Antiochien Provinzhauptstadt und Residenz des kaiserlichen Legaten. Die weltoffene Bevölkerung der Stadt und ihr materieller Wohlstand begünstigten kulturellen Austausch und religiöse Vermischung. Wie beweglich die antiochenischen Juden waren, kann man aus der Tatsache ersehen, daß der antiochenische Proselyt Nikolaos zu den sieben hellenistischen Führern in der Jerusalemer Urgemeinde zählte.[2]

Die Schar der „Christen", wie sie in Antiochien erstmals genannt wurden, stand unter der Leitung des Barnabas, der bald in Paulus einen wichtigen Helfer bekam. Die Zahl der Bekehrten wuchs stetig. Sie waren als Ortsgemeinde organisiert — wahrscheinlich die zweite Gemeinde in der Geschichte des Christentums, die ausdrücklich organisiert wurde, und zudem eine Gemeinde, die von Anfang an eine große Anzahl von Heiden umfaßte. Wenn eine Gesetzmäßigkeit, die in späteren Jahren

---

[1] Vgl. Ios. *bel. Iud.* VII, 43—5.

[2] Apg 6, 5. Er ist der einzige der sieben, dessen Herkunftsort angegeben wird — vielleicht weil der Verfasser der Apostelgeschichte selber aus Antiochien stammte (siehe S. 68).

wiederholt auf Paulus' Missionsfeld zutage tritt, schon in Antiochien wirksam war, dann kamen viele dieser nichtjüdischen Bekehrten aus den Kreisen der „Gottesfürchtigen“.[3] Das waren Heiden, die sich in Antiochien wie an anderen Orten, wo es jüdische Gemeinden gab, von der monotheistischen Anbetung und Lebensweise der Juden angezogen fühlten und sich zur Synagoge hielten, ohne indessen Proselyten zu werden.

Proselyten verpflichteten sich, das gesamte jüdische Gesetz zu beobachten, und wurden als vollberechtigte Mitglieder in die religiöse Gemeinschaft Israels aufgenommen. Ihre Aufnahme schloß (im Falle der männlichen Proselyten) die Beschneidung ein, ein besonderes Opfer im Jerusalemer Tempel und (vermutlich von Beginn des christlichen Zeitalters an) ein Reinigungsbad oder eine Taufe.[4] Das Kernstück der Aufnahme war die Beschneidung, woraus sich zum Teil die Tatsache erklärt, daß Frauen häufiger Vollproselyten wurden als Männer.[5]

Das Christentum übte auf jene Heiden, die sich als „Gottesfürchtige“ mit einem lockeren Anschluß an das Judentum begnügten, naturgemäß große Anziehungskraft aus, bot es ihnen doch die Möglichkeit, sich dem Volk Gottes zu den gleichen Bedingungen wie die Juden anzugliedern, ohne sich beschneiden lassen zu müssen. Verständlicherweise wurde dieses Vorrecht von vielen jüdischen Gläubigen, besonders in der Jerusalemer Gemeinde, heftig bekämpft, doch steht fest, daß schon in der Frühzeit der Heidenevangelisation in Antiochien keinerlei Versuch gemacht wurde, die Bechneidung als Voraussetzung für die Aufnahme in die Gemeinde zu fordern. Dies ist um so bemerkenswerter, wenn man bedenkt, daß die Evangelisten ausnahmslos beschnittene Juden waren, doch hatten Petrus und einige seiner Gefährten schon ein oder zwei Jahre zuvor in Cäsarea am Meer einen bedeutungsvollen Präzedenzfall geschaffen, von dem zumindest Barnabas wohl wußte, indem sie dem „gottesfürchtigen“ Zenturio Cornelius und seiner Familie das Evangelium gebracht und sie als Glaubensgenossen getauft hatten, ohne von ihnen die Beschneidung zu fordern.[6] Von seinen Jerusalemer Kollegen wurde Petrus deshalb scharf kritisiert, doch verteidigte er sich damit, Gott habe ihn im

---

[3] Die Apostelgeschichte nennt sie *eusebeis, phoboumenoi ton theon, sebomenoi ton theon* oder, kürzer, *sebomenoi.*

[4] Vgl. H. H. Rowley, „Jewish Proselyte Baptism and the Baptism of John“, in: *From Moses to Qumran,* London 1963, S. 211 ff. (wieder abgedruckt aus *HUCA* 15 [1940], S. 313 ff.); T. F. Torrance, „Proselyte Baptism“, *NTS* 1 (1954—5), S. 150 ff.

[5] Siehe Teil I, S. 152; 161.

[6] Apg 10, 1—48.

Grunde vor eine vollendete Tatsache gestellt: er habe der Familie des Cornelius die Geschichte von Jesus gar nicht zu Ende berichten können, denn der Geist Gottes habe offensichtlich von seiner heidnischen Hörerschaft Besitz ergriffen und die gleiche Art von Glossolalie (Zungen- oder Sprachenrede) hervorgebracht, wie man sie am Pfingsttag des Jahres 30 n. Chr. vernommen; und „wer war i c h", fragte Petrus sie, „daß ich vermocht hätte, Gott zu wehren?"[7]

Es ist durchaus möglich, daß wir einem heidnischen Bekehrten aus Antiochien, der, ehe er Christ wurde, vielleicht schon ein „Gottesfürchtiger" gewesen war, einen großen Teil unseres begrenzten Wissens von den Anfängen des Heidenchristentums verdanken. Darauf läßt einmal die Angabe der antimarcionitischen Vorrede zum dritten Evangelium schließen, der Arzt Lukas stamme aus Antiochien.[8] Ferner weist sogleich nach dem Bericht über Paulus' Ankunft in Antiochien der westliche Text der Apostelgeschichte ein „Wir-Stück" auf: „In diesen Tagen aber kamen von Jerusalem Propheten nach Antiochien herab. Es herrschte großer Jubel, und als *wir* zusammengekommen waren, trat einer von ihnen mit Namen Agabus auf und weissagte kraft des Geistes" (Apg 11, 27 f.).[9] Dies ist zwar nicht die ursprüngliche Lesart, doch können wir ihr entnehmen, daß die Überlieferung, die Lukas mit Antiochien in Verbindung bringt, schon frühzeitig, im zweiten Jahrhundert, angenommen wurde.

Nach Lukas empfingen „die Jünger" — das heißt die Anhänger Jesu — die Bezeichnung „Christen" zum erstenmal in Antiochien. Das bestätigt unsere Erwartung; diese Bezeichnung konnte nur in einer heidnischen Umgebung entstehen. Sie ist von dem Titel *Christos* durch Hinzufügung des umgangssprachlichen Suffixes *-ianos* (der gräzisierten Form des lateinischen Suffixes *-ianus*) gebildet. Dieses Suffix wurde u. a. zur Bezeichnung der Sklaven eines Mannes sowie anderer Angehöriger seiner Haushaltung benutzt; *Caesariani* ist beispielsweise die lateinische Entsprechung der griechischen Wendung in Phil 4, 22, die in der deutschen Übersetzung mit „die aus dem Hause des Kaisers" wiedergegeben ist.[10] *Christos,* das dem hebräischen *maschiach* entsprechende griechische Verbaladjektiv, führten die hellenistischen Jünger ständig im Munde, wenn sie von Jesus als dem Gesalbten oder dem Messias sprachen; da sie von

---

[7] Apg 11, 1—18.
[8] *Estin ho Loukas Antiocheus Syros, hiatros tē technē . . .;* vgl. Eus. *hist. eccl.* III, 4; Hier. *vir. ill.* 7.
[9] Die Hauptzeugen für diese westliche Lesart sind D p Aug.
[10] *hoi ek tēs Kaisaros oikias.*

ihm auch als ihrem *Kyrios* oder „Herrn"[11] sprachen, waren sie offenkundig seine Diener — Diener des Christos und also *Christianoi.*

In einem jüdischen Milieu hätte man ihnen diesen Namen indessen nicht gegeben, nicht einmal unter griechischsprachigen Juden, hätte ein Jude doch damit den Anspruch der Jünger anerkannt, Jesus sei der Messias. Für Juden blieben sie „die Partei der Nazaräer". Für heidnische Ohren klang *Christos* jedoch nicht so sehr wie ein religiöser Titel, sondern eher wie ein merkwürdiger zweiter Personenname Jesu — so merkwürdig, daß man ihn oft mit dem ähnlich klingenden Namen *Chrestos* verwechselte, der „nützlich" bedeutete und ein weitverbreiteter Sklavenname war.[12]

Von Christen selber wurde diese Bezeichnung nicht vor dem zweiten Jahrhundert verwandt.[13] Im Neuen Testament kommt sie nur dreimal vor, und jedesmal wird sie entweder ausdrücklich oder implizite von Nichtchristen benutzt. Außer in Apg 11, 26, wo es heißt, sie sei in Antiochien geprägt worden, wird sie noch in Apg 26, 28 benutzt, wo der jüngere Agrippa im Scherz zu Paulus sagt: „Nächstens überredest du mich, als Christ aufzutreten",[14] sowie in 1 Petr 4, 16, wo es heißt, es könne demnächst eine Situation eintreten, in der jemand nicht wegen irgendeines Verbrechens, sondern lediglich „als Christ" werde leiden müssen.[15]

2.

Claudius' Regierungszeit war Sueton zufolge durch aufeinanderfolgende Dürreperioden und schlechte Ernten gekennzeichnet.[16] Eine der daraus resultierenden Hungersnöte traf Palästina und die angrenzenden Gebiete

---

[11] Vgl. F. F. Bruce, „Jesus is Lord", in: J. McD. Richards (Hrsg.), *Soli Deo Gloria,* Richmond/Va. 1968, S. 23 ff. Siehe S. 280 m. Anm. 3.

[12] Vgl. *impulsore Chresto* in Suet. *Claud.* 25, 4 (siehe S. 99). In Apg 11, 26 erscheint *chrēstianous* in einigen Handschriften (einschließlich Sinaiticus) als Variante der richtigen Schreibweise *christianous.*

[13] Zuerst bei den Apologeten (vgl. Arist. *apol.* 2, 1; 15, 1 f.; Iust. [Mart.] *apol.* I, 4, 5 usw.), im *Diognetbrief* (1, 1; 2, 5 usw.) sowie im *Brief der Kirchen von Lyon und Vienne* (bei Eus. *hist. eccl.* V, 1. 19, 20, 26). Ignatius benutzt *christianismos* (*Magn.* 10, 1, 3; *Phld.* 6, 1).

[14] *en oligō me peitheis christianon poiēsai* wird am besten wiedergegeben durch: „Kurz, du drängst mich, als Christ aufzutreten" (vgl. die Bedeutung von *poiein basilea* in 3 Reg. 20, 7).

[15] Siehe S. 232.

[16] *Claud.* 18, 2 (*assiduae sterilitates*).

während der Prokuratorzeit des Tiberius Julius Alexander (46—48), vermutlich schon bald nach seinem Amtsantritt, besonders hart. Josephus erwähnt sie ausdrücklich, weil Helena, die Königinmutter von Adiabene jenseits des Tigris, eine Proselytin, damals ihre Anhänglichkeit an ihre Glaubensgenossen bekundete, indem sie ihre Dienstboten nach Alexandrien und Zypern schickte, wo sie Körnerfrüchte bzw. Feigen einkaufen mußten; diese wurden dann an die Armen in Judäa verteilt, für die die hohen Lebensmittelpreise unerschwinglich waren. Gleichzeitig stellte ihr Sohn Izates, der König von Adiabene, ebenfalls ein Proselyt, den führenden Männern in Jerusalem eine größere Summe zur Unterstützung der dortigen Armen zur Verfügung.[17]

Ähnliche Maßnahmen wurden damals auch, wenngleich in bescheidenerem Ausmaß, von der Gemeinde von Antiochien ergriffen. Als Agabus, ein Prophet aus Jerusalem, den antiochenischen Christen bei einem Besuch von der dort drohenden Hungersnot berichtete, beschlossen sie, den Ältesten der Jerusalemer Gemeinde zur Unterstützung ihrer Brüder in Judäa nach bestem Vermögen Gaben zu senden, und bestimmten Barnabas und Paulus zu Bevollmächtigten, die diese Kollekte nach Jerusalem bringen sollten.[18]

Ein Besuch der Leiter der Heidenmission in Jerusalem bot eine Gelegenheit für eine Unterredung zwischen ihnen und den Führern der Jerusalemer Gemeinde. Möglicherweise handelte es sich hierbei um den Besuch, von dem Paulus in Gal 2, 1 sagt, er habe „nach Verlauf von vierzehn Jahren" stattgefunden — d. h. wahrscheinlich im vierzehnten Jahr seit seiner Bekehrung, womit wir uns im Jahre 46 n. Chr. befänden.[19] Paulus schildert diesen Besuch, um sich zu rechtfertigen; er will den galatischen Gemeinden zeigen, daß — entgegen Berichten, die sie erhalten hatten — die Leiter der Urgemeinde ihn bei keinem der Besuche, die er Jerusalem nach seiner Bekehrung abstattete, mit irgendwelcher Autorität ausgestattet hatten. Doch geht aus seinem Bericht hervor, daß er und Barnabas mit Jakobus (dem Bruder Jesu), Petrus und Johannes zusammentrafen, die von ihren Anhängern als „Säulen" bezeichnet wurden — vielleicht weil man sie als Säulen in dem neuen, „nicht mit Händen ge-

---

[17] *ant. Iud.* III, 320 f.; XX, 51—3, 101. Bei dem Besuch, den Helena damals Jerusalem abstattete, legte sie vermutlich das Nasiräatsgelübde ab, von dem Mischna, *Nazir* 3, 6 berichtet.

[18] Apg 11, 27—30.

[19] Nach einer anderen Deutung erfolgte er vierzehn Jahre nach dem Besuch von Gal 1, 18, der drei Jahre (oder im dritten Jahr) nach seiner Bekehrung stattfand (siehe S. 44).

machten" Tempel erkannte.[20] Paulus und Barnabas berichteten den Leitern der Jerusalemer Gemeinde über die in Antiochien erzielten Fortschritte und über die Art und Weise, wie man den dortigen Heiden das Evangelium nahebringe. Es war unbedingt erforderlich, daß zwischen Jerusalem und Antiochien volles Einvernehmen herrschte; man durfte nicht zulassen, daß sich das Christentum in zwei rivalisierende Bewegungen spaltete, von denen die eine hierhin und die andere dorthin tendierte. In der Tat gibt Paulus zu — ungeachtet all seiner Bemühungen, seine Unabhängigkeit von Jerusalem zu verteidigen —, er habe den Leitern der Jerusalemer Gemeinde das Evangelium auseinandergesetzt, das er unter den Heiden predigte, „damit ich nicht etwa vergeblich liefe oder gelaufen wäre" (Gal 2, 2). Mit diesen Worten erkennt er an, daß all die Hingabe und Tatkraft, mit der er seine apostolische Mission an die Heiden betrieben hatte und weiterhin zu betreiben hoffte, vergebliche Mühe wäre, wenn sie zu einem Bruch mit der Muttergemeinde führen würde. Unabhängigkeit von Jerusalem bedeutete für ihn nicht Trennung von Jerusalem.

Schließlich einigte man sich. Die Leiter der Jerusalemer Gemeinde erkannten an, daß Barnabas und Paulus ebenso offensichtlich von Gott berufen waren, Heiden das Evangelium zu verkündigen, wie sie ihres Auftrags zur Evangelisation ihrer jüdischen Volksgenossen gewiß waren. In Anerkennung dieser Tatsache gaben beide Seiten einander „den Handschlag der Gemeinschaft" unter der Bedingung, wie Paulus im Galaterbrief (2, 9) schreibt, daß „wir zu den Heiden, sie aber zu den Beschnittenen gehen sollten".

Für uns sind diese Worte, so wie sie da stehen, nicht völlig eindeutig. War diese Abgrenzung der beiden Tätigkeitsbereiche eine geographische oder eine rassische und religiöse? Wurde verabredet, daß Paulus und Barnabas es bei der Missionierung von Syrien und Kilikien und vielleicht auch entfernterer Gebiete sorgfältig vermeiden sollten, den Juden dieser Provinzen das Evangelium zu predigen? Wahrscheinlich nicht; jedenfalls wurde das Abkommen von Paulus und Barnabas nicht in diesem Sinne ausgelegt, gingen sie doch anscheinend regelmäßig so vor, daß sie in jeder heidnischen Stadt, in die sie gelangten, zuerst die Synagoge aufsuchten und sich bemühten, diese bei der Evangelisation als Ausgangsbasis zu benutzen. In ihren Augen war die Abgrenzung in der Haupt-

---

[20] Vgl. C. K. Barrett, „Paul and the ‚Pillar' Apostles", in: J. N. Sevenster und W. C. van Unnik (Hrsg.), *Studia Paulina in honorem J. de Zwaan*, Haarlem 1953, S. 1 ff.

sache geographischer Art. Ob die Leiter der Jerusalemer Gemeinde ihre Auffassung teilten, wissen wir nicht; vielleicht war das Abkommen mit ihnen nicht eindeutig genug abgefaßt, um spätere Mißverständnisse auszuschließen.

Paulus gibt an, die Leiter der Gemeinde von Jerusalem hätten ihm und Barnabas keinerlei Bedingungen auferlegt, sondern lediglich gebeten, sie „möchten der Armen eingedenk sein"[21] (Gal 2, 10). Diese Bitte, die Paulus am Schluß seines Berichts über die Zusammenkunft erwähnt, läßt den Besuch zur Linderung der Hungersnot als einen um so passenderen Hintergrund hierfür erscheinen, zumal er sogleich hinzufügt: „und ebendies habe ich mich auch beflissen zu tun" (Gal 2, 10).[22] Für Paulus war die Aushändigung der Kollekte der Antiochener an die Jerusalemer keine einmalige Angelegenheit; er forderte vielmehr seine heidnischen Bekehrten ständig auf, ihre geistliche Schuld gegenüber Jerusalem, das ihnen das Evangelium gebracht habe, dadurch anzuerkennen, daß sie der dortigen Gemeinde Spenden zukommen ließen. Wenn die Leiter der Gemeinde von Jerusalem von „den Armen" sprachen, dann meinten sie möglicherweise die notleidenden Gemeindeglieder, vielleicht aber auch schon ihre Gemeinde insgesamt. In späterer Zeit war ein Zweig des Judenchristentums unter dem Namen „Ebioniten" bekannt[23] — eine gräzisierte Form, die sich von ihrer hebräischen Selbstbezeichnung als *ha' ebjonim,* „die Armen", herleitet. Wahrscheinlich sollte dieser Ausdruck nicht nur auf ihre wirtschaftliche Lage (die alles andere als günstig war), sondern auf ihr Ideal einer anspruchslosen Frömmigkeit weisen. Bereits in einigen Teilen des alttestamentlichen Psalterbuches sind Armut und Frömmigkeit regelmäßig miteinander verbunden, und das Evangelium des Matthäus unterstreicht die wahre Bedeutung der Seligpreisung der „Armen" (Lk 6, 20) durch Jesus, indem es ausdrücklich von den „geistlich Armen" (Mt 5, 3) spricht.

Man mag sich indessen auch hier mißverstanden haben. Für Paulus waren solche Spenden von Heidenchristen für Jerusalem freiwillige Gaben, die aus brüderlicher Liebe und Gemeinschaftssinn resultierten; Jakobus und seine Amtsbrüder mögen sie dagegen als einen schuldigen Tribut

---

[21] Dies ist wahrscheinlich die Bedeutung des Präsens in *hina mnēmoneuōmen.*
[22] Dies ist vermutlich der Sinn des Aorists in *ho kai espoudasa auto touto poiēsai.*
[23] Vgl. Iren. *adv. haer.* I, 26, 2; III, 11, 7; Hippol. *haer.* VII, 8, 34; Orig. *princ.* IV, 3, 8 (wo er erklärt, die Ebioniten hießen so, weil sie „geistlich arm" seien) usw.

aufgefaßt haben, als erste Rate der „Schätze der Völker", die laut Jesaja 60, 5. 11 im neuen Weltalter Jerusalem zufließen würden.

Keinerlei Unstimmigkeiten bei dieser Zusammenkunft rief ein Umstand hervor, der schwere Meinungsverschiedenheiten hätte verursachen können: die Anwesenheit eines griechischen Christen aus Antiochien namens Titus, der zusammen mit Paulus und Barnabas gekommen war und sich viele Jahre hindurch als einer von Paulus' zuverlässigsten Stellvertretern erweisen sollte. Wie würden sich die Jerusalemer Gläubigen zu der Gegenwart eines unbeschnittenen Heidenchristen stellen? Einige Jahre später trat eine entschlossene Minderheit in der Jerusalemer Gemeinde nachdrücklich dafür ein, daß heidnische Bekehrte zu beschneiden seien, doch wurde die Frage einer Beschneidung des Titus bei dieser Gelegenheit anscheinend kaum aufgeworfen. Paulus' diesbezügliche Worte sind alles andere als klar und ganz gegensätzlich ausgedeutet worden,[24] doch kann man sie folgendermaßen umschreiben:

> Titus, der mit mir kam, war Grieche, doch tauchte der Gedanke, man müsse ihn zwingen, sich beschneiden zu lassen, gar nicht erst auf. Als sich die Frage der Beschneidung später stellte, geschah dies auf die Initiative einiger falscher Brüder, die sich bei uns eingeschlichen hatten, und keineswegs der verantwortlichen Führer. Sie unterwanderten unsere Gemeinschaft, um unsere Freiheit, die wir in Christus haben, auszukundschaften und uns wenn möglich in Knechtschaft zu stürzen. Doch ordneten wir uns ihnen niemals unter, sondern waren fest entschlossen, daß die Wahrheit des Evangeliums in ungeminderter Kraft fortbestehen sollte.[25]

3.

Die spätere Situation, auf welche Paulus Bezug nimmt, war die Folge einer erheblichen Ausdehnung der Heidenmission, die kurz nach seiner und Barnabas' Rückkehr von ihrem Besuch in dem von einer Hungersnot bedrohten Jerusalem eingeleitet wurde. Auch die bisherige Heidenevangelisation hatte sich nicht auf Antiochien selbst beschränkt, sondern war in verschiedene Teile der Doppelprovinz Syrien und Kilikien weitergetragen worden. Doch gab es noch weiter westlich Gebiete, die es ebenfalls zu evangelisieren galt, und Paulus und Barnabas wurden von der

---

[24] Vgl. F. C. Burkitt, *Christian Beginnings*, London 1924, S. 118: „Wer vermag zu bezweifeln, daß es das Messer war, mit dem Titus in der Tat beschnitten wurde, das die Syntax von Gal 2, 3—5 entzweigeschnitten hat?"

[25] Vgl. T. W. Manson, *Studies in the Gospels and Epistles*, Manchester 1962, S. 175 f.

antiochischen Gemeinde entlassen, um sich dieser Aufgabe zu widmen. Lukas führt diese Missionsreise auf eine prophetische Äußerung zurück, derzufolge diese beiden Männer zu dem Werk ausgesondert werden sollten, zu dem sie der heilige Geist berufen hatte.[26] Dieses „Werk" der Heidenevangelisation betrieben sie bereits eifrig, doch ermutigte sie die Zusammenkunft mit den Führern der Jerusalemer Gemeinde, die kürzlich stattgefunden hatte, es noch energischer und in einem noch ausgedehnteren Gebiet als bisher voranzutreiben.[27]

Paulus und Barnabas schifften sich folglich nach Zypern ein (damals eine senatorische Provinz)[28] und durchquerten die Insel von Salamis im Osten bis nach Paphos im Westen. An jedem Ort, den sie berührten, suchten sie sogleich die jüdische Synagoge auf, weil sie gewöhnlich sicher sein konnten, dort eine Gruppe „gottesfürchtiger" Heiden zu finden, die vielleicht der Kern einer christlichen Gemeinde werden konnte. Einzelheiten über ihre Predigt in den Synagogen von Zypern oder über deren Wirkung sind uns indessen nicht überliefert. Der einzige Vorfall auf dieser Reise, auf den Lukas etwas ausführlicher eingeht, betrifft ihre Unterredung mit dem Prokonsul der Insel, Sergius Paullus — wahrscheinlich der Lucius Sergius Paullus, der einige Jahre früher auf einer römischen Inschrift als einer der *curatores alvei Tiberi* erscheint.[29] Die beiden Prediger machten auf ihn einen günstigen Eindruck, obwohl sich sein Hofastrologe alle Mühe gab, ihn gegen sie einzunehmen.

Von Zypern aus segelten Paulus und Barnabas nach Kleinasien. Als sie nach Perga, einer Stadt in Pamphylien, kamen, trennte sich Barnabas' junger Vetter, Johannes Markus aus Jerusalem, von ihnen, um wieder in seine Vaterstadt zurückzukehren; er hatte den beiden seit ihrem Hilfswerk für die vom Hunger bedrohte Stadt als Adjutant zur Seite gestanden und meinte vielleicht, er habe jetzt erst einmal zur Genüge erfahren, welche Entbehrungen und Unsicherheit eine Apostelreise mit sich bringe. Die beiden älteren Männer ließen sich davon nicht entmutigen und überquerten die Südgrenze der Provinz Galatien.

---

[26] Apg 13, 2.
[27] T. W. Manson, *a. a. O.*, S. 176 f., schlägt vor, daß die Zusammenkunft dieser Ausdehnung ihrer Missionstätigkeit unmittelbar voraufging und daß Paulus' Angabe, er sei „infolge einer Offenbarung" nach Jerusalem hinaufgezogen (Gal 2, 2), sich auf die prophetische Aufforderung bezieht, ihn und Barnabas für diese weitere Ausbreitung freizugeben.
[28] Seit 22 v. Chr., in welchem Jahr Augustus Zypern (und Gallia Narbonensis) dem Senat im Austausch gegen Dalmatia oder Illyricum übertrug (siehe S. 138).
[29] *CIL* VI, 31545.

Der Name der Provinz Galatien war von dem keltischen Königreich hergeleitet, das 278—277 v. Chr. und in den darauffolgenden Jahren von Eroberern aus Europa im Inneren von Kleinasien errichtet worden war. Das Königreich Galatien dehnte sich im zweiten und ersten vorchristlichen Jahrhundert weiter aus, besonders als seine Herrscher Verbündete der Römer wurden. Es umfaßte schließlich ein sehr viel größeres Gebiet als das eigentliche Galatien (die Gegend um Ancyra); seine Bevölkerung setzte sich zu einem großen Teil aus Phrygiern, Lykaoniern und anderen anatolischen Volksstämmen zusammen, sowie im Osten aus Armeniern und im Süden aus den Bewohnern hellenistischer Städte. Die keltische Minderheit übte indessen bis 25 v. Chr. die Herrschaft über das Königreich aus. In diesem Jahr fand Amyntas, der letzte galatische König, im Kampf gegen die Homonadenser, einen aufsässigen Volksstamm an seiner Südostgrenze, den Tod. Augustus übernahm daraufhin den größten Teil seines Königreiches und organisierte ihn, zusammen mit einigen angrenzenden Gebieten, als die römische Provinz Galatia.

Paulus und Barnabas begaben sich von der pamphylischen Küste aus in die hellenisierten Städte im südlichen, nichtkeltischen Teil der römischen Provinz. Antiochien in Pisidien, die erste der bereisten Städte, lag 1100 Meter über dem Meeresspiegel im phrygischen Teil der Provinz.[30] Wie sich aus seinem Namen entnehmen läßt, wurde es zu der Zeit gegründet, als diese Gegend zum Seleukidenreich gehörte, und nach einem Antiochus dieser Dynastie benannt, doch stehen uns keine näheren Einzelheiten über seine Entstehung zu Gebote. Unter Augustus wurde die Stadt römische Kolonie (Colonia Caesarea Antiochia) und der zivile und militärische Mittelpunkt des Bezirks, zu dem sie gehörte.

Ikonium (das heutige Konia), die nächste Stadt, die Paulus und Barnabas aufsuchten, lag am Westende der Ebene von Lykaonien auf der phrygischen Seite der Grenze zwischen Phrygia Galatica und Lycaonia Galatica. Es war schon damals, wie noch heute, ein wichtiger Verkehrsknotenpunkt. Etwa um diese Zeit durfte es sich nach dem Kaiser Claudiconium nennen.

Zwei weitere Städte, die Paulus und Barnabas bei dieser Gelegenheit bereisten, lagen in der lykaonischen Region der Provinz — Lystra (heute Hatun Sarai), das wie Antiochien in Pisidien unter Augustus römische Kolonie geworden war, und das nahe der Ostgrenze der römischen Provinz Galatia gelegene Derbe (heute Devri Sehri), das wie Ikonium von

---

[30] Sie lag in Wirklichkeit nicht in Pisidien (eine der Regionen, aus denen das römische Galatien bestand), sondern in Phrygia Galatica.

Claudius das Recht erhielt, seinen Namen als Vorsilbe zu benutzen und folglich Claudio-Derbe hieß.

In den Städten Phrygiens, wenn auch nicht in Lystra und Derbe, gab es bedeutende jüdische Kolonien. Kurz vor 200 v. Chr. befahl Antiochus III. die Ansiedlung von 2000 jüdischen Familien aus Mesopotamien und Babylonien in Phrygien und Lydien, weil er sich von ihnen einen stabilisierenden Einfluß auf die dortige, mit seiner Herrschaft unzufriedene Bevölkerung erhoffte. Sie sollten Besatzungen in die Festungen einlegen, in völliger Freiheit gemäß den Gebräuchen ihrer Väter leben können und großzügige Steuerprivilegien genießen.[31] Diese kleinasiatische Diaspora gewann rasch an Zahl und Einfluß, und der Eindruck, den Lukas uns von der Größe und Bedeutung der jüdischen Gemeinden im pisidischen Antiochien und in Ikonium vermittelt, wird von allen anderen zeitgenössischen Zeugnissen bestätigt.[32]

Sowohl im pisidischen Antiochien wie in Ikonium besuchten Paulus und Barnabas die Synagogen und benutzten die Gelegenheit, ihre Botschaft zu verkünden, Israels Messiaserwartung habe endlich in Jesus ihre Erfüllung gefunden. Der ausführliche Bericht in Apg 13, 14—48 über ihr Erlebnis in der Synagoge von Antiochien ist zwar kein „Wir-Stück", gründet sich aber zweifellos auf Lukas' Kenntnis der Gepflogenheit des Apostels, wenn er in eine Stadt kam, in der es eine jüdische Kolonie und eine Synagoge gab. Der synagogale Gottesdienst, dem Paulus und Barnabas am ersten Sabbat nach ihrer Ankunft in der Stadt beiwohnten, nahm bis zur Beendigung der beiden Schriftlesungen — dem *seder* (aus dem Gesetz) und der *haphthara* (aus den Propheten) — seinen üblichen Verlauf. Danach sandten die *archisynagogoi*[33] zu den beiden Gästen und ließen sie auffordern, ein „Wort des Zuspruchs"[34] (wahrscheinlich ein Ausdruck für Synagogenpredigt) an das Volk zu richten. Paulus nahm die Einladung an und schilderte, vielleicht in Anknüpfung an eine Stelle aus den beiden Lektionen, die Taten Gottes an seinem Volk Israel vom Auszug aus Ägypten bis zur Regierungszeit Davids — eine Folge von Ereignissen, die schon in alttestamentlicher Zeit als Bericht über Gottes machtvolles Handeln festgelegt war.[35] Dann erwähnte er

---

[31] Ios. *ant. Iud.* XII, 149 ff.
[32] Vgl. Cic. *Flacc.* 66—8; *CIG* 9270.
[33] Diese „Synagogenvorsteher" sorgten für die äußere Ordnung beim Gottesdienst. Inschriften bezeugen, daß ihr Amt bisweilen erblich war; der Titel *archisynagōgos* wurde bisweilen als bloßer Titel sogar an Frauen und Kinder verliehen (vgl. Schürer, *GJV*, 2, S. 439; 3, S. 49 f.).
[34] Ein *logos paraklēseōs* (Apg 13, 15); vgl. Hebr 13, 22.
[35] Vgl. G. E. Wright, *God Who Acts*, London 1952, S. 76.

Gottes dynastische Verheißung an David, verkündete ihre Erfüllung im Kommen Jesu und fügte dem Bericht über Gottes machtvolles Handeln in der Vergangenheit eine Darstellung seiner neueren Taten an, von der Wirksamkeit und dem Zeugnis Johannes des Täufers bis zu Jesu Tod und Auferstehung. In Jesus verkörperten sich die David verheißenen „heiligen, unverbrüchlichen Güter"[36]; in Jesus war allen, die an diese frohe Botschaft glaubten, Vergebung der Sünden zugesichert.

Außer den jüdischen Gemeindegliedern waren viele heidnische „Gottesfürchtige" anwesend, und Paulus' Worte richteten sich ebenso ausdrücklich an sie wie an die Juden. Diese „Gottesfürchtigen" zeigten sich besonders beeindruckt durch das, was sie gehört hatten; sie teilten es anderen mit, so daß die Synagoge am darauffolgenden Sabbat die heidnischen Zuhörer kaum zu fassen vermochte. Die Juden waren darüber erzürnt, und es kam zu einem Bruch zwischen ihnen und den Missionaren. Viele von den Heiden schenkten indessen der Botschaft, die sie vernommen hatten, Glauben, schlossen sich Paulus und Barnabas an und bildeten dann die christliche Gemeinde von Antiochien in Pisidien.

Die Frage, wie sich dieses Vorgehen mit dem Abkommen mit den Jerusalemer „Säulen" vereinbaren läßt, ist schwer zu beantworten. Die Abgrenzung der Missionsgebiete erfolgte offensichtlich mehr nach geographischen Gesichtspunkten als aufgrund der Zugehörigkeit zu einer Glaubensgemeinschaft. Durch Paulus' Predigt wurden zwar mehr Heiden als Juden bekehrt, doch dürften zu Beginn mehr Juden als Heiden das Evangelium von ihm gehört haben. Was wäre geschehen, wenn die jüdischen Gemeinden in bestimmten Städten massenweise das Evangelium angenommen hätten? Hätte das nach Auffassung der Jerusalemer nicht zumindest eine Verletzung des Geistes des Abkommens bedeutet? (Zum wenigsten in einer Stadt, Beröa in Mazedonien, nahm die jüdische Gemeinde Paulus' Predigt günstig auf, doch gewinnt man den Eindruck, daß dies ein Ausnahmefall war.)[37] Paulus hätte vermutlich geantwortet, daß, falls die Juden das Evangelium annähmen, ihnen auch das Vorrecht zukommen würde, ihre heidnischen Nachbarn zu evangelisieren; unter den gegebenen Umständen seien er und seine Gefährten gezwungen, die Heiden unmittelbar zu evangelisieren. Auf der anderen Seite war Paulus' Mission an die Heiden keine bloße Verpflichtung, die sich zwangsläufig aus den Gegebenheiten ergab, sondern der Hauptzweck seiner apostolischen Berufung. Tatsächlich beriefen er und Barnabas sich nach Lukas'

---

[36] Jes 55, 4, zitiert in Apg 13, 34 (vgl. Teil I, S. 132).
[37] Apg 17, 10 ff.

Darstellung im Blick auf die Heidenmission, derentwegen es in Antiochien in Pisidien zum Bruch kam, auf die Worte des zweiten jesajanischen Gottesknechtliedes (Jes 49, 6): „Ich habe dich zum Licht der Heiden gesetzt, damit du zum Heil gereichest bis an das Ende der Erde“ (Apg 13, 47).[38]

Man macht es sich zu einfach, wenn man Lukas' Bericht über Paulus' Arbeitsweise als unhistorisch abtut, weil es schwierig ist, ihn mit Paulus' eigener Schilderung der Jerusalemer Apostelbeschlüsse in Übereinstimmung zu bringen. Tatsächlich stimmt die Anklage gegen die Juden in 1 Thess 2, 15 f., welche „uns verfolgt haben und Gott nicht zu gefallen suchen und gegen alle Menschen feindselig sind, indem sie uns wehren, zu den Heiden zu reden, damit sie gerettet werden“, mit Lukas' Bericht über das, was sich im pisidischen Antiochien und in einigen anderen Orten ereignete, bemerkenswert genau überein. Außerdem erkannte der seiner Berufung zur Mission an die Heiden gewisse Paulus in den „Gottesfürchtigen“ am Rande der Synagogengemeinden einen von Gottes Vorsehung bereitgestellten Brückenkopf zur heidnischen Welt. Indem sie regelmäßig zur Synagoge gingen und dort den Schriftlesungen und -auslegungen zuhörten, waren diese Heiden, die bereits den „lebendigen und wahren Gott“ anbeteten, in irgendeiner Form mit der Messiaserwartung vertraut geworden. Erben dieser Hoffnung und der damit verbundenen Segnungen konnten sie erst werden, wenn sie Vollproselyten wurden, doch dazu konnten sich die meisten von ihnen nicht entschließen. Aber wenn man ihnen sagte, daß sich die Messiaserwartung in Jesus erfüllt habe, daß in ihm die alte Unterscheidung zwischen Juden und Heiden beseitigt worden sei, daß alle Segnungen der erlösenden Gnade Gottes den Heiden ebenso zu Gebote stünden wie den Juden, dann mußten solche Heiden diese frohe Botschaft zwangsläufig freudig annehmen, genauso wie sich die Juden aufgrund aller ihnen von ihren Ahnen überkommenen Instinkte gedrängt fühlten, sie unter solchen Bedingungen abzulehnen. Paulus konnte solche heidnischen „Gottesfürchtigen“ nur ausfindig machen, wenn er sich in die Synagogen begab. Wenn es in der Folge zu dem nahezu unvermeidlichen Bruch mit den Leitern der Synagogen kam, dann sonderte er diese gläubigen Heiden zusammen mit einer Minderheit ebenfalls gläubiger Juden von der Synagoge ab und schuf eine neue Gemeinde, in der die Unterschiede zwischen Juden und Heiden keine Rolle spielten. Über die nichtjüdischen Gläubigen konnte er jetzt mit anderen Heiden in Verbindung treten, die nicht „Gottesfürchtige“ wie

---

[38] Für Paulus' Überzeugung von seiner eschatologischen Bedeutung vgl. J. Munck, *Paulus und die Heilsgeschichte,* Kopenhagen 1954, S. 38 ff. und öfter.

sie selbst waren, sondern heidnische Gottheiten anbeteten und sich jetzt „von den Götzen zu Gott" bekehrten, „um dem lebendigen und wahren Gott zu dienen" (1 Thess 1, 9).

Derart gingen Paulus und Barnabas im pisidischen Antiochien und in Ikonium vor; in Lystra und wahrscheinlich auch in Derbe gab es dagegen keinen solchen Brückenkopf von „Gottesfürchtigen", und die Botschaft mußte an Heiden verkündet werden. Die *magnalia Dei* in der Geschichte Israels und die Worte der Propheten waren solchen Leuten unverständlich; bei ihnen galt es einen anderen Anknüpfungspunkt zu finden. Als Paulus und Barnabas Zeugen wurden, wie die Bevölkerung von Lystra eine heidnische Kulthandlung vollzog,[39] verkündigten sie ihnen das

> Evangelium, daß ihr euch von diesen nichtigen Dingen bekehren sollt zu dem lebendigen Gott, der den Himmel gemacht hat und die Erde und das Meer und alles, was darin ist, der in den vergangenen Zeiten alle Heiden hat ihre Wege gehen lassen; und doch hat er sich nicht unbezeugt gelassen als Wohltäter, indem er euch vom Himmel herab Regen und fruchtbare Zeiten gab, wodurch er eure Herzen mit Speise und Freude erfüllte (Apg. 14, 15—17).

Diese Worte und Paulus' Feststellung im Römerbrief 1, 19 f., daß die Erkenntnis Gottes den Menschen in den Werken seiner Schöpfung und Vorsehung zugänglich ist, so daß fehlende Gotteserkenntnis Halsstarrigkeit verrät und tadelnswert ist, weisen lediglich einen Unterschied in der Betonung auf (im Blick auf die verschiedenen Gruppen, an die er sich wendet), nicht aber einen sachlichen Widerspruch.

Nachdem Paulus und Barnabas an die Grenze der römischen Provinz Galatien gelangt waren, gingen sie den gleichen Weg zurück, besuchten erneut die Städte, wo sie das Evangelium gepredigt hatten, bauten die von ihnen erst kürzlich dort ins Leben gerufenen Gemeinden aus und sprachen ihnen Mut zu.[40] Dann zogen sie zur Küste, schifften sich nach Syrien ein und berichteten ihren Freunden in Antiochien über ihre weite Reise. Die Gemeinde von Antiochien war jetzt eine Muttergemeinde mit einer großen Anzahl von Tochtergemeinden, nicht allein in der Doppelprovinz Syrien-Kilikien, sondern möglicherweise auch auf Zypern und sicherlich in Südgalatien.

---

[39] Die Identifizierung von Barnabas und Paulus mit Zeus und Hermes durch die Lystrener wird durch inschriftliches Material aus jener Gegend veranschaulicht; vgl. W. M. Calder, „A Cult of the Homonades", *Classical Review* 24 (1910), S. 76 ff.; „Christians and Pagans in the Graeco-Roman Levant", *Classical Review* 38 (1924), S. 29, Anm. 1; „A Text: Acts 14[12]", *ExT* 37 (1925—6), S. 528.

[40] Insbesondere ernannten sie in jeder von ihnen „Älteste" (*presbyteroi*), wahrscheinlich nach dem Vorbild jüdischer Synagogen (Apg 14, 23).

SIEBTES KAPITEL

Das Jerusalemer Aposteldekret

1.

Das Vordringen des Evangeliums ins Innere Kleinasiens war für das Christentum ein Geschehen von großer Tragweite. Wenn es auch noch nicht mehr Heidenchristen als Judenchristen in der Welt gab, so ließ sich doch voraussehen, daß dies in nicht allzu ferner Zeit der Fall sein würde. Dieser Zustrom heidnischer Bekehrter mußte zwangsläufig Wesen und Ethos der Gemeinde beeinflussen, und wenn man nicht auf der Hut war, war ein radikaler Wandel der christlichen Lehre und Praxis zu befürchten.

Der christlichen Lehre drohte vor allem die Gefahr des Synkretismus. Wenn man Heiden das Evangelium nahebringen wollte — insbesondere Heiden, die keinen Kontakt zur Synagoge hatten —, dann mußte man auf eine Sprache verzichten, die Juden verständlich war, Nichtjuden dagegen keineswegs. Was sagte Heiden die Verkündigung, Jesus sei der langersehnte Messias? „Was geht uns das an?" hätte ihre Antwort gelautet — es sei denn, sie hätten von den mit manchen Formen der Messiaserwartung Israels verknüpften imperialistischen Bestrebungen gewußt, was ihnen wiederum den Messias Jesus unsympathisch gemacht hätte. Außerdem war „Messias" ein Fremdwort, und mit *Christos*, seiner griechischen Entsprechung, verbanden die Heiden keinerlei religiöse Vorstellungen: für sie war das ein Personenname, und zwar ein recht merkwürdiger, es sei denn (wie schon erwähnt), man identifizierte ihn mit dem Sklavennahmen *Chrestos*.[1] Die Verkündigung „Jesus ist Herr" (*Kyrios*) oder „Jesus ist der Sohn des höchsten Gottes (*Theos hypsistos*)"[2] war hingegen jedermann verständlich. Wendungen wie „das Reich Gottes" oder „das

[1] Siehe S. 68 f.

[2] Die Nützlichkeit von *Theos hypsistos* als „Brückenterminus" zwischen dem jüdisch-christlichen und dem griechischen religiösen Vokabular wird durch den Ausruf der Sklavin mit dem Wahrsagegeist auf der Straße in Philippi veranschaulicht: „Diese Menschen [Paulus und seine Gefährten] sind Diener des höchsten Gottes, die euch den Weg des Heils verkündigen" (Apg 16, 17); siehe S. 108. Bei den Juden entsprach der Ausdruck dem hebräischen *'el 'eljon;* bei den Griechen bezeichnete er die höchste Gottheit der Mythologie oder Philosophie.

Reich der Himmel" lösten bei einem Heiden keine der Assoziationen aus, die sie bei Juden hervorriefen, denen die Visionen Daniels und späterer Apokalyptiker vertraut waren. Ersetzte man sie hingegen durch „ewiges Leben", so war das ein sehr viel eingängigerer Ausdruck.

Doch wie konnte man sichergehen, daß die Aussage „Jesus ist Herr" oder der Ausdruck „ewiges Leben" Heiden den gleichen Sinn vermittelte, der dem Sprecher vorschwebte? „Herr" wurde Jesus von den frühesten aramäischsprachigen Jüngern genannt, wie die Einbürgerung der Anrufung *marana-tha,* „Komm, unser Herr", in den Wortschatz des griechischsprachigen Christentums zeigt. Diese Anrufung, die im Neuen Testament auf aramäisch in 1 Kor 16, 22 und auf griechisch in Offb 22, 20 erscheint, dürfte der ursprünglichen eucharistischen Liturgie zuzurechnen sein; die *Zwölf-Apostel-Lehre,* die die aramäische Wendung (10, 7) in einem eucharistischen Kontext zitiert, spiegelt aller Wahrscheinlichkeit nach in dieser wie in einigen anderen Hinsichten den ursprünglichen Gebrauch wider. Doch wenn man die Worte „Jesus ist *Kyrios*" in einem Milieu gebrauchte, in dem es, wie Paulus seinen korinthischen Bekehrten ins Gedächtnis ruft (1 Kor 8, 5), „viele Herren (*kyrioi*)" gab, so leistete man der Ansicht Vorschub, die Christen verehrten Jesus genauso als Herrn wie andere den Herrn Sarapis, den Herrn Osiris, die Herrin Isis oder (besonders in Ephesus) die Herrin Artemis anbeteten.[3] Und wenn man in einer solchen Umgebung vom „ewigen Leben" sprach, so blieb die ursprüngliche hebräische Bedeutung „Leben des künftigen Zeitalters" oder Auferstehungsleben, das Jesu Anhänger dank seiner Auferstehung schon jetzt vorwegnehmend besitzen und genießen konnten, vielen verschlossen, die damit vielmehr die Vorstellung von jener „Unsterblichkeit" verknüpften, die die volkstümlichen Mysterienkulte jener Zeit den darin Eingeweihten gewährleisteten. Ja, der Druck, das Christentum zu einer unter vielen Mysterienreligionen zu degradieren, war, wenn auch nach außen hin kaum sichtbar, so stark, daß nicht die teilweise bemerkbare Anpassung an die religiöse Umwelt erstaunlich ist; nein, man muß sich vielmehr wundern, daß das ursprüngliche Wesen des Christentums als einer Glaubens- und Lebenshaltung, die nicht auf eine Mysterienhandlung, sondern auf eine historische Persönlichkeit und auf datierbare Ereignisse begründet waren, dennoch obsiegte. Welche Tendenzen zum Synkretismus auch spürbar wurden, die Christen bekannten weiterhin Jesus als Herrn in einem einzig-

---

[3] Vgl. W. Foerster, *s. v. kyrios, TWNT* III, Stuttgart 1938, S. 1049 ff.; ferner F. Hahn, *Christologische Hoheitstitel,* Göttingen 1966, S. 68 ff. (Siehe oben S. 69 mit Anm. 11.)

artigen Sinn, dessen Herrschaft weder mit den Herren der Mysterienkulte noch dem römischen Kaiser vergleichbar war. Für seine Anhänger blieb Jesus der von Gott zur uneingeschränkten Herrschaft über das All erhöhte Herr aller Menschen.[4]

Wenn jedoch schon die christliche *Lehre* durch die weit ausgreifende Heidenmission in Gefahr geriet, so galt dies noch offensichtlicher von der christlichen *Ethik*. Die zum Glauben an Christus übergetretenen Juden hatten im Gesetz ihrer Väter bereits eine feste Grundlage für eine sittliche Lebensführung. Die „gottesfürchtigen" Heiden, die sich zur Synagoge hielten und bis zu einem gewissen Grade der jüdischen Lebensweise anpaßten, taten dies in der Hauptsache, weil sie deren Überlegenheit über die damaligen heidnischen Sitten erkannten. Das wenig schmeichelhafte Bild der damaligen heidnischen Ethik, das Paulus — wie viele andere jüdische und (später) christliche Apologeten — im Römerbrief (1, 18—32) entwirft, hat zahlreiche Entsprechungen in der zeitgenössischen griechischen und lateinischen Literatur, wo sie ebenso verdammt wird. Es lag indessen auf der Hand, daß das ethische Niveau des Christentums zu verfallen drohte, wenn es zu viele Neubekehrte unmittelbar aus ihrem Heidentum heraus, ohne eine strenge Lehr- und Probezeit, zur Gemeindemitgliedschaft zuließ.

Vielen Mitgliedern der Jerusalemer Gemeinde bereitete dieser Umstand schwere Sorgen. Einige von ihnen hatten sich pharisäischen Bruderschaften angeschlossen und gehörten ihnen möglicherweise immer noch an. Es ist eine interessante Tatsache der neutestamentlichen Zeitgeschichte, daß die Pharisäer in den Evangelien zwar als die heftigsten theologischen Widersacher Jesu erscheinen, in der Apostelgeschichte (mit Ausnahme des Verfolgers Saulus aus Tarsus) den Christen dagegen sehr viel weniger feindlich gesonnen sind, sicherlich weniger feindlich als die sadduzäischen Oberpriester. Der Nachdruck, den die Christen auf die Auferstehungslehre legten, empfahl sie den Pharisäern, auch wenn diese ihnen nicht darin beizupflichten vermochten, daß die Erstlinge der endzeitlichen Auferstehung bereits durch Jesu Auferstehung offenbar geworden seien. Einige von ihnen ließen sich allerdings davon überzeugen und schlossen sich den Aposteln und ihren Anhängern an.[5] Viele andere Mitglieder der Jerusalemer Gemeinde, die das alte Gesetz Israels hochhielten, sahen in ihnen ihre gegebenen Leiter. Daß Jesus einige Teile des Gesetzes — ins-

[4] Vgl. Kol 2, 10, wo Christus „das Haupt jeder Gewalt und Macht" genannt wird — das heißt der „Archonten", die über das Weltgeschehen herrschen.
[5] Vgl. Apg 15, 5.

besondere die Opfergesetze — außer Kraft gesetzt hatte, gaben sie wohl zu; in Israel gab es ja ohnehin Gruppen, deren Haltung zum Opfergesetz der der großen Propheten Israels, von Amos bis Jeremia, nicht unähnlich war. Das Gesetz als Lebensform war ihnen indessen ein heiliges Vermächtnis, das es zu hegen und den noch ungeborenen Generationen ungeschmälert zu überliefern galt. Es mußte verhindert werden, daß sich der Zustrom nichtjüdischer Bekehrter zum Schaden des Gesetzes auswirkte. Anders ausgedrückt: wenn die Proselyten von jeher „das Joch der Gebote" hatten „auf sich nehmen" müssen, warum sollten dann Nichtjuden, die sich zum Christentum bekehrten, nicht die Wohltat des Gesetzes Israels annehmen? Das Gesetz war ja kein auf bloße menschliche Übereinkunft gegründeter Kodex, sondern Israel durch göttliche Offenbarung vermittelt. Sollten die Heiden nicht stolz sein, dieses Gesetz zu empfangen und halten zu dürfen? Außerdem: wenn heidnische Bekehrte erst nach einer Lehr- und Probezeit als Vollmitglieder in die Gemeinde aufgenommen werden sollten, war dann nicht ein Kursus über Gesetzeskunde die denkbar geeigneteste Form für solch eine Lehr- und Probezeit? Folglich wurde in Jerusalem und Judäa die Forderung laut, „sie zu beschneiden und ihnen zu gebieten, das Gesetz des Mose zu halten" (Apg 15, 5).

Und diese Forderung wurde nicht nur in Jerusalem und Judäa erhoben, wo ja ohnehin nur wenige heidnische Bekehrte lebten. Man mußte sie dort vorbringen, wo es am nötigsten war; also machten sich Männer aus Judäa nach Antiochien auf, deren Lehre in der Gemeinde dieser heidnischen Stadt Lukas wie folgt zusammenfaßt: „Wenn ihr euch nicht nach dem Gebrauche des Mose beschneiden laßt, könnt ihr nicht gerettet werden" (Apg 15, 1).

Diese Forderung nach Beschneidung war neu; zu Beginn der Heidenmission hatte niemand diese Frage aufgeworfen. Wenn es jetzt geschah, so möglicherweise zum Teil in der Absicht, die wachsende Zahl heidnischer Gemeindeglieder etwas zu reduzieren: sich der Beschneidung zu unterwerfen, fiel den Heiden schwerer, als andere jüdische Bräuche anzunehmen. In der Tat vertraten einige jüdische Lehrer die Auffassung, bei Proselyten könne der Beschneidungsritus fortfallen, sofern nur seine geistliche und sittliche Bedeutung erhalten bleibe. In Kontroversen zwischen der Schule des Schammai und der des Hillel behauptete letztere, bei der Proselytentaufe könne auf die Beschneidung verzichtet werden.[6] Um das Jahr 40 n. Chr. riet Ananias, der jüdische Lehrer des Königs Izates von

---

[6] bT *Jebamot* 46a (vgl. Teil I, S. 161, Anm. 15).

Adiabene, diesem Herrscher, Gott gemäß der Lehre der jüdischen Religion anzubeten, sich mit Rücksicht auf seine Untertanen aber nicht beschneiden zu lassen; als ihn indessen ein galiläischer Gast, Eleasar, einige Zeit später belehrte, Gott gebe sich mit solchen Halbheiten nicht zufrieden, ließ sich der König beschneiden.[7] Selbst Philo, der doch die jüdische Religion in Begriffen der griechischen Philosophie neu zu formulieren versuchte, tadelt jene progressiven Juden, die für den Verzicht auf die genaue Einhaltung der Ritualgesetze mit der Begründung eintraten, es genüge, ihre wahren und inwendigen Lehren in sich aufzunehmen und zu befolgen.[8]

Die Episode, die Paulus im zweiten Kapitel des Galaterbriefes (11—14) berichtet, gehört wahrscheinlich in den Rahmen des Besuchs jener judäischen Christen in Antiochien, die dort auf die Beschneidung der heidnischen Bekehrten drängten. Petrus war einige Zeit vor diesen anderen Besuchern aus Judäa in Antiochien eingetroffen. Er war zunächst zur Tischgemeinschaft mit Heidenchristen durchaus bereit gewesen — wie man es von einem Mann erwarten würde, der nach dem Bericht von Apg 10 einige Jahre zuvor auf dem Dach eines Hauses in Joppe gelernt hatte, nicht „gemein oder unrein" zu nennen, was Gott gereinigt hatte, und unmittelbar darauf diese Lehre praktisch anwendete, indem er die Einladung in das Haus des Cornelius, des römischen Zenturio von Cäsarea, annahm. Im Prinzip war Petrus in dieser Hinsicht ebenso liberal wie Paulus. Aber als diese Besucher aus Judäa eintrafen, überbrachten einer oder einige von ihnen Petrus eine persönliche Botschaft des Jakobus und seiner Kollegen in Jerusalem. Diese Botschaft lautete sinngemäß: „Man berichtet uns hier in Jerusalem, daß du in Antiochien mit Heiden verkehrst und sogar Tischgemeinschaft mit ihnen pflegst. Viele unserer hiesigen Brüder sind darüber empört, und da auch Juden, die keine Gläubigen sind, davon erfahren haben, leiden unsere Beziehungen zu ihnen darunter. Bitte nimm ein wenig Rücksicht auf deine Freunde in der Heimat und laß von deiner derzeitigen Gewohnheit ab."[9]

Juden, die das Gesetz, einschließlich der Speisevorschriften, ernst nahmen, konnten natürlich nicht an einem Tisch Platz nehmen, wo man ihnen nichtkoschere Speisen reichen würde, und ein Jude, der so etwas tat, konnte in ihren Augen nicht als fromm oder gesetzesstreng gelten. Ja-

---

[7] Ios. *ant. Iud.* XX, 34 ff.
[8] *migr.* 92 (siehe S. 22).
[9] Vgl. T. W. Manson, *Studies in the Gospels and Epistels,* Manchester 1962, S. 178 ff.; er zieht die Lesart von Gal 2,12 vor, nach der Jakobus' Botschaft Petrus durch eine Person übermittelt wurde.

kobus und seine Gefährten konnten also nicht erwarten, daß Juden, die sie auf den Weg zu Jesus zu weisen versuchten, ihnen unter solchen Umständen mit Respekt oder Aufgeschlossenheit begegnen würden. Allerdings hatte Jesus selber eine Äußerung über Speisen getan, die auf die Abschaffung der levitischen Speisegesetze hinauslief, doch wurde man sich erst im Lichte späterer Entwicklungen darüber klar, daß Jesus „alle Speisen für rein erklärte" (Mk 7, 19), als er sagte, nicht das, was in seinen Bauch hineinkomme, verunreinige den Menschen, sondern das, was aus seinem Herzen komme. Damals wußten diejenigen judäischen Jünger, die die Tischgemeinschaft mit Heiden verdammten, nicht, daß ihr Herr ihre Einstellung bereits unhaltbar gemacht hatte.

Petrus zeigte sich von den Vorhaltungen der Gäste beeindruckt. Er selbst hegte zwar keine Bedenken mehr, mit Heiden zu essen, erkannte indessen, daß viele seiner Freunde dadurch in Gewissenskonflikte geraten würden, und war daher durchaus bereit, ihnen aus der Verlegenheit, in die sie sein Verhalten versetzte, zu befreien, indem er seiner freieren Auffassung entsagte. Dementsprechend zog er sich zumindest vorläufig von der Tischgemeinschaft mit Heidenchristen zurück.

Ein Bericht des Petrus über diesen Vorfall steht uns nicht zu Gebote; hätten wir ihn, so würden wir wahrscheinlich das oben Gesagte daraus entnehmen. Indessen haben wir den Bericht des Paulus. Wenn Petrus sich über die Wirkung besorgt zeigte, die sein ungezwungener Umgang mit Heiden in Jerusalem zeitigte, so Paulus über die Wirkung, die Petrus' plötzliche Aufgabe der Tischgemeinschaft bei den Heidenchristen in Antiochien und anderwärts hervorrufen würde. Seine Handlungsweise mußte in ihnen zwangsläufig das Gefühl wecken, als zweitklassige Christen zu gelten. Auf die antiochenischen Judenchristen wirkte sich Petrus' Entschluß indessen ebenso nachteilig aus: „es heuchelten mit ihm auch die übrigen Juden" (d. h. Judenchristen), schreibt Paulus im Galaterbrief (2, 13), „so daß sogar Barnabas von ihrer Heuchelei mitfortgerissen wurde". Er gebraucht das Wort „Heuchelei",[10] weil, wie er es ansah, Petrus und Barnabas und die anderen etwas taten, was nicht ihre persönliche Überzeugung widerspiegelte. Sie gaben die Tischgemeinschaft mit Heiden nicht auf, weil sie sie für falsch hielten, sondern weil sie sie unter den gegebenen Umständen für unzweckmäßig erachteten.

Niemand war bereiter als Paulus, im Interesse anderer auf seine Freiheitsrechte zu verzichten, doch hier war eine Situation entstanden, in der durch die Handlungsweise seiner Gefährten nicht allein die Belange nicht-

---

[10] Gr. *hypokrisis.*

jüdischer Glaubensgenossen, sondern des Evangeliums selbst gefährdet waren. Auf lange Sicht bedeutete solch ein Zugeständnis eine Preisgabe der erlösenden Botschaft der Vergebung durch den Glauben an Christus — der Botschaft, die Petrus im Prinzip genauso uneingeschränkt annahm und verkündete wie Paulus. Die gemeinsame Treue der Juden- und Heidenchristen zu Jesus als dem Herrn fand in ihrem gemeinsamen Brechen des Brotes sichtbaren Ausdruck; wenn dieses Gemeinschaftserlebnis nicht mehr möglich sein sollte, dann geriet die Einheit der gläubigen Gemeinde in Gefahr. Die Beschneidung konnte im letzten Grund als Voraussetzung des gesellschaftlichen Verkehrs nur gefordert werden, wenn sie eine notwendige Vorbedingung der Erlösung war. Petrus' Zugeständnis sei zwar gut gemeint, müsse aber verhängnisvolle Auswirkungen haben; wenn man die Tischgemeinschaft mit unbeschnittenen Gläubigen verweigere, könnte das über kurz oder lang dazu führen, daß man ihnen auch die Anerkennung als Gläubige oder als Glieder der Gemeinde verweigere. Daher widerstand Paulus, wie er sich ausdrückt, „Kephas ins Angesicht, weil er durch sein eigenes Verhalten verurteilt war" (Gal 2, 11). „Wenn du", fragte er ihn öffentlich, „der du ein Jude bist, nach heidnischer Sitte lebst und nicht nach jüdischer, wie darfst du da die Heiden zwingen, nach jüdischer Art zu leben?"

2.

Der Streit war so heftig geworden, daß ein „Gipfeltreffen" unbedingt erforderlich schien. Unter der Leitung von Barnabas und Paulus machten sich Abgesandte der Gemeinde von Antiochien nach Jerusalem auf den Weg, um den Zwist mit den dortigen Aposteln und Ältesten zu besprechen. Diejenigen, die für die Beschneidung der heidnischen Bekehrten eintraten, legten, unter der Führung „einiger von der Partei der Pharisäer" (Apg 15, 5), ihren Standpunkt dar, drangen damit indessen nicht durch. Zum Teil war dieses Resultat den Ausführungen des Petrus zu verdanken, der aus persönlicher Überzeugung und Erfahrung sprach, in der Hauptsache aber der klugen Art und Weise, wie Jakobus das Ergebnis der Aussprache zusammenfaßte. Es sei unbestreitbar, daß wiederholt an unbeschnittenen Heiden Zeichen offenbar geworden seien, daß der Geist in ihr Leben eingekehrt sei; das genüge als Beweis, daß Gott sie aufgrund ihres Glaubens an Jesus als den Herrn angenommen habe, ohne ihnen weitere Bedingungen aufzuerlegen. Warum sollten andere auf Bedingungen bestehen, die Gott nicht gefordert habe?

Daß die Heidenmission dem Willen Gottes entsprach, bewies nach Jakobus nicht nur die zeitgenössische Erfahrung, sondern es ging auch aus dem prophetischen Schrifttum hervor. Jakobus bringt eine bemerkenswerte Auslegung einer Heilsweissagung am Schluß des Buches Amos. Der masoretische Text schildert, wie Jahwe eines Tages Davids zerfallene Hütte wiedererrichten wird, das heißt, das Geschick seiner Dynastie wenden und ihr wiederum die Herrschaft über alle Nachbarvölker, die Edomiter und andere, geben wird, die ihr in ihrer Anfangszeit untertan waren. Die Septuagintafassung verallgemeinert und vergeistigt diese Weissagung, zum Teil indem sie hebräischen Varianten folgt, so daß sie zu einer Verheißung des Tages wird, da die ganze Menschheit den wahren Gott suchen und bei seinem Namen gerufen werden wird.[11] In Apg 15, 16—18 wird die Mission an die Heiden als die Erfüllung dieser Verheißung aufgefaßt; die zerfallene Hütte Davids wird wieder aufgerichtet durch die Erhebung Jesu als des Messias aus Davids Geschlecht, der durch die Heidenmission seine Herrschaft über die Völker ausdehnt, so daß die Menschen jetzt überall den wahren Gott suchen und vermöge ihres Glaubens an Jesus mit seinem Namen gerufen werden.[12]

Die Beschneidung war folglich von heidnischen Bekehrten nicht zu fordern. Dies war die Hauptstreitfrage, und sie wurde in einer für Paulus und die übrigen Leiter der Heidenmission annehmbaren Weise entschieden.

Doch bedeutete dies notwendigerweise, daß in Zukunft der Tischgemeinschaft wie auch anderen Formen des gesellschaftlichen Verkehrs zwischen beschnittenen Judenchristen und unbeschnittenen Heidenchristen nichts mehr im Wege stehen würde? Offenbar nicht; vielmehr waren dafür bestimmte zusätzliche Garantien erforderlich.

Vielen Judenchristen, die für ihre heidnischen Mitchristen vielleicht das denkbar größte Wohlwollen empfanden, machte die Frage der Tischgemeinschaft sehr viel mehr zu schaffen als solch vorurteilslosen Geistern wie Petrus und Paulus. Jahrhunderte des Eifers für die Speise- und Reinheitsvorschriften hatten in ihnen einen instinktiven Widerwillen gegen das gemeinschaftliche Essen mit Heiden erzeugt, von dem sie sich

[11] Am 9, 11 f. Die LXX-Version verallgemeinert die Weissagung, indem sie *'edom* („Edom") als *'adam* („Menschheit") vokalisiert, und vergeistigt sie, indem sie anstelle von *jireschu* („damit sie den Rest von Edom *gewinnen*") *jidreschu* („damit der Rest der Menschheit Jahwe *suche*") liest.

[12] Ein gutes Beispiel für einen christlichen *pescher* (die Form der Ausdeutung des Alten Testaments, mit der wir durch die Kommentare der Qumran-Sekte vertraut geworden sind).

nicht sogleich zu befreien vermochten. Die Heiden verzehrten mit dem größten Appetit bestimmte Speisen, die den Juden seit alters ein Greuel waren, und angesichts der laxen Auffassung der Heiden von Moral, besonders was die Beziehungen zwischen den Geschlechtern anbelangte, war den Judenchristen der Gedanke der Tischgemeinschaft mit ihnen widerwärtig. Man bemühte sich daher, einige dieser Hindernisse für ein Gemeinschaftsleben zu beseitigen.

Wir wissen nicht genau, welcher Art die von Jakobus und seinen Kollegen zu diesem Zweck gemachten Empfehlungen und Vorschläge waren, da Lukas' Erzählung an dieser Stelle abweichende Lesarten aufweist. Nach der westlichen Überlieferung empfahlen sie, daß die Heidenchristen sich dreier Hauptvergehen enthalten sollten: Götzendienerei, Unzucht und Blutvergießen. Diese ethischen Forderungen gemahnen an die „Noachischen Gebote"[13] — die Gebote, die Gott Noah und seinen Söhnen gab und die nach rabbinischer Tradition für alle ihre Nachkommen, mit anderen Worten für die gesamte Menschheit, Juden wie Heiden, bindend waren. Die westliche Überlieferung fügt diesen drei Verboten eine negative Fassung der Goldenen Regel an: „Was dir selbst unangenehm ist, das tue niemandem."[14]

Die westliche Überlieferung läßt hier zwar, wie auch anderwärts in der Apostelgeschichte, Vertrautheit mit jüdischem Denken und jüdischer Sitte erkennen, doch ist es wenig wahrscheinlich, daß sie hier den ursprünglichen Wortlaut darstellt. Solche elementaren ethischen Forderungen müssen Teil der anfänglichen Belehrung gewesen sein, die heidnische Bekehrte über die christliche Lebensweise empfingen; wer ihnen nicht genügte, konnte nicht in die Gemeinde aufgenommen werden. Es ist wahrscheinlicher, daß die westliche Lesart eine Revision der ursprünglichen Bestimmungen darstellt, da diesen in der Abfassungszeit des westlichen Textes nicht mehr die gleiche Bedeutung zukam wie in der frühapostolischen Epoche. Die ursprünglichen Vorschriften, wie sie in den anderen Textformen bewahrt sind, gebieten die Enthaltung vom Fleisch von Tieren, die heidnischen Gottheiten als Opfer dargebracht waren, und untersagen den Verzehr von nicht völlig ausgeblutetem Fleisch

---

[13] Das Verbot von „Blut" im Sinne des Verzehrs von „Fleisch, das seine Seele noch in sich hat", ist ebenfalls in den Noachischen Geboten enthalten (1 Mo 9, 4).

[14] Die negative Fassung der Goldenen Regel erscheint im Tobitbuch (4, 15), in der Apostellehre (1, 2), bT *Schabbat* 31a und *Abot de R. Nathan* 2, 26. Ein jüdisches Beispiel der positiven Fassung (am besten aus Mt 7, 12 bekannt) bietet Maimonides, *Hilekot 'Abel* 14, 1 (Mischna, Thora 2).

(d. h. von Fleisch von Tieren, die durch Strangulierung getötet worden waren).[15] Hinzugefügt wurde ihnen möglicherweise die Enthaltung von „Unzucht" — hier nicht im üblichen Wortsinn gemeint (denn die Enthaltung davon war allen Christen ohnehin als selbstverständliche Pflicht auferlegt), sondern im Sinn der Übertretung des in 3 Mo 18, 6—18 ausgesprochenen Verbots des ehelichen Umgangs mit Blutsverwandten oder Verwandten durch Einheirat.[16] Auf diesen Eheverboten war das jüdische Eherecht fundiert; sie gehören seit der Zeit dieses Jerusalemer Dekrets zum christlichen Kirchenrecht.

Das Aposteldekret behandelte zwei Fragen — die Hauptfrage: „Müssen sich die Heidenchristen beschneiden lassen und sich verpflichten, das mosaische Gesetz einzuhalten?", und die sekundäre Frage: „Welchen Bedingungen sollten sich die Heidenchristen unterwerfen, damit Judenchristen mit ihnen verkehren können?" Die zweite Frage hätte sich im Falle einer Bejahung der ersten nicht gestellt. Hätte man von den Heidenchristen verlangt, dem Beispiel der heidnischen Proselyten zu folgen, dann hätte die Erfüllung dieser Forderungen die Mahlgemeinschaft u. ä. selbstverständlich sogleich nach sich gezogen.

Das von den Führern der Jerusalemer Kirche formulierte Dekret enthielt die Antworten auf beide Fragen. Zum ersten Punkt hieß es darin, das Joch des Gesetzes solle heidnischen Gläubigen nicht auferlegt werden, und zum zweiten: „Es schien nämlich dem heiligen Geist und uns gut, euch keine weitere Last aufzuerlegen außer diesen notwendigen Stücken[17] — Enthaltung von Götzenopfer- und nicht ausgeblutetem Fleisch und von ‚Unzucht'."

Jakobus und andere gleichgesinnte Männer waren möglicherweise der Meinung, sehr großzügig zu sein, wenn sie die Pflichten der Heidenchristen auf diese „notwendigen Stücke" beschränkten. Und in der Tat han-

---

[15] P. H. Menoud, „The Western Text and the Theology of Acts", *SNTS Bulletin* 2 (1951), S. 19 ff. (besonders S. 22 ff.), vertritt die Ansicht, daß das Dekret ursprünglich nur die beiden Arten von verbotenen Speisen (nicht ausgeblutetes und Götzenopferfleisch) betraf und daß dieses zweifache Verbot später auf verschiedene Weise, wie aus unseren Textzeugen erhellt, ausgedehnt wurde; vgl. C. S. C. Williams, *Alternations to the Text of the Synoptic Gospels and Acts*, Oxford 1951, S. 72 ff.

[16] Gr. *porneia* spiegelt hier und anderwärts im Neuen Testament (zum Beispiel Mt 5, 32; 19, 9; 1 Kor 5, 1) wahrscheinlich hebr. *zenut*, das zur Bezeichnung solcher Vergehen oder von Übertretungen der anerkannten Interpretation dieser Gesetze diente (vgl. *CD* IV, 17 ff., wo es auch die Vielehe und die Ehe zwischen Onkel und Nichte bezeichnet).

[17] Vielleicht sollte man hier einem etwas abweichenden Text folgen und lesen: „. . . euch keine weitere Last aufzulegen: es ist notwendig (*epanagkes*), daß ihr euch von . . . enthaltet."

delte es sich um ein durchaus beachtliches Zugeständnis. Einmal galt jetzt der Grundsatz, daß heidnische Bekehrte keinerlei gesetzlichen Verpflichtungen unterworfen waren. Ihr Status als Glieder der erlösten Gemeinde war ebenso wie der ihrer jüdischen Glaubensgenossen durch ihr Glaubensbekenntnis zu Jesus als dem Herrn gesichert. Daß die Führer der Jerusalemer Gemeinde dies ausdrücklich bestätigten, war alles andere als eine Selbstverständlichkeit; Paulus und seine Freunde müssen die Beschlüsse daher als Sieg für die Freiheit des Evangeliums aufgefaßt haben.

Zum anderen war niemand versöhnlicher und anpassungsfähiger als Paulus, sofern nur das, was für ihn den Kern des Evangeliums bildete, unangetastet blieb. Darin war er unnachgiebig, doch im übrigen ermahnte er seine Mitchristen, auf das Gewissen und das geistliche Wohlergehen anderer achtzugeben und persönliche Belange um ihretwillen bereitwillig hintanzustellen, wie es ihm selber zur Gewohnheit geworden war. Wenn Heidenchristen feststellten, daß sie mit ihren Eßgewohnheiten Schwierigkeiten für ihre judenchristlichen Brüder heraufbeschworen, so sollten sie davon ablassen, nicht gezwungenermaßen, sondern aus freien Stücken, aufgrund christlicher Nächstenliebe.[18] (Der Hinweis auf „diese notwendigen Stücke“ im Aposteldekret deutet allerdings darauf hin, daß den Führern der Jerusalemer Gemeinde etwas mehr vorschwebte als nur eine freiwillige Geste der Nächstenliebe seitens der Heidenchristen, was in der Folge zu Mißverständnissen geführt haben mag.) Was das Verbot der „Unzucht“ betrifft, so macht Paulus' Reaktion auf einen besonders anstößigen Fall einer solchen gesetzwidrigen Verbindung in Korinth wenige Jahre später deutlich, daß er dieser Forderung voll und ganz zustimmte.[19]

Man erwog nicht, auch die Judenchristen von der Verpflichtung zu befreien, die jüdische Lebensweise weiterhin zu beobachten. Diese Gruppe war von dem Dekret ja gar nicht betroffen. Die Mehrzahl der Judenchristen war ohnehin weit davon entfernt, Paulus' Vorurteilslosigkeit zu teilen, der ebenso bereit war, in einer nichtjüdischen Umgebung wie ein Nichtjude zu leben, wie er sich in der Gesellschaft von Juden an die jüdische Lebensweise hielt. Für ihn und für das geistliche Wohlergehen der Menschen, in deren Mitte er weilte, waren z. B. die Speisegesetze von denkbar geringer Bedeutung. In den darauffolgenden Jahren entstand in Jerusalem eine feindselige Stimmung gegen ihn, da von Zeit zu Zeit berichtet wurde, er fordere die Juden — insbesondere zweifellos die

---

[18] Vgl. Paulus' Lehre hierüber in 1 Kor 8, 7 ff. und Rö 14, 13 ff.
[19] 1 Kor 5, 1 (siehe S. 128).

Judenchristen — in den Provinzen auf, ihre Kinder nicht beschneiden zu lassen und sich nicht mehr an die altüberlieferten Gebräuche zu halten.[20] Jakobus und seine Mitältesten versicherten Paulus, sie selber wüßten sehr wohl, daß diese Berichte nicht der Wahrheit entsprächen; doch muß schon das Verhalten eines Mannes, der zum traditionellen Judentum ein derart lockeres Verhältnis hatte wie Paulus, andere Judenchristen veranlaßt haben, seinem Beispiel zu folgen.

Einstweilen akzeptierte Paulus das Dekret jedoch und empfahl den Heidenchristen, zumindest innerhalb des Gebiets, an das es gerichtet war, danach zu leben. Die Beschlüsse waren an die „Brüder in Antiochien und Syrien und Kilikien, die aus den Heiden stammen", gerichtet.[21] Damit könnten die Gemeinde von Antiochien und ihre Tochtergemeinden gemeint sein; beabsichtigte man, auch die kürzlich gegründeten Gemeinden von Südgalatien mit einzubeziehen? Laut Apg 16, 4 wurden die Bestimmungen des Dekrets diesen Gemeinden ausgehändigt, als Paulus ihnen wenig später in Begleitung von Silas einen Besuch abstattete, doch hat man behauptet, diese Stelle sei ein Duplikat von Apg 15, 41, wo (nach einem Zusatz im westlichen Text) die Gemeinden von Syrien und Kilikien das Dekret überreicht bekommen.[22]

Das Resultat des Aposteldekrets war, daß die Frage der Beschneidung den Fortgang der Heidenmission nicht mehr zu behindern vermochte. Sie wurde vielleicht von Zeit zu Zeit wieder aufgeworfen, doch konnten sich diejenigen, die Heidenchristen die Beschneidung abverlangten, fortan nicht mehr auf die Autorität der Apostel und Ältesten in Jerusalem berufen.

---

[20] Vgl. Apg 21, 21 (siehe S. 158 f.).
[21] Apg 15, 23.
[22] A. S. Geyser, „Paul, the Apostolic Decree and the Liberals in Corinth", in: J. N. Sevenster und W. C. van Unnik (Hrsg.), *Studia Paulina in honorem J. de Zwaan*, Haarlem 1953, S. 124 ff., besonders S. 136 ff.

ACHTES KAPITEL

Claudius und das Christentum

I.

Als Claudius seinem Neffen Caligula auf dem Kaiserthron nachfolgte, gab er sich alle Mühe, den Streit, der unter dessen Regierung zwischen den heidnischen und jüdischen Einwohnern von Alexandrien entbrannt war, zu schlichten. Er erließ ein Edikt, worin er die beiden Parteien aufforderte, ihre Auseinandersetzungen zu beenden, und die überlieferten Privilegien der alexandrinischen Juden erneut bestätigte.

Josephus gibt dieses kaiserliche Edikt anscheinend ziemlich genau, wenn auch nicht wörtlich, wieder:[1]

> Tiberius Claudius Caesar Augustus Germanicus, Pontifex maximus mit tribunizischer Gewalt, verordnet hiermit wie folgt:
> In Erwägung, daß die Juden, welche zu Alexandrien wohnen und Alexandriner heißen, bald nach Erbauung der Stadt zugleich mit den eigentlichen Alexandrinern dorthin geschickt worden sind und von den Königen [den Ptolemäern] gleiches Bürgerrecht mit den letzeren erhalten haben, wie dies aus deren Verordnungen und Erlassen hervorgeht; sodann in Erwägung, daß bei der durch Augustus vollzogenen Einverleibung der Stadt Alexandrien in unser Reich den Juden ihre Rechte nicht verkürzt, sondern von den zu verschiedenen Zeiten dorthin gesandten Statthaltern ohne jede Einwendung aufrechterhalten worden sind; in fernerer Erwägung, daß auch zu der Zeit, da Aquila [11—10 v. Chr. Präfekt von Ägypten] Statthalter in Alexandrien und der jüdische Ethnarch gestorben war, Augustus die Wahl eines neuen Ethnarchen nicht verboten und diesem bei der Huldigung gestattet hat, daß die Juden nach ihren eigenen Gebräuchen leben und der Religion ihrer Väter treu bleiben dürften; endlich in Erwägung, daß die Erhebung der Alexandriner gegen die mit ihnen zusammen wohnenden Juden noch in die Regierungszeit des Prinzeps Gaius fällt (der in seinem ungeheuren Wahnsinn das jüdische Volk unterdrückte, weil es von seiner Religion nicht abfallen und ihn nicht als Gott anerkennen wollte): will ich nicht dem Unverstand des Gaius zuliebe eines von den dem Volke der Juden gemachten Zugeständnisse wieder aufheben, sondern ihnen alle früheren Rechte nebst der Freiheit, nach ihrer Religion zu leben, bestätigen. Desgleichen befehle ich, daß nach Bekanntmachung dieses meines Ediktes von beiden Seiten alles vermieden werde, wodurch neue Unruhen entstehen könnten.

---

[1] *ant. Iud.* XIX, 279 ff.

Claudius' Hinweis, die Ptolemäer hätten die Juden von Alexandrien den alexandrinischen Griechen rechtlich gleichgestellt, sollte sicherlich nur besagen, daß die alexandrinische Judenschaft über eine eigene Verwaltung verfügte, die kraft der gleichen königlichen Machtbefugnisse eingesetzt war wie die Verfassung der griechischen Stadt. Es ist bemerkenswert, daß die Juden, die diese Sondervorrechte als eigenständige Gemeinde innerhalb der größeren städtischen Gemeinschaft genossen, als „Alexandriner" bezeichnet werden — vermutlich im Gegensatz zu Einwanderern, die die Zahl der jüdischen Einwohner von Alexandrien vermehrten, aber nicht der Privilegien teilhaftig wurden, die die Ptolemäer den alteingesessenen Juden zuerkannt hatten.

Ferner verfügte Augustus beim Tode des Ethnarchen im Jahre 11 oder 10 v. Chr. laut Philo in Wirklichkeit nicht die Ernennung eines neuen Ethnarchen, sondern setzte einen Senat (*gerousia*) an seine Stelle.[2]

Es hat also den Anschein, daß Josephus den Text des Edikts überarbeitet hat, doch ist seine Fassung, von ein oder zwei Stellen wie den erwähnten abgesehen, durchaus verläßlich.

Wir besitzen jedoch die Abschrift eines anderen Dokuments aus der gleichen Zeit, das die Situation weiter aufhellt. Es ist ein von Claudius an das Volk von Alexandrien gerichteter und dann auf Befehl des Präfekten von Ägypten veröffentlichter Brief, und die Abschrift befindet sich auf der Rückseite einer Papyrusrolle, die im Jahre 1921 in den Besitz des Britischen Museums gelangte. Claudius antwortete mit diesem Brief auf eine Gesandtschaft der Alexandriner, die ihn zu seiner Thronbesteigung beglückwünscht, ihm verschiedene Ehrungen angetragen und den Standpunkt der Stadt in bezug auf die jüngsten Ausschreitungen gegen die Juden dargelegt hatte. (Letzteres Anliegen dürfte ihnen besonders am Herzen gelegen haben, da sie von der engen Freundschaft zwischen Claudius und Herodes Agrippa, dem König der Juden, wußten.) Die Abschrift des Claudius-Briefes ist undatiert, aber die Präambel des Präfekten trägt ein Datum: „Im zweiten Jahr des Tiberius Claudius Caesar Augustus Germanicus Imperator, am vierzehnten Tage des Monats *Neos Sebastos*" (d. h. 10. November 41 n. Chr.).

In dem Brief[3] geht Claudius nacheinander auf sämtliche von der Gesandtschaft der Alexandriner vorgebrachten Punkte ein. Der uns hier interessierende Abschnitt, der seine Antwort auf ihre Vorstellungen

---

[2] Phil. *Flacc.* 74.

[3] *Editio princeps* in: H. I. Bell, *Jews and Christians in Egypt,* London 1924, S. 1 ff.; vgl. *CPI* II, Nr. 153. Dt. Übersetzung S. Loesch (*Epistula Claudiana,* Rottenburg 1930).

wegen der judenfeindlichen Ausschreitungen in ihrer Stadt enthält, lautet wie folgt (Z. 73—104):

> Was aber die Frage angeht, welche von beiden Parteien die Verantwortung trifft für die Fehde und den Aufstand gegen die Juden, mehr noch — wenn man die Wahrheit sagen soll — für den offenen Kampf gegen diese: so konnte ich mich nicht entschließen, ein bestimmtes Urteil zu fällen, obwohl eure Gesandten und ganz besonders Dionysius, des Theon Sohn, angesichts der Gegnerschaft von drüben die Angelegenheit mit einem hingebendsten Eifer betrieben haben. Dagegen müßte ich mir einen unerbittlichen Zorn vorbehalten gegen jede der beiden Parteien, die etwa die Feindseligkeiten wiederaufzunehmen sich unterfangen sollte. Klipp und klar lautet in dieser Beziehung mein Bescheid an euch dahin: wenn ihr nicht absteht von dieser verbohrten und verbissenen verderblichen Gereiztheit gegeneinander, dann werde ich mich unausweichlich genötigt sehen, einmal zu zeigen, was aus einem Fürsten, der nur das Beste will, werden kann, wenn sein Sinn in gerechten Zorn umschlägt.[4]
>
> Daher beschwöre ich euch auch jetzt noch: auf der einen Seite die Alexandriner, verträglich und wohlwollend sich zu zeigen den Juden gegenüber, die doch seit langen Jahren die gleiche Stadt bewohnen, und in keiner Weise sie zu kränken bei der Ausübung ihres herkömmlichen Gottesdienstes, vielmehr die Beibehaltung ihrer Gebräuche ungestört ihnen zu belassen wie schon in den Tagen des verewigten Augustus — und dieser ihrer religiösen Tradition habe auch ich nach Anhörung beider Parteien Bestätigung zu gewähren geruht.
>
> Auf der andern Seite gebiete ich aber auch den Juden, nicht ihr Streben allzu rührig zu richten auf irgend etwas, das über den bisherigen Besitzstand ihrer Rechte hinausgeht; ferner künftighin nicht zwei Gesandtschaften hierher abgehen zu lassen, als lebten sie in zwei Städten fern voneinander angesiedelt: ein Vorgehen, wie ein solches nie bisher getätigt worden ist; weiterhin sich nicht in die Kampfesspiele der Gymnasiarchen oder Kosmeten einzudrängen, vielmehr nutzbar zu machen das, was sie ihr Eigenwerk nennen, und in einer fremden Stadt den Überfluß reichen Wohlstandes zu genießen; endlich nicht heranzuholen oder herbeizuziehen von Syrien oder von Ägypten herabströmende Juden, woraus noch größeren Verdacht zu schöpfen ich mich genötigt sehen werde; falls letzteres nicht unterbleibt, werde ich mit allen zur Verfügung stehenden Mitteln gegen sie vorgehen als gegen Leute, die eine Art ansteckender Krankheit des ganzen Erdteiles erregen.
>
> Stehen beide Teile von dem bezeichneten Verhalten ab und seid ihr gewillt, in gegenseitiger Verträglichkeit und gegenseitigem edlem Verstehen miteinander zu leben, dann will auch ich meinerseits eine Obsorge,

---

[4] Claudius' Drohung, „zu zeigen, was aus einem Fürsten, der nur das Beste will, werden kann, wenn sein Sinn in gerechten Zorn umschlägt", wird durch die scharfen Maßnahmen veranschaulicht, die er gegen die griechischen Alexandriner Isidor und Lampo (siehe S. 51) nach erneuten Rassenunruhen in der Stadt im Jahre 53 n. Chr. ergriff. Siehe H. A. Musurillo, *Acts of the Pagan Martyrs*, Oxford 1954, S. 18 ff.; *CPI* II, Nr. 156.

die in zurückliegenden Tagen bewährt ist, fernerhin betätigen zum Wohle der Stadt; ist ja doch mein Haus von meinen Ahnen her in Freundschaft euch verbunden.

Was in diesem Abschnitt des Briefes über die verfassungsrechtlichen Beziehungen zwischen Juden und Griechen in Alexandrien ausgeführt wird, interessiert uns hier nicht, sehr dagegen eine bestimmte Passage, die allerdings mehrdeutig ist: das kaiserliche Verbot des Zuzugs von Juden aus Syrien und Ägypten nach Alexandrien. Einige Gelehrte[5] haben dies mit Unruhen innerhalb der jüdischen Gemeinde von Alexandrien in Zusammenhang gebracht, die durch das Eindringen des Christentums in die Stadt hervorgerufen worden seien, und ihre Interpretation dadurch untermauert, daß sie einen Zusammenhang herstellen zwischen den scharfen Worten des Kaisers über „eine Art ansteckender Krankheit des ganzen Erdkreises" und der Anklagerede des Tertullus bei der Verhandlung der Sache des Paulus vor Felix: „Wir haben diesen Mann als eine Pest erfunden" (Apg 24, 5).

Die Ursprünge des alexandrinischen Christentums sind ein rätselvoller und hochinteressanter Forschungsgegenstand.[6] Aller Wahrscheinlichkeit nach hatte das Christentum im Jahre 41 n. Chr. in Alexandrien schon festen Fuß gefaßt. Für die hellenistischen Jünger, die Jerusalem nach dem Tode des Stephanus (um 33 n. Chr.) verließen, dürfte Alexandrien als Zielort ebensowohl in Frage gekommen sein wie Antiochien; das Auftauchen des alexandrinischen Jüngers Apollos in Ephesus und Korinth im Jahre 52 n. Chr. (Apg 18, 24 ff.) stellt in diesem Zusammenhang einen

---

[5] Besonders G. de Sanctis, „Claudio e i Giudei d'Allessandria", *Rivista di filologia* 52 (1924), S. 473 ff., und S. Reinach, „La primière allusion au christianisme dans l'historie" *Revue de l'histoire des religions* 89 (1924), S. 108 ff.; *Orpheus*, London 1931, S. 244. Vgl. auch S. Loesch, *Epistula Claudiana;* S. G. F. Brandon, *The Fall of Jerusalem and the Christian Church*, London 1951, S. 222 f.; H. J. Cadbury, *The Book of Acts in History*, New York 1955, S. 116 f.; E. M. Blaiklock, *Out of the Earth*, London 1957, S. 37 („Dieser Brief ... enthält anscheinend den ersten weltlichen Hinweis auf christliche Missionare".) Einige Autoren, die hier einen Hinweis auf Judenchristen zu erkennen meinen, neigen dazu, die Ankunft von Juden zu Schiff aus Syrien stärker hervorzuheben als die Fahrt von anderen aus anderen Teilen Ägyptens den Nil herunter.

[6] Nach dem westlichen Text von Apg 18, 25 hatte Apollos, als er um das Jahr 52 n. Chr. in Ephesus eintraf, die christliche Botschaft „in seiner Vaterstadt" (*en tē patridi*) empfangen. Vgl. auch W. Bauer, *Rechtgläubigkeit und Ketzerei im ältesten Christentum*, Tübingen ²1964, S. 49 ff.; S. G. F. Brandon, *The Fall of Jerusalem and the Christian Church*, London 1951, S. 217 ff.; H. E. W. Turner, *The Pattern of Christian Truth*, London 1954, S. 46 ff.; R. P. C. Hanson, *Tradition in the Early Church*, London 1962, S. 166 f.; A. Ehrhardt, *The Framework of the New Testament Stories*, Manchester 1964, S. 174 ff.

bedeutsamen Faktor dar. Irgendeine Anspielung auf Christen im Brief des Kaisers nachzuweisen, stößt indessen auf Schwierigkeiten. Die Unruhen, von denen Claudius spricht, waren zwischen den Griechen und den Juden der Stadt aufgeflammt, nicht innerhalb der jüdischen Gemeinde. Die Juden, die sich von Syrien aus nach Alexandrien einschifften, werden mit den Juden, die aus anderen Teilen Ägyptens den Nil hinunter dorthin kamen, gleichgestellt. Außer in Alexandrien lebten auch an anderen Orten Ägyptens viele Juden, die indes nicht die besonderen Vorrechte genossen, die man ihnen in Alexandrien eingeräumt hatte. Die Bedeutung der illegalen Ansiedlung von Juden aus Syrien und dem übrigen Ägypten in Alexandrien läßt sich wahrscheinlich aus der Angabe des Josephus ersehen, die alexandrinische Judenschaft hätte, nachdem sie bei Caligula mit ihren Anliegen nicht durchgedrungen sei, beim Eintreffen der Nachricht von seiner Ermordung zu den Waffen gegriffen.[7] Das heißt, die Juden bereiteten sich zum Angriff auf die griechischen Alexandriner vor, und unter diesen Umständen war es natürlich, daß sie den Versuch machten, ihre Zahl zu vermehren, indem sie ihre jüdischen Volksgenossen in den anderen Teilen Ägyptens sowie in Syrien und Palästina aufforderten, ihnen zu Hilfe zu eilen. Solch eine Situation würde eine hinreichende Erklärung für die Schärfe der kaiserlichen Ermahnung bieten, sofort damit aufzuhören.

Doch warum sprach Claudius in diesem Zusammenhang von „einer Art Ansteckung des ganzen Erdkreises?“ Seine Ausdrucksweise legt die Vermutung nahe, daß die Juden bereits in anderen Teilen des Römerreichs Verdruß erregt hatten. Gibt es irgendwelche Zeugnisse, daß es anderwärts solche Schwierigkeiten mit ihnen gegeben hatte?

2.

Eine in diesem Zusammenhang möglicherweise bedeutungsvolle Nachricht findet sich bei dem Geschichtsschreiber Cassius Dio (um 155—um 235). Im Verlauf seiner Darstellung des ersten Regierungsjahres des Claudius führt er einige Beispiele für die Mäßigung des Kaisers an und bemerkt:

> Als die Zahl der [römischen] Juden abermals so stark gestiegen war, daß ihre Vertreibung aus der Stadt unweigerlich zu Tumulten geführt

---

[7] *ant. Iud.* XIX, 278.

hätte, beschloß er, sie nicht zu verbannen, sondern verbot ihnen, sich nach der Weise ihrer Väter zu versammeln.[8]

Mit seiner Angabe, daß die Zahl der römischen Juden *abermals* stark gestiegen war, spielt Dio natürlich auf das etwa zweiundzwanzig Jahre vorher von Tiberius erlassene Ausweisungsedikt an.[9] Dieses war wohl inzwischen mehr oder weniger in Vergessenheit geraten, vor allem, so steht zu vermuten, nach dem Fall Sejans im Jahre 31 n. Chr.[10] Doch warum sah sich Claudius auf Grund ihrer wachsenden Zahl veranlaßt, ihnen Beschränkungen aufzuerlegen? Mag sein, weil schon erste Anzeichen jener Undiszipliniertheit und Aufsässigkeit offenbar geworden waren, die ihn acht Jahre später veranlaßte, ihre Verbannung aus der Hauptstadt anzuordnen. Das Christentum war nicht die einzige messianische Bewegung, von der die Juden damals ergriffen wurden, obwohl es wahrscheinlich schon am Beginn von Claudius' Regierungszeit nach Rom ebenso wie nach Alexandrien gelangt war. Jedenfalls können wir, falls Claudius bereits Schwierigkeiten mit der stadtrömischen Judenschaft gehabt hatte, besser verstehen, warum er die alexandrinischen Juden mit solcher Schärfe warnte, dort nicht durch die illegale Erhöhung ihres Bevölkerungsanteils ähnliche Zustände zu schaffen.

Man kann indessen fragen, ob es in Anbetracht der Schnelligkeit, mit der Claudius am Beginn seiner Regierung die den Juden im gesamten Imperium von seinen Vorgängern eingeräumten Privilegien bestätigte, und noch mehr in Anbetracht seiner Freundschaft mit Herodes Agrippa wahrscheinlich ist, daß er so früh derart scharfe Maßnahmen gegen die römischen Juden ergriff. Zur Zeit von Caligulas Ermordung und Claudius' Thronbesteigung (Januar 41 n. Chr.) weilte Agrippa gerade in Rom und war nicht nur der einzige, der es wagte, sich um den Leichnam des Kaisers zu kümmern, sondern er ermutigte Claudius auch, das Kaisertum, das ihm die Prätorianeroffiziere aufzudrängen suchten, anzunehmen.[11] Ist es wahrscheinlich, daß sich Claudius beeilte, den Volks- und Glaubensgenossen eines Mannes, den er mit Ehrungen überhäufte, Beschränkungen aufzuerlegen? Sollte man nicht eher annehmen, daß Cassius Dio die Aktion gegen die stadtrömische Judenschaft, die andere

---

[8] Dio Cass. LX, 6.

[9] Phil. *leg.* 159 ff.; Ios. *ant. Iud.* XVIII, 65, 81 ff.; Tac. *ann.* II, 85; Suet. *Tib.* 36. E. M. Smallwood, „Some Notes on the Jews under Tiberius", *Latomus* 15 (1956), S. 314 ff., schlägt vor, daß die jüdische Proselytenwerbung der Grund für Tiberius' Maßnahme war. Siehe auch E. T. Merrill, „The Expulsion of the Jews from Rome under Tiberius", *Cl. Phil.* 14 (1919), S. 365 ff.

[10] Siehe Teil I, S. 142.

[11] Ios. *ant. Iud.* XIX, 236 ff. (siehe S. 57).

Autoren in ein späteres Regierungsjahr des Claudius setzen, vordatiert hat? Die Antwort auf diese Frage lautet, daß Dio aller Wahrscheinlichkeit nach einen anderen Vorfall im Auge hat als jene Autoren; letzteren zufolge ordnete Claudius ihre Ausweisung aus Rom an; laut Dio schränkte er lediglich ihre Versammlungsfreiheit ein. Man kann billig folgern, daß sich diese Anordnung als nicht genügend wirksam erwies und Claudius deshalb später drastischere Maßnahmen ergriff. Zwar herrscht ein gewisser Widerspruch zwischen den Freiheitsbeschränkungen für Juden gleich zu Beginn seiner Regierung und den offiziellen und inoffiziellen Handlungen, die sein Wohlwollen gegenüber ihnen im allgemeinen und gegenüber Herodes Agrippa im besonderen offenbaren. Doch konnte Claudius sicherlich trotz seines Wohlwollens und trotz des persönlichen Einflusses des Herodes Agrippa nicht die Augen davor verschließen, daß von den Juden anscheinend Gefahren für die öffentliche Ordnung in der Hauptstadt ausgingen. A. Momigliano bemerkt zutreffend: „Das Judentum war zugleich eine Religion und ein Volk. Getreu seiner Politik, Provinzialen Wohlwollen zu bezeigen, wollte Claudius die guten Beziehungen zum jüdischen Volk aufrechterhalten, war indessen entschlossen, jeglicher Proselytenwerburg für die jüdische Religion, die jetzt infolge des neuen Gärstoffs eines von der Synagoge noch nicht unterscheidbaren Christentums zunahm, einen Riegel vorzuschieben."[12] Der Hinweis auf den „neuen Gärstoff eines von der Synagoge noch nicht unterscheidbaren Christentums" ist eher für die spätere Aktion des Kaisers gegen die stadtrömischen Juden relevant, doch daß die früheren Unruhen mit irgendeinem Aspekt der jüdischen Religion verknüpft waren, geht aus Dios Angabe hervor, Claudius habe „ihnen verboten, sich nach der Weise ihrer Väter zu versammeln".

Wenn wir uns Claudius' späterer Aktion gegen die Juden der Stadt Rom zuwenden, betreten wir, was das Christentums anlangt, etwas festeren Boden. Apg 18, 2 zufolge traf Paulus Aquila und Priszilla, die Rom auf Grund des claudianischen Austreibungsedikts kürzlich hatten verlassen müssen, gleich nach seiner Ankunft in Korinth. Paulus deutet nirgendwo an, Aquila und Priszilla hätten sich durch sein Wirken bekehrt, man gewinnt vielmehr den Eindruck, daß sie bereits Christen waren, als er sie kennenlernte. Daß das Christentum damals schon nach Rom gelangt war — daß in der Tat seine Ausbreitung innerhalb der dortigen jüdischen Gemeinde mit zum Edikt des Claudius beitrug —, ist die Folgerung, die sich aus der Angabe des Sueton ergibt, daß er „die

[12] A. Momigliano, *L'Opera dell'Imperatore Claudio,* Florenz 1932, S. 61.

Juden aus Rom vertrieb, da sie auf Antrieb des Chrestus (*impulsore Chresto*) beständig Unruhe stifteten".[13]

Zur Zeit des Claudius war das Christentum vom Judentum „nicht unterscheidbar", zu der Zeit, als Sueton seine Kaiserviten verfaßte (um 120 n. Chr.), waren die Unterschiede klar zutage getreten; inzwischen war allgemein bekannt, daß es von *Christus* gegründet worden war (sein Name wurde, was nicht verwunderlich ist, oft mit dem bekannten Sklavennamen *Chrestus* verwechselt, den man fast genauso aussprach). Es ist natürlich möglich, daß die von Sueton erwähnten Unruhen durch das Wirken eines uns sonst unbekannten Chrestus ausgelöst wurden, doch hätte er in diesem Falle wahrscheinlich gesagt „auf Betreiben eines gewissen Chrestus" (*impulsore Chresto quodam*). Näher liegt die Vermutung, daß seine Leser dabei an jenen Chrestus denken sollten, der, wie allgemein bekannt, der Gründer des Christentums war. Natürlich weilte Christus zur Zeit des Claudius nicht in Rom,[14] doch könnte der siebzig Jahre später schreibende Sueton dies sehr wohl angenommen haben. Wenn aus seinen Quellen hervorging, daß die Unruhen, die Claudius zu seinem Ausweisungsedikt veranlaßten, durch die Einführung und Propagierung des Christentums in der Hauptstadt ausgelöst waren, so lag für ihn der Trugschluß nahe, Christus habe es persönlich dort eingeführt. Tacitus wußte besser Bescheid; ihm war bekannt, daß Christus unter Tiberius gekreuzigt worden war;[15] doch setzte solche Genauigkeit Nachforschungen voraus, die anderen Autoren zu mühsam erschienen. Jedenfalls verträgt sich unsere Folgerung aus Sueton, daß die Unruhen aus der beginnenden Ausbreitung des Christentums unter der Judenschaft Roms resultierten, durchaus mit unserer Folgerung aus dem Neuen Testament, daß Aquila und Priszilla Christen waren, ehe sie nach Korinth kamen.[16]

Wann fand diese Verbannung der Juden aus Rom statt? Paulus' achtzehn Monate währender Aufenthalt in Korinth läßt sich vermittels inschriftlicher Zeugnisse für Gallios Prokonsulzeit in Achaja einigermaßen zuverlässig datieren;[17] danach traf Paulus höchstwahrscheinlich

---

[13] Suet. *Claud.* 25, 4.

[14] Dagegen R. Graves und J. Podro, *Jesus in Rome,* London 1957, S. 38 ff. H. W. Montefiore („Josephus and the New Testament", *NovT* 4 [1960], S. 139, Anm. 2) meint: „Sueton nimmt hier auf den Einfluß des auferstandenen Christus Bezug" — das ist indessen die Deutung des christlichen Kommentators, nicht die Absicht des heidnischen Autors.

[15] *ann.* XV, 44.

[16] Vgl. A. Harnack, „Probabilia über die Adresse und den Verfasser des Hebräerbriefs", *ZNTW* 1 (1900), S. 16 ff.

[17] In einem Reskript des Claudius an die Einwohner von Delphi, das durch

im Spätsommer oder Herbst des Jahres 50 n. Chr. in Korinth ein. Bei seiner Ankunft wohnten Aquila und Priszilla bereits dort; das Austreibungsedikt darf folglich nicht später als 49 n. Chr. angesetzt werden. In dieses Jahr datiert übrigens auch Orosius das Edikt. „In seinem neunten Regierungsjahr", sagt Orosius, „soll Claudius, Josephus zufolge, die Juden aus der Hauptstadt ausgewiesen haben."[18] Die Bezugnahme auf Josephus ist merkwürdig; in den überlieferten Josephustexten wird Claudius' Judenaustreibung nämlich nicht erwähnt, eine ähnliche Maßnahme des Tiberius, die dreißig Jahre zuvor erfolgte, hingegen verzeichnet. Vielleicht ließ sein Gedächtnis Orosius hier im Stich, doch dürfte seine Datierung des Claudius-Edikts richtig sein.

Wir haben keine Möglichkeit, festzustellen, wann das Christentum erstmals nach Rom gelangte. „Ambrosiaster" hat zweifellos mit seiner Angabe Recht, die römischen Gläubigen hätten „den Christenglauben angenommen, wenngleich nach jüdischem Ritus, obschon sie keinerlei Zeichen von Wunderwerken noch irgendeinen der Apostel erblickten".[19] Doch wann sie „den Christusglauben annahmen", vermag niemand zu sagen. Die Tatsache, daß Lukas[20] „hier weilende Römer, Juden und Judengenossen" unter denen aufführt, die im Jahre 30 n. Chr. am ersten christlichen Pfingstfest in Jerusalem anwesend waren, ist möglicherweise, aber nicht mit Sicherheit für unsere Frage von Belang. In seiner Frühzeit war das römische Christentum indessen gänzlich jüdisch, und lange nach dem apostolischen Zeitalter wies es immer noch gewisse Züge auf, die auf seinen jüdischen Ursprung wiesen — Züge allerdings, die mehr für das nonkonformistische Judentum charakteristisch zu sein scheinen als für den Hauptstrom des Spätjudentums.[21]

---

seine 26. Akklamation zum *imperator* datiert ist (W. Dittenberger, *Sylloge Inscriptionum Graecarum* II³, 801), wird Gallio als Prokonsul von Achaja erwähnt. Das Zeugnis anderer Inschriften (*CIL* III, 476, VI, 1256) weist auf die ersten sieben Monate des Jahres 52 n. Chr. als die Zeit der 26. Akklamation des Claudius zum *imperator*. Da ein Prokonsul nominell am 1. Juli sein Amt antrat, ist es nicht unmöglich, daß Gallio am 1. Juli 52 n. Chr. Prokonsul von Achaja wurde, aber wahrscheinlicher, daß er es ein Jahr früher wurde.

[18] *hist.* VII, 6. 15 f.

[19] Vorwort zum Kommentar über den Römerbrief (hg. v. H. Vogels in *CSEL* LXXXI, 1, Wien 1966, S. 6). Das gesamte Vorwort geht davon aus, daß Ambrosiaster Zugang zu verläßlicher Überlieferung über den jüdischen Ursprung des römischen Christentums hatte.

[20] Apg 2, 10.

[21] Wichtige Beweise liefert Hippolyts *Apostolische Tradition* (besonders 20, 5); vgl. R. J. Zwi Werblowsky, „On the Baptismal Rite according to St. Hippolytus", *Studia Patristica* II = TU 54 (1957), S. 93 ff.; M. Black, *The Scrolls and Christian Origins*, London 1961, S. 91 ff.

Dieses erste Kapitel der Geschichte des römischen Christentums, aus dem fast keine Urkunden auf uns gekommen sind, endet mit Claudius' Austreibungsedikt vom Jahre 49 n. Chr. Sowohl die christlichen wie die nichtchristlichen Juden wurden aus der Stadt verbannt. Es ist jedoch kein Zweifel, daß sowohl die christlichen wie die nichtchristlichen Juden schon einige Jahre später samt vielen Christen heidnischer Abkunft nach Rom zurückgekehrt waren. Wenn Paulus sich zu Anfang des Jahres 57 n. Chr. an die römischen Christen wendet, schreibt er offensichtlich an eine blühende Gemeinde, die auch viele Heiden umfaßt, wenngleich ihre jüdische Basis nicht in Vergessenheit geraten war.[22]

Wir brauchen nicht anzunehmen, daß Claudius' Austreibungsedikt in aller Form für ungültig erklärt wurde, um den Juden die Rückkehr nach Rom zu gestatten. Genauso wie das dreißig Jahre zuvor von Tiberius erlassene ähnliche Edikt anscheinend im Laufe der Zeit und sicherlich beim Tode jenes Kaisers verjährte, dürfte auch Claudius' Erlaß praktisch mit seinem Tode außer Kraft getreten sein. Im Jahre 54 n. Chr. beginnt ein neues Kapitel in der Geschichte der römischen Christenheit.[23]

3.

Bald nach dem Erlaß des Austreibungsedikts durch Claudius brachen in Thessalonich Unruhen aus, die denjenigen, die den Kaiser zu jenem Edikt veranlaßt hatten, nicht unähnlich waren. Paulus und seine Gefährten, die im Jahre 50 n. Chr. das Evangelium dorthin brachten, stießen auf den Widerstand der Leiter der jüdischen Gemeinde, die bei den Stadthauptleuten (den „Politarchen") schwere Beschuldigungen gegen sie erhoben: „Diese, die den Erdkreis in Aufruhr versetzt haben, sind auch hierher gekommen; ... diese alle handeln gegen die Verordnungen des Kaisers, indem sie sagen ein anderer sei König, nämlich Jesus" (Apg 17, 6 f.). Der Wortlaut ihrer Anklage paßt gut zu dem Bild aufrührerischer Bewegungen mehr oder weniger „messianischen" Charakters (im weitesten Sinn) in jüdischen Gemeinden des gesamten Römerreiches, die an den Orten, wo Juden wohnten, die öffentliche Ordnung gefährdeten und von verantwortungsbewußten jüdischen Führern, die sich die Pflege guter Beziehungen zur römischen Macht angelegen sein ließen, beklagt und verurteilt wurden. Wahrscheinlich standen diese Bewegungen in Zu-

---

[22] Vgl. Rö 1, 8; 11, 13. 18.
[23] Siehe S. 199 ff.

sammenhang mit dem Wiederaufleben der Aktivität der Zeloten in Palästina in der auf den Tod Herodes Agrippas I. (44 n. Chr.) folgenden Zeit und insbesondere während der Prokuratorzeit des Cumanus (um 48—52).[24]

4.

Es muß noch eine Urkunde erwähnt werden, die manche Forscher als weiteres Zeugnis für die Aktivität der Christen unter Claudius ansehen und die dann von besonderem Interesse und sehr bedeutungsvoll wäre, da aus ihr erhellen würde, daß der Kaiser selber sich genötigt sah, von der Existenz des Christentums Kenntnis zu nehmen und auf Mittel zu seiner Eindämmung zu sinnen.

Im Cabinet des Médailles der Pariser Nationalbibliothek befindet sich seit 1878 eine zur Sammlung Fröhner gehörende beschriftete Marmortafel. Der einzige Hinweis auf ihre Herkunft ist in der auf sie bezüglichen Notiz in Fröhners handschriftlicher Bestandsliste enthalten: *Dalle de marbre envoyée de Nazareth en 1878.* Der erste, der sich ernsthaft für sie interessierte — etwa ein halbes Jahrhundert nach ihrer Ankunft in Paris — war offenbar Michail Rostortzeff. Er machte F. Cumont darauf aufmerksam, und Cumont publizierte die Inschrift 1930 in der *Revue Historique* unter dem Titel „Un rescrit impérial sur la violation de sépulture".[25] Sie ist in griechischer Sprache abgefaßt, dürfte aber aus dem Lateinischen übersetzt sein und trägt die Überschrift: „Dekret des Caesar".[26] Sie lautet folgendermaßen:

> Es ist mein Wille, daß Grabmäler und Grüfte, die als ehrfurchtsgebietende Gedenkstätten für Vorfahren, Kinder oder Angehörige errichtet wurden, auf ewig in Ruhe gelassen werden. Wenn nachgewiesen wird, daß irgendjemand solche entweder zerstört oder die dort bestatteten Leichname entfernt oder in böswilliger Absicht an einen anderen Ort geschafft und dergestalt ein Verbrechen gegen die Begrabenen begangen oder aber die Grab- oder andere Steine beseitigt hat, so befehle ich, daß über solch eine Person dasselbe Urteil in Hinsicht menschlicher Gedenkstätten gefällt werden soll, das in bezug auf die Denkmäler der Götter festgelegt ist. Den Bestatteten ist vielmehr Achtung zu bezeigen. Niemand soll ihre Ruhe stören. Anderenfalls ist es mein Wille, daß über solch eine

---

[24] Vgl. Ios. *bel. Iud.* II, 223 ff.; *ant. Iud.* XX, 105 ff. (siehe S. 144 ff.).
[25] *Revue Historique* 163 (1930), S. 241 ff.
[26] Gr. *Diatagma Kaisaros* (vgl. die unten S. 109 erwähnten *dogmata Kaisaros* von Apg 17, 7).

Person wegen des Verbrechens der Grabschändung das Todesurteil gefällt wird.

Nach Paris wurde die Inschrift angeblich „von Nazareth gesandt"; hatte man sie in Nazareth *gefunden?* Und, falls ja, war sie ursprünglich dort aufgestellt worden? Sollte das zutreffen, kann man zu ziemlich genauen Schlüssen hinsichtlich ihrer Entstehungszeit gelangen. Die Form der Buchstaben legt die Vermutung nahe, daß die Inschrift aus der ersten Hälfte des ersten nachchristlichen Jahrhunderts stammt.[27] Doch Nazareth liegt in Galiläa, und es ist unwahrscheinlich, daß dort vor dem Jahre 44 n. Chr. ein kaiserliches Dekret aufgestellt wurde. Erst in jenem Jahr kam Galiläa zur Provinz Judäa und damit unmittelbar unter die imperiale Herrschaft; davor hatte es von 39 bis 44 n. Chr. zum Königreich des Herodes Agrippa gehört, von 4 v. Chr. bis 39 n. Chr. zur Tetrarchie des Herodes Antipas und noch früher, von 37 bis 34 v. Chr., zum Königreich Herodes' des Großen. Wenn die Inschrift aus der ersten Hälfte des ersten Jahrhunderts stammt und gleichwohl nicht vor das Jahr 44 n. Chr. datiert werden kann, dann wäre der Kaiser, um dessen Dekret es sich handelt, Claudius.

Warum hielt man es aber für notwendig, einen Erlaß gegen Grabschändung in Nazareth derart herauszustellen? Und warum wurden dafür so strenge Strafen angedroht? Grabschändungen waren doch nichts Neues; Grabsteine und Sarkophage wiesen seit alters Inschriften auf, die Gesetzesbrecher davor warnten, sich an ihrem Inhalt zu vergreifen.[28] Epitaphe aus hellenistischer Zeit enthalten wiederholt die Warnung, daß diejenigen, die bei einer Grabschändung ertappt werden, eine genau festgelegte Geldstrafe zu gewärtigen haben. Doch hier hält der römische Kaiser persönlich die Frage von Grabschändungen in Palästina für so schwerwiegend, daß er ein Edikt erläßt, durch das er jedem Grabschänder die Todesstrafe androht. Warum wohl?

Eine Antwort lautet, Claudius habe von der Ausbreitung des Christentums erfahren und sich — er war ja ein kenntnisreicher Antiquar — für die Ursprünge dieser Bewegung interessiert. Als er feststellte, daß sie

---

[27] G. de Sanctis, *Rivista di filologia* 58 (1930), S. 260 ff.; 59 (1931), S. 134; 60 (1932), S. 129.

[28] Vgl. den Sarkophag des Ahiram, Königs von Byblos (10. Jahrhundert v. Chr.), und die 1931 auf dem Ölberg gefundene Inschrifttafel, die die Wiederbestattung der Gebeine des Ussia, König von Juda, anzeigt. Während Johannes Hyrkanus Davids Grab offenbar ungestraft öffnete (Ios. *bel. Iud.* I, 61; *ant. Iud.* XIII, 249), hatte Herodes mit einem ähnlichen Ausraubungsversuch nicht so viel Glück (*ant. Iud.* XVI, 179 ff., 188; vgl. *bel. Iud.* VII, 392—4). Vgl. W. M. Ramsay, *Cities and Bishoprics of Phrygia,* II, Oxford 1897, S. 496 ff.

auf einen Jesus zurückging, der schon tot war, von dem seine Anhänger aber behaupteten, er lebe,[29] habe man ihm auf weitere Fragen hin berichtet, die Sache habe sich so abgespielt, daß Jesu Jünger nach der Bestattung seines Leichnams bei Nacht gekommen seien und ihn gestohlen hätten, als der Schlaf die Grabwächter übermannt habe.[30] In Anbetracht der Tatsache, daß eine Grabschändung eine Seuche hervorgerufen hatte, die inzwischen die ganze Welt bedrohte, habe der Kaiser daher beschlossen, die Wiederholung eines solchen Verbrechens mit besonders schweren Strafen zu ahnden, auf jeden Fall in Palästina. Sein diesbezüglicher Befehl sei möglicherweise in Form eines Reskripts an den Prokurator von Judäa oder den Legaten von Syrien ergangen. Abschriften dürften dann an all jenen Orten Palästinas ausgelegt worden sein, die eng mit dem Evangelienbericht verknüpft waren — vermutlich sowohl in Jerusalem und Bethlehem wie auch in Nazareth.[31] Die Inschrift läßt indessen allzu viele Fragen offen, so daß man lediglich die Möglichkeit zur Diskussion stellen kann, sie könnte etwas mit der Ausbreitung des Christentums während der Regierungszeit des Kaisers Claudius zu tun haben, doch fügt sich diese Deutung zumindest recht gut zu anderen Hinweisen antiker Autoren in bezug auf die gleiche Periode.

Mag sein, daß die Inschrift aus Nazareth (falls sie sich wirklich ursprünglich dort befand) nicht vor 44 n. Chr. aufgestellt wurde. Möglicherweise erfolgte ihre Aufstellung aber nicht sehr viel später. Wenn sich Claudius nämlich tatsächlich für die Anfänge des Christentums zu interessieren begonnen hatte, so brauchte er nicht lange nach jemandem zu suchen, der ihm die gewünschten Auskünfte geben konnte. Sein vertrauter Freund Herodes Agrippa wußte sicherlich einiges über das frühe palästinensische Christentum. Er nahm es immerhin so ernst, daß er seine Führer aus dem Wege zu räumen versuchte,[32] und es ist durchaus

---

[29] Vgl. die Ratlosigkeit bezeugenden Worte des Festus in Apg 25, 19.

[30] Für die Geläufigkeit dieser Erzählung siehe Mt 18, 13.

[31] A. Momiglianao, *L'Opera dell'Imperatore Claudio*, Florenz 1932, nahm diese Deutung an, bedauert indessen in der neuesten Auflage der englischen Übersetzung dieses Werkes (*Claudius*, Cambridge 1961), „die Inschrift aus Nazareth über die Grabschändungen in Claudius' Zeit datiert zu haben. Es lagen nie berechtigte Gründe zu dieser Annahme vor, und die Schlüsse, die einige Gelehrte aus dieser Zuschreibung gezogen haben, lassen es mir noch mehr geraten erscheinen, mich davon zu distanzieren" (S. IX). Er gibt nicht an, welche positiven Erwägungen ihn zu seiner Meinungsänderung bewogen. Vgl. auch H. J. Cadbury, *The Book of Acts in History*, S. 117 f.; E. M. Blaiklock, *Out of the Earth*, S. 32 ff. Einige Bedenken äußert F. de Zulueta, „Violation of Sepulture in Palestine at the Beginning of the Christian Era", *JRS* 22 (1932), S. 184 ff.

[32] Apg 12, 1 ff.

denkbar, ja, wahrscheinlich, daß er mit Claudius über diese umstürzlerische Bewegung sprach, selbst wenn das kaiserliche Dekret gegen Grabschändungen erst nach Agrippas Tode veröffentlicht wurde. Agrippa konnte aber das Judenchristentum leichter vom Hauptstrom des Judentums unterscheiden als Claudius. Als die Ausbreitung des Christentums innerhalb der jüdischen Kolonie in Rom einige Jahre nach Agrippas Tod (44 n. Chr.) zu immer häufigeren Friedensstörungen führte, versuchte Claudius nicht, die Christen Roms abzutrennen und gesondert zu behandeln, sondern ordnete die Austreibung der gesamten Judenschaft an.

5.

Als Claudius 41 n. Chr. den Kaiserthron bestieg, begann gerade die Ausbreitung des Christentums über die heidnische Welt. Es faßte unter den Heiden im syrischen Antiochien Wurzel und mag sehr wohl auch schon zu den jüdischen Gemeinden von Rom und Alexandrien gelangt sein. Als Claudius dreizehn Jahre später starb, hatte sich die Situation erheblich gewandelt. Die Städte Südgalatiens sowie die wichtigsten Städte in Mazedonien und Achaja waren, großenteils dank der Missionstätigkeit des Paulus, für das Evangelium gewonnen. In der Mehrzahl dieser Städte existierten christliche Gemeinden, die mehr heidnische als jüdische Mitglieder zählten. Und als Claudius im Oktober 54 n. Chr. starb, hatte Paulus mit einer Anzahl Mitarbeiter zwei Jahre lang Ephesus und die anderen Städte der Provinz Asia derart intensiv und mit so großem Erfolg evangelisiert, daß diese Provinz jahrhundertelang eines der stärksten Bollwerke des Christentums in der ganzen Welt bildete. Wenig mehr als zwei Jahre nach Claudius' Tod konnte Paulus den römischen Christen berichten, er habe seine Tätigkeit im Ägäisraum beendet und beabsichtige, sich nach Spanien zu begeben, um im westlichen Mittelmeergebiet das gleiche Arbeitsprogramm in Angriff zu nehmen, das er unlängst im Osten abgeschlossen habe, „von Jerusalem und ringsumher bis nach Illyrien".[33] So sehr sich Claudius auch für das Christentum interessiert haben mag, kann er doch kaum erkannt haben, in welchem Ausmaß es während seiner Regierungszeit den Mittelmeerraum durchdrang.

---

[33] Rö 15, 19. 23 f.

NEUNTES KAPITEL

Mazedonien und Achaja

1.

Antiochien am Orontes hatte Paulus als Ausgangspunkt für die Evangelisation von Zypern und Südgalatien gedient, doch war es für die Evangelisation der an die Ägäis grenzenden Provinzen, wohin er seine apostolische Tätigkeit nunmehr zu verlegen gedachte, weniger gut geeignet. Er und Barnabas kamen zu dem Entschluß, ihre Zusammenarbeit zu beenden.[1] Allerdings bedeutet die Aufgabe ihrer Partnerschaft keine Minderung ihrer gegenseitigen Wertschätzung, wie Paulus' Erwähnungen des Barnabas in seinem vier oder fünf Jahre nach ihrer Trennung verfaßten ersten Brief an die Korinther zeigten.[2] In Silvanus (dem „Silas" der Apostelgeschichte), einem Angehörigen der Jerusalemer Kirche, fand Paulus einen neuen, ihm geistesverwandten Gefährten; mit ihm reiste er westwärts durch Südgalatien und besuchte erneut die Gemeinden, die er und Barnabas dort kürzlich gegründet hatten. In einer dieser Gemeinden (Lystra) trafen sie einen jungen Mann jüdisch-heidnischer Abkunft namens Timotheus; dieser hatte, seitdem Paulus und Barnabas ihn während ihres Aufenthalts in seiner Vaterstadt zum Christentum bekehrt hatten, derartige Fortschritte im christlichen Glauben und Leben gemacht, daß Paulus ihn als weiteren Gefährten mit sich nahm, da er in ihm Eigenschaften entdeckte, die ihn zu einem verläßlichen Helfer zu machen versprachen. Um Timotheus' Nützlichkeit noch zu erhöhen, beschnitt Paulus ihn — eine Handlung, die bei dem Verfasser des Galaterbriefes derart überrascht, daß sie einen ganz außergewöhnlichen Grund gehabt haben muß. Lukas gibt Timotheus' gemischte Abkunft als Grund an: sein Vater (der damals wahrscheinlich schon tot war) war Grieche und seine Mutter Jüdin (solch eine Mischehe weist auf die Assimilierungstendenzen unter den Juden im Innern von Kleinasien).[3] Er war zudem im jüdischen

---

[1] In Apg 15, 36 ff. wird ihre Trennung damit erklärt, daß sie sich nicht einig werden konnten, ob sie Johannes Markus, der sich früher als unzuverlässig erwiesen hatte, wieder mitnehmen sollten (siehe S. 74); desgleichen ist ihre Meinungsverschiedenheit in Antiochien (Gal 2, 13) zu bedenken.
[2] 1 Kor 9, 6.
[3] Apg 16, 3. Siehe Teil I, S. 142, Anm. 11.

Glauben erzogen worden; dieser Umstand sowie die jüdische Abkunft seiner Mutter machten ihn faktisch in jeder Beziehung außer in Hinsicht der Beschneidung zu einem Juden. Trotz seines Grundsatzes, daß in Christus nicht Jude noch Grieche sei, hielt Paulus es, um Timotheus eine Position zu schaffen und ihn auch in den Augen der Juden zu legitimieren, für angezeigt, ihn zu beschneiden. Für Paulus war die Beschneidung an sich etwas Nebensächliches: „in Christus Jesus vermag weder Beschneidung noch Vorhaut etwas", belehrt er die Galater (Gal 5, 6; vgl. 1 Kor 7, 19). Wenn sie Heidenchristen als religiöse Verpflichtung aufgenötigt wurde, widersetzte er sich ihr mit der Begründung, sie untergrabe des Evangelium. Im Falle des Timotheus war sie nicht mehr als ein kleiner chirurgischer Eingriff, der rein praktischen Zwecken diente. Gleichwohl kann man verstehen, daß Paulus' Entschluß manchen, der der äußeren Handlung größere Bedeutung beimaß als dem ihr zugrunde liegenden Motiv, bestürzte (das gilt auch noch von einigen neueren Kommentatoren) und seinen Kritikern Anlaß bot, ihm vorzuwerfen, er sei „allen alles geworden" (vgl. 1 Kor 9, 22).

Paulus und seine Gefährten beabsichtigten anscheinend, in westlicher Richtung in die Provinz Asia weiterzureisen, entlang der Straße, die vom pisidischen Antiochien und Apamea zur Mündungsebene des Mäander und schließlich nach Ephesus führte. Die Evangelisation der senatorischen Provinz Asia mochte ihnen wohl als die naheliegende Fortsetzung der früheren Evangelisation von Südgalatien erscheinen. Da sie dieser Straße indessen nicht folgen konnten, wandten sie sich vom pisidischen Antiochien aus nach Norden und gelangten über den Sultan-Dagh nach Philomede, von wo aus sie in nordwestlicher Richtung nach Bithynien aufbrachen, einer weiteren Provinz, die in Anbetracht der in ihren großen Städten vorhandenen jüdischen Gemeinden und Synagogen[4] für den Empfang des Evangeliums reif zu sein schien. Der Weg über die bithynische Grenze war indessen versperrt; sie zogen daher (vielleicht von Doryläum, einem wichtigen Straßenknotenpunkt, aus) nach Westen und erreichten die Küste der Ägäis bei Troas. In den Hindernissen oder Hemmungen, die ihnen die Weiterreise nach Ephesus oder den Übertritt nach Bithynien unmöglich gemacht hatten, erkannten sie die Weisung durch den Geist Christi;[5] in Troas empfing Paulus in einer nächtlichen

---

[4] Vgl. Phil. *Gai.* 281.

[5] Wir erfahren nicht, um was für Hindernisse es sich handelte: sie waren „vom heiligen Geist gehindert worden, das Wort in Asia zu verkündigen", und „der Geist Jesu ließ es ihnen nicht zu", daß sie nach Bithynien reisten; das erstgenannte Verbot mag ihnen durch eine prophetische Äußerung mitgeteilt

Vision dann einen deutlichen Hinweis, daß er und seine Gefährten die nördliche Ägäis überqueren und das Evangelium in Mazedonien verkünden sollten. Zu der Gruppe zählte jetzt auch Lukas, der Arzt aus dem syrischen Antiochien und Verfasser der Apostelgeschichte,[6] der in der „Wir"-Form berichtet, wie sie sich in Troas einschifften und nach zwei Tagen in Neapolis (Kavala) landeten, dem Hafen der römischen Kolonie Philippi, wo Antonius und Oktavian nach ihrem Sieg über Brutus und Cassius (42 v. Chr.) ihre Veteranen angesiedelt hatten. Die Verfassung einer römischen Kolonie war der stadtrömischen nachgebildet; an ihrer Spitze standen zwei Höchstmagistrate. Die *duoviri* von Philippi (man titulierte sie Prätoren)[7] und die sie begleitenden Liktoren erscheinen in dem Bericht über die Anklage gegen Paulus und Silvanus; ihnen warf man vor, unzulässige Lehren in der Stadt verkündet und durch die Beeinträchtigung von Besitzrechten Unruhe gestiftet zu haben — ihr Vergehen bestand darin, daß sie einen „Python" genannten „Geist", der sich vermittels einer wahrsagenden Sklavenmagd sehr gewinnbringend vernehmen ließ, ausgetrieben hatten, so daß die Ausnutzung ihrer „Gabe" den Besitzern der Sklavin nichts mehr einbrachte.[8] Das trug den beiden Missionaren eine Auspeitschung durch die Liktoren und eine Nacht im Stadtgefängnis ein — eine summarische Bestrafung, für die sich die beiden Magistrate am nächsten Morgen, als sie feststellten, daß die Missetäter römische Reichsbürger wie sie selber waren, entschuldigen mußten.[9]

Wir wissen nicht, wie lange Paulus und seine Gefährten sich in Philippi aufhielten, doch hatten sie bei ihrer Abreise dort eine vielverheißende Gemeinde gegründet. Lukas scheint damals in Philippi geblieben zu sein.[10] Die anderen reisten entlang der Via Egnatia nach Thessa-

---

worden sein (vgl. Apg 23, 2), doch läßt der Wechsel der Ausdrucksweise vielleicht vermuten, daß das zweite in anderer Form erfolgte.

[6] Der Übergang von der dritten Person zur ersten folgt auf den Bericht über Paulus' nächtliche Vision, worin ihn „ein mazedonischer Mann" bat, nach Mazedonien herüberzukommen und ihnen zu helfen: „als er aber das Gesicht gesehen hatte", fährt der Erzähler fort, „suchten wir alsbald nach Mazedonien hinwegzukommen" (Apg 16, 10).

[7] Wie die von Capua (Cic. *leg. agr.* II, 93).

[8] Siehe S. 80, Anm. 2.

[9] Lukas' Ironie wird in dem Gegensatz zwischen der Klage der Besitzer der Magd: „Diese Menschen, welche Juden sind ... verkündigen Gebräuche, die anzunehmen oder auszuüben uns nicht erlaubt ist, da wir Römer sind" (Apg 16, 21), und Paulus' Protest: „Sie haben uns, die wir Römer sind, öffentlich ohne Gerichtsurteil (*akatakritous*) schlagen lassen" (Apg 16, 37), offenbar.

[10] Es ist bemerkenswert, daß das erste „Wir-Stück" der Apostelgeschichte in Philippi (16, 17) endet und das zweite dort beginnt (20, 5 f.). Falls der Phi-

lonich, der Hauptstadt von Mazedonien. Schon nach wenigen Wochen brachen Unruhen innerhalb der dortigen jüdischen Gemeinde aus; möglicherweise glichen sie jenen Ausschreitungen in Rom, die unlängst Claudius veranlaßt hatten, die Austreibung der Juden aus der Hauptstadt anzuordnen.[11] Auf Veranlassung der jüdischen Behörden in Thessalonich wurden die Bürger, die Paulus Gastfreundschaft gewährt hatten, vor die Politarchen (wie die Höchstmagistrate in Thessalonich und anderen mazedonischen Städten hießen)[12] gebracht und beschuldigt, die Männer zu beherbergen, die „den Erdkreis in Aufruhr versetzt"[13] hätten, gegen die Verordnungen des Prinzeps handelten und einen anderen als Kaiser ausriefen, einen gewissen Jesus (Apg 17, 5—7). Die Sprache der Ankläger, wie Lukas sie wiedergibt, legt die Vermutung nahe, daß in anderen jüdischen Gemeinden des Reiches Aufrührer am Werk gewesen waren, und Paulus und seine Gefährten wurden beschuldigt, zu ihnen zu zählen. Paulus' Freunde schafften ihn schnell aus der Stadt, da er — und sie selber ebenfalls — dort ihres Lebens nicht mehr sicher waren. Die Beschuldigung war sehr schwerwiegend, und die Politarchen konnten es sich nicht leisten, sie als Bagatelle zu behandeln. Die sprachliche Form, in die sie gekleidet ist, fügt sich sehr gut zu dem allgemeinen Bild, das man sich von Bewegungen mehr oder weniger messianischen Charakters im damaligen Judentum machen kann, die an Orten mit jüdischen Gemeinden die öffentliche Ordnung gefährdeten und von jenen Juden, die sich bewußt waren, wie wichtig die Aufrechterhaltung erträglicher Beziehungen zu den römischen Behörden war, beklagt und verurteilt wurden. Der römische Bürger Paulus schätzte die *pax Romana* zweifellos ebenso wie jene verantwortungsbewußten Juden, doch ließ sich nicht leugnen, daß seine apostolische Reise von Stadt zu Stadt zumeist von Störungen der öffentlichen Ordnung begleitet war, und das konnte ihm sehr leicht zum Nachteil ausschlagen.

---

lipperbrief in der Zwischenzeit verfaßt wurde, mag Lukas der „echte Arbeitsgenosse" von Phil 4, 3 sein.

[11] Siehe S. 98.

[12] Das Wort taucht vorher in der griechischen Literatur nicht auf, ist indessen in mazedonischen Inschriften vom zweiten vorchristlichen bis zum dritten nachchristlichen Jahrhundert reichlich bezeugt. Thessalonich wurde unter Augustus von fünf Politarchen verwaltet, im folgenden Jahrhundert unter Antonius Pius und Mark Aurel von sechs. Vgl. E. D. Burton, „The Politarchs", *AJT* 2 (1898), S. 598 ff.

[13] Gr. *anastatoō*, das in Apg 21, 38 mit Bezug auf den unten, S. 143, erwähnten ägyptischen Aufrührer gebraucht wird. Zu der Anklage, sie hätten gegen die „Verordnungen des Kaisers" gehandelt, vgl. das oben, S. 102 f., zitierte „Dekret des Caesar".

Die zwei Briefe an die Gemeinde in Thessalonich, die nur wenige Wochen oder höchstens Monate nach Paulus' Abreise aus ihrer Stadt verfaßt wurden, bezeugen eine tiefe eschatologische Naherwartung unter den dortigen Christen, die vielleicht auch auf die Judenschaft übergegriffen hatte. Beide Briefe mahnen zu einer nüchterneren Einstellung zu den letzten Dingen, und es heißt darin (insbesondere im zweiten Brief), es müßten erst bestimmte Ereignisse eintreten, ehe der Tag des Herrn anbreche.

> Denn wenn nicht zuerst der Abfall gekommen ist und der Mensch der Gesetzesfeindschaft sich offenbart hat, der Sohn des Verderbens, der sich widersetzt und erhebt über alles, was Gott oder Heiligtum genannt wird, so daß er sich in den Tempel Gottes setzt, indem er von sich vorgibt, er sei Gott, so kann der Tag des Herrn nicht kommen. Erinnert ihr euch nicht, daß ich euch dies sagte, als ich noch bei euch war? Und jetzt wißt ihr, was sein Kommen aufhält, damit er erst zu seiner Zeit sich offenbaren kann. Denn das Geheimnis der Gesetzesfeindschaft ist schon in Wirksamkeit; nur kann es sich nicht offenbaren, bis der, welcher jetzt aufhält, weggeschafft ist (2 Thess 2, 3—7).

Nur wenige Stellen des Neuen Testaments dürften derart verschieden ausgelegt worden sein wie diese, doch sollte die Bestimmung ihres „Sitzes im Leben" und ihrer Bedeutung keine allzu großen Schwierigkeiten machen. Als Caligula 40 n. Chr. die Aufstellung seiner Bildsäule im Jerusalemer Tempel anordnete, müssen viele gemeint haben, das „verwüstende Scheusal", der „Greuel der Verwüstung, der steht wo er nicht sollte",[14] von dem Jesus in Mk 13, 14 spricht, werde demnächst in Erscheinung treten. Dieser Befehl wurde gerade noch rechtzeitig widerrufen, doch müssen die Schrecken und die Angst jener Tage bei Christen wie Juden einen unauslöschlichen Eindruck hinterlassen haben und ihnen einen Vorgeschmack davon gegeben haben, was beim Erscheinen des Antichrist tatsächlich passieren würde. Als Paulus zehn Jahre nach jener Krise nach Thessalonich kam, erzählte er seinen dortigen Bekehrten von dem kommenden Tag, da die Gesetzlosigkeit in ihrer ganzen Fürchterlichkeit offen zutage treten werde, verkörpert im „Menschen der Gesetzesfeindschaft", der sich sogar im Tempel Gottes auf den Thron setzen und göttliche Ehren für sich beanspruchen werde, wie sie keinem Menschen oder Ding sonst gezollt würden. In diesem Brief wiederholt er die gleiche Lehre und fügt hinzu, der Tag des Herrn werde nicht eher anbrechen, als bis der Antichrist erschienen sei, um den großen eschatologischen Aufstand gegen Gott anzuführen: die Kräfte der Gesetzlosigkeit und Anarchie wirkten in der Tat bereits unter der Oberfläche, doch eine auf-

---

[14] Siehe S. 57 f.

haltende Macht hindere sie daran, loszubrechen. Eines Tages werde diese aufhaltende Macht jedoch verschwinden, und jene bösen Mächte würden sich ungehindert entfalten.

Paulus schreibt seinen Lesern, sie wüßten, welches diese aufhaltende Macht sei; vielleicht hatte er es ihnen bereits mündlich gesagt. Seine heutigen Leser sind seiner mündlichen Unterweisung indessen nicht teilhaftig geworden und müssen die Identität des „Aufhaltenden" aus dem Zusammenhang erschließen. Dieser legt die Vermutung nahe, daß es die Macht des Rechts und der Ordnung des Reiches ist, die derzeit die Kräfte des Aufruhrs in Schach hält, die ständig loszubrechen drohen. Für diese Identifizierung spricht die Tatsache, daß die aufhaltende Macht ebensowohl als Neutrum: „jetzt wißt ihr, *was* [sein Kommen] *aufhält*",[15] wie als Maskulinum: „*der, welcher* jetzt *aufhält*",[16] erscheint. Die Macht des Reiches verkörperte sich im Kaiser und konnte mithin sowohl als persönliches wie als unpersönliches Phänomen aufgefaßt werden. Daraus könnte sich auch die überaus vorsichtige Ausdrucksweise erklären, mit der Paulus auf die Identität des Aufhaltenden anspielt. In einem Brief offen von der kommenden Beseitigung der imperialen Macht oder des Kaisers selber zu sprechen, wäre sehr unklug gewesen; in Anbetracht der Anklage wegen aufrührerischer Tätigkeit, die kürzlich gegen Paulus und seine Gefährten in Thessalonich erhoben worden war, hätte ein in falsche Hände geratener Brief, der solche Beschuldigungen zu untermauern schien, für die Christen von Thessalonich schwerwiegende Folgen gehabt. Wenn man andererseits eine der gängigen Deutungen der aufhaltenden Macht akzeptiert — falls Paulus beispielsweise von sich selbst und seiner apostolischen Mission sprach[17] —, so stellt sich die Frage, warum er dies nicht ohne Umschweife sagte.

Doch wenn Paulus an die imperiale Macht Roms und an den Kaiser dachte, so bezog er sich nicht notwendigerweise auf Claudius selber, wenn auch einige Gelehrte vermutet haben, es handele sich hier um ein Wortspiel zu der Idee des „Aufhaltens" und dem Namen des Claudius.[18] Und er sah sicherlich nicht in Nero, dem Stiefsohn und schließlichen Nachfolger des Claudius, den kommenden „Menschen der Gesetzesfeind-

---

[15] Gr. *to katechon.*

[16] Gr. *ho katechōn.*

[17] Vgl. O. Cullmann, „Le caractère eschatologique du devoir missionaire et de la conscience apostolique de S. Paul", *RHPR* 16 (1936), S. 210 ff.; J. Munck, *Paulus und die Heilsgeschichte,* Kopenhagen 1954, S. 34 ff.

[18] Vgl. lat. *claudere,* „schließen", „abschließen", „abschneiden"; *claudicare,* „hinken".

schaft", war doch Nero damals erst dreizehn Jahre alt. Paulus dachte vielmehr an seine eigenen Erfahrungen mit der römischen Justiz, die es ihm nahelegten, im Reich — zumindest zeitweilig — eine Garantie gegen die anarchischen Kräfte zu erblicken, die den Vormarsch des Evangeliums aufzuhalten versuchten. Aufgrund dieser Erfahrungen konnte er mehrere Jahre später — als Nero schon seit über zwei Jahren Kaiser war — im Römerbrief die römischen Reichsbehörden als „Diener Gottes" bezeichnen;[19] aufgrund dieser Erfahrungen beantragte er gegen Ende des Jahres 59 n. Chr. auch vertrauensvoll, daß dem Prokurator von Judäa die Zuständigkeit für die Untersuchung seines Falles genommen und er vom Gericht des Kaisers selber gehört werde.[20]

Paulus war über seine erzwungene Abreise aus Thessalonich alles andere als glücklich, konnte sie doch den Eindruck erwecken, als hätte er nur seine eigene Sicherheit im Sinn gehabt, seine Bekehrten aber dem Spott oder sogar der Verfolgung ausgesetzt. Doch da seine Gastgeber sich, ohne ihn zu fragen, dafür verbürgt hatten, daß er die Stadt unverzüglich verlassen werde, waren ihm die Hände gebunden. Möglicherweise spielt Paulus in 1 Thess 2, 18 auf diese Ereignisse an, wo er seinen Bekehrten schreibt, er wäre gern zu ihnen zurückgekehrt, „doch der Satan hinderte uns". Wenn man fragt, wie er zwischen den Hindernissen unterschied, die ihm der Geist Gottes in den Weg legte, und anderen, die aus der Böswilligkeit des Satans resultierten, so mag die Antwort lauten, daß jene sich schließlich als seiner apostolischen Tätigkeit förderlich erwiesen, während diese sie vereitelten. Seine Bekehrten in Thessalonich hatte er noch nicht im gewünschten Ausmaß belehren und im Glauben stärken können, und er befürchtete, sie würden infolge von Entmutigung und Desillusionierung davon abfallen. Als er indessen Timotheus von Athen aus nach Thessalonich zurücksandte, damit er feststelle, wie es seinen Bekehrten in der Zwischenzeit ergangen sei, erstattete dieser ihm einen Bericht, der ihn überglücklich machte: sie hielten nicht nur an ihrem Glauben fest, sondern verbreiteten ihn auch mit aller Energie,[21] trotz einiger Zweifel und Fragen bezüglich ihres Verhältnisses zur Wiederkunft Christi, von der Paulus ihnen einiges, aber, da er seinen Aufenthalt vorzeitig hatte abbrechen müssen, nicht genug erzählt hatte.[22]

---

[19] Rö 13, 4. 6.
[20] Siehe S. 162.
[21] 1 Thess 3, 1—8.
[22] 1 Thess 4, 13 ff.

2.

Von Thessalonich brachte man Paulus nach Beröa,[23] von dort zur Küste und dann in südlicher Richtung über das Meer nach Athen, wo er sich einige Tage aufhielt, um die Ankunft seiner Gefährten abzuwarten.

Lukas' Bericht über Paulus' Aufenthalt in Athen,[24] insbesondere über seinen Auftritt vor dem Areopag, weist überall ein Lokalkolorit auf, das die Althistoriker im allgemeinen als derart authentisch empfunden haben, daß sie, mit Eduard Meyer zu sprechen, nicht zu begreifen vermögen, „wie man diese Szene für erfunden hat erklären können".[25] Nach Lukas entspann sich zwischen Paulus und einigen Athenern, darunter Anhängern der Stoa und des Epikur, auf die er in der Agora traf und die ihn für einen Propagandisten irgendeines neumodischen Kultes hielten, ein Disput. Man brachte ihn vor den ehrwürdigen Areopag (= Areshügel, westlich der Akropolis, wo er ursprünglich zusammentrat), den ältesten Gerichtshof von Athen, der von altersher insbesondere für Fragen der Religion und Moral zuständig war. Auf die Aufforderung, Mitgliedern dieses Gerichtshofes seine Lehre darzulegen, hielt Paulus dort eine Rede über die Gotteserkenntnis, wobei er an eine Altar-Aufschrift „Einem unbekannten Gott" anknüpfte, die er in der Stadt gesehen hatte. „Was ihr nun, ohne es zu kennen, verehrt, das verkündige ich euch" (Apg 17, 23).[26]

Paulus berichtete ihnen sodann, in einer zur Hauptsache auf dem Alten Testament fundierten, aber auch auf mancherlei Weise mit Anspielungen auf griechische Begriffe und Glaubensanschauungen gesättigten Sprache, von dem einzigen höchsten Gott, dem Schöpfer des Universums, der nicht in „Tempeln, die mit Händen gemacht sind", wohne und der nichts brauche, was die Menschen ihm geben könnten — im Gegenteil: von ihm empfingen die Menschen alles, was sie zum irdischen Leben brauchten. Er habe die Menschheit von einem gemeinsamen Vorfahren geschaffen und den Völkern die bewohnbaren Erdgegenden gegeben, damit sie sich dort niederließen. Das Zitat aus Epimenides „Denn in ihm leben, weben und sind wir"[27] sollte man nicht so auffassen, als

---

[23] Siehe S. 77.
[24] Apg 17, 15—34.
[25] *Ursprung und Anfänge des Christentums* III, Stuttgart 1923, S. 105.
[26] Über Paulus' Areopagrede existiert eine sehr umfangreiche Literatur; vgl. A. J. Mattill und M. B. Mattill, *A Classified Bibliography of Literature on the Acts of the Apostles*, Leiden 1966, S. 430—9 (6029—6179).
[27] Die vierzeilige Strophe, deren Abschluß dieser Vers bildet, ist an Zeus

lehre es eine mit der „Christusmystik“ der paulinischen Briefe kontrastierende Gottesmystik;[28] es dient lediglich, wie auch das anschließende Zitat aus Aratus, einem kilikischen Landsmann des Paulus, „Seines Geschlechts sind wir ja auch“ (Apg 17, 28), zur Unterstreichung der Lehre von der völligen Abhängigkeit des Menschen von Gott.[29]

Im Lichte der gütigen Vorsehung Gottes war die menschliche Unkenntnis seiner Existenz zwar tadelnswert, doch hatte Gott sie bisher übersehen. Jetzt hatte jedoch seine Selbstoffenbarung in Christus ein neues Weltalter heraufgeführt; von der gesamten Menschheit war Buße gefordert, denn Christus war zum letzten Richter über alle eingesetzt worden; durch seine Auferweckung von den Toten hatte Gott ihn der Welt als solchen beglaubigt.

Als Paulus einen derart unannehmbaren Gedanken wie den der Auferstehung äußerte, stand für den Areopag fest, daß seine Ansichten nicht ernst zu nehmen seien. Ihn vor dem Areopag aufzuwerfen, war besonders unangebracht, hatte Apollo doch (nach Aeschylus) bei der Gründung dieser Institution durch die Schutzgöttin der Stadt, Athene, bekräftigt:

> Doch hat der Staub einmal des Mannes Blut geschlürft,
> Und der ging hin, gibt es kein Auferstehen mehr.[30]

Paulus' *Areopagrede* nimmt in mehreren Hinsichten die christlichen Apologien des zweiten Jahrhunderts vorweg. Einige Gelehrte, die dies durchaus erkennen, sehen sich trotzdem außerstande, Paulus die Autorschaft der Rede zuzuschreiben.[31] Sie weist jedoch nichts auf, was dem zweiten Jahrhundert eigentümlich wäre; sie ist als Einführung in das

---

gerichtet und in der syrischen Übersetzung des Ischodad von Märw (hrsg. v. M. D. Gibson, *Horae Semiticae* X, Cambridge 1913, S. 40) auf uns gekommen, an Hand deren sich der griechische Urtext ohne große Schwierigkeiten (mit Hilfe von Kallimachos, der sich in seiner *Zeus-Hymne*, 7 f. an diese Stelle anlehnt) rekonstruieren läßt; sie lautet in deutscher Übersetzung:

> „Ein Grabmal schufen sie dir, du Heiligster und Höchster —
> Die Kreter, stets Lügner, gemeine Kreaturen, müßige Völler! —
> Doch du bist nicht tot; ewig lebst du und bist auferstanden,
> Denn in dir leben, weben und sind wir.“

(Für den zweiten Vers vgl. Tit 1. 12.)

[28] Wie es Albert Schweitzer tut: *Die Mystik des Apostels Paulus*, Tübingen 1930, S. 6 ff.

[29] Arat. 5 (die Einleitung zu diesem Gedicht ist, wie die in Anm. 27 zitierte vierzeilige Strophe des Epimenides, an Zeus gerichtet).

[30] Aischyl. *Eum.* 647 f. Das letzte Hauptwort des Verspaares, *anastasis*, ist Paulus' Wort für Auferstehung (Apg 17, 18).

[31] Vgl. M. Dibelius, *Aufsätze zur Apostelgeschichte*, Göttingen [5]1968, S. 29 ff. und allgemeiner J. C. O'Neill, *The Theology of Acts in its Historical Setting*, London 1961.

Christentum für gebildete Heiden des ersten Jahrhunderts abgefaßt. Was ihre Zuschreibung an Paulus betrifft, so hätte der Verfasser von Rö 1, 18—2, 16, hätte man ihn aufgefordert, einer Hörerschaft wie dem Areopag von Athen eine Zusammenfassung seiner Lehre zu geben, sehr wahrscheinlich so gesprochen, wie er es in Apg 17, 22—31 tut. Wenn er sich an Christen wendet, zitiert er das Alte Testament; wenn er vor dem Areopag spricht, zitiert er griechische Dichter; als genialer Missionar wußte Paulus eben ganz genau, wie wichtig es war, einen Anknüpfungspunkt zu finden und auszubeuten, gleichgültig, ob er in einer jüdischen Synagoge oder auf einem griechischen Marktplatz sprach. In der Areopagrede wie in Rö 1, 19—23 wirft er den Menschen vor, nicht an der Gotteserkenntnis festzuhalten, die ihnen angesichts der Werke seiner Schöpfung und Vorsehung zu Gebote stehe; in der Areopagrede wie in Rö 3, 25 offenbart Gott seine Nachsicht, indem er die vor der Ankunft Christi begangenen Sünden übersieht, doch hat er jetzt ein neues Zeitalter in seinen Beziehungen zur Menschheit heraufgeführt.[32]

3.

Von Athen, das auch unter dem Römerreich noch mancherlei Spuren seiner ruhmvollen klassischen Vergangenheit zeigte, reiste Paulus nach Korinth. Korinth, ein großer Seehafen am Isthmus von Korinth mit Hafenanlagen am Saronischen Golf im Osten und am Korinthischen Golf im Westen, am Schnittpunkt von Landstraßen nach Norden und Süden gelegen, hatte ehedem Athen als Hafen- und Handelsstadt Konkurrenz gemacht, war indessen im Zuge der Niederschlagung des Aufstandes des Athenischen Bundes im Jahre 146 v. Chr. von den Römern unter L. Mummius zerstört worden. Etwa hundert Jahre lang lag es verlassen da, bis Julius Caesar es 46 v. Chr. neugründete und eine römische Kolonie daraus machte. 27 v. Chr. wurde es Hauptstadt der römischen Provinz Achaja. Nach dem Wiederaufbau gewann es seinen früheren Wohlstand rasch zurück und wurde auch aufs neue wegen der wüsten geschlechtlichen Ausschweifungen bekannt, denen man sich dort hingab.[33] Der Aphroditetempel in Korinth, in dem eine solche Lebensführung die volle Billigung der Religion erhielt, war einer hellenisierten Form des syrischen Astartekults geweiht. Man konnte sich keinen größe-

---

[32] Vgl. B. Gärtner, *The Areopagus Speech and Natural Revelation*, Lund 1955.
[33] Vgl. das griechische Verbum *korinthiazesthai* (= ausschweifen, sich prostituieren) und das davon abgeleitete Substantiv *korinthiastēs*.

ren Gegensatz vorstellen als den zwischen diesem Kult und einem anderen, der ebenfalls aus der Levante kam — der Verlesung und Auslegung der jüdischen Thora, die an jedem Sabbat in der jüdischen Synagoge zu Korinth stattfand; von letzterer stammt die fragmentarische Türinschrift „Synagoge der Hebräer",[34] die sich jetzt im Museum der Stadt Korinth befindet. Die wenig künstlerische Gestaltung der Buchstaben legt die Vermutung nahe, daß die Synagogengemeinde nicht wohlhabend genug war, um einen tüchtigen Steinmetzen in Dienst zu nehmen.

In diese oder eine andere korinthische Synagoge begab sich Paulus bald nach seiner Ankunft in der Stadt. Er war nicht der einzige jüdische Neuankömmling; das aus Pontus stammende jüdische Ehepaar Aquila und Priszilla, das aufgrund von Claudius' Austreibungsedikt vor kurzem aus Rom ausgewiesen worden war, hatte sich ebenfalls in Korinth niedergelassen.[35] Paulus war sehr erfreut, daß er sich in den ersten Tagen seines Aufenthalts in der Stadt diesen Berufsgenossen anschließen und als „Zeltmacher" oder Lederarbeiter seinen Unterhalt verdienen konnte. Schon bald kehrten jedoch Silvanus und Timotheus aus Mazedonien zurück und übergaben Paulus Spenden von seinen dortigen Bekehrten, die es ihm ermöglichten, sich ganz seiner Missionstätigkeit zu widmen. Paulus übte diese einige Wochen lang in der Synagoge aus, bis man ihn schließlich, wie bisher immer, hinausdrängte. Einer seiner Bekehrten, ein „gottesfürchtiger" Heide namens Gaius Titius Justus,[36] vermutlich ein Bürger des römischen Korinth, stellte Paulus sein Haus zur Verfügung, das Tür an Tür mit der Synagoge lag. Gaius war einer von Paulus' ersten Bekehrten in Korinth; ein weiterer war Crispus, der Vorsteher der Synagoge. Paulus erwähnt diese beiden Männer sowie „des Stephanas Haus" als die einzigen korinthischen Bekehrten, die er selber taufte (1 Kor 1, 14—16).

Nach einer längeren Lesart von Apg 18, 4 im westlichen Text „fügte" Paulus in der Synagoge von Korinth bei der Schriftlesung „den Namen des Herrn Jesus ein". Tatsächlich mag es so gewesen sein, daß, wenn eine Schriftstelle vorgelesen oder zitiert wurde, die die Christen als in Jesus erfüllt ansahen, Paulus durch einen entsprechenden Zusatz darauf hinwies. Mit solcher Übung waren alle Synagogen, in denen die hebräi-

---

[34] [SYNA]GOGE EB[RAION]; vgl. A. Deißmann, *Licht vom Osten*, Tübingen [4]1923, S. 16.
[35] Siehe S. 98 f.
[36] So dürfte sein Name gelautet haben, wenn der Titius Justus von Apg 18, 7 mit dem Gaius von 1 Kor 1, 14 und Rö 16, 23 identisch war. Vgl. E. J. Goodspeed, „Gaius Titius Justus", *JBL* 69 (1950), S. 382 f.

sche Schriftlesung von einem aramäischen Targum begleitet war, vertraut. Zum Beispiel fügt das Targum Jonathan dort, wo Jahwe in Jes 42, 1 und 52, 13 sagt: „Siehe da mein Knecht", das auslegende Wort „Messias" hinzu. In Korinth erfolgten die Schriftlesungen auf griechisch, so daß keine Übersetzung erforderlich war, doch mag Paulus solche Worte wie „siehe da mein Knecht" durch die Hinzufügung von „das heißt Jesus" interpretiert haben. Und nachdem er seine Anhänger von der Synagoge abgesondert hatte und sie im Haus des Gaius unterrichtete, konnte er das Gesetz und die Propheten sehr viel freier auslegen und in ihnen das Fundament seines Evangeliums aufzeigen.

Die Zahl der Gläubigen wuchs somit ständig, und zwar bekehrten sich nicht nur Juden und „Gottesfürchtige", sondern auch Heiden. Vom ethischen Standpunkt aus schien Korinth kein vielverheißender Wurzelboden für eine christliche Kirche, und zweifellos dürften viele von Paulus' Freunden angesichts dieser Vielzahl von in die Gemeinde strömenden Bekehrten, die der korinthischen Lebensweise erst neuerdings entsagt hatten, ihr aber noch zum Teil verhaftet waren, die Aussichten für die christlichen Sittlichkeitsnormen sehr pessimistisch beurteilt haben.

Wahrscheinlich weniger als ein Jahr nach Paulus' Ankunft in Korinth trat dort ein neuer Prokonsul von Achaja sein Amt an. Lucius Junius Gallio war ein Sohn des älteren Seneca und ein Bruder des Philosophen Seneca und des Mela (des Vaters des Dichters Lukan). Er war in Cordoba geboren und kam während der Regierungszeit des Kaisers Tiberius mit seinem Vater nach Rom. In Rom wurde er von einem Freund seines Vaters, dem Redner L. Junius Gallio, adoptiert und trug fortan anstelle seines ursprünglichen Namens (Marcus Annäus Novatus) den seines Adoptivvaters. Sein Bruder Seneca rühmt seinen rechtschaffenen und gewinnenden Charakter: „kein Sterblicher wird von irgend jemandem derart geschätzt wie dieser von allen".[37] Den Beginn seiner Prokonsulzeit in Achaja — er hatte vorher in Rom die Prätur bekleidet — kann man mit Hilfe der bereits erwähnten Inschrift von Delphi auf (höchstwahrscheinlich) den 1. Juli 51 n. Chr. oder (vielleicht auch) zwölf Monate später datieren.[38] Er blieb nicht lange in diesem Amt, sondern mußte es krankheitshalber vorzeitig aufgeben.[39]

In der Prokonsulzeit des Gallio empfing Paulus wahrscheinlich den nachhaltigsten Eindruck von der römischen Rechtspflege. Kurz nach

---

[37] Sen. *nat.* 4a, praef. 11.
[38] Siehe S. 99 f.
[39] Vgl. Sen. *epist.* 104, 1; er wurde vom Fieber befallen und suchte auf einer Kreuzfahrt Heilung von seinem Leiden. Später (nach seinem Konsulat) unter-

Gallios Ankunft in seiner Provinz klagten die jüdischen Führer in Korinth Paulus bei dem neuen Prokonsul an, er überrede die Leute, „auf gesetzwidrige Weise Gott zu verehren“ (Apg 18, 13). Ihre Anklage, wie Lukas sie berichtet, ist zweideutig; gegen welches Gesetz verstieß Paulus ihrer Meinung nach, gegen das jüdische oder gegen das römische? Wahrscheinlich beschuldigten sie ihn, den römischen Rechtsvorschriften zuwiderzuhandeln. Gallio wies sie ab und bedeutete ihnen, er habe keine Lust, in Rechtsstreitigkeiten unter Juden einzugreifen, was die Ankläger indessen schon gewußt haben dürften. Sie hofften, Gallio davon zu überzeugen, daß Paulus' Tätigkeit gegen die römischen Gesetze verstoße, über deren Innehaltung er zu wachen hatte. Das heißt, Paulus wurde beschuldigt, für eine ungesetzliche Religion zu werben — wobei man ohne weiteres unterstellte, daß das, was er predigte, ganz gewiß nicht die jüdische Religion war, die sich der Anerkennung durch Rom erfreute und, außer wenn ihre Beobachtung oder Verbreitung die öffentliche Ordnung gefährdete, den Schutz der römischen Gesetze genoß.[40]

Für Gallio war der Fall indessen ganz klar: für ihn war Paulus ein Jude wie seine Ankläger und sprach die gleiche Sprache wie sie. Wenn es Streitpunkte zwischen Paulus und ihnen gab, so handelte es sich dabei lediglich um verschiedene Auslegungen des jüdischen Gesetzes und der jüdischen Religion, und es gehörte nicht zu Gallios Verantwortung, in derartigen Angelegenheiten als Richter zu fungieren. Wenn eine Gefährdung der öffentlichen Ordnung vorgelegen hätte, wenn es sich um Verbrechen oder Vergehen gehandelt hätte, dann wäre Gallio sicherlich eingeschritten.[41] Es schien ihm indessen festzustehen, daß es bei dem Streitfall um jüdisches Recht ging, wenn auch Paulus' Ankläger es so darstellten, als verstoße der Apostel gegen römisches Recht. Er ordnete daher ihre Entfernung aus dem Gericht an und drückte beide Augen zu,[42] als die Umstehenden den Synagogenvorsteher[43] verprügelten.

---

nahm er eine Seefahrt von Rom nach Ägypten, weil er befürchtete, schwindsüchtig zu werden. Nach dem Tod Senecas 65 n. Chr. ließ man ihn zunächst unbehelligt (Tac. *ann.* XV, 73), doch fiel er wenig später zusammen mit seinem Bruder Mela Neros Argwohn zum Opfer.

[40] Vgl. S. L. Guterman, *Religious Toleration and Persecution in Ancient Rome*, London 1951, S. 75 ff. und öfter; A. N. Sherwin-White, *Roman Society and Roman Law in the New Testament*, Oxford 1963, S. 78 ff.; J. C. O'Neill, *The Theology of Acts in its Historical Setting*, S. 170 ff., besonders S. 172, Anm. 1.

[41] Dies ist der Sinn von *aneschomēn hymōn* (Apg 18, 14); vgl. W. Bauer — W. F. Arndt — F. W. Gingrich, *Greek-English Lexicon of the New Testament*, Chicago 1957, s. v. *anechō*.

[42] Dies ist der Sinn von „Gallio kümmerte sich um all das nicht“ (Apg 18, 17), was der westliche Text durch „Gallio tat so, als sähe er es nicht“ umschreibt.

[43] Der Name des Vorstehers war Sosthenes (Apg 18, 17); wenn er mit dem

Sir William Ramsay sah Gallios Entscheid als „von ausschlaggebender Bedeutung für Paulus' Verhaltensweise" an,[44] weil er einen Präzedenzfall für andere Magistrate schuf und ihm die Gewähr gab, daß die kaiserlichen Behörden mehrere Jahre lang eine wohlwollend-neutrale Haltung zu seiner apostolischen Wirksamkeit einnehmen würden. Eines zumindest ist sicher: hätte Gallio gegen Paulus entschieden, so hätten die Gegner des Apostels dieses Urteil bis an Paulus' Lebensende als Präzedenzfall angeführt, und ein von einem so hochgestellten und einflußreichen Magistraten wie Gallio — einer sehr viel bedeutungsvolleren Persönlichkeit als die Politarchen von Thessalonich — geschaffener Präzedenzfall hätte großes Gewicht gehabt. Man kann daher billig behaupten, daß die bloße Tatsache, daß Gallio sich weigerte, den Prozeß gegen Paulus an sich zu ziehen, der Ausbreitung des Christentums in den letzten Jahren des Kaisers Claudius und den ersten Jahren seines Nachfolgers die Wege ebnete.

Sosthenes von 1 Kor 1, 1 identisch ist (was ungewiß ist), dann folgte er später dem Beispiel des Crispus (Apg 18, 8; vgl. 1 Kor 1, 14) und wurde Christ.

[44] W. M. Ramsay, *St. Paul the Traveller and the Roman Citizen*, London [14]1920, S. 260; vgl. A. N. Sherwin-White, *Roman Society and Roman Law in the New Testament*, S. 99 ff.

ZEHNTES KAPITEL

Abschluß der Mission im Ägäisraum

1.

Durch Gallios Entscheid ermutigt, verbrachte Paulus noch einige weitere Monate in Korinth, um die christliche Gemeinde aufzubauen, die er in dieser wenig verheißungsvollen Stadt ins Leben gerufen hatte.

Entweder kurz bevor er vor Gallio erscheinen mußte, oder in einer anderen kritischen Situation während seines Aufenthalts in Korinth legte Paulus ein Gelübde ab, dessen Erfüllung eine Zeremonie im Jerusalemer Tempel notwendig machte. Als zu Beginn des Frühjahrs 52 das Meer wieder schiffbar wurde, verließ er daher mit Aquila und Priszilla Korinth. Ehe er in Kenchreä, dem östlichen Hafen von Korinth, an Bord ging, ließ er sich das Haupthaar scheren, das er für die Dauer seines Gelübdes hatte lang wachsen lassen.[1] Die Haarschur — aus der erhellt, daß er ein Nasiräatsgelübde abgelegt hatte — stellte eine teilweise Erfüllung seiner Verpflichtung dar, doch erforderte ihre vollständige Erfüllung ein Opfer im Tempel. (Daß Paulus' Bekehrung zum Christentum zum Bruch mit sämtlichen Bräuchen seiner Vorfahren führen mußte, einschließlich eines derart freiwilligen Aktes privater Frömmigkeit, wie es ein Nasiräatsgelübde war, ist eine Behauptung, die man nur aufgrund beweiskräftiger und eindeutiger Zeugnisse vertreten sollte; solche Zeugnisse liegen jedoch nicht vor.) Sie segelten über die Ägäis nach Ephesus, wo Aquila und Priszilla an Land gingen, Paulus indessen eine dringende Einladung, ebenfalls einzukehren, ausschlug. Ein Schiff sollte sogleich vom Hafen Ephesus aus in See stechen, und Paulus hoffte, daß es ihn rechtzeitig zum Passahfest nach Palästina bringen könne. Also ging er an Bord und versprach, wiederzukommen und dann länger zu bleiben.[2]

Nach seiner Landung in Cäsarea begab sich Paulus nach Jerusalem, begrüßte seine dortigen Bekannten und erledigte seine Privatangelegenheiten; anschließend ging er nach Antiochien in Syrien, von wo aus er

---

[1] Apg 18, 18; vgl. S. 60; 159.

[2] Der westliche Text von Apg 18, 21 läßt Paulus sagen: „Ich muß auf alle Fälle zum kommenden Fest in Jerusalem sein"; da das Passahfest im Jahre 52 n. Chr. Anfang April stattfand und das Meer erst um den 10. März herum schiffbar wurde, könnte dies Paulus' Eile erklären.

über Land durch Kleinasien zog, die auf früheren Apostelreisen gegründeten Gemeinden besuchte und ihnen Mut zusprach und schließlich nach Ephesus gelangte. Dort blieb er nahezu drei Jahre, in denen er sich ganz der Evangelisation der Stadt wie der Provinz Asia widmete.[3]

Ephesus war damals die größte Handelsstadt Kleinasiens; allerdings mußte der Hafen wegen der Ablagerungen des Kaystros, an dessen Mündung es lag, ständig ausgebaggert werden. (Wie notwendig diese Ausbaggerungen waren, erhellt aus der Tatsache, daß, weil man sie später einstellte, der ehemalige Hafen von Ephesus heute etwa elf Kilometer landeinwärts liegt.) Da die Stadt an einer der Hauptstraßen lag, die Rom mit der Ostgrenze des Römerreiches verbanden, spielte sie auch eine einflußreiche politische Rolle. Sie war Sitz der Verwaltung der Provinz Asia, blieb aber eine freie griechische Stadt mit eigenem Senat und eigener Bürgerversammlung; außerdem war sie Sitz eines Gerichtshofes.[4] Ihr Höchstmagistrat war der *grammateus*, der Sekretär des *dēmos* oder „Stadtdirektors", der auch für die Verbindung zwischen der Stadtregierung und der römischen Provinzverwaltung zuständig war.[5] Die vornehmsten Bürger von Ephesus gehörten zu den Asiarchen, den führenden Bürgern der Städte der Provinz, die den Rat (*koinon*) von Asien bildeten, eine vor der Eroberung durch die Römer geschaffene Institution, die diese beibehielten.[6]

Paulus konnte sich der Evangelisation von Ephesus jedoch nicht ausschließlich widmen, sondern mußte sich zwischendurch immer wieder um seine anderen Gemeinden kümmern, vor allem um die korinthische.

2.

Dank der uns erhaltenen Korrespondenz des Apostels mit der Gemeinde in Korinth wissen wir über ihre Frühgeschichte mehr als über die Mehrzahl der übrigen Paulus-Gemeinden. Mag sein, daß sie kaum als typisch für Paulus' Gemeinden gelten kann. So hatte sie anscheinend zur Zeit der

---

[3] Vgl. Apg 19, 8. 10; 20, 31.

[4] Das heißt, Ephesus gehörte zu den Städten, in denen der *conventus (koinon)* führender Bürger der Provinz unter dem Vorsitz des Prokonsuls als Gerichtshof zusammentrat.

[5] Vgl. Apg 19, 35 ff.

[6] Vgl. Apg 19, 31. Aus ihren Reihen kamen die Hohenpriester des Provinzialkults Roms und des Augustus; vgl. L. R. Taylor, „The Asiarchs", in: Foakes Jackson und K. Lake (Hrsg.), *The Beginnings of Christianity*, Bd. V, London 1933, S. 256 ff.

Abfassung des ersten Korintherbriefes, mindestens zwei Jahre nach Paulus' Abreise aus der Stadt, keine anerkannten Leiter; am Ende jenes Briefes erwähnt Paulus einige Gemeindeglieder, die würdig seien, von den anderen als Leiter anerkannt zu werden, da sie sich dem Dienst für ihre Mitchristen gewidmet hätten.[7] Man muß daraus den Schluß ziehen, daß die korinthischen Christen zwar nach Paulus' eigenem Zeugnis eine Gemeinschaft von einzigartiger Begabung waren,[8] Führungsqualitäten indessen bei ihnen nur ganz allmählich in Erscheinung traten, und es noch länger dauerte, bis die schlichteren Gemeindeglieder ihre Bereitschaft erkennen ließen, sich denjenigen unterzuordnen, die imstande waren, geistliche Autorität auszuüben.

Zu den Gaben, die der korinthischen Kirche in reichem Maße zuteil geworden waren, zählte die der ekstatischen Äußerung, insbesondere in Form von Glossolalie.[9] Glossolalie, die durch außergewöhnliche Einflüsse auf die Sprachzentren im Gehirn zustande kommt, besteht aus artikuliert ausgesprochenen Worten, die der Sprecher normalerweise nicht versteht. Solches „Zungenreden" kann in einer erkennbaren, dem Zungenredner aber fremden Sprache erfolgen oder auch in Worten und Lauten ohne verständlichen Sinn. Aus der Stelle 1 Kor 13, 1: „Wenn ich in den Zungen der Menschen und der Engel rede, habe aber die Liebe nicht, so bin ich ein tönendes Erz oder eine klingende Schelle", haben einige gefolgert, daß man sich manche Formen des Zungenredens als Engelsprache erklärte, und eine Bestätigung hierfür im *Hiobtestament* (1. Jh. v. Chr.) gefunden, wo Hiobs drei Töchter einen Gürtel erhalten, der sie befähigte, mit den Zungen der Engel, Fürstentümer oder Cherubim zu sprechen.[10]

Diese Fähigkeit des Zungenredens war in der einen oder anderen Form in einigen der frühesten christlichen Gemeinden anscheinend eine bekannte Erscheinung; Paulus selber besaß sie in ungewöhnlichem Maße — was wir nicht wüßten, wenn er es nicht beiläufig an einer Stelle erwähnt hätte, an der er seine Bekehrten in Korinth auffordert, dieser

---

[7] 1 Kor 16, 15—18.

[8] 1 Kor 1, 5—7.

[9] Über diesen Gegenstand existiert eine umfangreiche Literatur; vgl. K. Lake, *The Earlier Epistles of St. Paul*, London 1911, S. 241 ff.; M. Barnet, *The Living Flame*, London 1953, S. 27 ff., 98 ff.; T. W. Manson, *Studies in the Gospels and Epistles*, Manchester 1962, S. 203 ff.; R. H. Gundry, „,Ecstatic Utterance' (N.E.B.)?", *JTS*, n. s. 17 (1966), S. 299—307; J. P. M. Sweet, „A Sign for Unbelievers: Paul's Attitude to Glossolalia", *NTS* 13 (1966—7), S. 240—57).

[10] *TestHiob* 47—50, *Apocrypha Anecdota* II, hrsg. von M. R. James, Cambridge 1899, S. 134—6.

Erscheinung den ihr zukommenden Stellenwert zu geben und zu bedenken, daß es sich keineswegs um eine besonders kostbare geistliche Gabe handele. Eine geistliche Übung, die er für sehr viel wertvoller hält, ist das „Reden aus Eingebung", das in Form von Äußerungen in der gewohnten Sprache der Sprecher und ihrer Hörer erfolgte und in dem die Gemeinde Gottes Willen, in der Kraft des Geistes ausgesprochen, erkannte. Das Reden aus Eingebung („Prophetie") war unmittelbar verständlich und nutzbringend; das Zungenreden wollte Paulus dagegen auf die private Frömmigkeit beschränkt wissen, es sei denn, irgend jemand wäre imstande, die fremde Sprache der Gemeinde zu dolmetschen, was, wenn es sich um eine unbekannte Sprache handelte, eine besondere, übernatürliche Begabung erfordern würde. Paulus wollte es nicht gänzlich unterbinden, da er es für eine echte Geistesgabe hielt, doch zielten die abwertenden Ausdrücke, mit denen er davon spricht, darauf ab, die Begeisterung der Korinther, die das Zungenreden für die bedeutungsvollste geistliche Gabe, wenn nicht für ein unerläßliches Kennzeichen der innewohnenden Gegenwart des Geistes ansahen, zu dämpfen.[11]

Nicht lange nach Paulus' Abreise aus Korinth erhielt die Gemeinde den Besuch eines Judenchristen aus Alexandrien mit Namen Apollos.[12] Apollos war in den Schriften des Alten Testaments gut bewandert (vermutlich in ihrer griechischen Fassung) und deutete sie dahin aus, daß Jesus der Messias und Erlöser sei, auf dessen Ankunft sie vorauswiesen. Die Vermutung liegt nahe, daß Apollos die in seiner Vaterstadt üblichen Methoden der Schriftauslegung praktizierte — ihr exemplarischer Vertreter ist Philo —, doch das ist tatsächlich nur eine Vermutung. Nach dem Bericht der Apostelgeschichte stellten Paulus' Freunde Aquila und Priszilla fest, als er kurz vor seiner Ankunft in Korinth in Ephesus einkehrte, daß sein Wissen von dem „Weg" trotz seiner Schriftkenntnis und seiner Vertrautheit mit der Geschichte von Jesus unvollständig war und er zum Beispiel nur die Taufe des Johannes kannte. Sie luden ihn daher zu sich ein und vermittelten ihm die Kenntnisse, die ihm ihrer Meinung nach noch fehlten. Nach dem übereinstimmenden Zeugnis des Paulus und der Apostelgeschichte machte er auf die Christen Korinths einen großen Eindruck und war die Hilfe, die er ihnen bei ihrem öffentlichen Zeugnis leistete, für sie alle unschätzbar, besonders seine Fähigkeit, ihre jüdischen Gegner mit seinen Argumenten, Jesus sei der Messias, zu

---

[11] 1 Kor 14, 1—33.
[12] Apg 18, 24—28.

widerlegen. In ihrer Begeisterung hielten ihn einige korinthische Christen für größer als Paulus. Apollos' Richtung war auch die ihre, und sie betonten, sie gehörten Apollos an. Paulus beklagte diese Neigung, einen Lehrer auf Kosten eines anderen zu rühmen, auch wenn er derjenige war, den man derart pries, doch spricht nichts dafür, daß er in Apollos einen Rivalen sah oder daß zwischen beiden Spannungen bestanden; wenn er Apollos in seinen Briefen an die Korinther erwähnt, so benutzt er stets Ausdrücke, die erkennen lassen, daß sie Freunde waren und einander voll und ganz vertrauten.[13]

Wir erfahren nicht, ob Apollos in Alexandrien oder anderwärts zum ersten Mal vom Christentum hörte; da er erstmals um 52 n. Chr. in den neutestamentlichen Schriften auftaucht, ist es durchaus möglich, daß es in seiner Vaterstadt geschah.[14] Dies würde Fragen bezüglich der Form, in der das Christentum nach Alexandrien gelangte, aufwerfen. Von den Wortführern des späteren Hauptstromes des Christentums wurde das alexandrinische Christentum lange Zeit hindurch als unzulänglich, wenn nicht heterodox hingestellt.[15] Das legt die Vermutung nahe, daß das Evangelium nicht von jener Quelle her, von der die in der Apostelgeschichte genannten Missionen ihren Ausgang nahmen, nach Alexandrien gelangte, sondern aus einer anderen; eine Möglichkeit wäre, daß Alexandrien (wie einige andere Orte) von Galiläa und nicht von Jerusalem aus evangelisiert wurde. Jesus hatte viele Jünger in Galiläa, die nicht zur Jerusalemer Urgemeinde gehörten, und sie dürften seine Botschaft ebenso verkündet haben wie die Jerusalemer Jünger.

Wie dem auch sei, Paulus war sehr erfreut über die Hilfe, die Apollos seinen Bekehrten in Korinth nach seiner Abreise angedeihen ließ: „Ich habe gepflanzt", schrieb er, „und Apollos hat begossen" — und fügte charakteristischerweise hinzu: „Gott aber hat das Gedeihen gegeben" (1 Kor 3, 6).

Im korinthischen Garten machten sich indessen auch andere ans Werk, deren Tätigkeit bei Paulus auf starke Bedenken stieß. Er wechselt das Bild und spricht von der korinthischen Gemeinde als von dem Gebäude, zu dem er selber den Grundstein gelegt habe — und dieser Grundstein war Jesus Christus. Vielleicht dachte er dabei an die Weissagung des Jesaja (Jes 28, 16), worin der Gott Israels seine Absicht kundtut, in Zion

---

[13] 1 Kor 3, 6; 4, 6; 16, 12.

[14] Der westliche Text von Apg 18, 25 stellt ausdrücklich fest, daß dies der Fall war (siehe S. 95, Anm. 6).

[15] Vgl. A. Ehrhardt, *The Framework of the New Testament Stories*, Manchester 1964, S. 174 ff.

einen Stein, einen bewährten Stein,
einen kostbaren, grundlegenden Eckstein

zu legen.[16] In der Weissagung ist dieser grundlegende Eckstein der gläubige Rest, den anderwärts sein Herrscher, der kommende Fürst aus dem Hause Davids, verkörpert; im Neuen Testament wird er wiederholt zusammen mit anderen „Stein"-Stellen aus den hebräischen Schriften auf Christus angewandt.[17] Der Grundstein, den Paulus gelegt hatte, war fehlerlos, doch hegte er ernsthafte Befürchtungen hinsichtlich der Qualität des Materials, das einige der Baumeister, die nach ihm kamen, für den Überbau verwandten. Wenn der Tag der Prüfung herankomme, würden allein die solideste Arbeit und die dauerhaftesten Materialien die Probe bestehen. Paulus denkt an eine orientalische Stadt, in der jederzeit ein Feuer ausbrechen und durch die enge Straße rasen konnte. Aus Stein und ähnlichem Material errichtete Gebäude würden es unbeschädigt überstehen, wacklige Holzhütten dagegen in Rauch und Flammen aufgehen. Der Baumeister, der am Tag der Abnahme ein Lob ernten wolle, tue gut daran, dafür zu sorgen, daß sein Bauwerk einer solchen Feuerprobe standzuhalten vermöge.[18]

Wer sind die „Baumeister", von denen Paulus hier spricht? Neben einer Gruppe, die Apollos nachfolgte, und einer anderen, die Paulus als ihren Führer bezeichnete, gab es in Korinth noch eine weitere, deren Mitglieder erklärten: „Ich gehöre Kephas an" — das heißt Petrus.[19] Ob Petrus persönlich nach Korinth kam und dort kurz nach Paulus' Abreise lehrte, läßt sich nicht mit Sicherheit feststellen.[20] Es scheint in der Tat, daß Petrus in den fünfziger Jahren des ersten Jahrhunderts zu einer ausgedehnteren Missionstätigkeit aufbrach und danach am Leben der Jerusalemer Gemeinde nur noch wenig Anteil hatte. Er übte sein Apostolat unter den Juden aus, wie Paulus das seine unter den Heiden, aber da es so viele Orte mit einer heidnisch-jüdischen Mischbevölkerung gab, muß die Festlegung der Demarkationslinie zwischen seinem Missionsgebiet und dem des Paulus schwierig gewesen sein. Wenn Petrus selber nicht

[16] Vgl. S. H. Hooke, „The Corner Stone of Scripture", in: *The Siege Perilous*, London 1956, S. 235 ff.
[17] Vgl. Rö 9, 33; 1 Petr 2, 6; ferner Eph 2, 20.
[18] 1 Kor 3, 10—15.
[19] 1 Kor 1, 12.
[20] E. Meyer war es unbegreiflich, wie irgend jemand bezweifeln konnte, daß Petrus selbst nach Korinth kam (*Ursprung und Anfänge des Christentums*, III, Stuttgart 1923, S. 441); Paulus' Worte sind für uns indessen nicht klar genug — für seine ersten Leser waren sie natürlich unzweideutig, da sie ja wußten, ob Petrus in Korinth gewesen war oder nicht.

nach Korinth kam, so lehrten doch sicherlich andere dort in seinem Namen und behaupteten, er besitze mehr Autorität als Paulus. Der heutige Leser der Paulusbriefe hat es nicht leicht, weil er nur unzureichend über eine Situation im Bilde ist, die Paulus und denen, an die er seine Briefe richtete, völlig vertraut war, und ferner (im vorliegenden Falle) weil Paulus, wenn er von der „Petrus-Partei" spricht, sich großer Zurückhaltung befleißigt, da er vermutlich nichts sagen wollte, was man als persönliche Kritik an Petrus auslegen konnte. Anders als die Unruhestifter in Antiochien und den galatischen Gemeinden, die die Autorität des Jakobus ins Feld führten, versuchte die „Petrus-Partei" nicht, die Beschneidung durchzusetzen; niemand konnte sich für irgendeine derartige Lehre auf Petrus berufen — noch auch nach den Jerusalemer Apostelbeschlüssen auf Jakobus. Das Jerusalemer Dekret enthielt indessen Bestimmungen, die Paulus — so argwöhnte man — außerhalb des in dem Apostelbrief ausdrücklich erwähnten Gebiets abschwächte, besonders insoweit sie den Verzehr von Götzenopferfleisch betrafen. In Paulus' Augen waren solche Nahrungsmittel an sich völlig harmlos und durften mit gutem Gewissen verzehrt werden; man sollte sich ihrer lediglich dann enthalten, wenn der Verzehr entweder das Gewissen des Essers oder eines anderen, der sich durch sein Beispiel beeinflussen lassen konnte, belasten oder auf die eine oder andere Weise das Bekenntnis zum Christentum gefährden würde.[21]

Es galt, der Tätigkeit der Petrus-Partei entgegenzutreten, da sie nicht allein dahin tendierte, Paulus' Autorität unter seinen Bekehrten zu schwächen, sondern auch der Auffassung Vorschub leistete, materielle Dinge wie zum Beispiel Nahrungsmittel könnten an sich böse sein. Die Situation gestaltete sich indessen dadurch schwieriger, daß in der korinthischen Gemeinde eine lautstarke Gruppe von angeblich „Erleuchteten" in Erscheinung trat, die Paulus' Lehre von der christlichen Freiheit sehr einseitig auslegte und seinem nachdrücklichen Bestehen auf christlicher Nächstenliebe und dem guten Namen der christlichen Mission in der heidnischen Welt nicht genug Gewicht beimaß. „Alles ist mir erlaubt", lautete das Schlagwort dieser Leute.[22] Sie bildeten sich viel auf ihre „Erkenntnis" (*gnōsis*) ein — was nicht notwendig heißen muß, daß wir in ihnen Vorläufer der Gnostiker des zweiten Jahrhunderts zu sehen haben —, und Paulus läßt es sich angelegen sein, ihnen einzuschärfen, daß *agapē* der *gnōsis* das Gleichgewicht halten muß; die „Erkenntnis"

---

[21] Vgl. 1 Kor 8, 7 ff.; 10, 23 ff.; Rö 14, 2 ff.
[22] 1 Kor 6, 12; 10, 23.

an sich blähe nur auf, die Liebe hingegen baue auf.[23] Vielleicht war es diese Hochschätzung der „Erkenntnis", die einige von ihnen dazu veranlaßte, sich mit Abscheu von der jüdischen Auferstehungslehre abzuwenden.[24]

Unter den Parteien, die sich nach Paulus' Abreise in der Gemeinde von Korinth bildeten, war eine, deren Mitglieder ständig die Losung „Ich gehöre Christus an" im Munde führten.[25] Was als Bekenntnis der gesamten Gemeinde löblich gewesen wäre, wurde tadelnswert, wenn man es als Parteischlagwort im Wettkampf mit anderen benutzte — in der Tat noch tadelnswerter als die Losungen, die sich der Namen des Paulus, Petrus und Apollos bedienten. Was aber war diese „Christuspartei"? Der Kontext, in dem sie erwähnt wird, enthält keine näheren Angaben über ihren Charakter. Das erste Manifest der Tübinger Schule des neunzehnten Jahrhunderts war F. C. Baurs Monographie über die „Christuspartei" in Korinth, in der er die Ansicht vertrat, sie sei die Partei der radikalen Judaisierer gewesen.[26] Doch wenn man versucht, die verschiedenen Parteien zu jenen Tendenzen in der Gemeinde in Beziehung zu setzen, mit denen sich Paulus in seinen Korintherbriefen auseinandersetzt, so kann man zu dem Schluß gelangen, daß die „Christuspartei" die oben erwähnten angeblich Erleuchteten umfaßte — „eine Gruppe, für die Christus etwas wie ‚Gott, Freiheit und Unsterblichkeit' bedeutete, in der ‚Gott' einen verfeinerten philosophischen Monotheismus meint, ‚Freiheit' die Emanzipation von dem puritanischen Rigorismus der barbarischen Autoritäten Palästinas und ‚Unsterblichkeit' die vernünftige griechische Lehre im Unterschied zu dem primitiven jüdischen Auferstehungsbegriff".[27]

Während also einige Angehörige der Gemeinde in der Gefahr schwebten, die Freiheit des Geistes in die Knechtschaft des Nomismus umzuwandeln, entweder im Sinne einer Judaisierung oder als Reaktion auf die Zügellosigkeit ihrer früheren Lebensweise — die Geisteshaltung „es

---

[23] 1 Kor 8, 2.

[24] 1 Kor 15, 12.

[25] 1 Kor 1, 12. Einige Gelehrte, wie zum Beispiel C. H. Turner, *Catholic and Apostolic*, London 1931, S. 214, Anm. 1 fassen *egō de christou* als Paulus' Erwiderung auf diese Parteiparolen auf: meinethalben könnt ihr sagen, diesem oder jenem Führer anzugehören — ich, Paulus, gehöre Christus an und anerkenne keinen anderen Namen. Die nachfolgenden Worte („Ist Christus zerteilt?") machen diese Deutung weniger wahrscheinlich.

[26] F. C. Baur, „Die Christuspartei in der korinthischen Gemeinde", *Tübinger Zeitschrift für Theologie*, 1831, Heft 4, S. 61—206. Seine Kennzeichnung der Christuspartei setzt ihre Identifizierung mit jenen voraus, die nach 2 Kor 10, 7 den ausdrücklichen Anspruch erheben, „Christus anzugehören".

[27] T. W. Manson, *Studies in the Gospels and Epistles*, S. 207.

ist für den Menschen gut, kein Weib zu berühren" (1 Kor 7, 1) kann nur durch die letztere Tendenz und nicht durch judaisierende Einflüsse hervorgerufen worden sein —, fielen andere in das entgegengesetzte Extrem, so zum Beispiel jene, die es für ein schönes Beispiel christlicher Freiheit erachteten, wenn einer von ihnen mit der Frau seines Vaters geschlechtlich verkehrte (1 Kor 5, 1). Paulus sah sich vor die Notwendigkeit gestellt, beiden Tendenzen gleichzeitig entgegenzutreten und der einen Gruppe „Freiheit, keine Knechtschaft" zuzurufen und der anderen „Freiheit, aber keine Zügellosigkeit". Während der zwei oder drei Jahre nach seiner Abreise von Korinth bekam er in Ephesus ständig Nachrichten von dort, entweder durch Besucher, wie die Leute der Chloe (1 Kor 1, 11) und Stephanas, Fortunatus und Achaikus (1 Kor 16, 17), oder brieflich (1 Kor 7, 1 ff.), und er mußte sich mit der dortigen Situation, so wie sie ihm geschildert wurde, befassen, sowohl durch eine Reihe von Briefen (von welchen lediglich die beiden Korintherbriefe des Neuen Testaments erhalten geblieben sind)[28] wie auch durch zumindest einen Besuch in Korinth, der für ihn selber wie für die korinthische Kirche einen sehr unerfreulichen Verlauf nahm.[29]

3.

Paulus' missionarisches Wirken in Ephesus, das vom Spätsommer des Jahres 52 bis zum Frühjahr oder Frühsommer 55 währte, bildete in vielen Hinsichten eine bedeutsame Phase seiner apostolischen Laufbahn. Er und seine Gefährten betrieben in jenen Jahren die Christianisierung der Provinz Asia derart gründlich, daß die dortigen Gemeinden jahrhunderte-

[28] Wir haben Belege für mindestens vier, wahrscheinlicher aber fünf Briefe des Paulus an die Gemeinde in Korinth, nämlich für: a) den in 1 Kor 5, 9 erwähnten vorangehenden Brief; b) den ersten Korintherbrief; c) den in 2 Kor 2, 3 f. erwähnten „Tränenbrief"; d) 2 Kor 1—9; e) die Passage 2 Kor 10—13, die, falls sie nicht zu demselben Brief gehört wie 2 Kor 1—9, mit einem Teil des „Tränenbriefes" identifiziert werden kann, der ihr voraufging, oder, was wahrscheinlicher ist, mit einem Teil eines noch späteren Briefes (siehe S. 136 f. mit Anm. 54 und 55). Für eine radikalere Analyse seiner erhaltenen Briefe nach Korinth vgl. G. Bornkamm, „The History of the Origin of the So-called Second Letter to the Corinthians", in: *The Authorship and Integrity of the New Testament*, SPCK Theological Collections 4, London 1965, S. 73 ff.; eine konservativere Auffassung vertritt in dieser Frage A. M. G. Stephenson, „A Defence of the Integrity of 2 Corinthians", in derselben Sammlung, S. 82 ff.

[29] 2 Kor 2, 1; vgl. 12, 14; 13, 1.

lang zu den einflußreichsten der Welt zählten; sie überlebten die Türkenherrschaft und blieben bis zu dem Bevölkerungsaustausch, der im Jahre 1923 nach dem griechisch-türkischen Krieg vorgenommen wurde, bestehen. Leider stehen uns nur wenig ausführliche Angaben über den Verlauf von Paulus' Tätigkeit in Ephesus zu Gebote. Die „Wir"-Erzählungen der Apostelgeschichte beziehen sie nicht mit ein, und Lukas beschränkt sich auf einige wenige lebendig geschilderte Vorfälle.

Man hat Lukas mit einem Erzähler verglichen, der, anstatt selber zu erzählen, zumeist Diapositive verwendet:[30] er wirft ein Bild nach dem anderen auf die Leinwand und stellt die Verbindung zwischen ihnen mittels der wenigen treffenden Zusammenfassungen her, die er zwischen jedem Bild und dem darauffolgenden einschaltet. Dies ist sicherlich eine zutreffende Beschreibung seines Berichts über Paulus' Wirksamkeit in Ephesus, der im wesentlichen aus vier solchen Bildern besteht.

Das erste schildert Paulus' Zusammentreffen mit zwölf „Jüngern", die wie Apollos nur die Johannestaufe kannten und noch nie vom heiligen Geist gehört hatten.[31] Gerne wüßte man, woher diese Jünger — die, falls Lukas dieses Wort so gebraucht, wie er es normalerweise tut, sich als Jünger Jesu eher denn als Johannesjünger betrachteten[32] — ihre Kenntnis des Weges hatten, so unvollkommen diese nach Jerusalemer Maßstäben auch sein mochte. Aus dieser Begegnung sowie aus dem Hinweis auf Apollos wird deutlich, daß außer der von Jerusalem autorisierten noch andere Fassungen des Evangeliums in der hellenistischen Welt in Umlauf waren. Wenn Jerusalem diese Tatsache vielleicht auch nicht genügend zu würdigen wußte, bildete Paulus doch für die Muttergemeinde unter anderm „einen der größten Aktivposten";[33] unter seinem Einfluß, wenn nicht durch sein persönliches Eingreifen, wurden nämlich nichtjerusalemische Fassungen des Evangeliums in Einklang mit der Version gebracht, die er und die Führer der Jerusalemer Kirche gemeinsam vertraten.[34] Ob der Zahl dieser Jünger in Ephesus irgendwelche Bedeutung zukam, ist ungewiß; jedenfalls ermuntert Lukas, der charakteristischerweise von „insgesamt *etwa* zwölf Männern" spricht, seine Leser nicht zu diesbezüglichen Spekulationen. Es ist deutlich, daß weder ihre Anzahl

---

[30] Vgl. W. C. van Unnik, „The ‚Book of Acts' the Confirmation of the Gospel", *NovT* 4 (1960—1), S. 26 ff., besonders S. 35.
[31] Apg 19, 1—7.
[32] Siehe Teil I, S. 166 mit Anm. 37.
[33] A. Ehrhardt, *The Framework of the New Testament Stories*, S. 94.
[34] Vgl. 1 Kor 15, 11 für die wesentliche Übereinstimmung zwischen Paulus und den Leitern der Jerusalemer Gemeinde über die grundlegenden Tatsachen des Evangeliums.

noch ihre Tätigkeit Paulus Anlaß zu der Befürchtung gab, er könnte in Ephesus entgegen seinem festen Prinzip „auf fremdem Grund bauen".

Das zweite Bild ist das allzu vertraute Bild der Austreibung des Paulus aus der Synagoge, nachdem er dort drei Monate gepredigt und disputiert hatte.[35] Dieses Mal wich er mit seinen Bekehrten und Anhängern nicht in ein Privathaus aus, sondern in den Lehrsaal eines gewissen Tyrannus. Tyrannus war offensichtlich ein öffentlicher Vortragender, der in seinem Lehrsaal regelmäßig am frühen Morgen und am Spätnachmittag, wenn es nicht ganz so heiß war, Vorlesungen abhielt. Nach dem westlichen Text von Apg 19, 9 stand der Saal Paulus während der heißesten Stunden des Tages, von elf Uhr morgens bis vier Uhr nachmittags, zur Verfügung. Ob sich diese Anmerkung nun auf verläßliche Zeugnisse gründete oder nicht, sie dürfte jedenfalls zutreffen. Sowohl Paulus wie auch seine Zuhörer müssen beträchtliche Ausdauer besessen haben, wenn sie zwei Jahre lang tagtäglich zu einer Zeit, da die meisten Bürger ihre Mittagsruhe zu halten pflegten, in Tyrannus' Lehrsaal zusammenkamen.

Das dritte Bild zeigt Paulus' Streit mit den Beschwörern.[36] In der Alten Welt war Ephesus für die dort betriebene Magie berühmt; Sammlungen von Zaubersprüchen aus Ephesus („ephesische Briefe") erzielten hohe Preise.[37] Es überrascht nicht, daß unter diesen Zauberern auch umherziehende Juden anzutreffen waren, darunter angebliche Angehörige der einen oder anderen Oberpriesterfamilie. Es war im ganzen Vorderen Orient bekannt, daß die jüdischen Hohenpriester zu dem geheimen Namen des Gottes Israels und zu seiner richtigen Aussprache Zugang hatten, und nach den Regeln der Magie verlieh der Besitz eines solchen Geheimnisses ungeheure Macht über die Geisterwelt. Paulus' Anrufung des Namens Jesu bei der Heilung von Kranken kam einigen dieser jüdischen Zauberer höchst gelegen; doch als sie sich seiner zu bedienen versuchten, erlebten sie eine Enttäuschung.[38] Viele von ihnen erkannten indessen die Überlegenheit des Evangeliums und schlossen sich den Jüngern an; sie beraubten ihre Zaubersprüche ihrer Kraft, indem sie sie öffentlich bekanntgaben,[39] und verbrannten ihre Zauberrollen. Das mit wenigen

---

[35] Apg 19, 9.
[36] Apg 19, 13 ff.
[37] Vgl. Shakespeares *Komödie der Irrungen*, I, 2, 97 ff. Für *Ephesia grammata* vgl. Anaxilas nach Ath. XII, 548 c; Plut. *quaest.conv.* 706 e; Clem. Alex. *strom.* V, 8, 45, 2.
[38] Apg 19, 13 f. In den großen Zauberpapyri begegnet man Parallelen zu der Beschwörungsformel der Söhne des Skevas; vgl. P. Par. 574, 3018 ff.: „Ich beschwöre dich bei Jesus, dem Gott der Hebräer".
[39] Apg 19, 18; gr. *anaggelontes tas praxeis autōn* bedeutet wahrscheinlich: „verrieten ihre Zaubersprüche".

Strichen entworfene Bild fügt sich vollkommen in seinen ephesischen Hintergrund und veranschaulicht aufs beste Lukas' sicheres lokalkoloristisches Empfinden.

Das gleiche gilt von dem vierten und berühmtesten Bild, der tumultartigen Versammlung in dem großen Freilichttheater.[40] In diesem Theater, das 25000 Personen Platz bot, pflegte die Volksversammlung (*ekklēsia*) zu tagen. Eine zweisprachige Inschrift vom Jahre 103—104 n. Chr. verzeichnet, daß ein römischer Beamter der Stadt Statuen stiftete, darunter ein silbernes Abbild der Artemis, der großen Göttin von Ephesus, „damit sie in jeder *ekklēsia* im Theater auf die Sockel gestellt würden".[41] Silberne Kultbilder und die Göttin Artemis spielen bei dem von Lukas berichteten Vorfall eine große Rolle. Die ephesische Artemis trug denselben Namen wie die keusche Jagdgöttin der griechischen Mythologie, war aber alles andere als eine jungfräuliche Göttin, sondern eine örtliche Ausprägung der Großen Mutter der Götter und Menschen, die seit undenklichen Zeiten in Kleinasien verehrt worden war. Ihr vielbrüstiges Kultbild zu Ephesus, „der vom Himmel gefallene heilige Stein" (Apg 19, 35), stand in einem Tempel, der zu den sieben Weltwundern zählte. Ein früherer Tempel war 356 v. Chr. — in der Nacht, hieß es, in der Alexander der Große zur Welt kam — von einem Jüngling namens Herostrat, der diese Tat nach eigenem Eingeständnis beging, weil er in die Geschichte eingehen wollte, niedergebrannt worden, doch wurde er durch einen neuen, noch prächtigeren ersetzt. Die ephesische Artemis wurde nicht nur in Ephesus und Provinzasia, sondern auch in vielen anderen Teilen der Alten Welt verehrt, und Ephesus war auf nichts so stolz wie auf seinen Titel „Tempelhüterin (*neōkoros*) der Artemis".[42]

Während Paulus' Aufenthalt in der Stadt machte das Evangelium dort indessen solche Fortschritte, daß viele frühere Anhänger der Artemis sich von ihr abwandten. Die Zunft der Silberschmiede von Ephesus mußte feststellen, daß die Nachfrage nach Silbergeräten, die sie zum Gebrauch beim Artemiskult anfertigten, abnahm, und hielt unter der Leitung des Zunftmeisters, Demetrius (der möglicherweise dem Tempel-„Vorstand" angehörte),[43] eine Protestversammlung ab, um gegen diese

---

[40] Apg 19, 23 ff.

[41] Vgl. A. Deißmann, *Licht vom Osten*, Tübingen 1923, S. 90 f.

[42] Für den Titel *neōkoros* siehe *CIG* 2972; daß der Kult der Göttin sehr verbreitet war, „nicht nur in ihrer Heimatstadt . . ., sondern auch unter Griechen und Barbaren", wird durch BM Insc. III, 482 b bezeugt (vgl. Pauly-Wissowa II, Sp. 1385 f., für ein Verzeichnis von 33 Orten, an denen sie verehrt wurde).

[43] Vgl. E. L. Hicks, „Demetrius the Silversmith: An Ephesian Study", *Expositor*, Series IV, 1 (1890), S. 401 ff.

ausländische Propaganda, die die Majestät der Großen Göttin so sehr bedrohte, Einspruch zu erheben. Ihre Empörung teilte sich der übrigen Bevölkerung mit; eine Volksmenge strömte ins Theater und demonstrierte dort nicht nur gegen Paulus und seine Gefährten, sondern gegen die Juden im allgemeinen (die es schon immer an Ehrfurcht vor der ephesischen Artemis hatten fehlen lassen). Die jüdische Gemeinde in Ephesus war groß und einflußreich, und ihre Privilegien wurden von den römischen Behörden geschützt;[44] ein aufgebrachter Pöbelhaufen fragt indessen selten nach Recht und Gesetz. Alexander, ein Führer der jüdischen Gemeinde, versuchte, der Masse klarzumachen, daß er und seine jüdischen Glaubensgenossen mit denen, gegen die sich ihre Empörung richte, nichts zu schaffen hätten, wurde aber niedergeschrieen. Als Paulus das gleiche zu tun versuchte, hinderten ihn einige Freunde unter den Asiarchen am Betreten des Theaters. Zwei von Paulus' Gefährten, Gaius und Aristarch, wurden von den Demonstranten in das Theater gezerrt, trugen aber glücklicherweise keinen ernstlichen Schaden davon; es mag durchaus sein, daß Lukas die lebendige Schilderung all dessen, was sich dort zutrug, von ihnen erhielt — die Volksmenge schrie zwei Stunden lang ununterbrochen „Große Artemis von Ephesus", bis der Stadtschreiber, der befürchtete, die römischen Behörden könnten scharfe Vergeltungsmaßnahmen ergreifen, die aufgeregte Menge schließlich beruhigte und nach Hause schickte.

Man kann die Lücken in Lukas' Erzählung bis zu einem gewissen Grade durch die Angaben in Paulus' eigenen Schriften ausfüllen, doch bleibt eine solche Rekonstruktion Zweifeln ausgesetzt. Die einzige auf uns gekommene paulinische Epistel, die bestimmt in Ephesus verfaßt wurde, ist der erste Korintherbrief, und sie enthält nur zwei Hinweise auf Paulus' Wirksamkeit in Ephesus — der eine ist nüchtern-sachlich, der andere vieldeutig. Gegen das Ende des Briefes schreibt er im Anschluß an die Ankündigung seines baldigen Besuchs in Korinth: „Ich werde jedoch in Ephesus bleiben bis zum Pfingstfest. Denn eine große und wirksame Tür hat sich mir aufgetan, und Widersacher gibt es viele" (1 Kor 16, 9).

Sowohl die offene Tür wie auch die vielen Widersacher lassen sich aus Lukas' Erzählung veranschaulichen (einschließlich seines Berichts in Apg 20, 19 über Paulus' Hinweis auf „Versuchungen, die mir durch die Anschläge der Juden widerfuhren"), doch gab es zweifellos Gelegenheiten und Gefahren, die Lukas nicht erwähnt. Auf eine Gefahr wird in dem dunklen Hinweis in 1 Kor 15, 32 angespielt, wo Paulus im Verlauf sei-

---

[44] Vgl. Ios. *ant.Iud.* XIV, 224—30, 234, 237—40, 262—4, 304 f.

ner Verteidigung der Auferstehungshoffnung fragt: „Wenn ich nur nach Menschenweise in Ephesus mit wilden Tieren gekämpft habe, was hilft es mir?“ Daß Paulus wirklich zum Kampf in der Arena verurteilt wurde oder in Gefahr schwebte, ein solches Schicksal zu erleiden, ist äußerst unwahrscheinlich (obschon der Verfasser der apokryphen *Paulusakten* [2. Jh.] diese Stelle wörtlich nahm);[45] römische Reichsbürger wie Paulus besaßen bestimmte verbriefte Rechte. Doch was immer diese bildlichen Worte („nach Menschenweise“) bedeuten, sie weisen auf irgendeine große Gefahr, in der Paulus schwebte — vermutlich, aber nicht mit Sicherheit, im Zusammenhang mit dem Demetrius-Aufruhr.

Einige Zeit nach seiner Abreise aus Ephesus spricht der in Mazedonien weilende Paulus dann in 2 Kor 1, 8—11 von der „Bedrängnis“, die, wie er sagt, „sich in Asia zugetragen hat, daß wir [wahrscheinlich = ‚ich‘] im Übermaß belastet wurden über Vermögen, so daß wir sogar unser Leben verloren gaben. Ja, wir haben bei uns selbst den Bescheid erhalten, den Tod erleiden zu müssen, damit wir das Vertrauen nicht auf uns selbst setzen möchten, sondern auf Gott, der die Toten auferweckt, der uns aus solchem Tod errettet hat und erretten wird . . .“ Paulus mag hier auf eine Krankheit anspielen, die ihn beinahe das Leben gekostet hätte,[46] aber auch auf eine tägliche Bedrohung durch mächtige Feinde, aus der es für ihn kein Entrinnen zu geben schien — so daß, als wider alles Erwarten die Befreiung kam, er sie als Auferstehungswunder empfand.

Gewißheit ist hier wegen des Mangels an eindeutigen Zeugnissen nicht zu erlangen; mag sein, daß, wie manche vermutet haben, Paulus' Leben in dem Interregnum nach der Vergiftung des Prokonsuls von Asia, Junius Silanus, die zu Beginn von Neros Prinzipat (Oktober 54 n. Chr.) auf Betreiben von dessen Mutter Agrippina erfolgte, in Gefahr war.[47] Noch wahrscheinlicher ist, daß er zumindest eine der häufigen Einkerkerungen, die er, nicht lange nach dem Abschluß seiner Wirksamkeit in Ephesus, in 2 Kor 11, 23 erwähnt, in dieser Stadt erduldete. Vieles spricht dafür, daß der Philipperbrief während eines Gefängnisaufenthalts in Ephesus verfaßt wurde. Sollte dies der Fall sein, so entstand er zweifellos nicht zu einer Zeit, als Paulus am Leben verzweifelte, rechnet er doch zuversichtlich damit, befreit zu werden und seine Freunde in Philippi wiederzusehen (Phil 1, 19.26).[48]

---

[45] R. McL. Wilson (Hrsg.), *New Testament Apocrypha* II, London 1965, S. 370 ff.
[46] So C. H. Dodd, *New Testament Studies*, Manchester 1953, S. 68.
[47] So G. S. Duncan, *St. Paul's Ephesian Ministry*, London 1929, S. 100 ff.
[48] Vgl. J. H. Michael, *The Epistle of Paul to the Philippians*, London 1928, S. XII ff. und öfter.

4.

Es ist in der Tat die Frage, ob die in 2 Kor 1, 8—11 erwähnte gefahrvolle Krise in Ephesus solch eine psychologische „Wasserscheide" in Paulus' Leben darstellte, wie C. H. Dodd annimmt;[49] seine These hängt in starkem Maße von der relativen Datierung bestimmter Passagen in den paulinischen Briefen, besonders der ersten neun und der letzten vier Kapitel des zweiten Korintherbriefes ab. Das Verhältnis zwischen diesen beiden Abschnitten des zweiten Korintherbriefes ist ein verwickeltes literarkritisches Problem — ein Problem, das wir nicht zu lösen vermögen, da es von unserer Rekonstruktion von Paulus' Beziehungen zur korinthischen Gemeinde in jener Zeit abhängt und der zweite Korintherbrief selber die Daten für diese Rekonstruktion liefert.

Etwa zur gleichen Zeit, als der 1. Korintherbrief in Korinth eintraf, besuchte Timotheus die Gemeinde. Paulus erfuhr entweder von ihm oder von jemand anderem, daß sein Brief dem Parteigeist in Korinth nicht Einhalt geboten hatte, sondern daß dieser in jüngster Zeit sogar noch stärker geworden war. Das kam daher, daß eine Anzahl judenchristliche Lehrer nach Korinth gekommen war, die eine gänzlich andere Auffassung von der Heidenmission im Plan Gottes vertraten als Paulus. Sie behaupteten, daß die Auferstehung Jesu die Rückerstattung des Reiches Gottes an Israel bezeichne — nicht im Sinne des alten davidischen oder hasmonäischen Imperialismus, sondern in dem der geistlichen Vorherrschaft Israels über die Heiden in der von der Auferstehung eingeleiteten neuen Ordnung. Im Lichte der Anwendung von Amos 9, 11 f. durch Jakobus beim Jerusalemer Apostelkonzil (Apg 15, 16 ff.) kann man verstehen, wie sich solch eine Auffassung rechtfertigen ließ. Wie wir sahen,[50] werden dort die Wiedererrichtung der zerfallenen Hütte Davids und die neuerliche Ausdehnung seiner Macht über Israels heidnische Nachbarn als in der heidnischen Anerkennung der Herrschaft Jesu als des Messias, des Davidsohns, erfüllt angesehen. Lukas' Erzählung bleibt dort stehen, doch überrascht es nicht, daß einige Judenchristen weitergehen wollten: genauso wie Davids Herrschaft über die Heiden die Erhöhung seines Volkes zu einer Herrenrasse zur Folge gehabt habe, beinhalte die Ausdehnung der geistlichen Macht des Davidsohnes durch die Mission an die Heiden die geistliche Vorrangstellung des Volkes, dem er angehöre — zum wenigsten derjenigen Angehörigen des Volkes, die Jesus als Herrn und Christus be-

---

[49] *New Testament Studies,* S. 81 f.
[50] Siehe S. 87.

kennten. In dieser neuen Ordnung behielt das mosaische Gesetz seinen Rang als die höchste Offenbarung des Willens Gottes, auch wenn die heidnischen Bekehrten nicht gezwungen waren, sich ihm zur Gänze zu unterwerfen. Die Jerusalemer Apostelbeschlüsse entbanden sie von derlei extremen Verpflichtungen und insbesondere von der Forderung, sich beschneiden zu lassen; aber für jene, die die Verleihung der Thora als einzigartiges Zeichen der besonderen Liebe Gottes zu Israel auffaßten,[51] würde diese Befreiung an sich die Unterlegenheit der Heidenchristen vor seinem Antlitz bedeuten. Sicherlich galt es, sich jeglicher Milderung der Thoravorschriften für jüdische Gläubige, wie Paulus sie angeblich betrieb, und jeglicher Milderung der Jerusalemer Beschlüsse für heidnische Gläubige, wie Paulus sie bekanntlich förderte, zu widersetzen. Diese Besucher zögerten nicht, ihre Vorrangstellung als Israeliten zu betonen, und einige Glieder der korinthischen Gemeinde waren geneigt, sich ihnen zu fügen. Sie meinten überdies, wenn Paulus im Unterschied zu ihnen seine Rechte als hebräischer Christ nicht geltend mache, so zeige das, daß er selber nicht glaube, daß sein Anspruch, ein Apostel zu sein, zu Recht bestehe. Was diese „Apostel" unter gebührender Rangordnung verstanden, wurde durch Paulus' Selbstbezeichnung als „Diener" der Heiden (2 Kor 4, 5) geradezu umgekehrt. Es war sicherlich richtig, daß heidnische Bekehrte der Jerusalemer Muttergemeinde Spenden zukommen ließen, doch waren solche Spenden ein Tribut, den sie ihr schuldeten, und nicht (wie Paulus es darstellte) eine freiwillige Gabe, um die man sie zu bitten hatte, die man aber nicht eintreiben konnte.[52]

Die Annahme solcher Lehren mußte Paulus' Autorität bei seinen korinthischen Bekehrten naturgemäß untergraben. Zugleich übte von der anderen Seite her die Partei der „Aufklärer" ständig Druck auf ihn aus, indem sie seine strengen sittlichen Forderungen als bedauernswertes Relikt seiner jüdischen Erziehung bezeichnete, das mit der im Evangelium Christi logischerweise implizierten totalen Freiheit keinesfalls zu vereinbaren sei. Dieser Druck schien gleichfalls geeignet, seine Autorität zu schwächen. Er kam zu der Erkenntnis, daß allein ein persönlicher Besuch in Korinth hier helfen könne. Im Verlauf dieses Besuchs spitzte sich der Konflikt zu. Bei einer Gemeindeversammlung mußte Paulus anscheinend schwere Beleidigungen und Demütigungen über sich ergehen lassen; aus

---

[51] Vgl. Aqibas Ausspruch: „Geliebt sind die Israeliten, denn es ist ihnen ein Werkzeug gegeben worden [die Thora], mit dem die Welt geschaffen wurde" (*Pirqe Abot* 3, 18).

[52] Vgl. D. W. Oostendorp, *Another Jesus*, Kampen 1967, S. 75 ff.; siehe auch unten S. 154 ff.

welcher Richtung diese Angriffe gegen ihn kamen, läßt sich nicht feststellen. Versuche, an Ort und Stelle einen Ausgleich herbeizuführen, waren offenkundig von vornherein zum Scheitern verurteilt.

Paulus entfernte sich und sandte der Gemeinde einen scharfen, mit dem vollen Gewicht seiner apostolischen Autorität geschriebenen Brief, in dem er im Namen Christi von ihr forderte, sich durch die Einleitung strenger Disziplinarmaßnahmen gegen die Schuldigen ins Recht zu setzen. Der Brief war in einem derart schroffen Ton abgefaßt, daß Paulus nach der Abreise des mit seiner Überbringung beauftragten Titus befürchtete, zu weit gegangen zu sein. Er hatte Ephesus inzwischen verlassen und gehofft, in Troas und Umgebung Evangelisation treiben zu können, wo die Gelegenheit dazu günstig schien, doch die Sorgen, die er sich bezüglich Korinths machte, hinderten ihn daran, sich dieser Arbeit zu widmen. Er würde erst wieder Ruhe finden, wenn Titus zurückkehrte und ihm berichtete, wie man seinen Brief aufgenommen hatte. Er wartete bis zur Einstellung der Schiffahrt in der Ägäis (Winter 55—56 n. Chr.) in Troas, machte sich dann, da er wußte, daß Titus jetzt nicht mehr direkt von Korinth oder Athen über das offene Meer kommen konnte, auf dem Landweg (der als einzige Seefahrt die Überquerung der Dardanellen einschloß) nach Europa auf und traf Titus in Mazedonien. Die Nachrichten, die dieser ihm überbrachte, erleichterten ihn ungemein: nach dem Eintreffen von Paulus' Brief hatte sich in der korinthischen Gemeinde eine derartige Beschämung und Empörung breitgemacht, daß ein völliger Umschwung der Stimmung zu seinen Gunsten erfolgt war. Die geforderten Disziplinarmaßnahmen gegen Paulus' Beleidiger und vor allem gegen deren Anführer waren eingeleitet worden, und zwar derart scharf, daß Paulus nun selber ausrief: „Haltet ein, es ist genug!“[53] Es mag seltsam erscheinen, daß nach dem Fehlschlag seines Besuchs ein Brief derartige Wirkungen zeitigte; vielleicht war etwas Wahres an der Beobachtung jener Kritiker, die bemerkten: „Denn die Briefe, sagt man, sind gewichtig und gewaltig, die leibliche Gegenwart aber ist schwach und die Rede für nichts zu achten“ (2 Kor 10, 10). In seiner Freude über Titus' Mitteilung schrieb Paulus einen liebevollen, versöhnlichen, gefühlsgeladenen Brief, in dem er sein Innerstes mehr aufdeckt als an irgendeiner anderen Stelle seiner Schriften, die Triebfedern seines Glaubens und seiner Hoffnung offenbart und seine unwiderstehliche Liebe zu Christus enthüllt, die der Beweggrund für seine apostolische Wirksamkeit war.

Es wäre erfreulich, wenn man sicher sein könnte, daß der in 2 Kor 1—9

[53] 2 Kor 2, 5 ff.

vernehmbare versöhnliche Ton von da an auch weiterhin die Beziehungen zwischen Paulus und der korinthischen Gemeinde kennzeichnete. Aber der völlige Wechsel der Tonart, von der entspannten Zuversicht und Fröhlichkeit dieser Kapitel zu dem unerfreulichen Inhalt der Kapitel 10 — 13 (dem scharfen Angriff auf seine Gegner, „die falschen Apostel, betrügerischen Arbeiter, die sich in Apostel Christi verkleiden" (11, 13), der unsympathisch berührenden Selbstrechtfertigung, dem widerwilligen Sich-Rühmen „als Toren" und der Warnung, was bei seinem nächsten Besuch passieren werde, falls sie sich nicht besserten) bedarf einer Erklärung. Vieles spricht dafür, daß die letzten vier Kapitel des zweiten Korintherbriefs einen Teil des strengen Briefes darstellen, der dem Versöhnungsbrief vorausging.[54] Die Annahme dieser These ermöglicht es uns, an einen glücklichen Ausgang der schwierigen Auseinandersetzungen des Paulus mit seinen korinthischen Bekehrten zu glauben, doch enthält 2 Kor 10—13 einige Hinweise, die vermuten lassen, daß diese Kapitel zu einem Brief gehören, der einige Zeit *nach* dem Versöhnungsbrief abgesandt wurde.[55] Wenn dem so ist, dann war die Versöhnung keine so vollständige oder dauerhafte, wie Paulus bei der Abfassung von 2 Kor 1—9 Grund hatte, zu hoffen.[56] Doch wie immer man die Geschichte von Paulus' Beziehungen zu Korinth rekonstruiert, sie bildet einen beredten Kommentar zu seiner eigenen Bemerkung, abgesehen von all den anderen Lasten, die er im Laufe seines apostolischen Dienstes habe tragen müssen, werde er „täglich angelaufen und trage Sorge für alle Gemeinden" (2 Kor 11, 28).

5.

Paulus behielt natürlich in Korinth seine treuen Freunde, und mit einem von ihnen, Gaius, verbrachte er die Wintermonate 56—57 n. Chr. Über seine Reisen während des Jahres 56 ist uns fast nichts überliefert.[57] Lukas

---

[54] J. H. Kennedy, *The Second and Third Epistles to the Corinthians*, London 1900, S. 79 ff.
[55] Zum Beispiel kommt Paulus in 2 Kor 12, 18, wo er angibt, er habe Titus nach Korinth gesandt, anscheinend nach einiger Zeit erneut auf den in 2 Kor 8, 17 ff. als nahe bevorstehend angekündigten Besuch des Titus zurück. L. P. Pherigo, „Paul and the Corinthian Church", *JBL* 68 (1949), S. 341 ff., ging so weit, den „Sitz im Leben" von 2 Kor 10—13 in die Zeit nach Paulus' (hypothetischer) Entlassung aus seiner (ersten) römischen Gefangenschaft zu setzen — ein viel zu spätes Datum.
[56] Vgl. C. K. Barrett, „Christianity at Corinth", *BJRL* 46 (1963—4), S. 269 ff.
[57] Siehe S. 155 f.

berichtet lediglich, daß Paulus, nachdem er nach Mazedonien gelangt sei, „jene Gebiete durchzog und sie mit vielen Worten ermunterte" (Apg 20, 2). Paulus selber verdanken wir eine Nachricht über eine vermutlich in dieses Jahr zu datierende Reise. In Rö 15, 19 faßt er, wahrscheinlich im darauffolgenden Winter, den Umfang seiner bisherigen Wirksamkeit wie folgt zusammen: „... von Jerusalem und ringsumher bis nach Illyrien habe ich das Evangelium von Christus vollständig verkündigt". Allein aufgrund dieser seiner Bemerkung wissen wir, daß er damals schon bis nach Illyrien kam. Da er die lateinische Form Illyricum und nicht die griechische Illyria oder Illyris benutzt, obwohl er griechisch schreibt, dürfte er die an der Westküste der Adria, nördlich der westlichsten Region von Mazedonien gelegene römische Provinz meinen. Für die Griechen schloß Illyria den westlichsten Teil der römischen Provinz Macedonia ein (samt dem Seehafen Dyrrhachium, einem der westlichen Endpunkte der Via Egnatia). Um in die römische Provinz Illyricum zu gelangen, hätte Paulus ohnehin einen Teil dieser Gegend durchqueren müssen. Falls er die Provinzgrenze überschritt, so kam er zum erstenmal während seiner Wirksamkeit als Apostel in eine Provinz, deren Kultur mehr lateinisches als griechisches Gepräge trug. Von seinem Plan, nach Spanien zu gehen und dort das gleiche Evangelisationsprogramm durchzuführen, das er im Ägäisraum absolviert hatte, berichtet er den römischen Christen im Zusammenhang mit seiner Erwähnung der Tatsache, daß er mit dem Evangelium nach Illyricum gelangt sei. Illyricum hätte ihm sicherlich eine Vorstellung davon vermittelt, was es heißen würde, eine Provinz mit ausschließlich lateinischer und ohne jegliche griechische Kultur, wie Spanien es war, zu evangelisieren.

Paulus' Plan, Spanien zu evangelisieren, erwuchs aus seinem Grundsatz, als Bahnbrecher zu wirken. Es war stets sein Ehrgeiz, Christus dort zu predigen, wo niemand seinen Namen bisher vernommen hatte, anstatt „auf fremdem Grund zu bauen" (wie das einige taten, deren Namen er nennen konnte).[58] Man darf sicherlich folgern, daß jene Teile des östlichen Mittelmeerraums, die Paulus selber nicht evangelisiert hatte, inzwischen von anderen missioniert worden waren (einschließlich Alexandriens und Kyrenes mit dem dazugehörigen Hinterland); daher sein Entschluß, in den Westen zu gehen. Spanien war die älteste römische Provinz und die Hauptbastion der römischen Zivilisation im westlichen Mittelmeerraum; dem strategischen Blick des Paulus stellte es sich als sein nächstes Missionsfeld dar. Er hoffte, auf dem Weg dorthin in Rom einzu-

[58] Siehe S. 124 f.

kehren und die dortigen Christen kennenzulernen, und er schrieb ihnen einen Brief, um sie auf sein Kommen vorzubereiten, doch zunächst mußte er nach Judäa reisen.

Seine Absicht, sich nach dem in Korinth verbrachten Winter von Achaja aus dorthin einzuschiffen, gab er auf, als ihm zu Ohren kam, daß man einen Anschlag gegen ihn vorbereite; statt dessen reiste er nach Mazedonien und ging „nach den Tagen der ungesäuerten Brote" (Apg 20, 6) — etwa Mitte April 57 n. Chr. — in Neapolis, dem Seehafen von Philippi, an Bord. Von dort gelangte er nach Troas, wo er eine Woche später ein schnelles Schiff bestieg, das ihn, so hoffte er, zeitig genug nach Cäsarea bringen werde, so daß er Pfingsten in Jerusalem sein könnte.

Lukas berichtet, daß eine Anzahl Heidenchristen mit ihm nach Jerusalem reiste, die die Hauptgebiete seines Missionsfeldes im Ägäisraum repräsentierten; besonders erwähnt werden Vertreter aus Macedonia (Thessalonich und Beröa), Galatia (Derbe) und Asia.[59] Aus Lukas' Erzählung geht nicht hervor, warum Paulus damals von so vielen Heidenchristen begleitet wurde; was für eine Bedeutung diese Tatsache hatte, können wir wiederum nur von ihm selber erfahren.[60]

---

[59] Apg 20, 4.
[60] Siehe S. 157 f.

ELFTES KAPITEL

Die späteren Prokuratoren von Judäa

1.

Cuspius Fadus, der erste Prokurator von Judäa nach dem Tode des Herodes Agrippa, regierte über das gesamte Gebiet, das Agrippas Königreich gebildet hatte. Galiläa wurde jetzt zum erstenmal seit der Thronbesteigung Herodes des Großen ein Teil der Provinz Judäa. Die ersten Instruktionen, die Fadus empfing, lauteten, er solle den nichtjüdischen Bürgern von Cäsarea und Sebaste (Samarien) einen schweren Verweis erteilen, weil sie bei Agrippas Tod ihre Genugtuung unverhohlen zum Ausdruck gebracht hatten; uneingedenk der Tatsache, daß Herodes der Große ihre Städte gegründet hatte, empfanden sie es als Demütigung, einem jüdischen König untertan zu sein.[1]

Fadus' Vorgehen in Peräa verhieß indessen für die Annahme der neuen Ordnung durch die Juden wenig Gutes. Ein Grenzstreit zwischen den Einwohnern von Philadelphia (Amman), einer der heidnischen Städte der Dekapolis, und den jüdischen Einwohnern von Zia, einem etwa fünfundzwanzig Kilometer westlich davon gelegenen Dorf, mündete in Kampf und Blutvergießen aus. Fadus bezeichnete die Juden, die sich im Recht wähnten, als die Angreifer, ließ einen ihrer Anführer hinrichten und schickte zwei weitere in die Verbannung.[2]

An anderen Orten der Provinz kam es im Anschluß an Agrippas Tod anscheinend erneut zu aufrührerischen Umtrieben; Josephus rechnet es Fadus zum Verdienst an, daß er „Judäa von Räuberbanden säuberte".[3] Eine von diesen wurde von einem „Räuberhauptmann" (*archilēstēs*)[4] namens Ptolemäus angeführt, der den Idumäern und Arabern schwer zu schaffen gemacht hatte — unter der Herrschaft eines frommen jüdischen Königs waren ihm Angriffe auf die Streitkräfte der Machthaber vermutlich sinnlos erschienen. Ptolemäus wurde gefangengenommen, Fadus vorgeführt und zum Tode verurteilt.

---

[1] Siehe S. 61. Vgl. Ios. *ant.Iud.* XIX, 364.
[2] Ios. *ant.Iud.* XX, 2—4.
[3] *ant.Iud.* XX, 5.
[4] Vgl. Ezechias (Teil I, S. 102), Barabbas (Teil I, S. 210), Eleasar (S. 148).

Fadus hielt es für angezeigt, wie die früheren Prokuratoren den Prachtornat des Hohenpriesters in seinen Gewahrsam zu nehmen, doch wies Claudius ihn — angeblich auf Anraten des jüngeren Agrippa und seines Vetters Aristobul,[5] die damals gerade in Rom weilten — an, ihn den Juden zu belassen.[6]

Auf Fadus folgte um das Jahr 46 n. Chr. als Prokurator Tiberius Julius Alexander, ein Mitglied der bedeutendsten jüdischen Familie von Alexandrien, Sohn des *arabarschēs* Alexander[7] und Neffe des Philosophen Philo. Die Ernennung dieses Prokurators von jüdischer Abkunft wurde von den Juden Judäas jedoch keineswegs begrüßt, war Alexander doch ein Abtrünniger, der aus seinem Renegatentum gar keinen Hehl machte. Zu Beginn seiner Amtstätigkeit litt Judäa unter der bereits erwähnten Hungersnot.[8] Nur noch ein weiteres bemerkenswertes Ereignis wird aus Alexanders Prokuratorzeit berichtet: die Kreuzigung von Jakob und Simon, zwei Söhnen Judas des Galiläers — wahrscheinlich wurden sie ebenso wie seinerzeit ihr Vater wegen Beteiligung an zelotischen Umtrieben hingerichtet.[9]

Über die Aktion, derentwegen die Söhne Judas des Galiläers gekreuzigt wurden, sind uns keine Einzelheiten überliefert, doch geht insbesondere aus der Anzahl der von der judäischen Wüste aus operierenden Rebellenbewegungen hervor, daß der kämpferische Messianismus nach 44 n. Chr. das Haupt erhob. Während der Prokuratorzeit des Fadus überredete ein gewisser Theudas, der von Josephus als „betrügerischer Wundertäter" bezeichnet wird,[10] eine große Anzahl von Anhängern, ihre bewegliche Habe zusammenzupacken und mit ihm über den Jordan zu ziehen. Er gab

---

[5] Der Sohn des Herodes von Chalkis und zweite Gatte der Salome (der Tochter der Herodias); siehe Teil I, S. 31.
[6] Ios. *ant.Iud.* XX, 6—14 (siehe Teil I, S. 67 f.).
[7] Vgl. Teil I, S. 56.
[8] Siehe S. 70.
[9] Ios. *ant.Iud.* XX, 102 (siehe Teil I, S. 103). Im altrussischen Josephus-Text steht anstelle von *bel.Iud.* II, 221 und 222 ein Bericht, wonach unter Fadus und Alexander „viele Anhänger des früher erwähnten Wundertäters [siehe Teil I, S. 171 mit Anm. 17] auftauchten und dem Volk von ihrem Herrn erzählten, wobei sie behaupteten, er sei auferstanden, obwohl er tot war, und ihm verkündeten: ‚Er wird euch aus eurer Knechtschaft befreien'. Viele lauschten ihrer Predigt und befolgten ihre Anweisungen ... Doch als diese edlen Prokuratoren feststellten, daß sich das Volk von ihnen abwandte, beschlossen sie gemeinsam mit den Schriftgelehrten, sie dingfest zu machen und zu töten ... sie schickten sie fort, einige zum Kaiser, einige nach Antiochien, wo sie vor Gericht gestellt werden sollten, und andere [verbannten sie] in ferne Länder".
[10] Gr. *goēs* (Ios. *ant.Iud.* XX, 97 f.). Der Theudas von Apg 5, 36 wird früher datiert, vor den Aufstand Judas des Galiläers (daher vielleicht um 4 v. Chr.).

sich für einen Propheten (vielleicht für den eschatologischen Propheten gleichwie Mose) aus und versicherte ihnen, auf seinen Befehl werde der Fluß sich teilen und sie würden ihn wie ihre Vorfahren zur Zeit des Josua trockenen Fußes durchqueren, um sich des Landes zu bemächtigen. Fadus ergriff jedoch die Initiative und schickte ihnen eine Schwadron Reiterei entgegen, die sie angriff und auseinandertrieb. Theudas wurde nach seiner Gefangennahme getötet und sein Kopf nach Jerusalem geschafft.

Sein Mißerfolg wirkte jedoch keineswegs abschreckend. Insbesondere in der Prokuratorzeit des Felix riefen eine Reihe von „Schwarmgeistern und Betrügern"[11] (wie Josephus sie nennt) „unter dem Vorwand göttlicher Eingebung Unruhe und Aufruhr hervor und versetzten die Menge durch ihr Wort in dämonische Begeisterung. Schließlich führten sie das Volk in die Wüste hinaus, dort wolle ihnen Gott Wunderzeichen zeigen, die die Freiheit ankündigen. Auf Felix machte dies den Eindruck, als handle es sich um den ersten Schritt zum Aufruhr, er sandte deshalb Reiter und Schwerbewaffnete aus und ließ eine große Menschenmenge töten".[12] Solch eine Situation spiegelt Matthäus' Fassung der Rede über den Anbruch der Endzeit wider, wo Jesus sagt: „Wenn dann jemand zu euch sagt: Siehe, hier ist der Christus, oder dort, so glaubet es nicht. Denn es werden falsche Christus und falsche Propheten auftreten und werden große Zeichen und Wunder vollbringen, so daß sie, wenn möglich, auch die Auserwählten irreführen ... Wenn man nun zu euch sagt: Siehe, er ist in der Wüste, so gehet nicht hinaus ..." (Mt 24, 23—26).

Einer dieser „Betrüger", gegen die Felix Maßnahmen ergriff, war ein aus Ägypten stammender „Gaukler"[13] (vermutlich ein ägyptischer Jude, der sich als der Messias ausgab); nachdem er sich den Ruf eines Propheten erworben hatte, versammelte er mehrere Tausend seiner Anhänger in der Wüste, von wo er sie auf Umwegen um den Ölberg herum führte und ihnen versprach, er werde gewaltsam in Jerusalem eindringen und die römische Garnison in der Burg Antonia überwältigen, um danach als König zu herrschen; seine Anhänger, die ihn bei der Erringung seines Königreichs unterstützt hätten, würden seine Leibwache bilden. Als Felix sie indessen mit einer Infanterieabteilung angriff, suchten sie das Weite und erlitten schwere Verluste; ihr Anführer konnte mit einigen Gefähr-

---

[11] Gr. *planoi kai apateōnes* (Ios. *bel.Iud.* II, 259; in *ant.Iud.* XX, 160 nennt er sie *lēstērioi kai goētes anthrōpoi* [„Räuber und Scharlatane"]).
[12] Ios. *bel.Iud.* II, 259 f.
[13] Gr. *goēs* (auch in bezug auf Theudas gebraucht), Ios. *bel.Iud.* II, 261; vgl. *ant.Iud.* XX, 169 ff.

ten entkommen. Als Paulus einige Zeit später bei seinem letzten Besuch in Jerusalem von einer feindseligen Menge im Tempelhof angegriffen wurde und römische Soldaten aus der Burg Antonia ihn ihr entrissen, glaubte der Garnisonsbefehlshaber, der betrügerische Wundertäter sei wieder in Jerusalem und werde von denen, die er betrogen habe, zur Rechenschaft gezogen. Er war überrascht, als Paulus ihn in gepflegtem Griechisch anredete, und fragte ihn: „Du bist also nicht der Ägypter, der vor diesen Tagen die viertausend Mann aus den Dolchmännern[14] aufgewiegelt und in die Wüste hinausgeführt hat?“ (Apg 21, 38). Daß das Heer des Ägypters viertausend Mann umfaßte, klingt wahrscheinlicher als Josephus' Angabe, der von 30 000 spricht;[15] gleichwohl handelte es sich um den größten Aufstand während der Prokuratorzeit des Felix; angesichts der Gefahr, die er für Jerusalem bedeutete, war es nicht verwunderlich, daß die Bürger dieses Mal Felix' Vorgehen unterstützten.

Eine ähnliche Bewegung wie die von Theudas und dem Äypter angeführte kam in der Prokuratorzeit des Festus (59—62 n. Chr.) auf: „Um diese Zeit trat wieder ein Gaukler auf, welcher der Menge Glückseligkeit und Befreiung von allem Elend verhieß, wenn sie ihm in die Wüste folge. Festus aber sandte sogleich gegen den Betrüger und dessen Anhang Abteilungen zu Fuß und zu Pferde aus, die den ganzen Haufen niedermachten.“[16]

Etwas von dieser Wüstenmystik war vielleicht noch in jenen Verteidigern von Jerusalem lebendig, die Titus während der Belagerung baten, sie mit ihren Familien die römischen Linien passieren zu lassen, damit sie sich in der Wüste niederlassen könnten;[17] und wenn einige flüchtende *sicarii* nach dem Fall der Stadt die Juden von Kyrene aufstachelten und einer von ihnen, der Weber Jonathan, „nicht wenige unter den Armen verleitete, ihm anzuhängen und mit dem Versprechen, ihnen ‚Wunder und Erscheinungen‘ zu zeigen, hinaus in die Wüste führte“, so kann man darin die gleiche Denk- und Verhaltensweise erkennen.[18]

---

[14] Siehe Teil I, S. 104.
[15] Wenn man zum Ausdruck dieser Zahlen Buchstaben des griechischen Alphabets benutzte, gab man 4000 durch Δ wieder und 30 000 durch Λ.
[16] Ios. *ant.Iud.* XX, 188.
[17] Ios. *bel.Iud.* VI, 351.
[18] Ios. *bel.Iud.* VII, 438.

2.

Um die gleiche Zeit, da Alexander als Prokurator von Judäa abgelöst wurde (48 n. Chr.), starb Herodes, der König von Chalkis und Bruder des verstorbenen Agrippa. Seit Agrippas Tod hatte dieser Herodes das Vorrecht zur Ernennung des jüdischen Hohenpriesters ausgeübt. Als er starb, ging es auf den jüngeren Agrippa über, der es bis zum Krieg des Jahres 66 n. Chr. behielt. Agrippa erhielt außerdem Herodes' Königreich Chalkis, ein winziges Gebiet in der Ebene zwischen Libanon und Antilibanon, sowie den Königstitel. Auf diese Weise entschädigte Claudius den Sohn seines alten Freundes dafür, daß er ihm vier Jahre zuvor Judäa, das Königreich seines Vaters, vorenthalten hatte.[19] 53 n. Chr. tauschte Agrippa das Königreich Chalkis gegen ein größeres Reich ein, das weiter südlich lag und aus Abilene (der Tetrarchie des in Lk 3, 1 erwähnten Lysanias) und der ehemaligen Tetrarchie des Philippus mit ihrer Hauptstadt Cäsarea Philippi bestand.[20] Von Nero erhielt Agrippa nach dessen Thronbesteigung dann noch die peräische Stadt Julias (Beth-Ramphtha) samt den umliegenden Dörfern sowie die Städte Tarichäa und Tiberias am Westufer des Galiläischen Meeres. Zum Dank für die Großmut des Kaisers verfügte er die Umbenennung seiner Hauptstadt in Neronias.[21]

Es gelang Agrippa einige Jahre lang, die Loyalität gegenüber Rom mit Leistungen für die Sache des jüdischen Patriotismus zu vereinigen. Wie sein Vater nannte er sich „Großer König, frommer Freund des Caesar und Freund Roms";[22] gleichzeitig erwarb er sich das Zeugnis, das in Paulus' Worten „ein vorzüglicher Kenner aller Gebräuche und Streitfragen bei den Juden" (Apg 26, 3) zum Ausdruck kommt. Noch vor seiner Ernennung zum König von Chalkis konnte er dank seines Einflusses auf Claudius verhindern, daß Fadus den hohepriesterlichen Prachtornat in seine Obhut nahm; später entschied er einen Streit zwischen dem Prokurator Ventidius Cumanus, dem Nachfolger Alexanders, und dessen jüdischen Untertanen durch sein Eingreifen zugunsten der Juden.

Die Prokuratorzeit des Cumanus war durch eine Folge von Zusammenstößen zwischen seinen Soldaten und den Juden gekennzeichnet. Eine solche Kollision wurde durch eine unanständige Geste eines der Soldaten, die während des Passahfestes den äußeren Tempelvorhof bewachten, her-

---

[19] Ios. *ant.Iud.* XX, 104.
[20] Ios. *ant.Iud.* XX, 138.
[21] Ios. *bel.Iud.* II, 252; *ant.Iud.* XX, 159, 211; *vit.* 38.
[22] Vgl. Schürer, *GJV*, 1, S. 561 f.

vorgerufen. In dem anschließenden Tumult wurde die römische Garnison mit Steinen beworfen; als Cumanus Verstärkung heranzog, floh die Menge in panischer Angst aus dem Tempelbereich, wobei viele an den Ausgängen zu Tode getrampelt wurden.[23]

Wenig später wurde ein kaiserlicher Sklave bei Beth-Horon, etwa zwanzig Kilometer nordwestlich von Jerusalem, von Wegelagerern ausgeplündert. Cumanus setzte daraufhin eine Streitmacht in Marsch, die in den umliegenden Dörfern Repressalien durchführen sollte; während sie diesem Befehl nachkam, entwendete ein Soldat aus einer Synagoge eine Gesetzesrolle, zerriß sie in aller Öffentlichkeit und verbrannte sie. Durch diese Verhöhnung ihrer Religion, die unter dem Schutz des Kaisers stand, aufs höchste erregt, wurden die jüdischen Führer bei Cumanus vorstellig und verlangten Genugtuung. Cumanus ordnete die Enthauptung des betreffenden Soldaten in Gegenwart seiner Ankläger an. Dieser Vorfall zeigt, daß die Reibungen zwischen den römischen Provinzialbehörden und ihren jüdischen Untertanen großenteils nicht aus bewußter Böswilligkeit der Römer, sondern aus Gleichgültigkeit und einem allgemeinen Mangel an Takt resultierten.[24]

Schwerwiegender — insbesondere schließlich für Cumanus selber — war die Auseinandersetzung, die Agrippas Dazwischentreten notwendig machte. Jüdische Pilger aus Galiläa, die auf der Reise nach Jerusalem, wo sie an den Festen teilnehmen wollten, durch Samarien kamen, wurden von den Samaritanern oft sehr ungastlich behandelt, was auch Jesus und seinen Jüngern einmal widerfuhr.[25] Eine Anzahl galiläischer Pilger, die zwecks Teilnahme an einem Fest — vermutlich am Laubhüttenfest im Herbst des Jahres 51 n. Chr. — nach Jerusalem unterwegs waren, wurden in einem südlich der Esdrelonebene gelegenen samaritanischen Dorf übel zugerichtet, wobei mindestens einer von ihnen den Tod fand.[26] Cumanus, den man bat, die Angreifer zu bestrafen, bezeichnete die Angelegenheit als geringfügig. Daraufhin zogen zwei Zelotenführer, Eleasar und Alexander, mit ihren Anhängern gegen die in Rede stehenden Samaritaner und richteten ein furchtbares Blutbad unter ihnen an.

Diese Aktion war ein so ernstes Vorkommnis, daß Cumanus sich genötigt sah, persönlich mit einer Abteilung Reiterei einzugreifen; viele Zeloten wurden dabei getötet und andere gefangengenommen. Die Samarita-

---

[23] Ios. *bel.Iud.* II, 225 ff.; *ant.Iud.* XX, 108 ff.
[24] Ios. *bel.Iud.* II, 228 f.; *ant.Iud.* XX, 113 ff.
[25] Lk 9, 52 f.
[26] So Ios. *bel.Iud.* II, 232 f. (vielleicht aufgrund römischer Quellen); in *ant.Iud.* XX, 118 gibt er indessen an, es seien viele getötet worden.

ner legten ihrerseits bei Ummidius Quadratus, dem Legaten von Syrien, Beschwerde ein, dem auch eine Anzahl jüdischer Würdenträger unter der Leitung des ehemaligen Hohenpriesters Jonathan die Argumente der Juden vortrug. Quadratus teilte ihnen mit, er werde erst nach einem Besuch in Cäsarea und Lydda das Urteil sprechen; dort ließ er sämtliche jüdischen Gefangenen des Cumanus, die den Römern bewaffneten Widerstand geleistet hatten, hinrichten und befahl den jüdischen und samaritanischen Anführern, sich zusammen mit Cumanus und einem Militärtribunen namens Celer, der sich aus irgendeinem nicht näher bezeichneten Grunde besonders verhaßt gemacht hatte, nach Rom zu begeben und dort das Urteil des Kaisers abzuwarten. Quadratus ging anschließend nach Jerusalem und kehrte dann, als er feststellte, daß die Bevölkerung in Ruhe das Passahfest des Jahres 52 n. Chr. feierte, nach Antiochien zurück.

Als der Fall vor Claudius zur Verhandlung kam, stand den Juden in Agrippa, der sich auch der Unterstützung der Gattin des Claudius, Agrippina, zu versichern wußte, ein machtvoller Verteidiger zur Seite. Claudius entschied gegen die Samaritaner, da sie als erste einen Angriff geführt hätten, und drei unglückselige Führer derselben, die Quadratus nach Rom gesandt hatte, wurden zum Tode verurteilt. Der Prokurator Cumanus wurde abgesetzt und in die Verbannung geschickt; der Tribun Celer mußte sein Vergehen dadurch sühnen, daß er gefesselt nach Jerusalem gebracht und den jüdischen Behörden zur Peinigung und Enthauptung ausgeliefert wurde.[27] Wie in Alexandrien hatten die Juden auch in Judäa keinerlei Ursache, sich über Claudius' schiedsrichterliche Tätigkeit zu beklagen.

3.

Während dieser Ereignisse spielte ein Römer eine Rolle, die sowohl seine Vorgesetzten wie auch die Juden stark beeindruckte. Felix war wie sein Bruder Pallas (der im Staatsdienst stand und über sehr viel Einfluß gebot) ein Freigelassener der Kaiserinmutter Antonia (nach der beide das *nomen gentile* Antonius trugen).[28] Anscheinend bekleidete er unter Cumanus irgendein Verwaltungsamt in Samarien,[29] und nach Tacitus gehörte er

---

[27] Ios. *bel.Iud.* II, 234—46; *ant.Iud.* XX, 119—36.

[28] Ios. *bel.Iud.* II, 247; *ant.Iud.* XVIII, 182; Tac. *ann.* XII, 54; *hist. V*, 9.

[29] Nach Tacitus (*ann.* XII, 54) wurde Judäa zwischen Cumanus und Felix aufgeteilt und verwaltete Cumanus Galiläa und Felix Samarien. Josephus

dem von Quadratus ernannten Richterkollegium an, das Claudius bei der Urteilsfindung beraten sollte.[30] Der ehemalige Hohepriester Jonathan, der zusammen mit dem amtierenden Hohenpriester Ananias, dem Sohn des Nebedäus, und dessen Sohn Ananus, dem Tempelhauptmann, als Leiter der jüdischen Abordnung nach Rom entsandt worden war, war von Felix' Verhalten derart beeindruckt, daß er Claudius bat, ihn als Cumanus' Nachfolger zum Prokurator von Judäa zu ernennen.[31] Daß ein Freigelassener einen Statthalterposten innehatte, den normalerweise ein Angehöriger des Ritterstandes bekleidete, war noch nie dagewesen. Dennoch wurde Felix, hauptsächlich dank des Einflusses seines Bruders Pallas bei Hofe (besonders auf die Kaiserin Agrippina) zum Prokurator von Judäa eingesetzt.

Trotz seiner Abstammung von Sklaven heiratete Felix in die höchstgestellten Familien ein. Sueton erwähnt, daß Claudius den Felix außerordentlich schätzte, und fügt hinzu, er sei „mit drei Königinnen verheiratet gewesen"[32] — das heißt, mit drei Frauen aus königlichem Geblüt. Wir kennen nicht alle drei; eine von ihnen war jedoch eine Großtochter von Antonius und Kleopatra (und daher mit dem Kaiser Claudius verwandt),[33] während Felix' dritte Frau, Drusilla, die jüngste Tochter von Herodes Agrippa dem Älteren war.[34] Drusilla war von ihrem Vater als Kind mit dem Kronprinzen Epiphanes von Kommagene unter der Bedingung verlobt worden, daß dieser sich beschneiden lasse; als er sich schließlich weigerte, wurde die Verlobung aufgelöst. Ihr Bruder, der jüngere Agrippa, verheiratete sie dann an Azizus, den König von Emesa in Syrien, der die Bedingung, die Epiphanes zurückgewiesen hatte, erfüllte. Doch nicht lange nach Felix' Ankunft in Judäa überredete dieser Drusilla durch Vermittlung eines zypriotischen Juden namens Atomos, eines Magiers, Azizus zu verlassen und ihn zu heiraten; wenn sie ihn nicht verschmähe, ließ er ihr sagen, werde er sie glücklich (*felix*) machen.[35] Die Frage, ob man Felix zwingen solle, sich beschneiden zu lassen, wurde dabei nicht aufgeworfen! Sie hatten einen Sohn namens

---

macht Felix ganz eindeutig zum Nachfolger des Cumanus als Prokurator von Judäa; Tacitus' Angabe mag sich daraus erklären, daß Felix vielleicht zuerst ein Amt unter Cumanus bekleidete.

[30] Tac. *ann.* XII, 54.

[31] Ios. *ant.Iud.* XX, 162.

[32] Suet. *Claud.* 28, wo es weiter heißt, Claudius habe Felix zum Zeichen seiner Wertschätzung mehrere militärische Kommandos übertragen.

[33] Nach Tacitus (*hist.* V, 9) hieß sie ebenfalls Drusilla. Claudius' Mutter war eine Tochter des Antonius.

[34] Siehe S. 62; 162.

[35] Ios. *ant.Iud.* XIX, 355; XX, 139—43; Apg 24, 24.

Agrippa, der im Jahre 79 n. Chr. beim Ausbruch des Vesuvs mit seiner Frau ums Leben kam.[36]

Diejenigen Juden, die Felix' Ernennung zum Prokurator begrüßt hatten, sollte bald Ernüchterung überkommen. Felix erscheint im Neuen Testament in einem sympathischeren Licht als bei anderen antiken Autoren. Zwar macht Lukas keinen Helden aus ihm, sondern schildert ihn als käuflich, unentschlossen und opportunistisch, doch ist die Schilderung nicht ohne Reiz, wie Felix und Drusilla den Paulus während seiner zweijährigen Haft in Cäsarea (57—59 n. Chr.) wiederholt zu sich riefen und in Furcht gerieten, als er „über Gerechtigkeit und Enthaltsamkeit und das künftige Gericht redete" (Apg 24, 25).

Lukas beschreibt auch, wie Tertullus, der Sprecher des Hohen Rats bei der Verhandlung gegen Paulus vor Felix, seine Anklagerede mit einer blumenreichen Einleitung begann: „Da wir viel Frieden durch dich genießen und diesem Volk durch deine Fürsorge Verbesserungen in jeder Hinsicht und allenthalben zuteil werden, nehmen wir es, hochangesehener Felix, mit aller Dankbarkeit an" (Apg 24, 3). Dies war eine mehr als schmeichelhafte Anspielung auf die Rücksichtslosigkeit, mit der er vom Beginn seiner Prokuratorzeit an alle Aktivitäten zelotischer oder sonstiger Aufrührer unterdrückte. Der Zelotenführer Eleasar,[37] der den Vergeltungsschlag gegen die Samaritaner geführt hatte, wurde durch eine List gefangengenommen und zusammen mit vielen seiner Gefährten zwecks Bestrafung nach Rom gebracht. „Die Zahl der von ihm gekreuzigten Räuber und der Einwohner, denen eine Verbindung mit diesen nachgewiesen werden konnte und die er darum bestrafte, stieg ins Ungeheure", berichtet Josephus.[38] Der offene Aufruhr war auf diese Weise unterdrückt worden, doch war der Geist der Revolte, nachdem man ihn in den Untergrund abgedrängt hatte, nunmehr gezwungen, sich in den weniger heldischen Taten der *sicarii* zu manifestieren, die die Gelegenheit der von riesigen Menschenmengen besuchten Wallfahrtsfeste dazu benutzten, um ihren Gegnern mit ihren Dolchen (lat. *sicae*) den Garaus zu machen.

Eines ihrer ersten Opfer war der ehemalige Hohepriester Jonathan; die Rolle, die dieser bei der Ernennung des Felix zum Prokurator gespielt hatte, war zweifellos ein dunkler Punkt in seinem Leben. Doch Josephus berichtet ein merkwürdiges und unwahrscheinliches Gerücht: Jonathan hatte ein schlechtes Gewissen, weil er Claudius gebeten hatte,

---

[36] Ios. *ant.Iud.* XX, 144.
[37] Ios. *bel.Iud.* II, 253 (wo Eleasar als *archilēstēs* bezeichnet wird); *ant.Iud.* XX, 161.
[38] *bel.Iud.* II, 253.

Felix diesen Posten zu geben, und um das Volk deswegen nicht gegen sich aufzubringen, pflegte er Felix zu instruieren, wie er die Provinz verwalten müsse, in der Hoffnung, auf diese Weise einen besänftigenden Einfluß auf ihn auszuüben. Als Felix diese unaufhörlichen Belehrungen leid wurde, bestach er einen Freund des Jonathan, der ihn dann aus dem Wege räumte.[39]

Das Bild des despotischen Felix, das Josephus uns überliefert, wird von Tacitus bestätigt: in den *Annalen* heißt es, er habe „die Juden durch unzeitige Maßnahmen zu weiteren Übergriffen verleitet", und in den *Historien* faßt der Geschichtsschreiber Felix' Charakter mit epigrammatischer Prägnanz in dem vernichtenden Satz zusammen: „Antonius Felix übte in jeglicher Form von Grausamkeit und Willkür das Recht eines Königs in dem Geiste eines Sklaven aus."[40] Seine Abberufung war die Folge seines gewaltsamen Eingreifens in einen Streit zwischen Juden und Griechen der Stadt Cäsarea.[41] Das Datum seiner Absetzung und Ablösung durch Porcius Festus ist umstritten, doch weist ein für Neros fünftes Regierungsjahr bezeugter Münzwechsel in der Provinz Judäa auf das Jahr 59 n. Chr.[42] Zu dieser Zeit hatte Felix' Bruder Pallas die einflußreiche Stellung am kaiserlichen Hof, die er sieben Jahre zuvor bekleidet hatte, nicht mehr inne. Als Agrippina bei Nero in Ungnade fiel, büßte er sein hohes Staatsamt ein (55 n. Chr.). Er war jedoch immer noch so mächtig, daß er bei seinem Abgang für sich erwirkte, „daß er wegen keiner seiner Amtshandlungen zur Verantwortung gezogen werden dürfe und daß seine Abrechnung mit dem Staat als richtig anerkannt werden solle".[43]

4.

Festus kennen wir nur aus den Berichten des Lukas und des Josephus.[44] Er scheint verantwortungsbewußter als sein Vorgänger gewesen zu sein, war jedoch nicht imstande, den wachsenden Groll des Volkes gegen Rom, den Felix' Unterdrückungsaktionen verursacht hatten, durch wirksame

---

[39] Ios. *ant.Iud.* XX, 162 f.
[40] Tac. *ann.* XII, 54; *hist.* V, 9.
[41] Siehe S. 182 f.
[42] Vgl. F. W. Madden, *History of Jewish Coinage*, London 1864, S. 153; vgl. H. J. Cadbury, *The Book of Acts in History*, New York 1955, S. 10.
[43] Tac. *ann.* XIII, 14; vgl. Ios. *ant.Iud.* XX, 182, wonach Felix durch Pallas' Dazwischentreten vor einer noch schlimmeren Bestrafung bewahrt blieb.
[44] Apg 25, 1—26.32; Ios. *bel.Iud.* II, 271; *ant.Iud.* XX, 182—97.

Maßnahmen zu beschwichtigen oder die zunehmenden Ausschreitungen der *sicarii* einzudämmen, obwohl er Militär gegen sie einsetzte.

Eine heitere Note bekommt Josephus' Bericht durch eine Auseinandersetzung zwischen Agrippa und den Tempelbehörden.[45] Agrippas Jerusalemer Stadtwohnung, ein ehemaliger Palast der Hasmonäer, befand sich am Westabhang des Tyropoion-Tals und überragte den auf der anderen Talseite befindlichen Tempel. Er richtete sich auf dem Palast eine Sonnenterrasse ein, und wenn er dort beim Essen auf seinem Polster lag, konnte er die Priester bei der Ausübung des Opferdienstes beobachten. Die Priester waren darüber keineswegs erbaut, und die Tempelbehörden ließen eine hohe Mauer bauen, die nicht nur Agrippa die Aussicht versperrte, sondern auch die Aussicht von dem Säulengang an der Westseite des äußeren Vorhofs, auf dem während der Feste zur Aufrechterhaltung der öffentlichen Ordnung römische Soldaten postiert waren. Sowohl Festus als auch Agrippa nahmen daher Anstoß an der Mauer und befahlen, sie wieder abzureißen. Die jüdischen Behörden schickten indessen eine zehnköpfige Abordnung unter Führung des Hohenpriesters Ismael und des Tempelschatzmeisters Hilkia zu Nero, um bei ihm Beschwerde gegen die Anordnung einzulegen. Die Delegation vermochte die Geliebte und spätere (ab 62 n. Chr.) Gattin des Kaisers, Poppäa Sabina, die angeblich mit der jüdischen Religion sympathisierte — Josephus bezeichnet sie sogar als „Gottesfürchtige" — für sich zu gewinnen.[46] Sie überredete Nero, der Bitte der Juden stattzugeben, und also blieb die Mauer stehen.

Festus starb 62 n. Chr. im Amt, und bis zur Ankunft seines Nachfolgers, Lucceius Albinus, vergingen drei Monate. Während dieser Zeit wurde Jakobus der Gerechte aufgrund des Urteilsspruchs des vom Hohenpriester Hannas (Ananus) II. widerrechtlich einberufenen Gerichts hingerichtet.[47] Als der neue Prokurator, der von Alexandrien, wo er ein Verwaltungsamt bekleidet hatte, nach Judäa unterwegs war, hiervon erfuhr, schrieb er einen zornerfüllten Brief, in dem er drohte, er werde Hannas und seine Genossen dafür büßen lassen, daß sie sich die dem Prokurator vorbehaltene Blutgerichtsbarkeit angemaßt hätten. Agrippa bemühte sich

---

[45] Ios. *ant.Iud.* XX, 189 ff.
[46] *ant.Iud.* XX, 195; er benutzt den Ausdruck *theosebēs*. Vgl. S. 67. Tacitus gibt an, die 65 n. Chr. Verstorbene sei nicht, wie es sonst üblich war, eingeäschert, sondern „nach dem Vorbild ausländischer Königsgeschlechter" begraben worden (*ann.* XVI, 6). E. M. Smallwood, „The Alleged Jewish Sympathies of Poppaea Sabina", *JTS*, n.s. 10 (1959), S. 329 ff., rät zur Vorsicht bei der Auswertung dieser Zeugnisse.
[47] Siehe Teil I, S. 70; Teil II, S. 179.

daraufhin eilends, Albinus zu beschwichtigen, indem er Hannas seines Amtes enthob.

Albinus ging scharf gegen die *sicarii* vor.[48] Josephus berichtet, wie einige von ihnen den Sekretär oder Adjutanten des Tempelhauptmanns Eleasar entführten und Eleasars Vater — Ananias, dem Sohn des Nebedäus — eine Botschaft zukommen ließen, in der sie die Freilassung ihres Gefangenen zusicherten, falls Albinus zehn *sicarii,* die er hatte gefangennehmen lassen, freilasse. Ananias überredete Albinus — sicherlich durch Bestechung —, seine Gefangenen freizugeben, doch fühlten sich die *sicarii* durch diese gelungene Erpressung nur zu weiteren Unternehmungen der gleichen Art ermutigt, und in der ganzen Provinz wuchs die Unruhe.[49]

Gegen das Ende der Prokuratorzeit des Albinus wurde die vor über achtzig Jahren von Herodes ins Werk gesetzte Wiederherstellung des Tempels abgeschlossen. Eine große Anzahl Handwerker war dadurch plötzlich von Arbeitslosigkeit bedroht — eine angesichts der herrschenden Unruhe wenig wünschenswerte Situation. Um ihnen weiterhin Arbeit zu verschaffen, drängten die Behörden daher Agrippa, die das Tal Kidron überblickende östliche Säulenhalle — „die Halle Salomos" — zu erhöhen. Agrippa weigerte sich, ein solches Vorhaben zu finanzieren, erklärte sich indessen bereit, die Stadt mit weißem Marmor zu pflastern. Ein oder zwei Jahre später führte Agrippa jedoch, als die Tempelfundamente sich zu senken begannen, sehr teures Holz aus dem Libanon ein, um sie abzustützen. Diese Arbeiten wurden im September 66 n. Chr. durch den Aufstand gegen die Römer unterbrochen, und der Rest des Holzes wurde vier Jahre später zur Verteidigung des Tempelbereichs gegen die römischen Belagerer unter Titus benutzt.[50]

Jerusalem war nicht die einzige Stadt, die von Agrippas Freigiebigkeit profitierte. Selbstverständlich vergrößerte und verschönerte er auch seine eigene Hauptstadt Neronias (Cäsarea Philippi); ferner stiftete er Berytus (Beirut) in Syrien, um das sich schon sein Vater verdient gemacht hatte, ein Theater und viele Kunstwerke.[51]

Abgesehen von den Verdiensten, die er sich um Jerusalem und den Tempel erwarb, hob Agrippa die Stellung der Leviten. Er überredete den Sanhedrin, den levitischen Musikanten das Tragen des weißen Linnen-

---

[48] Ios. *ant.Iud.* XX, 200—3.
[49] Ios. *bel.Iud.* II, 272—6; *ant.Iud.* XX, 204—10. A. Momigliano, *CAH* X (1934), S. 855 mit Anm. 1 interpretiert Josephus' Angaben dahin, daß Albinus „während seiner kurzen Amtszeit eine Politik der Milde einleitete, durch die er sich den Vorwurf der Korruption zuzog".
[50] Ios. *ant.Iud.* XX, 219—22.
[51] Ios. *ant.Iud.* XX, 221 f. (vgl. S. 61).

gewands der Priester zu gestatten und einigen Leviten, die von altersher andere Pflichten im Tempel wahrnahmen, die Gleichstellung mit den levitischen Musikanten einzuräumen. Josephus, der selbst Priester war, äußert sein Mißfallen über diese Konzessionen an die Leviten und vermutet, dieser Bruch mit der religiösen Tradition habe zu dem Unheil beigetragen, das die Stadt und den Tempel einige Jahre später traf.[52]

Außer diesem Zwist zwischen den Priestern und den Leviten entstanden noch heftigere Streitigkeiten zwischen den wohlhabenden Mitgliedern der oberpriesterlichen Familien und den ärmeren Priestern sowie zwischen rivalisierenden Anwärtern auf das Amt des Hohenpriesters und ihren Anhängern. Während gemäß alter Vorschrift früher die Leviten die Zehnten bekommen hatten, die das Volk für die Unterhaltung des Tempeldienstes entrichtete,[53] wurde im ersten nachchristlichen Jahrhundert die Einsammlung der Zehnten anscheinend von den Priestern vorgenommen.[54] Doch wirft Josephus den Hohenpriestern der fünfziger und sechziger Jahre vor, sie hätten unter der Führung des Ananias, des Sohnes des Nebedäus, bei der Erhebung der Kornzehnten ihre Knechte mit der Anweisung auf die Tennen geschickt, sich ihrer gewaltsam zu bemächtigen, so daß einige von den ärmeren Priestern ihres Unterhalts beraubt worden und Hungers gestorben seien.[55] Derlei raubgieriges Verhalten (wenn auch nicht die in Rede stehende Handlungsweise) wird in der heftigen Diatribe gegen die Reichen im Jakobusbrief (5, 1—6) gebrandmarkt, und es steht fest, daß die soziale Ungerechtigkeit dieser Jahre den Hintergrund für die Verhaftung und Verurteilung Jakobus des Gerechten durch den Hohenpriester Hannas II. bildet.[56]

Als der Nachfolger des Hannas, Jesus, der Sohn des Damnäus, ebenfalls von Agrippa abgesetzt wurde, mündete der Streit zwischen den verschiedenen Nachfolgeaspiranten in Straßenkämpfe aus, bei welchen sich die Parteigänger Ananias', des Sohnes des Nebedäus, erneut her-

---

[52] Ios. *ant.Iud.* XX, 216—18. J. Jeremias mag mit seinem Vorschlag Recht haben, daß Agrippa die Forderungen der Leviten bewilligte, weil er damals mit den Priestern auf feindlichem Fuße stand (*Jerusalem zur Zeit Jesu,* II B, Göttingen 1958, S. 76).
[53] Vgl. 3 Mo 18, 21; 4 Mo 18, 26 ff.; Neh 10, 38 f.
[54] Vgl. Ios. *vit.* 80.
[55] Ios. *ant.Iud.* XX, 181, 205 ff. Vgl. E. M. Smallwood, „High Priests and Politics", *JTS,* n.s. 13 (1962), S. 14—34, besonders S. 27.
[56] Vgl. S. G. F. Brandon, *Jesus and the Zealots,* Manchester 1967, S. 115 ff.; „The Death of James the Just: A New Interpretation", in: *Studies in Mysticism and Religion.* G. G. Scholem Festschrift, Jerusalem 1967, S. 57 ff. Siehe auch S. 197, Anm. 87.

vortaten.[57] Weitere Unruhen begleiteten diesen wenig schönen Zwist, und gewisse Herodianer traten als Bandenführer in Erscheinung, möglicherweise unter Ausnutzung ihres Ansehens als Verwandte des Agrippa.[58]

Um diese Zeit reiste der damals sechsundzwanzigjährige Josephus als Mitglied einer Abordnung nach Rom, die sich dort für einige jüdische Priester einsetzen sollte, die man wegen eines nicht näher bezeichneten Vergehens in Ketten nach Rom geschafft hatte. Josephus gibt an, sie hätten es während ihrer Einkerkerung dort vermieden, rituell unreine Speisen zu sich zu nehmen, und sich auf den Genuß von Feigen und Nüssen beschränkt. Er berichtet, er habe durch die Vermittlung eines jüdischen Schauspielers namens Aliturus eine Audienz bei der Kaiserin Poppäa erhalten, in deren Verlauf diese sich bereit erklärt habe, ihren Einfluß geltend zu machen, damit die Priester freigelassen würden.[59]

Albinus wurde um das Jahr 65 n. Chr. als Prokurator durch Gessius Florus abgelöst; es heißt, dessen mit Poppäa befreundete Frau habe über diese seine Ernennung erwirkt. Als Albinus von seiner bevorstehenden Ablösung erfuhr, amnestierte er mit Ausnahme der Schwerverbrecher sämtliche Gefangenen, die auf ihren Prozeß warteten oder Gefängnisstrafen verbüßten, ein Akt der Milde, der weithin als ein neuer Fall von Bestechung hingestellt wurde.[60] Josephus weiß von Albinus nichts Gutes zu berichten, räumt indessen ein, er sei den Juden, als sie die Mißregierung seines Nachfolgers zu spüren bekommen hätten, als ein höchst ehrenwerter Mann erschienen.[61]

Unter Gessius Florus brach der Aufstand gegen Rom los, und seine Mißregierung gab den unmittelbaren Anlaß hierzu.[62]

---

[57] Ios. *ant.Iud.* XX, 213.
[58] Ios. *ant.Iud.* XX, 214.
[59] Ios. *vit.* 13—16.
[60] Ios. *ant.Iud.* XX, 215.
[61] Ios. *bel.Iud.* II, 277.
[62] Siehe S. 183 f.

ZWÖLFTES KAPITEL

Paulus – die letzte Phase

1.

Die dringende Bitte, die Jakobus, Petrus und Johannes am Ende des Apostelkonzils in Jerusalem (etwa 46 n. Chr.) Paulus und Barnabas gegenüber äußerten: „Seid der Armen eingedenk" (Gal 2, 10), fand durchaus willige Ohren. Ja, die Form, in der sie vorgetragen wurde, besagte, daß Paulus und Barnabas schon vor dieser Zusammenkunft begonnen hatten, „der Armen" — der niederen Gemeindeglieder in Jerusalem — eingedenk zu sein, und die Apostelgeschichte bestätigt diese Vermutung, berichtet sie doch von dem Hilfswerk dieser beiden Führer aufgrund des Auftrags der Christen im syrischen Antiochien, ihre Spende zur Linderung der Hungersnot nach Jerusalem zu bringen.[1]

Wie ernst Paulus diese Pflicht auch weiterhin nahm, erhellt daraus, daß er der „Sammlung für die Heiligen",[2] die er gegen das Ende seiner Wirksamkeit in Ephesus in seinem gesamten Heidenmissionsgebiet ins Werk setzte, große Bedeutung beimaß. Anscheinend wollte er diese Sammlung mit dem bevorstehenden Abschluß seiner Arbeit im Ägäisraum verknüpfen. Zu einem unbekannten Zeitpunkt während seiner Wirksamkeit in Ephesus „nahm sich Paulus" nach Lukas „im Geiste vor, durch Mazedonien und Achaja zu ziehen und nach Jerusalem zu reisen, und sagte: ‚Nachdem ich dort gewesen bin, muß ich auch Rom sehen'" (Apg 19, 21). Wir können nur mit Hilfe der paulinischen Briefe schließen, daß Lukas' Worte sich beziehen auf: a) Paulus' Erkenntnis, daß sein Wirken im Ägäisraum nahezu abgeschlossen sei, b) sein Vorhaben, die Evangelisation Spaniens in Angriff zu nehmen und auf dem Wege dorthin in Rom einzukehren (während Rom in Lukas' Bericht das Ziel ist, war es in Paulus' Missionsstrategie lediglich eine Durchgangsstation oder vielleicht eine vorgeschobene Basis), und c) seinen Entschluß, sich vor der Ein-

---

[1] Siehe S. 72.

[2] Mit den „Heiligen" meint Paulus in erster Linie die Glieder der Jerusalemer Urgemeinde; wenn er Heidenchristen als „Heilige" bezeichnet (was er häufig tut), dann deshalb, weil sie „Mitbürger der Heiligen" geworden sind (Eph 2, 19). Siehe weiter K. F. Nickle, *The Collection: A Study in Paul's Strategy*, London 1966.

schiffung nach Rom und Spanien mit den Beiträgen der heidnischen Gemeinden nach Jerusalem zu begeben. Lukas berichtet keinerlei Einzelheiten über diese Beiträge, wenngleich seine Erzählung Hinweise enthält, die wir im Licht der Briefe als verschleierte Anspielungen darauf zu erkennen vermögen.

Die erste Erwähnung der Geldsammlung findet sich in den paulinischen Briefen in 1 Kor 16, 1; die Art und Weise, wie sie dort zur Sprache gebracht wird, legt die Vermutung nahe, daß die korinthischen Christen sich in ihrem Brief an Paulus danach erkundigt hatten. „Wir haben von der Sammlung gehört, die du für Jerusalem ins Werk gesetzt hast“, schrieben sie ihm wohl, „bitte schreib uns, was wir tun sollen.“[3] Paulus' Antwort lautete: „Ihr sollt es auch so machen, wie ich es für die Gemeinden in Galatien angeordnet habe.“ Die Gemeinden in Galatien hatten wahrscheinlich briefliche Anweisungen von Paulus empfangen — in einem Brief, der später abgefaßt wurde als der Galaterbrief — und nicht mündliche gelegentlich seiner Durchreise durch ihr Gebiet auf dem Weg nach Ephesus im Jahre 52 n. Chr. (Apg 18, 23). „Je am ersten Tag der Woche“, fuhr er fort, „lege jeder von euch beiseite und sammle, was ihm gut möglich ist, damit nicht erst dann, wenn ich komme, Sammlungen veranstaltet werden. Nach meiner Ankunft aber will ich die, welche ihr für geeignet erachten werdet, mit Briefen absenden, damit sie eure Liebesgabe nach Jerusalem überbringen. Wenn es aber der Mühe wert ist, daß auch ich hinreise, sollen sie mit mir reisen.“ Er kündigt ihnen sodann seinen Besuch im Anschluß an seine Reise durch Mazedonien an — dies stimmt mit Lukas' Angabe in Apg 19, 21 überein — und teilt ihnen mit, er beabsichtige aber, bis Pfingsten in Ephesus zu bleiben. Dieses Pfingstfest ist möglicherweise das des Jahres 55 n. Chr. (etwa sieben Wochen nach Abfassung des Briefes),[4] doch muß man wahrscheinlich berücksichtigen, daß er seine Pläne änderte.[5] Von der Sammlung ist erst in einer späteren Phase seiner Korrespondenz mit den Korinthern wieder die Rede. Natürlich wäre es wenig klug gewesen, wenn er die Sammlung angesichts des gespannten Verhältnisses zwischen ihm und einem beträchtlichen Teil der Gemeinde in Korinth vor der Wiederherstellung des

---

[3] Vgl. J. C. Hurd, *The Origin of 1 Corinthians*, London 1965, S. 200 ff.
[4] Das Thema der Erstlinge und der Ernte in 1 Kor 15, 20 ff. mußte zur Passazeit besonders naheliegen (vgl. auch 1 Kor 5, 7 f.).
[5] Es mag in der Tat sein, daß er den „kummervollen Besuch“, auf den 2 Kor 2, 1 usw. schließen läßt, nach Pfingsten 55 n. Chr. abstattete, doch führte dieser Besuch dazu, daß er seinen Plan änderte, wie ab 2 Kor 1, 15 aus dem Zusammenhang deutlich wird.

gegenseitigen Vertrauens erwähnt hätte; demgemäß kommt er erst am Ende seines Versöhnungsbriefes (2 Kor 1—9) auf dieses Thema zurück. Letzterer wurde von Mazedonien aus nach Korinth gesandt, und Paulus führt das Thema ein, indem er die Großzügigkeit der mazedonischen Gemeinden lobt. Paulus mag sich gefragt haben, ob er die mazedonischen Gemeinden in Anbetracht ihrer derzeitigen großen Armut um einen Beitrag bitten sollte, doch sie ergriffen selbst die Initiative und bestanden auf der Annahme ihrer Spenden zur Linderung der Not ihrer Jerusalemer Mitchristen. Sie wollten wissen, wie die anderen Gemeinden in den von Paulus missionierten Gebieten auf seinen Appell reagiert hätten, und Paulus — der stets bereit war, seine Bekehrten bei anderen zu rühmen, wie sehr er auch Veranlassung haben mochte, von Angesicht zu Angesicht Kritik an ihnen zu üben — teilte ihnen mit, Korinth und die Gemeinden in anderen Teilen von Achaja seien seit dem vorigen Jahr gerüstet. In seinem Brief berichtet er den Korinthern, wie sehr er sie gerühmt habe; er ist ganz sicher, daß sie ihn nicht enttäuschen werden. Er schicke ihnen Titus und zwei andere (einer von ihnen war vielleicht Lukas)[6] zu einem weiteren Besuch und zur Hilfe beim Abschluß der Sammlung, damit, wenn er selber eintreffe, wahrscheinlich in Begleitung von Abgesandten der mazedonischen Gemeinden, weder ihm noch den Korinthern durch eine Diskrepanz zwischen seinem Rühmen und der wirklichen Situation Verlegenheit bereitet werde.

Paulus drückt sich diplomatisch aus und besteht darauf, der Wert eines jeden Beitrags zu der „Sammlung für die Heiligen" liege darin, daß er „so wie eine Gabe des Segens und nicht des Geizes" (2 Kor 9, 5) geleistet werde. Gleichwohl müssen einige der Korinther, die der Sammlung eher kühl gegenüberstanden, das Gefühl gehabt haben, er wolle sie überfahren. Einen Widerhall ihrer Haltung kann man in den letzten Kapiteln des zweiten Korintherbriefes entdecken. Unredlichkeit konnten sie ihm nicht vorwerfen. Paulus behandelte Geldangelegenheiten offensichtlich mit größtem Takt und sorgte dafür, daß der gesamte Vorgang der Einsammlung der Spende und ihrer Übersendung nach Jerusalem äußerst korrekt gehandhabt wurde. Und Titus war darin genauso ge-

[6] Origenes (nach Eus. *hist.eccl.* VI, 25, 6) identifizierte „den Bruder, dessen Lob wegen der Verkündigung des Evangeliums bei allen Gemeinden verbreitet ist", mit Lukas; seine Begründung vermag indessen nicht zu überzeugen: man könnte für solch eine Identifizierung weitaus bessere Argumente beibringen (vgl. A. Souter, „A Suggested Relationship between Titus and Luke", *ExT* 18 [1906—7], S. 285; „The Relationship between Titus and Luke", *ebda.*, S. 335 f.).

wissenhaft wie Paulus selber. Zugegeben, wandten einige ein, aber darin zeige sich eben Paulus' Schlauheit: „Doch es sei, ich bin euch nicht beschwerlich gefallen. Weil ich aber ein ‚Betrüger' bin, habe ich euch ‚mit List gefangen'" (2 Kor 12, 16). Das teilte Titus augenscheinlich Paulus mit, als er ihm von diesem weiteren Besuch berichtete.

Paulus versichert ihnen, er beabsichtige bei seinem Aufenthalt nicht, ihnen beschwerlich zu fallen oder Verlegenheit zu bereiten; um ihre Liebe sei es ihm zu tun, nicht um ihr Geld. Wir wissen nicht genau, wie sie reagierten, als er gegen das Ende des Jahres 56 n. Chr. zu seinem dreimonatigen Besuch in Korinth eintraf. Im Verlauf dieses Besuchs schrieb er indessen den römischen Christen in seinem an sie gerichteten Brief, er müsse erst nach Jerusalem „im Dienst für die Heiligen" reisen, ehe er seine Absicht verwirklichen könne, auf dem Wege nach Spanien die Hauptstadt zu besuchen. Er erklärt ihnen, daß „Mazedonien und Achaja[7] beschlossen haben, eine Sammlung für die Armen unter den Heiligen in Jerusalem zu veranstalten. Sie haben es nämlich beschlossen, und sie sind ja auch ihre Schuldner; denn wenn die Heiden an ihren geistlichen Gütern Anteil bekommen haben, sind sie schuldig, ihnen auch in den leiblichen einen Dienst zu leisten" (Rö 15, 25—27).

Paulus hatte die Geldsammlung nicht nur im Hinblick darauf veranstaltet, daß sie Bande der Gemeinschaft zwischen seiner Mission an die Heiden und der Urgemeinde schaffen würde, so sehr er dies auch wünschte. In seinen Augen kam ihr eine eschatologische Bedeutung zu. Sie war die greifbare „Frucht" der nunmehr abgeschlossenen ägäischen Phase seiner Missionstätigkeit; seine bisherige Wirksamkeit würde durch die Übergabe dieser „Frucht" in Jerusalem „besiegelt" werden. In gewissem Sinne konnte man die Geldspenden als die Opfergabe der Heiden bezeichnen, doch wenn Paulus im Römerbrief schreibt, „damit die Heiden als Opfergabe wohlgefällig werden, geheiligt im heiligen Geist", dann spricht er von den heidnischen Gläubigen selber als der Opfergabe, die er selbst „im heiligen Dienst des Evangeliums Gottes" darbringt (Rö 15, 16). Die Geldsammlung für Jerusalem war nur ein äußeres und sichtbares Zeichen dieser heiligeren Opfergabe.

In der alttestamentlichen Prophetie wird die Versammlung der Juden aus den Diaspora-Ländern nach Palästina gelegentlich so geschildert, daß die Heiden sie dann „dem Herrn als Opfergabe" nach Jerusalem geleiten

---

[7] Die Erwähnung von Mazedonien und Achaja allein besagt nicht notwendigerweise, daß Asia und Galatien nicht mehr in den Plan einbezogen waren; Mazedonien und Achaja waren die beiden Provinzen, an die Paulus damals in erster Linie dachte.

werden (Jes 66, 20; vgl. Sach 3, 10).[8] Doch Paulus' Vision ist großartiger und überraschender; für ihn sind die Heiden ein wesentlicher Bestandteil des Volkes Gottes, und da ihm in erster Linie die Versammlung der Heiden oblag, bestand die Opfergabe, die er dem Herrn darbringen würde, nicht aus Juden der heidnischen Länder, sondern aus Heiden selber.

Paulus dachte nicht daran, diese Opfergabe irgendwo anders als in Jerusalem darzubringen. Da er nicht alle seine heidnischen Bekehrten dorthin mitnehmen konnte, beschränkte er sich auf Vertreter der verschiedenen Provinzen seiner apostolischen Wirksamkeit, und seine in Apg 20, 4 aufgeführten Mitreisenden begaben sich wahrscheinlich auch in dieser Eigenschaft nach Jerusalem, und nicht nur, um die Beiträge ihrer jeweiligen Gemeinden abzuliefern. (Kommt der Tatsache, daß in Lukas' Liste kein Vertreter Korinths verzeichnet ist, eine besondere, vielleicht sogar unheilvolle Bedeutung zu?)[9]

Als Paulus die römischen Christen von seiner bevorstehenden Reise nach Jerusalem und ihrem Zweck in Kenntnis setzte, forderte er sie auf, zu beten, „damit ich gerettet werde vor den Ungehorsamen in Judäa und mein Dienst, der mich nach Jerusalem führt, den Heiligen wohlgefällig sei" (Rö 15, 31). Seine Befürchtungen verstärkten sich, als man sich Jerusalem näherte, denn in den Häfen, die sie anliefen, hatten ihm die örtlichen Christen von der Weiterreise abgeraten, und „Propheten" in den verschiedenen Gemeinden hatten ihn gewarnt, daß „Fesseln und Trübsale" ihn in Jerusalem erwarteten (Apg 20, 23; 21, 4.10—14). Doch Paulus blieb fest; Lukas beschreibt Paulus' letzte Reise nach Jerusalem mit Ausdrücken, die an seine frühere Schilderung, wie Jesus sein „Auge nach Jerusalem richtete, um dorthin zu reisen", erinnern (Lk 9, 51).

Paulus fühlte sich wie unter einem geistlichen Zwang zu dieser Reise gedrängt[10] und langte bald mit seinen Gefährten in Jerusalem an, wo sie von Jakobus und seinen Mitältesten willkommen geheißen wurden.[11] Die Leiter der Jerusalemer Gemeinde waren zweifellos dankbar für die Spende der Heidenchristen, aber gleichzeitig besorgt, weil Gerüchte nach Judäa gelangt waren, denen zufolge Paulus nicht nur die Bestimmungen

---

[8] Vgl. auch *PsSal* 17, 34, wo es heißt, die Heiden würden dereinst nach Jerusalem kommen, um den Messias in seiner Herrlichkeit zu sehen, „bringend als Geschenk ihre erschöpften Söhne" (siehe Teil I, S. 131).

[9] Das Verzeichnis umfaßt Mitglieder der Gemeinden von Mazedonien (Beröa und Thessalonich), Galatien (Derbe) und Asia. Vielleicht vertrat der sie begleitende Lukas selber Philippi.

[10] Vgl. Apg 20, 22: „Jetzt ziehe ich gebunden im Geiste nach Jerusalem".

[11] Apg 21, 17 ff.

des Aposteldekrets in betreff der Heidenchristen extrem liberal auslegte, sondern auch Judenchristen empfahl, ihre Kinder nicht beschneiden zu lassen und die Gebräuche der Vorfahren nicht mehr zu beachten. Jakobus und seine Kollegen schenkten diesen Gerüchten offensichtlich keinen Glauben, doch da sich unter den Jüngern in Jerusalem so viele „Eiferer für das Gesetz" befanden — wie Paulus selber es einst gewesen war —, schlugen sie Paulus vor, er solle diese Gerüchte dadurch widerlegen, daß er in der Öffentlichkeit als gesetzesstrenger Jude auftrete. Er könne das tun, indem er sich vier von den Jerusalemer Jüngern zugeselle, die im Begriff stünden, ein Nasiräatsgelübde im Tempel zu erfüllen, an dem vorgeschriebenen Opfer teilnehme und die Kosten bestreite. Dies galt als fromme Handlung — wie schon gesagt, wurde es Herodes Agrippa dem Älteren zur Gerechtigkeit gerechnet, daß er die Kosten des Gelübdes von Nasiräern übernahm[12] —, und Paulus selber hatte früher mindestens einmal selbst ein solches Gelübde abgelegt.[13] Gewissensbedenken, den Juden auf diese Art und Weise wie ein Jude zu werden,[14] hegte er nicht, wenn auch die Meinungen darüber, ob er damals klug handelte, auseinandergehen.

Tatsächlich mag Paulus den Rat des Jakobus und der anderen Ältesten um so bereitwilliger befolgt haben, als er ihm Gelegenheit gab, im Tempel, wo ihm der Herr vor mehr als zwanzig Jahren in einer Vision erschien und ihn „unter die Heiden hinaus in die Ferne" sandte (Apg 22, 21), über seine Haushalterschaft Bericht zu erstatten. Die Männer, die mit ihm nach Jerusalem gekommen waren, konnten ihn dorthin nicht begleiten, doch er selber konnte dort „die Opfergabe der Heiden", die durch sein bisheriges missionarisches Wirken gläubig geworden waren, vollenden, und um Gnade und Kraft für die Tätigkeit bitten, die er im westlichen Mittelmeerraum aufzunehmen gedachte. Möglicherweise hoffte er sogar, er könne den Tempel später, nach dem Abschluß der von ihm geplanten Evangelisation Spaniens, noch einmal aufsuchen und einen weiteren, vielleicht den abschließenden Rechenschaftsbericht über seine Haushalterschaft erstatten. Wenn dieser abschließende Bericht den Eingang der „Vollzahl der Heiden" bezeichnete, der die Rückkehr und Rettung von „ganz Israel" herbeiführen würde, dann würde Jerusalem den Gipfelpunkt der Heilsgeschichte erleben (Rö 11, 25—27).

---

[12] Siehe S. 60.
[13] Siehe S. 120 (Apg 18, 18).
[14] 1 Kor 9, 20.

2.

Als Paulus zusammen mit den vier Nasiräern den Tempel betrat, konnte er nicht voraussehen, daß sich seine hochgespannten Erwartungen keineswegs erfüllen würden. Während seiner Teilnahme an der Zeremonie begannen einige Juden aus Asien, die zum Pfingstfest nach Jerusalem gekommen waren, gegen ihn zu hetzen und ihm vorzuwerfen, er entweihe die heilige Stätte, indem er Heiden mit in den ihnen verbotenen Bezirk nehme. Heiden, die in den inneren Vorhöfen angetroffen wurden, drohte ebenso wie jedem, der ihnen bei dieser Gesetzesübertretung behilflich war oder sie dazu anstiftete, die Todesstrafe.[15] Paulus sah sich plötzlich einer aufgeregten Menge gegenüber, die ihn in den äußeren Vorhof abdrängte und ihn dort zweifellos umgebracht hätte, wenn ihn in der Burg Antonia stationierte Soldaten nicht im letzten Augenblick gerettet hätten; sie griffen ein, als ihr Befehlshaber den Auflauf bemerkte, und trugen Paulus auf ihren Schultern die vom äußeren Vorhof zur Burg führende Treppe hinauf.

Der Militärtribun, der die Garnison befehligte und während der Abwesenheit des Prokurators als Hauptrepräsentant der römischen Macht in Jerusalem amtierte, mußte versuchen, die Situation so gut es ging zu meistern. Zuerst vermutete er, Paulus sei der ägyptische Agitator, der ein oder zwei Jahre zuvor beträchtliche Unruhe verursacht hatte,[16] doch als er feststellte, daß er ein Jude aus Tarsus war, brachte er ihn vor den Hohen Rat, in der Hoffnung, auf diese Weise die Ursache des Auflaufs gegen ihn herauszubekommen. Das Synedrium konnte sich indessen nicht einig werden, obschon der Hohepriester Ananias gar nicht erst versuchte, seine Feindseligkeit gegen Paulus zu verbergen.[17] Paulus' Leben schien in Gefahr, falls er in Jerusalem blieb, daher ließ ihn der Militärtribun, der die Verantwortung für die Sicherheit eines derart unbeliebten römischen Bürgers los sein wollte, unter strenger Bewachung zu Felix nach Cäsarea in Gewahrsam bringen.

Einige Tage später erschien der Hohepriester an der Spitze einer Abordnung in Cäsarea, um eine zweifache Anklage gegen Paulus vorzubringen: er habe die Heiligkeit des Tempels verletzt und sei überdies ein Vorkämpfer der Sekte der Nazoräer, ein Anstifter von Unruhen, eine wahrhafte Pest für die gesamte jüdische Diaspora. Paulus bekannte sich

---

[15] Siehe Teil I, S. 206 f.
[16] Siehe S. 142 f.
[17] Siehe Teil I, S. 69; Teil II, S. 152.

in beiden Anklagepunkten nicht schuldig. „Ich bekenne dir aber dies", erwiderte er, „daß ich gemäß der Glaubensrichtung, die sie eine Sekte nennen, dem Gott der Väter diene, indem ich allem Glauben schenke, was dem Gesetz gemäß ist und was in den Propheten geschrieben steht. Dabei habe ich die Hoffnung zu Gott, auf die auch diese selbst warten, daß es eine Auferstehung der Gerechten wie der Ungerechten geben wird.[18] Darum übe ich mich auch selbst, allezeit ein unverletztes Gewissen zu haben gegenüber Gott und den Menschen. Nach mehreren Jahren aber bin ich gekommen, um Almosen für mein Volk zu bringen und Opfer. Und bei diesen fanden sie mich, wie ich mich geweiht hatte, im Tempel, nicht unter Volksauflauf und nicht unter Aufruhr ..." (Apg 24, 14—18).

Besonderes Interesse verdient in dieser Verteidigungsrede die Erwähnung von „Almosen und Opfern". Dies ist der einzige Hinweis in der Apostelgeschichte auf die Geldsammlung, und es wird daraus klar, daß das Geld für die Juden Judäas in ihrer Gesamtheit bestimmt war. Für Paulus stellten zweifellos „die Heiligen" das wahre Israel dar, das diejenigen umfaßte, die innerlich Juden waren, doch deutet die Unbestimmtheit des Hinweises darauf hin, daß apologetische Gesichtspunkte die Form bestimmt haben, in welcher Lukas Paulus' Verteidigungsrede zusammengefaßt hat. Falls Paulus' Ankläger die Sammlung als unrechtmäßige Verwendung von Geldern darstellten, die eigentlich dem Jerusalemer Tempelschatz hätten zufließen müssen, als Teil der Einkünfte aus dem jährlichen halben Schekel, deren Einziehung und Abführung durch römisches Gesetz geregelt und geschützt waren,[19] so dürfte sich Lukas an dieser Stelle seiner Erzählung großer Vorsicht befleißigt haben.

Felix nahm die Anklagen, die gegen Paulus vorgebracht wurden, anscheinend nicht allzu ernst, setzte indessen den Urteilsspruch aus — Lukas zufolge in der Hoffnung, er werde ein Bestechungsgeschenk erhalten, wenn er ihn freispreche. Vielleicht war Felix über die Geldsammlung hinreichend im Bilde, um die Vorstellung zu hegen, ein Mann, der

---

[18] Dies ist die einzige Stelle im Neuen Testament, wo Paulus ausdrücklich der Glaube an die Auferstehung der Ungerechten sowohl wie der Gerechten zugeschrieben wird; natürlich ist es keineswegs unwahrscheinlich, daß er diesen Glauben gleich vielen Pharisäern vertrat und ihn auf eine mögliche Ausdeutung von Dan 12, 2 gründete, doch kommt er eben in seinen überlieferten Briefen nirgendwo zum Ausdruck.

[19] Aus Ciceros Rede *Pro Flacco* (59 v. Chr.) wird deutlich, daß die Römer den Schutz dieser Gelder sehr ernst nahmen: Flaccus, der römische Statthalter von Asia, wurde in Rom vor Gericht gestellt, weil er einen Teil der von den Juden seiner Provinz für diesen Zweck zusammengetragenen Geldsumme konfisziert hatte.

Zugang zu Finanzquellen in Mazedonien und Achaja habe, werde ohne weiteres in der Lage sein, für seine Freilassung zu bezahlen. Doch es verging ein Monat nach dem anderen, und während Felix und Drusilla Freude oder zumindest Spaß daran hatten, sich mit Paulus über religiöse Fragen zu unterhalten, bedeutete das für Paulus keinerlei Hilfe. Dann wurde Felix im Jahre 59 n. Chr. abberufen, und sein Nachfolger Festus sah sich mit einem für ihn völlig neuartigen Problem konfrontiert.

Unter Festus wurde das Verfahren wieder aufgenommen. Dieser war fest entschlossen, sich streng an die Normen der römischen Rechtsprechung zu halten. Als er indessen davon sprach, er wolle die Untersuchung in Jerusalem durchführen, und durchblicken ließ, vielleicht werde er den Hohen Rat als *consilium* beiziehen,[20] erschrak Paulus, da er befürchtete, der Statthalter werde ihn in seiner Unerfahrenheit seinen Feinden ausliefern. Folglich rang er sich zu einer weittragenden Entscheidung durch, indem er sich auf ein jedem römischen Bürger zustehendes Vorrecht berief: „Ich stehe vor dem Richterstuhl des Kaisers", erklärte er, „und da muß ich gerichtet werden... Bin ich nun im Unrecht und habe ich etwas Todeswürdiges begangen, so weigere ich mich nicht, zu sterben. Ist aber nichts an dem, dessen diese mich anklagen, so kann mich niemand ihnen preisgeben. Ich lege Berufung an den Kaiser ein" (Apg 25, 10 f.).

Das Recht eines jeden römischen Bürgers, einen Appell (*provocatio*) an den Kaiser zu richten, entwickelte sich anscheinend aus dem früheren Recht des Appells an das souveräne Volk. Nach Cassius Dio erhielt Augustus im Jahre 33 v. Chr. das Recht, Berufungsverfahren zu entscheiden.[21] Wenige Jahre später trat die *lex Iulia de vi publica* in Kraft,[22] nach der ein römischer Bürger, der seine Absicht bekundet hatte, an den Kaiser zu appellieren, nicht getötet, gefoltert, in Ketten gelegt, verurteilt oder daran gehindert werden durfte, sich nach Rom aufzumachen, um dort innerhalb einer festgelegten Zeit seine Berufung einzulegen.[23] Man hat gefolgert,[24] daß vom Zeitpunkt der Verkündung dieses Gesetzes an

---

[20] Apg 25, 9; vgl. A. N. Sherwin-White, *Roman Society and Roman Law in the New Testament*, Oxford 1963, S. 67.

[21] Dio Cass. LI, 19. Der griechische Ausdruck lautet *ekklēton dikazein*, was vielleicht die Entsprechung zu *ex provocatione cognoscere* ist.

[22] Die Bezeichnung besagt, daß sie entweder von Julius Caesar oder von Augustus eingebracht wurde; A. H. M. Jones, *Studies in Roman Government and Law*, Oxford 1960, S. 97 f. datiert sie in die Regierungszeit des Augustus und nach 23 v. Chr.

[23] *Dig.* XLVIII, 6, 7; Paulus *sent.* V, 26, 1.

[24] A. H. M. Jones, *Studies in Roman Government and Law*, S. 59.

jeder römische Bürger überall im Reich gegen willkürliche Bestrafung im Schnellverfahren (*coercitio*) geschützt war, obschon ein Provinzmagistrat Fälle entscheiden konnte, in denen ein offenkundiger Bruch des Statutarrechts vorlag. Seit dem Anfang des zweiten nachchristlichen Jahrhunderts war es offenbar allgemein üblich, daß man Provinzialbürger, die nicht im kodifizierten Recht aufgeführter Vergehen beschuldigt wurden, nahezu automatisch nach Rom brachte, ohne daß sie erst an den Kaiser zu appellieren brauchten.[25] In dem Maße, wie im zweiten Jahrhundert die Zahl der römischen Reichsbürger wuchs — eine Tendenz, die im Jahre 212 n. Chr. mit Caracallas Ausdehnung des Bürgerrechts auf alle Freigelassenen im Reich ihren Höhepunkt erreichte —, wurden die Privilegien der Bürger indessen immer mehr ausgehöhlt.[26] Das Bild, das uns die Apostelgeschichte vermittelt, ist in dieser wie in anderen Hinsichten durchaus wirklichkeitsgetreu; Lukas' Bericht über Paulus' Berufung paßt nicht nur zu dem, was wir über die Lage in der Mitte des ersten nachchristlichen Jahrhunderts wissen, sondern kann auch als wertvoller Beitrag zu den vorhandenen Zeugnissen gelten.

Der Provinzialrichter war verpflichtet, zusammen mit dem Angeklagten einen Bericht (*litterae dimissoriae*) nach Rom zu senden, und der noch wenig erfahrene Prokonsul Festus war froh, den jüngeren Agrippa, der ihm zusammen mit seiner Schwester Berenike kurz nach seiner Ankunft in der Provinz einen Höflichkeitsbesuch abstattete,[27] bei der Abfassung dieses Dokuments um Rat fragen zu können. Auf seine Bitte hin erhielt Agrippa Gelegenheit, Paulus selber zu verhören, und stimmte mit Festus darin überein, daß man ihn eigentlich keiner der gegen ihn vorgebrachten Anklagen zu überführen vermöge. Tatsächlich hätte man ihn vielleicht sogleich auf freien Fuß gesetzt, wären Festus durch Paulus' Berufung an den Kaiser nicht die Hände gebunden gewesen.[28]

---

[25] Vgl. Plin. *epist.* X, 96, 4 (siehe S. 230).

[26] Im Jahre 177 n. Chr. wurden die römischen Bürger unter den Christen, die man in den Städten des Rhonetals verhaftete, nicht, wie es 65 Jahre vorher in Bithynien geschehen war, nach Rom geschickt, sondern so lange in Haft gehalten, bis der Entscheid des Kaisers eintraf (Eus. *hist.eccl.* V, 1, 44), und auch nachdem dieser bestimmt hatte, daß sie enthauptet und nicht wie die anderen zu Tode gefoltert werden sollten, wurde einer von ihnen, Attalus, den wilden Tieren vorgeworfen, weil der Pöbel es verlangte (*hist.eccl.* V, 1, 50).

[27] Apg 25, 26 f.

[28] Apg. 26, 32.

3.

Warum legte Paulus Berufung an den Kaiser ein? Während der Prokuratorzeit des Felix appellierte er nicht, vermutlich weil dieser im Grunde von seiner Unschuld überzeugt war und lediglich seinen formellen Freispruch und seine Entlassung noch hinausschob. Eines Tages, so dürfte Paulus gehofft haben, würde Felix jedoch sein Zögern aufgeben und ihn freilassen, worauf er dann endlich seine Absicht würde verwirklichen können, Rom und den Westen zu bereisen. Felix' Abberufung und Ablösung durch Festus schuf indessen eine neue und gefährliche Lage, die ihn veranlaßte, an den Kaiser zu appellieren.

Wir wissen genug von Paulus, um gewiß zu sein, daß es ihm dabei nicht in erster Linie um seine persönliche Sicherheit zu tun war. In dieser wie in anderen Situationen ging es ihm in der Hauptsache um das Evangelium. Sieben oder acht Jahre zuvor hatte er anläßlich des Entscheids des Gallio in Korinth die wohlwollende Neutralität der römischen Justiz erfahren.[29] Warum sollte der Urteilsspruch des Obersten Gerichtshofs in Rom nicht ebenso günstig ausfallen? Außerdem wäre sich auch ein einfältigerer Mann als Paulus darüber klar gewesen, daß die Überlegungen, von denen sich Gallio hatte leiten lassen, jetzt niemand mehr anstellen würde. Gallios Entscheid hatte im Grunde gelautet, was Paulus lehre, sei eine Spielart des Judentums und daher vom römischen Recht nicht untersagt. Bald würde es jedoch, größtenteils dank Paulus' eigener Tätigkeit, unmöglich sein, das Christentum als eine Variante des Judentums zu betrachten, da es ganz offensichtlich mehr heidnisch als jüdisch wurde. Ein günstiger Ausgang seiner Berufung an den Kaiser konnte dem Christentum vielleicht die Anerkennung, wenn nicht als die wahre Religion Israels (die es in Paulus' Augen war), so doch zumindest als eine *religio licita* aus eigenem Recht verschaffen.[30] Doch nicht allein dies: niemand konte vorhersagen, was geschehen würde, falls sich der Caesar persönlich Paulus' Verteidigungsrede anhörte. Der jüngere Agrippa hatte es höflich, aber bestimmt abgelehnt, sich der Logik von Paulus' Beweisführung zu beugen, doch waren Heiden in der Regel für das Evangelium weit aufgeschlossener gewesen als Juden, und vielleicht konnte er einen römischen Kaiser leichter für sich gewinnen als einen jüdischen Klientelkönig. Man kann sich Paulus' Hoffnungen gar nicht kühn genug

---

[29] Siehe S. 117 f.

[30] Vgl. S. L. Guterman, *Religious Toleration and Persecution in Ancient Rome,* London 1951, S. 121 f. Vgl. S. 118 mit Anm. 40.

vorstellen, wie unbegründet sie uns, die wir mehr über Nero wissen als der Paulus des Jahres 59 n. Chr., im Rückblick auch erscheinen mögen.

Paulus wurde also nach Rom gebracht, und zwar von einem Zenturio namens Julius; dieser gehörte möglicherweise zu den *frumentarii*, denen die Organisierung der römischen Getreideversorgung anvertraut war[31] — falls wir solch einen Schluß aus der Tatsache ziehen dürfen, daß die beiden den größten Teil der Seereise auf einem Getreideschiff zurücklegten, das zwischen Alexandrien und Italien verkehrte und auf welchem Julius beträchtliche Befugnisse besaß.[32]

Die Abenteuer, die sie unterwegs zu bestehen hatten — vor allem der Orkan, der mit dem Schiffbruch des Getreidefahrers bei Malta endete — werden von Lukas lebendig geschildert; sein Bericht über die Seereise bildet nach wie vor eine unserer wichtigsten Primärquellen für die Kenntnis der Seemannskunst der alten Welt.[33] Die Schiffsinsassen verbrachten die drei Wintermonate auf Malta und setzten anfangs 60 n. Chr. die Reise nach Italien auf einem anderen alexandrinischen Schiff fort, das im Hafen von La Valletta überwintert hatte. Sie gingen in Puteoli an Land und gelangten auf der Via Appia nach Rom. Dort übergab der Zenturio dem westlichen Text zufolge Paulus einem Beamten, der den Titel Stratopedarch (Lagerkommandant) führte. Wir wissen nicht, welches Lager er befehligte — vielleicht die *castra peregrinorum* auf dem Caelius[34] oder das Hauptquartier der Prätorianergarde. Jedenfalls wurde Paulus eine Art Hausarrest „außerhalb des Lagers", wie einige westliche Textzeugen hinzufügen (Apg 28, 16), zugestanden, wo ihn ein Soldat bewachte. Er durfte mithin Besucher empfangen, konnte sich aber nicht frei bewegen.

---

[31] Nach T. Mommsen, *Gesammelte Schriften* VI = *Historische Schriften* III, Berlin 1910, S. 546 ff., dem sich W. M. Ramsay, *St. Paul the Traveller and the Roman Citizen*, London [14]1920, S. 315, 348, anschließt, gehörte Julius zu den *frumentarii* im späteren (nicht vor dem zweiten nachchristlichen Jahrhundert belegten) Sinn der mit der Vermittlung des Verkehrs zwischen der Hauptstadt und den Armeen in den kaiserlichen Provinzen betrauten Zenturionen. Derart interpretieren beide Autoren die „kaiserliche Kohorte" von Apg 27, 1.

[32] Apg 27, 6.38.

[33] Vgl. J. Smith, *The Voyage and Shipwreck of St. Paul*, London [4]1880. M. Dibelius, *Aufsätze zur Apostelgeschichte*, Göttingen 1951, S. 95, verbindet seine Schlußfolgerung, daß „eine wirklich literarische Kritik wird vermuten müssen, daß die nautische Darstellung aus der Literatur und ihren zahlreichen Seefahrtsberichten entnommen ist und nicht aus der Erfahrung", mit scharfer Kritik an der „älteren Kritik, die nur an den Vorgang denkt und nicht an den Bericht". Man könnte ihm entgegenhalten, daß es ebenso einseitig ist, nur an den Bericht und nicht an den Vorgang zu denken.

[34] Der Sammelpunkt der in Rom auf Urlaub weilenden Legionsoffiziere.

Nach Lukas zählte eine Abordnung der römischen Judenschaft zu seinen frühesten Besuchern; ihre Diskussion mit Paulus bildet — ganz offensichtlich in programmatischer Absicht — die letzte Szene in der Apostelgeschichte. Das Schema der jüdischen Verweigerung des Evangeliums und seiner Annahme durch die Heiden, das uns schon früher in Lukas' Erzählung wiederholt begegnet, entfaltet sich in Rom mit Paulus' letztem Wort (nach Zitierung von Jes 6, 10) aufs neue und definitiv:[35] „So sei euch nun kund, daß den Heiden dieses Heil Gottes gesandt worden ist; *sie* werden ihm auch Gehör schenken" (Apg 28, 28).

Lukas schließt seine Erzählung sodann mit der summarischen Angabe: „Er blieb aber zwei ganze Jahre in einer eigenen Mietwohnung und nahm alle auf, die bei ihm eintraten, und predigte dabei das Reich Gottes und lehrte von dem Herrn Jesus Christus mit aller Freimütigkeit ungehindert" (Apg 28, 30 f.). Indem Lukas Paulus nach Rom gebracht hat, wo der Apostel nunmehr unter den Augen der römischen Behörden völlig unbehindert seine Tätigkeit ausübt, hat er das Ziel, das er sich mit seinem Bericht gesetzt hat, erreicht. Er hat uns indessen Fragen hinterlassen, die zu beantworten er nicht für seine Aufgabe hielt und auf die uns kein anderer Autor eine befriedigende Antwort gibt.

4.

Was geschah mit Paulus? Kam sein Fall zur Verhandlung oder ließ man ihn liegen? Wurde der Apostel verurteilt oder freigesprochen? Falls es zur Verhandlung kam, führte Nero selber den Vorsitz?

Aus der Tatsache, daß Paulus an den Kaiser appellierte, ist nicht notwendigerweise zu folgern, daß dieser die Berufungsverhandlung persönlich leitete. Tacitus zufolge verkündete Nero am Beginn seines Prinzipats, er werde nicht über alles *in propria persona* zu Gericht sitzen,[36] wie Claudius es getan hatte, und in den ersten acht Jahren seiner Regierung übertrug er diese Aufgabe gewöhnlich anderen. Als er 62 selber den Fall des Fabricius Veiento entschied, war dies offensichtlich ein Neubeginn.[37] Wenn Paulus' Fall also vor der ersten Hälfte des Jahres 62 (gegen das Ende seiner zweijährigen Haft) zur Verhandlung kam, so wurde die Verhandlung wahrscheinlich von jemand anderem als Nero

---

[35] Vgl. die Anwendung dieser Stelle in Mk 4, 11 f. (und synoptische Parallelen) und Joh 12, 40.
[36] Tac. *ann.* XIII, 4, 2.
[37] Tac. *ann.* XIV, 50, 2.

geleitet.[38] Möglicherweise war dies, wie W. M. Ramsay vorschlug, der Präfekt der Prätorianergarde, „der zusammen mit den Beisitzern und hohen Gerichtsbeamten den Kaiser in seiner Eigenschaft als Rechtsquelle vertrat".[39] Wenn der Prätorianerpräfekt in der Tat den Vorsitz führte, so würde es einen gewaltigen Unterschied ausmachen, ob es sich um den biederen Afranius Burrus oder den berüchtigten Tigellinus handelte, der 62 seine Nachfolge antrat. Die chronologische Wahrscheinlichkeit spricht eher für Burrus als für Tigellinus,[40] doch können wir nicht sicher wissen, ob der Prätorianerpräfekt mit Paulus' Fall — wenn er überhaupt jemandem übertragen wurde — betraut wurde.

Was die „zwei Jahre" anbelangt, während deren Paulus in Rom unter Hausarrest stand, so hat man versucht, diesen Zeitraum zu einer angeblichen gesetzlichen Frist von achtzehn Monaten in Beziehung zu setzen, innerhalb welcher die Ankläger in Erscheinung zu treten verpflichtet waren oder zumindest bekunden mußten, daß sie beabsichtigten, den Prozeß zu betreiben. Auf der einen Seite hat man die Ansicht vertreten, daß die Ankläger ihre Absicht in der Tat kundtaten und zur gehörigen Zeit in Rom eintrafen, daß sie den Prozeß gewannen und Paulus verurteilt und als Friedensbrecher hingerichtet wurde.[41] Dagegen behaupten andere, Paulus' Fall sei nicht wieder aufgerollt worden, weil die Ankläger die gesetzlich vorgeschriebene Frist hätten verstreichen lassen; sie hätten nämlich gewußt, daß die Erfolgsaussichten in Rom in Anbetracht der Unwirksamkeit des von ihnen in Judäa an Ort und Stelle ausgeübten Drucks noch geringer zu veranschlagen sein würden, und befürchtet, daß man sie gemäß den gesetzlichen Bestimmungen als leichtfertige Ankläger mit Strafe belegen werde.[42]

---

[38] Vgl. A. N. Sherwin-White, *Roman Society and Roman Law in the New Testament*, S. 112.

[39] W. M. Ramsay, *St. Paul the Traveller*, S. 357.

[40] Sofonius Tigellinus wurde wahrscheinlich nach Ablauf der beiden Jahre von Apg 28, 30 Amtsnachfolger des Burrus. Drei Jahre lang (62—65 n. Chr.) war Faenius Rufus gemeinsam mit Tigellinus Präfekt, doch war Tigellinus der mächtigere von den beiden (Tac. *ann.* XIV, 51, 5 f.; XV, 50, 4).

[41] Vgl. J. V. Bartlet, „Two New Testament Problems: 1. St. Paul's Fate at Rome", *Expositor*, series VIII, 5 (1913), S. 464 ff.

[42] Vgl. K. Lake, „What was the End of St. Paul's Trial?", *Interpreter* 5 (1908—9), S. 147 ff.; W. M. Ramsay, „The Imprisonment and Supposed Trial of St. Paul in Rome", *Expositor*, series VIII, 5 (1913), S. 264 ff. (der in der vorangehenden Anmerkung zitierte Aufsatz von Bartlet war eine Erwiderung hierauf), wieder abgedruckt in: *The Teaching of Paul in Terms of the Present Day*, London 1913, S. 346 ff.; H. J. Cadbury, „Roman Law and the Trial of Paul", in: Foakes Jackson und K. Lake (Hrsg.), *The Beginnings of Christianity* V, London 1933, S. 297 ff., besonders S. 326 ff.

Zu dem letztgenannten Punkt wäre zu sagen, daß die denkbar leichtfertigste Anklage diejenige wäre, bei der die Ankläger gar nicht in Erscheinung traten, und nach römischem Recht mußten sie unbedingt erscheinen. Abgesehen davon ist die Hypothese einer gesetzlichen Frist von achtzehn Monaten wenig fundiert. Sie stützt sich auf eine Papyrusurkunde, die einen kaiserlichen Erlaß verzeichnet, demzufolge bei Kriminalfällen aus den Provinzen, die dem Kaiser als Berufungs- oder erstinstanzlichem Gericht unterbreitet wurden, eine Frist von anderthalb Jahren einzuhalten war.[43] Wie Mommsen feststellte,[44] stammt der Erlaß aus dem dritten Jahrhundert und ist die „Berufung", von der er handelt, die spätere *appellatio* gegen einen bereits ergangenen Urteilsspruch, nicht die frühere *provocatio,* aufgrund welcher die Erstinstanz den Fall gar nicht erst verhandeln durfte.[45] Allem Anschein nach deutet nichts darauf hin, daß im ersten Jahrhundert ein Verfahren durch Nichterscheinen automatisch hinfällig wurde. Aus den vorhandenen Beweisstücken wird deutlich, daß man sich alle erdenkliche Mühe gab, um das Erscheinen von Anklägern und Angeklagten zu erzwingen und das Fallenlassen von Anschuldigungen zu verhindern. Wenn ein Ankläger nicht erschien, wurde er bestraft, der Angeklagte deswegen aber keineswegs automatisch auf freien Fuß gesetzt.

Die Verlängerung von Paulus' Aufenthalt in Rom um volle zwei Jahre könnte sich auch aus einer Überlastung der Gerichte erklären. Nach Ablauf der zwei Jahre wurde er vermutlich entweder auf freien Fuß gesetzt oder verurteilt — es sei denn, jene hätten recht, die annehmen, daß das Ende der zwei Jahre den Abschluß von Lukas' Geschichte bezeichnete und daß sich Paulus zum Zeitpunkt ihrer Veröffentlichung noch immer in Haft befand (Lukas' Worte legen diese Folgerung indessen nicht nahe). „Vielleicht", bemerkt A. N. Sherwin-White, „profitierte Paulus von Neros Milde und wurde lediglich zufällig freigelassen. Man braucht aber", fügt er hinzu, „keineswegs aus der Apostelgeschichte herauszulesen, daß er überhaupt freigelassen wurde."[46] Wenn er nicht frei-

---

[43] *BGU* II, 628 rechts; für den Text vgl. H. J. Cadbury, in: *The Beginnings of Christianity,* V, S. 33 f.; H. Conzelmann, *Die Apostelgeschichte,* Tübingen 1963, S. 157 ff.

[44] T. Mommsen, *Römisches Strafrecht,* Leipzig 1899, S. 472, Anm. 5.

[45] Für den Unterschied siehe A. H. M. Jones, *Studies in Roman Government and Law,* S. 57.

[46] A. N. Sherwin-White, *Roman Society and Roman Law in the New Testament,* S. 119; seine gesamte Vorlesung über Paulus und den Prokonsul Gallio und Paulus in Rom (S. 99—119) ist für den Gegenstand des vorliegenden Kapitels von größter Bedeutung.

gelassen, sondern verurteilt und hingerichtet wurde, dann gehört sein Martyrium aber nicht, wie man seit jeher angenommen hat, in den Rahmen der Verfolgung der Christen Roms, die nach dem Brand der Stadt im Jahre 64 n. Chr. von Nero eingeleitet wurde, kann man doch Paulus' zweijährige Haft in Rom nicht so spät datieren. Daraus folgt nicht, daß man seine Hinrichtung nicht schon in das Jahr 62 setzen darf, falls die Zeugnisse in diese Richtung weisen. Die Zeugnisse fließen indessen so spärlich, daß sie ohne jede Beweiskraft sind. Falls er jedoch im Anschluß an seine Haft sofort verurteilt und hingerichtet wurde, dann mutet es sehr seltsam an, daß Lukas dies unerwähnt läßt; apologetische Vorteile ließen sich schon deshalb nicht aus der Nichterwähnung dieser Tatsache ziehen, weil ja allgemein bekannt war, daß Paulus den Prozeß verloren hatte.[47]

5.

Was wir Lukas verdanken, läßt sich bis zu einem gewissen Grade an dem Sumpf von Ungewißheit ermessen, in dem wir versinken, sobald uns seine Erzählung nicht mehr zu Gebote steht. Paulus' „Gefangenschaftsbriefe" sind mehrdeutige Zeugnisse, da man sich nicht über ihre Abfassungszeiten und Entstehungsorte zu einigen vermag. In Phil 1, 19—26 erwartet und erhofft der Verfasser seine Entlassung aus der Gefangenschaft und faßt einen weiteren Besuch in Philippi ins Auge — doch scheint es besonders zweifelhaft, ob der Philipperbrief in Rom verfaßt wurde. Falls Paulus von Rom aus an Philemon schrieb, dann beabsichtigte er nicht, nach Spanien weiterzureisen, sondern in die Provinz Asia zurückzukehren. Er bittet die Christen von Kolossae, zu beten, „damit uns Gott eine Türe für das Wort öffnen möge, vom Geheimnis Christi zu reden, wegen dessen ich auch gefesselt bin, damit ich es so kundmache, wie ich reden soll" (Kol 4, 3 f.), und eine ähnliche Bitte äußert er in Eph 6, 18—20: „damit mir das Wort verliehen werde, mit unerschrockenem Auftun meines Mundes, mit Freimütigkeit das Geheimnis des Evangelius kundzutun, um dessentwillen ich ein Gesandter bin in Ketten,

---

[47] Sofortiger Freispruch und sofortige Hinrichtung stellen nicht die einzigen Möglichkeiten dar; an die Stelle seiner *libera custodia* trat vielleicht eine sehr viel strengere Haft, wie sie in seiner Erwähnung des Onesiphorus impliziert ist, der „sich meiner Ketten nicht geschämt, sondern, als er nach Rom gekommen war, mich eifrig aufgesucht und gefunden hat" (2 Tim 1, 16 f.), oder er wurde möglicherweise verbannt (in der Liste von Paulus' Drangsalen in 1 Clem 5, 6 ist auch von Verbannung die Rede).

auf daß ich dabei die Freimütigkeit beweise, zu reden, wie es mir obliegt". Diese Worte könnten sich nicht nur auf Paulus' allgemeine apostolische Tätigkeit beziehen, sondern auch auf sein bevorstehendes Erscheinen vor dem Obersten Gerichtshof, wenn nicht vor dem Kaiser selber. Es war von größter Wichtigkeit — weniger um seiner eigenen Freilassung als um des Evangeliums willen —, daß bei dieser Gelegenheit das Richtige in der richtigen Form gesagt würde. Und vielleicht kann man aus 2 Tim 4, 16 f. entnehmen, daß diese Gebete erhört wurden: „Bei meiner ersten Verteidigung [vor Gericht] hat mir niemand Beistand geleistet, sondern alle haben mich im Stich gelassen; es möge ihnen nicht angerechnet werden! Der Herr aber stand mir bei und gab mir Kraft, damit durch mich die Predigt vollbracht würde und alle Heiden sie hören sollten, und ich wurde errettet aus dem Rachen des Löwen."[48]

Der Bezug der Pastoralbriefe auf Paulus' letzte Reisen ist ungewiß, nicht allein aufgrund von Zweifeln hinsichtlich ihrer Abfassungszeit und Verfasserschaft, sondern auch weil ihr Inhalt möglicherweise chronologisch und geographisch nicht homogen ist.[49] Man hat behauptet, daß sich die meisten Tätigkeiten des Paulus, auf die darin Bezug genommen wird, zwischen den Abschluß seiner Wirksamkeit in Ephesus und seine letzte Reise nach Judäa datieren lassen;[50] nach anderer Vermutung gehören diese Tätigkeiten dagegen in die Zeit zwischen dem Ende seiner zweijährigen Haft in Rom (vorausgesetzt, man habe ihn freigelassen) und seinen Tod irgendwann nach dem Brand Roms und der darauffolgenden Verhaftungswelle.[51] Im letztgenannten Fall müßte man anehmen, daß er erneut den östlichen Mittelmeerraum bereiste. 1 Tim 1, 3 („Wie ich dich bei meiner Abreise nach Mazedonien ermahnt habe, in Ephesus zu bleiben ...") läßt nicht notwendigerweise darauf schließen, daß er noch einmal nach Ephesus kam, denn Paulus' dort erwähnte Abreise aus Ephesus könnte sehr wohl diejenige sein, von der in Apg 20, 1 die Rede ist. 2 Tim

---

[48] Aus der Erwähnung der „ersten Verteidigung" geht hervor, daß diese Worte zwischen der *prima* und *secunda actio* geschrieben wurden. Die *prima actio* oder Voruntersuchung hatte offenbar mit einem nicht endgültigen Urteil und einer Vertagung des Falles zwecks weiterer Untersuchung geendet, doch hat Paulus keine Veranlassung, auf einen günstigen Ausgang der *secunda actio* zu hoffen.

[49] Vgl. P. N. Harrison, *The Problem of the Pastoral Epistles*, Oxford 1921, S. 109.

[50] Vgl. J. V. Bartlet, „The Historic Setting of the Pastoral Epistles", *Expositor*, series VIII, 5 (1913), S. 28—36, 161—7, 256—63, 325—47.

[51] Vgl. J. N. D. Kelly, *A Commentary on the Pastoral Epistles*, London 1963, S. 6 ff.; C. F. D. Moule, „The Problem of the Pastoral Epistles: A Reappraisal", *BJRL* 47 (1964—5), S. 430 ff., besonders S. 434, 450.

4, 20 („Trophimus aber habe ich krank in Milet zurückgelassen") kann sich indessen nicht auf den Besuch in Milet von Apg 20, 15 ff. beziehen, reiste Trophimus doch damals mit Paulus nach Jerusalem weiter. Titus 1, 5 läßt auf eine Reise des Paulus nach Kreta schließen; sie ließe sich nur mit Mühe in Paulus' Lebenslauf vor dem Jahr 62 n. Chr. einordnen, wie man ihn aufgrund anderer Daten rekonstruieren kann, und war offensichtlich ausgedehnter als alles, was sich in die Fahrt entlang der Südküste von Kreta auf der Reise nach Rom mit dem kurzen in Apg 27, 7 ff. beschriebenen Aufenthalt in „Schönhafen" einfügen läßt. Titus' Wirksamkeit in Dalmatien (2 Tim 4, 10) dürfte als später denn seine Tätigkeit als apostolischer Bevollmächtigter auf Kreta dargestellt sein. Die in den Pastoralbriefen enthaltenen Angaben lassen auf Aufenthalte des Paulus auf Kreta, in Kleinasien, Mazedonien und Epirus schließen — doch wann und in welcher Reihenfolge sie stattfanden, läßt sich nur schwer rekonstruieren.

Wir verfügen über keine eindeutigen Beweise, daß er sein Vorhaben, Spanien zu evangelisieren, auszuführen vermochte. Das Muratorische Verzeichnis der kanonischen Schriften des Neuen Testaments, das gegen Ende des zweiten Jahrhunderts in Rom zusammengestellt wurde, erwähnt seine Abreise von Rom nach Spanien als eine in der Apostelgeschichte nicht berichtete Tatsache — doch gründet sich dieser Hinweis wahrscheinlich auf die apokryphen *Petrusakten*, eine etwa zehn Jahre vorher verfaßte Phantasieerzählung ohne jeglichen historischen Wert.[52] Hundert Jahre früher erinnert Klemens von Rom die korinthische Gemeinde daran, wie Paulus, „Herold im Osten wie im Westen, den echten Ruhm für seinen Glauben empfing; er lehrte die ganze Welt Gerechtigkeit und kam bis an die Grenze des Westens [oder: erreichte sein Ziel im Westen]".[53] Man könnte argumentieren, daß dieser Ausdruck (wie immer man ihn übersetzt) bei einem in Rom ansässigen Verfasser naturgemäß auf einen westlich dieser Stadt befindlichen Ort deuten würde.[54] Klemens erwähnt Spanien jedoch nicht ausdrücklich, und sein Stil ist so rhetorisch

[52] Der Verfasser des Muratorischen Fragments versucht offensichtlich zu erklären, warum Lukas in der kanonischen Apostelgeschichte zwei wichtige Vorfälle übergeht, die die *Petrusakten* verzeichnen, nämlich Paulus' Abreise aus Rom nach Spanien und Petrus' Martyrium. Seine Erklärung lautet, daß Lukas nur solche Dinge berichtete, die er selber beobachtet hatte. Diese beiden Vorfälle werden in dem lateinischen Teil der *Petrusakten* geschildert, der aus dem siebten Jahrhundert stammt und in Vercelli bewahrt wird; vgl. R. McL. Wilson (Hrsg.), *New Testament Aprypha*, II, London 1965, S. 279 ff.

[53] 1 Clem 5, 6 f.

[54] Vgl. W. K. Lowther Clarke, zitiert in: J. Stevenson (Hrsg.), *A New Eusebius*, London 1957, S. 4 f. Zur Bedeutung von *to terma tēs dyseōs* siehe P. N. Harri-

und voller Anspielungen, daß sich aus seinen Worten nur schwer eindeutige historische Folgerungen ziehen lassen, wie es bei einem nur etwa dreißig Jahre nach Paulus' Tod wirkenden Autor sonst wohl möglich gewesen wäre.

„Er kam bis an die Grenze des Westens", fährt Klemens fort, „und legte vor den Machthabern Zeugnis ab; so schied er aus der Welt und gelangte an den heiligen Ort, das größte Beispiel der Geduld."[55] Außer Rom erhebt keine Stadt den Anspruch, der Ort zu sein, wo Paulus den Märtyrertod starb. Gegen das Ende des zweiten Jahrhunderts schreibt Gaius von Rom dem Montanisten Proclus, er könne Paulus' „Siegeszeichen", das die Stätte seines Todes bezeichnende Monument, an der Straße von Rom nach Ostia, zeigen[56] — zweifellos nahe der Stelle, die jetzt durch die Basilika San Paolo fuori le Mura markiert wird. Ein Zeitgenosse des Gaius war Dionysius, Bischof von Korinth; er erwähnt in einem Brief an die römische Gemeinde, daß Petrus und Paulus, die beide mit seiner eigenen Gemeinde verbunden (und zwar *glücklich* verbunden) gewesen seien,[57] danach in Rom gelehrt hätten, wo sie um die gleiche Zeit den Märtyrertod gestorben seien. Es heißt, Origenes habe das Martyrium des Paulus in Rom unter Nero im dritten Band seines Genesiskommentars ausdrücklich bezeugt.[58] In seiner Zusammenfassung der Angaben dieser früheren Autoren und des Überlieferungskonsensus bemerkt Euseb: „Wie berichtet wird, wurde Paulus eben in Rom unter Nero enthauptet und Petrus gekreuzigt. Dieser Bericht wird bestätigt durch die noch bis heute erhaltenen Namen Petrus und Paulus in den römischen Zömeterien."[59]

Man kann mithin feststellen, daß Paulus irgendwann in der zweiten Hälfte von Neros Regierungszeit in Rom vor Gericht gestellt, verurteilt und hingerichtet wurde.

---

son, *The Problem of the Pastoral Epistles*, S. 107 f.; er interpretiert es als „sein westliches Ziel", was sicherlich zu der athletischen Erscheinung paßt, die Klemens uns in dieser Passage vor Augen führt, und bemerkt, daß „das Ziel dieses Rennens [des Paulus] sicherlich nicht Spanien, sondern Rom war, von welchem Punkt der Weltarena aus man es auch betrachtete". Diese Feststellung ist zu dogmatisch, in Anbetracht der Tatsache, daß nicht Rom, sondern Spanien Paulus' eigenes Ziel war, doch interpretiert man Klemens am besten dahin, daß Paulus, nachdem er das *terma tēs dyseōs* erreicht hatte, dort den Märtyrertod starb.

[55] 1 Clem 5, 7.

[56] Nach Eus. *hist.eccl.* II, 25, 7. Das „Siegeszeichen" (gr. *tropaion*) ist das an den Schauplatz seines Sieges erinnernde Monument. Siehe S. 213 f.

[57] Eus. *hist.eccl.* II, 25, 8. Siehe S. 211.

[58] Eus. *hist.eccl.* III, 1, 3.

[59] Eus. *hist.eccl.* II, 25, 5.

DREIZEHNTES KAPITEL

Der Untergang des Tempels und der Gemeinde in Jerusalem

1.

Über die Geschichte der judäischen Christenheit während der zwanzig Jahre zwischen der Verkündung des Jerusalemer Aposteldekrets und der Zerstörung des Tempels und der Stadt durch die Römer unter Titus ist uns fast nichts überliefert. Lukas' Erzählung erwähnt Jerusalem während dieser Jahre nur, wenn Paulus es besucht, und es ist kein dem lukanischen Bericht über Paulus' Mission an die Heiden vergleichbarer Bericht über die Mission an die Juden auf uns gekommen, wenn es ihn jemals gegeben hat.

Zu Beginn der fünfziger Jahre des ersten nachchristlichen Jahrhunderts erscheint Jakobus der Gerechte als der unbestrittene Leiter der Jerusalemer Gemeinde. Wenige Jahre zuvor wird er zusammen mit Petrus und Johannes als eine der „Säulen" der Gemeinde bezeichnet.[1] Die Schicksale der Urapostel, die noch bis zur Jahrhundertmitte lebten, gehören indessen zu den Rätseln der apostolischen Geschichte. Von den meisten von ihnen wissen wir gar nichts, wie bereit auch die Legende des zweiten Jahrhunderts sein mag, die Lücken in der Überlieferung auszufüllen. Was Petrus betrifft, so stehen uns einige Zeugnisse zu Gebote;[2] er scheint um diese Zeit zu einer ausgedehnteren apostolischen Reise aufgebrochen zu sein — wahrscheinlich zu den jüdischen Gemeinden in der Diaspora. Über Johannes liegen uns nur ganz wenige und zudem mehrdeutige Zeugnisse vor.[3] Noch unergiebiger sind die spärlichen Zeugnisse — soweit sie überhaupt diesen Namen verdienen —, die uns in Hinsicht der anderen zu Gebote stehen, doch scheint festzustehen, daß sie nicht mehr in Jerusalem weilten.[4]

---

[1] Gal 2, 9.
[2] Vgl. Gal 2, 11 ff.; 1 Kor 9, 5; siehe S. 83 ff., 125 f., 201 f.
[3] Das Problem der möglichen Verwechslung des Apostels Johannes mit einem anderen Johannes, wie zum Beispiel Papias' „Johannes dem Älteren" (nach Eus. *hist.eccl.* III, 39, 4), in der Überlieferung bleibt ungelöst (vgl. Irenäus, *Brief an Florinus* [nach Eus. *hist.eccl.* V, 20, 4—8]; *adv.haer.* II, 33, 3; III, 1, 2; 3, 4; V, 33,4). Siehe auch S. 181 mit Anm. 36.
[4] Die Tradition, die Thomas mit den syrischen Christen des Ostens verknüpft, gründet sich vielleicht auf Tatsachen, ist aber unaufhellbar.

Jakobus' Rolle als Führer der judäischen Christenheit wird von der späteren Überlieferung in den Erinnerungen des Hegesipp wie in den Pseudoklementinen nachdrücklich hervorgehoben und ausgeschmückt. Einer der Sprüche im *Thomasevangelium* veranschaulicht, mit welchen Argumenten spätere Generationen seinen Primat vertraten; auf die Frage der Jünger, wer nach seinem Weggang der erste unter ihnen sein werde, entgegnete Jesus dort: „Am Ort, wohin ihr gekommen seid, werdet ihr gehn zu Jakobus dem Gerechten, dessentwegen Himmel und Erde geworden sind."[5]

Jakobus' Jüngerschaft begann anscheinend, als er den auferstandenen Jesus sah; nach dem Zeugnis der Evangelienüberlieferung zählten er und seine Brüder vorher nicht zu Jesu Anhängern. Nach der Auferstehung begegnen sie uns indessen als Gefährten der anderen Jünger, ja sie spielen unter ihnen sogar eine herausragende Rolle.[6] Der neutestamentliche Hinweis auf die Erscheinung des auferstandenen Jesus vor Jakobus ist Paulus' kurze Angabe in 1 Kor 15, 7; sie fußt wahrscheinlich auf Mitteilungen, die er von Jakobus selber erhielt. Eine aus dem zweiten Jahrhundert stammende Ausschmückung dieses kargen Berichts findet sich im *Hebräer-Evangelium;* dort schwört Jakobus einen Eid, daß er kein Brot mehr essen würde, bis daß er Jesus „von den Schlafenden auferstanden" sähe. Als der auferstandene Jesus dem Jakobus erschien, nahm er folglich „das Brot, dankte und brach es und gab es Jakobus dem Gerechten, und sprach zu ihm: ‚Mein Bruder, iß dein Brot, weil des Menschen Sohn von den Schlafenden auferstanden ist'." Dieser Bericht (nach dem Jakobus überdies beim letzten Abendmahl zugegen war) dient dazu, das Ansehen der Jerusalemer Gemeinde gegenüber der Heidenchristenheit zu erhöhen.[7]

Hegesipps Bericht spiegelt den Einfluß wider, den Jakobus auf die Glieder der Jerusalemer Gemeinde und ihre Nachkommen nach seinem Tode ein Jahrhundert lang ausübte.[8] Nach Hegesipp wurde die Kirche [von Jerusalem] von Jakobus „und den Aposteln" übernommen.

---

[5] Spruch 11 (Ernst Haenchen, *Die Botschaft des Thomas-Evangeliums*, Berlin 1961, S. 16); diese Erhöhung des Jakobus ist vielleicht aus dem *Hebräerevangelium* hergeleitet.

[6] Joh 7, 5; Apg 1, 14; 1 Kor 9, 5. Vielleicht wurde ihm die Führung erstmals zu der Zeit übertragen, als Petrus von Agrippa I. gefangengesetzt wurde und anschließend Jerusalem verließ (Apg 12, 17). Vgl. O. Cullmann, *Petrus. Jünger — Apostel — Märtyrer*, Zürich 1952, S. 35 ff.

[7] Das Zitat wird von Hieronymus, *vir.ill.* 2, bewahrt. Siehe R. M. Grant und D. N. Freedmann, *The Secret Sayings of Jesus*, S. 32.

[8] Nach Eus. *hist.eccl.* II, 23, 4—7.

Jakobus wird uns als lebenslänglicher Nasiräer geschildert. Jakobus, berichtet Hegesipp, war heilig, „schon vom Mutterleib an. Wein und geistige Getränke nahm er nicht zu sich, auch aß er kein Fleisch. Eine Schere berührte nie sein Haupt, noch salbte er sich mit Öl oder nahm ein Bad. Jakobus allein war es gestattet, das Heiligtum zu betreten; denn er trug kein wollenes, sondern ein leinenes Gewand. Allein pflegte er in den Tempel zu gehen, und man fand ihn auf den Knien liegend und für das jüdische Volk um Verzeihung flehend ... Wegen seiner hervorragenden Gerechtigkeit wurde er ‚der Gerechte' genannt und ... ‚Stütze und Halt des Volkes'."[9]

Wir wissen nicht, inwieweit diese Überlieferung glaubhaft ist. Neben seinem Nasiräertum dürfte er noch andere Askeseformen geübt haben; wenn seine Ablehnung des Salböls ihn mit den Essenern verbindet, so unterscheidet er sich von ihnen dadurch, daß er nie ein Bad nahm. Am überraschendsten ist die Angabe, daß er das Allerheiligste betreten durfte.[10] Das stimmt ganz gewiß nicht, heißt es doch im Hebräerbrief: „es ist offenkundig, daß unser Herr" (und damit auch Jakobus, der jüngere Bruder Jesu) „aus Juda hervorgegangen ist; von Priestern aus diesem Stamm hat aber Mose nicht geredet" (Hebr 7, 14). Doch läßt Hegesipp hier keineswegs seiner Phantasie die Zügel schießen, sondern er (oder die Überlieferung, aus der er schöpft) versteht lediglich bildliche Ausdrücke wörtlich. Die Linnengewänder, die dem Jakobus zugeschrieben werden, passen schlecht zu seiner asketischen Lebensführung; sehr viel wahrscheinlicher ist, daß es sich um einen metaphorischen Ausdruck für seine Frömmigkeit nach der Weise von Offb 19, 8 („Das Linnen nämlich sind die gerechten Taten der Heiligen") handelt. Ebenso bedeutet sein Zutritt zum Allerheiligsten vielleicht nicht viel mehr als seine ständige Fürsprache für Israel in der Gegenwart Gottes: für ihn wie für die Propheten und Stephanus wohnte der Höchste nicht in Tempeln, die mit Händen gemacht sind.

---

[9] „Stütze und Halt des Volkes" (*periochē tou laou*) ist Eusebs Deutung von *Oblias*, einer verderbten Form einer semitischen Bezeichnung des Jakobus (als ob sie im Hebräischen *'opel 'am* lautete). H. J. Schoeps, „Jakobus *ho dikaios kai Oblias*", *Biblica* 24 (1943), S. 398 ff. und K. Baltzer und H. Köster, „Die Bezeichnung des Jakobus als *Oblias*", *ZNTW* 46 (1955), S. 141 f., haben scharfsinnige, aber wenig überzeugende Lösungen dieses Problems vorgeschlagen.

[10] Epiphanius (*panar.* 29, 4) läßt ihn das Allerheiligste einmal im Jahr betreten. Der Versuch, Jesu (und entsprechend Jakobus') Zugehörigkeit sowohl zum Stamm Levi wie zu Juda nachzuweisen, ist bereits für Hippolytus (*Segnungen Isaaks, Jakobs und Moses. Patrologia Orientalis* 27 [1954], S. 72, 144 ff.) bezeugt.

Doch besagen Hegesipps Worte, wenn man sie richtig versteht, noch mehr. Sie spiegeln die frühe Überlieferung, nach der das von Gott geschaffene Amt des Hohenpriesters von Kajaphas und seinen Amtskollegen auf Jakobus und seine Nachfolger übergegangen war. Gewiß, wie früh diese Anschauung auch in der gläubigen Gemeinde Platz griff, es konnte keine Rede davon sein, daß Jakobus das irdische Allerheiligste betrat, um dort zu amtieren; seine Hüter waren die letzten, die an solch eine Übertragung des Hohenpriesteramtes gedacht hätten. Die frühesten Lehrer- und Bischofsreihen, die Hegesipp als einer der ersten zusammentrug, wurden anscheinend nach dem Vorbild von Sukzessionsverzeichnissen jüdischer Hohenpriester im nachexilischen Zeitalter erstellt und betonten nachdrücklich den Primat des Jakobus als des Urquells der apostolischen Autorität.[11] Wenn Euseb angibt, Jakobus habe „nach der Himmelfahrt unseres Erlösers zuerst den bischöflichen Stuhl in Jerusalem erhalten",[12] so bedient er sich der Sprache seiner Zeit (denn es ist äußerst unwahrscheinlich, daß Jakobus zu seinen Lebzeiten den Titel *episkopos* führte), doch liegt die in dieser Sprache bewahrte Überlieferung der Zeit des Euseb um mehrere Generationen vorauf. Mochten Antiochien und Rom auch für den Primat des Petrus eintreten, so stand für die jerusalemische Überlieferung doch zweifelsfrei fest, wer den Primat ursprünglich innehatte, und niemand konnte bestreiten, daß die Jerusalemer Kirche die Mutterkirche der Christenheit war.

In der Apostelgeschichte wird dem Jakobus kein so hoher Rang zuerkannt. Er erscheint dort als Vorsitzender oder *primus inter pares* der Ältesten der Jerusalemer Gemeinde; diese bildeten eine Art nazaräisches Synedrium, wenn dieses auch nicht notwendig so viele Mitglieder umfaßte wie der oberste Gerichtshof der Nation. Jakobus und seinen Mitältesten oblag die Verwaltung der großen Jerusalemer Jüngergemeinde, kein leichtes Amt. Wenn es in Apg 21, 20 heißt, diese habe „viele Tausende" umfaßt, so sollte man diese Zahl nicht zu wörtlich nehmen; wenn man davon ausgeht, daß Jerusalem damals ungefähr 30 000 Einwohner zählte,[13] dann würde „wie viele Tausende", wörtlich verstanden, sämtliche Einwohner der Stadt bedeuten — und in der Tat hat man gemeint,

---

[11] Vgl. A. Ehrhardt, *The Apostolic Succession*, London 1953, S. 28 ff.; *The Apostolic Ministry*, Edinburgh 1958, S. 35. Wenn Jesus der Prophet gleichwie Mose war, teilte man dann dem Jakobus die Rolle des Mosesbruders Aaron zu?

[12] *hist.eccl.* II, 1, 2; III, 5, 2; VII, 19, 1. Vgl. *Clem. recogn.* IV, 35, wo man einem Lehrer nur vertrauen darf, wenn er aus Jerusalem ein Zeugnis von Jakobus oder seinem rechtmäßig ernannten Nachfolger beibringt.

[13] Siehe Teil I, S. 43.

ohne sich indessen auf den Text stützen zu können, daß „wie viele Tausende" sich ursprünglich nicht auf die Jünger, sondern auf die gesamte Stadtbevölkerung bezogen habe.[14] Aus der Apostelgeschichte gewinnt man den Eindruck, daß die Jerusalemer Gemeinde eine beträchtliche Minderheit der Stadtbevölkerung darstellte und man bei ihren Mitgliedern auf sehr vielfältige Einstellungen und Temperamente, Glaubensanschauungen und Praktiken stieß. Auch nach der Austreibung der meisten gläubigen Hellenisten in der auf den Tod des Stephanus folgenden Unterdrückungskampagne gab es Leute wie den Zyprioten Mnason, die Paulus und seinen nichtjüdischen Gefährten Gastfreundschaft gewährten, als sie 57 n. Chr. mit der „Sammlung für die Heiligen" nach Jerusalem kamen, und am entgegengesetzten Ende „Eiferer für das Gesetz", die sich nur sehr zögernd mit den Bestimmungen des Aposteldekrets, welche die heidnischen Bekehrten von der Forderung der Beschneidung ausnahmen,[15] einverstanden erklärt hatten. Mochten einige der Jünger zu den „Stillen im Lande" gehören, so sympathisierten andere zweifellos mit den Widerstandsbewegungen, gegen die Felix mit schonungsloser Brutalität vorging. Die Leitung einer so vielfältigen Gemeinschaft erforderte sicherlich große Festigkeit und viel Takt, doch war Jakobus dieser Aufgabe offenbar gewachsen und erwarb sich die Achtung seiner Glaubensgenossen, ja, der ganzen Jerusalemer Bevölkerung.

Von der Mission an die Juden, mit der Jakobus, Petrus und Johannes nach Paulus' Bericht in Gal 2, 1—10 betraut wurden, wissen wir nur wenig. Anders als wahrscheinlich Petrus und Johannes unternahm Jakobus offenbar keine weiten Reisen, doch mag in der Überschrift des Jakobusbriefes ein Hinweis darauf enthalten sein, daß sich sein Amtsbezirk nicht auf Jerusalem und Judäa beschränkte: „Jakobus ... den zwölf Stämmen, die in der Zerstreuung sind."[16] Möglicherweise wurden seine Befugnisse außerhalb von Jerusalem und Judäa von Bevollmächtigten ausgeübt, wie den „etlichen" (oder „dem Abgesandten"), die am Beginn der Heidenmission „von Jakobus" nach Antiochien „kamen" und Petrus überredeten, sich von der Tischgemeinschaft mit Heidenchristen zurückzuziehen (Gal 2, 12).[17] In Analogie zu den bevollmächtigten Boten des Hohen Rats an jüdische Gemeinden in der Zerstreuung hießen diese

---

[14] Vgl. J. Munck, *Paulus und die Heilsgeschichte*, Kopenhagen 1954, S. 235 ff.
[15] Apg 21, 16.20.
[16] Jak 1, 1. Mit „Die zwölf Stämme, die in der Zerstreuung sind", ist hier vielleicht spezieller als die das neue Israel bildende Gesamtheit der jüdischen Jesusgläubigen gemeint.
[17] Siehe S. 84 mit Anm. 9.

Boten der Jerusalemer Kirche möglicherweise *scheluchim* oder *schelichim,*[18] und vielleicht bezieht sich Paulus' scharfe Kritik an „falschen Aposteln, ... die sich in Apostel Christi verkleiden" (2 Kor 11, 13) auf einige von ihnen, die über ihre Kompetenzen hinausgriffen, indem sie in Paulus' Heidenmissionsgebiet vordrangen und versuchten, seine Bekehrten zu bevormunden.

Doch als Paulus und seine nichtjüdischen Gefährten im Frühjahr 57 nach Jerusalem kamen, wurden sie von Jakobus und den anderen Ältesten freundlich willkommen geheißen, und als die Letztgenannten vorschlugen, Paulus möge sich im Tempelbezirk den vier Nasiräern zugesellen, verfolgten sie durchaus löbliche Absichten. Sie konnten ebensowenig wie Paulus ahnen, daß sich daraus so schwerwiegende Folgen ergeben würden. Als Paulus wenige Tage später von Jerusalem nach Cäsarea gebracht wurde, fiel ihnen vermutlich ein Stein vom Herzen. Paulus schien überall, wo er auftauchte, Unruhe zu stiften, und Jerusalem war ohne ihn eine sehr viel ruhigere Stadt. Möglicherweise war ihnen die Spende, die er und seine Gefährten mitbrachten, willkommener als Paulus selber.

Was Paulus' Gefährten nach seiner Verhaftung taten, können wir nur vermuten. Die meisten von ihnen dürften sich so schnell und so unauffällig wie möglich davongemacht haben. Vor allem Trophimus aus Ephesus muß in Anbetracht der Beschuldigung, Paulus habe ihn, den Heiden, in die inneren Tempelvorhöfe geführt, in Gefahr geschwebt haben.[19] Lukas blieb wahrscheinlich in oder in der Nähe von Cäsarea, solange Paulus dort im Gefängnis saß, desgleichen vielleicht Aristarch aus Thessalonich, jedenfalls begleiteten sowohl Aristarch wie Lukas den Apostel, als man ihn schließlich von Cäsarea aus nach Italien einschiffte.[20]

Jakobus und seine Gefährten kompromittierten sich indessen nach Auffassung des Hohen Rates, indem sie Paulus bei seinem Besuch in Jerusalem aufnahmen. Tertullus, der Sprecher des Synedriums, klagte Paulus vor Felix an, er sei ein „Vorkämpfer der Sekte der Nazoräer" (Apg 24, 5). Der Vorkämpfer entschlüpfte ihm, indem er an den Kaiser appellierte, aber die Hauptgemeinde der Nazoräer dort in Jerusalem unterstand seiner Jurisdiktion. Man konnte ihr jedoch kaum etwas nachweisen; ihre Mitglieder waren einfache, fromme und vaterländische Juden, und ihr Anführer ein Mann, der sich durch seine asketische und

---

[18] Vgl. K. H. Rengstorf, *Apostleship,* London 1952, S. 12 ff.; T. W. Manson, *The Church's Ministry,* London 1948, S. 31 ff. Siehe Teil I, S. 190.
[19] Apg 21, 29.
[20] Apg 27, 2.

fromme Lebensführung die Achtung aller derer, die ihn kannten, erworben hatte.

Als Festus jedoch im Jahre 62 n. Chr. plötzlich starb, glaubte der Hohepriester Hannas (Ananus) der Jüngere, wie Josephus berichtet, „eine günstige Gelegenheit gefunden zu haben ... Er versammelte daher den Hohen Rat zum Gericht und stellte vor dasselbe den Bruder des Jesus, der Christus genannt wird, mit Namen Jakobus, sowie noch einige andere, die er der Gesetzesübertretung anklagte und zur Steinigung führen ließ".[21] Josephus erwähnt nicht, was für ein Verbrechen sie begangen haben sollten, gibt aber an, daß das Vorgehen des Hohenpriesters „alle jene Bürger" empörte, „die für besonders unparteiisch und gesetzesstreng galten" — Jakobus und die anderen dürften also kaum einer flagranten Verletzung der religiösen Gesetze des Judentums beschuldigt worden sein. Hätte man ihnen andererseits etwas wie zelotische Umtriebe oder Aufwiegelei vorgeworfen (der Anklage vergleichbar, die dreißig Jahre zuvor gegen Jesus erhoben worden war), so hätte man den Zorn des neuen Prokurators Albinus nicht so sehr zu fürchten brauchen. Jedenfalls zögerte Agrippa nicht, sich selber und das jüdische Gemeinwesen den Römern gegenüber ins Recht zu setzen, indem er Hannas seines Amtes enthob; der Hohepriester war nicht befugt, die Blutgerichtsbarkeit auszuüben, gleichgültig ob ein römischer Prokurator in Judäa residierte oder nicht.[22]

Josephus' nüchterner Bericht kann ohne weiteres angenommen werden, nicht dagegen spätere Ausschmückungen des Vorfalls. Nach Klemens von Alexandrien wurde „Jakobus der Gerechte von der ‚Zinne' des Tempels herabgestürzt und von einem Walker mit einem Stück Holz totgeschlagen";[23] er gibt eine Zusammenfassung der ausführlicheren Erzählung des Hegesipp, der schildert, wie die „Schriftgelehrten und Pharisäer" zur Passahzeit einen öffentlichen Disput mit Jakobus veranstalteten[24] und ihn auf die „Zinne" des Tempels setzten, damit alle Festpilger ihn sehen und hören könnten. Als man ihn fragte: „Welches ist die Türe Jesu?", antwortete er mit lauter Stimme: „Was fragt ihr mich über den Sohn des Menschen? Er thront im Himmel zur Rechten der großen Kraft und wird

---

21 Ios. *ant.Iud.* XX, 200.
22 Ios. *ant.Iud.* XX, 201—3 (siehe Teil I, S. 29; 70; 205 f.).
23 *Hypotyposen* VII, nach Eus. *hist.eccl.* II, 1, 5.
24 Einige Einzelheiten dieser Disputation sind in *Clem. recogn.* I, 66—71 bewahrt; H. J. Schoeps, *Theologie und Geschichte des Judenchristentums*, Tübingen 1949, S. 405 ff., vermutet, daß sie einer Hegesipp bekannten früheren ebionistischen „Apostelgeschichte" entnommen sind.

kommen auf den Wolken des Himmels." Als die Menge „Hosianna dem Sohn Davids" rief, erkannten Jakobus' Feinde, daß ihre Absicht, ihn in Verruf zu bringen, fehlgeschlagen war; sie warfen ihn hinab und begannen, ihn zu steinigen; ein Walker gab ihm mit einem Stück Holz den Gnadenstoß.[25]

Diese Erzählung ist offensichtlich durch die neutestamentlichen Berichte über den Prozeß Jesu und den Prozeß und die Steinigung des Stephanus beeinflußt, zumal Jakobus, als die Steinwürfe einsetzten, niederkniete und betete: „Herr Gott und Vater, ich bitte dich, vergib ihnen, denn sie wissen nicht, was sie tun".[26] Das Motiv des öffentlichen Disputs scheint später in den Pseudoklementinen auf und verdient Interesse, ist aber für die Geschichte des Jahres 62 n. Chr. ohne Bedeutung.

Hegesipp deutet an, daß diese gewaltsame Beendigung der Fürsprechertätigkeit, die Jakobus für sein Volk ausgeübt hatte, die Tragödie des Jahres 70 n. Chr. unvermeidlich machte. „Bald darauf", berichtet er, „folgte die Belagerung durch Vespasian."[27]

Der Tod des Jakobus war für die Jerusalemer Kirche ein harter Schlag, der sie sehr entmutigte. Ein anderes Mitglied der heiligen Familie (der *desposynoi*), Simeon, der Sohn des Klopas, wurde zu seinem Nachfolger gewählt, wahrscheinlich aber nicht sogleich.[28] Nach Euseb empfing die Gemeinde zwischen dem Tod des Jakobus und dem Ausbruch des Aufstandes im Jahre 66 n. Chr. in einer Offenbarung, die ihren Führern geworden war, die Weissagung, die zum Untergang verurteilte Stadt zu verlassen und nach Pella, einer der Städte der Dekapolis östlich des Jordan, überzusiedeln.[29] Es steht fest, daß sich eine Anzahl Christen in Pella niederließ; von einem von ihnen, dem Ariston von Pella (einem

---

[25] Hegesipp nach Eus. *hist.eccl.* II, 23, 8—18. Die „Türe Jesu" hat man zu „die Türe des Heils" (hebr. *jeschu 'ach*) oder das „Gesetz Jesu" emendiert (gr. *thyra* zu *thōra*, d. h. hebr. *torah* emendiert).

[26] Mit Eus. *hist.eccl.* II, 23, 16 vgl. Apg 7, 60 (und Lk 23, 34); siehe S. 26 mit Anm. 21, 22.

[27] Nach Eus. *hist.eccl.* II, 23, 18. Laut Origenes (*c. Cels.* I, 47) und Euseb (*hist.eccl.* II, 23, 20) schrieb Josephus, daß die Katastrophen der Jahre 66—73 n. Chr. „den Juden als Rache für Jakobus, den Gerechten, den Bruder Jesu, des sogenannten Christus, widerfuhren; denn obwohl er der Gerechteste war, hatten ihn die Juden getötet". Dieses Zitat findet sich in keiner einzigen Josephus-Handschrift; es ist völlig unglaubwürdig.

[28] Eus. *hist.eccl.* III, 11; sein Bericht geht wahrscheinlich auf Hegesipp zurück, den er für die Angabe zitiert, daß Klopas, der Bruder des Joseph, des Mannes der Maria, war. Die Bezeichnung und Würde der *desposynoi* werden von Julius Africanus erwähnt, nach Eus. *hist.eccl.* I, 7, 14.

[29] *hist.eccl.* III, 5, 3 (diese Weissagung kann man wohl kaum mit dem Gebot, „ins Gebirge zu fliehen", in Mk 13, 14 identifizieren).

Apologeten gegen die Juden, der im zweiten Jahrhundert lebte),[30] mag Euseb diese Angabe erhalten haben. Doch ist es wahrscheinlich, daß sie in Anbetracht der Streitigkeiten, die am Beginn des Krieges in Pella wie in anderen heidnischen Städten jenes Gebietes zwischen Juden und Heiden ausbrachen,[31] zunächst in den weniger belebten Teilen des Ostjordanlandes Zuflucht suchten; in der Tat spiegelt die apokalyptische Sprache von Offb 12, 14 die Flucht der Urgemeinde in die Wüste und ihre Bewahrung während dieser Zeit der Drangsale. Möglicherweise fanden einige Flüchtlinge auch in Ägypten ein Obdach;[32] in späteren Generationen waren Ägypten und das Ostjordanland zwei Hauptzentren des „ebionitischen" Christentums — einer Form des Judenchristentums, die Elemente der überkommenen Theologie der Jerusalemer Kirche mit solchen samaritanischen oder essenischen Charakters verband.[33] Viele Gemeindeglieder blieben indessen, wo sie waren — in Judäa, wenn nicht in Jerusalem selbst.

Um die gleiche Zeit wanderten palästinische Christen auch in die Provinz Asia aus; eine Anzahl von „großen Leuchten" des apostolischen Zeitalters verbrachten dort ihre letzten Jahre, und die asiatischen Christen späterer Generationen zeigten voll Stolz ihre Grabstätten.[34] Einige dieser Auswanderer mißbilligten die laxen Grundsätze der Christen in einigen Kirchen der Provinz: die tadelnden Worte, die in der Johannesoffenbarung in den Sendschreiben an die sieben Kirchen über die Nikolaiten und andere fallen, verraten die Haltung jener, die an den Bedingungen festhielten, die man den Heidenchristen durch die Jerusalemer Apostelbeschlüsse auferlegt hatte, und jegliche Lockerung derselben ablehnten.[35] Unter diesen Auswanderern ragte „Johannes, der Jünger des Herrn", der traditionelle Verfasser der Offenbarung, hervor; sein Grab wurde später in Ephesus gezeigt.[36] In der Mehrzahl waren diese Aus-

---

[30] Eus. (*hist.eccl.* IV, 6, 3) zitiert Ariston als seine Quelle für die Ereignisse des zweiten jüdischen Aufstandes (132—135 n. Chr.).

[31] Ios. *bel.Iud.* II, 458; vgl. S. G. F. Brandon, *The Fall of Jerusalem and the Christian Church*, London 1951, S. 168 ff.

[32] Vgl. S. G. F. Brandon, *The Fall of Jerusalem*, S. 217 ff.

[33] Siehe Teil I, S. 120; Teil II, S. 72; 197.

[34] Eus. *hist.eccl.* III, 31, 2 ff.; V, 24, 2 ff.

[35] Offb 2, 6.14 f., 20 ff.

[36] Eus. *hist.eccl.* III, 1, 1; 31, 3; V, 24, 3. Tatsächlich gab es in Ephesus zwei angebliche Johannes-Gräber (Dionysius von Alexandrien nach Eus. *hist.eccl.* VII, 25, 16); eine vergleichbare Situation herrschte in Rom, wo ein Teil des Volkes zeitweise die *Memoria Apostolorum ad Catacumbas* und nicht die offiziell anerkannten Denkmäler auf dem Vatikanhügel und an der Via Ostiense als Grabstätten des Petrus und Paulus ansah. Siehe S. 214 ff.

wanderer jedoch anscheinend Hellenisten, die eine sehr viel weniger judaistische Ausdeutung des Christentums vertraten als die Flüchtlinge von der Jerusalemer Gemeinde. Zu diesem Hellenisten zählten Philippus und seine Töchter, deren Gräber später in Hierapolis in Phrygien gezeigt wurden. Wenn dieser Philippus, was sehr wahrscheinlich ist, „der Evangelist Philippus" von Apg 21, 8 ist (eher als „Philippus, einer der zwölf Apostel", mit dem ihn Polykrates, Bischof von Ephesus, um 190 n. Chr., identifizierte),[37] dann wanderte ein Teil der christlichen Gemeinde von Cäsarea mit in die prokonsularische Provinz Asia aus. In der Zeit vor und nach Kriegsausbruch 66 n. Chr. dürfte Cäsarea für Christen — speziell für Christen jüdischer Abkunft — kein angenehmer Aufenthaltsort gewesen sein.

2.

In den zwei Jahren seiner Gefangenschaft in Cäsarea muß Paulus hin und wieder von den Streitigkeiten erfahren haben, die damals zwischen den jüdischen und heidnischen Stadtbewohnern ausbrachen. Cäsarea war eine vorwiegend heidnische Stadt, doch glaubte die jüdische Gemeinde, Sondervorrechte zu besitzen, weil König Herodes, der Gründer der Stadt, Jude war. Der Streit über diese Privilegien führte zu Unruhen, in die Felix' Soldaten zum Nachteil der Juden eingriffen. Eine solche Einmischung verschlechterte die Situation natürlich, und Felix schickte die Anführer der Juden wie der Heiden nach Rom, damit Nero ihren Streit untersuche und schlichte. Am Beginn der Untersuchung wurde Felix aus Judäa abberufen und seines Amtes enthoben, wahrscheinlich wegen der Ausschreitungen, die sein Eingreifen in den Streit zur Folge hatte. Gleichwohl begünstigte der kaiserliche Urteilsspruch die Heiden; nach Josephus hatten die Griechen von Cäsarea den Sekretär des Kaisers bestochen und dadurch erreicht, daß die Gewährung gleicher Rechte (*isopoliteia*) an die Juden der Stadt wieder rückgängig gemacht wurde.[38] Wahrscheinlicher ist, daß das kaiserliche Reskript nicht die Gewährung solcher Rech-

---

[37] Polykrates nach Eus. *hist.eccl.* III, 31, 3; V, 24, 2. Euseb nahm jedoch an, daß Philippus und seine Töchter die von Apg 21, 8 seien; er zitiert diese Stelle nämlich in *hist.eccl.* III, 31, 5 als den biblischen Hinweis auf diese Familie, nachdem er die Angabe des Montanisten Proclus angeführt hat, wonach sich die Gräber Philippus' und seiner vier Töchter in Hierapolis befanden (*hist.eccl.* III, 31, 4).

[38] *ant.Iud.* XX, 183 f.

te wieder aufhob, sondern den von den Juden geltend gemachten Anspruch auf Gleichberechtigung zurückwies. Jedenfalls vermochten die Griechen von Cäsarea der Versuchung, über ihre jüdischen Mitbürger, die jetzt offiziell als Bürger zweiter Klasse abgestempelt waren, zu triumphieren, nicht zu widerstehen und ließen sich keine Gelegenheit entgehen, sie durch eine Reihe schikanöser und erniedrigender Nadelstiche zu peinigen und zu kränken. Als sie einmal vor der Synagogentür einen Vogel opferten, was besagen sollte, daß die Juden Aussätzige seien, die durch diesen Ritus gereinigt werden müßten, wandten diese sich an den Prokurator mit der Bitte, ihnen Wiedergutmachung zuteil werden zu lassen, denn ihre Religion sei durch kaiserliche Gesetze gegen solche Übergriffe geschützt. Als Prokurator amtierte damals Florus, dessen Käuflichkeit so berüchtigt war, daß jeder Bittsteller wußte, daß man bei ihm allein mit Bestechung weiterkam. Dementsprechend übergaben sie ihm zugleich mit ihrer Bittschrift acht Silbertalente. Florus nahm letztere bereitwillig entgegen, ließ ihre Bitte indessen unbeachtet.[39]

Josephus[40] zählt die Unruhen in Cäsarea mit Recht zu den Ursachen des Krieges gegen Rom, der im September 66 n. Chr. ausbrach. Der Gegensatz zwischen Neros Entscheid über Cäsarea und der günstigen Entscheidung des Claudius in betreff der Juden von Judäa und Alexandrien[41] wies auf eine Änderung der kaiserlichen Politik gegenüber den Juden und führte den Zeloten viele Anhänger zu. Den unmittelbaren Anlaß zum Krieg muß man indessen in Jerusalem suchen, und für seine Auslösung zu jenem Zeitpunkt war in erster Linie Florus verantwortlich. Während der Keim für die spätere Entwicklung schon in der Frühzeit der römischen Besetzung gelegt wurde und sechzig Jahre zelotischen Widerstandes und militärischer Unterdrückung dem Kriegsausbruch voraufgingen, war es auf dem Höhepunkt der Krise nicht ein zelotischer Anführer, der die römische Souveränität mit aller Entschiedenheit verwarf, sondern ein Führer des Tempelwesens. Diese unerwartete Wendung kam durch Florus' blindwütige Torheit zustande.

Florus' Habgier war so groß, daß er gegen keinerlei Bestechung gefeit war und vor keiner Erpressung zurückschreckte. Als er sich schließlich am Tempelschatz vergriff und sich siebzehn Talente unter dem Vorwand

---

[39] Ios. *bel.Iud.* II, 284–8.
[40] Ios. *ant.Iud.* XX, 184.
[41] Insbesondere seine scharfen Maßnahmen gegen Römer und Samaritaner anläßlich der Wirren in Judäa im Jahre 52 (siehe S. 146) wie auch gegen die Anführer der judenfeindlichen Partei in Alexandrien bei den Unruhen des Jahres 53 n. Chr.; vgl. *CPI* II, 156 (siehe S. 94 mit Anm. 4).

aneignete, der Kaiser brauche sie, war das Maß voll. Vielleicht sollte das heißen, daß an den dem kaiserlichen Fiskus geschuldeten Tribut dieser Betrag noch fehle und er ihn auf diese Weise einzutreiben gedenke. Mit seiner Handlungsweise — die in den Augen der Juden eine Gotteslästerung darstellte — provozierte er indessen eine tumultuarische Demonstration, die er als Rebellion wertete; er griff sich wahllos eine Anzahl hochgestellter Bürger heraus, ließ sie ans Kreuz schlagen und gab seinen Truppen einen Teil der Stadt zur Plünderung frei. Die Einwohner zerstörten daraufhin die Verbindung zwischen der Burg Antonia und dem äußeren Tempelvorhof, um einem römischen Überraschungsangriff und der Besetzung des Tempelbezirks zuvorzukommen.[42]

Neapolitanus, ein Militärtribun, den Cestius Gallus, der Statthalter von Syrien, zur Untersuchung der Unruhen aus Antiochien herbeigesandt hatte, sowie der jüngere Agrippa beschworen die zornentbrannten Bürger, sich Zurückhaltung aufzuerlegen. Das Volk war bereit, Agrippas Aufforderung, sie sollten die Tributrückstände bezahlen und die zerstörten Säulengänge, die den Tempelbezirk mit der Burg Antonia verbanden, wiederherstellen, zu befolgen, doch als er auf ausdrückliche Fragen einräumte, die Unterwerfung unter Roms Machtspruch sei gleichbedeutend mit der Unterwerfung unter Florus, bis der Kaiser ihn abzulösen geruhe, schrie man ihn nieder und verjagte ihn aus der Stadt.[43]

Der Tempelhauptmann Eleasar überredete daraufhin die Priester, das tägliche Opfer für das Wohlergehen des Kaisers einzustellen. Dies bedeutete eine offene Rebellionserklärung an Rom. Viele verantwortungsbewußte Bürger waren über ihre vorhersehbaren Folgen entsetzt und ließen in ihrer Verzweiflung nichts unversucht, um der Erhebung Einhalt zu gebieten, doch die aufrührerische Stimmung gewann rasch an Boden, und als die Rebellen Anfang September in die Burg Antonia eindrangen und die römische Besatzung niedermetzelten, gab es kein Zurück mehr.[44]

Eine weitere Festung, die den Römern kurz zuvor entrissen worden war, war das westlich des Toten Meeres gelegene Masada. Die Juden, die sie einnahmen, waren Zeloten, die von der Erhebung in Jerusalem gehört hatten und nun glaubten, endlich sei ihre Stunde gekommen. Mit den Waffen versehen, die sie im Zeughaus von Masada vorgefunden hatten, marschierten sie unter der Führung von Menahem, einem Abkömmling Judas' des Galiläers, auf Jerusalem und besetzten den Westteil der Stadt.

---

[42] Ios. *bel.Iud.* II, 293—332.
[43] Ios. *bel.Iud.* II, 333—407.
[44] Ios. *bel.Iud.* II, 409—32.

Eleasar war über die Anwesenheit eines Rivalen alles andere als erfreut, und er und Menahem gerieten alsbald aneinander. Menahem wurde nach vierzehntägigem heftigem Kampf (während dessen Eleasars Vater, Ananias, einer der Anführer der Friedenspartei, von Zeloten umgebracht wurde) gefangengenommen und mitsamt einigen seiner Stellvertreter getötet; wer von den Zeloten entkam, flüchtete zurück nach Masada, das bis zum Frühjahr 73 gegen die Römer aushielt.[45]

Es mag unglaublich erscheinen, daß die Aufständischen hofften, den Römern erfolgreich die Stirn bieten zu können. Agrippa und andere versuchten, ihnen vor Augen zu führen, daß ihre Träume nicht die mindeste Aussicht auf Verwirklichung hätten. Josephus, der kürzlich von einem zweijährigen Aufenthalt in Rom zurückgekommen war,[46] behauptete, er habe den Hitzköpfen klarzumachen versucht, daß sie mit ihrer Wahnsinnspolitik sich selber, ihre Familien und ihr Land in eine Katastrophe stürzen würden — obschon er nach Kriegsausbruch dann das Kommando über eine Rebellenabteilung in Galiläa übernahm.[47]

Was nützen Appelle an die Vernunft, wenn das Kriegsfieber ausbricht? Die Führer der jüdischen Erhebung konnten zudem ihre Politik mit einigen eindrucksvollen Argumenten rechtfertigen. Sie glaubten, Gott sei auf ihrer Seite — oder vielmehr, sie stünden auf der Seite Gottes. Sowohl Josephus als auch Tacitus und Sueton berichten, ein altes Orakel in ihren heiligen Schriften, wonach „zu ebenjener Zeit"[48] ein Mann oder Männer aus Judäa die Weltherrschaft erlangen würden, habe ihnen Mut gemacht. Wahrscheinlich ist damit die Weissagung des Engels in Dan 9, 24—27 gemeint, daß nach Ablauf von siebzig [Jahr-] Wochen zu je sieben Jahren die ewige Gerechtigkeit aufgerichtet werden würde (das heißt unter dem verheißenen Königtum der Heiligen, das der Gott des Himmels schaffen

---

[45] Ios. *bel.Iud.* II, 408, 433—48. Für die These, daß dieser Menahem der Lehrer der Gerechtigkeit der Qumransekte war, siehe Teil I, S. 201 mit Anm. 56.
[46] Siehe S. 153.
[47] Während Josephus sich in *bel.Iud.* II, 568 als Oberkommandierenden der Rebellenstreitkräfte in den beiden Galiläa bezeichnet und nachdrücklich betont, er habe seine Pflichten mit großer Energie erfüllt, bemüht er sich in seiner *Selbstbiographie,* 17 ff., darzutun, daß er zwar scheinbar ein Kommando übernommen habe, seine Absichten und großenteils auch seine Handlungsweise indessen die ganze Zeit über romfreundlich gewesen seien. In dem früheren Werk erhöhte die Übertreibung Betonung seines Eifers für die Sache der Aufständischen den Großmut Vespasians und des Titus, in dem späteren war es wichtiger, Domitians judenfeindlichen Argwohn zu zerstreuen.
[48] Ios. *bel.Iud.* VI, 312 (*kata ton kairon ekeinon*); Tac. *hist.* V, 13 (*eo ipso tempore*); Suet. Vesp. 6, 3.

werde); offensichtlich glaubten einige aufgrund von Berechnungen, die in den sechziger Jahren angestellt wurden, daß sich diese Periode ihrem Abschluß nähere. Josephus berichtet, wie er zu der Schlußfolgerung gelangte, daß die Weissagung in Wirklichkeit auf den (anfangs 67 von Nero zur Niederschlagung des Aufstandes nach Judäa entsandten) römischen Oberbefehlshaber Vespasian deutete, der im Sommer 69 zum Kaiser ausgerufen wurde;[49] Tacitus und Sueton legen das Orakel genauso aus. Nach Auffassung der Aufständischen besagte es jedoch, daß die Stunde der Befreiung Israels nahe.[50]

Erneut erinnerte man sich der Siege des Judas Makkabäus und seiner Brüder. Auch sie zogen zuerst wiederholt gegen weit überlegene Streitkräfte ins Feld; aber Gott stritt für sie, und sie tilgten nicht nur die Schmach, die ihnen durch die Entweihung des Tempels und das Verbot der Ausübung ihrer Religion angetan worden war, sondern gewannen Israel die Unabhängigkeit zurück. Was sie damals vermocht hatten, konnte man abermals angesichts eines neuen imperialen Unterdrückers durchsetzen. Und in der Tat sprach aller Anschein dafür, daß sich die Geschichte wiederholen werde: als Cestius Gallus im November 66 von Syrien mit Legionssoldaten nach Süden marschierte, um in eine Lage einzugreifen, die der Kontrolle des Prokurators von Judäa entglitten war, besetzte er Besetha, die nördliche Vorstadt von Jerusalem, zog sich dann aber plötzlich wieder zurück — wahrscheinlich weil er vermutete, daß er den Rest der Stadt und den stark befestigten Tempelbezirk nicht werde bezwingen können. Auf dem Marsch nach Norden wurde sein Heer im Hohlweg bei Beth-Horon (der Jerusalem mit der Küstenstraße verband), wo Judas Makkabäus seinerzeit wiederholt seine Feinde besiegt hatte, von jüdischen Aufständischen aus dem Hinterhalt überfallen und erlitt schwere Verluste. Durch diesen Anfangserfolg der Aufständischen gerieten die Gemäßigten und die Führer der Friedenspartei bei der Öffentlichkeit in Mißkredit und sahen sich die Rebellen in ihrem Vorhaben bestärkt, die gesamte jüdische Bevölkerung von Palästina zum Befreiungs-

---

[49] *bel.Iud.* II, 351—4; vgl. IV, 616—21; Tac. *hist.* II, 74 ff.; Suet. *Vesp.* 6, 3.
[50] Ios. *bel.Iud.* VI, 313: „Dies bezogen sie auf einen aus ihrem Volk, und viele Weise täuschten sich in ihrem Urteil. Der Gottesspruch zeigte vielmehr die Herrscherwürde des Vespasian an, der in Judäa zum Kaiser ausgerufen wurde." In der altrussischen Fassung steht statt dessen: „Nach einigen deutete dies auf Herodes, nach anderen auf den gekreuzigten Wundertäter Jesus, nach wiederum anderen auf Vespasian." Man mag damit die Versicherungen der Astrologen gegenüber Nero vergleichen, falls er sich genötigt sehe, Rom zu verlassen, werde er einen anderen Thron im Orient bekommen, wobei einige sogar Jerusalem angaben (Suet. *Nero,* 40).

kampf zu mobilisieren.[51] Als Vespasian im darauffolgenden Frühjahr eintraf, um die Leitung der Operationen zu übernehmen, kämpfte er nach und nach Galiläa, Peräa, das westliche Judäa und Idumäa nieder, doch als er mit der Belagerung von Jerusalem beginnen wollte, traf die Nachricht vom Tode Neros (9. Juni 68) und dem Ausbruch des Bürgerkriegs ein. Vespasian stellte die Operationen daraufhin für ein Jahr ein, um die weitere Entwicklung abzuwarten, und da die Aufständischen in Jerusalem (möglicherweise verstümmelte und übertriebene) Berichte über den mörderischen Kampf der Kaiserthronbewerber in und um Rom erhielten, kann man wohl verstehen, daß sie meinten, es spiele sich jetzt etwas Ähnliches ab wie vor hundert Jahren, als dynastische Streitigkeiten die Seleukiden geschwächt und den Hasmonäern in die Hände gearbeitet hatten. Dennoch hätten die Aufständischen wohl darauf verzichten können, selber einen Bürgerkrieg zu entfachen; während der Untätigkeit der Römer machten sich in Jerusalem drei Führer die Vorherrschaft streitig: Simon bar Giora von der Stadt, Johannes von Giskhala, der Feind des Josephus, vom äußeren Tempelvorhof und der Zelotenführer Eleasar, Sohn des Simon, von den inneren Höfen aus.[52]

Doch als sich Vespasian im Juni 69 erneut anschickte, den Aufstand niederzuschlagen, eroberte er binnen kurzem ganz Palästina außer der Stadt Jerusalem und den drei Festungen Herodeion, Masada und Machaerus. Im Sommer jenes Jahres riefen ihn die römischen Befehlshaber und Heere der Ostprovinzen nacheinander zum Kaiser aus — Tiberius Julius Alexander machte am 1. Juli in Alexandrien den Anfang —, und als seine Parteigänger Rom eingenommen hatten, begab er sich alsbald dorthin und betraute seinen älteren Sohn Titus mit der endgültigen Zerschlagung des jüdischen Aufstandes.[53]

Titus begann die Belagerung von Jerusalem im April 70. Die Verteidiger hielten fünf Monate lang in hoffnungsloser Lage aus, doch Ende August hatten die Römer den Tempelbezirk besetzt und das Heiligtum niedergebrannt, und Ende September hatte jeglicher Widerstand in der Stadt aufgehört. Anschließend wurden die drei Festungen, die den Widerstand fortsetzten, erobert; als letzte fiel das nahezu uneinnehmbare Masada — seine Verteidiger harrten bis April oder Mai 73 aus und zogen

---

[51] Ios. *bel.Iud.* II, 499—568.

[52] Die Auseinandersetzungen zwischen diesen Parteien zeigen viele Züge eines Klassenkampfes; der Gleichmacherei der Zeloten kann man das Ölhandelsmonopol gegenüberstellen, das Josephus dem Johannes von Giskhala zuschreibt (*bel.Iud.* II, 585—94; *vit.* 70—6).

[53] Ios. *bel.Iud.* IV, 658; Tac. *hist.* V, 10; Suet. *Tit.* 5, 2.

es, als sie sahen, daß alle Hoffnung vergebens war, vor, sich selber den Tod zu geben, um nicht in die Hände der feindlichen Eroberer zu fallen.[54]

Josephus, der den Verlauf des Krieges in allen Einzelheiten schildert, zeigt sich offensichtlich durch den Heldenmut seines Volkes und den Umfang der Katastrophe, von der es heimgesucht wurde, beeindruckt, war zugleich aber bemüht, seine eigene, wenig ruhmvolle Verhaltensweise zu beschönigen und die Großmut des Vespasian und Titus gebührend herauszustreichen. Als er 67 in Galiläa von Vespasians Streitkräften gefangengenommen wurde, begrüßte er den feindlichen Oberkommandierenden im Namen Gottes als den künftigen römischen Kaiser.[55] Er vermochte Vespasian damit so zu beeindrucken, daß dieser sein Leben schonte und ihn, als die Voraussage zwei Jahre später eintraf, mit Ehrungen überhäufte; der „Prophet" durfte sich die Belagerung und den Fall von Jerusalem sozusagen von einem Logenplatz aus ansehen und verbrachte seine restlichen Lebensjahre als Pensionär des Kaiserhauses in Rom.

Josephus, der ebenso wie seine Vorgänger dazu neigt, die Hand Gottes in der Geschichte aufzuspüren, mißt als Moralist den Zeloten die Hauptschuld an den Schrecken des Aufstandes und seiner Niederschlagung zu und schildert ihre Untaten in den schwärzesten Farben. Ihre Verbrechen waren es, für die nicht nur ihnen selbst, sondern auch ihrem Volk diese Strafe auferlegt wurde; die wiederholte und ständig zunehmende Profanierung des Tempels, die sie sich während der Besetzung der inneren Höfe zuschulden kommen ließen, stellte den „Greuel der Verwüstung" dar, der allein mit Blut und Feuer gesühnt werden konnte.[56] In Josephus' Erzählung wird der Leser durch nichts so abgestoßen wie durch diese Verunglimpfung von Männern, die sich — wie verfehlt ihre Politik und wie skrupellos ihre Handlungsweise zur Verteidigung der Sache, der sie sich verschworen hatten, auch war — als weitaus tapferere und bewunderungswürdigere Krieger erwiesen als der Autor selber. Die Entdeckung ihres letzten Außenpostens in Masada hat offenbar gemacht, daß sie keineswegs die gottlosen Verbrecher waren, als die Josephus sie hinstellt, sondern fromme Männer, die die Religion ihrer Vorfahren bis in die kleinsten Einzelheiten streng beobachteten.[57]

---

[54] Ios. *bel.Iud.* VII, 304—406.
[55] *bel.Iud.* III, 399—402.
[56] *bel.Iud.* IV, 150, 157, 163 ff., 318, 388; V., 16 f.; VI, 94, 109 f., 126, 311. Josephus erwähnt zwar, daß die siegreichen Römer ihren Feldzeichen im Tempelhof Opfer darbrachten (*bel.Iud.* VI, 316), wertet diese Handlungsweise aber nicht als Schändlichkeit, was immer er im stillen davon gehalten haben mag.
[57] Siehe Teil I, S. 105 mit Anm. 26.

3.

Josephus berichtet, Titus sei bestürzt gewesen, als die römische Soldateska den Tempel in Brand steckte, und habe versucht, das Feuer einzudämmen.[58] Zweifellos stellte Titus es später so dar. Ein von Sulpicius Severus bewahrtes historisches Fragment (von dem bisweilen behauptet wird, es sei einem seit langem verlorenen Teil von Tacitus' *Historien* entnommen, was jedoch wenig wahrscheinlich ist)[59] schildert einen Kriegsrat, bei dem das Schicksal des Tempels zur Debatte stand. Einige gaben zu bedenken, man werde den Römern Zerstörungswut vorwerfen, falls sie ein so großartiges Gebäude niederbrennten, „andere dagegen und Titus selbst stimmten dahin, gerade den Tempel müsse man vornehmlich zerstören, damit der Glaube der Juden und Christen vollständiger ausgerottet werde. Denn diese Glaubensarten, obzwar einander gegenüberstehend, seien doch von denselben Urhebern ausgegangen; die Christen seien aus den Juden entstanden; sei erst die Wurzel fortgeschafft, so werde auch der Stamm leicht zugrunde gehen".

Vielleicht hegten einige solche Hoffnungen. In Wirklichkeit sollten sowohl das Judentum wie das Christentum die Einäscherung des Tempels überleben und nach seinem Verschwinden um so mehr Lebenskraft bewähren.

Josephus war nicht der einzige Jude, der Vespasian als den neuen Herrn der Welt anerkannte. Es wird berichtet, daß Johanan ben Sakkai, ein führender Rabbi aus der Schule Hillels, während der Kämpfe heimlich aus der Stadt Jerusalem gebracht und von Vespasian empfangen wurde. Er begrüßte ihn als Kaiser und sagte voraus, er werde Jerusalem einnehmen aufgrund der jesajanischen Weissagung: „Der Libanon fällt durch einen Herrlichen" (Jes 10, 34). „Das Wort ein Herrlicher" (hebr. *'addir*), erklärte er, „wird nur auf einen König angewandt", während er den „Libanon" aufgrund von 5 Mo 3, 25, in der Auslegung seiner Schule, mit dem Heiligtum gleichsetzte.[60] Gleichviel, ob diese Überlieferung historisch fundiert ist oder nicht, Johanan ben Sakkai glaubte daran; dennoch wird sein Andenken hochgehalten, während das des Josephus von patriotischen Juden verflucht worden ist.

---

[58] *bel.Iud.* VI, 236 ff.

[59] *Chronik* II, 30, 6. Siehe H. W. Montefiore, „Sulpicius Severus and Titus' Council of War", *Historia* 11 (1962), S. 156 ff.

[60] bT *Gittin* 56 b. Nach bT *Joma,* 39 b sagte Johanan die Zerstörung des Tempels aufgrund von Zach 11, 1 („Tue auf, Libanon, deine Tore, daß Feuer deine Zedern verzehre!") voraus.

Es war nämlich Johanan, der nach der Katastrophe von den Römern die Genehmigung zur Gründung einer rabbinischen Gelehrtenschule in Jamnia in Westjudäa erhielt. Hier wurde ein neues Synedrium von Rechtsgelehrten ins Leben gerufen. Das zweite jüdische Gemeinwesen, der Tempelstaat, der seit der Rückkehr aus dem babylonischen Exil bestanden hatte, existierte nicht mehr, desgleichen das alte Synedrium der Oberpriester und Ältesten mit dem regierenden Hohenpriester als Präsidenten. Judäa war jetzt eine kaiserliche Provinz unter der Regierung eines Legaten, der eine Legionsstreitmacht befehligte,[61] und es gab keine mit der Verwaltung der inneren Angelegenheiten der Juden betraute nationale Behörde mehr wie ehedem unter den Prokuratoren. Das neue Synedrium diente jedoch nicht nur als Zentrum zur Erneuerung des nationalen Lebens der Juden, sondern es gelang ihm auch, sich gegenüber den Römern ein gewisses Maß an Autonomie zu sichern. Seine Hauptaufgabe war, als Oberster Gerichtshof den systematischen Aufbau des jüdischen Rechts in Angriff zu nehmen. Die Tradition vieler Generationen, die das mündliche Gesetz bildete, wurde geordnet und kodifiziert. Da Johanan und seine Hauptmitarbeiter der Schule Hillels angehörten, herrschte jetzt ein größeres Maß an Übereinstimmung über die Grundlinien der Gesetzesauslegung als in der Zeit, in der sich die Schulen Schammais und Hillels bekämpft hatten, wenn auch unter den Mitgliedern der neuen Schule über Einzelheiten der Interpretation keineswegs Einigkeit herrschte und sogar Exkommunikationen ausgesprochen wurden.[62] Die aufeinanderfolgenden Schulhäupter trieben die Kodifizierung voran — insbesondere Rabbi Aqiba und Rabbi Me'ir —, und gegen Ende des zweiten Jahrhunderts wurde der gesamte Gesetzesstoff der jüdischen Tradition unter Rabbi Juda dem Fürsten in systematischer Ordnung niedergeschrieben (der Mischna).[63]

Das mündlich überlieferte Gesetz hatte großenteils zur Anpassung der Vorschriften der geschriebenen Thora der Frühzeit an die sich wandelnde

---

[61] Es handelte sich um die Legio X Fretensis, deren Befehlshaber zugleich Provinzstatthalter war. Vgl. Ios. *bel.Iud.* VII, 5; Dio Cass. IV, 23.

[62] Das herausragende Beispiel war die Exkommunikation des Rabbi Elieser ben Horkenos, der „ausgekalkten Zisterne, die keinen Tropfen verliert", wie Johanan ben Sakkai ihn kennzeichnet (*Pirqe Abot* 2, 8). Sie erfolgte, weil er sich als unversöhnlicher Traditionalist weigerte, mit der Zeit zu gehen (bT *Baba Mesia'* 59a—b).

[63] In den Rabbinenschulen von Palästina und Babylon bildete die Mischna die Grundlage für das weitere Studium und die Kommentare (*gemara*), die schließlich im Palästinischen (etwa 400 n. Chr.) beziehungsweise Babylonischen Talmud (etwa 500 n. Chr.) kodifiziert wurden.

Situation späterer Zeiten dienen sollen,[64] und Johanan und seine Mitarbeiter führten diese Anpassung unter den so ganz andersartigen Bedingungen der Zeit nach 70 n. Chr. fort. Einige konservative Pharisäer meinten, nach der Zerstörung des Tempels dürften sie kein Fleisch mehr verzehren und keinen Wein mehr trinken, da es ja keine Tieropfer und keine Wein-Trankopfer mehr gebe; man gab ihnen indessen zu bedenken, daß sie dann ja auch kein Brot mehr essen oder Wasser trinken dürften, denn die Darbringung der Erstlingsfrüchte und die Zeremonie der Wasserspende fänden ja auch nicht mehr statt. Das neue Synedrium begriff, daß „neue Verhältnisse neue Pflichten schaffen".

Wenn das neue Synedrium den für die nationale Existenz des jüdischen Volkes notwendigen Zusammenhalt herstellte, so nahm die Synagoge diese Aufgabe auf örtlicher Ebene wahr, und in der Tat übte der Hohe Rat durch die Synagoge seinen Einfluß aus. Ein herausragendes Beispiel hierfür bietet der effektive Ausschluß von Nazoräern und anderen „Häretikern" von der Teilnahme am jüdischen Gottesdienst; er erfolgte dadurch, daß ein Mitglied des Hohen Rats namens Samuel der Jüngere um das Jahr 90 n. Chr. eine der täglich in der Synagoge gesprochenen Segnungen in der Weise umformulierte, daß sie nunmehr einen Fluch auf solche Personen enthielt. Im derzeitigen jüdischen Gebetbuch erscheint diese Segnung als die zwölfte der achtzehn Segnungen[65] folgendermaßen:

> Den Verleumdern sei keine Hoffnung und alle Unheilsstifter mögen im Augenblick untergehen und sie alle bald ausgerottet werden. Und daß du die Frevler bald entwurzeln, zerschmettern, vernichten und demütigen mögest, bald in unseren Tagen. Gesegnet seist du, Ewiger, der die Feinde zerschmettert und die Hoffärtigen demütigt.

Gegen Ende des ersten Jahrhunderts gab man ihr indessen folgende Form:

> Den Abtrünnigen sei keine Hoffnung, und entwurzele bald, noch in unseren Tagen, das Reich der Hoffart; die Nazaräer und Ketzer (*minim*) mögen im Augenblick untergehen; tilge sie aus dem Buch des Lebens, daß sie nicht mit den Gerechten darin eingetragen werden. Gesegnet seist du, o Herr, der die Hoffärtigen demütigt.[66]

Diese revidierte Fassung des Gebets wurde vom Synedrium gutgeheißen

---

[64] Für die ersten Anfänge dieses Vorgangs vgl. J. Weingreen, „Old Testament and Rabbinical Exposition", in: F. F. Bruce (Hrsg.), *Promise and Fulfilment*, Edinburgh 1963, S. 107 ff.; „Oral Torah and Written Records", in: F. F. Bruce und E. G. Rupp (Hrsg.), *Holy Book and Holy Tradition*, Manchester 1968, S. 54 ff.

[65] Vgl. E. Munk, *Die Welt der Gebete*, Basel 1962, S. 176.

[66] Vgl. C. W. Dugmore, *The Influence of the Synagogue upon the Divine Office*, Oxford 1944, S. 4; der hebräische Text wurde in der Geniza der Synagoge von Kairo entdeckt.

und in den Synagogen eingeführt, um Judenchristen, die man exkommunizieren wollte, zu zwingen, sich an dieser Stelle durch Schweigen zu erkennen zu geben. Die „Häretiker" oder *minim* waren Angehörige anderer Sekten, die das Synedrium mißbilligte. Von einem normgebenden Judentum und von Abweichungen von seiner Norm kann erst ab 70 n. Chr. gesprochen werden; in der Zeit des zweiten Tempels war das religiöse Leben der Juden ungleich vielfältiger; damals konnte keine einzelne Form behaupten, sie stelle den Maßstab dar, nach dem alle anderen zu beurteilen seien.

Als die Rabbis von Jamnia die Anerkennung kanonischer Bücher und die Ablehnung anderer erörterten, wandten sie ihre Aufmerksamkeit auch den „Büchern der *minim*" zu. Diese enthielten zwar den Namen Gottes, doch war ihr Inhalt dennoch unannehmbar. Bei einigen dieser Bücher könnte es sich um solche Urkunden gehandelt haben, wie sie in den Höhlen von Qumran entdeckt wurden, doch zählten sicherlich auch judenchristliche Schriften dazu. Diese *giljonim,* wie sie in den rabbinischen Überlieferungen heißen, sind nicht mit irgendeinem unserer kanonischen Evangelien oder mit ihren Quellen zu identifizieren; anscheinend handelte es sich um hebräische oder aramäische Urkunden, die irgendeine sekundäre Beziehung zu unserem Matthäusevangelium oder zu dem christlichen Autoren späterer Generationen als „Hebräerevangelium" bekannten Werk aufwiesen. Bei diesen Diskussionen wurde zwar die Kanonizität von Werken wie Hesekiel, Prediger Salomo, Buch Esther, Hoheslied und Jesus Sirach erörtert, doch dürfte niemand ernstlich daran gedacht haben, auch die christlichen Bücher als kanonisch anzuerkennen; man erwähnte sie nur, um sie zu verdammen: „Die *giljonim* und die Bücher der *minim* sind keine heiligen Schriften."[67] Einige führende Rabbinen wie Johanan ben Sakkai und Aqibas Schüler Me'ir gefielen sich in herabwürdigenden Wortspielen zu dem Wort *euangelion,* indem sie die Vokale in *'awen-gillajon* oder *'awon-gillajon* („Schuldrolle") abänderten. Doch „die Heftigkeit, mit der die führenden Rabbinen der ersten Generation des zweiten Jahrhunderts ihre feindselige Einstellung zum Evangelium und zu anderen Büchern der Häretiker wie zu ihren Andachtsstätten zum Ausdruck bringen, ist der beste Beweis dafür, daß sie an Zahl und Einfluß gewannen; sogar einige Gesetzeslehrer standen im Verdacht, der neuen Lehre zuzuneigen".[68]

---

[67] Tosefta, *Jadaim* 2, 13.
[68] G. F. Moore, *Judaism in the First Centuries of the Christian Era,* 1, Cambridge/Mass. 1927, S. 244.

In Jamnia wurde nicht nur der Kanon der hebräischen Schriften erörtert und festgelegt, sondern auch ihr Text und ihre Ausdeutung. Die Vielfalt hebräischer Bibeltexte, der wir bei den Handschriften von Qumran begegnen, kehrt nach 70 n. Chr. nicht mehr wieder. Die neuesten diesbezüglichen Funde bestätigen, was man seit langem vermutete, daß nämlich Aqiba und seine Mitarbeiter den konsonantischen Text, auf dem der Masoretische Text beruht, als den allein annehmbaren Text standardisierten. In den Qumran-Handschriften ist dieser „protomasoretische" Text im gleichen Ausmaß wie der hebräische Text, der der Septuaginta zugrundeliegt, und (für den Pentateuch) ein volkstümlicher palästinischer, der samaritanischen Bibel sehr ähnlicher Typus vertreten.[69] Nach der Zerstörung des zweiten Tempel anerkannten und benutzten die Juden nach den uns vorliegenden Zeugnissen indessen ausschließlich den „protomasoretischen" Text.[70] Was die Septuaginta betrifft, so wurde sie in so starkem Maße von den Christen bei ihrer Heidenmission benutzt, daß die Juden sie mehr und mehr als christliche Übersetzung ansahen. Viele ihrer Wiedergaben erweckten den Anschein, als seien sie von der Vorsehung dazu ausersehen, christliche Ansprüche zu stützen. Wenn ein Jude wie Philo die Septuaginta zu seiner Zeit als von Gott inspiriert ansah, so meinten die griechischsprachigen Christen, sie hätten noch mehr Veranlassung, dies anzunehmen. Andererseits bemächtigte sich der Juden angesichts der Berufung der Christen auf die Septuaginta eine gewisse Ernüchterung bezüglich dieser Übersetzung, so daß sie den „Tag, an dem die siebzig Dolmetscher das Gesetz für den König ins Griechische übertrugen", mit dem Tag verglichen, an dem Aaron das goldene Kalb machte.[71] Justins im Jahre 135 n. Chr., bald nach der Niederschlagung des zweiten jüdischen Aufstandes verfaßter *Dialog mit dem Juden Trypho* bietet ein gutes Beispiel für die Art und Weise, wie die Christen die Septuaginta benutzten und die Juden sich weigerten, die Gültigkeit der christlichen Prämissen und Argumente anzuerkennen. Es wurden neue griechische Übersetzungen der hebräischen Schriften von Juden verfaßt — die bekanntesten sind die von Aquila und Theodotion —, die Wiedergaben vermieden, die christlichen Apologeten in die Hände arbeiteten.

Wenn bestimmte Schriftpassagen, denen sich auf die eine oder andere

---

[69] Vgl. F. M. Cross, *The Ancient Library of Qumran and Modern Biblical Studies*, New York 1958, S. 124 ff.

[70] Beispielsweise gehören die in Murabba'at und der Gegend von En-Gedi gefundenen hebräischen Bibeltexte (*terminus ad quem* 135 n. Chr.) sämtlich zu diesem Typus.

[71] Vgl. Phil. *Mos.* II, 34—40 gegen *Sopherim* I, 8 f.

Weise ein christlicher Sinn unterlegen ließ, von der Verlesung in den Synagogengottesdiensten ausgeschlossen wurden, so lagen dieser Maßnahme möglicherweise ähnliche Erwägungen zugrunde. Mit der Übung, die zehn Gebote täglich im Rahmen der Synagogenliturgie zu verlesen, machte man jetzt Schluß, weil (so lautet die Erklärung für diese Maßnahme) es nicht heißen sollte, allein der Dekalog und nicht die gesamte Thora sei Mose zusammen mit der mündlichen Überlieferung von Gott übergeben worden.[72] Wir wissen, daß einige Zweige des Judenchristentums die Opfervorschriften des Pentateuchs als spätere und unechte Hinzufügungen zu dem von Mose empfangenen Gesetz verwarfen.[73] Und das Fehlen des vierten Gottesknechtliedes in den *haphtharot* (Prophetenlektionen) des Synagogenlektionars erklärt sich möglicherweise u. a. daraus, daß es bei den Christen als Weissagung der Passion Jesu galt.[74]

Die Rabbinen jener Zeit legten auch Auslegungsrichtlinien fest, die die von den Christen bevorzugte messianische Exegese sorgfältig ausschlossen. Obwohl die hebräischen Schriften, im Urtext oder in Übersetzung, von den Juden wie von den Christen als Heilige Schrift verehrt wurden, las man sie infolgedessen jahrhundertelang nach zwei verschiedenen und gegensätzlichen Auslegungstraditionen; dies ging so weit, daß das, was als einigendes Band hätte dienen sollen, beinahe zwei verschiedenartigen Literaturkorpora gleichkam.

4.

Zwischen 73 und 132 n. Chr. wurde auf der Ruinenstätte, wo einstmals die Stadt Jerusalem gestanden hatte, wieder eine kleine Ansiedlung errichtet. Die Römer hinderten während dieser Jahre die Juden nicht daran, dort anzubeten oder ansässig zu werden, wie sie es nach 135 n. Chr. taten. Als Hadrian am Beginn seiner Regierungszeit Jerusalem besuchte, fand er, wie Epiphanius berichtet, sieben ärmliche Synagogen und eine kleine Kirche vor;[75] wenn diese Angabe stimmt, dann dürften sich einige

[72] bT *Berakot* 3c; vgl. M. Simon, „The Ancient Church and Rabbinical Tradition", in: F. F. Bruce und E. G. Rupp (Hrsg.), *Holy Book and Holy Tradition*, S. 110.

[73] Vgl. *Clem. recogn.* I, 36—9; *Clem. hom.* III, 45.

[74] So lautet die Erklärung von H. Loewe in: C. G. Montefiore und H. Loewe, *A Rabbinical Anthology*, London 1938, S. 544.

[75] Epiphan. *panar.* 29, 7; *De mensuris et ponderibus* 14 f.; vgl. H. J. Schoeps, *Theologie und Geschichte des Judenchristentums*, S. 284.

Judenchristen wie auch Juden dort erneut niedergelassen haben, was auch von Euseb bestätigt wird.[76] Jerusalem wurde jedoch nie wieder das Zentrum des Judenchristentums. In welchem Ausmaß der Opferkult im Tempelgebiet wiederaufgenommen wurde, ist eine umstrittene Frage.[77] Es mag durchaus sein, daß 132 n. Chr., als die jüdischen Aufständischen unter ben Koseba das Gebiet in Besitz nahmen, Pläne zum Wiederaufbau des Tempels ausgearbeitet wurden;[78] es ist aber unwahrscheinlich, daß Judenchristen in der Wiederaufnahme der Tempelopfer oder im Wiederaufbau des Tempels etwas anderes als Mißachtung des offenbarten Ratschlusses Gottes gesehen hätten.

Die galiläischen Christen blühten nach 73 n. Chr. noch während einiger Generationen; die dortigen nazaräischen Gemeinden sahen in den Nachkommen der heiligen Familie, den *desposynoi,* ihre naturgemäßen Führer.[79]

Vespasians Entscheid, daß die Steuer von einem halben Schekel, die die Juden jedes Jahr an den Jerusalemer Tempelschatz entrichteten, nach 70 n. Chr. an den Tempelschatz des Jupiter Capitolinus in Rom abzuführen sei,[80] betraf die Judenchristen möglicherweise genauso wie andere Juden. Tatsächlich brachte die Steuer in ihrer neuen Form sehr viel mehr ein als zuvor, da sie auch von Frauen bezahlt werden mußte, die obere Altersgrenze von fünfzig Jahren erhöht oder vielleicht aufgehoben wurde und jüdische Kinder von drei Jahren und darüber ihr ebenfalls unterlagen.[81] Die Evangeliengeschichte von der Bezahlung der Tetradrachme für Jesus und Petrus zusammen (Mt 17,24—27) hat keine Beziehung zur Entrichtung der kapitolinischen Steuer; sie diente vielmehr als Beispiel für Judenchristen in der Zeit, als die Steuer nach Jerusalem floß, indem sie ihnen riet, sie zu bezahlen, um keinen Anstoß zu geben. Nach Cassius Dio forderte Vespasian die Bezahlung der kapitolinischen Steuer von Juden, die an den Gebräuchen ihrer Väter festhielten; möglicherweise waren einige Judenchristen von dieser Forderung betroffen, während andere

---

[76] *dem. ev.* III, 5.

[77] Vgl. K. W. Clark, „Worship in the Jerusalem Temple after A.D. 70", *NTS* 6 (1959—60), S. 269 ff.

[78] Ein solcher Versuch wird im Barnabasbrief 16, 4 ins Auge gefaßt. Mag sein, daß die Verknüpfung der zweiten Erhebung des „Hohenpriesters Eleasar" mit „Simon, dem Fürsten von Israel" (d. h. ben Koseba) auf Münzen in dieser Hinsicht von Bedeutung ist.

[79] E. Lohmeyer, *Galiläa und Jerusalem,* Göttingen 1936, S. 54 f. hält dafür, daß die Kirche von Damaskus bald nach Jesu Tod von galiläischen Jüngern gegründet wurde.

[80] Ios. *bel. Iud.* VII, 218.

[81] Vgl. *CPI* II, 168, 169, 171, 223, 421.

davon ausgenommen blieben.[82] Ihre Bezahlung wurde indessen wahrscheinlich von Judenchristen — zumindest von denjenigen, die beschnitten waren — verlangt, als die Steuer unter Domitian[83] auf alle beschnittenen Personen (einschließlich derjenigen, die ihre Beschneidung durch *epispasmos* zu verbergen suchten) und sogar auf heidnische Anhänger des Judentums, die vielleicht überhaupt nicht beschnitten waren, wie auch auf andere Heiden, die man fälschlicherweise einer solchen Anhängerschaft beschuldigte, ausgedehnt wurde. Diese unbillige Ausdehnung der Steuer, die das Denunziantentum förderte, wurde von Nerva wieder aufgehoben; an diese Maßnahme erinnert die Aufschrift FISCI IVDAICI CALVMNIA SVBLATA („Aufhebung der Schikanen in Hinsicht des *Fiscus Iudaicus*") auf den Münzen dieses Kaisers.[84]

Als Hadrian 132 n. Chr. sein Beschneidungsverbot erließ, das den Aufstand des Simon ben Koseba auslöste,[85] waren all jene Judenchristen, die an diesem Bundeszeichen festhielten, sicherlich genauso davon betroffen wie die übrigen Juden; dennoch vermochten sie nicht von ganzem Herzen am Aufstand teilzunehmen, da sie sich außerstande sahen, Simon ben Kosebas messianischen Anspruch anzuerkennen. Vielleicht schlossen sie sich anderen an, die diesen Anspruch zurückwiesen, indem sie ihn zum Zeichen ihres Protests gegen den Namen Bar Kochba, „Sternensohn", den Aqiba ihm gab, der ihn als den messianischen, von Balaam (4 Mo 24, 17) vorhergesagten „Stern aus Jakob" bewillkommnete, Bar Koziba, „Lügensohn", nannten. Auf jeden Fall machte sie ihre Weigerung, Simon ben Koseba als den Messias anzuerkennen, in den Augen vieler Juden zu Verrätern an den Anliegen der Nation und trug ihnen schwere Repressalien ein.[86]

Als nach der Niederschlagung der Revolte auf dem Gelände des einstigen Jerusalems die heidnische Stadt Aelia Capitolina errichtet wurde, erhielten Judenchristen dort zweifellos ebensowenig Wohnrecht wie alle anderen Juden. Die neue Gemeinde von Jerusalem, die in Aelia Capitolina

---

[82] Dio Cass. LXVI, 7, 2.

[83] Vgl. Suet. *Dom.* 12, 2. Siehe E. M. Smallwood, „Domitian's Attitude towards the Jews and Judaism", *Cl. Phil* 51 (1956), S. 1 ff.

[84] Siehe I. A. F. Bruce, „Nerva and the *Fiscus Iudaicus*", *PEQ* 96 (1964), S. 34 ff.

[85] Spart. *Hadr.* 14; vgl. Dio Cass. LXIX, 12.

[86] Vgl. Iust. (Mart.) *apol.* I, 31, 6. Der Name ben Koseba ist jetzt durch zeitgenössische hebräische Urkunden erwiesen; vgl. die Murabba'at-Texte 24, B 3, C 3, 20, E 2, G 3; 43, 1, 8. Es steht keineswegs fest, daß die Galiläer, auf die in der letzterwähnten Stelle (einem Brief des Simon ben Koseba an Jesua ben Galgula) Bezug genommen wird, irgend etwas mit Judenchristen zu schaffen haben.

entstand, war eine gänzlich heidenchristliche Gemeinde, auch wenn sie sich bis zu einem gewissen Grade als Erbin und Nachfolgerin der apostolischen Kirche von Jerusalem betrachtete.[87] Über das weitere Schicksal des Rests von Judenchristen sind nur sehr wenig Zeugnisse überliefert. Einige, wie zum Beispiel die Nazaräer, die Hieronymus in Beröa (Aleppo) in Syrien kannte, unterhielten Beziehungen zur katholischen Kirche;[88] sie sind vielleicht eine Diaspora der frühen Kirche von Damaskus. Andere, mag sein die Mehrzahl, blieben als die Kirche von Jerusalem in der Diaspora bestehen, den orthodoxen Juden ebenso entfremdet wie den katholischen Christen. Sie nannten sich „die Armen" — *ha' ebjonim*, die „Ebioniten" der griechischen und lateinischen Kirchenväter. In apostolischer Zeit bezeichnete sich die Kirche von Jerusalem selber so, desgleichen die Qumran-Gemeinde.[89] Man nimmt seit langem an, daß die charakteristischen Merkmale des Glaubens und der Glaubenspraxis der Ebioniten vielleicht zum Teil auf den Einfluß essenischer und verwandter Gruppen zurückgehen, eine Vermutung, die durch die Entdeckung und Erforschung der Qumran-Literatur an Gewicht gewonnen hat. Justin kannte zu seiner Zeit zwei verschiedene Arten von Judenchristen — diejenigen, die sich beschneiden ließen und andere Gebote des jüdischen Gesetzes einhielten, aber zugleich Justins allgemeine Auffassung von der Person Christi teilten, und diejenigen, die mit ihrer Anhänglichkeit an das jüdische Gesetz eine Christologie verbanden, die man später als „adoptianistisch" bezeichnete; auf die Erlösung der Erstgenannten vermochte er zu hoffen, nicht dagegen auf die der Letzterwähnten. Über diese wußten Trypho, Justins jüdischer Gesprächspartner, wie auch Justin einiges: sie hielten Jesus für einen Menschen von gewöhnlicher menschlicher Herkunft, den Gott zum Messias erwählt habe.[90] Wenn es sich bei ihnen um die Ebioniten anderer christlicher Autoren handelt, dann betrachteten sie ferner Jesu Wirksamkeit in der Hauptsache als die eines zweiten Mose; er war in ihren Augen nicht allein der im Deuteronomium erwähnte Prophet wie Mose, sondern auch der Reformer und Reiniger

---

[87] Vgl. F. C. Burkitt, *Christian Beginnings*, London 1924, S. 65 ff., für den Vorschlag, daß die Kirche von Aelia „ähnlich einem Neureichen, der ein altes Herrenhaus gekauft hat und nach einiger Zeit Ahnenbilder und Erinnerungsstücke zu sammeln beginnt", den Text einer von Jakobus dem Gerechten gehaltenen aramäischen Rede der Vergessenheit entriß und die freie griechische Übertragung verfaßte, die wir als den Jakobusbrief kennen.

[88] Hier. *vir. ill.* 3; vgl. Epiphan. *Panar.* 29, 7.

[89] Iren. *adv. haer.* I, 22; IV, 52; V, 1, 3; Hippol. *haer.* X, 22; Tert. *praesc.* 33. Vgl. Gal 2, 10 (siehe S. 72); 1 QM XI, 9, 13; XIII, 13 f.; 1 QH V, 22; 1 QpHab. XII, 3, 6, 10.

[90] Iust. (Mart.) *dial.* 48, 2 ff.

des Gesetzes, der gekommen war, um derart verabscheuungswürdige Hinzufügungen wie das Opferritual daraus zu tilgen, nachdrücklich auf seine wahre innere Bedeutung hinzuweisen und sie anzuwenden. Sie weigerten sich, Paulus als wahren Apostel Christi anzuerkennen; für sie war Jakobus der Gerechte das Oberhaupt der Apostel. Man hat versucht, aus den Quellenschriften der (*Pseudo-*)*Klementinischen Rekognitionen* und *Homilien* Nachrichten über sie zu entnehmen. Eine dieser Quellenschriften hat man mit den *Reisen Petri* identifiziert, einem dem Origenes in der ersten Hälfte des dritten Jahrhunderts bekannten Werk, das selber auf früheren Urkunden und Überlieferungen basiert; einer anderen, den *Aufstiegen des Jakobus,* entnahm Hegesipp möglicherweise die Einzelheiten seines Berichts über den Märtyrertod des Jakobus.[91]

Die Ebioniten hielten sich anscheinend noch bis zum siebten Jahrhundert im Ostjordanland, in Syrien und Ägypten und wurden dann, soweit sie bis dahin nicht in der jüdischen oder christlichen Orthodoxie aufgegangen waren, vom Islam aufgesogen. Der Name eines ebionitischen Führers hat sich erhalten — Symmachus, Verfasser oder Überarbeiter einer griechischen Fassung des Alten Testaments, die Origenes in seine *Hexapla* aufnahm. Nach ihm wurden die Ebioniten bisweilen Symmachianer genannt.[92]

---

[91] Vgl. H. J. Schoeps, *Theologie und Geschichte des Judenchristentums,* passim; J. Munck, „Jewish Christianity in Post-Apostolic Times", *NTS* 6 (1959—60), S. 103 ff.

[92] Vgl. Mar. Victorin. *Comm. in Gal.* 1, 19; Ambrosiaster, *Comm. in Gal.* (Vorwort); Aug. *c. Faust.* 19, 4; 17; *c. Cresc.* I, 31.

VIERZEHNTES KAPITEL

Das Christentum in Rom

1.

Mit Claudius' Tod und Neros Regierungsantritt beginnt, wie wir oben schon feststellten, im Jahre 54 n. Chr. ein neues Kapitel in der Geschichte der römischen Christen: Claudius' fünf Jahre zuvor erlassenes Edikt, das die Austreibung der Juden (und der Judenchristen) aus Rom verfügte, trat außer Kraft.[1] Weniger als drei Jahre nach Neros Thronbesteigung vermochte Paulus festzustellen, daß in der ganzen Welt vom Glauben der Gemeinde in Rom die Rede sei.[2] Diese Gemeinde beschränkte sich nicht mehr auf jüdische Gläubige, sondern schloß eine große Anzahl Heidenchristen ein, von denen die meisten durch die Heidenmission in verschiedenen Teilen des östlichen Mittelmeerraums Christen geworden waren und sich später in Rom niedergelassen hatten. Mag sein, daß einige von ihnen dazu neigten, auf ihre Glaubensgenossen jüdischer Abkunft wie auf arme Verwandte herabzusehen und sich selber im Gegensatz zu ihnen für wahrhaft engagierte und voll emanzipierte Christen zu halten. Paulus belehrt sie, daß Israels Patriarchen die Wurzel des Ölbaums bilden, den das Volk Gottes darstellt, und daß, auch wenn einige der ursprünglichen (jüdischen) Zweige infolge ihres Unglaubens ausgebrochen sind, die neuen (heidnischen) Zweige, die dem edlen Ölbaum von dem wilden eingepfropft worden sind, zu dem sie ehedem gehörten (der Apostel weist darauf hin, daß dies „gegen die Natur" sei), ihre derzeitige Stellung der unverdienten Gnade Gottes verdanken. „Rühme dich nicht wider die [ursprünglichen] Zweige", warnt er die Heidenchristen. „Rühmst du dich aber wider sie, so wisse: nicht du trägst die Wurzel, sondern die Wurzel dich" (Rö 11, 18).

Obwohl wir soeben von der „christlichen Gemeinde in Rom" zu der Zeit, als Paulus den Römerbrief schrieb, sprachen, ist die Tatsache vielleicht bemerkenswert, daß dieser Brief nicht an „die Gemeinde Gottes, die in Rom ist", gerichtet ist, sondern „an alle Geliebten Gottes und berufenen Heiligen, die in Rom sind" (Rö 1, 7). Das kann bedeuten, daß

---

[1] Siehe S. 101.
[2] Rö 1, 8.

es damals zwar viele Christen in Rom gab, die in Synagogen oder „Hausgemeinden“ oder anderen örtlichen Gruppen zusammenkamen, aber keine vereinigte, von einem Gesamtverband verwaltete „Gemeinde von Rom“. Vielleicht bestanden einige örtliche Gruppen aus Judenchristen und andere aus Heidenchristen und nur wenige oder auch gar keine, in denen Juden- und Heidenchristen zusammenkamen. Noch auch wäre es überraschend, wenn einige Gruppen Synagogen[3] (oder „Episynagogen“)[4] hießen, während andere die Bezeichnung *ekklēsiai* führten. Eine neuere Arbeit führt in diesem Zusammenhang das Zeugnis von Rö 16, 3—16 an: „Paulus pflegte niemals die Glieder einer Kirche, der er einen Brief schrieb, einzeln aufzuführen . . ., doch wenn keine Kirche vorhanden war, an die er seinen Brief richten konnte, dann blieb ihm nichts anderes übrig, als ihn an alle jene Einzelpersonen in Rom zu senden, deren Namen er kannte. Man kann überdies einen Hinweis auf die Art und Weise, wie die Christen Roms miteinander verbunden waren, daraus entnehmen, daß nicht weniger als fünf Namenreihen aufscheinen, die auf Hausgruppen deuten, und in einem solchen Falle wird charakteristischerweise der Ausdruck *ekklēsia* verwandt.“[5]

Priszilla und Aquila sind es, die eine *ekklēsia* in ihrem Haus haben (V 3); daß dieser Ausdruck im Zusammenhang mit Gefährten des Paulus verwandt wird, entspricht unserer Erwartung. „Die von den Leuten“ des Aristobul und des Narcissus (V 10—11) waren möglicherweise ehedem dem Aristobul (einem Bruder von Herodes Agrippa I., der als Privatmann in Rom lebte) und dem Tiberius Claudius Narcissus (einem Freigelassenen des Tiberius, der auf Betreiben von Neros Mutter gegen Ende des Jahres 54 n. Chr. hingerichtet wurde) gehörende Sklaven oder Freigelassene, die in den Besitz des Kaisers übergegangen und zwecks Unterscheidung von anderen Mitgliedern der kaiserlichen Haushaltung Aristobuliani und Narcissiani genannt wurden. Die beiden restlichen Gruppen werden durch Nennung einiger ihrer herausragenden Mitglieder identifiziert: „Asynkritus, Phlegon, Hermes, Patrobas, Hermas und die Brüder bei ihnen“ (V 14) und „Philologus und Julia, Nereus und seine Schwester und Olympas und alle Heiligen bei ihnen“ (V 15).

---

[3] Vgl. Herm. mand. 11, 9, 13, 14. (Siehe S. 6, Anm. 4.)

[4] Ein Wort, das in Hbr 10, 25 verwandt wird, wo es jedoch vielleicht eher das Versammeln als den Ort der Versammlung bezeichnet (so Luther: „und nicht verlassen unsere Versammlung“). Siehe aber W. Manson, *The Epistle to the Hebrews*, London 1951, S. 69.

[5] E. A. Judge und G. S. R. Thomas, „The Origin of the Church at Rome: A New Solution?“, *RThR* 25 (1966), S. 91; vgl. E. A. Judge, *The Social Pattern of Christian Groups in the First Century*, London 1960, S. 36 f.

Man muß sich jedoch davor hüten, die Dezentralisation der römischen Christen im Jahre 57 n. Chr. übertrieben darzustellen. Die Berichte, die Paulus aus Rom erhielt, schilderten anscheinend ihre geistlichen Fortschritte insgesamt, und aus der Tatsache, daß er seinen Brief an „alle Geliebten Gottes ..., die in Rom sind", richtete,[6] geht hervor, daß er annahm, sie würden ihn alle zu Gehör bekommen, wenn auch nicht notwendig zur selben Zeit.

Wenn wir recht daran tun, uns der Minderheit der Forscher anzuschließen, nach der die Grüße in Rö 16 Rom und nicht Ephesus gelten,[7] dann waren zu der Zeit, als Paulus den Römerbrief schrieb, offensichtlich einige sehr interessante Christen aus anderen Teilen des Reiches nach Rom gekommen. Wer waren Andronikus und Junias,[8] die Paulus „meine Volksgenossen und meine Mitgefangenen" nennt? Er fügt hinzu: „die rühmlich bekannt sind unter den Aposteln, die schon vor mir in Christus gewesen sind" (V 7) — es muß sich um sehr frühe Christen handeln, wahrscheinlich um Glieder der hellenistischen Gruppe in der Jerusalemer Urkirche. Und wer waren „Rufus, der im Herrn Auserwählte, und seine und meine Mutter" (V 13)? Unter der Annahme, daß Rö 16 zum ursprünglichen Römerbrief gehört und das Markusevangelium in Rom verfaßt wurde, wäre man geneigt, ihn mit dem Rufus von Mk 15, 21, dem Sohn Simons von Kyrene, zu identifizieren. Wenn man, hiervon ausgehend, einen weiten Schritt tut und mutmaßt, daß dieser Simon mit dem „Simeon, genannt Niger", einem führenden Propheten und Lehrer in der Frühzeit der antiochenischen Kirche (Apg 13, 1) identisch war, so hätte man sogleich einen Rahmen, in dem sich die Mutter des Rufus auch für den enterbten Paulus als wahre Mutter erweisen konnte.[9]

Es ist gleichwohl erstaunlich, daß sich die christliche Gemeinde in Rom, wie immer sie organisiert war, schon acht Jahre nach dem Edikt des Claudius in solch einem blühenden Zustand befand, wie Paulus' Brief ihn voraussetzt. In diesem Zusammenhang verdient ein Vorschlag von T. W. Manson Beachtung. In seinen Ausführungen über den Ursprung des Markusevangeliums schreibt er: „Wenn Petrus zwischen 55

---

[6] Rö 1, 7.

[7] Vgl. C. H. Dodd, *The Epistle to the Romans*, London 1932, S. XVII ff.; F. F. Bruce, *The Epistle of Paul to the Romans*, London 1963, S. 266 ff. T. W. Manson, *Studies in the Gospels and Epistles*, Manchester 1962, S. 230 ff., hält dafür, daß Kap. 16 ursprünglich für die Gemeinde in Ephesus bestimmt war.

[8] Oder vielleicht Junia.

[9] Vgl. J. A. Robertson, *The Hidden Romance of the New Testament*, London 1920, S. 203 ff.; A. B. Kinsey, „Simon the Crucifer and Symeon the Prophet", *ExT* 35 (1923—4), S. 84 ff.

und 60 in Rom gewesen war, wenn Markus damals sein Dolmetscher gewesen war, wenn Markus nach Petrus' Abreise aus der Stadt — auf Bitten der römischen Hörer — einen schriftlichen Bericht über Petrus' Ausführungen verfaßt hatte, dann wäre allen wesentlichen Punkten des Quellenbefundes Genüge getan."[10]

Das ist eine hypothetische Rekonstruktion, doch scheint Petrus in den fünfziger Jahren des ersten Jahrhunderts eine ausgedehntere missionarische Tätigkeit entfaltet zu haben, und falls vertriebene Juden nach der Thronbesteigung eines neuen Kaisers im Jahre 54 nach Rom zurückzukehren begannen, dann hätte ein Besuch des Petrus in seiner Eigenschaft als Apostel für die Juden die Wiederherstellung der christlichen Gemeinschaft innerhalb dieser größeren jüdischen Gemeinde sehr gefördert. Sollte Paulus früher die Hoffnung gehegt haben, er werde als erster das Evangelium in Rom predigen, so hätte ihn die Nachricht von solch einer Entwicklung veranlaßt, seine Pläne zu ändern.[11] Gern wüßte man mehr über die Hintergründe seiner Mitteilung an die römischen Christen, er habe sich oft vorgenommen, zu ihnen zu kommen, sei aber bisher verhindert worden (Rö 1, 13). Sein Grundsatz, nicht auf fremdem Grund zu bauen (Rö 15, 20), mußte ihm indessen den Gedanken, sich in Rom niederzulassen und dort eine apostolische Tätigkeit zu entfalten, wie er es in Korinth und Ephesus getan hatte, abwegig erscheinen lassen, wenn er auch seiner Absicht, Heiden in Rom während seines kurzen Aufenthalts in der Stadt zu predigen (Rö 1, 13—15) oder Rom als vorgeschobenen Stützpunkt für seine geplante Spanienmission zu benutzen (Rö 15, 24. 28 f.), nicht entgegenstand.

Aus dem Jahr, in dem Paulus seinen Brief an die Römer verfaßte, wird ein Vorfall berichtet, der möglicherweise weiteres Licht auf das Vordringen des Christentums in Rom wirft. Pomponia Graecina, die Gattin des Aulus Plautius (der vierzehn Jahre zuvor Britannien dem römischen Reich einverleibt hatte) wurde als Anhängerin „fremder Glaubensmei-

---

[10] T. W. Manson, *Studies in the Gospels and Epistles*, S. 33 ff. Er weist darauf hin, daß das in dem antimarcionitischen Vorwort zum Markusevangelium erwähnte „Scheiden" (*excessio*) des Petrus nicht als sein Tod aufgefaßt zu werden braucht, sondern als sein Weggang von Rom nach seinem ersten Besuch in der Stadt — obschon Irenäus den Ausdruck im Sinne von „Tod" aufgefaßt haben dürfte, als er schrieb, daß das Markusevangelium nach dem Scheiden (*exodos*) des Petrus und Paulus aufgezeichnet wurde.

[11] In einer Vorlesung, die E. A. Judge und G. S. R. Thomas in *RThR* 25 (1966), S. 90, Anm. 56, erwähnen, schlug G. Bornkamm vor, Paulus sei sogar noch früher entlang der Via Egnatia nach Rom unterwegs gewesen (etwa 50 n. Chr.; vgl. Apg 17, 1) und dann auf die Nachricht, daß Petrus ihm dort zuvorgekommen sei, südwärts nach Achaja gereist.

nungen" vor ein Familiengericht gestellt. Für die Richtigkeit dieser Beschuldigung sprach laut Tacitus die Tatsache, daß sie vierzig Jahre hindurch Trauerkleidung getragen und in völliger Zurückgezogenheit gelebt hatte.[12] Ein Tacitus-Kommentator meint, es sei durchaus denkbar, daß „die Zurückgezogenheit und Nüchternheit einer Christin der zügellosen Gesellschaft der neronischen Zeit sehr wohl wie eine Art ‚ständiger Trauerzeit' vorgekommen" sei.[13] Die auf „fremde Glaubensmeinungen" lautende Anklage ist indessen ganz allgemein gehalten; sie könnte sich zum Beispiel auch auf die jüdische Religion beziehen, der eine beträchtliche Anzahl vornehmer Römerinnen anhing. Wie dem auch sei: Pomponia wurde freigesprochen und erfreute sich ungeachtet ihrer zurückhaltenden Art bis zu ihrem Tode in ihrem Bekanntenkreis allgemeiner Achtung. Vielleicht ist es ein bloßer Zufall oder aber in diesem Zusammenhang doch bedeutungsvoll, daß einer der ältesten christlichen Friedhöfe Roms, die „Calixtus-Katakomben" an der Via Appia, Inschriften aus dem zweiten nachchristlichen Jahrhundert aufweist, in denen Angehöriger der *gens Pomponia* gedacht wird, von denen einer, mit Namen Pomponius Graecinus, vermutlich ein direkter Abkömmling der Pomponia war.[14] Das Christentum hatte mithin, wenn nicht zu ihren Lebzeiten, so doch hundert Jahre nach ihrer Zeit Eingang in ihre Familie gefunden.

2.

Drei Jahre nach der Absendung des Römerbriefs traf Paulus selber zur Verhandlung seines Falles durch den Obersten Gerichtshof unter Bewachung in der Hauptstadt ein. Lukas berichtet, „die Brüder" aus Rom seien ihm auf die Nachricht von seiner bevorstehenden Ankunft hin bis Appii Forum und Tres Tabernä (Stationen an der Via Appia, 69 bzw. 53 km südlich von Rom) entgegengekommen, um ihn und seine Gefährten willkommen zu heißen und in die Stadt zu geleiten. „Und als Paulus sie sah", fügt er hinzu, „dankte er Gott und faßte Mut" (Apg 28, 15). Von weiteren Kontakten mit den römischen Christen während der zwei Jahre, in denen Paulus in Rom unter Hausarrest stand, erfahren wir indessen nichts. Lukas berichtet lediglich eine nichtssagende Bemerkung der Vertreter der

---

[12] Tac. *ann.* XIII, 32, 3—5.
[13] H. Pitman (Hrsg.), *Cornelii Taciti Annalium Libri XIII—XVI*, Oxford 1904, Notes, S. 29 f.
[14] Vgl. H. Leclercq, „Aristocratiques (Classes)", in: *DACL* 1, 2, Paris 1907, Sp. 2847 f.

römischen Judenschaft, mit denen Paulus drei Tage nach seiner Ankunft in der Stadt zusammentraf. Sie behaupteten, nichts von seiner Verhaftung und seinem Prozeß in Judäa gehört zu haben, sagten indessen: „Wir wünschen aber von dir zu hören, was für Ansichten du hast; denn von dieser Sekte ist uns bekannt, daß ihr überall widersprochen wird" (Apg 28, 22). Man sollte ihre Worte nicht pressen und daraus entnehmen, daß sie nichts vom Juden- oder Heidenchristentum in Rom wußten; sie tasteten sich vorsichtig an Paulus heran, und „überall" könnte sehr wohl auch Rom einschließen.

Für viele römische Christen muß es in den zwei Jahren von Paulus' Aufenthalt in ihrer Stadt ermutigend gewesen sein zu sehen, daß er allen, die seinen Weg kreuzten, das Evangelium verkünden durfte, und unabhängig davon, ob der Brief an die Philipper von Rom aus abgesandt wurde oder nicht, dürfte die Sprache von Phil 1, 14 doch sicherlich auf Paulus' Gefangenschaft in der Reichshauptstadt zutreffen: „... die Mehrzahl der Brüder im Herrn gewinnt aus meinen Fesseln Zuversicht und wagt es immer mehr das Wort Gottes furchtlos zu verkündigen." Es könnte durchaus sein, daß die folgenden Worte, wonach einige das Evangelium im Geiste liebevoller Verbundenheit mit Paulus predigten, andere dagegen „aus Ränkesucht ... in der Meinung, mir dadurch in meinen Fesseln Trübsal zu erregen" (Phil 1, 16 f.), auch auf Paulus' Situation in Rom anwendbar waren.

Über die Bedeutung des Hebräerbriefes für die Geschichte des römischen Christentums können wir nichts Genaues wissen, da sich seine Herkunft und Bestimmung nicht zweifelsfrei aufhellen lassen. Nach einer der überzeugendsten Ansichten über seinen Zweck[15] war er an eine „Hauskirche" oder Synagoge von Judenchristen in Rom gerichtet, der die vorherrschende Richtung im römischen Christentum, die sich nach Paulus' kürzlichem Aufenthalt in der Stadt zu neuen Anstrengungen in der Heidenmission aufgerufen fühlte, nicht behagte und die sich daher zu fragen begann, ob sie nicht allzu voreilig gehandelt habe, indem sie sich für eine neue Ordnung erklärte, die einen fortschreitenden Bruch mit den liebgewordenen Traditionen ihrer alten Religion mit sich brachte. Die alte Religion genoß den Schutz der römischen Gesetze, doch alle die, die versuchten, mit beiden Lagern Kontakt zu halten, gerieten in immer größere Schwierigkeiten. Über kurz oder lang würden sie sich für das eine oder das andere zu entscheiden haben, und wer sich für das Evangelium erklärte, würde alle Brücken hinter sich abbrechen und sich den gefahr-

---

[15] W. Manson, *The Epistle to the Hebrews*, London 1951.

vollen Ungewißheiten einer neuen Lebensweise in einer Gemeinschaft, die ihm nicht in jeder Hinsicht zusagte, aussetzen. Die altvertraute Umgebung übte eine starke Anziehungskraft aus. In dieser kritischen Situation empfingen sie diesen Brief, der sie drängte, alle Bande mit der Vergangenheit zu durchschneiden, sich mit Christus dem Unbekannten zu stellen und freudig um des ihnen verheißenen Lohnes willen das Stigma anzunehmen, das dem christlichen Namen anhaftete. Dieser Weg des Glaubens war der Weg, für den sich ihr Vorfahr Abraham entschieden hatte, der „auszog, ohne zu wissen, wohin er komme“ (Hebr 11, 8). Die alte Ordnung mit all ihren teuren und geheiligten Erinnerungen hatte sich sowieso überlebt und verfiel immer mehr; die Zukunft gehörte Christus und denen, die ihm nachfolgten.

Der Autor erinnert sie an die Verfolgungen, die sie in den ersten glücklichen Tagen ihres Glaubens freudig erduldet hatten (Hebr 10, 32—34) — vielleicht ein Hinweis auf die Umstände ihrer Verbannung aus Rom im Jahre 49 n. Chr.[16] (aus der sie vermutlich zurückgekehrt waren) —, erwähnt indessen, daß sie im Kampf gegen die Sünde noch nicht bis aufs Blut widerstanden haben, was auf ein vor der Mitte des Jahres 64 n. Chr. liegendes Abfassungsdatum deutet.

3.

Am 19. Juli 64 n. Chr. brach kurz nach Mitternacht, in der Nacht nach Vollmond, am nordöstlichen Ende des neben dem Palatin und dem Caelius gelegenen Circus Maximus in Rom ein Feuer aus. Die in einem Säulengang an der Außenseite des Circus befindlichen Läden waren mit brennbaren Waren angefüllt, die den Flammen reichlich Nahrung boten, und die Feuersbrunst, die sich dort einnistete und vom Wind angefacht wurde, wütete fünf Tage lang in der Stadt. Als man ihrer endlich Herr geworden war, brach sie auf dem Grundstück des Tigellinus von neuem aus. Von den vierzehn Stadtregionen blieben nur vier unversehrt; drei wurden dem Erdboden gleichgemacht, und in den übrigen sieben entstanden schwere Schäden. Auch der auf dem Palatin gelegene Kaiserpalast brannte vollständig aus.

Beim Ausbruch der Feuersbrunst weilte Nero gerade in Antium (Anzio) an der Küste des Tyrrhenischen Meeres. Er eilte sogleich in die Hauptstadt zurück und leitete unverzüglich mit aller Energie Hilfsmaßnahmen

[16] Siehe S. 98 f.

in die Wege. Der am Ostufer des Tiber gelegene Campus Martius und die kaiserlichen Gärten westlich des Flusses wurden den obdachlos gewordenen Massen zur Verfügung gestellt; man errichtete Behelfshütten für sie und stellte ihnen Getreide zu stark verbilligten Preisen zur Verfügung.

Nero erntete indessen für seine Hilfsmaßnahmen nur wenig Dank. Man wollte nicht glauben, daß keine Brandstiftung vorlag, und viele meinten, sicherlich habe Nero das Feuer gelegt, damit er die Stadt entsprechend seinen Vorstellungen wiederaufbauen könne. Gerüchte gingen, er habe während des Brandes seiner Neigung zur Schauspielerei gefrönt und Lieder über den Brand Trojas gesungen. Man erzählte sich ferner, viele, die die Feuersbrunst hätten eindämmen wollen, seien durch Banden daran gehindert worden, während andere berichteten, sie hätten gesehen, wie der Brand von Leuten noch geschürt worden sei, die behaupteten, dies auf Befehl zu tun. „Vielleicht handelten sie wirklich auf Befehl", bemerkt Tacitus, „oder vielleicht wollten sie größere Freiheit zum Plündern gewinnen."[17]

Der Wiederaufbau der Stadt wurde mit aller Energie planvoll in die Wege geleitet; an die Stelle der engen, winkeligen Gassen und unsymmetrisch gebauten hohen Mietblocks, die den Flammen reichlich Nahrung geboten hatten, traten die breiten Straßen und großzügig angelegten Gebäude der neuen Stadt. Die Häuser durften bis zu einer gewissen Höhe nur aus Steinen erbaut werden, Doppelhäuser waren verboten, und jeder Haushaltungsvorstand mußte im Vorhof Löschgeräte bereithalten.[18]

Das Volk fuhr indessen fort, den Kaiser zu verdächtigen. Sein neuer Palast, das „goldene Haus", der an die Stelle des durch den Brand zerstörten trat, war derart luxuriös und weitläufig — er erstreckte sich vom Palatin bis zum Esquilin —, daß ein zeitgenössischer Gassenhauer spottete: „Rom will Palast ihm werden."[19] Nero begann infolgedessen nach Sündenböcken zu fahnden. Die Christen Roms, nunmehr eine große Gemeinde, wurden beschuldigt, die Stadt in Brand gesteckt zu haben. Warum gerade die Christen? In erster Linie ohne Zweifel, weil sie, als „Hasser des Menschengeschlechts", unbeliebt waren und man ihnen ihre ge-

---

[17] *ann.* XV, 38, 8. Tacitus ist unser Hauptgewährsmann für die Feuersbrunst und ihre Folgen. Sueton (*Nero* 38) hat seine Angaben nicht so sorgfältig überprüft; so gibt er ohne jede Einschränkung das Gerücht wieder, Nero habe während des Brandes zur Kithara gesungen, sowie das Gerede, das ihn beschuldigte, die Stadt in Brand gesteckt zu haben. Plinius der Ältere (*nat. hist.* XVII, 5) spricht von der „Feuersbrunst des Kaisers Nero" (*Neronis principis incendia*), was *vielleicht* heißen soll, daß Nero sie in Gang setzte.

[18] Tac. *ann.* XV, 43, 4 f.; vgl. Suet. *Nero* 16, 1.

[19] Suet. *Nero* 39, 2; vgl. 31, 1 f.; Tac. *ann.* XV, 42, 1; 52, 1.

sellschaftsfeindliche Haltung verübelte. Die römische Lebensweise umfaßte so vieles, was die Christen als unmoralisch und götzendienerisch verwarfen, daß sie daran keinen Anteil haben wollten. Die Juden hielten sich natürlich ebenfalls abseits, aber die Juden waren immer schon so gewesen; überdies gehörten sie einer anderen Nation an und hatten ihre eigene, von ihren Vätern ererbte Religion. Die Heidenchristen der Stadt Rom konnten indessen keine solchen Gründe für ihre distanzierte Haltung geltend machen. In den Worten Juvenals gehörten sie zum „Abschaum des Orontes, der in den Tiber geflossen war"; Sueton bezeichnet sie als „Menschen, die sich einem neuen und gefährlichen Aberglauben ergeben hatten", und nach Tacitus waren sie ihrer Verbrechen wegen verhaßt.[20] Überdies erwartete die volkstümliche christliche Eschatologie, daß die gegenwärtige Welt in Flammen aufgehen würde — nicht an irgendeinem fernen, hypothetischen „letzten Tag", sondern schon bald, jederzeit. Als Rom, die Hauptstadt der Welt, in Brand geriet und binnen kurzem ein einziges Flammenmeer war, war es keineswegs erstaunlich, daß manch einfältige Seele meinte, dies sei der ersehnte Tag des Herrn, und ihn als solchen bewillkommnete. Ihre Habe wurde zusammen mit der ihrer Nachbarn ein Raub der Flammen; was tat das, da doch die Gottesstadt, das Reich der Heiligen, auf den Ruinen errichtet werden sollte? Wenn sie derlei Empfindungen während des Brandes äußerten, so machten sie damit den Vorwurf der Brandstiftung bis zu einem gewissen Grade glaubhaft; gleichwohl erwies es sich als sehr schwierig, ihnen diese Beschuldigung anzuhängen.

„Man faßte zuerst Leute", berichtet Tacitus, „die sich offen bekannten." Als was? Als Christen oder Brandstifter? Es ist denkbar, daß der eine oder andere von ihnen in überschwenglicher Begeisterung bereit war, sich als Brandstifter oder Schürer des Feuers zu bezeichnen; gleichviel, wie ihr Geständnis gelautet haben mag, man zwang sie, die Namen ihrer Glaubensgenossen anzugeben, und bald darauf wurde „eine riesige Menge Menschen nicht gerade der Brandstiftung, aber doch des Hasses gegen das menschliche Geschlecht überführt".[21] Ihre Hinrichtung wurde als Volksbelustigung aufgezogen, und Nero stellte seine Gärten dafür zur Verfügung. Nach Tacitus wurden einige gekreuzigt, andere mit Pech begossen und angesteckt, um bei Einbruch der Dunkelheit als lebende Fackeln zu dienen. Dreißig Jahre später erinnert Klemens von Rom daran, daß „eine große Anzahl" von Gläubigen furchtbare Leiden zu erdul-

---

[20] Iuv. III, 62; Suet. *Nero* 16, 2; Tac. *ann.* XV, 44, 3.
[21] Tac. *ann.* XV, 44, 5.

den hatte, daß man christliche Frauen zwang, zur Belustigung der Zuschauer als Dirken und Danaiden aufzutreten.[22] Mit diesen Scheußlichkeiten schoß Nero weit über das Ziel hinaus; allmählich breitete sich das Gefühl aus, daß diese armseligen Geschöpfe als Christen zwar schuldig geworden seien und strengste Bestrafung verdienten, aber weniger im öffentlichen Interesse geopfert würden als vielmehr, weil der Kaiser seinen perversen Begierden zu frönen begehrte.

Die Christen selber sollten die fürchterlichen Erlebnisse jener Tage nicht so bald vergessen. In der Johannesoffenbarung ist der wieder zum Leben erweckte Nero der letzte Antichrist, der sie verfolgt;[23] durch die Parusie des wahren Christus sind er und sein Reich zum Untergang verurteilt. Die Kaiserstadt ist das große Babylon, das Weib, das, angetan mit Purpur und Scharlach, auf dem siebenköpfigen Tier sitzt, „trunken vom Blute der Heiligen und vom Blute der Zeugen Jesu" (Offb 17, 6). Und wenn die Stadt Rom nach der Feuersbrunst des Jahres 64 n. Chr. wieder erstehe, dann werde aufs neue „der Rauch ihres Brandes" zum Himmel steigen und sie werde nicht mehr zu finden sein (Offb 17, 9; 18, 21).

Nach der Überlieferung sollen die Apostel Petrus und Paulus während der neronischen Verfolgung in Rom den Märtyrertod gestorben sein — wenn nicht im Verlauf des Pogroms, das auf den Brand folgte, dann ein oder zwei Jahre später. Wir haben von Paulus' letzten Tagen schon in Kap. 12 gehandelt,[24] doch verbinden die frühesten Erwähnungen seines Todes ihn mit dem des Petrus.

Der allerfrüheste Hinweis stammt von Klemens von Rom. Unmittelbar vor seinem Bericht über die Märtyrer unter Nero bezeichnet er Petrus und Paulus als herausragende Beispiele von Männern, die Standhaftigkeit im Angesicht von Drangsalen, welche aus Neid resultierten, bewährten. Klemens führt sieben Beispiele aus dem Alten Testament an und fährt fort:

> Doch um mit den Beispielen der Vorzeit aufzuhören, laßt uns zu den Kämpfern der jüngsten Vergangenheit übergehen. Nehmen wir die tapferen Vorbilder unseres Geschlechts. Wegen Eifersucht und Neid wurden die größten und gerechtesten Säulen verfolgt und kämpften bis zum Tode. Stellen wir uns die guten Apostel vor Augen: den Petrus, der wegen ungerechter Eifersucht nicht eine oder zwei, sondern viele Fährlichkeiten ertrug und so nach Ablegung seiner Zeugenschaft zu dem ihm gebührenden Orte der Herrlichkeit wanderte.

---

[22] 1 Clem 6, 1 f.
[23] Siehe S. 216 f.
[24] Siehe S. 172.

Daran schließt sich der oben zitierte Bericht über die apostolische Wirksamkeit und treue Zeugenschaft des Paulus an; gleichwie Petrus, schreibt Klemens, zeigte auch Paulus wegen „Eifersucht und Streitsucht ... den Weg zum Kampfpreise geduldigen Ausharrens".[25] Er fährt dann fort: „Zu diesen Männern, die einen heiligen Lebenswandel geführt haben, wurde eine große Menge von Auserwählten versammelt, die wegen Eifersucht vielfache Schmach und Qual erduldeten und so zu überaus herrlichen Vorbildern in unserer Mitte wurden" — und schildert im folgenden ihre Leiden unter Nero. Nero wird zwar nicht erwähnt, doch „in unserer Mitte" bedeutet „in Rom", und seine Worte entsprechen Tacitus' Bericht über die neronische Verfolgung. Wenn er schreibt, daß diese große Anzahl von Märtyrern zu Petrus und Paulus „versammelt wurde"[26], so sollte man seine Worte nicht pressen und folgern, daß die beiden Apostel vor den anderen starben, sondern vielmehr, daß sie die hervorragendsten unter den neronischen Märtyrern waren. Man könnte sogar bezweifeln, ob er notwendigerweise sagen will, daß Petrus und Paulus, wie „die große Menge" der Märtyrer, ihr Zeugnis „in unserer Mitte" — das heißt in Rom — ablegten, doch im Licht anderer Zeugnisse, wonach die beiden Apostel in der Tat in Rom den Tod fanden, wollte Klemens wahrscheinlich ebendies sagen; als er seinen Brief verfaßte, dürfte die Tatsache, daß die Apostel in Rom gestorben waren, so bekannt gewesen sein, daß man sie nicht ausdrücklich zu erwähnen brauchte und eine Anspielung darauf genügte.

Man mag weiter nach Einzelheiten über den Neid und die Eifersucht fragen, die nach Klemens den Tod der Apostel und der anderen Märtyrer herbeiführten. Was Paulus angeht, mag Klemens an seine Strafverfolgung durch das Synedrium aufgrund des Zeugnisses asiatischer Juden gedacht haben. In Hinsicht des Petrus stehen uns vergleichbare Zeugnisse nicht zu Gebote. Was die neronischen Märtyrer ganz allgemein betrifft, mag man sich an das erinnern, was Tacitus von denen sagt, die sich nach dem Brand Roms „offen bekannten" und Aussagen machten, aufgrund deren viele verhaftet wurden. Für eine glaubhafte Rekonstruktion reicht seine Angabe nicht aus; man mag sich jedoch fragen, ob hier Spannungen zwischen jüdischen und heidnischen Mitgliedern der römischen Kirche irgendeine Rolle spielten oder ob, da einige der jüdischen Kirchenglieder

---

[25] 1 Clem 5, 1—4, 5.

[26] „Diese Männer, die einen heiligen Lebenswandel geführt haben", zu denen die römischen Märtyrer „versammelt" wurden (1 Clem 6, 1), sind vielleicht nicht nur Petrus und Paulus, sondern auch die alttestamentlichen Beispiele, die ihnen voraufgehen.

wahrscheinlich nach wie vor in Verbindung mit der Synagoge standen, die kaiserliche Polizei sich die Spannungen zwischen Juden und Christen in Rom zunutze machte, um die Verhaftung von Verdächtigen zu erreichen. Wir können all dies nicht wissen.

Daß sowohl Petrus als auch Paulus in Rom unter Nero hingerichtet wurden, ist das übereinstimmende Zeugnis der christlichen Überlieferung, soweit sie diesen Gegenstand berührt.

In seinem um das Jahr 110 n. Chr. aus Smyrna an die römische Kirche gerichteten Brief, durch den der zum Tierkampf verurteilte Ignatius die Christen der Hauptstadt auf seine Ankunft in Rom vorbereiten möchte, bittet er die Adressaten, ihm kein „unzeitiges Wohlwollen" zu erzeigen und nicht zu versuchen, ihren Einfluß zur Verhinderung seines Martyriums geltend zu machen. Jedoch kann er sie lediglich bitten, seinen Wunsch zu respektieren, hingegen ihnen keine Befehle erteilen. „Nicht wie Petrus und Paulus befehle ich euch. Jene sind Apostel, ich bin ein Verurteilter; jene sind frei, ich bin bis jetzt ein Sklave."[27]

Dies ist die einzige Stelle, wo Ignatius Petrus und Paulus zusammen erwähnt — in seinen Briefen wird jeder außerdem noch einmal für sich erwähnt —, und man entnimmt ihr naturgemäß, daß Petrus und Paulus als Apostel der Kirche von Rom autoritative Weisungen erteilten. Der Römerbrief bestätigt den Hinweis auf Paulus; für Petrus steht uns kein vergleichbares Zeugnis zu Gebote. Der einzige Kontakt des Petrus mit Rom, der einigermaßen sicher feststeht, ist sein Tod in dieser Stadt, doch auch wenn Ignatius nicht mehr als dies wußte, hatte er genügend Grund für seine allgemeine Bemerkung über die Ausübung der apostolischen Autorität durch Petrus in Rom.

Petrus mag in der Tat, wie bereits vorgeschlagen, schon früher einmal, zu Beginn von Neros Prinzipat, in Rom gewesen sein. Verglichen mit den Belegen für seinen Besuch in Rom in Neros späteren Regierungsjahren sind die für solch einen früheren Aufenthalt in der Hauptstadt indessen äußerst dürftig.[28] Hans Lietzmann bemerkte zu ersterem Punkt:

> In summa: Alle ältesten Quellenaussagen aus der Zeit um 100 werden klar und leicht verständlich, passen gut in den Zusammenhang und stimmen zueinander bei der von ihnen deutlich nahegelegten Annahme, daß Petrus in Rom geweilt habe und daselbst den Märtyrertod gestorben sei. Jede andere Vermutung über das Ende des Petrus schafft Schwierigkeit

---

[27] Rö 4, 3 (siehe S. 225; 235).

[28] Die Identifikation „Babylons" in 1 Petr 5, 13 mit Rom, die Klemens von Alexandrien im sechsten Buch seiner *Hypotyposen* vornimmt (nach Eus. *hist. eccl.* II, 15, 2), ist die weitaus wahrscheinlichste.

über Schwierigkeit und kann nie auch nur eine einzige Quelle als positive Stütze für sich anführen.[29]

Um das Jahr 170 n. Chr. erwähnt Dionysius, Bischof von Korinth, in einem Brief an die römische Kirche als einigendes Band zwischen Korinth und Rom die Tatsache, daß die Kirchen in diesen beiden Städten von Petrus und Paulus gegründet wurden, „denn beide haben in unserer Stadt Korinth die Pflanzung begonnen und uns in gleicher Weise in Italien gelehrt und zu gleicher Zeit den Märtyrertod erlitten".[30] Man kann sich nur schwer vorstellen, was Paulus gesagt haben würde, wenn er vorauszusehen vermocht hätte, daß Petrus' Name eines Tages neben dem seinen als der des Gründers der Gemeinde in Korinth aufscheinen würde! Das Gleichgewicht wurde jedoch bis zu einem gewissen Grade dadurch wiederhergestellt, daß er, historisch ebenso falsch, herkömmlicherweise zusammen mit Petrus als Gründer der römischen Kirche bezeichnet wurde.

Dionysius ist natürlich ein Zeuge für die damals vorherrschende Tradition und nicht für eine historische Situation, die seiner Zeit um mehr als ein Jahrhundert vorauflag. Dies wird aus der Tatsache deutlich, daß er Dionysius Areopagita, einen der wenigen Bekehrten des Paulus unter den Athenern (Apg 17, 34), als ersten Bischof von Athen bezeichnet.[31]

Ein weiterer Zeuge für die zu jener Zeit gängige Tradition ist Irenäus, der um 177 n. Chr. aus der Provinz Asia nach Gallien ging und Bischof von Lyon wurde. In seiner Schrift *Über die fälschlich so genannte Gnosis* behauptet er, daß sich die ursprüngliche apostolische Lehre in jenen Kirchen erhalten habe, in denen seit ihrer Gründung durch einen Apostel ohne Unterbrechung ein Bischof auf den anderen gefolgt sei. Eine dieser Kirchen war Rom, wo die Kirche ihm zufolge von den beiden „ruhmreichen Aposteln Petrus und Paulus" gegründet und errichtet wurde, die das Bischofsamt dem Linus übergaben, von welchem es auf Anaklet und dann auf Klemens (den Verfasser des Klemensbriefes) überging. Diese „apostolische Sukzession" wird dann bis zu Eleutherus, dem Bischof von Rom zu Irenäus' Zeit, weiterverfolgt und dient als Argument für die These, daß der von der römischen Kirche zur Zeit der Abfassung von Irenäus' Traktat vertretene Glaube der von den Aposteln gelehrte sei.[32] Tatsächlich dürfte Irenäus sich eines Anachronismus schuldig machen, wenn er den monarchischen Episkopat in Rom bis zur Zeit der Apostel

[29] *Petrus und Paulus in Rom,* Berlin ²1927, S. 238.
[30] Nach Eus. *hist. eccl.* II, 25, 8.
[31] Nach Eus. *hist. eccl.* III, 4,10; IV, 23, 3.
[32] Iren. *adv. haer.* III, 3, 1—3.

zurückverfolgt; aus Ignatius und Hermas wird deutlich, daß die römische Kirche noch am Anfang des zweiten Jahrhunderts von einem Kollegium von Presbyter-Bischöfen und nicht von einem einzigen Bischof verwaltet wurde.[33] Irenäus' Liste der römischen Bischöfe, die als Quelle für spätere Verzeichnisse diente, geht selber möglicherweise auf Hegesipp zurück, den palästinischen Christen, der anscheinend als erster die These vertrat, man könne dem wahren und ursprünglichen christlichen Glauben auf den Grund kommen, wenn man den Glaubenskonsensus in sämtlichen von den Aposteln gegründeten Kirchen feststelle. Um das Jahr 150 n. Chr. machte er sich selber auf die Reise, in deren Verlauf er bis nach Rom gelangte, und befragte die von ihm besuchten Kirchen über ihre Glaubensanschauungen; die Ergebnisse seiner Untersuchungen legte er in fünf Bänden *Denkwürdigkeiten* nieder, die (wenngleich seit langem verloren) Euseb wertvolles Quellenmaterial an die Hand gaben. Er stellte fest, daß „in jeder Stadt, wo ein Bischof auf den anderen folgte, das kirchliche Leben der Lehre des Gesetzes, der Propheten und des Herrn entsprach".[34]

Hier haben wir also einen weiteren Zeugen für die Überlieferung, derzufolge Petrus und Paulus zusammen die Kirche von Rom begründeten, und es war bis ins dritte Jahrhundert hinein üblich, beide Apostel gemeinsam als Gründer zu bezeichnen. Von der Zeit des Hippolyt an (etwa 220), als man begann, den Gründer einer apostolischen Kirche als den ersten in der Reihe ihrer Bischöfe zu bezeichnen, führte der Grundsatz, daß es jeweils nur einen Bischof geben könne, allmählich dazu, daß an die Stelle der Namen von Petrus und Paulus der des Petrus allein als des apostolischen Gründers trat.[35]

Ein weiterer Autor vom Ende des zweiten Jahrhunderts, der römische Presbyter Gaius, gibt einen Hinweis, der sich nicht bloß auf mündliche Überlieferung stützt. Gaius trug einen brieflichen Streit mit einem phrygischen Montanisten namens Proclus aus, der sich auf verehrungswürdige Namen berief. Nach letzterem „waren vier Prophetinnen, die Töchter des Philippus, in Hierapolis in Asien; ihr Grab und das ihres Vaters ist noch dort".[36] Doch Gaius vermag ihn, was die Berufung auf verehrungswür-

---

[33] Siehe S. 225 f. mit Anm. 8—10.
[34] Nach Eus. *hist. eccl.* IV, 22, 3.
[35] Vgl. C. H. Turner, *Catholic and Apostolic,* London 1931, S. 225; siehe auch seinen Aufsatz „Apostolic Succession" in: H. B. Swete (Hrsg.), *Essay on the Early History of the Church and the Ministry,* London 1921, S. 93—214, besonders S. 141 f.
[36] Nach Eus. *hist. eccl.* III, 31, 4 (siehe S. 182).

dige Namen und Grabstätten betrifft, zu übertrumpfen: „Ich aber kann die Siegeszeichen der Apostel zeigen, denn wenn du an den Vatikan gehen willst oder auf die Straße nach Ostia, so wirst du dort die Siegeszeichen derer finden, die diese Kirche gegründet haben."[37]

Unter „Siegeszeichen" versteht Gaius Denkmäler, die die Stätte des Martyriums der Apostel oder ihres Begräbnisses markieren. Das Wort (gr. *tropaion*) ist militärischen Ursprungs; es bezeichnet den Haufen verschiedenartiger Waffen, die die Sieger auf dem Schlachtfeld aufstapelten, um die Niederwerfung des Feindes zu feiern. Die *tropaia* des Petrus und Paulus sind demgemäß ihre „Siegeszeichen". Wenn Konstantin im vierten Jahrhundert die Basilika des hl. Petrus auf dem Vatikanhügel und die des hl. Paulus außerhalb der Mauern an der Straße nach Ostia baute, so tat er dies in dem Glauben, daß die Apostel tatsächlich an den von Gaius bezeichneten Stätten begraben seien — der Bau der erstgenannten verursachte ungeheure Kosten, da die Ausschachtung der Fundamentgrube sehr mühevoll war. Weniger gewiß ist, ob Gaius selber unter den „Siegeszeichen" „Grabmäler" verstand. Mag sein, daß es ihm ziemlich einerlei war, ob sie die Stätte des Martyriums oder des Begräbnisses bezeichneten, falls er annahm, daß die Apostel in der Nähe ihrer Hinrichtungsstätten begraben waren. Die Angabe, daß sich Petrus' „Siegeszeichen" auf dem Vatikanhügel befinde, ist besonders interessant, weil Neros Gärten, wo laut Tacitus die römischen Christen nach dem Brand Roms hingerichtet wurden, auf ebendiesem Hügel lagen — wahrscheinlich südlich und unweit der Basilika des Konstantin.

Das von Gaius erwähnte „Siegeszeichen" des Petrus wurde mit an Gewißheit grenzender Wahrscheinlichkeit im Verlauf von Ausgrabungen entdeckt, die 1940 und in den darauffolgenden Jahren unter der *confessio*[38] der Peterskirche durchgeführt wurden; es war ein einfaches Säulenmonument, nach dem Konstantin offensichtlich die gesamte Basilika ausrichtete.[39] Falls das Monument zur gleichen Zeit wie ein kleiner Wasserkanal in seiner unmittelbaren Nachbarschaft gebaut wurde (was sehr wahrscheinlich ist), kann man es in die Zeit des Mark Aurel datieren, dessen Name in mehrere Ziegelsteine des Kanals eingebrannt ist,

---

[37] Nach Eus. *hist. eccl.* III, 25, 7.

[38] Die Confessio ist der Vorraum des Grabes mitsamt dem Schacht, durch den er mit dem Altar verbunden ist.

[39] Vgl. E. Kirschbaum, *Die Gräber der Apostelfürsten*, Frankfurt am Main 1957, S. 143 ff.; ferner J. M. C. Toynbee und J. B. Ward-Perkins, *The Shrine of St. Peter and the Vatican Excavations*, London 1956; O. Cullmann, *Petrus. Jünger — Apostel — Märtyrer*, Zürich 1952, S. 152 ff.

und vielleicht vor seine Thronbesteigung im Jahre 161 n. Chr., da er als Caesar, nicht als Augustus bezeichnet wird. Falls das Monument um das Jahr 160 n. Chr. errichtet wurde, war es ungefähr eine Generation alt, als Gaius es in seinem Brief an Proclus erwähnte. Es bleibt die Frage, ob ein ähnliches Monument unter dem Hochaltar von San Paolo fuori le Mura der Entdeckung harrt.[40]

Die Überlieferungen, auf denen die Lokalisierung von San Pietro in Vaticano und San Paolo fuori le Mura beruht, reichen somit fast bis in die Mitte des zweiten Jahrhunderts zurück, und es mag durchaus sein, daß sie sich auf Tatsachen gründen. Es gibt indessen eine andere Stätte, die mit beiden Aposteln verknüpft ist; sie ist zwar nicht so früh bezeugt wie die auf dem Vatikanhügel und an der Via Ostiense, war aber eine Zeitlang ein sehr beliebter Wallfahrtsort. Es ist dies die sogenannte Memoria Apostolorum ad Catacumbas unter San Sebastiano am dritten Meilenstein der Via Appia.[41] Hier wurden nach der *Depositio Martyrum* im Festkalender des Philocalus (354 n. Chr.) die Gebeine des Petrus (und Paulus?) bestattet; das in diesem Zusammenhang erwähnte Datum (29. Juni 258) ist wahrscheinlich das der Aufstellung des Schreins.[42] Aus an Ort und Stelle gefundenen Zeugnissen wird klar, daß man im dritten Viertel des dritten Jahrhunderts und bis weit in das vierte hinein allgemein der Überzeugung war, die sterblichen Reste der beiden Apostel lägen hier. Diese Zeugnisse bestehen in der Hauptsache aus *graffiti*, die sie mit Namen anrufen („Petrus und Paulus, gedenket unsrer"; „Petrus und Paulus, betet für Victor"; „Paulus [und] Petrus, gedenket des Sozomenos, und du, der du dies liest, desgleichen") und aus denen hervorgeht, daß man ihnen zu Ehren *refrigeria* (Gedächtnismahle) abhielt. Die Fülle solcher Hinweise auf die Apostel steht in auffallendem Gegensatz zu dem Fehlen derartiger Dinge in der Nachbarschaft des „Siegeszeichens" unter der Peterskirche, abgesehen von den rätselvollen griechischen Buchstaben *ΠΕΤΡ ... ΕΝΙ* („Petrus ist hier"?), die in die daneben befindliche

[40] Die beiden Platten, die den Boden unter dem Hochaltar bilden und die (in das vierte Jahrhundert zu datierende) Inschrift PAVLO APOSTOLO MART tragen, waren vielleicht früher senkrecht angebracht, möglicherweise als zwei der vier Seiten eines Grabhauses, das die *memoria* in der Basilika Konstantins umschloß (E. Kirschbaum, *Die Gräber der Apostelfürsten*, S. 174 ff.).

[41] Über diese *memoria* siehe besonders den Aufsatz von H. Chadwick, „St. Peter and St. Paul in Rome: The Problem of the Memoria Apostolorum ad Catacumbas", *JTS*, n. s. 8 (1957), S. 31 ff., auf dem obriger Bericht großenteils basiert.

[42] Die Notiz lautet: „III. Kal. Jul. Petri in catacumbas et Pauli Ostense Tusco et Basso consulibus."

Mauer eingekratzt sind.[43] In der Nähe des „Siegeszeichens" ist eine Anzahl christlicher Gebete für die Verstorbenen eingezeichnet (es befand sich dort nämlich ein Begräbnisplatz aus vorkonstantinischer Zeit); sie lauten indessen zum Beispiel „Paulinus, mögest du leben", „Simplicius, mögest du in Christus leben", und keine von ihnen bezieht sich auf Petrus.

Die Verbindung der beiden Apostel mit der Stätte an der Via Appia wird außerdem durch den Hymnus *Apostolorum Passio* aus der Mitte des vierten Jahrhunderts bezeugt, aus dem hervorgeht, daß man am 29. Juni an allen drei Plätzen ihres Martyriums gedachte — auf dem Vatikanhügel, an der Via Ostiense und an der Via Appia:

Tantae per urbis ambitum
Stipata tendunt agmina;
Trinis celebratur viis
Festum sacrorum martyrum.[44]

Dieser Versuch, den Ansprüchen aller drei Stätten gerecht zu werden, währte indessen nicht lange; als Papst Damasus im Verlauf der Wiederherstellung der christlichen Begräbnisplätze in Rom seine Aufmerksamkeit der Memoria Apostolorum ad Catacumbas zuwandte, deutete er in den Anfangsworten einer Inschrift, die er in der dort errichteten Basilica Apostolorum anbringen ließ, eine offizielle Auffassung an:

Hic habitasse prius sanctos cognoscere debes
Nomina quisque Petri pariter Paulique requiris . . .

„Du mußt wissen", verkündete er, „daß hier die Heiligen ehedem wohnten, wer immer du seist, der du nach den Namen des Petrus und Paulus fragst."[45] Mit anderen Worten: ihre Gebeine lagen hier einstmals, sind aber nicht mehr hier. Es ist dies, mit der stillschweigenden Folgerung einer Translation der Gebeine von der Via Appia zum Vatikanhügel und zur Via Ostiense, ein Versuch, die widersprüchlichen Traditionen in Übereinstimmung zu bringen und die Aufmerksamkeit frommer Wallfahrer auf die beiden konstantinischen Basiliken zu lenken, unter denen — wie man nunmehr annahm — die Leichen der Apostel lagen. Einige spätere Forscher — zuerst John Pearson, Bischof von Chester (17. Jahr-

---

[43] Vgl. E. Kirschbaum, *Die Gräber der Apostelfürsten*, S. 137 f. und Tf. 24.
[44] „Die dichten Kolonnen marschieren rund um die große Stadt herum; auf drei Straßen wird das Fest der heiligen Märtyrer gefeiert." Der Hymnus wird von altersher dem Ambrosius zugeschrieben.
[45] Der Rest der Inschrift unterstreicht den Anspruch der römischen Kirche auf den Primat über die Kirchen des Ostens mit der Begründung, daß Petrus und Paulus aus dem Orient nach Rom kamen, wo sie den Märtyrertod erlitten und begraben wurden.

hundert)[46] — haben eine einleuchtendere Harmonisierung vorgeschlagen und eine zeitweilige Translation der Apostelgebeine von den anderen Stätten zur Via Appia angenommen — die vielleicht erfolgt sei, als man unter Valerian (253—260 n. Chr.) den Christen verbot, Versammlungen abzuhalten, und den Zugang zu ihren Friedhöfen sperrte. Doch selbst dies ist eine harmonisierende Rekonstruktion zweier gesonderter Überlieferungen — von denen die eine offizielle Billigung genoß und die andere volkstümlichen Charakter hatte —, und es existieren keine unabhängigen Zeugnisse, mit denen man sie abstützen könnte. Die kürzlich auf dem Vatikan durchgeführten Ausgrabungen haben Einzelheiten zu dem hinzugefügt, was man schon vorher wußte, doch das meiste von dem, was vorher unbekannt war, bleibt auch weiterhin unbekannt.

Sicher ist, daß Petrus und Paulus von den vielen Christen, die in Rom unter Nero den Märtyrertod starben, die bedeutendsten waren; ebenso sicher ist, daß man sie als Mitbegründer der römischen Kirche in Anspruch nahm und daß dies, wie auch ihr Martyrium in der Stadt, dieser Kirche ein großes religiöses (im Unterschied zu politischem) Prestige verlieh; doch inwieweit die Elemente der wachsenden Überlieferung sonst in den geschichtlichen Ereignissen der sechziger Jahre des ersten christlichen Jahrhunderts eine Grundlage haben, bleibt nach wie vor ungewiß.

4.

Neros Angriff auf die römischen Christen war für sie ein furchtbarer Schlag, den sie niemals vergaßen. Sie überlebten ihn indessen und gewannen dadurch nur an Kraft. Die offizielle *damnatio memoriae,* der Nero nach seiner Absetzung und seinem Selbstmord (9. Juni 68 n. Chr.) anheimfiel, gab ihnen ein Propagandainstrument an die Hand; wenn spätere Kaiser Unterdrückungsmaßnahmen gegen sie einleiteten, konnte man sie beschuldigen, in Neros Fußstapfen zu treten (vgl. den Ausdruck

---

[46] J. Pearson, *Annales Cyprianici,* S. 62, in: *S. C. C. Opera,* ed. J. Fell, Oxford 1682 (Hinweis von H. Chadwick in: *JTS,* n. s. 8 [1957], S. 41, Anm. 2). Desgleichen in neuerer Zeit: L. Duchesne (Hrsg.), *Liber Pontificalis* I, Paris 1886, S. CIV ff.; *Christian Worship,* London [5]1919, S. 277; H. Lietzmann, *Petrus und Paulus in Rom,* S. 122 ff.; „The Tomb of the Apostles ad Catacumbas", *HTR* 16 (1923), S. 147 ff. E. Kirschbaum, *Die Gräber der Apostelfürsten,* S. 203, schlägt vor, daß lediglich die Häupter der beiden Apostel an die Via Appia überführt wurden.

institutum Neronianum in Tert. nat. 1, 7).[47] Durch diesen Vorwurf ließen sich zwar diejenigen Kaiser, die die Verfolgung der Christen für angezeigt hielten, anscheinend nicht abschrecken; gleichwohl kam der Hinweis, daß der erste Kaiser, der Christenverfolgungen inszenierte, zugleich der verruchteste unter den Kaisern war, einem christlichen Apologeten zustatten.

Nicht alle Untertanen Neros dachten jedoch so schlecht von ihm. Einige wollten die Nachricht von seinem Tod nicht glauben, und zwanzig Jahre danach traten immer wieder Prätendenten auf, die sich für Nero ausgaben und in den östlichen Provinzen Anhänger fanden. Der letzte von ihnen war ein gewisser Terentius Maximus; er wurde eine Zeitlang von den Parthern unterstützt, die ihn schließlich widerwillig den Römern auslieferten (88 n. Chr.). Doch gab es auch später noch hier und da Leute, die glaubten, Nero werde aus dem Totenreich zurückkehren und Rom an der Spitze eines Heeres aus dem Osten wiederbesetzen.[48]

Widerklänge dieses Glaubens an einen *Nero redivivus* begegnen uns in der Johannesoffenbarung; dort ist eines der imperialen Häupter des siebenköpfigen Tiers (des Römerreichs), wenngleich tödlich getroffen, dazu ausersehen, ins Leben zurückzukehren und als der letzte Verfolger und Antichrist zu herrschen. Die sieben Häupter, erfährt der Seher, sind „sieben Kaiser. Die fünf ersten sind gefallen, der eine ist da, der andre ist noch nicht gekommen; und wenn er kommt, soll er nur kurze Zeit bleiben. Und das Tier, das war und nicht ist, ist selbst der achte, und ist zugleich einer von den sieben, und es geht hin ins Verderben" (Offb 17, 10 f.).[49] Man weiß nicht genau, wer diese sieben Kaiser sind, doch ist die Stelle wahrscheinlich aus dem Blickwinkel des Prinzipats des Vespasian (69—79 n. Chr.) verfaßt, und man erwartet, daß *Nero redivivus* dessen Nachfolger ablösen wird. Als Vespasians Nachfolger, Titus, starb, sollte dann der jüngere Sohn des ersteren, Domitian (81—96), den Thron besteigen, und die Tatsache, daß die Leser der Apokalypse ihn mit dem achten Kaiser identifizierten, der „zugleich einer von den sieben ist", erklärt zum großen Teil, warum er in der christlichen Überlieferung als Verfolger gilt, und vielleicht die Datierung der Offenbarung in sein Prin-

---

[47] Vgl. E. T. Merrill, *Essays in Early Christian History*, London 1924, S. 131 ff.
[48] Vgl. Tac. *hist.* I, 2; II, 8; Suet. *Nero* 57; Dio Cass. LXVI, 19, 3; *Or. Sib.* 4, 119—24, 138 f.
[49] Für das „Tier, das war und nicht ist" vgl. Offb 13, 3. 12. 14; die Bilder und ihre Deutung schwanken ein wenig zwischen dem Reich („das Tier mit sieben Köpfen") und den einzelnen Kaisern (strenggenommen den Köpfen des Tiers), die die imperiale Macht von Zeit zu Zeit verkörperten.

zipat. Es ist aber kein Zweifel, daß vom Standpunkt der Offenbarung aus dieser „achte“ und letzte Kaiser noch nicht in Erscheinung getreten ist.

Der Bürgerkrieg in Italien, der das „Vierkaiserjahr“ zwischen Neros Tod und Vespasians Ankunft in Rom kennzeichnete (Vespasian übernahm im Sommer 70 die ihm Ende 69 vom Senat übertragene kaiserliche Macht), mag in den römischen Christen die Vorstellung erweckt haben, daß das Gericht die christenverfolgende Stadt ereilt habe. Nach Vespasians Thronbesteigung wurden die Spuren des Bürgerkriegs indessen sehr rasch beseitigt; die Wirtschaft wurde auf eine dauerhafte Grundlage gestellt und das während der Kämpfe am Ende der Regierungszeit des Vitellius niedergebrannte Kapitol in Rom wiederaufgebaut. Sueton berichtet, daß Vespasian „als erster bei der Räumung der Trümmer Hand anlegte und auf seinem Nacken einige Lasten davon wegtrug“.[50]

Wir erfahren kaum, wie es den Christen in Rom und anderwärts unter den flavischen Kaisern erging. Als Mitglieder einer nicht zugelassenen religiösen Vereinigung mußten sie mit summarischen Verfahren rechnen, doch unterlag das Christentum als solches keinem ausdrücklichen Verbot. Wohl vermutete Titus, die Zerstörung des Jerusalemer Tempels würde nicht nur das Verschwinden des Judentums, sondern auch das des Christentums beschleunigen,[51] doch ergriffen weder er noch sein Vater einschneidende Maßnahmen gegen die Ausübung dieser beiden Religionen. (Tatsächlich konnte noch im Jahre 112 n. Chr. nicht einmal Kaiser Trajan selber in Hinsicht der Christen einen Präzedenzfall zitieren. Als Mitglieder einer illegalen Vereinigung waren sie Gesetzesbrecher, doch sollte „man ihnen nicht nachspionieren“; andererseits: „werden sie angezeigt und überführt, sind sie zu bestrafen“ — doch jeder, der seinem Glauben öffentlich abschwor, indem er den Staatsgöttern opferte, sollte begnadigt werden.)[52]

Die christliche Überlieferung bezeichnet Domitian, wie schon erwähnt, als Verfolger.[53] Es liegen aber kaum Beweisstücke vor, mit denen sich dieser Ruf rechtfertigen ließe. Klemens von Rom schreibt am Ende seiner Regierungszeit (vielleicht kurz nach dem Tod des Kaisers), „wegen der plötzlich und Schlag auf Schlag über uns gekommenen Heimsuchungen und Drangsale“ habe er sich mit der Spaltung in der korinthischen Kirche

---

[50] Suet. *Vesp.* 8, 5.
[51] Siehe S. 189 f.
[52] Plin. *epist.* X, 97 (siehe S. 231).
[53] Vgl. Tert. *apol.* 5, 4. Siehe E. T. Merrill, *Essays in Early Christian History,* S. 148 ff.

nicht befassen können;[54] da uns aber keine genaueren Angaben zu Gebote stehen, können wir nicht wissen, ob er sich auf eine Verfolgungswelle bezieht.

Während viele seiner Untertanen über Domitian spöttelten, weil er sich gern *dominus et deus noster,*[55] „unser Herr und Gott", nennen ließ, hätten die Christen, für die es „nur *einen* Gott, den Vater ... und *einen* Herrn, Jesus Christus" (1 Kor 8, 6) gab, das als flagrante Gotteslästerung angesehen. Es wird aber nicht berichtet, daß daraus ein Streit zwischen ihm und den Christen erwuchs.

Er argwöhnte, nicht ohne Grund, daß viele Senatsmitglieder gegen ihn konspirierten, und ergriff gegen Ende seiner Regierungszeit scharfe Maßnahmen gegen einige von ihnen, darunter auch Angehörige der kaiserlichen Familie. Unter den letztgenannten war sein Vetter Flavius Klemens, der gegen das Ende seines Konsulats im Jahre 95 n. Chr. wegen „Atheismus, dessentwegen auch viele andere, die sich judaisiert hatten, verurteilt wurden", angeklagt und zum Tode verurteilt wurde.[56] Klemens' Frau, Flavia Domitilla, Domitians Nichte, gegen die man dieselbe Beschuldigung erhob, wurde auf die vor der kampanischen Küste gelegene Insel Pandateria verbannt.[57] Klemens und Domitilla hatten zwei junge Söhne, die damit aus der Historie verschwinden; Domitian hatte sie Vespasian und Domitian umbenannt und zu seinen Erben eingesetzt![58]

Domitillas Verwalter, Stephanus, war es, der einige Monate später einer aus Senatoren bestehenden Verschwörergruppe seine Dienste anbot und Domitian ermordete (18. September 96 n. Chr.).[59] Domitians Nachfolger wurde Nerva, ein älterer Senator (96—98), der mehrere von Domitians tyrannischen Maßnahmen aufhob: so wurde beispielsweise Domitilla aus ihrer Verbannung nach Rom zurückgerufen unter Zurückerstattung ihres Vermögens.[60]

Die römische Tradition nimmt Klemens und Domitilla als Christen in Anspruch. Allein auf Cassius Dios Angabe, man habe sie des „Atheismus" in Verbindung mit „jüdischen Sitten" für schuldig befunden, kann

---

[54] 1 Clem 1, 1.
[55] Suet. *Dom.* 13, 2.
[56] Dio Cass. LXVII, 14; vgl. Suet. *Dom.* 15, 1, wo Flavius Klemens als „ein Mann von berüchtigter Interessenlosigkeit (*inertia*)" bezeichnet wird. Flavius Klemens war der Sohn von Vespasians Bruder T. Flavius Sabinus.
[57] Dio Cass. LXVIII, 14, 2.
[58] Suet. *Dom.* 15, 1.
[59] Suet. *Dom.* 17, 1; Dio Cass. LXVII, 15—17.
[60] Eus. *hist. eccl.* III, 20, 8.

diese Überlieferung kaum fundiert sein. Domitian ergriff bekanntlich verschiedene Unterdrückungsmaßnahmen gegen die Juden; er ließ nicht nur die von ihnen zu entrichtende Steuer mit brutaler Härte eintreiben,[61] sondern bestrafte auch die Bekehrung römischer Bürger zum Judentum[62] und achtete sorgfältig auf jedes Zeichen, das auf ein Wiederaufflammen der jüdischen Aufstandsbewegung schließen ließ. In diesen letzteren Zusammenhang dürfte die von Hegesipp berichtete Geschichte[63] über die beiden Enkel des Jesusbruders Judas gehören, die Domitian zu sich kommen ließ, weil sie davidisch-königlichen Geblüts waren, aber sogleich wieder fortschickte, als er feststellte, daß es sich um einfache, völlig unpolitische Handwerker handelte.

Man konnte das Christentum in der Tat als eine Mischung von Judentum und Atheismus auffassen, doch ist das stärkste Argument, auf das die Tradition, die Klemens und Domitilla (besonders Domitilla) als Christen in Anspruch nimmt, ein archäologisches. Durch Inschriftenfunde ist gesichert, daß die „Domitilla-Katakombe" an der Via Ardeatina, eine der ältesten christlichen Grabstätten Roms, unter der Flavia Domitilla und ihrer Familie gehörendem Grund angelegt wurde; außerdem weist sie Grabschriften zum Gedenken an Träger des flavischen Namens auf.[64] Eine weitere christliche Begräbnisstätte aus sehr früher Zeit, die „Priszilla-Katakombe", befindet sich an der Via Salaria. Sie enthält eine Familiengruft, die den Aciliern gehörte.[65] Unter denen, die zusammen mit Flavius Klemens wegen Judentum und Atheismus verurteilt wurden, war auch ein gewisser Acilius Glabrio, der 91 n. Chr. Konsul gewesen war. Außer seinen sonstigen Vergehen hatte er sich Domitians Mißfallen dadurch zugezogen, daß er den Kaiser beim Löwenkampf um vieles übertroffen hatte.[66]

Falls diese Beweisstücke tatsächlich auf das Eindringen des Christentums in die vornehmsten Familien Roms deuten, dann hat Harnack Recht, wenn er sagt: „Fünfzig bis sechzig Jahre, nachdem das Christentum nach Rom gelangt war, wird eine Kaisertochter gläubig, und dreißig Jahre nach den furchtbaren Verfolgungen durch Nero wuchsen die mutmaßlichen Thronfolger in einem christlichen Haus auf."[67] Vielleicht wird

---

[61] Siehe S. 196.

[62] Dio Cass. LXVII, 14, 2. Siehe E. M. Smallwood, „Domitian's Attitude towards the Jews and Judaism", *Cl. Phil.* 51 (1956), S. 1 ff.

[63] Nach Eus. *hist. eccl.* III, 20.

[64] Siehe H. Leclercq, „Aristocratiques (Classes)", *DACL* 1, 2, Sp. 2850—2854.

[65] H. Leclercq, *DACL* 1, 2, Sp. 2854—2860.

[66] Dio Cass. LXVII, 14; vgl. Suet. *Dom.* 10, 2.

[67] A. Harnack, „Christianity and Christians at the Court of the Emperors",

man nicht so weit gehen wollen, doch ist die römische Tradition in dieser Hinsicht offensichtlich nicht substanzlos, und das Christentum in Rom sollte, nachdem es den ersten Angriff auf seine Existenz überlebt hatte, trotz wiederholter und besser organisierter Schläge seitens der Obrigkeit weiter fortschreiten, bis schließlich Stadt und Reich vor der Kirche kapitulierten.

Princeton Review 1 (1878), S. 269; vgl. sein Werk *Die Mission und Ausbreitung des Christentums in den ersten drei Jahrhunderten,* Leipzig 1902, S. 384. Diese Flavia Domitilla war keine Tochter des Kaisers (Vespasian), sondern seine Großtochter (Domitians Nichte).

FÜNFZEHNTES KAPITEL

Das Christentum am Ende der neutestamentlichen Zeit

1.

Am Ausgang des ersten nachchristlichen Jahrhunderts hatte das Christentum in der römischen Welt festen Fuß gefaßt. Von seiner Geburtsstätte in Judäa aus hatte es sich entlang der Nordküste des Mittelmeeres bis nach Gallien, wenn nicht bis nach Spanien verbreitet; es war der Küste Nordafrikas entlang bis in die Cyrenaika vorgedrungen, wenn es nicht bereits in die römische Provinz Africa gelangt war. Zweihundert Jahre sollten vergehen, ehe sich der römische Staat mit der Existenz der Kirche abfand; vorher versuchte er immer wieder, das Christentum zu unterdrücken und womöglich auszurotten, doch der Historiker, der die Situation als rückschauender späterer Betrachter überblickt, kann feststellen, daß das Christentum im Jahre 100 eine Dauereinrichtung und seine Abschaffung unmöglich geworden war.

In jenem Jahr lagen die meisten neutestamentlichen Schriften schon vor, obgleich das Neue Testament als anerkannte Sammlung noch nicht existierte.[1] Damals begann die katholische Kirche, so wie wir sie im späten zweiten Jahrhundert antreffen, allmählich Gestalt anzunehmen. Das apostolische Zeitalter war vergangen, doch zwangen die Verhältnisse innerhalb und außerhalb der Kirchen diese dazu, das durch den Tod der Apostel entstandene Vakuum auszufüllen. Diejenigen Kirchen, die die Gründung durch einen Apostel für sich in Anspruch nahmen, maßen der Bewahrung der Lehre, die sie ursprünglich empfangen hatten, große Bedeutung bei. In vielen von ihnen waren starke Kräfte am Werk, die gegen die Beibehaltung jener Lehre stritten; unter ihnen sind vor allem jene Tendenzen zu nennen, die wenige Jahrzehnte später in die breit ausgebauten Systeme der verschiedenen Schulen des Gnostizismus ausmündeten. Eine Frühform der Gnosis ist der von Paulus im Kolosserbrief bekämpfte synkretistische Engelkult, der von nonkonformistischen Juden begründet wurde und einen heidnischen Überbau aufwies. Paulus fordert die Christen von Kolossä und in anderen Städten des Lykostals auf,

---

[1] Vgl. R. M. Grant, *The Formation of the New Testament*, London 1965.

der „Überlieferung" treu zu bleiben, die sie zuerst empfingen, und nicht von dem Fundament zu weichen, auf welches ihr Leben als Christen gegründet worden war: „Wie ihr nun Christus Jesus, den Herrn, empfangen habt,[2] so wandelt in ihm, gewurzelt und auferbaut in ihm und gefestigt im Glauben, wie ihr gelehrt worden seid" (Kol 2, 6 f.). Zwei oder drei Jahrzehnte später führte eine andere Frühform der Gnosis in einigen der anderen Kirchen der prokonsularischen Provinz Asia zu einer örtlichen Spaltung, die den ersten und zweiten Johannesbrief hervorbrachte. Diese Spielart des Gnostizismus wird seit alters mit einem Lehrer namens Cerinth in Zusammenhang gebracht. Cerinth, der seine Ausbildung in Ägypten empfangen hatte, aber in der Provinz Asia ansässig war, vertrat das für den Gnostizismus charakteristische dualistische Weltbild (einschließlich der Schaffung der Materie durch eine niedere Macht oder einen niederen Demiurg), lehrte indessen eine neue Christologie. Er unterschied den Menschen Jesus (den mit größerer Tugend und Weisheit als andere begabten Sohn Josephs und Marias) von „dem Christus", der auf Jesus nach seiner Taufe in Gestalt einer Taube herabgestiegen sei, ihn befähigt habe, Wunder zu vollbringen und „den unbekannten Vater" zu verkündigen, aber vor seinem Tode wieder von ihm gewichen sei, so daß „Jesus gelitten habe und von den Toten auferstanden sei, während Christus von Leiden verschont geblieben sei, da er geistig war".[3] Diese Lehrmeinung ist zweifellos mit dem Doketismus verwandt.[4] Die Doketen, für die die Materie ihrer inneren Natur nach böse war, hielten es für unmöglich, daß ein göttliches Wesen in eine derart enge Beziehung zur Materie trat, wie sie die Annahme einer menschlichen Natur beinhaltete. Als Offenbarung der Gottheit auf Erden könne Jesus unmöglich einen wirklichen Menschenkörper besitzen, er habe nur *scheinbar* einen. (Die Bezeichnung „Doketismus" ist von den griechischen Verbum *dokein*, „scheinen", hergeleitet.) Die biblischen Lehren von der Schöpfung und Wiederauferstehung wie auch von der Inkarnation verwarf der Doketismus. Cerinth war mit seinem Glauben an die Auferstehung des Menschen Jesus kein typischer Doket, identifizierte indessen den Menschen Jesus nicht gänzlich mit dem göttlichen Wesen, das er „den Christus" nannte.

Sowohl in den Johannesbriefen wie im Kolosserbrief werden die Leser

---

[2] Gr. *parelabete*. Für den Gebrauch von *paralambanō* als eines der beiden in bezug auf die Überlieferung verwandten Fachwörter siehe S. 45.

[3] Iren. *adv. haer.* I, 21.

[4] Vgl. Ign. *Sm.* 3, 2; Clem. Alex. *strom.* 7, 17, 76, 26; Hippol. *haer.* VIII, 2, 11; X, 16; Serapion nach Eus. *hist. eccl.* VI, 12, 6 usw.

aufgefordert, nicht von ihrem ursprünglichen Grund zu weichen: „Was ihr von Anfang an gehört habt, das bleibe in euch! Wenn in euch bleibt, was ihr von Anfang an gehört habt, werdet auch ihr im Sohn und im Vater bleiben“ (1 Jo 2, 24). Jene ehemaligen Gefährten, die nicht an der Lehre, die sie „von Anfang an gehört“, festgehalten hätten, hätten sich von der Gemeinschaft gelöst, die allein das ewige Leben gewährleiste: „Sie sind von uns ausgegangen, aber sie gehörten nicht zu uns; denn wenn sie zu uns gehörten, wären sie bei uns geblieben“ (1 Jo 2, 19).

Auf welche Art und Weise ein führender Christ versuchte, den wachsenden Einfluß gnostischer Lehrer einzudämmen, erhellt aus dem zweiten Johannesbrief, wo der Verfasser (der sich als den „Ältesten“ bezeichnet) eine Ortsgemeinde in ihrer Gesamtheit und ihre einzelnen Mitglieder („die auserwählte ‚Herrin‘ und ihre Kinder“) anspricht und sie vor den Irrlehrern warnt, die „in die Welt ausgegangen sind, die Jesus Christus nicht als den bekennen, der im Fleisch kommt. Dies ist der Irrlehrer und der Widerchrist“ (2 Jo 7). Falls irgend jemand die Kirche besuche und ihr nicht „die Lehre des Christus“ bringe — die Lehre, die sie ursprünglich empfangen und an der sie bisher festgehalten hätten —, so solle ihm der Zutritt versagt bleiben und weder Unterstützung noch Förderung zuteil werden, „denn wer ihn begrüßt, nimmt teil an seinen bösen Werken“ (2 Jo 10 f.).

Wir können nicht wissen, ob die Gemeinde die Mahnung des Ältesten befolgte oder nicht. Doch nicht alle Gemeinden, an die er schrieb, beugten sich seiner Autorität. Nach dem dritten Johannesbrief hatte der Älteste anscheinend eine Anzahl reisender Gefährten, auf die er großes Vertrauen setzte und die die Kirchen aufsuchten, vermutlich, um sie im apostolischen Glauben zu stärken. Eine Gemeinde weigerte sich auf Betreiben eines selbsternannten Führers namens Diotrephes, die Freunde des Ältesten zu empfangen, ja Diotrephes drohte, er werde jedes Gemeindeglied, das sie beherberge, exkommunizieren. Die Behandlung, die der Älteste der „auserwählten Herrin“ als für gnostische Besucher angemessen empfahl, wurde somit in einer anderen Gemeinde[5] den von ihm bevollmächtigten Boten zuteil. Man hat in Diotrephes bisweilen ein frühes Beispiel des monarchischen Bischofs gesehen. (Der monarchische

[5] Im dritten Johannesbrief deutet nichts darauf hin, daß es sich bei dei betreffenden Gemeinde um diejenige handelte, an die der zweite Johannesbrief gerichtet ist; einige Forscher haben sie jedoch identifiziert, zum Beispiel R. Eisler, *The Enigma of the Fourth Gospel*, London 1938, S. 170 ff., nach dem es das im ersten und zweiten Johannesbrief empfohlene vierte Evangelium war, dessen Empfang die in 3 Jo 9 erwähnte Gemeinde verweigerte.

Bischof — ein Bischof an der Spitze der Kirchenverwaltung einer Stadt — trat an die Stelle der bisherigen Leitung einer jeden Gemeinde durch eine Anzahl von Ältesten oder „Bischöfen".) Wahrscheinlicher ist, daß er ein Symptom der Krankheit war, die der monarchische Bischof heilen sollte.[6]

Die ersten deutlichen Hinweise auf den monarchischen Episkopat tauchen wenige Jahre nach dem Beginn des zweiten Jahrhunderts in den Briefen auf, die der zur Arena verurteilte Bischof Ignatius von Antiochien auf seiner Reise nach Rom schrieb. Ignatius war in seiner eigenen wie in anderen Kirchen auf verschiedene Formen gnostischer und doketischer Lehren gestoßen — insbesondere auf letztere. Er betonte nachdrücklich, die Autorität der Bischöfe biete Sicherheit vor der Ausbreitung solcher Lehren. Wenn in jeder Kirche niemand außer dem Bischof oder einem Bevollmächtigten desselben die Taufe oder das Abendmahl spenden oder sogar bei einer *agapē* den Vorsitz führen dürfe, dann wäre damit ein wirksamer Schutzwall gegen das Eindringen unerwünschter Lehren geschaffen.[7] (Der Gedanke, daß ein Bischof selber solche Lehren fördern könnte, scheint Ignatius nicht gekommen zu sein.)

Die Heftigkeit, mit der Ignatius in seinen Briefen die Autorität des Bischofs betont, läßt vermuten, daß nicht alle seine Auffassung teilten. Er selber war monarchischer Bischof der Kirche von Antiochien, wie Polykarp in Smyrna und Onesimus in Ephesus, doch gab es andere Kirchen, die noch keinen monarchischen Episkopat hatten. Wenn man zwischen den Zeilen des Briefes des Ignatius an die römische Kirche liest, wird hinreichend deutlich, daß es in dieser noch keinen monarchischen Episkopat gab. Diese Schlußfolgerung findet in dem *Hirten* des Hermas, einer volkstümlichen Allegorie, die zu Beginn des zweiten Jahrhunderts von einem römischen Christen verfaßt wurde, anscheinend eine Bestätigung, denn dort ist von den „Presbytern, die der Kirche vorstehen", von den „Führern" und den „Vorsitzenden" die Rede, aber an keiner Stelle von einem Bischof.[8] Hermas spricht von Klemens als dem Außenminister der römischen Kirche.[9] Klemens, der in den Papstkatalogen als einer der frühesten römischen Bischöfe erscheint,[10] gilt traditionsgemäß als der

---

6 Vgl. C. H. Dodd, *The Johannine Epistles*, London 1945, S. 161 ff.
7 Ign. *Sm.* 8, 1 f.
8 *vis.* 3, 9, 7.
9 *vis.* 2, 4, 3.
10 Nach Iren. *adv. haer.* III, 3, 2 an dritter Stelle nach den Aposteln; laut Tert. *praescr.* 32 unmittelbar nach Petrus, der ihn ordiniert habe. Siehe S. 211. Vgl. M. Bévenot, „Clement of Rome in Irenaeus' Succession-List", *JTS*, n. s. 17

Verfasser des als Erster Klemensbrief bekannten anonymen Briefes, der um das Jahr 96 n. Chr. von der römischen Kirche an die Kirche von Korinth gesandt wurde. Aus der Hermasstelle wird deutlich, daß er eher einer der kollegialen Presbyter oder Bischöfe der Kirche als *der* Bischof gewesen sein dürfte.

Aus dem Klemensbrief geht hervor, daß das Institut des monarchischen Episkopats auch in der Kirche von Korinth im Jahre 96 n. Chr. unbekannt war, und es war auch einige Jahre später der Kirche von Philippi unbekannt, als Polykarp sich bald nach dem Tode des Ignatius an sie wandte; in seinem Brief werden ihre Oberen nämlich in ihrer Gesamtheit als Presbyter angeredet.

Um die Mitte des zweiten Jahrhunderts hatte sich der monarchische Episkopat jedoch in allen diesen Kirchen durchgesetzt, und der „katholische Glaube" vermochte sich in ihnen erfolgreich gegen die mächtige Anziehungskraft der gnostischen Lehrsysteme zu behaupten, deren Reiz zum großen Teil darauf beruhte, daß sie dem Zeitgeist entsprachen. Eine Kirche, in der sich das Kollegialprinzip länger als anderwärts hielt, war die von Alexandrien in Ägypten.[11]

Die Ursprünge der Gemeinde von Alexandrien sind in ein noch größeres Dunkel gehüllt als die der Gemeinde von Rom. Der späte Bericht, der ihre Gründung dem Markus, dem Gefährten der Apostel zuschreibt,[12] sollte möglicherweise einen anderen ersetzen, der auf einen — vom Standpunkt der katholischen Orthodoxie — weniger achtbaren Ursprung des alexandrinischen Christentums schließen ließ. Paulus' Freund Apollos war ein alexandrinischer Jude; wenn er mit der Evangeliumsgeschichte in seiner Vaterstadt vertraut wurde, dann wies das alexandrinische Christentum in jener frühen Zeit (etwa 50 n. Chr.) vermutlich ebenfalls jene Mängel auf, die Priszilla und Aquila in Apollos' Kenntnis des „Weges" konstatierten. Man hat in der Tat behauptet, der katholische Glaube, wie ihn die apostolischen Kirchen vertraten, habe erst im Laufe des zweiten Jahrhunderts in Alexandrien Wurzel gefaßt.[13] Die Lehre der

---

(1966), S. 98 ff.; D. F. Wright, „Clement and the Roman Succession in Irenaeus", *JTS*, n. s. 18 (1967), S. 144 ff.

[11] In Alexandrien war es bis zum Beginn des vierten Jahrhunderts üblich, daß die Presbyter einen aus ihrer Mitte zum Bischof beförderten; vgl. Hier. *epist.* 146, 1, ins Englische übersetzt und kommentiert in: J. Stevenson, *A New Eusebius*, London 1957, S. 378 f.; siehe auch W. Telfer, „Episcopal Succession in Egypt", *JEH* 3 (1952), S. 1 ff.

[12] Eus. *hist. eccl.* II, 16.

[13] Vgl. W. Bauer, *Rechtgläubigkeit und Ketzerei im ältesten Christentum*, Tübingen 1964², S. 49 ff., und andere auf S. 95, Anm. 6, erwähnte Werke.

Hauptvertreter der alexandrinischen Christen während der ersten beiden Drittel des zweiten Jahrhunderts — zum Beispiel des Basilides, Isidor und Valentin — zeigte eher gnostische als katholische Züge. Nach den uns vorliegenden Zeugnissen begann die Vorherrschaft des katholischen Christentums in Alexandrien erst im letzten Drittel des Jahrhunderts, als dort die große Katechetenschule begründet wurde, deren Leiter nacheinander Pantänus, Klemens und Origenes waren — und einige von ihnen standen (nicht ohne Grund) im Verdacht, sich allzu sehr von gnostischen Gedanken beeinflussen zu lassen.

Der voll entwickelte Gnostizismus des zweiten Jahrhunderts gehört nicht zur neutestamentlichen Zeitgeschichte, und der vorchristliche gnostische Mythus, den, wie die religionsgeschichtliche Schule auf ihrer Suche nach den Ursprüngen des Christentums festgestellt zu haben glaubt, mehrere neutestamentliche Autoren als Träger des Evangeliums benutzten, ist in Wirklichkeit eine großenteils auf sehr viel späterem Material, besonders auf mandäischen Texten, basierende Rekonstruktion.[14] Der grundlegende Gedanke des gnostischen Mythus (falls man angesichts einer so üppigen mythologischen Vorstellungswelt, wie sie die gnostischen Systeme darbieten, überhaupt von einem grundlegenden Gedanken sprechen darf) ist folgender: eine himmlische Wesenheit fällt aus der geistlichen Oberwelt des Lichts in die stoffliche Unterwelt des Dunkels und ist in eine Anzahl irdischer Leiber eingekerkert. Um diese reine Wesenheit aus ihrem Gefängnis zu befreien, steigt ein Erlöser aus der Welt des Lichts herab, der die wahre Erkenntnis (*gnosis*) verbreitet; er ist zugleich Retter und Offenbarer. Indem sie das Offenbarungswissen annimmt, erlangt die reine Wesenheit Befreiung von der Knechtschaft der Materie und gelangt in ihre wahre Heimstätte zurück. Mag sein, daß dieser Mythus teilweise auf die iranische Idee von Gayōmart,[15] dem

[14] Vgl. R. Bultmann, „Die Bedeutung der neuerschlossenen mandäischen und manichäischen Quellen für das Verständnis des Johannesevangeliums", *ZNTW* 24 (1925), S. 100 ff.; E. Peterson, „Bemerkungen zur mandäischen Literatur", *ZNTW* 25 (1926), S. 236 ff.; „Urchristentum and Mandäismus", *ZNTW* 27 (1928), S. 55 ff.; G. Bornkamm, *Mythus und Legende in den apokryphen Thomasakten*, Göttingen 1933; R. McL. Wilson, *The Gnostic Problem*, London 1958; R. M. Grant, *Gnosticism and Early Christianity*, New York 1959; siehe auch S. 27—31.

[15] Vgl. R. Reitzenstein, *Das Iranische Erlösungsmysterium*, Bonn 1921. Im Awesta erscheint Gayōmart (sterbliches Leben) gelegentlich als der Stammvater der Arier und als der erste, der an die Lehre des Ahura Mazdah glaubte. Später ist er eine Schlüsselfigur in einem kosmischen Drama: er ist ein Himmelswesen, der Urmensch, der Sohn von Ahura Mazdah, der nach dreitausendjährigem Kampf mit der Macht des Bösen von ihr überwältigt und getötet wird. Aber nach seinem Tod geht aus ihm das Menschengeschlecht hervor, und

Urwesen, zurückgeht, dem die Aufgabe eines Erlösers zugewiesen wird, doch ist es sehr viel wahrscheinlicher, daß die Grundzüge des gnostischen Mythus, einschließlich der Identifikation des Erlösers und Offenbarers mit dem Urwesen, eine Mythologisierung der frühchristlichen Ereignisse darstellen, als daß sich die Darstellung der Ereignisse im Neuen Testament mittels der Kategorien der gnostischen Mythologie erklären läßt. Es ist in der Tat zu vermuten, daß einer der frühesten Versuche, das Evangelium im Sinne der gnostischen Mythologie neu darzustellen, in dem Synkretismus vorliegt, den Paulus im Kolosserbrief bekämpft.

2.

Die äußere Gefahr, mit der die Kirche zu rechnen hatte, war die Feindseligkeit Roms. Diese Feindschaft war stets latent vorhanden, mündete aber nur sporadisch und in begrenzten Gebieten, bald in der Hauptstadt, bald in dieser und bald in jener Provinz, in regelrechte Verfolgungsmaßnahmen aus.

Im Neuen Testament selber fassen zwei Urkunden die kürzliche (neronische) Verfolgung der Christen Roms als Warnung auf, daß den Christen in Kleinasien demnächst vielleicht ähnliche Verfolgungen drohen. Im ersten Petrusbrief, der von „Babylon“ aus an „die Fremdlinge in der Zerstreuung in Pontus, Galatien, Kappadokien, Asia und Bithynien“ gesandt wurde, ist von der Feuersglut [der Leiden] die Rede, die zur Versuchung über seine Leser kommen werde, und werden Anweisungen gegeben, wie diese sich bei ihrem Ausbruch verhalten sollen (1 Petr 4, 11—19). Die in erster Linie an sieben Gemeinden in der Provinz Asia gerichtete Johannesoffenbarung stellt die Stadt Rom als das scharlachrote Weib, „das große Babylon“, dar, in der „das Blut der Propheten und Heiligen gefunden wurde“ (Offb 17, 5; 18, 24) — eine Widerspiegelung der Ereignisse des Jahres 64 n. Chr. —, und sagt Drangsale, wie sie die römischen Christen erduldet hatten, für ihre asiatischen Brüder voraus. In einigen Teilen von Asia haben in der Tat schon Verfolgungen eingesetzt: in Pergamus ist ein gewisser Antipas vor einiger Zeit als treuer Zeuge Jesu getötet worden (Offb 2, 13), und Johannes selber schreibt von

---

wenn am Ende der Zeit der *saoshyant* („Retter“) erscheint, um die Toten aufzuwecken, wird Gayōmart als erster wiederauferstehen und zum Rang eines Erzengels erhöht werden. Dieser Mythus taucht aber erst im siebten Jahrhundert nach Christus auf und kann daher unmöglich auf die christliche Überlieferung eingewirkt haben.

der ägäischen Insel Patmos aus, wohin er „um des Wortes Gottes und des Zeugnisses Jesu willen" kam (Offb 1, 9) — diese Worte deuten herkömmlicherweise und sehr wahrscheinlich auf Verbannung aufgrund des Urteilsspruchs eines römischen Gerichts. Die Beziehung dieses Johannes zu den in der Gemeinde jener Zeit bekannten anderen Trägern desselben Namens ist umstritten; da er als Prophet im Namen des erhöhten Christus schreibt, spricht er zu den Gemeinden mit außergewöhnlicher Autorität. Die meisten der sieben Gemeinden, an die er sich wendet, wenn nicht alle, gehörten zu denjenigen, die während der Wirksamkeit des Paulus in Ephesus (52—55 n. Chr.) begründet wurden; das Bild, das die Offenbarung von ihnen entwirft, bestätigt den von allen einschlägigen Zeugnissen vermittelten Eindruck, daß das Heidenchristentum in der Provinz Asia eine unübertroffene Lebenskraft entfaltete, wenn auch ein gewisses Maß von sozialen und religiösen Kompromissen mit ihrer heidnischen Umgebung in einigen Gemeinden scharfe Kritik hervorruft.

Etwas wie eine allgemeine, für das ganze Reich verbindliche gesetzliche Bestimmung, die die Ausübung des Christentums verbot, gab es erst vom Beginn des dritten Jahrhunderts an. Vom rechtlichen Standpunkt aus betrachtet war die Ausübung des Christentums oder das Bekenntnis zu ihm in der in Rede stehenden Periode also eine Ordnungswidrigkeit; wer sich ihrer schuldig machte, hatte eine *cognitio* (gerichtliche Untersuchung) zu gewärtigen, bei der ein Magistrat, wenn es sich um gewöhnliche Provinziale handelte, über unbegrenzte Befugnisse verfügte.[16] Was den Beginn des zweiten Jahrhunderts betrifft, so haben wir das Glück, in der Korrespondenz, die der Kaiser Trajan (98—117 n. Chr.) und der jüngere Plinius (C. Plinius Secundus) während der Amtszeit des Letztgenannten als Kaiserlicher Legat von Bithynien und Pontus (111—112 n. Chr.) über dieses Thema miteinander führten, eine aufschlußreiche Urkunde von kaiserlicher Seite zu besitzen.[17] Plinius hatte Christen in seiner Provinz zuerst in Ausübung der sehr umfangreichen Befugnisse, die zu seinem *imperium* gehörten, in summarischen Verfahren abgeurteilt. Doch als er von weiteren einschlägigen Fällen Kenntnis erhielt, begann er sich zu fragen, ob er sich auch richtig verhalte. Seine bisherigen Erfahrungen nützten ihm hier wenig, und ein Gesetz gegen die Christen, auf das ihn seine Rechtsberater, um sein Gewissen zu beruhi-

---

[16] Vgl. A. N. Sherwin-White, „The Early Persecutions and Roman Law Again", *JTS*, n. s. 3 (1952), S. 199 ff.

[17] Plin. *epist.* X, 96, 97. (Übersetzung H. Kasten.) Vgl. E. T. Merrill, *Essays in Early Christian History*, London 1924, S. 174 ff.

gen, hätten hinweisen können, existierte nicht. Also fragte er den Kaiser um Rat, wie er es so oft tat, wenn er in seiner Eigenschaft als Provinzstatthalter Entscheidungen zu fällen hatte.

C. PLINIUS AN KAISER TRAJAN

Ich habe es mir zur Regel gemacht, Herr, alles, worüber ich im Zweifel bin, Dir vorzutragen. Wer könnte denn besser mein Zaudern lenken oder meine Unwissenheit belehren? Gerichtsverhandlungen (*cognitiones*) gegen Christen habe ich noch nie beigewohnt; deshalb weiß ich nicht, was und wieweit man zu strafen oder zu untersuchen pflegt. Ich war auch ziemlich unsicher, ob das Lebensalter einen Unterschied bedingt, oder ob ganz junge Menschen genau so behandelt werden wie Erwachsene, ob der Reuige Verzeihung erfährt oder ob es dem, der überhaupt einmal Christ gewesen ist, nichts hilft, wenn er es nicht mehr ist, ob schon der Name „Christ", auch wenn keine Verbrechen vorliegen, oder nur mit dem Namen verbundene Verbrechen bestraft werden.

Vorerst habe ich bei denen, die bei mir als Christen angezeigt wurden, folgendes Verfahren angewandt. Ich habe sie gefragt, ob sie Christen seien. Wer gestand, den habe ich unter Androhung der Todesstrafe ein zweites und drittes Mal gefragt; blieb er dabei, ließ ich ihn abführen. Denn mochten sie vorbringen, was sie wollten — Eigensinn und unbeugsame Halsstarrigkeit glaubte ich auf jeden Fall bestrafen zu müssen. Andre in dem gleichen Wahn Befangene habe ich, weil sie römische Bürger waren, zur Überführung nach Rom vorgemerkt.

Als dann im Laufe der Verhandlungen, wie es zu gehen pflegt, die Anschuldigung weitere Kreise zog, ergaben sich verschieden gelagerte Fälle.

Mir wurde eine anonyme Klageschrift mit zahlreichen Namen eingereicht. Diejenigen, die leugneten, Christen zu sein oder gewesen zu sein, glaubte ich freilassen zu müssen, da sie nach einer von mir vorgesprochenen Formel unsre Götter anriefen und vor Deinem Bilde, das ich zu diesem Zweck zusammen mit den Statuen der Götter hatte bringen lassen, mit Weihrauch und Wein opferten, außerdem Christus fluchten, lauter Dinge, zu denen wirkliche Christen sich angeblich nicht zwingen lassen.

Andre, die der Denunziant genannt hatte, gaben zunächst zu, Christen zu sein, widerriefen es dann aber; sie seien es zwar gewesen, hätten es dann aber aufgegeben, manche vor drei Jahren, manche vor noch längerer Zeit, hin und wieder sogar vor zwanzig Jahren.[18] Auch diese alle bezeugten Deinem Bilde und den Götterstatuen ihre Verehrung und fluchten Christus. Sie versicherten jedoch, ihre ganze Schuld oder ihr ganzer Irrtum habe darin bestanden, daß sie sich an einem bestimmten Tage vor Sonnenaufgang zu versammeln pflegten, Christus als ihrem Gott einen Wechselgesang zu singen und sich durch Eid nicht etwa zu irgendwelchen Verbrechen zu verpflichten, sondern keinen Diebstahl,

---

[18] Mit letzterem gelangte man in Domitians Regierungszeit. Für die Tradition, die ihn als Christenverfolger brandmarkt, wäre dies aber bestenfalls ein äußerst dürftiges Beweisstück (siehe S. 217 ff.).

Raubüberfall oder Ehebruch zu begehen, ein gegebenes Wort nicht zu brechen, eine angemahnte Schuld nicht abzuleugnen. Hernach seien sie auseinandergegangen und dann wieder zusammengekommen, um Speise zu sich zu nehmen, jedoch gewöhnlich, harmlose Speise, aber das hätten sie nach meinem Edikt, durch das ich gemäß Deinen Instruktionen Hetärien verboten hatte, unterlassen. Für um so notwendiger hielt ich es, von zwei Mägden, sogenannten Diakonissen,[19] unter der Folter ein Geständnis der Wahrheit zu erzwingen. Ich fand nichts andres als einen wüsten, maßlosen Aberglauben.

Somit habe ich die weitere Untersuchung vertagt, um mir bei Dir Rat zu holen. Die Sache scheint mir nämlich der Beratung zu bedürfen, vor allem wegen der großen Zahl der Angeklagten. Denn viele jeden Alters, jeden Standes, auch beiderlei Geschlechts sind jetzt und in Zukunft gefährdet. Nicht nur über die Städte, auch über Dörfer und Felder hat sich die Seuche dieses Aberglaubens verbreitet, aber ich glaube, man kann ihr Einhalt gebieten und Abhilfe schaffen. Jedenfalls ist es ziemlich sicher, daß die beinahe schon verödeten Tempel allmählich wieder besucht, die lange ausgesetzten feierlichen Opfer wieder aufgenommen werden und das Opferfleisch, für das sich bisher nur ganz selten ein Käufer fand, überall wieder Absatz findet. Daraus gewinnt man leicht einen Begriff, welch eine Masse von Menschen gebessert werden kann, wenn man der Reue Raum gibt.

Das Kaiserliche Antwortschreiben war kurz und bündig.

TRAJAN AN PLINIUS

Mein Secundus! Bei der Untersuchung der Fälle derer, die bei Dir als Christen angezeigt worden sind, hast Du den rechten Weg eingeschlagen. Denn insgesamt läßt sich überhaupt nichts festlegen, was gleichsam als feste Norm dienen könnte. Nachspionieren soll man ihnen nicht; werden sie angezeigt und überführt, sind sie zu bestrafen, so jedoch, daß, wer leugnet, Christ zu sein und das durch die Tat, das heißt: durch Anrufung unserer Götter beweist, wenn er auch für die Vergangenheit verdächtig bleibt, auf Grund seiner Reue Verzeihung erhält.

Anonym eingereichte Klageschriften dürfen bei keiner Straftat Berücksichtigung finden, denn das wäre ein schlimmes Beispiel und paßt nicht in unsre Zeit.

Es ist kein Zweifel, daß Plinius nicht aus eigener Initiative als Statthalter gegen die Christen seiner Provinz vorging; er griff nur ein, wenn private Ankläger gegen Einzelpersonen Beschuldigungen vorbrachten (auf dem Wege der *delatio*). Aber warum war das Christentum überhaupt eine Angelegenheit für *delatores*? Vor allem ist zu bemerken, daß Plinius es anscheinend als selbstverständlich betrachtete, daß die Zugehörigkeit zum Christentum ein Kapitalverbrechen sei, und alle Ange-

---

[19] Lat. *ministrae.*

klagten, die sich schuldig bekannten und ihrem Glauben nicht abschwören wollten, mit dem Tode bestrafte. Die Frage, ob der Name eines Christen für eine Verurteilung ausreiche oder ob Beweise für die „mit dem Namen verbundenen Verbrechen“ (*flagitia cohaerentia nomini*) vorgelegt werden müßten, stellte sich ihm zunächst nicht; er sah es als erwiesen an, daß der „Name“ bereits ein Verbrechen darstellte. Dies ist die Situation, von der der zweite Teil des ersten Petrusbriefes ausgeht[20] (4, 12—5,11), wo von der Wahrscheinlichkeit die Rede ist, daß jemand demnächst einfach „als Christ“,[21] „um des Namens Christi willen“ bestraft wird; falls jemand als Christ leide, so solle er sich nicht schämen: „er verherrliche vielmehr Gott mit diesem Namen“ (4, 14.16).

Wie jedermann, wußte auch Plinius, daß der Staat das Christentum mißbilligte; warum, war ihm nicht recht klar, doch begriff er, daß die ungehinderte Ausbreitung dieser Religion nicht im römischen Interesse lag. Neros Maßnahmen gegen die Christen führte man wegen der *damnatio memoriae* des Kaisers vielleicht besser nicht als Präzedenzfall an; doch der neronischen Verfolgung war die gesellschaftliche Verdammung der Christen als „Hasser des Menschengeschlechts“ vorausgegangen.[22] Die öffentliche Meinung brachte bestimmte verabscheuungswürdige Praktiken mit dem Bekenntnis zum Christentum in Verbindung, doch derlei Praktiken konnte man gesondert untersuchen. Eines stand für Plinius fest: wenn die ihm vorgeführten Christen sich weigerten, ihr Bekenntnis zu widerrufen, und bei ihrem Aberglauben beharrten, nachdem sie von einem menschlich empfindenden und verständigen Magistraten eindringlich ermahnt worden waren, sich eines Besseren zu besinnen, dann machten sie sich der *contumacia*, der Mißachtung des Gerichts schuldig und waren daher, wenn ihnen auch sonst nichts vorzuwerfen war, zum Tode zu verurteilen, falls der Statthalter die Verhängung einer solchen Strafe für richtig erachtete.

Wenn man die Christen unter einer anderen Beschuldigung in Anklagezustand versetzen wollte, so konnte man es wegen ihrer Zugehörigkeit zu einer ungesetzlichen Vereinigung tun. Plinius gibt an, er habe gemäß

---

[20] Der erste Petrusbrief zerfällt in zwei Hauptteile: a) eine Taufpredigt (1, 3—4, 11) und b) einen Zuspruch an Verfolgte (4, 12—5, 11). Während im zweiten Teil kein Zweifel an unmittelbar bevorstehender Verfolgung um des Namens Christi willen herrscht, ist im ersten Teil Leiden um der Gerechtigkeit willen nur eine vage Möglichkeit (3, 13 f.).

[21] Siehe S. 69. Vgl. *Brief der Kirchen von Vienne und Lyon*, nach Eus. *hist. eccl.* V, 1. 10, 19, 20, 44, 50; Tert. *apol.* 2, 13 für Belege, daß die Aussage „ich bin Christ“ zur Verurteilung ausreichte.

[22] Tac. *ann.* XV, 44, 5.

den Anweisungen des Kaisers alle privaten Vereinigungen verboten. Wie seinen Vorgängern erschienen derartige Zusammenschlüsse seiner Untertanen auch dem Kaiser Trajan im höchsten Maße verdächtig. Wie harmlos, ja höchst nützlich die vorgeblichen Ziele einer solchen Vereinigung auch immer scheinen mochten, langjährige Erfahrungen hatten die Römer gelehrt, daß sie oft sehr schnell zu Unruheherden wurden. Ein gutes Beispiel hierfür bietet ein weiterer Briefwechsel zwischen Plinius und Trajan. In den größten Städten seiner Provinz hatte es schwere Feuersbrünste gegeben, und Plinius fragte daher bei Trajan an, ob es nicht ratsam sei, Feuerwehren aufzustellen. Trajan verneinte dies und antwortete, es sei besser, das Feuerlöschen privater Initiative zu überlassen. Wie lobenswert die Organisation von Feuerwehren auch scheinen möge, man müsse stets bedenken, daß sie, wie so viele andere private Vereinigungen, sehr leicht zu aufrührerischen Zielen mißbraucht werden könnten.[23]

Es liegen Zeugnisse vor, daß man Ausnahmen von dem allgemeinen Verbot privater Zusammenschlüsse gelten ließ — daß insbesondere religiöse Vereinigungen ärmerer Bürger (*collegia tenuiorum religionis causa*) von der Zeit der julisch-claudischen Herrscher an zugelassen waren.[24] Es läßt sich jedoch nicht feststellen, ob solche Zulassungen auch außerhalb Italiens erteilt wurden, und es war auf jeden Fall erforderlich, daß die betreffende religio nicht die öffentliche Ordnung bedrohte oder Anstand und Sitte verletzte. In den Augen des Volkes und sogar der Behörden tat das Christentum beides. Was für abscheuliche Praktiken nach allgemeiner Auffassung mit dem Bekentnis zum Christentum verbunden waren, mag aus Plinius' Bemerkung in seinem Brief an Trajan hervorgehen, die Aussagen, die er von ehemaligen Christen erlangt habe, deuteten darauf hin, daß die Speise, die die Christen bei ihrem Gemeinschaftsmahl zu sich nähmen, „gewöhnlich harmlose Speise" sei — standen die Christen doch weithin im Verdacht, Ritualmorde zu begehen, Menschenfleisch zu verzehren (was man vor ihnen schon den Juden vorgeworfen hatte) und überdies rituelle Blutschande zu treiben.[25]

Vermutlich fühlte Plinius sich durch die Entdeckung, daß das Bekenntnis zum Christentum nicht in jedem Fall die abscheulichen Praktiken mit

---

[23] Plin. *epist.* X, 33, 34.

[24] A. N. Sherwin-White (*Roman Society and Roman Law in the New Testament*, Oxford 1963, S. 206) zitiert hierzu F. de Robertis, *Il Diritto associativo Romano*, Bari 1938, S. 371—4.

[25] Vgl. *Brief der Kirchen von Vienne und Lyon*, nach Eus. *hist. eccl.* V, 1. 14; Tert. *apol.* 7, 1 ff.

einschloß, die man ihm allgemein zum Vorwurf machte, bewogen, den Kaiser um Rat zu fragen. Zunächst dürfte er die weitverbreitete Ansicht, die Christen als solche machten sich derartiger Praktiken schuldig, geteilt und ohne weitere Umstände gegen sie von seinem Bestrafungsrecht (*coercitio*) Gebrauch gemacht haben, außer daß er die Fälle derjenigen, die römische Reichsbürger waren, dem Kaisergericht übergab — offenbar gleichgültig, ob die Betreffenden aus eigener Initiative an den Prinzeps appellierten oder nicht.[26] Doch als ihm klar wurde, daß diese gängige Meinung gar nicht zutraf, begann er sich zu fragen, ob das Bekenntnis zum Christentum an sich als Kapitalverbrechen zu behandeln sei, und in Ermangelung irgendeines Präzedenzfalls oder einer sonstigen Anleitung wandte er sich an Trajan.

Trajans Antwort an Plinius vermittelt uns kaum zusätzliche Aufschlüsse über die Rechtsstellung der Christen. Der Kaiser bestätigt die Richtigkeit von Plinius' maßvollem Vorgehen. Überführte Christen seien in Anklagezustand zu versetzen, es solle aber keine Jagd auf sie veranstaltet werden und anonyme Briefe mit einschlägigen Beschuldigungen seien zu ignorieren. (Damit war nicht so sehr beabsichtigt, Christen Straffreiheit zu verschaffen, als vielmehr Heiden vor Verleumdungsversuchen zu schützen.) Überdies solle man nichts unversucht lassen, die Christen dazu zu bringen, daß sie auf ihren Glauben verzichteten und sich wieder ins Recht setzten.

Die christlichen Apologeten bezeichneten Trajans Entscheid naturgemäß als empörend und widerspruchsvoll,[27] doch war der Kaiser, nach dem beschränkten Maß seiner Einsicht, entschlossen, mit Festigkeit, doch ohne unbillige Härte gegen einen gesellschaftsfeindlichen Kult vorzugehen. Er war ganz offensichtlich kein fanatischer Verfolger, sondern ein Monarch, der bestrebt war, ohne übermäßige Einschränkung der Freiheit seiner Untertanen in seinen Herrschaftsgebieten Recht und Ordnung zu bewahren. In seinen Augen waren Ruhe und Ordnung durch die Ausbreitung des Christentums, besonders in dem Ausmaß, auf das Plinius' Bericht für Bithynien und Pontus schließen läßt, gefährdet, und es war daher zu unterdrücken, aber ohne unbillige Härte. Plinius' Bericht weist, nebenbei bemerkt, auf eine mögliche Ursache der Anschuldigungen, die man ihm unterbreitete. Die Ausbreitung des Christentums bedrohte bestimmte Erwerbszweige in seiner Provinz in ihrer Existenz — beispielsweise die Lieferanten von Futter für die Tiere, die für die Altäre der

---

[26] Siehe S. 162 f. mit Anm. 25, 26.
[27] Vgl. Tert. *apol.* 2, 6—9.

heidnischen Tempel bestimmt waren. Wie erinnerlich, waren ja auch die Silberschmiede von Ephesus über die Evangelisation der Stadt durch Paulus alles andere als erbaut, da sie ein Nachlassen der Nachfrage nach den ehedem in Verbindung mit dem Artemiskult benötigten Silberwaren mit sich brachte.[28]

Plinius' Brief verdient überdies wegen der Angaben Interesse, die er über den christlichen Gottesdienstverlauf in Kleinasien zu Beginn des zweiten Jahrhunderts enthält. Wenn die Nachrichten auch von Abtrünnigen herrühren, stimmen sie doch mit denen überein, die uns andere Quellen vermitteln. Der „bestimmte Tag", an dem die Christen vor Sonnenaufgang zusammenkamen, war vermutlich der Sonntag — die *hemera kyriake* oder *dies dominica*,[29] wie sie ihn nannten, da an ihm ihr Herr von den Toten auferstand. Die Hymne, die sie „Christus als ihrem Gott"[30] sangen, erinnert an die neutestamentliche Aufforderung an die Christen, zueinander „mit Psalmen und Lobgesängen und geistlichen Liedern" zu reden und „Gott lieblich in ihren Herzen zu singen" (Eph 5, 19; vgl. Kol 3, 16), und läßt sich durch einige der Gesänge der Johannesoffenbarung veranschaulichen, besonders durch das „neue Lied" von Offb 5, 9 f.: „Würdig bist du ... denn du bist geschlachtet worden ..." Der „Eid" (lat. *sacramentum*), durch den sie sich verpflichteten, sich verschiedener böser Handlungen zu enthalten, war vielleicht die Abendmahlspredigt mit Ausschluß Unwürdiger, und das Mahl, das sie später gemeinsam begingen, vermutlich die *agapē*, die Liebes- oder Gemeinschaftsmahlzeit.

Ein herausragender christlicher Märtyrer unter der Regierung des Kaisers Trajan war Ignatius; er wurde zum Tierkampf verurteilt und etwa 110 n. Chr. unter militärischer Bewachung von Antiochien in Syrien nach Rom gebracht.[31] In Trajans Regierungszeit fällt auch das Martyrium des Simeon, des Nachfolgers Jakobus' des Gerechten als Leiter der Kirche von Jerusalem;[32] als Angehörigen der heiligen Familie beschuldigte man ihn möglicherweise der Komplizität mit den Führern der jüdischen Auf-

---

[28] Apg 19, 24—7 (siehe S. 131 f.).

[29] So wird der Sonntag erstmals in Offb 1, 10 genannt; vgl. *Did.* 14, 1 („die *kyriakē* des Herrn").

[30] Vgl. R. P. Martin, *Worship in the Early Church*, London 1964, S. 28 ff.; *Carmen Christi*, Cambridge 1967.

[31] Er schrieb seine sieben erhaltenen Briefe auf der Reise nach Rom (siehe S. 225) in Smyrna und Troas. Seine Militäreskorte bezeichnet er als „zehn Leoparden" (*Röm* 5, 1).

[32] Zeugnis des Hegesipp laut Eus. *hist. eccl.* III, 32. 2 ff.

stände, die um die Zeit von Trajans Partherfeldzug (115 n. Chr.) ausbrachen.[33]

Die von Trajan in seinem Brief an Plinius festgelegte Richtschnur war auch, nach einem Reskript Kaiser Hadrians (117—138) an den Prokonsul von Asia, Minucius Fundanus, aus dem Jahre 124 n. Chr. zu urteilen, die seines Nachfolgers.

HADRIAN AN MINUCIUS FUNDANUS

Ich habe ein Schreiben empfangen, das von deinem Vorgänger, dem hochansehnlichen Serenus Granianus, an mich gerichtet wurde. Es scheint mir nun nicht angebracht, die Sache ohne Untersuchung hingehen zu lassen, damit die Leute nicht in Unruhe versetzt werden und die Angeber Gelegenheit zur Schurkerei erlangen. Wenn also die Provinzialen für ihr Verlangen gegen die Christen sich auf klare Gründe stützen in der Weise, daß sie auch vor dem Richterstuhle Rede und Antwort stehen können, so mögen sie diesen Weg beschreiten, aber nicht einzig auf Bitten oder Schreien sich verlegen. Denn es ist bei weitem angemessener, daß du, wenn jemand eine Anklage erheben will, hierüber eine genaue Untersuchung anstellst. Wenn also jemand als Ankläger auftritt und nachweist, daß sie irgendwie gesetzwidrig handeln, dann fälle dein Urteil nach der Größe des Vergehens; wenn er es aber in verleumderischer Absicht vorbringen sollte, wahrlich, eine solche Schändlichkeit bring gehörig in Anschlag und sorge für ihre Bestrafung.[34]

Man hat die Echtheit dieser Urkunde angezweifelt, einmal, weil sie nur als Zitat in der *Apologie* Justins des Märtyrers auf uns gekommen ist, und zum anderen, weil man ihren Zweck mißverstanden hat. Auch wenn die uns vorliegende griechische Version keine wörtliche Übersetzung des lateinischen Urtextes sein sollte, braucht man ihre Geschichtlichkeit und Authentizität doch nicht in Zweifel zu ziehen. Wie Trajan, beabsichtigt Hadrian nicht, die Christen zu schützen, sondern Leute, die man fälschlicherweise beschuldigte, Christen zu sein, vor schikanöser Strafverfolgung oder Erpressung zu bewahren. Von privaten Anklägern sei zu fordern, daß sie schlüssige Beweise für ihre Anschuldigungen beibrächten; vielleicht soll das heißen, daß unzweideutige Beweise für die „abscheulichen Praktiken“ ebenso wie für das Bekenntnis zum Christentum vorgelegt werden sollten. Falls ja, so überrascht es nicht, daß ein Apologet wie Justin das kaiserliche Reskript als Freiheitscharta für die Christen bezeichnet, wußte er doch, daß der Vorwurf der „abscheulichen

[33] Dio Cass. LXVIII, 17 ff., 32.

[34] Iust. (Mart.) *apol.* I, 68; vgl. Eus. *hist. eccl.* IV, 8. 6 ff. Siehe E. T. Merrill, *Essays in Early Christian History*, S. 202 ff.

Praktiken" in ihrem Falle völlig aus der Luft gegriffen war. Aber selbst wenn er Hadrians Worte mit Recht so günstig auslegte, steht doch fest. daß ein kaiserliches Reskript strenggenommen nur für die Provinz des Statthalters galt, der einen Entscheid erbat; überdies brauchten sich die Nachfolger des Kaisers dadurch nicht gebunden zu fühlen. Justin selber sollte hierfür einen Beweis liefern, als er um das Jahr 165 wegen seiner beharrlichen — man hätte auch sagen können „unbotmäßigen" — Weigerung, sein Bekenntnis zum Christentum zu widerrufen, in Rom vom Stadtpräfekten zum Tode verurteilt wurde.[35] Noch mehrere Generationen hindurch geschah es immer wieder, daß im ganzen Römerreich hier und dort Christen die in 1 Petr 4, 12 ff. erteilten Ratschläge für das richtige Verhalten angesichts von Verfolgungen „um des Namens Christi willen" brauchten, bis nach der allerschlimmsten Verfolgungswelle Galerius im Osten (311) und Konstantin und Licinius im Westen (313) Toleranzedikte erließen, die der Kirche endlich den ersehnten Frieden brachten.

---

[35] Die *Justinus-Akten* lassen die konventionelle Frömmigkeit späterer Martyrologien vermissen und erwecken den Eindruck einer gediegenen historischen Darstellung; in Justins Antworten an den Magistrat hat man überdies einen charakteristischen „professoralen Ton" entdeckt (E. C. E. Owen, *Some Authentic Acts of the Early Martyrs*, Oxford 1927, S. 48).

VERZEICHNIS DER ABKÜRZUNGEN (Teil II)

adv.haer.	*Über die fälschlich so genannte Gnosis* (Irenäus)
adv.pelag.	*Gegen die Pelagianer* (Hieronymus)
AJT	*American Journal of Theology*
ann.	*Annalen* (Tacitus)
ant.Iud.	*Jüdische Altertümer* (Josephus)
apol.	*Apologie* (Justinus); *Verteidigung des Christentums* (Tertullian)
Att.	*An Atticus* (Cicero)
BASOR	*Bulletin of the American Schools of Oriental Research*
bel.Iud.	*Jüdischer Krieg* (Josephus)
BGU	*Berliner Griechische Urkunden*
BJRL	*Bulletin of the John Rylands Library*
BM	British Museum, London
bT	Babylonischer Talmud
BZNTW	*Beiheft zur Zeitschrift für die Neutestamentliche Wissenschaft*
CAH	*Cambridge Ancient History*
CBQ	*Catholic Biblical Quarterly*
c.Cels.	*Gegen Celsus* (Origenes)
CD	*Damaskusschrift* (Zadokitisches Fragment)
CIG	*Corpus Inscriptionum Graecarum*
CIL	*Corpus Inscriptionum Latinarum*
Clem.hom.	*(Pseudo-)Klementinische Homilien*
Clem.recogn.	*(Pseudo-)Klementinische Rekognitionen*
ClPh	*Classical Philology*
conf.ling.	*Über die Verwirrung der Sprachen* (Philo)
contempl.	*Über das betrachtende Leben* (Philo)
CPI	*Corpus Papyrorum Iudaicarum* (ed. V. A. Tcherikover und A. Fuks)
CSEL	*Corpus Scriptorum Ecclesiasticorum Latinorum*
DACL	*Dictionnaire d'Archéologie Chrétienne et de Liturgie*
Dio Cass.	*Römische Geschichte* (Cassius Dio)
DJD	*Discoveries in the Judaean Desert* (Clarendon Press, Oxford)
epist.	*Brief(e)*
ExT	*Expository Times*
Flacc.	*Gegen Flaccus* (Philo)
fug.	*Über die Flucht und das Finden* (Philo)
Gai.	*Die Gesandtschaft an Caligula* (Philo)
GJV	E. Schürer, *Geschichte des Jüdischen Volkes im Zeitalter Jesu Christi*
haer.	*Widerlegung aller Häresien*, auch: *Philosophumena* (Hippolyt)
hist.	*Geschichtsbücher* (Sallust, Tacitus)
hist.eccl.	*Kirchengeschichte* (Euseb)
HNT	*Handbuch zum Neuen Testament* (hg. von H. Lietzmann)
HTR	*Harvard Theological Review*
HUCA	*Hebrew Union College Annual*

IEJ	*Israel Exploration Journal*
JBL	*Journal of Biblical Literature*
JEH	*Journal of Ecclesiastical History*
JJS	*Journal of Jewish Studies*
JQR	*Jewish Quarterly Review*
JRS	*Journal of Roman Studies*
JTS	*Journal of Theological Studies*
Iuv.	*Satiren* (Juvenal)
leg.agr.	*Über das Ackergesetz* (Cicero)
leg.all.	*Allegorische Erklärung des heiligen Gesetzbuches* (Philo)
leg.	*Gesandtschaft an Gaius* (Philo)
Magn.	*Magnesierbrief* (Ignatius)
migr.	*Über Abrahams Wanderung* (Philo)
Mos.	*Über das Leben Mosis* (Philo)
mut.	*Über die Namensänderung* (Philo)
nat.	*Naturgeschichte* (Plinius d. Ä.)
NovT	*Novum Testamentum* (Leiden)
NTS	*New Testament Studies*
OGIS	*Orientis Graeci Inscriptiones Selectae* (ed. W. Dittenberger)
Or.Sib.	Sibyllinische Weissagungen
panar.	*Panarion* (Epiphanius)
Pap.Herc.	In den *Volumina Herculanensia* veröffentlichte Papyri
PEQ	*Palestine Exploration Quarterly*
Phld.	*Philadelphierbrief* (Ignatius)
praep.ev.	*Praeparatio evangelica* (Eusebius)
prov.	*Über die Vorsehung* (Philo)
PsSal	*Psalmen Salomos*
pT	Palästinischer Talmud
Q	Qumram (1 Q = erste Höhle von Qumram; 1 QH = *Dankpsalmen* aus der ersten Höhle; 1 QM = *Kriegsrolle* aus der ersten Höhle; 1 QS = *Gemeinderegel* aus der ersten Höhle; 1 QSa = *Gemeinschaftsregel* aus der ersten Höhle; 1 QSb = *Segenssprüche* aus der ersten Höhle; 4 QpNah = Nahum-Midrasch aus der vierten Höhle von Qumran)
quaest.Ex.	*Kurzkommentar zu Exodus* (Philo)
quaest.Gen.	*Kurzkommentar zu Genesis* (Philo)
RB	*Revue Biblique*
RGG^3	*Die Religion in Geschichte und Gegenwart*, 3. Aufl. (Tübingen 1957—65)
RHPR	*Revue d'Histoire et de Philosophie Religieuses*
Röm.	*Römerbrief* (Ignatius)
RThR	*Reformed Theological Review* (Australien)
SEG	*Supplementum Epigraphicum Graecum*
Sm.	*Smyrnäerbrief* (Ignatius)
SNTS	Studiorum Novi Testamenti Societas
somn.	*Über die Träume* (Philo)
Strab.	*Erdbeschreibung* (Strabo)
Strack-Billerbeck	H. L. Strack und P. Billerbeck, *Kommentar zum Neuen Testament aus Talmud und Midrasch* (München 1922—28)
strom.	*Stromata* ⟨*Vermischtes*⟩ (Klemens von Alexandrien)
TU	*Texte und Untersuchungen zur Geschichte der altchristlichen Literatur*

TWNT	*Theologisches Wörterbuch zum Neuen Testament*, hg. von G. Kittel und G. Friedrich (Stuttgart 1932 ff.)
VT	*Vetus Testamentum* (Leiden)
ZDPV	*Zeitschrift des Deutschen Palästina-Vereins*
ZNTW	*Zeitschrift für die Neutestamentliche Wissenschaft*
ZRG	*Zeitschrift für Religions- und Geistesgeschichte*

LITERATURVERZEICHNIS (TEIL II)

Die wichtigsten Primärquellen für die Neutestamentliche Zeitgeschichte sind neben den neutestamentlichen Urkunden die Werke des Josephus und Philo, Tacitus' *Annalen* und *Historien* sowie Suetons *Kaiserviten*. Weitere Primärliteratur (Inschriften und Papyrusdokumente sowie Auszüge aus Schriftstellern) ist in verschiedenen Sammlungen zugänglich, von denen die folgenden besonders erwähnenswert sind:

Barrett, C. K., *Die Umwelt des Neuen Testaments.* Ausgewählte Quellen, übersetzt und herausgegeben von C. Colpe, Tübingen 1958.
Charlesworth, M. P., *Documents illustrating the Reigns of Claudius and Nero*, Cambridge 1939.
Ehrenberg, V., und Jones, A. H. M., *Documents illustrating the Reigns of Augustus and Tiberius*, Cambridge ^{2} 1955.
McCrum, M., und Woodhead, A. G., *Select Documents of the Principates of the Flavian Emperors, A. D. 68—96*, Cambridge 1961.
Smallwood, E. M., *Documents illustrating the Principates of Nerva, Trajan, and Hadrian*, Cambridge 1966.
Stevenson, J., *A New Eusebius*, London 1957.
Theron, D. J., *Evidence of Tradition*, London 1957.

Weitere Literatur

Abrahams, I., *Studies in Pharisaism and the Gospels*, Cambridge; Series 1, 1917; Series 2, 1924.
Anderson, H., *Jesus and Christian Origins*, New York 1964.

Balsdon, J. P. V. D., *The Emperor Gaius*, Oxford 1934.
Barrett, C. K., *Jesus and the Gospel Tradition*, London 1967.
Bartlet, J. V., *The Apostolic Age*, Edinburgh 1899.
Bauer, W., *Rechtgläubigkeit und Ketzerei im ältesten Christentum*, Tübingen ^{2}1964.
Bentzen, A., *Messias — Moses redivivus — Menschensohn*, Zürich 1948.
Betz, O., *Was wissen wir von Jesus?*, Stuttgart 1965.
Bishop, J., *Nero: The Man and the Legend*, London 1964.
Black, M., *The Scrolls and Christian Origins*, London 1961.
Blinzler, J., *Der Prozeß Jesu*, Regensburg 1960.
Bornkamm, G., *Jesus von Nazareth*, Stuttgart 1956.
Borsch, F. H., *The Son of Man in Myth and History*, London 1967.
Bousset, W., *Die Religion des Judentums im späthellenistischen Zeitalter*, Tübingen ^{3}1926.
Brandon, S. G. F., *Jesus and the Zealots*, Manchester 1967.
Brandon, S. G. F., *The Trial of Jesus of Nazareth*, London 1968.
Bultmann, R., *Das Urchristentum im Rahmen der antiken Religionen*, Zürich 1949.
Burkitt, F. C., *Christian Beginnings*, London 1924.
Burkitt, F. C., *Church and Gnosis*, Cambridge 1932.

Cadbury, H. J., *The Book of Acts in History*, New York 1955.
Caird, G. B., *The Apostolic Age*, London 1955.
Cole, A., *The New Temple*, London 1950.
Conzelmann, H., *Die Mitte der Zeit. Studien zur Theologie des Lukas*, Tübingen [5]1964.
Cook, S. A., Adcock, F. E., und Charlesworth, M. P. (Hrsg.), *Cambridge Ancient History*, X: *The Augustan Empire, 44 B. C. — A. D. 70*, Cambridge 1934; XI: *The Imperial Peace, A. D. 70—192*, Cambridge 1936.
Cullmann, O., *The Early Church*, London 1956.
Cullmann, O., *Petrus. Jünger — Apostel — Märtyrer*, Zürich-Stuttgart [2]1960.
Cullmann, O., *Heil als Geschichte. Heilsgeschichtliche Existenz im Neuen Testament*, Tübingen [2]1967.
Cullmann, O., *Der Staat im Neuen Testament*, Tübingen [2]1961.

Danby, H., *Studies in Judaism*, Jerusalem 1922.
Daube, D., *The New Testament and Rabbinic Judaism*, London 1956.
Davies, W. D., *Paul and Rabbinic Judaism*, London 1948.
Davies, W. D., *The Setting of the Sermon on the Mount*, Cambridge 1964.
Davies, W. D., und Daube, D. (Hrsg.), *The Background of the New Testament and its Eschatology* (C. H. Dodd Festschrift), Cambridge 1954.
Deißmann, A., *Licht vom Osten*, Tübingen [4]1923.
Dibelius, M., *Paulus*, Berlin 1951.
Dibelius, M., *Aufsätze zur Apostelgeschichte*, Göttingen [5]1968.
Dodd, C. H., *Parables of the Kingdom*, London 1935.
Dodd, C. H., *The Apostolic Preaching and its Developments*, London 1936.
Dodd, C. H., *New Testament Studies*, Manchester 1953.
Dodd, C. H., *Historical Tradition in the Fourth Gospel*, Cambridge 1963.
Dodd, C. H., *More New Testament Studies*, Manchester 1968.
Dugmore, C. W., *The Influence of the Synagogue upon the Divine Office*, Oxford 1944.
Duncan, G. S., *Jesus, Son of Man*, London 1947.
Duncan, G. S., *St. Paul's Ephesian Ministry*, London 1929.
Dupont-Sommer, A., *Die essenischen Schriften vom Toten Meer*, Tübingen 1960 (aus dem Französischen).

Easton, B. S., *Christ in the Gospels*, New York 1930.
Ehrhardt, A., *The Apostolic Succession*, London 1953.
Ehrhardt, A., *The Apostolic Ministry*, Edinburgh 1958.
Ehrhardt, A., *The Framework of the New Testament Stories*, Manchester 1964.
Ehrhardt, A., *The Beginning*, Manchester 1968.

Farmer, W. R., *Maccabees, Zealots and Josephus*, New York 1956.
Filson, F. V., *Geschichte des Christentums in neutestamentlicher Zeit*, Düsseldorf 1967 (aus dem Amerikanischen).
Filson, F. V., *Three Crucial Decades*, London 1964.
Finkel, A., *The Pharisees and the Teacher of Nazareth*, Leiden 1964.
Finkelstein, L., *The Pharisees*, Philadelphia 1946.
Förster, W., *Neutestamentliche Zeitgeschichte*, Hamburg 1968.

Gärtner, B., *The Areopagus Speech and Natural Revelation*, Lund 1955.
Gärtner, B., *The Temple and the Community in Qumran and the New Testament*, Cambridge 1965.
Goguel, M., *Au Seuil de l'Évangile: Jean-Baptiste*, Paris 1928.
Goguel, M., *Das Leben Jesu*, Zürich 1934 (aus dem Französischen).
Goguel, M., *La Naissance du Christianisme*, (1946) [2]1955.

Goguel, M., *L'Église primitive*, Paris 1947.
Goodenough, E. R., *By Light, Light*, New Haven 1935.
Goodenough, E. R., *The Politics of Philo Judaeus*, New Haven 1938.
Goodenough, E. R., *An Introduction to Philo Judaeus*, New Haven 1940.
Grant, F. C., *The Economic Background of the Gospels*, Oxford 1926.
Grant, F. C., *Ancient Judaism and the New Testament*, Edinburgh 1960.
Grant, F. C., *Roman Hellenism and the New Testament*, Edinburgh 1962.
Grant, R. M., *Gnosticism and Early Christianity*, New York 1959.
Grant, R. M., und Freedman, D. N., *The Secret Sayings of Jesus*, London 1960.
Guterman, S. L., *Religious Toleration and Persecution in Ancient Rome*, London 1951.

Harnack, A. von, *Die Mission und Ausbreitung des Christentums in den ersten Jahrhunderten*, Leipzig [4]1924.
Hengel, M., *Die Zeloten*, Leiden 1961.
Higgins, A. J. B., *Jesus and the Son of Man*, London 1964.
Higgins, A. J. B. (Hrsg.), *New Testament Essays* (T. W. Manson memorial volume), Manchester 1959.
Hooker, M. D., *Jesus and the Servant*, London 1959.
Hooker, M. D., *The Son of Man in Mark*, London 1967.

Jackson, F. J. F., und Lake, K., *The Beginnings of Christianity* I, Bd. 1—5, London 1922—33.
Jaubert, A., *La Date de la Cène*, Paris 1957.
Jeremias, J., *Jerusalem zur Zeit Jesu. Kulturgeschichtliche Untersuchungen zur neutestamentlichen Zeitgeschichte*. Göttingen [3]1963.
Jeremias, J., *Die Gleichnisse Jesu*, Göttingen [8]1970.
Jeremias, J., *Die Abendmahlsworte Jesu*, Göttingen [4] 1967.
Jeremias, J., *Abba. Studien zur neutestamentlichen Theologie und Zeitgeschichte*, Göttingen 1966.
Jeremias, J., *The Central Message of the New Testament*, London 1965.
Jones, A. H. M., *The Cities of the Eastern Roman Provinces*, Oxford 1937.
Jones, A. H. M., *The Herods of Judaea*, Oxford 1938.
Jones, A. H. M., *Studies in Roman Government and Law*, Oxford 1960.
Judge, E. A., *The Social Pattern of Christian Groups in the First Century*, London 1960.

Kilpatrick, G. D., *The Trial of Jesus*, Oxford 1953.
Kirschbaum, E., *Die Gräber der Apostelfürsten*, Frankfurt 1957.
Klausner, J., *Jesus von Nazareth*, Jerusalem [3]1952.
Klausner, J., *Von Jesus zu Paulus*, Jerusalem 1950.
Klausner, J., *The Messianic Idea in Israel*, London 1956.
Knox, J., *Chapters in a Life of Paul*, New York 1950.
Knox, W. L., *St. Paul and the Church of Jerusalem*, Cambridge 1925.
Knox, W. L., *The Acts of the Apostles*, Cambridge 1948.
Kraeling, C. H., *John the Baptist*, New York 1951.

Lake, K., *The Earlier Epistles of St. Paul*, London [2]1914.
Lampe, G. W. H., *The Seal of the Spirit*, London 1951.
Leaney, A. R. C., *The Rule of Qumran and its Meaning*, London 1966.
Leon, H. J., *The Jews of Ancient Rome*, Philadelphia 1960.
Lietzmann, H., *Geschichte der alten Kirche* I—II, Berlin [2 u. 3-4]1961.
Lietzmann, H., *Petrus und Paulus in Rom*, Berlin [2]1927.
Lightfoot, R. H., *Locality and Doctrine in the Gospels*, London 1937.
Lindars, B., *New Testament Apologetic*, London 1961.

Lohmeyer, E., *Galiläa und Jerusalem,* Göttingen 1936.
Lohmeyer, E., *Kultus und Evangelium,* Göttingen 1942.
Lundström, G., *The Kingdom of God in the Teaching of Jesus,* Edinburgh 1963.

Manson, T. W., *The Teaching of Jesus,* Cambridge ²1935.
Manson, T. W., *The Sayings of Jesus,* London 1949.
Manson, T. W., *The Servant-Messiah,* Cambridge 1953.
Manson, T. W., *Ethics and the Gospel,* London 1960.
Manson, T. W., *Studies in the Gospels and Epistles,* Manchester 1962.
Manson, W., *Jesus the Messiah,* London 1943.
Manson, W., *The Epistle to the Hebrews,* London 1951.
Martin, R. P., *Carmen Christi,* Cambridge 1967.
Merrill, E. T., *Essays in Early Church History,* London 1924.
Meyer, E., *Ursprung und Anfänge des Christentums,* Stuttgart-Berlin 1921—23.
Momigliano, A., *L'Opera dell'Imperatore Claudio,* Florenz 1932.
Montefiore, C. G., *Rabbinic Literature and Gospel Teachings,* London 1930.
Montefiore, C. G., und Loewe, H., *A Rabbinic Anthology,* London 1938.
Moore, G. F., *Judaism in the First Centuries of the Christian Era,* Cambridge/Mass. 1927—30.
Moule, C. F. D., *The Phenomenon of the New Testament,* London 1967.
Mowinckel, S., *Han som kommer,* Kopenhagen 1951, engl.: *He That Cometh,* Oxford 1956.
Munck, J., *Paulus und die Heilsgeschichte,* Kopenhagen 1954 (Acta Judlandica 26, 1).
Munck, J., *The Acts of the Apostles,* New York 1967.

Nickle, K. F., *The Collection,* London 1966.
Nineham, D. E. (Hrsg.), *Studies in the Gospels* (R. H. Lightfoot memorial volume), Oxford 1955.
Nock, A. D., *Early Gentile Christianity and its Hellenistic Background,* New York 1964.
Nock, A. D., *Paulus,* Zürich 1940 (aus dem Englischen).

Ogg, G., *The Chronology of the Public Ministry of Jesus,* Cambridge 1940.
Ogg, G., *The Chronology of the Life of Paul,* London 1968.
Otto, R., *Reich Gottes und Menschensohn,* München ²1940.

Perrin, N., *The Kingdom of God in the Teaching of Jesus,* London 1963.
Perrin, N., *Was lehrte Jesus wirklich? Rekonstruktion und Deutung,* Göttingen 1972 (aus dem Amerikanischen).
Pfeiffer, R. H., *History of New Testament Times and an Introduction to the Apocrypha,* New York 1949.
Pohlenz, M., *Paulus und die Stoa,* Darmstadt 1964.

Ramsay, W. M., *St. Paul the Traveller and the Roman Citizen,* London ¹⁴1920.
Reicke, B., *Neutestamentliche Zeitgeschichte,* Berlin 1965.
Rengstorf, K. H., *Apostleship,* London 1952.
Repo, E., *Der ‚Weg' als Selbstbezeichnung des Urchristentums,* Helsinki 1964.
Robinson, J. A. T., *Twelve New Testament Studies,* London 1962.
Ropes, J. H., *The Apostolic Age,* London 1906.
Rowley, H. H., *From Moses to Qumran,* London 1963: VII.: Jewish Proselyte Baptism and the Baptism of John (S. 209—35); VIII.: The Qumran Sect and Christian Origins (S. 237—79).

Sandmel, S., *Herodes*, Stuttgart 1968 (aus dem Amerikanischen).
Schlatter, A., *Die Geschichte der ersten Christenheit*, Gütersloh 1926.
Schlatter, A., *Die Kirche Jerusalems vom Jahre 70—130*, Gütersloh 1898.
Schoeps, H. J., *Theologie und Geschichte des Judenchristentums*, Tübingen 1949.
Schoeps, H. J., *Aus frühchristlicher Zeit*, Tübingen 1950.
Schoeps, H. J., *Urgemeinde, Judenchristentum, Gnosis*, Tübingen 1956.
Schoeps, H. J., *Paulus. Die Theologie des Apostels im Lichte der jüdischen Religionsgeschichte*, Tübingen 1959.
Schürer, E., *Geschichte des jüdischen Volkes* I—III, Leipzig [4]1901.
Scobie, C. H. H., *John the Baptist*, London 1964.
Sérouya, H., *Les Esséniens*, Paris 1959.
Sevenster, J. N., und van Unnik, W. C. (Hrsg.), *Studia Paulina* (J. de Zwaan Festschrift), Haarlem 1953.
Sherwin-White, A. N., *Roman Society and Roman Law in the New Testament*, Oxford 1963.
Simon, M., *Les sectes juives au temps de Jésus*, Paris 1960.
Simon, M., *St. Stephen and the Hellenists in the Primitive Church*, London 1958.
Simon, M., *Verus Israel*, Paris 1948.
Simon, M., und andere, *Aspects du Judéo-Christianisme*, Paris 1965.
Simon, M., und Benoit, A., *Le Judaïsme et le Christianisme Antique*, Paris 1968.
Smith, J., *The Voyage and Shipwreck of St. Paul*, London [4]1880.
Stauffer, E., *Christus und die Caesaren*, Hamburg [2]1948.
Stauffer, E., *Jesus, Gestalt und Geschichte*, Bern 1957.
Steinmann, J., *St. Jean Baptiste et la spiritualité du désert*, Paris 1958.
Stendahl, K. (Hrsg.), *The Scrolls and the New Testament*, London 1958.
Stewart, R. A., *Rabbinic Theology*, Edinburgh 1961.
Sutcliffe, E. F., *The Monks of Qumran*, London 1960.

Taylor, V., *The Life and Ministry of Jesus*, London 1954.
Tcherikover, V. A., *Hellenistic Civilization and the Jews*, Philadelphia 1959.
Tödt, H.-E., *Der Menschensohn in der synoptischen Überlieferung*, Gütersloh [2]1963.
Turner, C. H., *Catholic and Apostolic*, London 1931.

van Unnik, W. C., *Tarsus or Jerusalem: The City of Paul's Youth*, Amsterdam (1952) [2]1962.

Williamson, G. A., *The World of Josephus*, London 1964.
Wilson, R. McL., *The Gnostic Problem*, London 1958.
Wink, W., *John the Baptist in the Gospel Tradition*, Cambridge 1968.
Winter, P., *On the Trial of Jesus*, Berlin 1961.
Wolfson, H. A., *Philo*, Cambridge'Mass. 1947.
Wood, H. G., *Jesus in the Twentieth Century*, London 1960.

Yates, J. E., *The Spirit and the Kingdom*, London 1963.

Zahrnt, *Es begann mit Jesus von Nazareth. Die Frage nach dem historischen Jesus*, Gütersloh [3]1969.

VERZEICHNIS DER BIBELSTELLEN (Teil II)

von Abraham Meister

AUTORENREGISTER FÜR TEIL I UND II

Schräggestellte Seitenzahlen beziehen sich auf Teil I

PERSONENREGISTER FÜR TEIL I UND II (ohne Autoren)

Schräggestellte Seitenzahlen beziehen sich auf Teil I

REGISTER DER GEOGRAPHISCHEN NAMEN FÜR TEIL I UND II

Schräggestellte Seitenzahlen beziehen sich auf Teil I

SACHREGISTER FÜR TEIL I UND II

Schräggestellte Seitenzahlen beziehen sich auf Teil I